KB143960

이중호 강사의 소수의 프로토콜로

비범한 네트워크 구축하기

가장 단기간에 가장 저렴한 비용으로 취업하고
현업에서 인정받는 네트워크 엔지니어가 되려는
분들을 위하여

이중호 강사의 소수의 프로토콜로

비범한 네트워크 구축하기

이중호 지음(CCIE#5702)

BM (주)도서출판 성안당

일러두기

강의의 구조

이 책은 비용, 가용성, 성능, 보안, 관리용이성을 갖춘 네트워크의 구축을 목표로 하고, 범위는 기초 개념에서부터 네트워크 토폴로지 구성 이해, 네트워크 설계, 최적화 구축의 전문가 영역까지 다룬다. 이 책은 기적의 책이다. 초보자가 최단 기간 (5일) 내에 전문가의 반열에 올라가게 하기 때문이다.

이 책은 다음과 같은 특징을 가지고 있다.

- 실습 중심: 실습은 누적식이다. 즉, 각 프로토콜을 독립적으로 확인하는 수준이 아니라, 각 프로토콜이 계속 추가되는 누적식이라서 전체 네트워크에서 각각의 프로토콜의 동작을 이해하도록 구성하였다. 즉, 마지막 실습([그림 0-0] 참고)에는 이 책에서 다루는 거의 모든 프로토콜들이 적용된다. 이러한 실습의 반복을 통해 즉시 현장에 투입되어도 좋다는 자신감을 얻는다.
- 현장 중심: 실제 네트워크에서의 설계 및 구축 방법을 다룬다. 즉, 네트워크 복구 시간을 단축시키고, 프로토콜 최소화와 네트워크 단순화를 통해 오버헤더 트래픽을 최소화하는 고급의 지식들을 다룬다. 이것은 워낙 체계적이고 점진적이라서 초보자도 충분히 소화할 수 있다. 이를 통해 네트워크 전문가들과 자신의 실력을 겨루어도 좋다는 자신감이 생긴다.
- 숲과 나무: 이 책은 개별 프로토콜의 동작 원리뿐만 아니라, 전체 네트워크에서 각 프로토콜의 동작, 프로토콜들 간의 상관관계를 다룬다. 즉, 나무뿐만 아니라 숲 수준의 이해를 목적으로 한다. 이를 통해 전문가다운 실력과 시각을 갖추게 된다.

이 책은 구조적으로 이론, 연습, 실습의 3단계로 구성된다. 동일한 내용을 이론, 연습, 실습의 3단계로 반복해서 다루어 충분히 준비하여 다음 주제로 넘어가도록 하였다.

첫째, 이론 강의는 전체 강의의 흐름를 만든다. 전체적인 맥락은 네트워크의 구조, 프로토콜의 개별적인 동작 원리와 더불어 프로토콜 간의 상관 관계, 실제 현장에서의 최적화 구축 방식들에 대해 자세하게 다룬다.

둘째, 연습 강의는 이론 강의에서 다룬 개념을 강화하기 위한 것이다. 예를 들어, 네트워크 구성 연습, STP 포트의 역할 찾기와 같이 이론 강의만으로 부족하고 실습으로 확인할 수 없는 영역의 것을 보완한다. 또한, 이론 강의와 실습 강의에서 확인한 내용들을 다시 한 번 요약 복습하여 다음 과정의 이해와 실습 단계를 위해 충분한 복습이 되도록 했다.

셋째, 실습 강의가 이 책의 최대 강점에 속한다. 15개의 실습은 누적식/통합식으로 제공되기 때문에 마지막 실습은 이 책의 거의 모든 내용들을 포함한다. 따라서 이 책을 한 번 복습하고자 한다면, 마지막 실습을 한번 해보면 된다. [그림 0-0]은 마지막 실습을 위한 네트워크 구성도다.

믿으시라! 여러분은 이 강의를 통해 전문가가 될 것이다.

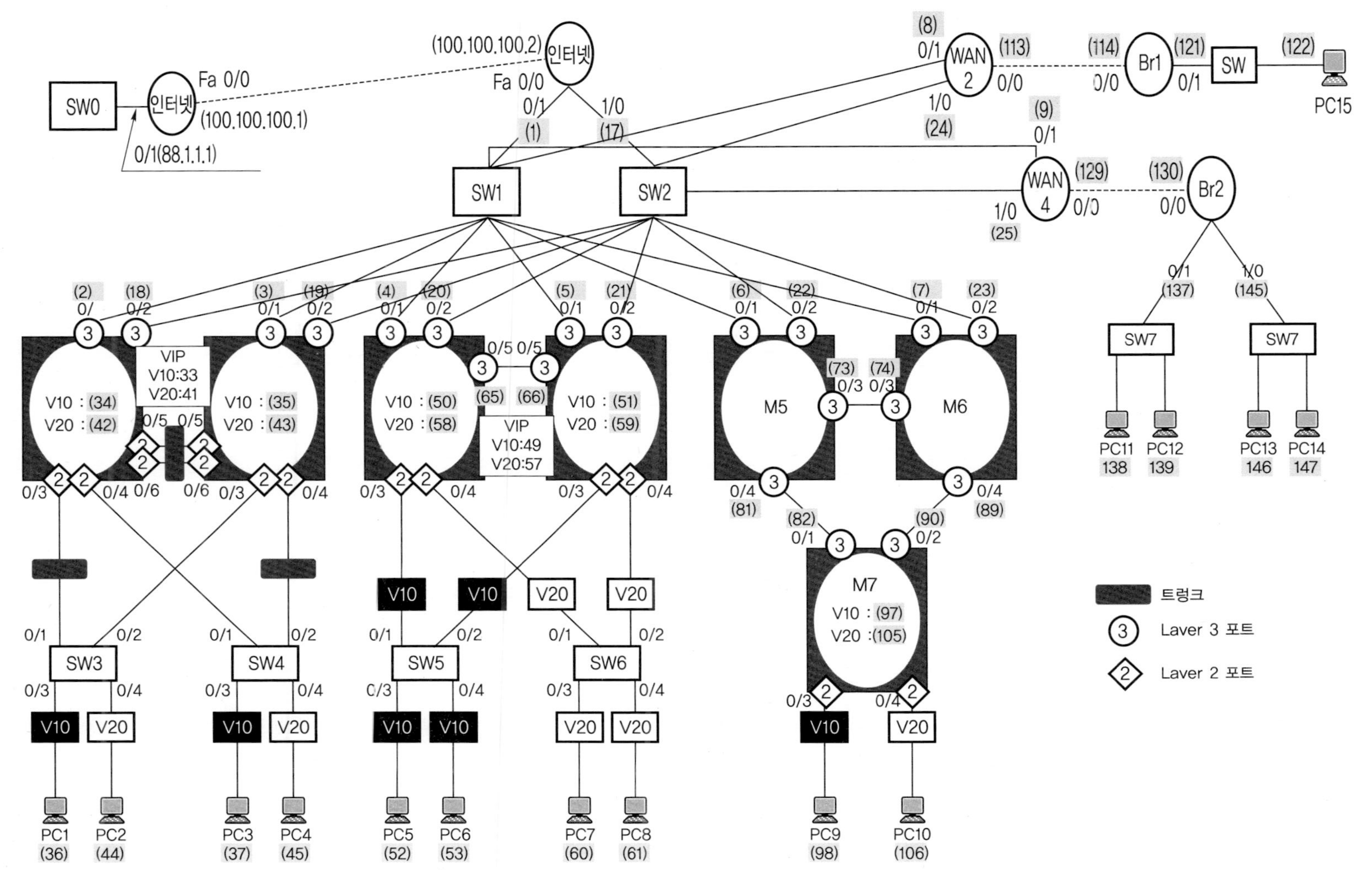

SW0
인터넷
Fa 0/0
(100.100.100.1)
0/1(88.1.1.1)
(100.100.100.2)
SW1
SW2
WAN 2
WAN 4
Br1
Br2
SW
PC15
M5
M6
M7
SW3
SW4
SW5
SW6
SW7
VIP
V10:33
V20:41
V10:49
V20:57
V10 : (34)
V20 : (42)
V10 : (35)
V20 : (43)
V10 : (50)
V20 : (58)
V10 : (51)
V20 : (59)
V10 : (97)
V20 : (105)
PC1 (36)
PC2 (44)
PC3 (37)
PC4 (45)
PC5 (52)
PC6 (53)
PC7 (60)
PC8 (61)
PC9 (98)
PC10 (106)
PC11 138
PC12 139
PC13 146
PC14 147
트렁크
Laver 3 포트
Laver 2 포트

[그림 0-0] ▶ 최종 실습

Contents

Chapter 5. STP

Chapter 6. 그 외 핵심 LAN 프로토콜들과 패킷 흐름

Chapter 7. LAN 심화/최적화

Chapter 8. 통합 LAN Lab

Preface

네트워크 기술을 내 무기로 만들기 위한 15단계 누적식 실습

어쩌다 보니 네트워크 강사로서 17년을 넘어섰다. 나도 강의실에서 많이 배웠다. 어떤 분들은 다양한 사례를 보여주었고, 어떤 분들은 아픈 질문을 통해 강사의 약점을 보완해주었다. 이 책은 그러한 강사의 내공을 바탕으로 한 것이다.

이 강의는 강의 효과를 극대화하는 방법으로 15개의 실습을 뼈대로 한다. 이론 강의와 연습 강의는 사실 실습 강의를 뒷받침하기 위한 것이다. 실습은 누적 식으로 구성되었으므로 이 강의의 목적은 마지막인 15번째 실습을 이해하기 위한 것이다.

달리 말해, 이 강의를 복습하고자 한다면, 마지막 실습을 연습하면 된다. 마지막 실습에는 책의 거의 모든 내용을 정교하게 포함하고 있다. 여러분의 예측대로 그 실습이 그리 녹록하지는 않다. 여러분은 이 실습에 대한 수많은 실패를 통해 전문가가 된다. 그 숱한 연마 뒤에는 얽히고 설킨 네트워크 동작 원리와 패킷의 흐름에 대한 이해는 당연한 것이고, 한 눈에 네트워크 문제를 진단하고 해결책을 제시할 수 있는 컨설턴트 수준의 전문 역량을 보유할 수 있게 될 것이라 확신한다.

이 책은 5일 정도의 강의 분량을 포함한다. 사실 대단히 많은 내용을 포함한다. 혼자서 독파하려 한다면 생각보다 시간이 걸릴 것이다. 그렇다면, 성안당 이러닝(bm.cyber.co.kr) 사이트에서 제공하는 저자 직강을 수강할 것을 권한다. 이 동영상 강의는 경우에 따라 다르겠지만, 취업을 원하는 분들이나 네트워크 엔지니어로서의 역량이 긴요한 분들에게는 정확하고 적정한 선택이 될 것이다. 혹시 개별적인 네트워크 출강과 컨설팅을 원하시는 분은 theeeye1@naver.com 으로 메일을 주셨으면 한다.

책 출간에 도움을 준 조혜란 선생님, 최옥현 상무님 외에 안선희, 김효겸, 이구학, 황정춘, 황계진, 이윤소, 이장무에게 감사의 말씀을 드린다. 당연한 말 한마디로 서문을 마치고자 한다. 어떤 도구도 자신의 무기가 될 수도 있고, 자리만 차지하는 장식품이 될 수도 있다.

함박눈 오는 죽전에서 이중호

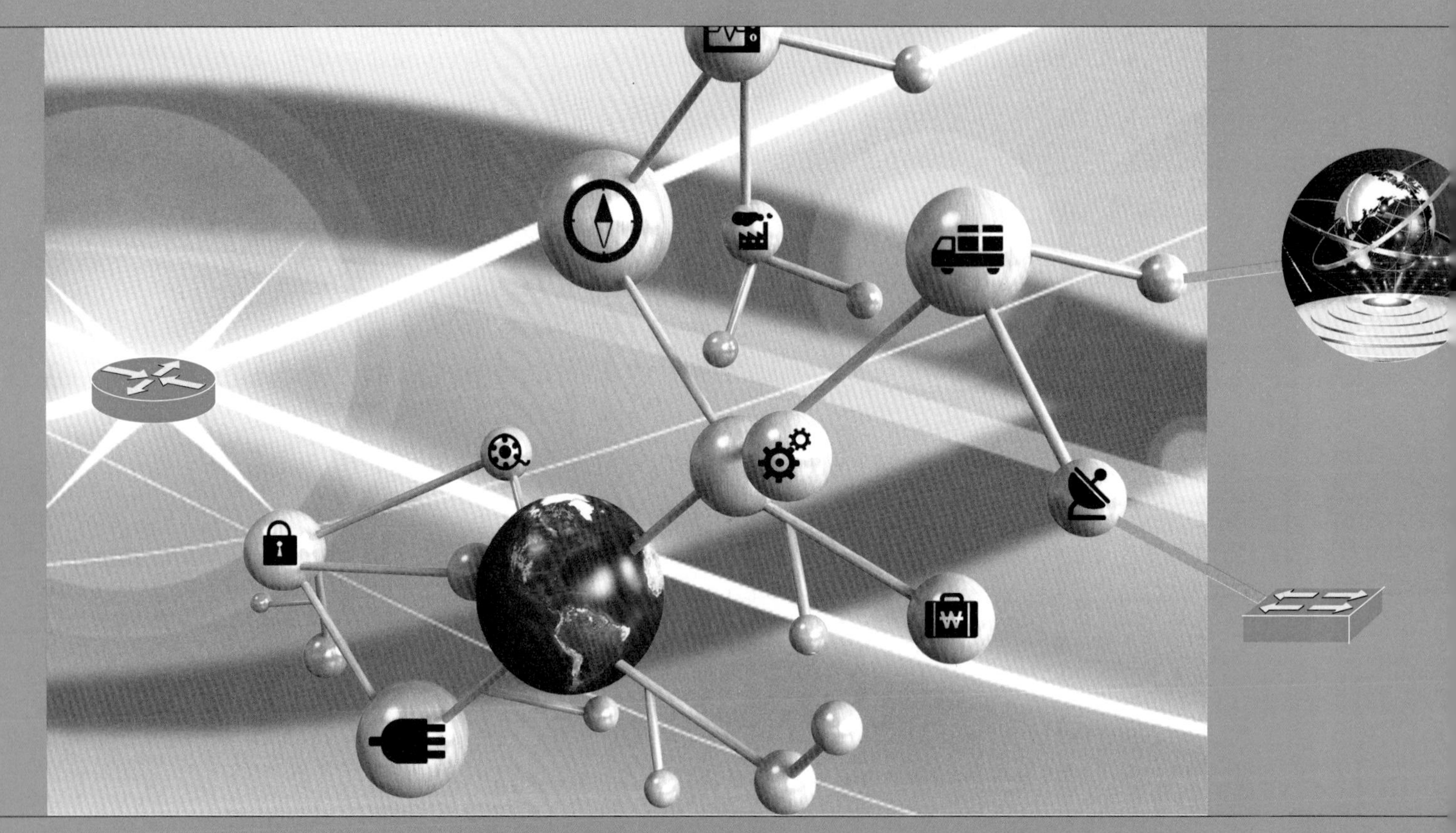

Part Ⅰ LAN 구조

Part Ⅰ은 기본적인 LAN 구성에 대해 학습한다.
LAN 토폴로지, Bandwidth 산정, 장비 선정,
이중화, IP 설계, 기초 라우팅과 같은 내용을 포함하여,
Part Ⅱ에서 배울 LAN 핵심 솔루션들과
Part Ⅲ에서 배울 라우팅이 적용되는 뼈대가 된다.

Chapter 1

네트워크 토폴로지

네트워크 토폴로지란 네트워크 연결 형태 즉, 네트워크의 뼈대다. 건물 구성, 유저 수 조건에 따라 다양한 네트워크 토폴로지를 그려 볼 것이며, 라우터, 스위치 등의 네트워크 장치들을 직접 연결하고 구현하는 기초 네트워크 실습을 한다. 이를 통해 네트워크 구성에 대한 토대와 윤곽을 잡을 것이다.

구분	강의 제목
이론 강의	Lecture 01. LAN과 Hierarchical 3 layer 모델
	Lecture 03. LAN & WAN 비교
연습 강의	Lecture 02. LAN 구성 I
	Lecture 04. LAN 구성 II
실습 강의	Lecture 05. LAN 구축 기초 I Lab 01

Lecture 01

LAN과 Hierarchical 3 layer 모델

강의 키워드 Hierarchical 3 Layer 모델 구성, 액세스 계층, 디스트리뷰션 계층, 코어 계층, LAN 필요 장비 수 산정

PC, 서버, IP 폰과 같은 단말은 네트워크의 끝에 달려 있어 패킷의 출발지나 종착지다. 이러한 단말(End System)들을 연결하는 것이 네트워크이며 네트워크를 구성하는 핵심 장비가 라우터와 스위치다. 이 책에서 사용할 라우터, 스위치, PC, 서버의 심벌을 [그림 1-1]을 보고 확인해둬야 한다.

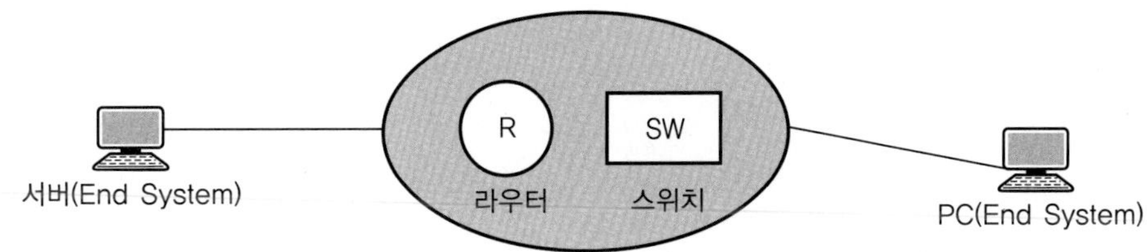

[그림 1-1] ▶ 단말과 네트워크

네트워크 구축 및 설계 시에 창의성과 안정성 중에 무엇이 더 중요할까? 당연히 안정성이다. 창의성은 뭔가 다르고 새로운 시도를 하는 것으로 예를 들어, 다른 사이트를 통해 검증되지 않은 새 하드웨어를 구입하든가, 새로 나온 소프트웨어나 소프트웨어 버전을 설치하는 것이다. 이는 결과적으로는 리스크를 높여 다운 타임을 늘리며 결과적으로 가용성을 저해하는 원인이 된다.

반대로 안정성은 첫째, 다른 사이트에서 검증된 하드웨어 및 소프트웨어로 네트워크를 구축하고, 둘째, 오랫동안 시행착오와 경험을 통해 검증된 방법 즉, 모델을 활용할 때 확보될 수 있다. Hierarchical 3 layer 모델이 바로 네트워크 설계 시에 사용하는 모델이다.

Hierarchical 3 layer 모델은 [표 1-1]과 같이 코어 계층(Core layer), 디스트리뷰션 계층(Distribution layer), 액세스 계층(Access layer)으로 구성된다. 보통은 코어 계층,

디스트리뷰션 계층, 액세스 계층에 각각 스위치, 라우터, 스위치를 배치한다. 그 이유는 'Chapter 2, Lecture 02. 장비 선정'에서 설명한다. [표 1-1]에서 각 계층의 기능 및 역할을 살펴 보자. 액세스 계층은 엔드 시스템들이 네트워크에 최초로 연결되는 계층이다. 디스트리뷰션 계층은 액세스 계층 장치들이 연결되는 계층이다. 코어 계층은 디스트리뷰션 계층 장치들이 연결되는 계층이다.

각 계층의 장치별 통상적인 위치도 [표 1-1]을 통해 확인해보자. 광 케이블 및 광 랜카드보다 UTP(Unshielded Twisted Pair) 케이블과 UTP 랜카드가 가격이 저렴하여 엔드 시스템과 액세스 계층 장치 연결 시에는 UTP 케이블을 주로 사용한다. 그런데 UTP 케이블의 거리 한계, 100m 때문에 액세스 계층 장치는 통상적으로 각 층마다 최소 1대는 배치된다. 디스트리뷰션 계층 라우터는 각 건물마다 통상적으로 최소 1대는 배치한다. 디스트리뷰션 계층의 라우터들을 연결하기 위해 1대의 코어 계층 스위치를 배치한다. 여기서 '각 층마다 액세스 계층 장치인 스위치를 최소 1대는 배치한다'에서 '최소 1대'는 층에 존재하는 단말의 수에 따라 1대 이상의 스위치가 올 수 있다는 것을 의미한다. 한편, 액세스 계층과 디스트리뷰션 계층 연결이나, 디스트리뷰션 계층과 코어 계층 연결 시에 거리 한계 100m를 초과한다면, UTP 케이블은 광 케이블로 대체되어야 한다.

[표 1-1] ▶ Hierarchical 3 layer 모델의 구성

구분	배치 장비	통상적 위치	기능/역할
코어 계층	SW	각 조직 마다 최소 1대	디스트리뷰션 계층 장비가 연결됨
디스트리뷰션 계층	R	각 건물 마다 최소 1대	액세스 계층 장비가 연결됨
액세스 계층	SW	각 층 마다 최소 1대	End System들이 연결됨

[표 1-1]의 설명이 잘 와닿지 않는다면 [표 1-1]의 설명을 반영하여 네트워크 구성도 즉, 네트워크 토폴로지를 그려보면 네트워크 구조가 훨씬 더 명확해진다. [그림 1-2]는 Hierarchical 3 layer 모델에 의한 네트워크 구성도다. 각 층마다 1대의 액세스 계층의 스위치, 각 건물마다 1대의 디스트리뷰션 계층의 라우터를 배치하였다. 또한, 디스트리뷰션 계층의 라우터들을 연결하는 코어 스위치가 배치되었음을 확인할 수 있다.

[그림 1-2] ▶
Hierarchical 3 layer 모델에 의한 LAN 네트워크 디자인 토폴로지

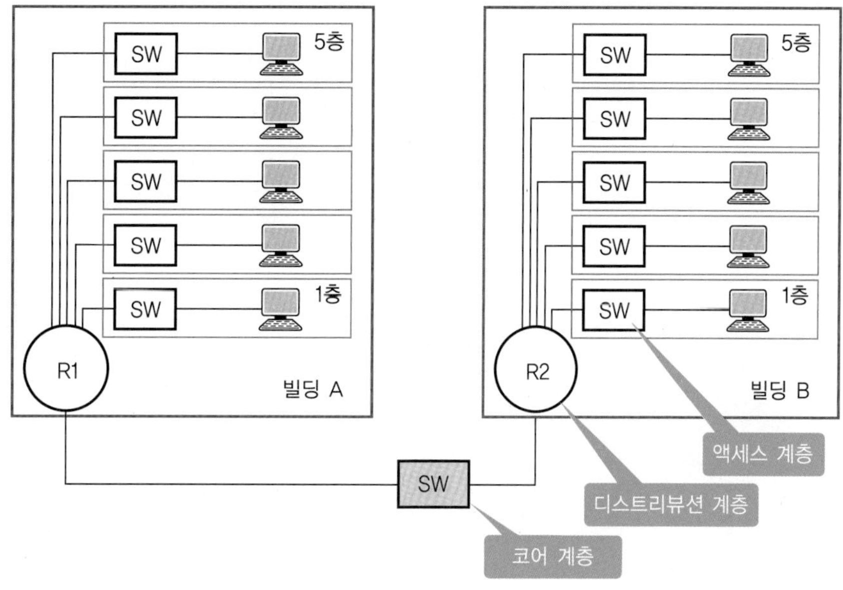

필요 장비 수 (연습 I)

지금까지 배운 것을 연습해보자. [그림 1-3]의 사이트는 7층 건물이 3동, 12층 건물이 2동으로 구성되었다. Hierarchical 3 layer 모델을 활용하여 필요한 장비의 수를 세어보자. 단, 액세스 계층 장비는 각 층마다 1대씩, 디스트리뷰션 계층 장비는 각 건물마다 1대씩 두고, 코어 계층 장비는 1대를 둔다고 가정하자.

[그림 1-3] ▶
연습 I

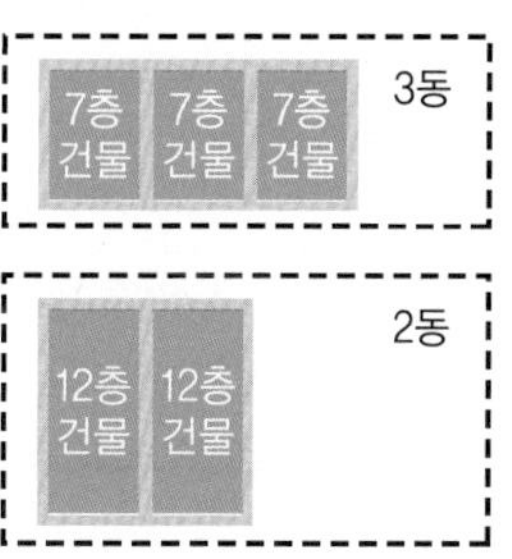

필요한 장비 수량은 [표 1-2]와 같다. 가정에서 액세스 계층 장비는 층마다 1대씩 배치한다 하였으므로 전체 층 수를 세면 된다. 전체 45개의 층이 있으므로 45대다. 디스트리뷰션 계층 장비는 건물마다 1대씩 배치한다 하였으므로 건물 수를 세면 된다. 전체 5동의 건물이 존재하므로 5대다. 코어 계층 장비는 1대만 필요하다.

[표 1-2] ▶
장비 수 산정(결과)

구분	배치 장비	필요한 장비 수
액세스 계층	스위치	(7층 × 3동) + (12층 × 2동) = 45대
디스트리뷰션 계층	라우터	3동 + 2동=5대
코어 계층	스위치	1대

필요 장비 수 (연습 Ⅱ)

[그림 1-4]의 사이트는 5층 건물이 5동, 16층 건물이 4동으로 구성되었다. 연습 Ⅱ도 액세스 계층 장비는 층별로 1대씩, 디스트리뷰션 계층 장비는 건물별로 1대씩 두고, 코어 계층 장비는 1대를 둔다고 가정한다.

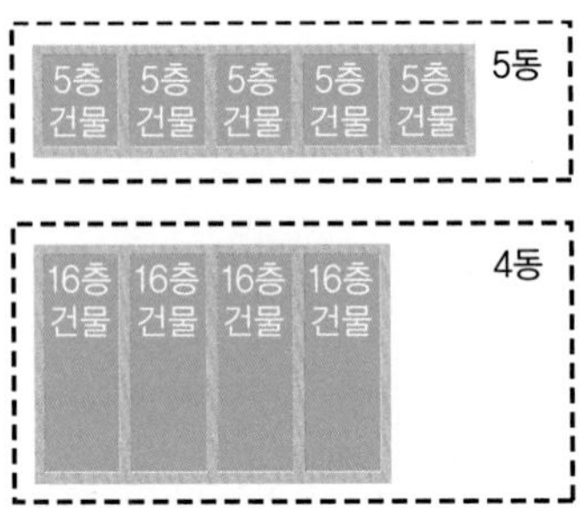

[그림 1-4] ▶
연습 Ⅱ

필요한 네트워크 장비 수는 [표 1-3]과 같다. 필요한 액세스 계층의 스위치 수는 전체 층 수와 같다. 89층이므로 89대다. 디스트리뷰션 계층의 라우터 수는 전체 건물 수와 같다. 9동이므로 9대다. 코어 계층 장비는 1대다.

[표 1-3] ▶
장비 수 산정(결과)

구분	배치 장비	필요한 장비 수
액세스 계층	스위치	(16층 × 4동) + (5층 × 5동) = 89대
디스트리뷰션 계층	라우터	4동 + 5동 = 9대
코어 계층	스위치	1대

Lecture 02

LAN 구성 I

강의 키워드 Hierarchical 3 Layer 모델 구성, WAN 접속, 인터넷 접속

이제 LAN(Local Area Network)과 WAN(Wide Area Network)을 포함하는 네트워크 토폴로지를 그려 보자. 조건은 [그림 1-5]와 같이 서울 본사는 5층 건물, 3동으로 구성되고, 대전 지사는 5층 건물, 1동으로 구성되었다. 서울 본사와 대전 지사 간의 WAN 연결은 전용 회선으로 연결되었고, 인터넷 접속 회선은 서울 본사에서만 접속한다. 연습 Ⅰ, Ⅱ의 가정과 같이 액세스 계층 스위치는 각 층마다 1대씩, 디스트리뷰션 계층 라우터는 각 건물마다 1대씩 두고, 코어 계층 스위치는 1대를 둔다.

[그림 1-5] ▶ 연습 조건 Ⅲ

[기타 구성]
WAN : 전용 회선
인터넷 접속 : 서울 본사에서만 접속함.

필요한 장비 수는 [표 1-4]와 같다. 액세스 계층 스위치 수는 층마다 1대씩 배치하므로 서울 본사는 15개 층이 있으므로 15대, 대전 지사의 경우 5층이므로 5대가 필요하다. 디스트리뷰션 계층 라우터는 서울 본사는 3동이므로 3대, 대전 지사는 1동이므로 1대가 필요하다. 코어 계층 장비는 서울 본사는 1대이지만 대전 지사는 1개의 건물로 구성되어 건물을 연결하기 위한 코어 계층 장비가 필요 없다.

[표 1-4] ▶ 장비 수 산정(결과)

구분	배치 장비	필요한 장비 수
액세스 계층	스위치	서울+대전 = (5층 X 3동) + (5층 X 1동) =20대
디스트리뷰션 계층	라우터	서울 + 대전 = 3동 + 1동= 4대
코어 계층	스위치	서울 = 1대

[그림 1-5]의 조건을 반영한 네트워크 토폴로지는 [그림 1-6]과 같다. 서울 본사는 3 layer 구조이고, 대전 지사는 건물이 한 동 뿐이므로 건물을 연결하는 코어 계층이 생략되어 2 layer 구조가 된다. 즉 모든 사이트가 3 layer로 구성되는 것은 아니다. 한편, 본사의 'W'로 표시되는 WAN 접속라우터와 대전지사의 R4 라우터를 연결하는 네트워크가 [그림 1-6]에서는 유일한 WAN(전용회선)이다. WAN에 대해서는 다음 강의, 'Lecture 03. LAN & WAN 비교'에서 자세히 알아볼 것이다.

[그림 1-6] ▶ 네트워크 구성도

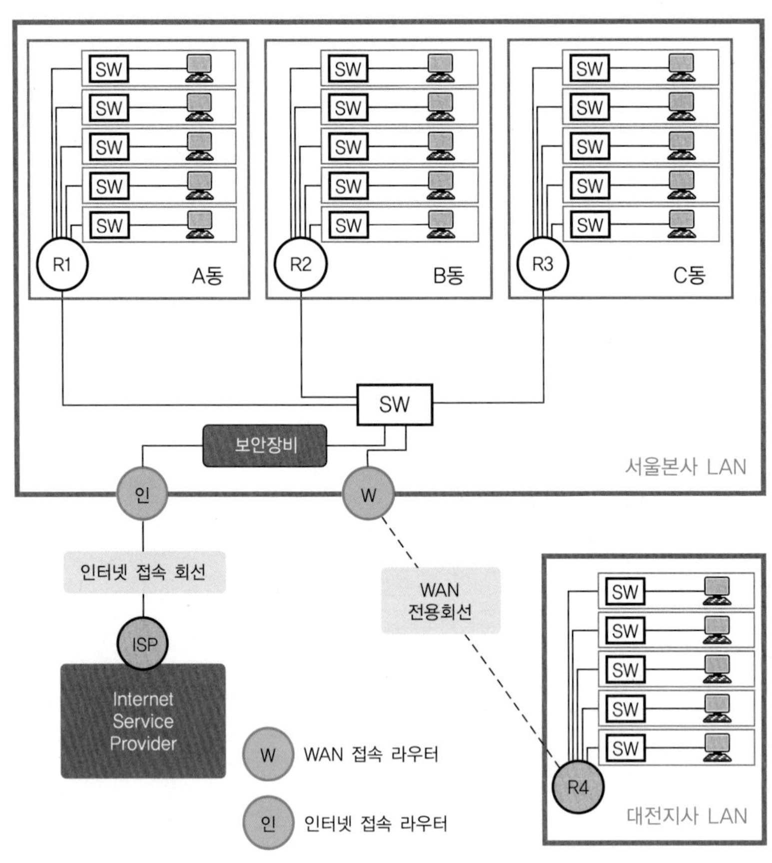

이로써, 본사 및 지사의 LAN과 WAN은 모두 연결되었다. 마지막으로 인터넷 접속 회선을 통해 인터넷과 연결한다. 인터넷에 연결하기 위해서 별도로 인터넷 접속 라우터가 필요하다.

'인터넷에 접속한다'는 것은 인터넷 서비스를 제공하는 KT와 같은 ISP(Internet Service Provider) 네트워크에 연결하는 것을 뜻한다. 하나의 네트워크 관리 단위를 AS(Autonomous System)라 하는데, '우리 회사 네트워크 전체', '우리 학교 네트워크 전체'가 하나의 AS가 된다. ISP 네트워크 전체도 하나의 AS다. 이러한 전 세계 AS들의 연결을 인터넷이라 부른다. AS는 크게 ISP AS와 ISP의 고객 AS로 구분할 수 있다. [그림 1-7]을 보면 ISP_a, ISP_b, ISP_c, ISP_d로 표시되는 전세계 ISP AS는 직간접으로 연결되어 있다. ISP AS에는 각각의 ISP들이 유치한 고객 AS가 연결되어 있다. 우리 회사는 ISP_d에 연결되었음도 확인할 수 있다.

[그림 1-7] ▶ AS와 인터넷

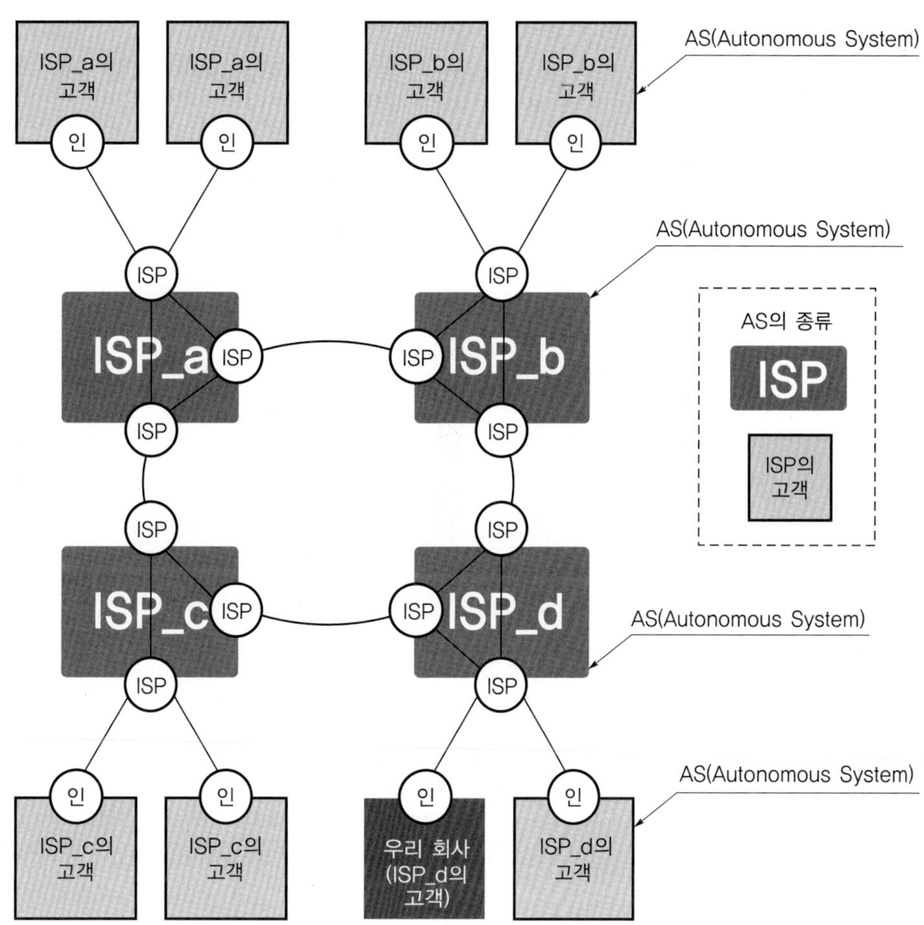

Lecture 03

LAN & WAN 비교

강의 키워드 LAN/WAN과 2계층 프로토콜, 전용 회선, 서킷 스위칭, 패킷 스위칭, VPN, Hub & Spoke 토폴로지, Full Mesh 토폴로지, Partial Mesh 토폴로지

네트워크는 LAN과 WAN으로 구분할 수 있다. LAN과 WAN의 차이는 뭘까? LAN은 Local Area Network로 가까운 거리를 연결하고, WAN은 Wide Area Network로 먼 거리를 연결한다. LAN은 가까운 영역을 연결하므로 직접 구축할 수 있고, WAN은 서울 본사와 대전 지사와 같이 먼 거리를 연결해야 하므로 직접 구축할 수 없는 네트워크다. 즉 빌려써야 하는 네트워크이므로 회선 임대료를 지불해야 하는 네트워크다.

네트워크는 [그림 1-8]과 같이 선이다.

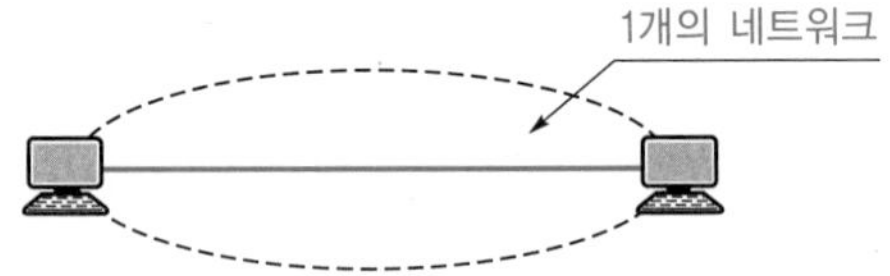

[그림 1-8] ▶ 1개의 네트워크

네트워크는 3계층 장비 즉, 라우터에 의해 분할된다. [그림 1-8]에서 네트워크 수는 1개지만 [그림 1-9]에서는 4개다. 스위치는 2계층 장비로 네트워크를 분할하지 않는다.

OSI 7계층에서 1계층과 2계층 프로토콜은 각각의 네트워크마다 달라도 된다. 즉, 1계층에서 정의하는 케이블 표준이나 시그널링 방식은 네트워크마다 달라도 된다. 2계층에서 정의하는 프로토콜도 네트워크마다 달라도 된다. 그러나, 3, 4, 5, 6, 7계층 프로토콜은 통신 당사자 즉, 단말 간에 일치해야 한다.

OSI 7계층에서 라우터는 3계층 장비다. 3계층 장비는 3계층 기능만을 수행하는 장비가 아니라, 3계층 이하의 모든 기능들을 수행한다. 즉, 3계층에서 3계층 주소를 기준으로 스위칭하는데 이를 라우팅이라 한다.

[그림 1-9]에서 보이는 4개의 네트워크마다 다른 2계층과 1계층 프로토콜을 사용할 수 있다. 네트워크의 경계 장치인 라우터는 1계층에서 네트워크 간에 시그널링 변환(Signaling Conversion)과 증폭 기능을 수행하고, 2계층에서는 2계층 헤더 변환 기능인 미디어 트랜슬레이션(Media Translation)을 수행한다.

[그림 1-9] ▶ 네트워크와 2계층 프로토콜

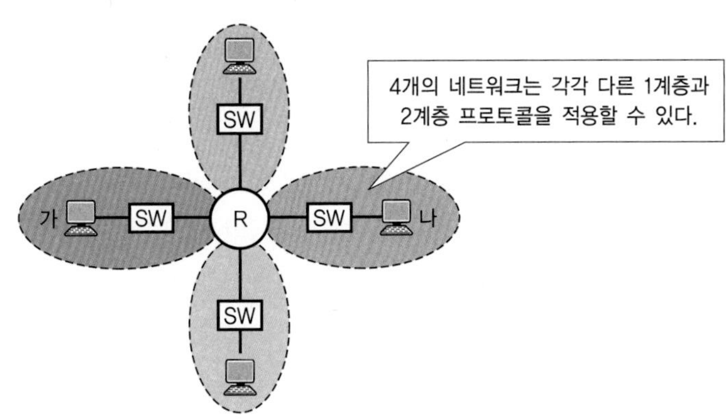
4개의 네트워크는 각각 다른 1계층과
2계층 프로토콜을 적용할 수 있다.
SW
가
SW
R
SW
나
SW

미디어 트랜슬레이션이란 2계층 프로토콜의 작동 범위가 네트워크 내부이기 때문에 필요한 기능이다. [그림 1-10]에서 '가' PC에서 '나' PC로 프레임을 보내면 기본적으로(4계층에서 정의하는) TCP 또는 UDP 헤더, (3계층에서 정의하는) IP 헤더, (네트워크마다 다를 수 있는) 2계층 헤더를 착용하고 출발한다. 2계층 프로토콜의 동작 범위는 네트워크 내부이기 때문에 네트워크마다 다른 2계층 헤더를 착용해야 한다. 이 2계층 헤더의 변환 작업을 미디어 트랜슬레이션이라 하고, 네트워크와 네트워크의 경계 장치인 라우터가 2계층에서 수행한다.

2계층 프로토콜의 범위는 네트워크 내부이므로 2계층 주소는 네트워크 내에서(장치들을 구분하기 위해)사용된다. 따라서, [그림 1-10]에서 '가' PC가 존재하는 네트워크와 '나' PC가 존재하는 네트워크가 동일한 2계층 프로토콜을 사용한다 해도 2계층 주소 변환 은 여전히 필요하다. 즉, PC '가'에서 PC '나'로 프레임을 보낼 때 PC '가'가 존재하는 네트워크에서는 출발지 2계층 주소는 PC '가'의 주소이고, 목적지 2계층 주소는 라우터의 Fa 0/0 인터페이스의 2계층 주소다. PC '나'가 존재하는 네트워크에서는 출발지 2계층 주소는 라우터의 Fa 0/1 인터페이스의 2계층 주소이고, 목적지 2계층 주소는 PC '나'의 2계층 주소다. 2계층 주소를 보고 스위칭을 하기 때문에 출발지 2계층 주소와 목적지 2계층 주소는 해당 네트워크에서 스위치에 연결된 어떤 장치의 2계층 주소가 되어야 한다. 반면, 3계층 주소는 PC '가'에서 출발하여 PC '나'에 도착할 때까지 출발지 주소는 PC '가'의 주소이고, 목적지 주소는 PC '나'의 주소로 변함이 없다. 2계층 주소는 네트워크 내부에서 장치를 구분하고, 3계층 주소는 모든 네트워크에서 장치를 구분하기 때문이다.

[그림 1-10] ▶ 미디어 트랜슬레이션 (Media Translation)

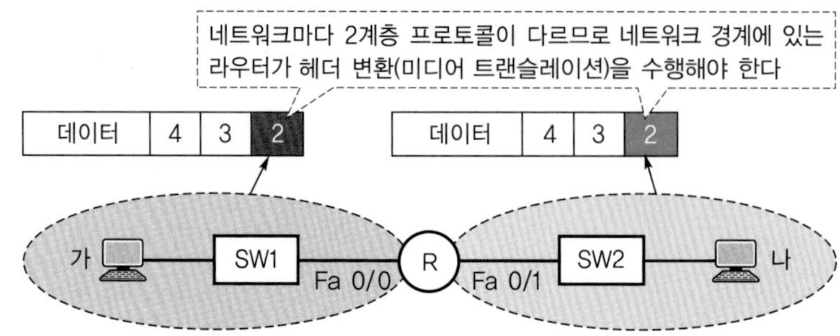

LAN에 적용하는 2계층 프로토콜에는 [표 1-5]와 같이 이더넷, 토큰링, FDDI가 있다. 토큰링은 4 또는 16Mbps의 밴드위스를 제공하고 FDDI는 100Mbps 또는 1Gbps 속도를 제공하는데 비해, 이더넷은 10Mbps, 100Mbps, 1,000Mbps(1Gbps), 10,000Mbps (10Gbps) 100,000Mbps(100Gbps)의 보다높은 밴드위스를 제공한다. 한편, 토큰링과 FDDI의 기술은 복잡하다. 기술이 복잡하면 하드웨어 가격이 비싸지고, 관리하기도 어렵다. 결론적으로 토큰링과 FDDI는 이더넷에 비해 구축 비용은 높고, 관리하기는 어렵고, 속도는 느리기 때문에 더 이상 사용하지 않는다.

[표 1-5] ▶ LAN 서비스

구분	이더넷	토큰링	FDDI
최대 속도	100Gbps	16Mbps	1Gbps
기술	간단	복잡	복잡

현재, 국내에서 신규 가입자가 선택할 수 있는 WAN 서비스는 [표 1-6]과 같이 전용 회선과 VPN 그룹으로 나뉜다. 신규 가입자가 선택할 수 없는 WAN 서비스에는 패킷 스위칭 서비스와 서킷 스위칭 서비스도 있다.

[표 1-6] ▶ WAN 서비스

구분	전용 회선		VPN	
구분	TDM 방식	이더넷 방식	MPLS VPN	IPSec VPN
특징	장애 시 복구 시간 짧음	낮은 장애율	패킷 스위칭 서비스 (F/R, ATM, X.25) 대체	높은 확장성
속도	정해진 속도 보장	정해진 속도 보장	정해진 속도 보장 가능	속도 보장 불가능
요금	고가	고가	보통	저렴

전용 회선 서비스는 1 : 1(Point to Point) 연결만 가능한데 TDM(Time Division Multiplexing) 방식과 이더넷 방식으로 나뉜다. [그림 1-11]을 보면 TDM 방식은 데이터를 시간 단위로 분할하여 전송하는 방식이고, 반면, Ethernet 방식은 광 이더넷을

통해 연결하여 라우터와 전송장치가 필요 없다.

[그림 1-11] ▶ 두 가지 방식의 전용회선 비교

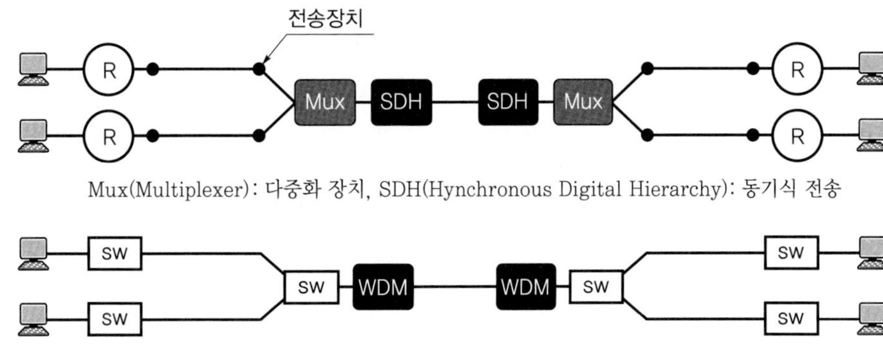

[표 1-7]을 보면 TDM 방식과 Ethernet 방식의 요금은 비슷하다. 다만, TDM 방식은 64Kbps의 N배 속도로 T1(1.544Mbps)/E1(2.048Mbps)까지 제공하고, 그 외 45Mbps 155Mbps, 622Mbps 등의 속도를 제공한다. 따라서, 2.048Mbps에서 45Mbps 사이에는 제공 속도가 없다. 그러나, Ethernet 전용회선은 1M, 2M, 4M, 5M, 6M, 8M, 10M, 30M, 20M, 30M, 50M 등의 다양한 속도를 제공한다.

서비스 제공업자 입장에서도 Ethernet 방식은 망 구성의 단순성 때문에 TDM 방식보다 망 구축 및 유지보수 비용이 낮고, 회선 구성이 단순해 장애율도 낮다. 또한, TDM 방식은 시간 분할 방식으로 보내는 데이터가 없을 때도 고정 대역폭을 점유하여 사용 효율이 낮은 반면, Ethernet 방식은 패킷 교환 방식으로 대역폭을 공유하여 회선 사용 효율이 높다.

TDM 방식의 장점으로는 장애 발생 시, 망 복구 절차가 단순하여 복구 시간이 짧은 반면, Ethernet 방식은 'Chapter 5'에서 다룰 STP(Spanning Tree Protocol)와 같은 프로토콜 적용으로 망 복구 절차가 복잡할 수 있다.

[표 1-7] ▶ TDM과 Ethernet 방식의 전용회선 비교

구분	TDM 방식	Ethernet 방식
요금	차이 없음	
속도	N×64Kbps, T1/E1, 45Mbps, 155Mbps	1Mbps~10Gbps 사이에 다양한 속도 제공
특징	• 시간 분할 방식, 즉 사용하지 않아도 항상 채널을 점유하는 방식으로 사용 효율 낮음 • 이더넷 프레임이 POS(Packet over SDH)프레임으로 변환(미디어 트랜슬레이션) 후 전달되어 오버헤드와 지연 발생. • 전송로 장애 시, 망 복구 절차가 단순하여 망 복구 시간 짧음.	• 패킷 교환 방식, 즉 밴드위스를 공유하므로 사용 효율 높음. • 가입자의 이더넷 헤더가 서비스 제공업자 망 내부에서도 변환 없이 전달되어 오버헤드와 지연 없음. • 전송로 장애 시, 망 복구 방식 비교적 복잡(STP 프로토콜 등 적용 때문)

[표 1-6]의 전용회선과 VPN(MPLS, IPSec)은 신규 가입자가 받을 수 있는 WAN 서비스인 반면, 패킷 스위칭 서비스는 국내에서는 더 이상 신규 가입자를 받지 않고 기존 가입자들만 유지할 뿐이다. 패킷 스위칭 기술에 속하는 Frame Relay, X.25, ATM은 VC(Virtual Circuit) 기술을 도입하였다.

[그림 1-12]에서 전용 회선은 서울 본사와 각 지사들을 연결할 때 별도의 물리적인 서킷으로 연결한다. 서울 본사 라우터는 별도의 물리적인 서킷 때문에 다수의 포트가 필요하지만, 분리된 서킷으로 연결하므로 각 연결에 대한 품질([그림 1-12]에서는 각각 10Mbps)을 보장할 수 있다. 이에 반해 이더넷 스위칭은 R1이 R2, R3, R4와 통신할 때, 모두 ①번 링크를 공유하는 다중화가 가능하여 R1 라우터는 1개의 포트만 필요하다. 반면, 전용회선처럼 R1-R2, R1-R3, R1-R4 각 연결에 대한 품질(속도)을 보장할 수 없다.

[그림 1-12] ▶ 전용회선과 이더넷 스위칭

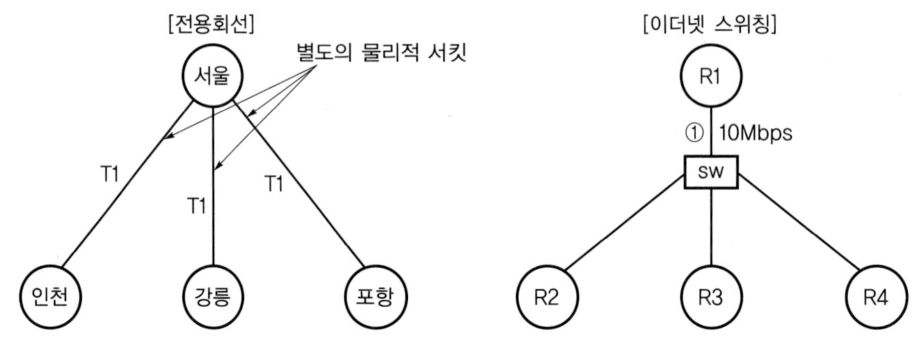

이러한 전용회선의 품질 보장 장점과, 이더넷 스위칭의 다중화 장점을 모두 제공할 수 있는 기술이 패킷 스위칭의 버추얼 서킷이다. 즉, [그림 1-13]에서 서울 본사 라우터는 프레임 릴레이(Frame Relay) 스위치와 1개의 물리적 서킷으로 연결되었지만, 이 물리적 서킷 위에 각 지사를 연결하는 다수의 버추얼 서킷들이 다중화된다. 이것은 이더넷 스위칭의 장점이다. 또한 각각의 버추얼 서킷은 각각 10Mbps의 속도를 보장할 수 있으므로 전용회선처럼 품질을 보장할 수도 있다.

[그림 1-13] ▶ 패킷 스위칭의 버추얼 서킷

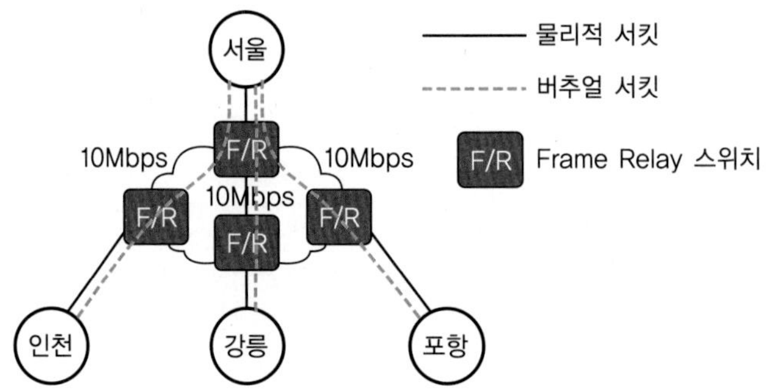

패킷 스위칭 서비스의 단점으로는 낮은 속도(F/R, X.25), 비효율성(X.25, ATM), 높은 구축 비용(ATM), 관리의 어려움(F/R, X.25, ATM)과 같은 약점을 가지고 있다. 구체적인 내용은 [표 1-8]을 참고하기 바란다.

[표 1-8] ▶ 패킷 스위칭 서비스의 장단점

구분		설명
장점	다중화	망 내부에서 TDM 방식의 전용회선은 Point-to-Point 연결만 가능하지만, X25, ATM, F/R의 패킷 스위칭 방식은 물리적 회선 위에 Virtual Circuit을 추가하여(Point-to-Point 구성뿐만 이니라) 다중화(Multipoint) 구성이 가능하다.
	품질	LAN의 이더넷 스위칭은 커넥션별 밴드위스를 보장할 수 없지만, 정해진 속도를 제공하는 VC(Virtual Circuit)을 추가하는 개념으로 각 VC(연결)의 속도를 보장할 수 있다.
단점	낮은 속도	X.25는 64Kbps, F/R는 2Mbps에 불과(ATM은 622Mbps)하다.
	비효율성	X.25는 에러 복구 기능을 제공하여 신뢰성을 제공하지만 동시에 지연의 원인이 된다. ATM은 비동기 방식으로 70Kbps, 85Kbps 등 다양한 속도를 제공하지만, 53바이트의 Cell 단위 전송방식으로(헤더는 5바이트로 헤더 비율이 높기 때문에) 프레임 구성 측면에서 비효율적이다.
	높은 구축 비용	고객 입장에서 ATM은 비교적 고가의 장치로 구축비용이 높다. 서비스 제공업자 입장에서도 ATM, F/R, X.25 서비스별로 별도의 전국망을 구축/운용하여 투자 효율이 떨어진다.
	관리의 어려움	동작원리가 간단한 이더넷이나 전용회선과 달리, 운용 관리를 위해 비교적 많은 경험과 지식이 필요하다.

MPLS VPN은 [표 1-9]와 같이 패킷 스위칭 서비스의 장점은 유지하면서 단점을 극복할 수 있기 때문에 프레임 릴레이, X.25, ATM 스위칭 서비스를 대체하게 되었다. 현재 국내에서는 프레임 릴레이, X.25, ATM 서비스에 대한 신규 가입자를 모집하지 않고 있다.

[표 1-9] ▶ MPLS VPN의 특징

구분		설명
서비스 제공 업자	효율성	• 패킷 전송을 위해 베스트 루트와 세컨 베스트 루트를 동시에 사용하는 트래픽 엔지니어링(Traffic Engineering)과 같은 솔루션 때문에 망 사용 효율이 높다. • 20바이트의 IP 헤더가 아니라 4바이트에 불과한 라벨 스위칭 방식으로 효율적이다.
	품질	QoS(Quality of Service) 적용으로 원하는 품질을 제공할 수 있다.
	낮은 구축 비용	고가의 F/R, ATM, X.25 스위치에 비해 Layer 3 장치 사용으로 구축 비용이 저렴하다.
가입자 입장	높은 속도	100Mbps 등 고속 제공
	가용성	• 본지사 간에 Full mesh 연결을 기본적으로 제공한다.
	관리 용이	이더넷이나 전용회선 접속 방식으로 가입자는 MPLS 스위칭에 대한 지식을 필요로 하지 않는다.

IPSec VPN은 공용 인터넷 망을 사설 WAN으로 사용하는 방식이다. 인터넷은 접속 비용이 저렴하여 다수의 사이트를 낮은 비용으로 연결 가능하다. 또한, 인터넷에 연결만 되어 있다면 간단한 설정을 통해 본·지사들을 연결할 수 있으므로 일시적이거나 임시적인 연결에 사용할 수 있어 융통성이 뛰어나다.

그러나, 데이터가 노출되기 쉬운 공용 인터넷 망을 통과하기 때문에 데이터가 바뀌지 않았음을 증명할 수 있는 무결성 확인, 누가 데이터를 훔쳐도 무슨 내용인지 모르게 하는 암호화, IPSec VPN 장치에 대한 접속자격을 확인하는 인증 기능이 필요하다.

마지막으로 ISDN, PSTN과 같은 서킷 스위칭 서비스는 필요할 때만 연결하는 서비스다. 평소에 연결되어 있지 않으므로 데이터를 보낼 때 콜 셋업(Call Setup) 절차를 거친다. 수 초 이상의 콜 셋업 지연 시간은 약점이 되지만, 연결된 시간만큼만 요금을 제공할 수 있어, 데이터 량이 많지 않을 경우 가장 경제적이다. 더이상 사용하지 않는 ISDN 서비스와 달리 PSTN은 카드결제 시스템의 연결 등에 사용하고 있다.

앞서, 네트워크 설계 및 구축 모델로 Hierarchical 3계층 모델에 대해 소개했었다. 여기서 처음 언급하지만 사실, Hierarchical 3계층 모델은 보통 LAN 네트워크를 위한 모델이다. 그렇다면 WAN 설계를 위해서는 어떤 모델을 사용할까? WAN 설계 시 적용 가능한 모델로 [그림 1-14]의 Hub & Spoke, Full Mesh, Partial Mesh 모델이 있다.

[그림 1-14] ▶ WAN 토폴로지 모델들

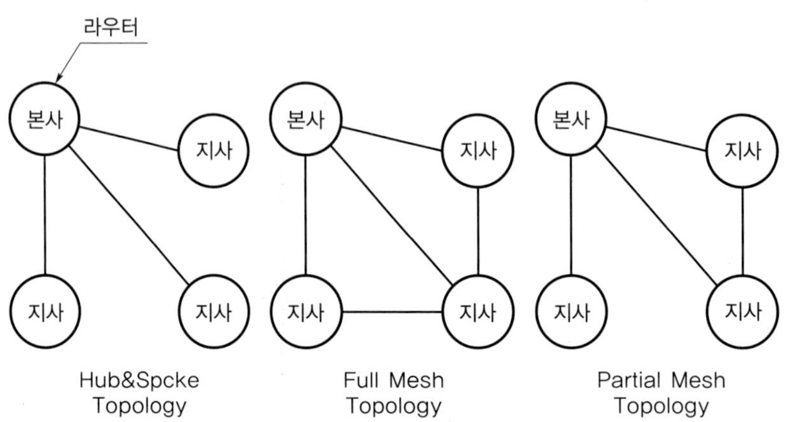

[표 1-10]의 Hub & Spoke 토폴로지를 보면 본·지사 간의 연결만 제공하며, 지사 간의 연결이 없기 때문에 회선 비용은 가장 낮은 대신, 본사와의 유일한 연결이 끊기면 지사는 고립되기 때문에 가용성은 낮다. 가용성은 24시간×365일 네트워크를 계속 쓸 수 있는 특성이다. Hub&Spoke 토폴로지에 반대되는 것이 Full Mesh 토폴로지다. Full Mesh 토폴로지는 모든 지사 간의 연결을 제공하여 회선 비용과 가용성이 모두 높다. 중간 형태인 Partial Mesh 토폴로지는 중요 지사끼리만 연결하여 부분적인 리던던시를 부여한다. 회선 비용과 가용성은 중간 수준이다. 회선 비용과 가용성 중 무엇이 중요한가에 따라 WAN 토폴로지가 정해질 것이다.

[표 1-10] ▶ WAN 토폴로지 모델 비교

토폴로지 모델	비용	가용성
Hub&Spoke	낮음	낮음
Full Mesh	높음	높음
Partial Mesh	중간	중간

Lecture 04

LAN 구성 II

강의 키워드 LAN 2계층 프로토콜, WAN 2계층 프로토콜, 전용회선, 서킷 스위칭, 패킷 스위칭, VPN, Hub & Spoke 토폴로지, Full Mesh 토폴로지, Partial Mesh 토폴로지

네트워크 설계와 구축이 잘 되었는지를 판단하는 기준으로 다음 다섯 가지를 들 수 있다. 이들 중, '비용'은 네트워크 소유자, '가용성, 성능, 보안'은 네트워크 사용자, '관리 용이성'은 네트워크 관리자를 위한 속성이다.

① 비용
② 가용성
③ 성능
④ 보안
⑤ 관리 용이성

네트워크에 새로운 소프트웨어나 하드웨어를 추가, 제외하거나 프로토콜 설정 등의 크고 작은 변경을 할 때, 이 다섯 가지 기준에 비추어 타당성을 따져 보아야 한다. 이러한 각 항목들은 서로 트레이드 오프(trade off) 관계에 놓이는 경우가 많다. 예를 들어 가용성을 높이기 위해 네트워크 장치를 이중화하면 관리 포인트가 늘어나 관리 용이성은 나빠지고, 침투 경로가 다양화되어 보안성도 나빠진다. 보안성을 높이기 위해 보안장비를 도입하면 모든 패킷이 보안장비를 거쳐야 하므로 성능은 나빠지고, 관리 포인트도 늘어나 관리 용이성은 나빠지며, 보안장비의 오작동 가능성 때문에 가용성도 낮아진다고 본다. 일반적으로 솔루션 도입을 통해 성능, 보안, 관리 용이성을 높이면 추가 비용이 발생한다. 한편, 네트워크 구성을 단순화하면 구축비용이 낮아지고, 관리 용이성이 좋아지고 장애 확률을 낮추어 가용성이 개선되고, 패킷 처리의 단순성으로 성능도 좋아진다. 실제 구축 과정에서 이러한 항목들 사이에서 줄타기를 잘하는 것이 최적화 과정이 되고, 향후의 강의에서도 이 주제가 중요한 부분을 차지한다.

이번 강의에서는 코어 계층을 구성하는 다양한 방법들을 비교해본다.

코어 계층 스위치를 두는 방식을 제1안이라 하고, 코어 계층 스위치를 생략하는 방식을 제2안이라고 하자.

코어 스위치는 디스트리뷰션 계층의 라우터들과 인터넷 접속 라우터, WAN 접속 라우터를 연결하는 장비이므로 이를 생략 시에는 [그림 1-15]와 같이 라우터들을 직접 연결해야 한다.

제2안과 같이 코어 스위치를 생략하면 우선 비용 측면에서 코어 스위치의 구입 비용을 줄인다. 가용성 측면에서 코어 스위치의 고장이나 문제로 인해 발생하는 다운 타임을 줄일 수도 있다. 성능 측면에서 코어 스위치는 조직 내에서 가장 많은 트래픽이 지나가는 백본 장비다. 이때 코어 스위치를 생략하면, 코어 스위치를 거칠 필요가 없는 만큼, 지연 시간도 줄인다.

[그림 1-15] ▶ 제2안: 코어 스위치가 생략된 구성 I

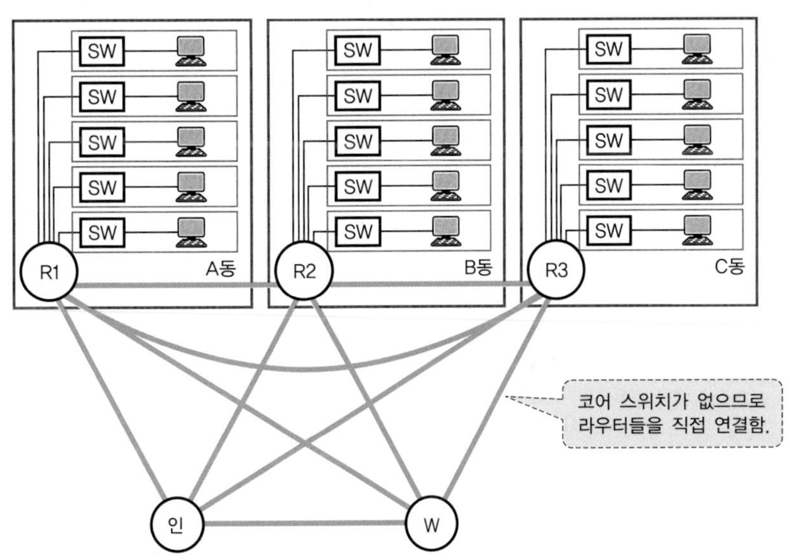

그러나, [그림 1-16]의 제1안과 같이 코어 스위치를 두면 5대의 디스트리뷰션 계층 라우터를 연결하는 선 수는 5개가 필요하다. N은 라우터 수다. 제2안과 같이 라우터끼리 직접 연결했을 때의 선 수는 $\frac{N(N-1)}{2}=\frac{5(5-1)}{2}$ 개 즉, 10개가 필요하다. 즉, 선 수는 제2안이 제1안보다 많다. 연결해야 할 라우터가 10대라면, 제1안의 경우 10개의 선이 필요하지만, 제2안의 경우 $\frac{10(10-1)}{2}=45$개의 선이 필요하여 연결해야 할 라우터가 많을수록 그 차이는 더욱 벌어진다.

2안에서 라우터들은 연결해야 할 선 수가 늘어난 만큼 많은 포트들을 가져야 하고, 많은 포트 수를 가진 라우터는 해당 포트들로부터 들어오는 트래픽 처리를 위해 보다 높은 성능을 보유해야할 것이고, 보다 높은 성능을 가진 라우터는 구입 비용을 증가시킨다. 즉, 코어 스위치를 생략했다 하더라도, 디스트리뷰션 라우터의 구입 비용이 증가하여 코어 스위치의 생략으로 인한 비용 절감 효과가 미미할 수 있다.

관리 용이성 측면에서도 코어 스위치를 생략하는 제2안이 코어 스위치를 두는 제1안보다 늘어난 선 수로 네트워크는 더 복잡해져 관리하기 어려워진다고 본다.

가용성 측면에서는 코어 스위치를 생략하는 제2안이 낫다. 즉, [그림 1-16]에서 예를 들어 R1과 R3을 연결하는 경로를 보면 코어 스위치를 생략한 제2안에서는 ①, ②, ③, ④ 경로가 다양하지만, 코어 스위치를 두는 제1안에서는 ①번 경로밖에 없기 때문이다.

[그림 1-16] ▶
제1안과 제2안 비교

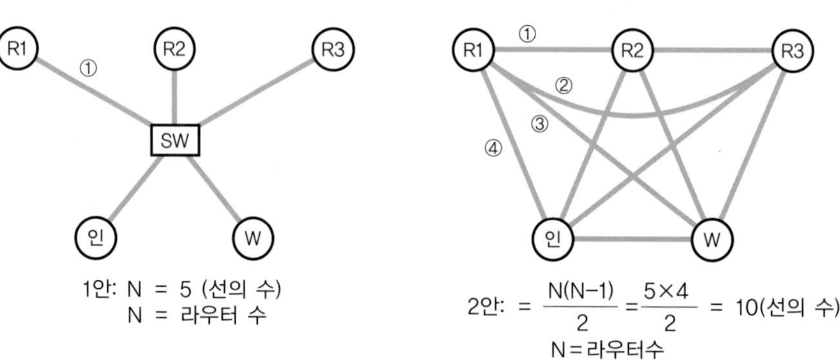

[그림 1-17]은 제3안으로 코어 스위치를 생략하고, 디스트리뷰션 계층의 특정 라우터에 코어 스위치의 역할을 맡기는 구성이다. 그림에서 R2는 디스트리뷰션 계층 라우터이자 코어 계층 스위치 역할을 하므로 모든 라우터는 R2에 연결한다. 3안의 구성은 2안과 같이 코어 스위치를 생략할 수 있을 뿐 아니라, 1안과 같이 선의 수도 줄일 수 있어 1안과 2안의 장점을 모두 살린 구성방식이다.

[그림 1-17] ▶ 제3안: 코어 스위치가 생략된 구성 II

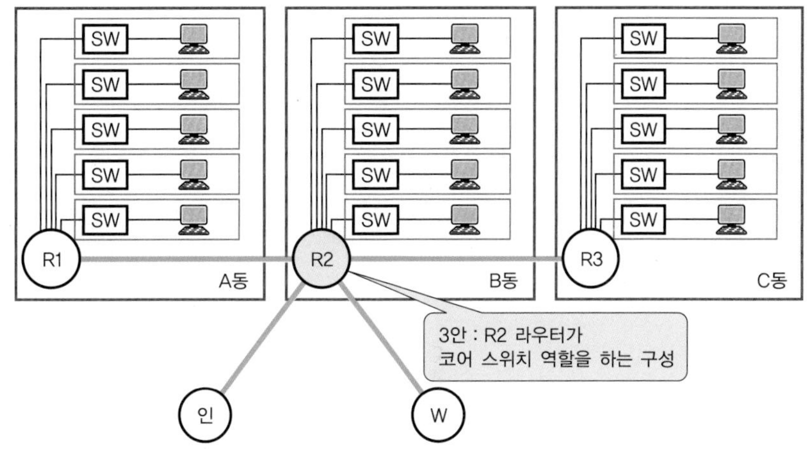

제3안은 토폴로지가 가장 단순하기 때문에 구축 비용이 절감되고 관리하기도 용이하여 많이 적용하는 구성이다. 그러나, B동 내부의 스위칭 룹으로 인한 브로드캐스트 스톰이나 DDoS 등의 다양한 공격으로 R2 라우터가 다운되면, 모든 건물 간 통신과 인터넷 접속, 지사와 통신 등 모든 통신이 불가능하여 가용성 측면에서 약점을 가진다. 이것은 제1안도 마찬가지다. 즉, 코어 스위치가 다운되었을 때 동일한 가용성 문제가 발생한다.

제1안과 제3안의 가용성 문제를 해결하기 위해 중요 장비를 이중화한다. 이중화에 대해서는 Chapter 3의 'Lecture 01. Hierarchical 3 Layer 모델과 Redundancy'에서 자세히 다룬다.

지금까지 설명한 LAN을 구성하는 3가지 안에 대한 비교를 [표 1-11]과 같이 다시 요약한다.

[표 1-11] ▶ 코어 계층 구성안 비교 요약

구분	제1안	제2안	제3안
코어 계층 생략 여부	생략 안함	생략	생략
코어 계층에서의 지연	코어 장치를 통과하므로 지연 있음	코어 장치 생략되므로 지연 없음	A동, C동은 있음
디스트리뷰션 계층 장치 다운시의 위험도	낮음(예를 들어 [그림 1-16]1안에서 R1 다운시에 해당 건물만 통신 불가	낮음(예를 들어 [그림 1-16]2안에서 R1 다운시에 해당 건물만 통신 불가	상황에 따라 다름(예를 들어 [그림 1-17]에서 R1이나 R3 다운시에 해당 건물만 통신불가하지만, R2 다운시엔 전체 건물 간 통신 불가
연결 선의 수	적음	많음	적음
관리 용이성	용이함	어려움	용이함
토폴로지 복잡성	간단함	복잡함	가장 간단함
가용성	낮음	높음	낮음
구축 비용	높음(코어 계층을 생략하지 않기 때문)	다소 높음(늘어난 선과 포트 수 때문)	낮음

Lecture 05

LAN 구축 기초 I Lab 01

강의 키워드 패킷 트레이서 사용법, 토폴로지 구성, UTP 케이블, 명령어 입력 모드, ?, Ctrl + Shift + 6 등의 키, IP 설계 및 설정, 라우팅 프로토콜 설정, show running-config, show ip route 명령

실습은 시스코 사의 시뮬레이션 툴인 Packet Tracer의 최근 버전을 활용하기 바란다. 이 랩에서 툴의 사용법도 설명한다. 다음 내용을 실습을 하기 전에 숙지하기 바란다.

- 명령어를 잘못 입력하고 엔터 키를 누르면 오타 친 이름을 가진 장치에게 Telnet을 시도한다. 그러나, 해당 장치의 IP 주소를 모르기 때문에 네임 서버에게 브로드캐스트로 IP 주소를 요청하고 응답이 올 때까지 Lab도 중단된다. 여기서 빠져나오는 키가 'Ctrl + Shift + 6'이다.
- '↑'를 입력하면 이전에 사용했던 명령어를 자동으로 재입력해 준다. '↑'를 2번 누르면 이전 이전에 사용했던 명령어를 자동으로 재입력해 준다.
- 명령어는 모두 입력하는 대신, 다른 명령어와 구분되는 자리까지만 입력해도 된다.

Problem 1 액세스 계층, 디스트리뷰션 계층, 코어 계층 장비를 찾아라.

Problem 2 장비들을 연결하라.

[그림 1-18] ▶ 네트워크 구성

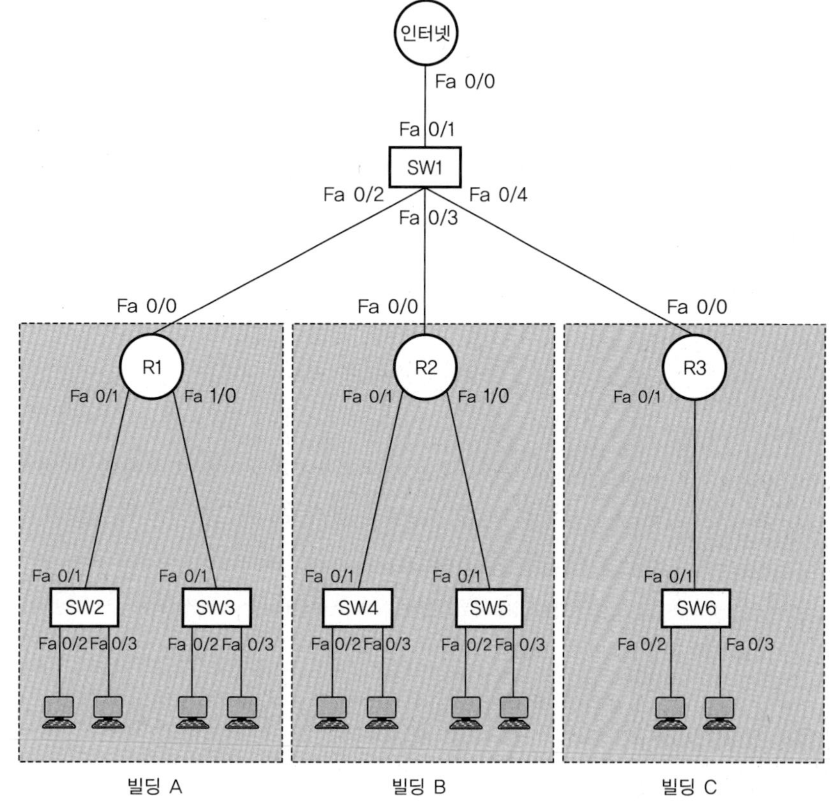

Problem 3 라우터를 클릭하고 CLI 메뉴 버튼을 클릭하면, 다음과 같이 묻는다. 이 때, 'no'를 입력하라.

```
Continue with configuration dialog? [yes/no]: no
```

Problem 4 router> 프롬프트에서 다음을 수행하라.

- Router>[?]와 같이 '[?]'키를 입력하여 현 위치에서 입력 가능한 명령어를 확인하라.
- Router>enable과 같이 'enable' 명령을 입력하여 router# 프롬프트로 이동하라. (명령어는 다른 명령어와 구분되는 자리까지만 입력해도 되므로 'en' 또는 'ena' 또는 'enab' 까지만 입력해도 된다.)

Problem 5 Router# 프롬프트에서 다음을 수행하라.

- Router#?와 같이 '?'키를 입력하여 현 위치에서 입력 가능한 명령어를 확인하라.
- Router#show running-config 명령을 입력하고 그 내용을 확인하라.
- Router#configure terminal 명령을 입력하여 Router(config)# 프롬프트로 이동하라.

Problem 6 Router(config)# 프롬프트에서 다음을 수행하라.

- Router(config)#?와 같이 '?'키를 입력하여 현재 위치에서 입력 가능한 명령어를 확인하라.
- Router(config)#interface fastethernet 0/0 명령을 입력하여 router(config-if)# 프롬프트로 이동하라.

Problem 7 Router(config-if) 프롬프트에서 다음을 수행하라.

- Router(config-if)#?와 같이 '?'키를 입력하여 현재 위치에서 입력 가능한 명령어를 확인하라.
- Router(config-if)#no shutdown 명령을 입력하여 인터페이스를 살려라.

Problem 8 Router(config-if)# 프롬프트에서 router> 프롬프트로 빠져 나오는 명령은 다음과 같다.

```
Router(config-if)#exit
Router(config)#exit
Router#exit
Router>

Router(config-if)#end
Router#exit
```

Problem 9 다음과 같이 하여 ?와 Tab 키의 기능을 알아내시오.

```
Router#?
Router(config)#?
Router#sh['Tab' 키를 누르시오]
Router#show  ru['Tab' 키를 누르시오]
Router#show  running-config
```

Problem 10 ↑ ↓ ← → 키를 각각 눌러 그 기능을 알아내라.

Problem 11 다음 조건대로 IP를 할당하라.

- 네트워크는 몇 개인가?
- IP를 할당하라(IP 설계시에 IP는 임의의 영역을 활용하고 Subnet Mask는 255.255.255.0을 적용하고 IP는 임의로 할당하라).
- 'show ip route' 명령으로 라우팅 테이블을 확인하라.

Problem 12 모든 라우터에서 다음과 같이 EIGRP 라우팅 프로토콜을 설정하라.

```
Router(config)#router eigrp 100
Router(config-router)#network 11.0.0.0
```

- 다시 'show ip route' 명령으로 모든 라우터의 라우팅 테이블을 확인하라.

Problem 13 모든 라우터와 PC에서 모든 IP로 핑이 성공함을 확인하라.

Lab 01 해설

Lab 01 에 대한 해설은 다음과 같다.

- Lab을 하기 전에 Ctrl + Shift + 6 키에 대해 설명을 하자. [그림 1-19]와 같이 명령어를 잘못 입력하고 엔터 키를 누르면 오타 친 이름을 가진 장치에게 Telnet을 시도한다. 그러나, 해당 장치의 IP 주소를 모르기 때문에 name server에게 브로드캐스트로 IP 주소를 요청하고 응답이 올 때까지 Lab은 중단된다. 여기서 빠져나오는 즉 Lab을 즉시 재개하게 하는 키가 'Ctrl + Shift + 6'이다.
- Problem 3 ~ Problem 10 까지의 설명은 스위치에서도 동일하다.

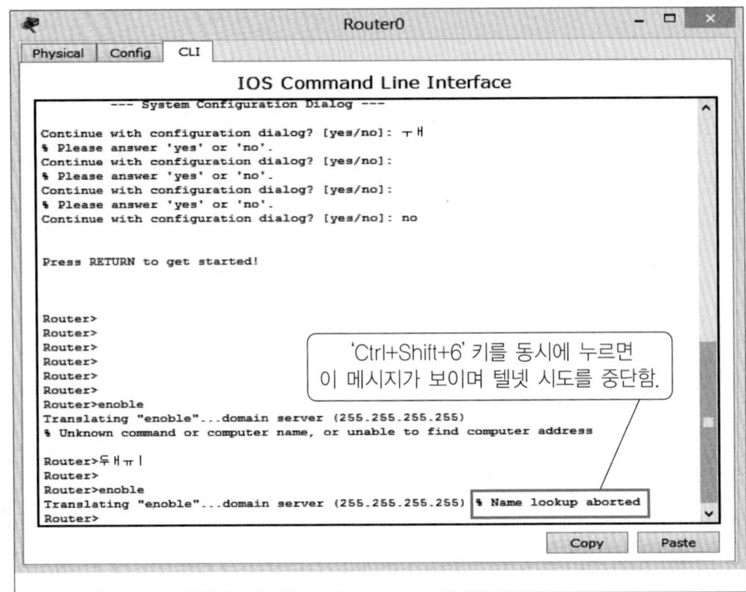

[그림 1-19] ▶ Ctrl + Shift + 6 키

Problem 1 액세스 계층, 디스트리뷰션 계층, 코어 계층 장비를 찾아라.

[표 1-12]와 같다.

[표 1-12] ▶ Hierarchical 3 layer 장비들

구분	장비	설명
액세스 계층	SW2, SW3, SW4, SW5, SW6	PC/서버가 연결된다.
디스트리뷰션 계층	R1, R2, R3	액세스 계층 장비가 연결된다.
코어 계층	SW1	디스트리뷰션 계층 장비가 연결된다.

Problem 2 장비들을 연결하라.

- 라우터 배치 [그림 1-20] 참조
  ① Packet Tracer를 켜면, Packet Tracer의 메인 창이 보인다.
  ② 왼쪽 하단의 라우터 심벌을 클릭하면
  ③ Packet Tracer가 제공하는 라우터 종류들을 볼 수 있다.

④ **4번째 라우터인 2621XM 라우터를 선택하고**(어떤 라우터라도 가능하지만, 2621XM으로 통일하기로 한다.)

⑤ Drag & Drop 방식으로 메인 창에 위치시킨다.

[그림 1-20] ▶ 라우터 배치

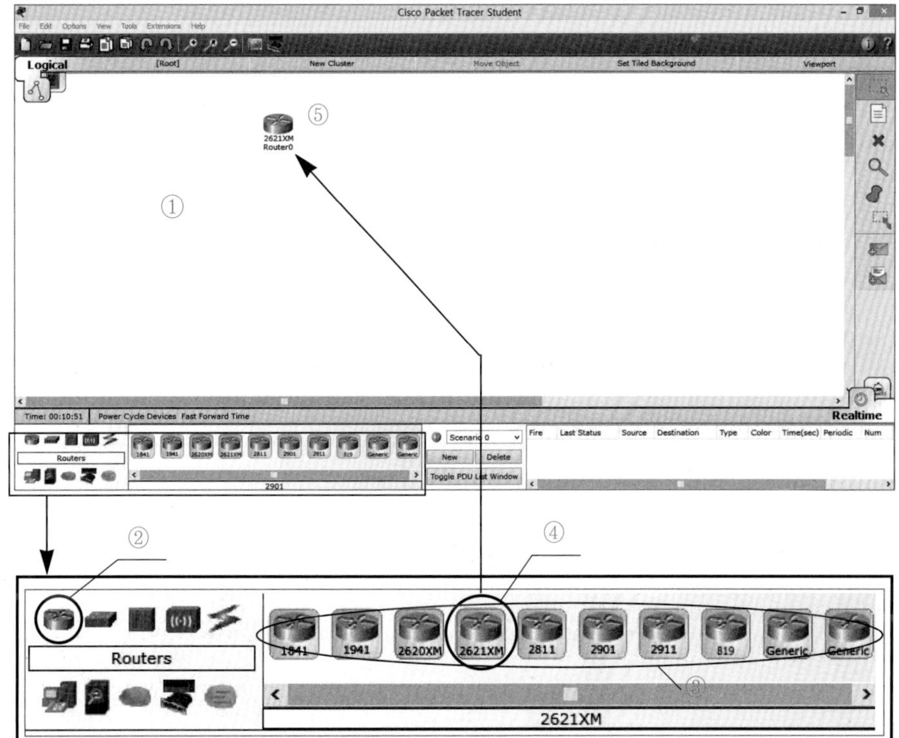

• 라우터의 포트 추가 [그림 1-21] 참조)

① Router를 클릭하면

② Route0 창이 뜬다.

③ 2621XM은 Hot swap 기능을 지원하지 않는다. 즉, 모듈 추가 전에는 전원을 꺼야 한다. 전원을 끄기 위해서 전원 버튼을 마우스 클릭한다.

④ & ⑤ 2621XM 라우터는 ④의 큰 빈 슬롯과 ⑤의 작은 빈 슬롯을 가진다.

⑥ 의 모듈들 중에서 'NM(Network Module)'으로 시작하는 이름을 가진 모듈들은 ④의 큰 빈 슬롯에 장착할 수 있고, 'WIC(WAN Interface Card)'로 시작하는 이름을 가진 모듈들은 ⑤의 작은 빈 슬롯에 장착할 수 있다. ⑥의 모듈들 중, NM-2FE2W 모듈을 선택하고 Drag & Drop하여 ④의 빈 슬롯에 장착한다.

⑦ 모듈 장착 이후에는 다시 전원을 켜야 한다. 전원을 다시 켜려면 다시 전원 버튼을 마우스 클릭한다.

한마디로, 2621XM 라우터는 Hot Swap(전원을 켠 채로 모듈 교체) 기능이 제공되지 않는 장비다.

[그림 1-21] ▶
라우터의 포트 추가

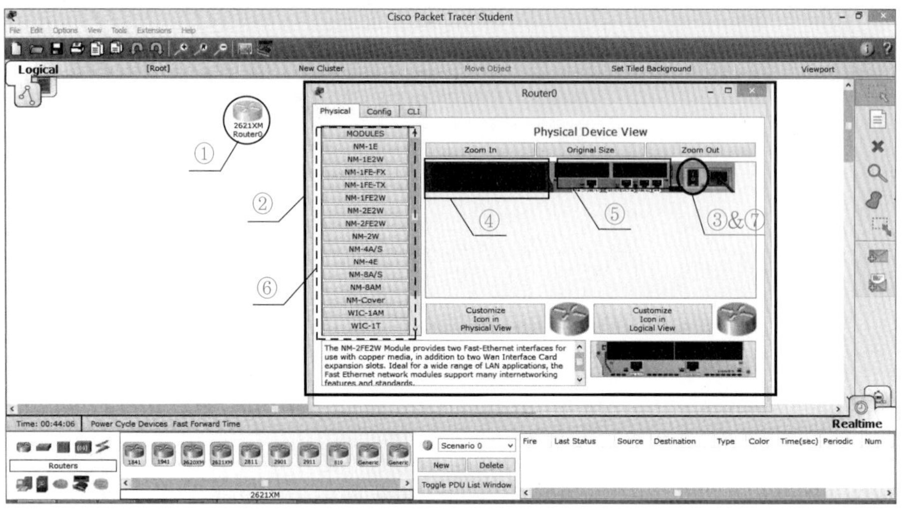

• 라우터 포트에 대한 설명([그림 1-22] 참조)

라우터 포트의 명칭과 설명은 [표 1-13]과 같다.

[그림 1-22] ▶
라우터 포트 명칭

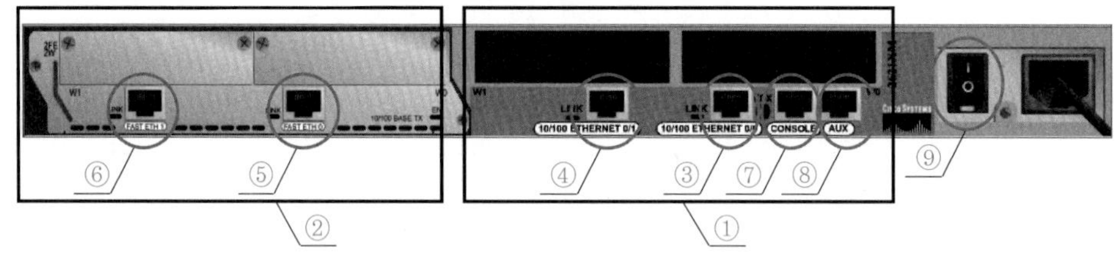

[표 1-13] ▶
모듈과 포트 번호

구분	모듈 및 포트 명칭
①	0번 모듈
②	1번 모듈
③	FastEthernet 0/0 (0번 모듈의 0번 포트)
④	FastEthernet 0/1 (0번 모듈의 1번 포트)
⑤	FastEthernet 1/0 (1번 모듈의 0번 포트)
⑥	FastEthernet 1/1 (1번 모듈의 1번 포트)
⑦	Console 포트 (명령어 입력 포트)
⑧	Auxiliary 포트 (원격관리용 및 명령어 입력 포트)
⑨	전원 스위치

• 스위치 배치([그림 1-23] 참조)

① 왼쪽 하단의 Switches 심벌을 클릭하면

② Packet Tracer가 제공하는 스위치 종류들을 볼 수 있다.

③ 3번째 스위치인 2960 스위치를 선택한다(어떤 스위치라도 가능하지만, 2960으로 통일한다).

④ Drag & Drop 방식으로 메인 창에 위치시킨다.

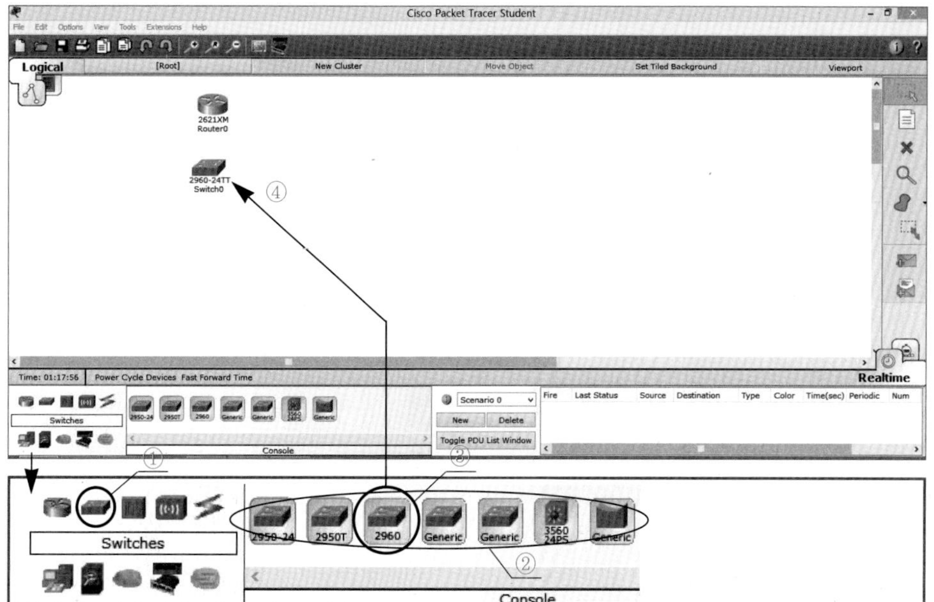

[그림 1-23] ▶ 스위치 배치

• PC의 배치([그림 1-24] 참조)

① 왼쪽 하단의 End Devices 심벌을 클릭하면

② Packet Tracer가 제공하는 End Devices 종류들을 볼 수 있다.

③ 첫 번째 장치인 PC를 선택하고

④ Drag & Drop 방식으로 메인 창에 위치시킨다.

[그림 1-24] ▶
PC 배치

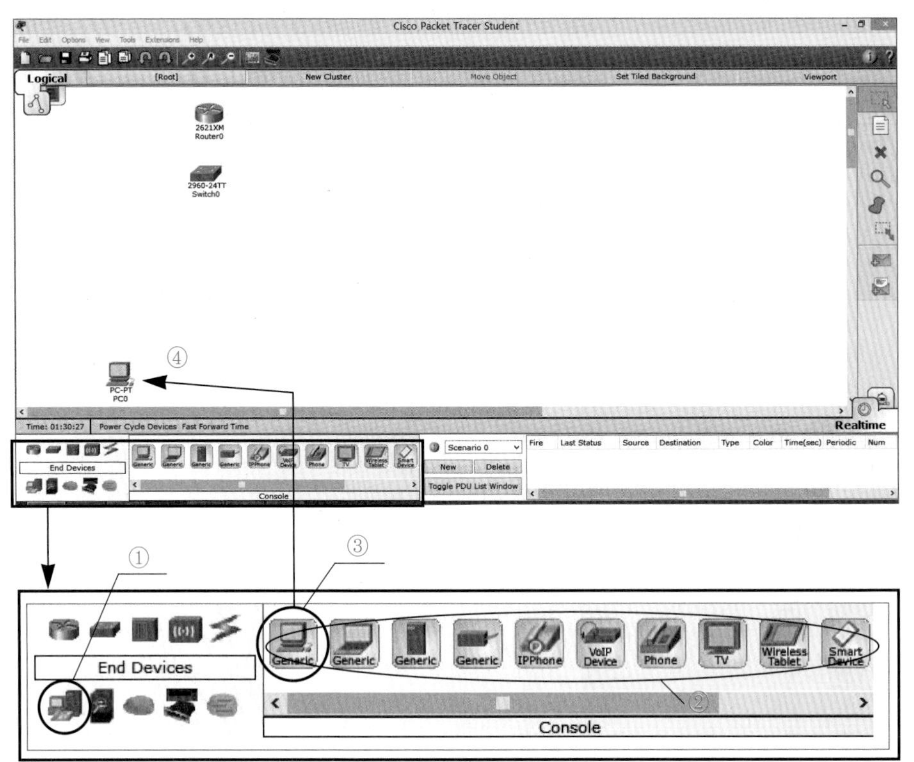

• 제공되는 케이블들([그림 1-25] 참조)

① 왼쪽 하단의 Connections 심벌을 클릭하면

② Packet Tracer가 제공하는 케이블 종류들을 볼 수 있다.

③은 (명령어 입력시 연결하는) 콘솔 케이블이고

④는 Straight-Through UTP(Unshielded Twisted Pair) 케이블이고,

⑤는 Crossover UTP(Unshielded Twisted Pair) 케이블이고,

⑥은 광케이블이다.

[그림 1-25] ▶
제공되는 케이블들

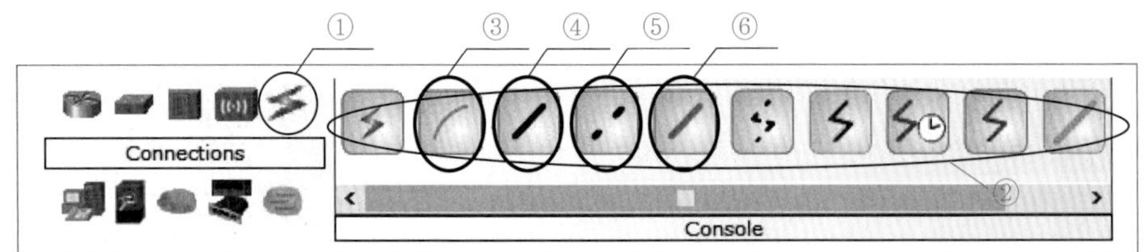

이 중 저렴하여 가장 많이 사용하는 UTP 케이블로 연결하기로 하자. [그림 1-26]과 같이 UTP 케이블은 8가닥으로 구성된다. PC/서버의 LAN 카드와 라우터 포트는 1과 2번 선을 통해 송신하고, 3과 6번 선을 통해 수신한다. 허브와 스위치는 정반대이다. 따라서 PC/서버/라우터를 허브/스위치와 연결할 때는 [그림 1-26]과 같이 꼬이지 않은 케이블을 사용한

다. 이렇게 꼬이지 않은 케이블을 Straight Through 케이블 또는 Direct 케이블이라 한다.

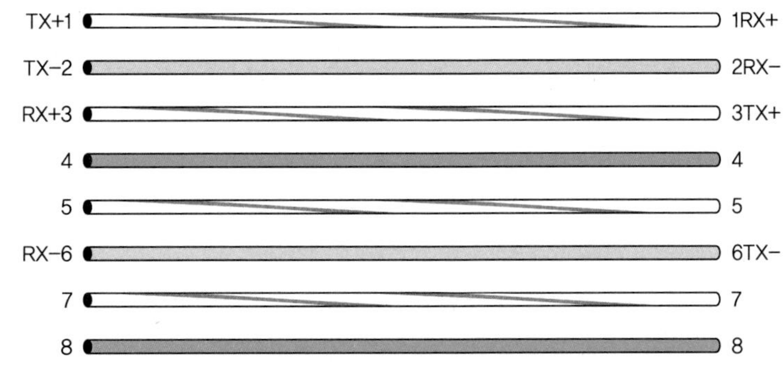

[그림 1-26] ▶ Straight Through 케이블

그러나, PC와 서버, PC와 라우터, 서버와 라우터를 연결한다면, 두 장치가 모두 1과 2번 선을 통해 송신하고 3과 6번 선을 통해 수신하려 할 것이다. 이때 보내려고 하는 쪽과 받으려고 하는 쪽을 연결해 주어야 통신이 가능할 것이다. 즉, 한 쪽의 1과 2번 선은 반대쪽의 3과 6번 선과 연결하는데 이렇게 꼬인 케이블을 Crossover 케이블이라 한다. 허브와 스위치, 스위치와 스위치, 허브와 허브의 연결도 마찬가지다. 즉, 송수신 선이 같은 장치끼리 연결할 때는 Crossover 케이블을 사용한다. Lab 01에서는 Straight-Through 케이블만을 사용하면 된다.

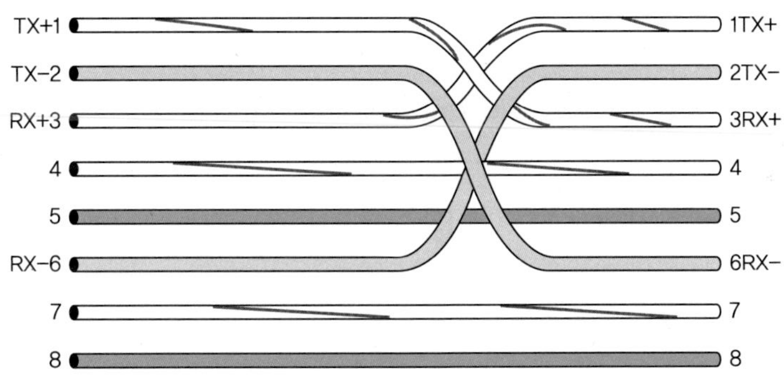

[그림 1-27] ▶ Crossover 케이블

- 케이블 연결([그림 1-28] 참조)

  ①의 Straight-Through UTP(Unshielded Twisted Pair) 케이블을 선택한다.

  ② 연결 대상 장비를 선택하고 마우스 왼쪽을 클릭하면,

  ③ 해당 장비가 가진 포트를 보여주는데 노란색으로 표시되는 FastEthernet 포트 중 하나를 선택한다(Auxiliary나 Console 포트를 사용하면 안됨).

  ④ 연결할 반대편 장비를 선택하고 마우스 왼쪽을 클릭하면

  ⑤ 해당 장비가 가진 포트 중 FastEthernet 포트 중 하나를 선택하면

  ⑥ 연결된다([그림 1-29] 참조).

[그림 1-28] ▶
캐이블 연결

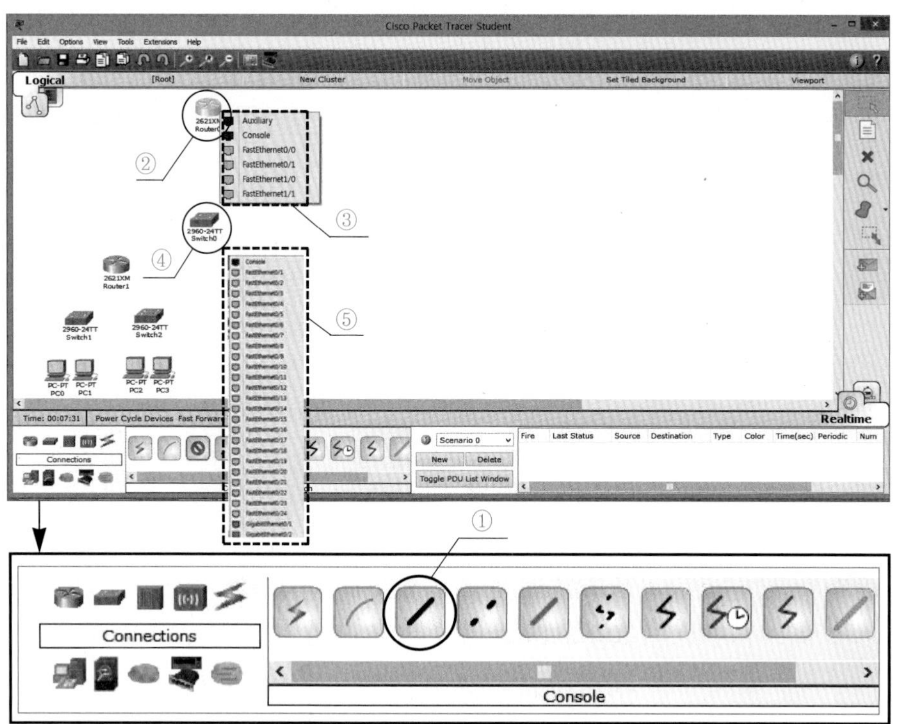

• 구성 일부에 대한 복사 기능

① 빌딩 A부분을 마우스로 사각형을 만들어 선택한 뒤, 'Ctrl+C'를 누르고

[그림 1-29] ▶
복사 기능 I

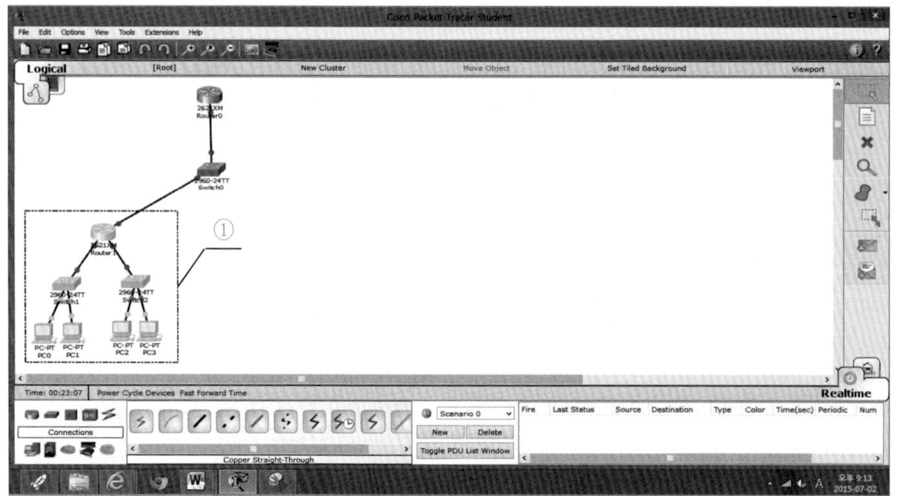

② 'Ctrl+V'를 클릭하면 복사된다.

③ 복사된 '②'번을 Drag & Drop하여 오른쪽 빈 공간에 위치시킨다.

[그림 1-30] ▶
복사 기능 II

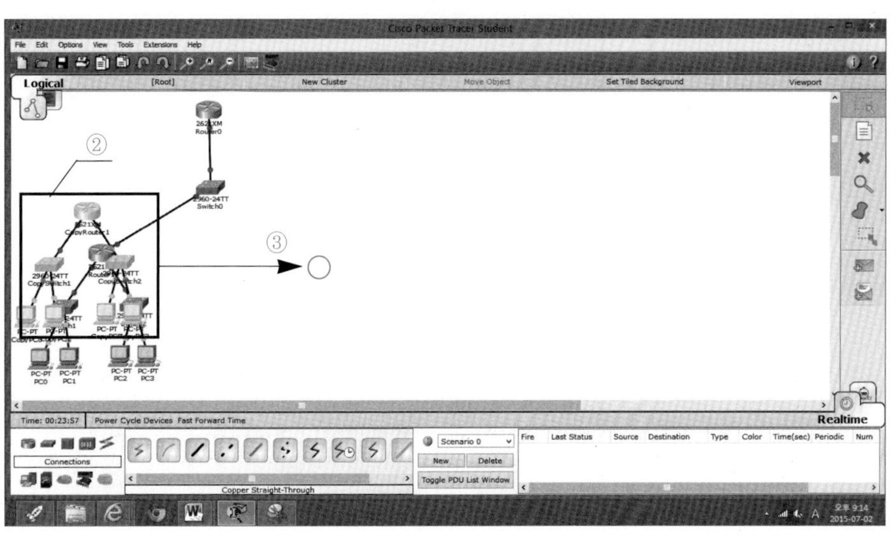

④ 다시 빌딩 B 부분을 마우스로 사각형을 만들어 선택하고, 'Ctrl+C'를 누르고 'Ctrl+V'를 클릭하면 복사된다.

⑤ 복사된 부분을 Drag & Drop하여

[그림 1-31] ▶
복사 기능 III

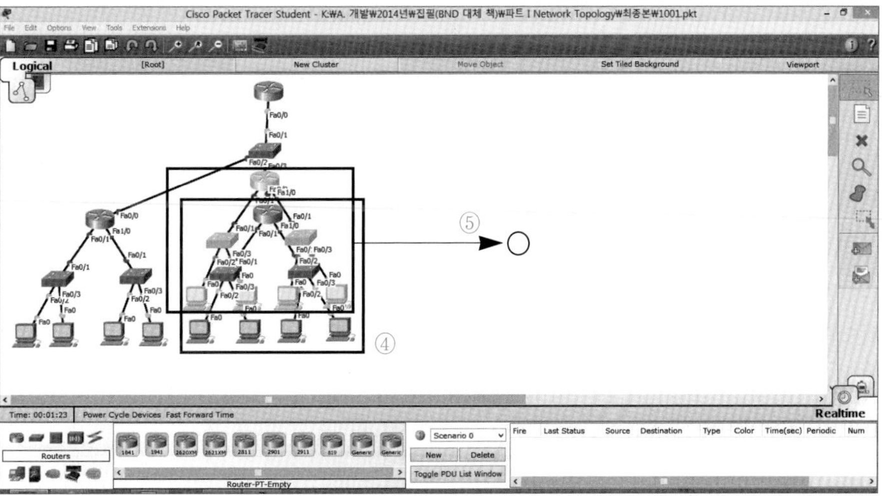

⑥ 오른쪽 빈 공간에 위치시킨다.

⑦ 불필요한 부분을 마우스로 사각형을 만들어 선택하고,

⑧ [그림 1-32]의 ⑧ 버튼을 누르면 해당 부분이 삭제된다. 대신 'Del'키를 사용해도 된다.

⑨ [그림 1-32]의 ⑨ 버튼을 누르면 선택 키로 바뀐다.

[그림 1-32] ▶
복사 기능 IV

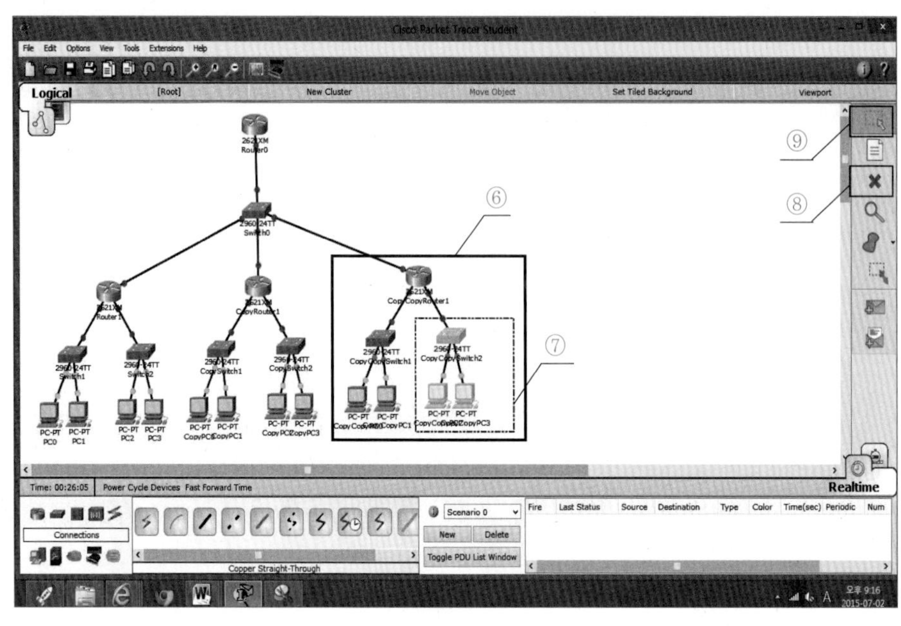

[그림 1-33]과 같이 연결이 완성되었다.

[그림 1-33] ▶
완성된 연결

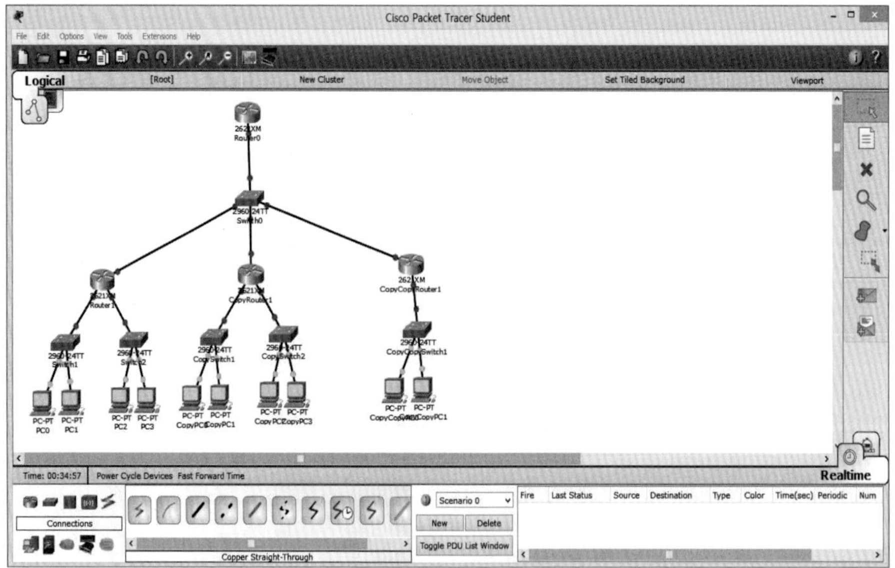

다음으로 포트 번호가 보이게 옵션을 설정하자.

• 옵션 설정([그림 1-34])

① 'Option' 메뉴를 선택하고

② 'Preference'를 선택한다.

[그림 1-34] ▶
옵션 변경 I

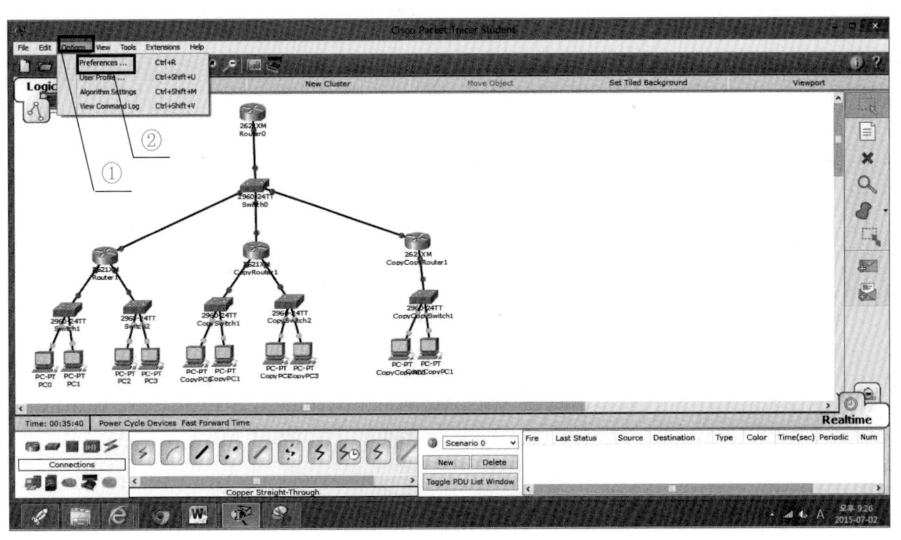

③ [그림 1-35]에서 'Show Devices Model Lables'와 'Show Devices Name Labels'를 체크 해제하고,

④ 'Always Show Port Labels'를 체크하고 창을 닫는다.

[그림 1-35] ▶
옵션 변경 II

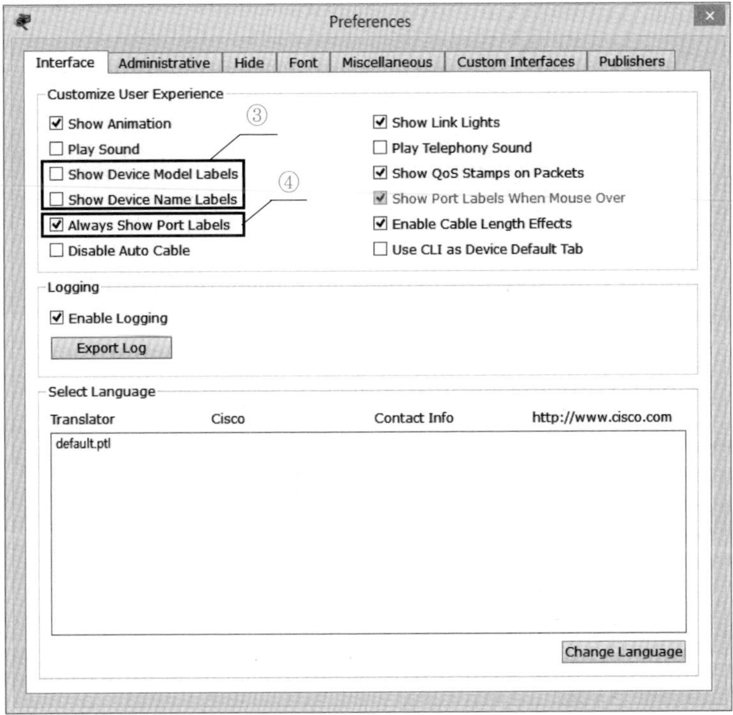

⑤&⑥ [그림 1-36]과 같이 각 장비마다 포트 번호가 보인다.

[그림 1-36] ▶
포트 번호

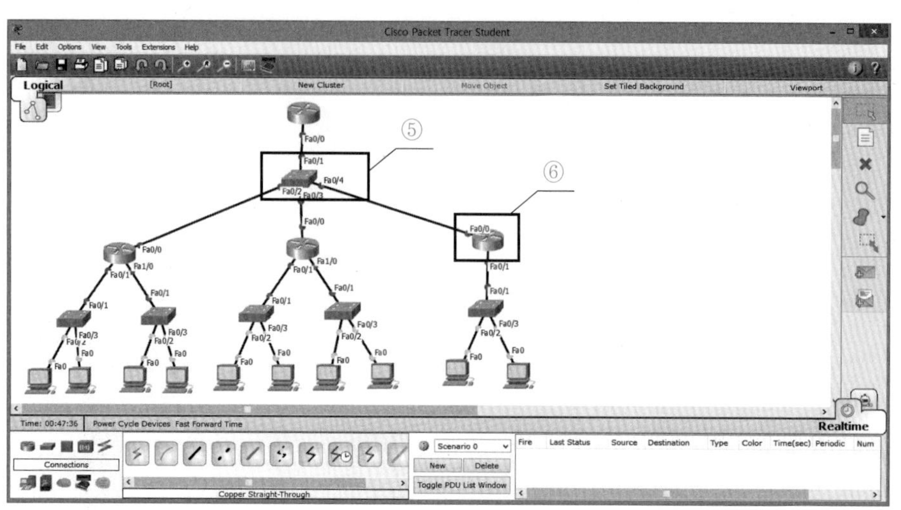

Problem 3 라우터를 클릭하고 CLI 메뉴 버튼을 클릭하면, 다음과 같이 묻는다. 이 때, 'no'를 입력하라.

① 라우터를 클릭하고 CLI 메뉴 버튼을 클릭하라. CLI(Command Line Interface)는 명령어를 입력할 수 있는 곳을 의미한다.

[그림 1-37] ▶
CLI(Command Line Interface)

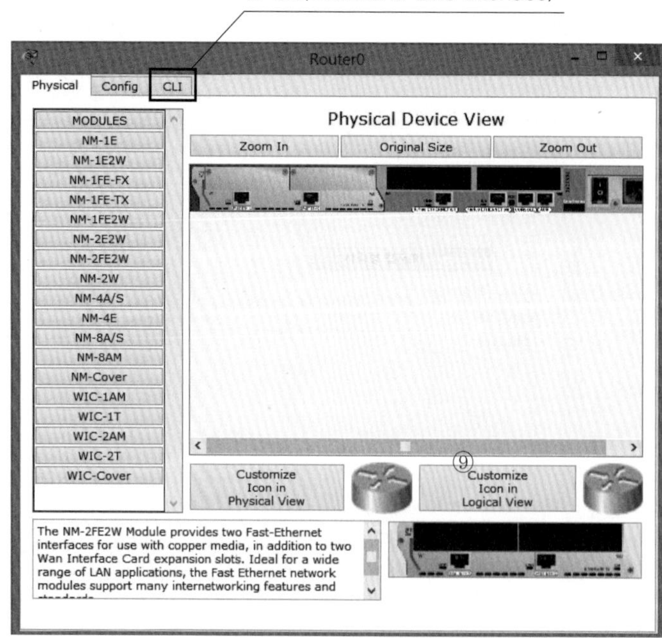

② Continue with configuration dialog? [yes/no]:에서 'no'를 입력한다.

설명 이 질의는 라우터와 스위치에 저장된 Configuration이 존재하지 않을 때 보인다. 여기에서 'Yes'를 입력하면 'Setup' 모드에 들어간다. Setup 모드에 들어가면 설정할 프로토콜 종류와 패러미터 값을 묻는 대화를 시작한다. Setup 모드에서는 간단한 설정만 가능한데, 라우터와 스위치가 동일하다. Setup 모드에 들어가봐도 좋겠다.

[그림 1-38] ▶ 시스템 컨피규레이션 다이얼로그

```
Continue    with configuration dialog? [yes/no]: yes
——————————————————— 중략 ———————————————————
Would you    like to enter basic management setup? [yes/no]: no
First, would    you like to see the current interface summary? [yes]:

Current     interface summary
Interface          IP-Address  OK?  Method  Status             Protocol
FastEthernet0/0   unassigned  YES  manual  administratively down  down
FastEthernet0/1   unassigned  YES  manual  administratively down  down

Configuring     global parameters:
  Enter host name [Router]: R1
  The enable secret is a password used to protect access to
  privileged EXEC and configuration modes. This password, after
  entered, becomes encrypted in the configuration.
  Enter enable secret: aaaaa
```

Problem 4 router> 프롬프트에서 다음을 수행하라([그림 1-39]).

아래 설명은 스위치에서도 동일하다.

- Router> ? 와 같이 '?' 키를 입력하여 현재 위치에서 입력 가능한 명령어를 확인하라.

① 'Enter'를 누르면

② 'Router >' 프롬프트를 볼 수 있다.

③ Router >에서 '?' 키를 입력하면

④ Router > 위치에서 입력 가능한 명령어와 해당 명령어에 대한 설명을 볼 수 있다. 이 명령어들은 주로 라우터에 대한 간단한 조사를 위한 것이다.

• Router>enable과 같이 'enable' 명령을 입력하여 router# 프롬프트로 이동하라(명령어는 다른 명령어와 구분되는 자리까지만 입력해도 되므로 'en'만 입력해도 된다).

⑤ Router> 프롬프트에서 'enable' 또는 'en'을 입력하면

⑥ Router# 프롬프트를 볼 수 있다.

[그림 1-39] ▶ Router> 프롬프트

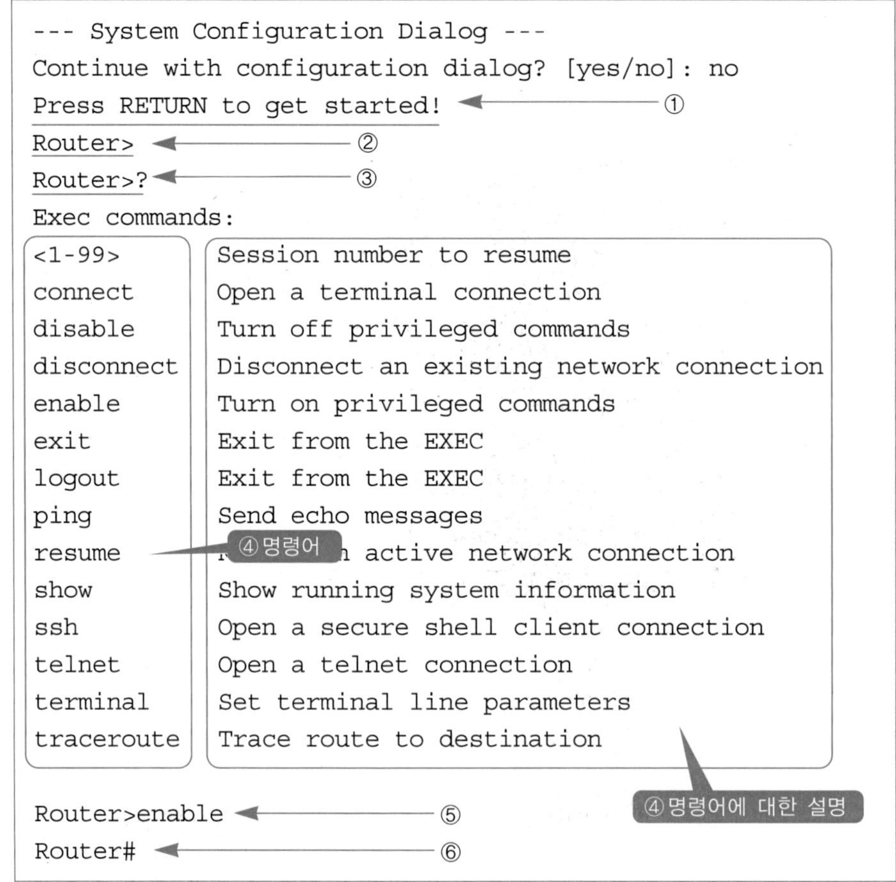

```
--- System Configuration Dialog ---
Continue with configuration dialog? [yes/no]: no
Press RETURN to get started!            ①
Router>                                 ②
Router>?                                ③
Exec commands:
<1-99>        Session number to resume
connect       Open a terminal connection
disable       Turn off privileged commands
disconnect    Disconnect an existing network connection
enable        Turn on privileged commands
exit          Exit from the EXEC
logout        Exit from the EXEC
ping          Send echo messages
resume        n active network connection
show          Show running system information
ssh           Open a secure shell client connection
telnet        Open a telnet connection
terminal      Set terminal line parameters
traceroute    Trace route to destination

Router>enable                           ⑤
Router#                                 ⑥
```

Problem 5 Router# 프롬프트에서 다음을 수행하라([그림 1-40]).

아래 설명은 스위치에서도 동일하다.

- Router#?와 같이 '?'키를 입력하여 현재 위치에서 입력 가능한 명령어를 확인하라.

① Router# 프롬프트에서 '?'키를 입력하면

② Router# 위치에서 입력 가능한 명령어와 해당 명령어에 대한 설명을 볼 수 있다. 이 명령어들은 라우터에 대한 자세한 조사를 위한 것이다.

③ 자세한 조사를 위한 명령어 중, 가장 대표적인 명령이 'show running-config'인데 라우터(스위치도 동일)의 설정 명령어들을 한꺼번에 보여주는 명령어다. 실습 시 설정한 명령이 제대로 입력이 되었는지 확인할 수 있으므로 가장 많이 사용하는 명령어다. 명령어는 다른 명령어와 구분되는 자리까지만 입력해도 되므로 'sh ru'를 대신 입력해도 된다.

[그림 1-40] ▶ Router# 프롬프트로 이동

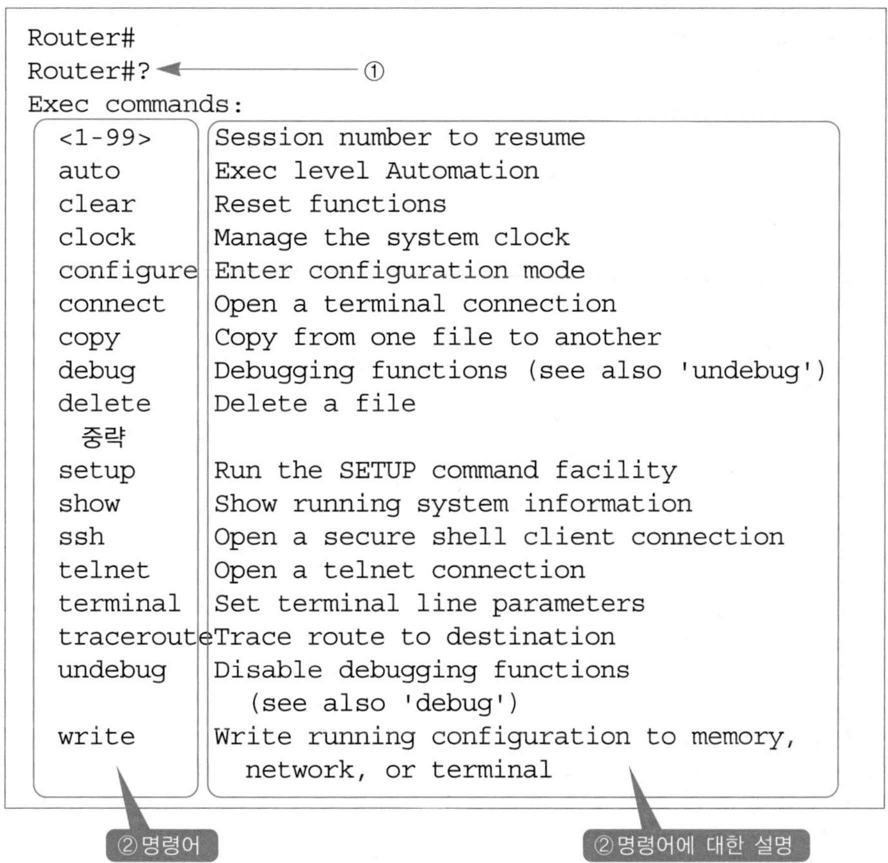

Router#
Router#?
①
Exec commands:
<1-99> Session number to resume
auto Exec level Automation
clear Reset functions
clock Manage the system clock
configure Enter configuration mode
connect Open a terminal connection
copy Copy from one file to another
debug Debugging functions (see also 'undebug')
delete Delete a file
중략
setup Run the SETUP command facility
show Show running system information
ssh Open a secure shell client connection
telnet Open a telnet connection
terminal Set terminal line parameters
traceroute Trace route to destination
undebug Disable debugging functions (see also 'debug')
write Write running configuration to memory, network, or terminal
②명령어
②명령어에 대한 설명

• Router#show running-config 명령을 입력하고 그 내용을 확인하라.

설명 'show running-config' 명령은 '자세한 조사'를 위한 명령어에 속하므로 간단한 조사를 하는 위치인 Router> 프롬프트에서는 입력되지 않는다. 조사 명령어들은 간단한 조사와 자세한 조사 두 가지 그룹으로 나뉘며 자세한 조사를 할 수 있는 Router# 프롬프트에서는 모든 조사가 가능하나 Router> 프롬프트에서는 일부 조사만 가능하다.

[그림 1-41] ▶ show running-config

```
Router#show running-config ◄────── ③
Building configuration...
Current configuration : 633 bytes
!
version 12.2
no service timestamps log datetime msec
no service timestamps debug datetime msec
no service password-encryption
!
hostname Router
!
no ip cef
no ipv6 cef
!
interface FastEthernet0/0
no ip address
duplex auto
speed auto
! 중략 !
ip flow-export version 9
line con 0
line aux 0
line vty 0 4
login ! ! end
```

• Router#configure terminal 명령을 입력하여 router(config)# 프롬프트로 이동하라.

설명 Router(config)# 프롬프트에서는 설정 변경을 할 수 있다. 명령을 다 입력하지 않고, 다른 명령어와 구분되는 자리까지만 입력해도 되므로 대신 'conf t'를 입력해도 된다.

[그림 1-42] ▶ configure terminal 명령

```
Router#configure terminal
Enter configuration commands, one per line.
  End with CNTL/Z.
Router(config)#
```

Problem 6 Router(config)# 프롬프트에서 다음을 수행하라.

아래 설명은 스위치에서도 동일하다.

- Router(config)#?와 같이 '?'키를 입력하여 현재 위치에서 입력 가능한 명령어를 확인하라.

설명 설정 명령은 인터페이스와 관련 없는 명령어와 관련 있는 명령어로 나뉜다. 인터페이스마다 설정할 수 있는 밴드위스나 IP 주소, 인터페이스를 살리거나 죽이는 명령어는 특정 인터페이스와 관련 있는 명령어다. Router(config)# 프롬프트에서는 인터페이스와 관련 없는 명령어를 입력하고, 인터페이스 관련 명령어는 해당 인터페이스로 이동하여 설정해야 한다.

[그림 1-43] ▶ 설정 명령어들

```
Router(config)#
Router(config)#?
Configure commands:
  aaa                 Authentication, Authorization and
                        Accounting.
  access-list         Add an access list entry
  banner              Define a login banner
  boot                Modify system boot parameters
  cdp                 Global CDP configuration subcommands
  class-map           Configure Class Map
  clock               Configure time-of-day clock
  config-register     Define the configuration register
  crypto               Encryption module

    중략

  privilege                  Command privilege parameters
  queue-list          Build a custom queue list
  radius-server       Modify Radius query parameters
  router              Enable a routing process
  service             Modify use of network based services
  snmp-server         Modify SNMP engine parameters
  tacacs-server       Modify TACACS query parameters
  username            Establish User Name Authentication
```

• Router(config)#interface fastethernet 0/0 명령을 입력하여 router (config-if)# 프롬프트로 이동하라.

설명 명령어는 다른 명령어와 구분되는 자리까지만 입력해도 되므로 'in f 0/0' 만 입력해도 된다.

Router(config-if)# 프롬프트에서는 각각의 인터페이스에 관한 명령어를 설정을 할 수 있다.

[그림 1-44] ▶ 인터페이스 설정 명령어 들

```
Router(config)#interface fastethernet 0/0
Router(config-if)#
Router(config-if)#?
  arp               Set arp type (arpa, probe, snap) or
                      timeout
  bandwidth         Set bandwidth informational parameter
  cdp               CDP interface subcommands
  channel-group     Add this interface to an Etherchannel
                      group
  crypto            Encryption/Decryption commands

    중략

  priority-group    Assign a priority group to an interface
  service-policy    Configure QoS Service Policy
  shutdown          Shutdown the selected interface
  speed             Configure speed operation.
  standby           HSRP interface configuration commands
  tx-ring-limit     Configure PA level transmit ring limit
  zone-member       Apply zone name
```

• Router(config-if)#no shutdown 명령을 입력하여 인터페이스를 살려라.

설명 스위치는 인터페이스가 켜진 상태가 디폴트로 'no shutdown' 명령이 필요 없다. 다수의 인터페이스들에 동일한 명령어를 입력할 때, 다음과 같이 '↑' 키를 활용한다. [그림 1-45]와 같이 라우터의 모든 인터페이스를 살린다.

[그림 1-45] ▶
no shutdown 명령 I

1. Fa 0/0 인터페이스 살리기.

```
Router(config)#interface fastethernet 0/0
Router(config-if)#no shutdown
```

인터페이스 LED가 빨강에서 초록으로 바뀜

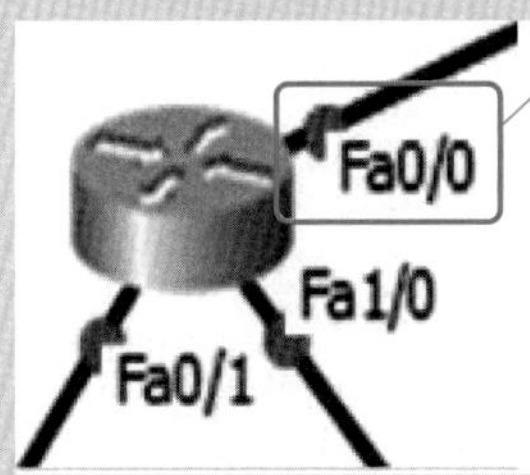

2. Fa 0/1 인터페이스 살리기.

```
Router(config-if)# [↑]     ← '[↑]'를 입력하면 이전에 입력했던 명령어(no shutdown)를 불러준다.
Router(config-if)#no shutdown

Router(config-if)# [↑]     ← '[↑]'를 한번 더 입력하면 이전 이전에 입력했던 명령어(interface fastethernet 0/0)를 불러준다.

Router(config-if)# interface fastethernet 0/0  ← 'backspace' 키로 지우고 0/1 번으로 변경함.
Router(config-if)# interface fastethernet 0/1
Router(config-if)# [↑][↑]  ← '[↑]'를 두번 눌러 이전이전 명령인 'no shutdown'을 부른 다음 엔터 키를 누르면 포트가 살아난다.
Router(config-if)#no shutdown
```

3. Fa 1/0 인터페이스 살리기.

```
Router(config-if)# [↑]     ← '[↑]'를 입력하면 이전에 입력했던 명령어(no shutdown)를 불러준다.
Router(config-if)#no shutdown

Router(config-if)# [↑]     ← '[↑]'를 한번 더 입력하면 이전 이전에 입력했던 명령어(interface fastethernet 0/1)를 불러준다.

Router(config-if)# interface fastethernet 0/1  ← backspace' 키로 지우고 1/0번으로 변경함.
Router(config-if)# interface fastethernet 1/0
Router(config-if)# [↑][↑]  ← '[↑]'를 두번 눌러 이전이전 명령인 'no shutdown'을 부른 다음 엔터 키를 누르면 포트가 살아난다.
Router(config-if)#no shutdown
```

[그림 1-46]에서 보이는 모든 라우터의 모든 인터페이스를 'no shutdown' 명령으로 살려야 한다. 스위치의 모든 포트들은 기본적으로 'no shutdown' 상태다.

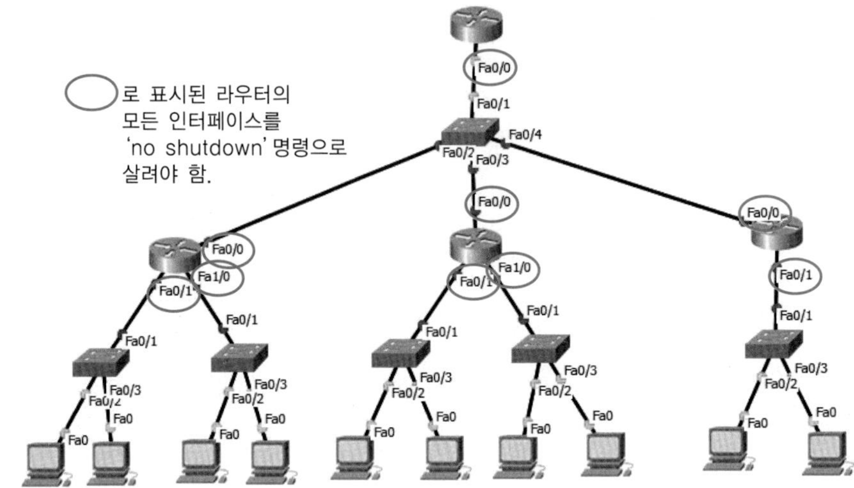

[그림 1-46] ▶ no shutdown 명령 Ⅱ

라우터의 인터페이스를 'no shutdown' 명령으로 살리면, 라우터는 연결된 장치와 Link Pulse를 교환하여 Duplex(Half 혹은 Full) 타입과 속도(10 또는 100 또는 1000 Mbps 등)에 대한 협의 과정을 거친다.

Problem 8 Router(config-if)#프롬프트에서 Router>프롬프트로 빠져 나오는 명령은 다음과 같다.

```
Router(config-if)#exit
Router(config)#exit
Router#exit
Router>

Router(config-if)#end
Router#exit

Router(config-if)#no shutdown
```

설명 명령어를 입력하는 위치는 [그림 1-47]과 같이 대략 4군데다. 조사하는 위치는 'Router>'와 'Router#'의 2군데가 있고, 설정하는 위치는 'Router(config)#'와 'Router(config-if)#'의 2군데다. 조사하는 위치는 간단한 조사를 할 수 있는 위치('Router>')와 자세한 조사를 할 수 있는 위치('Router#')로 구분되고, 설정하는 위치는 인터페이스와 관련 없는 명령어를 설정하는 위치('Router(config) #')와 인터페이스와 관련 있는 명령어를 설정하는 위치('Router (config-if)')로 구분된다. 엉뚱한 곳에서 명령어를 입력하지 않도록 주의해야 한다.

[그림 1-47] ▶ 각 명령어 입력 위치간의 이동

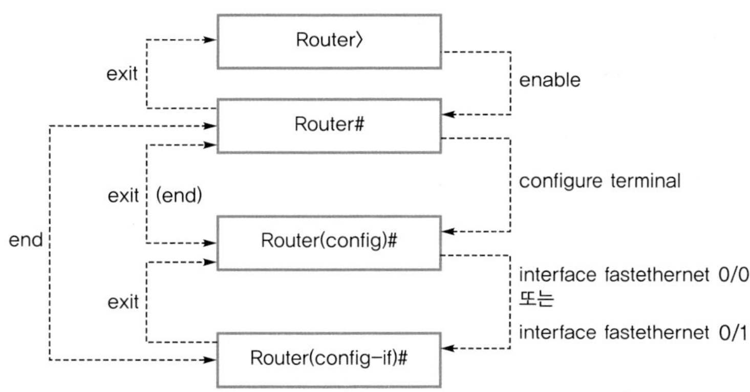

Problem 9 다음과 같이 하여 [?]와 [Tab] 키의 기능을 알아내시오.

```
Router#?
router(config)#?
Router#sh['Tab' 키를 누르시오]
Router#show ru['Tab' 키를 누르시오]
Router#show running-config
```

설명 '[Tab]' 키는 자동완성 기능이다. 즉 명령어를 일부만 입력하고 '[Tab]' 키를 누르면 자동완성하여 입력이 된다. '[?]' 키는 해당 위치에서 입력 가능한 명령어를 보여준다. 명령어를 일부 입력한 상태에서 '[?]' 키를 입력해도 해당 단어로 시작하는 모든 명령어들을 보여준다.

Problem 10 [↑] [↓] [←] [→] 키를 각각 눌러 그 기능을 알아내시오.

위/아래 화살표 키는 이전에 사용했던 명령어를 기억했다 다시 입력해준다. 왼쪽/오른쪽 화살표는 입력된 명령어의 글자 하나가 틀렸을 때, 틀린 글자로 이동하여 수정하고자 할 때, 이동할 때 사용한다.

[표 1-14] ▶ [↑] [↓] [←] [→] 키

키	설명
[↑]	이전에 사용했던 명령어를 입력해줌.
[↑], [↑]	이전, 이전에 사용했던 명령어를 입력해줌.
[↓]	그 이후에 사용했던 명령어를 입력해줌.
[↓], [↓]	그 이후, 이후에 사용했던 명령어를 입력해줌.
[↑], [↑], [↓]=[↑]	이전, 이전, 이후에 사용했던 명령어를 불러줌, 즉 이전 명령어를 입력해줌.
[←]	입력된 명령어에서 왼쪽으로 커서를 옮김.
[←], [←], [←], [←]	입력된 명령어에서 왼쪽으로 4칸 커서를 옮김.
[←], [←], [←], [←], [→], [→], [→]	입력된 명령어에서 왼쪽으로 4칸 다시 오른쪽으로 3칸 커서를 옮김.

Problem 11 다음 조건대로 IP를 할당하라.

- 네트워크는 몇 개인가?

설명

네트워크는 [그림 1-48]과 같이 선이다.

[그림 1-48] ▶ 1개의 네트워크

네트워크는 라우터에 의해 분할되므로 [그림 1-48]에서 네트워크 수는 1개지만, [그림 1-49]에서는 3개다. 스위치는 기본적으로 네트워크를 분할하지 못한다.

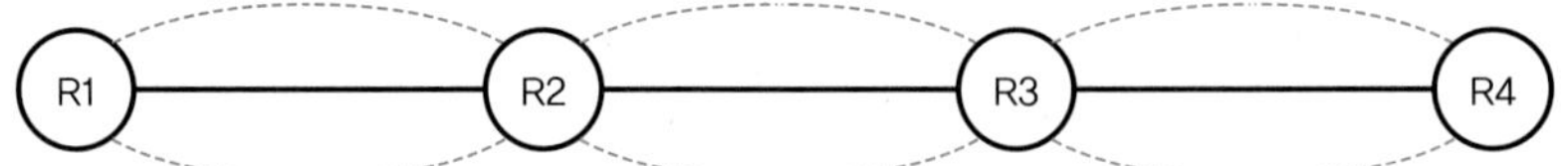

[그림 1-49] ▶ 라우터의 네트워크 분할

가장 작은 IP 주소는 0.0.0.0이고, 가장 큰 IP 주소는 255.255.255.255다. [표 1-15]에서 IP 주소 11.1.1.1과 같은 주소는 범위에 속하므로 쓸 수 있다. IP 주소를 항상 따라다니는 것이 있는데 255.255.255.0과 같은 서브넷 마스크다. 서브넷 마스크는 IP 주소에 씌운다. 255가 겹쳐지는 IP 주소 부분은 네트워크 자리고, 0이 겹쳐지는 IP 주소 부분은 호스트 자리가 된다.

[표 1-15] ▶ IP의 네트워크 자리와 호스트 자리

구분	네트워크 자리	호스트 자리
IP 주소	11.1.1	1
서브넷 마스크	255.255.255.	0

[그림 1-49] 사이트에 IP 설계를 해보자. IP 설계 시의 1단계 작업은 우리 회사에서 사용할 서브넷 마스크를 결정하는 것이다. 우리 회사에 사용할 서브넷 마스크를 '255.255.255.0'으로 정했다고 하자. 세 번째 자리까지가 네트워크 자리이므로 [그림 1-50]과 같이 3개의 네트워크에 각각 '11.1.1', '11.1.2', '11.1.3'을 중복되지 않게 할당했다. 네 번째 자리는 호스트 자리로 네트워크 내부에서 장치를 구분하는 자리다. 각 네트워크 내에서 장치를 구분해야 하므로 중복되지 않게 할당해야 한다. IP 주소는 OSI 7계층 기준으로 3계층 주소이므로 3계층 이상의 장비만 가질 수 있다. 따라서 기본적으로 스위치는 IP 주소를 가질 자격이 없다. 그러나, 스위치에 Telnet, TFTP, HTTP와 같은 애플리케이션을 적용한다면 IP 주소를 설정한다. 7계층인 애

플리케이션이 동작하기 위해서는 7계층 이하의 모든 계층에 문제가 없어야 하기 때문에 3계층 주소인 IP 주소도 가져야 한다.

[그림 1-50] ▶ IP 설계 예

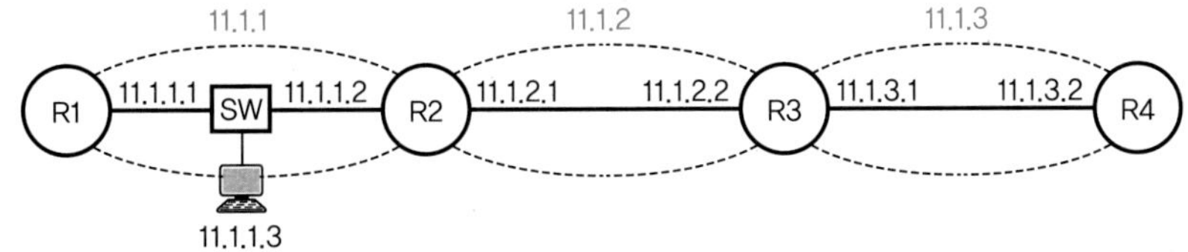

이제 {Lab 01}에서 IP를 설계하고 할당해보자.

먼저, 네트워크를 구분하고, 네트워크 수를 세어 보자. 네트워크는 [그림 1-51]과 같이 ▭ 로 구분된다. 네트워크 총 수는 ①에서 ⑥까지 모두 6개다.

[그림 1-51] ▶ 네트워크 수 세기

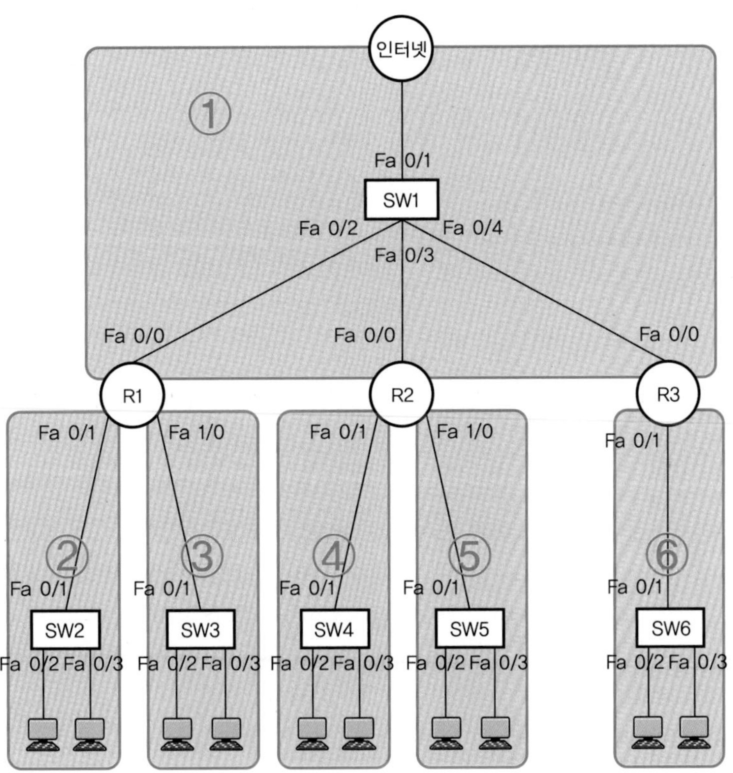

- IP를 할당하라(Subnet Mask는 255.255.255.0을 적용하라).
  ① Subnet Mask는 255.255.255.0를 적용하라 하였으므로 세 번째 칸까지가 네트워크 자리다. [그림 1-52]와 같이 6개의 네트워크는 11.1.1, 11.1.2, 11.1.3, 11.1.4, 11.1.5, 11.1.6로 구분하였다.

[그림 1-52] ▶
IP 할당

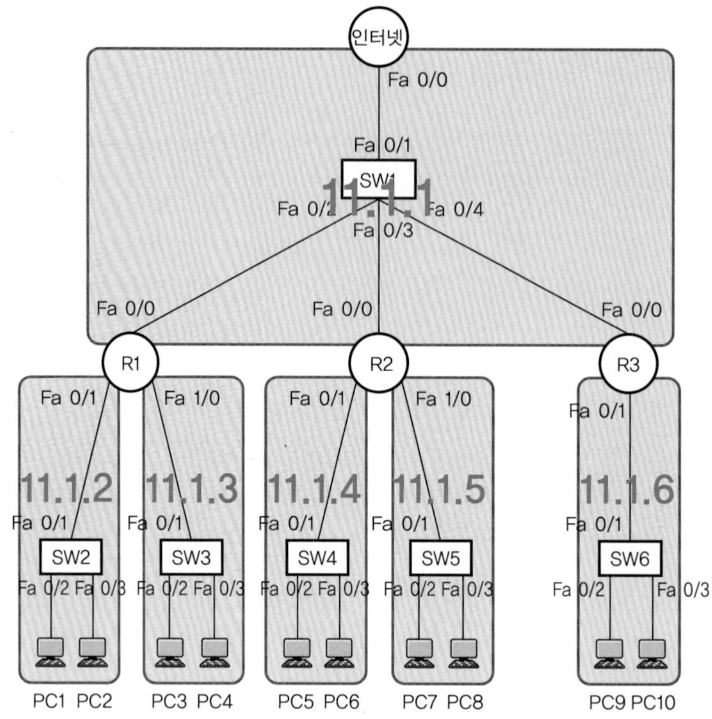

② 각 네트워크 내의 장치들의 IP는 [표 1-16]과 같이 중복되지 않게 할당했다.

[표 1-16] ▶
IP 할당 예

라우터	인터페이스	IP 주소	Subnet Mask	디폴트 게이트웨이
인터넷	Fa 0/0	11.1.1.1	255.255.255.0	해당없음
R1	Fa 0/0	11.1.1.2	255.255.255.0	〃
	Fa 0/1	11.1.2.1	255.255.255.0	〃
	Fa 1/0	11.1.3.1	255.255.255.0	〃
R2	Fa 0/0	11.1.1.3	255.255.255.0	〃
	Fa 0/1	11.1.4.1	255.255.255.0	〃
	Fa 1/0	11.1.5.1	255.255.255.0	〃
R3	Fa 0/0	11.1.1.4	255.255.255.0	〃
	Fa 0/1	11.1.6.1	255.255.255.0	〃
PC1	-	11.1.2.2	255.255.255.0	11.1.2.1
PC2	-	11.1.2.3	255.255.255.0	11.1.2.1
PC3	-	11.1.3.2	255.255.255.0	11.1.3.1
PC4	-	11.1.3.3	255.255.255.0	11.1.3.1
PC5	-	11.1.4.2	255.255.255.0	11.1.4.1
PC6	-	11.1.4.3	255.255.255.0	11.1.4.1
PC7	-	11.1.5.2	255.255.255.0	11.1.5.1
PC8	-	11.1..5.3	255.255.255.0	11.1.5.1
PC9	-	11.1.6.2	255.255.255.0	11.1.6.1
PC10	-	11.1.6.3	255.255.255.0	11.1.6.1

③ [표 1-17]은 각 라우터에 IP를 설정하는 명령어다.

[표 1-17] ▶ 라우터의 IP 설정

라우터	명령어
인터넷	Router#configure terminal Router(config)#hostname Internet Internet(config)#interface fastethernet 0/0 Internet(config-if)#no shutdown Internet(config-if)#ip address 11.1.1.1 255.255.255.0
R1	Router#configure terminal Router(config)#hostname R1 R1(config)#interface fastethernet 0/0 R1(config-if)#no shutdown R1(config-if)#ip address 11.1.1.2 255.255.255.0 R1(config-if)#exit R1(config)#interface fastethernet 0/1 R1(config-if)#no shutdown R1(config-if)#ip address 11.1.2.1 255.255.255.0 R1(config-if)#interface fastethernet 1/0 — 'exit' 명령으로 빠져나오지 않아도 된다. R1(config-if)# no shutdown R1(config-if)#ip address 11.1.3.1 255.255.255.0
R2	Router#configure terminal Router(config)#hostname R2 R2(config)#interface fastethernet 0/0 R2(config-if)#no shutdown R2(config-if)#ip address 11.1.1.3 255.255.255.0 R2(config-if)#exit R2(config)#interface fastethernet 0/1 R2(config-if)#no shutdown R2(config-if)#ip address 11.1.4.1 255.255.255.0 R2(config-if)#interface fastethernet 1/0 R2(config-if)# no shutdown R2(config-if)#ip address 11.1.5.1 255.255.255.0
R3	Router#configure terminal Router(config)#hostname R3 R3(config)#interface fastethernet 0/0 R3(config-if)#no shutdown R3(config-if)#ip address 11.1.1.4 255.255.255.0 R3(config-if)#exit R3(config)#interface fastethernet 0/1 R3(config-if)#no shutdown R3(config-if)#ip address 11.1.6.1 255.255.255.0

입력한 명령을 취소하고자 할 때는 입력한 위치에서 입력한 명령어 앞에 'no'를 추가하면 된다. 즉 IP 주소를 삭제하는 명령은 'no ip address'다.

PC1의 경우 [그림 1-53]과 같이 IP 주소, 서브넷 마스크, IP 디폴트 게이트웨이를 할당한다.

① PC를 클릭한 후 'Desktop' 메뉴를 선택한다.

② 'IP Configuration ' 메뉴를 선택한다.

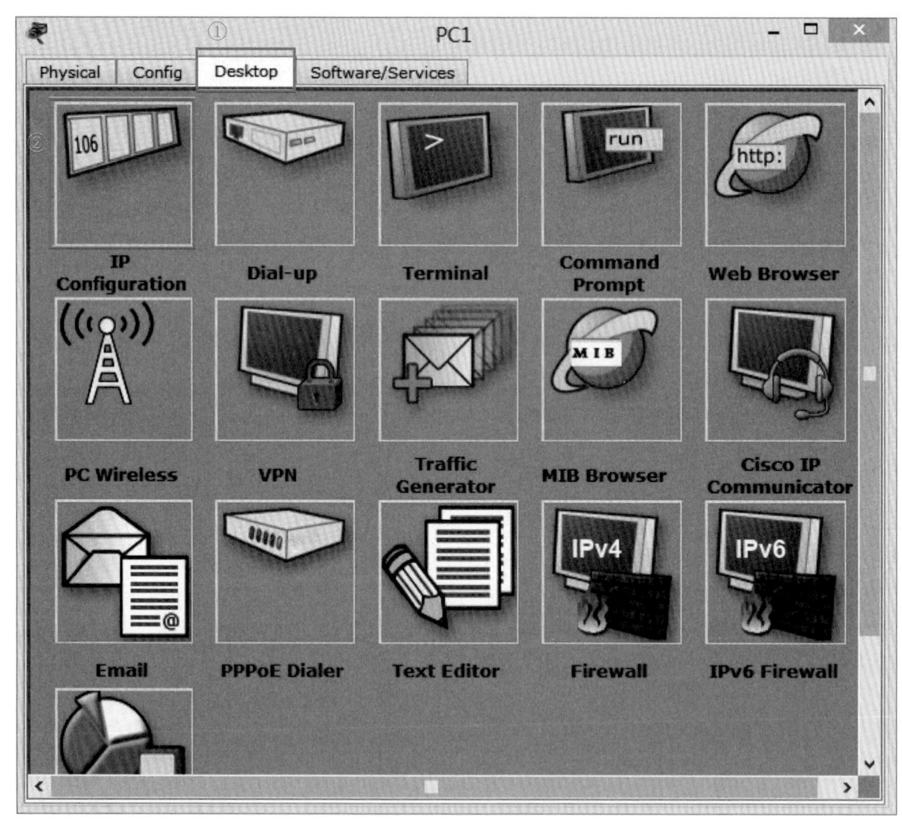

[그림 1-53] ▶ PC의 IP 설정 I

③ IP Address, Subnet Mask, Default Gateway를 순서대로 입력한다.

[그림 1-54] ▶ PC의 IP 설정 II

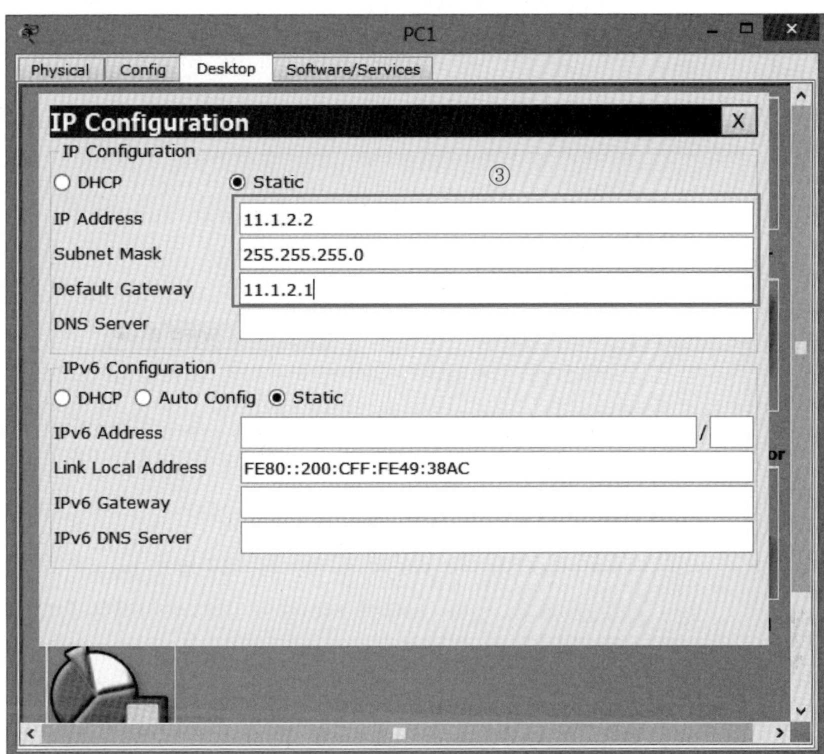

- 'show ip route' 명령으로 라우팅 테이블을 확인하라.

설명 라우팅 테이블에 수신한 패킷의 목적지에 해당하는 네트워크 정보가 없다면 라우터는 패킷을 버린다. 그러므로 모든 라우터의 라우팅 테이블이 완벽해야 통신이 된다. 라우터의 라우팅 테이블을 보는 명령이 'show ip route'다. 라우팅 테이블에는 라우터가 가진 네트워크 정보가 보인다. 라우팅 테이블 상의 네트워크 정보는 해당 라우터에 Connected(직접 연결된) 네트워크 정보와 Not connected(직접 연결되지 않은) 네트워크 정보로 나뉜다.

[그림 1-55] ▶ Connected와 Not Connected 네트워크

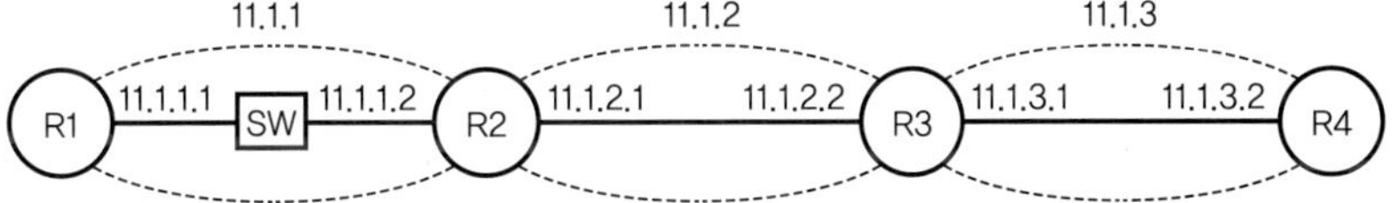

[그림 1-55] 상에서 R1, R2, R3, R4 라우터에 Connected 네트워크와 Not connected 네트워크는 [표 1-18]과 같이 구분할 수 있다.

[표 1-18] ▶ Connected 네트워크와 Not Connected 네트워크

구분	Connected 네트워크	Not connected 네트워크
R1	11.1.1.0	11.1.2.0 11.1.3.0
R2	11.1.1.0 11.1.2.0	11.1.3.0
R3	11.1.2.0 11.1.3.0	11.1.1.0
R4	11.1.3.0	11.1.1.0 11.1.2.0

이러한 구분이 필요한 이유는 라우터에 IP 주소만 입력하면 Connected 네트워크 정보는 각 라우터의 라우팅 테이블에 올라오지만, Not connected 네트워크 정보는 올라오지 않는다.

따라서, 현재 각 라우터의 라우팅 테이블은 [표 1-19]와 같이 Connected 네트워크 정보만 볼 수 있다. 라우팅 테이블의 네트워크 정보 앞에 'C'는 라우터에 'Connected' 네트워크 정보라는 것을 의미한다.

[표 1-19] ▶ 라우팅 프로토콜을 돌리기 전의 라우팅 테이블

라우터	라우팅 테이블
인터넷	Internet#show ip route 11.0.0.0/24 is subnetted, 1 subnets C 11.1.1.0 is directly connected, FastEthernet0/0
R1	R1#show ip route 11.0.0.0/24 is subnetted, 3 subnets C 11.1.1.0 is directly connected, FastEthernet0/0 C 11.1.2.0 is directly connected, FastEthernet0/1 C 11.1.3.0 is directly connected, FastEthernet1/0
R2	R2#show ip route 11.0.0.0/24 is subnetted, 3 subnets C 11.1.1.0 is directly connected, FastEthernet0/0 C 11.1.4.0 is directly connected, FastEthernet0/1 C 11.1.5.0 is directly connected, FastEthernet1/0
R3	R3#show ip route 11.0.0.0/24 is subnetted, 2 subnets C 11.1.1.0 is directly connected, FastEthernet0/0 C 11.1.6.0 is directly connected, FastEthernet0/1

Problem 12 모든 라우터에서 다음과 같이 EIGRP 라우팅 프로토콜을 설정하라.

```
Router(config)#router eigrp 100
Router(config-router)#network 11.0.0.0
```

설명 라우팅 프로토콜을 설정하면 라우터들은 Connected 네트워크 정보를 교환하여 라우팅 테이블에 Not Connected 네트워크 정보도 올라온다. EIGRP는 라우팅 프로토콜의 한 종류로 Part Ⅲ에서 완벽하게 학습한다. '100'은 AS (Autonomous System) 번호로 우리 회사/조직을 구분하는 숫자다. 1~65535 범위에서 모든 라우터에서 동일한 번호로 설정해야 한다. 'network 11.0.0.0'은 EIGRP 라우팅 프로토콜이 동작하는 범위를 지정하는 명령으로 다음 두 가지 의미를 가진다.

- 라우터에 연결된 네트워크 중에서 '11'로 시작하는 네트워크로 EIGRP 패킷(네트워크 정보)을 보낸다.
- 라우터에 연결된 네트워크 중에서 '11'로 시작하는 네트워크 정보를 직접 연결된 라우터에게 보낸다.

'11'이라는 첫째 칸만 명시하였는데, 이는 EIGRP 설정 문법에 속한다. 즉, '11'은 A 클래스에 속하기 때문에 'network 11.0.0.0'과 같이 첫째 칸만 명시하면 된다. B 클래스에 속할 경우, 'network 172.11.0.0'과 같이 두 번째 칸까지 명시해야 한다. C 클래스에 속할 경우, 'network 202.45.89.0'와 같이 세 번째 칸까지 명시해야 한다. IP주소의 각 클래스 범위는 [표 1-20]과 같다. A 클래스의 IP들에 별도의 서브넷 마스크가 표시되어 있지 않다면 255.0.0.0을 디폴트 서브넷 마스크로 사용한다. B 클래스 IP는 255.255.0.0, C 클래스의 IP는 255.255.255.0을 디폴트 서브넷 마스크로 사용한다. 디폴트 서브넷 마스크는 기본적으로 사용되는 네트워크와 호스트의 경계로 EIGRP의 'network' 설정 문법과 관련 있음을 알 수 있다.

[표 1-20] ▶ IP Class

Class	첫째 바이트	둘째 바이트	셋째 바이트	넷째 바이트	디폴트 서브넷 마스크
A	0~27	-	-	-	255.0.0.0
B	128~191	-	-	-	255.255.0.0
C	192~223	-	-	-	255.255.255.0
D	224~239		멀티캐스트 용도		없음
E	240~255		실험 용도		없음

첫째 바이트에 따라 클래스가 정해진다.

클래스별 디폴트 서브넷 마스크는
A Class는 255.0.0.0이고
B Class는 255.255.0.0이고
C Class는 255.255.255.0이다.

프로토콜은 약속이라는 의미로 약속은 혼자 하는 것이 아니므로 모든 라우터들에서 동일하게 설정해야 한다. 라우팅 프로토콜도 마찬가지다. [표 1-21]과 같이 모든 라우터에 일관되게 설정해야 한다. 입력한 명령을 취소하고자 할 때는 입력한 위치에서 입력한 명령어 앞에 'no'를 추가하면 된다. 즉 라우팅 프로토콜 설정을 취소하는 명령은 'no router eigrp 100'이다. 그러면 'router eigrp 100'의 하부 명령인 'network 11.0.0.0' 명령도 같이 삭제된다.

[표 1-21] ▶ 라우팅 프로토콜 설정

라우터	명령어
인터넷	Internet#configure terminal Internet(config)#router eigrp 100 Internet(config-router)#network 11.0.0.0
R1	R1#configure terminal R1(config)#router eigrp 100 R1(config-router)#network 11.0.0.0
R2	R2#configure terminal R2(config)#router eigrp 100 R2(config-router)#network 11.0.0.0
R3	R3#configure terminal R3(config)#router eigrp 100 R3(config-router)#network 11.0.0.0

• 다시 'Show ip route' 명령으로 모든 라우터의 라우팅 테이블을 확인하라.

설명 [표 1-22]와 같이 모든 라우터들에 'Not Connected' 된 네트워크 정보가 기호 'D'로 표시되어 올라옴을 확인할 수 있다. 기호 'D'는 EIGRP 알고리즘의 이름이 DUAL로 DUAL 알고리즘이 만든 정보라는 것을 의미한다.

[표 1-22] ▶ 라우팅 프로토콜 적용 후의 라우팅 테이블

라우터	라우팅 테이블
인터넷	Internet#show ip route 11.0.0.0/24 is subnetted, 6 subnets C 11.1.1.0 is directly connected, FastEthernet0/0 D 11.1.2.0 [90/30720] via 11.1.1.2, 00:01:44, FastEthernet0/0 D 11.1.3.0 [90/30720] via 11.1.1.2, 00:01:36, FastEthernet0/0 D 11.1.4.0 [90/30720] via 11.1.1.3, 00:01:18, FastEthernet0/0 D 11.1.5.0 [90/30720] via 11.1.1.3, 00:04:13, FastEthernet0/0 D 11.1.6.0 [90/30720] via 11.1.1.4, 00:03:52, FastEthernet0/0
R1	R1#show ip route 11.0.0.0/24 is subnetted, 6 subnets C 11.1.1.0 is directly connected, FastEthernet0/0 C 11.1.2.0 is directly connected, FastEthernet0/1 C 11.1.3.0 is directly connected, FastEthernet1/0 D 11.1.4.0 [90/30720] via 11.1.1.3, 00:00:40, FastEthernet0/0 D 11.1.5.0 [90/30720] via 11.1.1.3, 00:03:35, FastEthernet0/0 D 11.1.6.0 [90/30720] via 11.1.1.4, 00:03:14, FastEthernet0/0
R2	R2#show ip route 11.0.0.0/24 is subnetted, 6 subnets C 11.1.1.0 is directly connected, FastEthernet0/0 D 11.1.2.0 [90/30720] via 11.1.1.2, 00:00:41, FastEthernet0/0 D 11.1.3.0 [90/30720] via 11.1.1.2, 00:03:33, FastEthernet0/0 C 11.1.4.0 is directly connected, FastEthernet0/1 C 11.1.5.0 is directly connected, FastEthernet1/0 D 11.1.6.0 [90/30720] via 11.1.1.4, 00:02:49, FastEthernet0/0
R3	R3#show ip route 11.0.0.0/24 is subnetted, 6 subnets C 11.1.1.0 is directly connected, FastEthernet0/0 D 11.1.2.0 [90/30720] via 11.1.1.2, 00:00:54, FastEthernet0/0 D 11.1.3.0 [90/30720] via 11.1.1.2, 00:00:46, FastEthernet0/0 D 11.1.4.0 [90/30720] via 11.1.1.3, 00:00:28, FastEthernet0/0 D 11.1.5.0 [90/30720] via 11.1.1.3, 00:00:23, FastEthernet0/0 C 11.1.6.0 is directly connected, FastEthernet0/1

Problem 13 모든 라우터와 PC에서 모든 IP로 핑이 성공함을 확인하라.

설명 핑은 ICMP(Internet Control & Messaging Protocol)에서 정의한다. 핑 패킷은 ICMP Request와 ICMP Reply 패킷으로 나뉜다. 'ping 11.1.2.2'에서 11.1.2.2 목적지 장치에게 보내는 패킷이 ICMP Request이고, 목적지에서 되돌아오는 패킷이 ICMP Reply다. ICMP는 3계층 프로토콜로 핑이 성공했다는 것은 3계층 이하에 아무 문제가 없음을 의미한다. 즉, 목적지 까지 모든 선과 장치의 1계층, 2계층, 3계층이 완벽함을 의미한다. 예를 들어 핑의 출발지에서 목적지까지의 모든 라우터의 라우팅 테이블에 목적지와 출발지 네트워크 정보를 보유하고 있음을 의미한다.

라우터에서 핑(Ping) 테스트 방법은 [그림 1-56]과 같다. 핑 테스트의 결과로 '!'가 찍히면 핑이 성공했음을 의미하고, '.'이 보이면 타임아웃 시간인 2초 내에 핑이 성공하지 못했음을 의미한다. `Success rate is 80 percent(4/5)`는 성공율을 의미한다. 5개의 패킷을 보냈을 때, 4개가 돌아와 80%의 성공률을 보여주고 있다. `round-trip min/avg/max = 0/6/24ms`는 핑 패킷의 왕복 시간이 최소/평균/최대 각각 0/6/24ms임을 의미한다.

[그림 1-56] ▶ 라우터에서의 Ping 테스트

```
R1 #ping 11.1.2.2

Type escape sequence to abort.
Sending 5, 100-byte ICMP Echos to 11.1.2.2, timeout is 2 seconds:
.!!!!
Success rate is 80 percent (4/5), round-trip min/avg/max = 0/6/24 ms

R1 #ping 11.1.6.2

Type escape sequence to abort.
Sending 5, 100-byte ICMP Echos to 11.1.6.2, timeout is 2 seconds:
.!!!!
Success rate is 80 percent (4/5), round-trip min/avg/max = 0/0/0 ms
```

핑은 3계층 프로토콜인 ICMP에서 정의된 기능이다. 스위치는 2계층 장치로 원래는 IP 주소를 설정할 필요가 없다. 그러나, 스위치에 3계층 이상의 프로토콜, 예를 들어, 핑,

TFTP, Telnet, HTTP 등을 사용하겠다면 IP 주소를 설정해야 한다. 스위치에 IP를 설정하는 방법은 [그림 1-57]과 같다. PC와 같이 1개의 IP 주소, 서브넷 마스크, 다른 네트워크와 통신을 위한 디폴트 게이트웨이(라우터) 주소를 설정하면 된다.

[그림 1-57] ▶ 스위치에 IP를 설정하는 방법

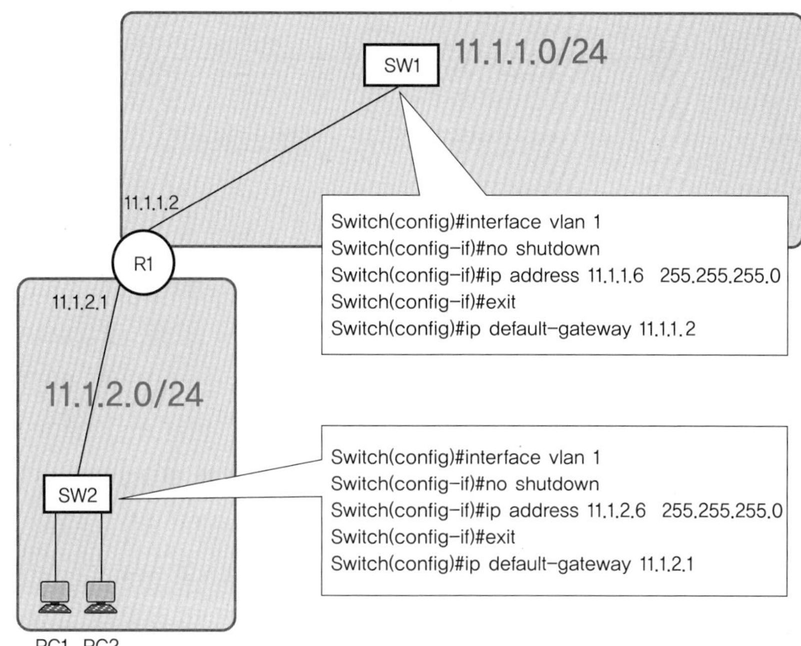

라우터는 패킷의 목적지에 해당하는 네트워크 정보가 라우팅 테이블에 존재하지 않을 때, 패킷을 버린다. 따라서, 라우팅 프로토콜을 설정하지 않았을 때는 각 라우터에 'Not Connected' 네트워크 정보는 라우팅 테이블에 올라올 수 없으므로 'Not Connected' 네트워크에 대한 핑은 성공할 수 없다. 한편, 때에 따라 첫 번째 핑이 빠지는 것은 ARP(Address Resolution Protocol) Request와 Reply의 교환 시간 때문이다. ARP의 동작원리에 대해 잠시 알아보자.

즉, [그림 1-56]에서 '11.1.1.2' PC가 11.1.3.2 PC에게 패킷을 보낼 때, 출발지 3계층 주소는 11.1.1.2이고 목적지 3계층 주소는 11.1.3.2다. 그러나, 그 동작 범위가 네트워크 내부인 2계층 프로토콜과 같이 2계층 주소는 네트워크 내부에서만 사용하는 주소로, 패킷이 네트워크를 통과할 때마다 계속 변경된다. 또한, 2계층의 출발지 주소나 목적지 주소는 스위치가 스위칭할 때 사용하는 주소이므로 스위치에 연결된 어떤 장비의 주소가 된다. 즉, 패킷이 '가' 네트워크를 통과할 때, 2계층 출발지 주소는 aaaa.aaaa.1111이고, 2계층 목적지 주소는 aaaa.aaaa.2222이다. '나' 네트워크를 통과할 때, 2계층 출발지 주소는 bbbb.bbbb.1111이고, 2계층 목적지 주소는 bbbb.bbbb.2222이다. '다' 네트워크를 통과할 때, 2계층 출발지 주소는 cccc.cccc.1111이고, 2계층 목적지 주소는 cccc.cccc.2222가 된다.

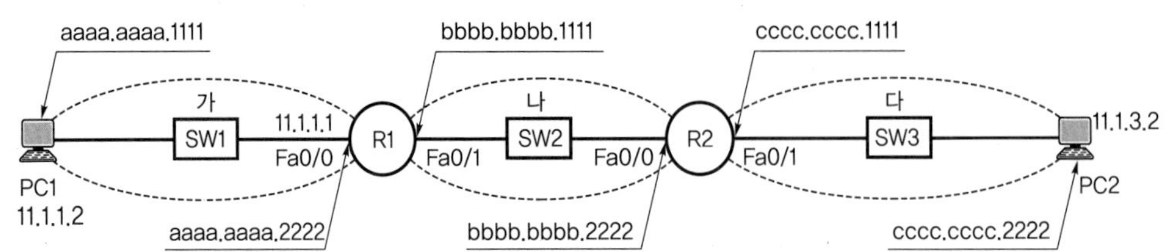

[그림 1-58] ▶ 2계층 주소

[그림 1-59]를 보자. 11.1.1.2 PC가 목적지 11.1.3.2로 패킷을 보낼 때, 출발지 2계층 주소는 자신의 주소, 'aaaa.aaaa.1111'이다. 목적지 2계층 주소는 aaaa.aaaa.2222가 되는데 PC가 2계층 목적지 주소를 찾아내는 과정을 살펴보자. 11.1.1.2 PC는 목적지가 11.1.3.2이므로 해당 목적지가 PC와 같은 네트워크인지 아닌지를 판단하기 위해 자신의 IP와 서브넷 마스크를 비교한다. 자신의 IP는 11.1.1.2이고, 서브넷 마스크는 255.255.255.0이므로 서브넷 마스크를 IP 주소에 씌워보았을 때 '255.255.255'가 겹쳐지는 '11.1.1' 자리가 네트워크 자리가 된다. 자신이 속한 네트워크는 '11.1.1'이고, 목적지는 '11.1.3'으로 네트워크 자리가 다르므로 패킷의 목적지는 다른 네트워크라고 판단한다. 11.1.1.2 PC는 패킷의 목적지가 다른 네트워크이므로 PC가 속한 네트워크의 장비들 중에 다른 네트워크에 대한 정보를 가진 장비(라우팅 테이블을 가진 장비), 즉 라우터에게 보내야 겠다고 판단한다. PC에는 라우터(디폴트 게이트웨이)의 3계층 주소(11.1.1.1)가 설정되어 있다. 그러나, 2계층 헤더의 목적지 주소 자리를 위해 라우터(11.1.1.1)의 2계층 주소를 알아야 한다. 3계층 주소는 알지만 2계층 주소를 모르는 이 문제를 해결하는 프로토콜이 ARP(Address Resolution Protocol)다. PC는 브로드캐스트인 ARP Request를 보내고, 해당되는 장치인 라우터가 자신의 2계층 주소를 유니캐스트인 ARP Reply로 보내준다. PC는 이 ARP Reply를 받아 패킷의 2계층 주소를 포함하는 2계층 헤더를 만든다.

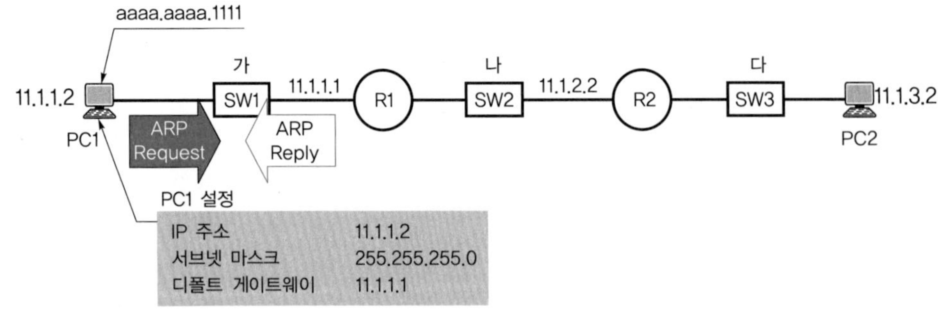

[그림 1-59] ▶ ARP 동작원리 I

[그림 1-60]과 같이 프레임이 R1에 도착하면, 라우터는 2계층 출발지 주소로 R1의 아웃바운드 인터페이스의 'bbbb.bbbb.1111'로 바꾼다. 2계층 목적지 주소는 다음 라우터 R2의 'bbbb.bbbb.2222'가 되어야 한다. 그런데, R2의 3계층 주소는 R1의 라우팅 테이블에 올라오지만, 2계층 주소는 알 수 없다. 이 문제를 해결하는 것이 ARP다. ARP Request와 Reply 교환을 통해 R1은 R2의 2계층 주소(bbbb.bbbb.2222)를 알게되고 2계층 목적지 주소를 변경한다.

[그림 1-60] ▶ ARP 동작원리 II

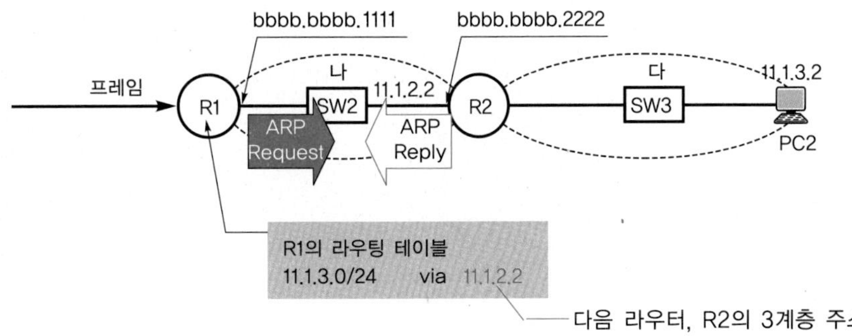

마지막으로 [그림 1-61]과 같이 프레임이 R2에 도착하면, 라우터는 2계층 출발지 주소로 R2의 아웃바운드 인터페이스의 'cccc.cccc.1111'로 바꾼다. 2계층 목적지 주소는 11.1.3.2 PC의 'cccc.cccc.2222'가 되어야 한다. 그런데, 패킷 헤더에 PC 2의 3계층 주소는 명시되지만, PC 2의 2계층 주소는 알 수 없다. 이 문제를 해결하는 것이 ARP다. ARP Request와 Reply 교환을 통해 R2는 PC 2의 2 계층 주소(cccc.cccc.2222)를 알게 되고 2계층 목적지 주소를 변경한다.

[그림 1-61] ▶ ARP 동작원리 III

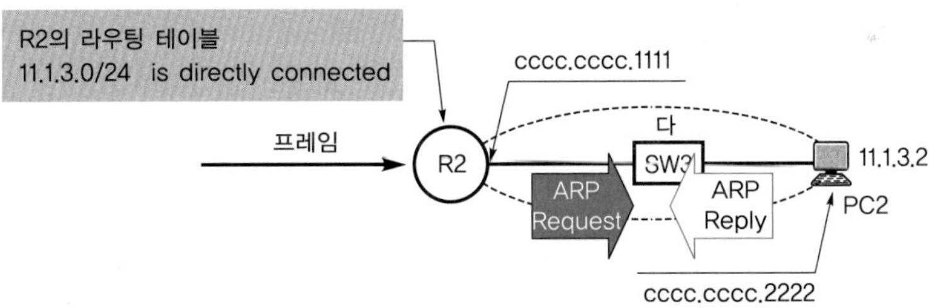

PC와 라우터는 ARP Request와 Reply를 통해 알게 된 3계층 주소와 2계층 주소의 맵핑 정보를 ARP 테이블에 보관한다. 즉, PC와 라우터는 ARP Requset를 보내기 전에 ARP 테이블을 먼저 확인하고 필요한 정보가 없을 때 ARP Request를 보낸다. [그림 1-62]와 PC에서 ARP 테이블을 확인하는 명령은 'arp -a'다. 참고로 ARP 테이블을 삭제하는 명령은 'arp -d'다.

[그림 1-62] ▶
PC의 ARP 테이블

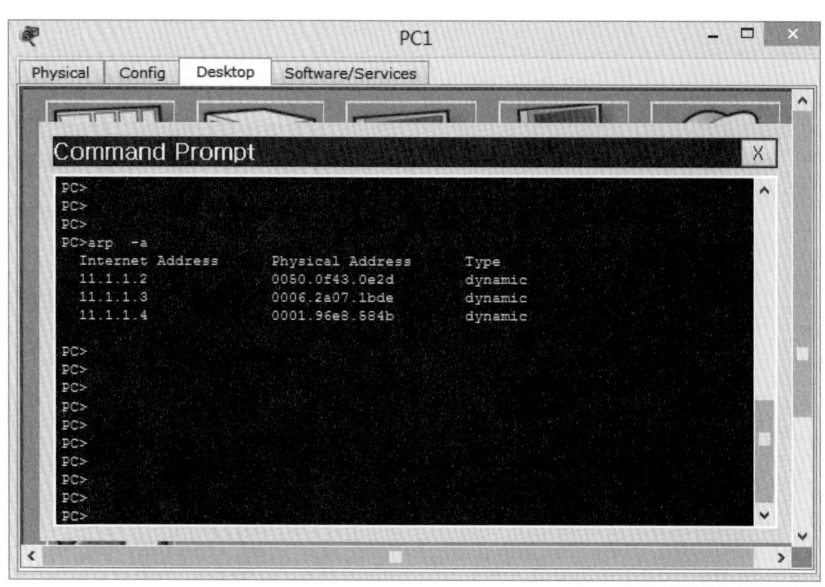

라우터에서 ARP 테이블을 확인하는 명령은 [그림 1-62]와 같이 'show ip arp'다.

[그림 1-63] ▶
라우터의 ARP 테이블

Router#**show ip arp**

Protocol	Address	Age (min)	Hardware Addr	Type	Interface
Internet	11.1.1.1	0	0030.F27C.94DC	ARPA	FastEthernet0/0
Internet	11.1.1.2	0	0050.0F43.0E2D	ARPA	FastEthernet0/0
Internet	11.1.1.3	0	0006.2A07.1BDE	ARPA	FastEthernet0/0
Internet	11.1.1.4	0	0001.96E8.584B	ARPA	FastEthernet0/0

PC에서 핑 테스트 방법은 다음 순서를 따른다([그림 1-64]).

① PC를 클릭한 후 'Desktop' 메뉴를 선택한다.

② 'Command Prompt' 메뉴를 선택한다.

[그림 1-64] ▶
PC에서의 Ping 테스트 I

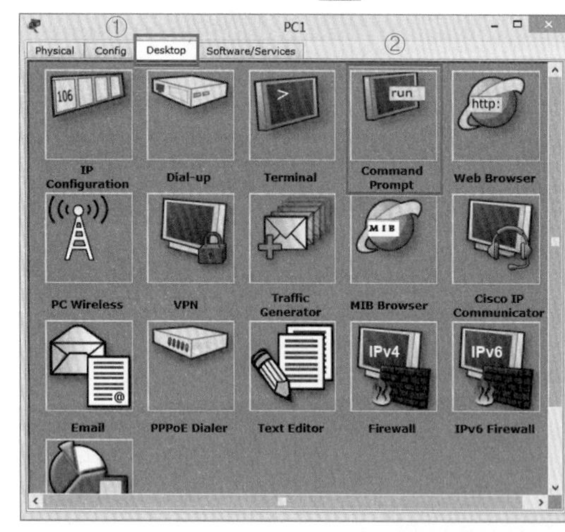

명령어는 라우터와 동일하다. [그림 1-65]를 보자. 'Reply from 11.1.1.3: bytes=32time=37ms TTL=254'에서 핑 패킷이 돌아왔으므로 통신이 가능함을 의미한다. 'time'은 목적지까지의 왕복 시간을 가리키며, TTL(Time To Live)값을 통해 ICMP Reply 패킷이 통과한 라우터 수를 알 수 있다. TTL 값은 패킷이 라우터를 통과할 때마다 '1'씩 카운트 다운된다. Windows OS를 적용한 PC의 경우 128부터 시작하고 라우터는 255부터 시작한다. [그림 1-58]에서 11.1.1.3에 대한 TTL이 254이므로 라우터 1대 떨어진 위치에 목적지 장치가 있고, 목적지 장치는 아마도 라우터일 수 있겠다. 두 번째 핑의 예에서 11.1.6.2에 대한 TTL은 126이므로 라우터 2대 떨어진 위치에 목적지 장치가 있으며 해당 장치는 아마도 Windows OS를 가진 PC임을 유추할 수 있다. OS의 종류에 따라 TTL 값이 달라지므로 OS를 추측할 수 있다. 물론 디폴트 TTL 값은 간단한 설정을 통해 변경 가능하다.

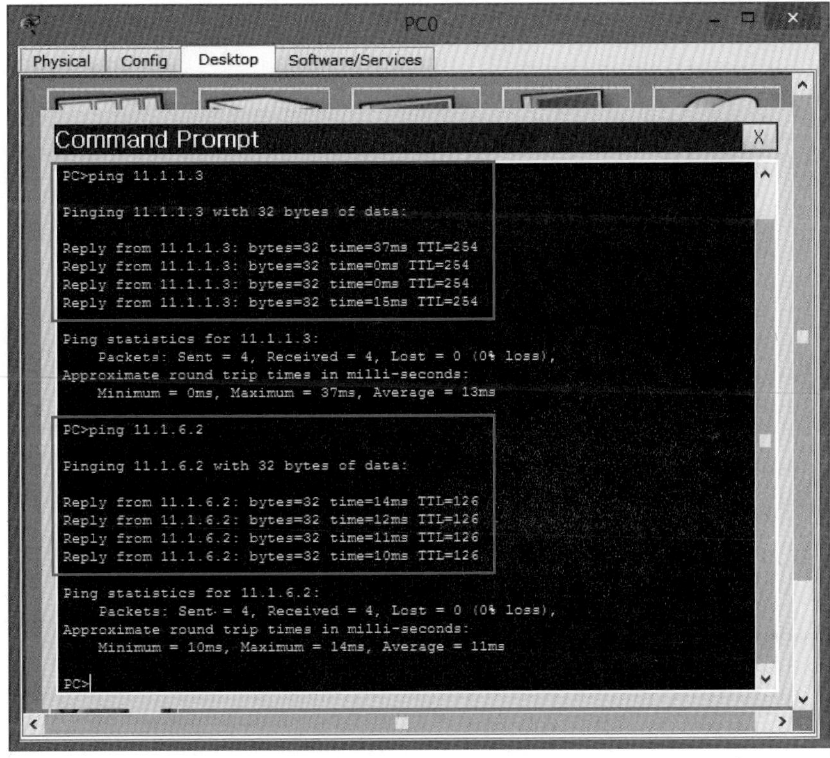

[그림 1-65] ▶ PC에서의 Ping 테스트 II

Chapter 2

Bandwidth 산정 & 장비 선정

네트워크 설계와 구축 작업은 첫째, 토폴로지 결정, 둘째, 밴드위스(Bandwidth) 산정, 셋째, 장비 선정, 넷째, 프로토콜 선택 및 최적화로 구성된다. Chapter 2에서는 Chapter 1에서 배운 네트워크 토폴로지 상에서 밴드위스 산정과 장비 선정 방법을 학습한다.

구분	강의 제목
이론 강의	Lecture 01. Bandwidth 산정
	Lecture 02. 장비 선정
연습 강의	Lecture 03. LAN 구성 III
실습 강의	Lecture 04. LAN 구축 기초 II Lab 02

Lecture 01

Bandwidth 산정

강의 키워드 트래픽 패턴, 시냇물·강물·바다 구간, 밴드위스 산정 방법, 밴드위스 산정 연습, 이중화 구간에서 밴드위스 산정, 밴드위스 Utilization

네트워크 설계 및 구축은 [그림 2-1]의 토폴로지 결정, 밴드위스 산정, 장비 선정과 장비에 적용할 프로토콜을 선택하고 최적화하는 4가지 작업으로 구성된다.

[그림 2-1] ▶ 4가지 네트워크 설계·구축 작업들

토폴로지는 네트워크 구성 형태다. 토폴로지를 결정할 때 LAN은 Hierarchical 3 layer 모델을 적용하고, WAN은 Hub&Spoke, Full Mesh, Partial Mesh 모델을 적용한다. 모든 사이트들이 이 모델에서 크게 벗어나지 않기 때문에 토폴로지 결정은 생각보다 쉬운 일이다. 그런데, 이 모델은 토폴로지 결정뿐만 아니라, 밴드위스 산정, 장비 선정, 프로토콜의 선택 및 최적화와도 관련이 있다.

Hierarchical 3 layer 토폴로지 모델 기반의 네트워크에서 밴드위스 산정 방법을 알아보자. [그림 2-2]를 보자. 모든 사이트들의 트래픽 패턴은 대동소이하다. 즉, PC에서 시작된 트래픽은 액세스 계층, 디스트리뷰션 계층, 코어 계층을 차례대로 거쳐 전산센터 내의 업무용 서버로 향하거나([그림 2-2]에서 ①번 흐름에 해당), 액세스 계층, 디스트리뷰션 계층, 코어 계층을 거쳐 인터넷 접속 라우터를 거쳐 인터넷 상의 웹서버를 향한다([그림 2-2]에서 ②번 흐름에 해당). 트래픽 중 80~90%는 ①번 아니면, ②번 패턴을 따른다.

나머지 10~20% 정도의 트래픽은 같은 층의 프린터나 파일 서버를 향하거나 VoIP(Voice over IP) 트래픽과 같이 지사나 다른 건물이나 다른 층을 향한다.

PC, 서버, 프린터, IP 폰과 같은 엔드 시스템과 액세스 스위치 연결 구간은 트래픽이 시작하는 지점으로 ㉮ 시냇물에 해당한다. 층마다 100대의 엔드 시스템이 있다면 층마다 100개의 시냇물이 있는 셈이다. 100개의 시냇물은 ①번과 ②번의 트래픽 패턴에 따라 합쳐져서 디스트리뷰션 라우터에게 간다. 액세스 스위치와 디스트리뷰션 라우터 연결 구간은 100개의 시냇물이 합쳐지는 구간이므로 ㉯ 강물에 해당한다. 건물에 5개의 층이 있다면 5개의 강물이 있는 셈이다. 디스트리뷰션 라우터와 코어 스위치 연결 구간은 5개의 강물이 합쳐지는 구간으로 ㉰ 바다에 해당한다. 이렇게 Hierarchical 3 layer 토폴로지 모델을 바탕으로 네트워크를 구축하면 시냇물, 강물, 바다 구간이 분명하게 구분된다.

[그림 2-2] ▶ 일반적인 트래픽 패턴

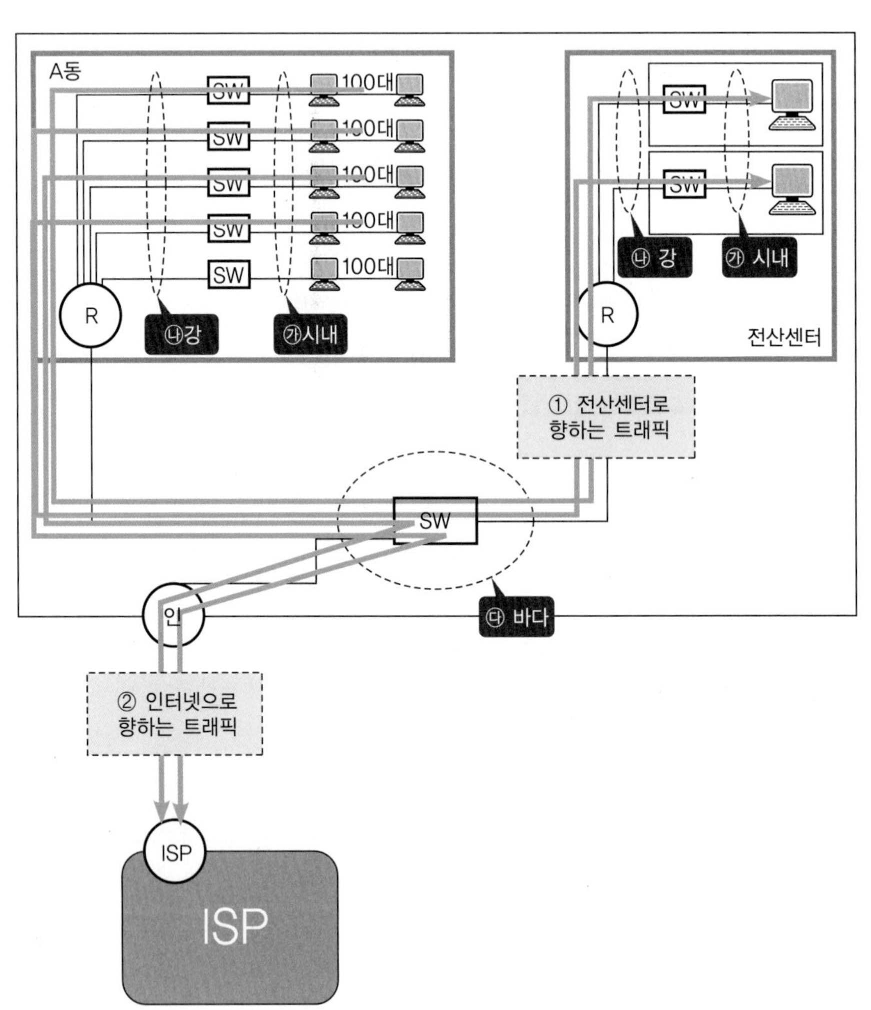

자! 이제 밴드위스를 할당해보자. 밴드위스 산정 방식은 바다부터 할당하고 강물, 시냇물 순서대로 즉, 탑다운(Top-down) 방식으로 할당해도 되고, 시냇물부터 할당하고 강물, 바다 순서대로 즉, 바텀업(Bottom-up) 방식으로 할당해도 되는데, 결과는 동일하다.

첫째, 대략적인 방식으로 설명을 위해 [표 2-1]을 보자.

- 1번 사례: 10Gbps를 바다 구간에 할당한다. 다음으로 강물 구간은 그것보다 낮은 1Gbps를 할당하고 마지막으로 시냇물 구간은 100Mbps를 할당한다.
- 2번 사례: 만약에 바다 구간에 1Gbps를 할당한다면, 다음으로 강물 구간은 한 단계 낮은 100Mbps, 마지막으로 시냇물 구간은 10Mbps를 할당한다.
- 3번 사례: 전산센터의 서버들은 시냇물 구간에 최소한 1Gbps를 할당하므로 강물 구간에 10Gbps를 할당한다. 바다 구간에 더 높은 밴드위스 100Gbps를 할당한다. 보유한 라우터 또는 스위치가 100Gbps를 지원하지 않는다면, 이 때 적용할 수 있는 솔루션이 이더채널(EtherChannel)이다. 이더채널은 다수의 이더넷 링크들을 묶어 밴드위스를 넓히는 솔루션이다. 3번 사례에서는 ①의 바다 구간에 4개의 10Gbps를 이더채널로 묶어 40Gbps를 적용하였다.
- 4번 사례: 4번 사례의 ②와 같이 상위(강물) 구간의 밴드위스(1Gbps)가 하위(시냇물) 구간의 밴드위스(10Gbps)보다 낮게 할당되면 강물구간이 바틀넥 포인트가 되어 컨제스천이 발생한다.
- 5번 사례: 5번 사례의 ③은 상위(바다) 구간과 하위(강물) 구간의 밴드위스와 동일하다. 다수의 강물이 트래픽 패턴을 따라 바다 구간에서 합쳐질 것이므로 바다 구간은 바틀넥 포인트가 되어 컨제스천이 발생하기 쉽다.

[표 2-1] ▶ 밴드위스 산정 사례

구간	1번 사례	2번 사례	3번 사례	4번 사례	5번 사례
시냇물	100Mbps	10Mbps	1Gbps	② 10Gbps	1Gbps
강물	1Gbps	100Mbps	10Gbps	② 1Gbps	③ 10Gbps
바다	10Gbps	1Gbps	① 40Gbps	100Mbps	③ 10Gbps
의견	가능	가능	가능	불가능	불가능
컨제스천 가능성	낮다	낮다	낮다	매우 높다	높다

둘째, 보다 정확한 방식으로 최하위 구간인 시냇물 구간부터 할당한다. 먼저 다음 조건을 가정하자.

조건: 각각의 층에 100대의 단말이 있고, 10층 건물이다.

시냇물 구간에 100Mbps를 할당했다면, 강물 구간에는 어떤 밴드위스를 할당해야 할까? 트래픽은 PC에서 시작하여 나가는 업로드 트래픽과 PC로 들어오는 다운로드 트래픽으로 구분할 수 있다. 각 층에 100대의 단말이 존재하므로 최번시에 강물 구간에 필요한 밴드위스는 100대 × 100Mbps = 10Gbps이다. 그러나, 확률적으로, 기술적으로, 현실적으로 100대의 단말이 100Mbps를 동시에 다운로드 하거나 업로드 할 가능성은 거의 희박하다.

[그림 2-3]에서 PC A가 서버 G로부터 영화를 다운로드 받을 때, 다음의 경우들을 가정해보자.

- 첫째. PC A와 스위치 B와의 연결 구간인 ⓐ의 속도가 100Mbps라고 해서 서버 G로부터의 다운로드 속도가 100Mbps가 될 수 있을까?

  대답은 'No'다. PC A의 서버 G로부터의 다운로드 속도는 ⓐ의 속도에 의해 결정되는 것이 아니고, ⓐ~ⓕ까지의 모든 네트워크의 밴드위스들 중, 최소 밴드위스에 의해 결정되기 때문이다. 즉, ⓐ, ⓑ, ⓒ, ⓔ, ⓕ의 밴드위스가 모두 100Mbps라도 그 중 한 링크인 ⓓ의 밴드위스가 1Kbps라면 PC A의 서버 G로부터의 다운로드 속도는 최소 밴드위스인 1Kbps를 넘을 수가 없다.

[그림 2-3] ▶ 가정 I

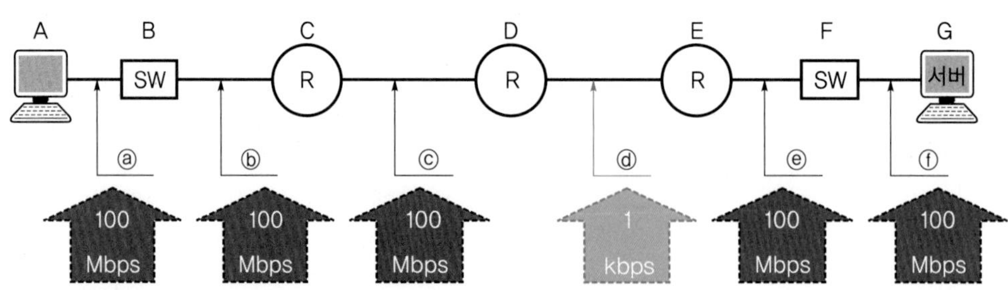

- 둘째. 그렇다면, PC A에서 서버 G까지의 모든 밴드위스 즉, ⓐ~ⓕ까지의 모든 밴드위스가 100Mbps라면 서버 G로부터의 다운로드 속도가 100Mbps가 될 수 있을까?

  대답은 'No'다. PC A가 서버 G로부터의 다운로드 속도는, ⓐ~ⓕ까지의 밴드위스뿐만 아니라, 모든 밴드위스의 여유율(Utilization)이 100Mbps 이상이 되어야 한다.

[그림 2-4] ▶
가정 II

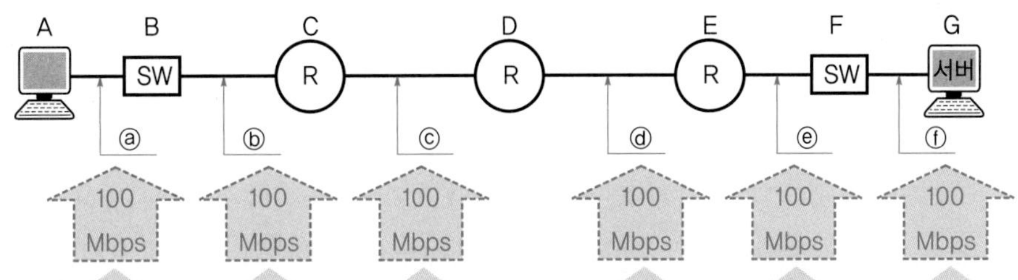

• 셋째. 그렇다면, PC A에서 서버 G까지의 모든 밴드위스의 여유율 즉, ⓐ~ⓕ까지의 모든 밴드위스 여유율이 100Mbps라면 서버 G로부터의 다운로드 속도가 100 Mbps가 될 수 있을까?

대답은 'No'다. PC A가 서버 G로부터의 모든 밴드위스의 여유율이 100Mbps 이상이 되어야 할 뿐 아니라, PC A에서 서버 G까지의 모든 장비들의 CPU, Memory의 성능이, 즉 A~G까지의 모든 장비들의 성능이 100Mbps를 처리할 수 있어야 하고, 뿐만 아니라 100Mbps를 처리할 수 있는 여유율이 있어야 한다. 이와 같이 장비가 선에서 들어오는 트래픽을 지연 없이 처리하는 것을 'Wire speed를 제공한다'라고 한다. 장비가 아니라 선을 통과하는 것과 같은 속도를 제공한다는 의미다.

[그림 2-5] ▶
가정 III

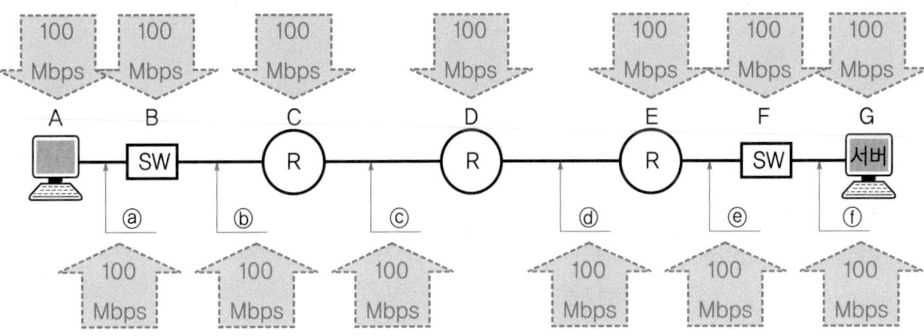

즉, PC A의 다운로드 속도와 더불어 ⓐ 링크의 속도가 100Mbps가 되기 위해서는 상기의 조건들을 모두 만족시켜야 한다. 서버가 세션별로 밴드위스를 제한하는 등, 다른 PC들과 함께 네트워크와 서버를 공유해야 하는 상황에서 이것은 현실적으로 매우 어려운 일임을 알 수 있다. 또한, PC A의 업로드의 경우에도 일반적으로 PC A가 100Mbps를 업로드할 능력이나 여유가 없거나 일시적인 경우가 대부분이다.

게다가, 서버 G가 인터넷에 존재하는 경우 즉, 목적지까지의 거치는 네트워크 구간들이 관리 범위를 벗어나므로 밴드위스와 장비의 성능을 내 맘대로 결정할 수 없다. 서버 G가 회사 내에 있다 하더라도, 모든 단말들에 시냇물 구간에 100Mbps 속도를 계속적으로 보장하기 위해서는 높은 성능의 장비를 도입해야 하므로 구축 비용을 올리게 된다. 그러므로 네트워크에서 발생하는 일시적인 지연은 억지로 해결하기 보다는 오히려 자연스러운 것으로 받아들여야 한다.

[표 2-2]는 강물 구간의 밴드위스 산정 사례다. 시냇물 구간이 ① 100Mbps로 100대의 단말이 연결되어 있다면 강물 구간에서 최대 필요 밴드위스는 ② 100Mbps × 100대 = 10Gbps다. 그러나, 단말 100대가 동시에 100Mbps를 다운로드 하거나 업로드 하는 것은 이미 설명한 대로 현실적으로, 기술적으로, 확률적으로 불가능하다. 그러므로 최대 필요 밴드위스 10Gbps에 보정치(0.1)를 곱하여 강물 구간에 적용할 밴드위스를 산정한다. 즉, ③ 1Gbps(= 10Gbps × 0.1)의 밴드위스를 적용하였다.

마지막으로 바다 구간의 밴드위스는 다음과 같이 산정한다. 건물이 10층이므로 바다 구간에는 ④ 1Gbps × 10 층= 10Gbps의 밴드위스로 산정된다. 바다 구간의 밴드위스는 보정하지 않고 ⑤ 10Gbps의 밴드위스를 할당하였다. 강물 구간의 밴드위스를 산정할 때 보정치를 적용했기 때문이다.

[표 2-2] ▶ 바텀업 방식의 밴드위스 산정 사례

구간	최번 시 필요 밴드위스	최종 밴드위스
시냇물	① 100Mbps	
강물	② 100Mbps × 100대 = 10Gbps	③ 10Gbps × 0.1(보정치) = 1Gbps
바다	(강물 구간에 1 Gbps 할당 시) ④ 1Gbps × 10(층) = 10Gbps	⑤ 10Gbps

이쯤에서, 여러분은 이런 질문을 할 수 있다. 강물 구간의 밴드위스를 산정할 때, 고려해준 보정치 '0.1'은 어떻게 정해진 값인가? 사실, 보정치에 대한 명확한 기준은 어디에도 없다. 그렇다면 그 기준을 어디서 찾아야 할까? 그 해답은 네트워크 사용자에 있다. 보정치 0.1을 적용했을 때, 네트워크 사용자가 다운로드 혹은 업로드 속도에 대해 아무런 불만이 없다면 보정치 0.1은 적정한 것이다. 그러나, 사용자가 불만을 토로한다면 보정치는 상향 조정되어야 한다. 그러므로, 네트워크 사용자 수와 트래픽을 유발하는 애플리케이션 종류와 트래픽 패턴과 양이 명확하지 않은 최초의 설계 단계에서 보정치에 대한 정확한 산정은 매우 힘든 일이다. 또한, 한번 보정치를 정했다 하여 이 값을 계속 유지하려 해서도 안 된다. 시간이 지나면서 사용자가 늘어날 수도 있고, 줄어들 수도 있으며, 트래픽이 늘 수도 있고, 줄 수도 있기 때문이다.

여기서, 밴드위스와 관련된 네트워크 문제 해결 방법을 살펴보자.

네트워크가 적정한 성능을 유지하는지 혹은 어떤 장애를 갖는지는 측정 툴에게 묻기에 앞서, 사용자에게 먼저 물어보아야 한다. 대규모의 네트워크에서 장애나 성능 문제를 찾을 때, 네트워크 측정을 어디에서 시작하여 어떤 범위까지, 어느 시간대를 중심으로 수행할지를 결정하는 것은 시간과 자원을 절약하기 위해 매우 중요하다. 무작정 모든 네트워크와 장비를 측정 대상으로 하기보다는 네트워크 사용자들과의 인터뷰를 통해 문제되는 네트워크 영역과 서비스, 그리고 시간대를 쉽게 찾아낼 수 있다. 네트워크 사용자로부터 문제 구간을 찾고 적정한 솔루션을 제시하는 사례가 [표 2-3], [표 2-4], [표 2-5]에 설명되었다.

첫 번째 사례를 보자.

[표 2-3] ▶ 첫 번째 사례

구분	내용
이슈 사항	[그림 2-6]에서 77동 5층의 사용자들만 인터넷이나 전산센터의 모든 서버에 접속 속도가 느리다는 신고가 접수되었다면 어느 구간에 문제가 있을까?
문제 영역	77동 5층에 상주하는 100명의 사용자가 모두 동일한 불만을 가지므로 이들이 공통으로 거치는 구간은 77동 5층의 액세스 스위치와 디스트리뷰션 라우터를 연결하는 '강' 구간 즉 [그림 2-6]에서 ① 구간이다. 즉, 이 구간의 밴드위스 사용률(utilization)이 높을 것이라 추정할 수 있다.

[그림 2-6] ▶ 이더채널 솔루션 적용 사례

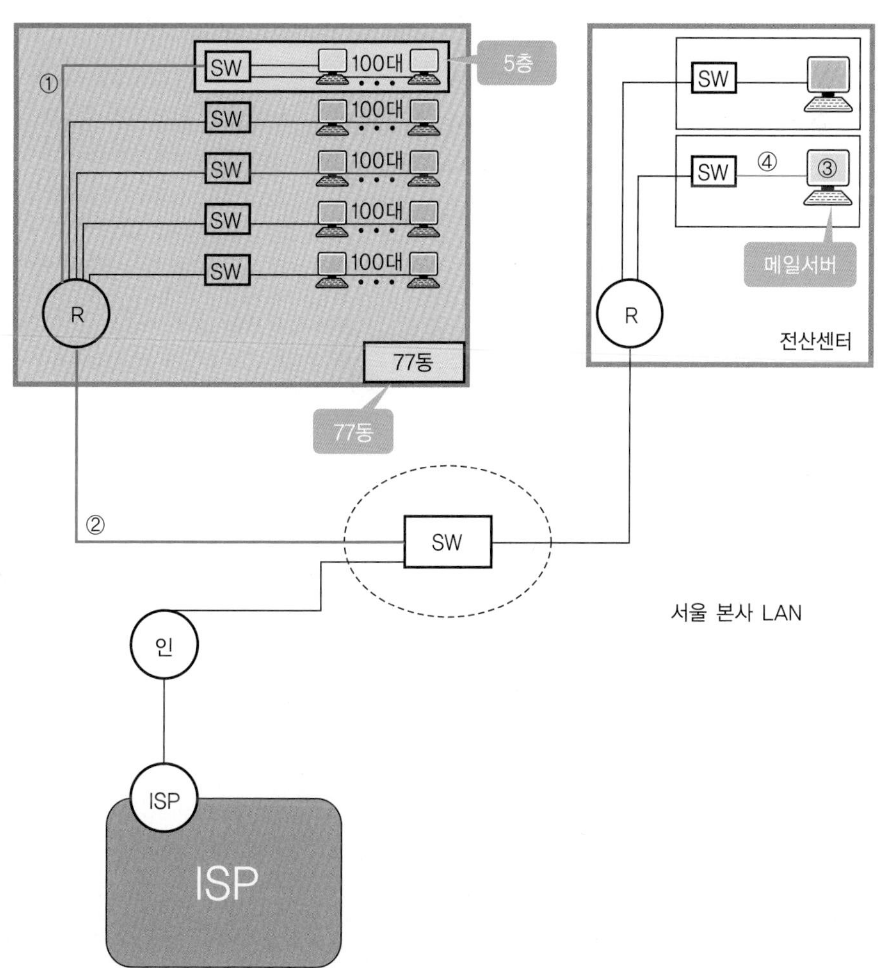

[표 2-3]의 문제를 해결하는 솔루션은 이더채널과 집선비조정이다.

첫번째 솔루션은 이더채널(EtherChannel)이다. 이더채널은 [그림 2-7]과 같이 다수의 링크들을 하나의 링크로 만든다. 즉, 밴드위스 부족 구간에 이더채널을 설정하면 밴드위스를 넓혀 성능 문제를 해결할 수 있다. 이더채널은 밴드위스를 넓힐 뿐 아니라, 한 링크가 다운돼도 남은 링크를 통해 통신이 가능하므로 가용성도 개선하는 솔루션이다.

[그림 2-7] ▶ 이더채널(EtherChannel) 적용

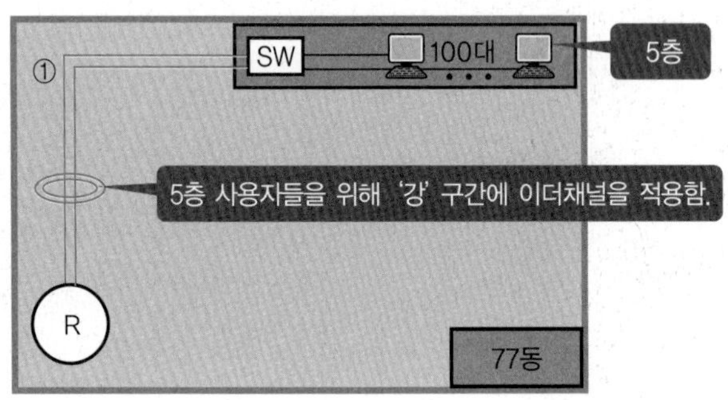

두 번째 솔루션은 집선비 조정이다. 즉, [그림 2-8]과 같이 5층에 2대의 스위치를 배치하고 스위치마다 50대씩 나누어 연결하면 강물(①) 구간의 밴드위스 사용율(Utilization)도 낮아져 이더채널을 설정했을 때와 동일한 효과를 낳는다. 스위치를 층마다 두 대씩 배치해야 하므로 구축 비용은 증가하지만, 한 대의 스위치가 다운돼도 다른 스위치에 연결된 사용자는 여전히 통신이 가능하여 위험도를 낮출 수 있다.

[그림 2-8] ▶ 집선비 조정

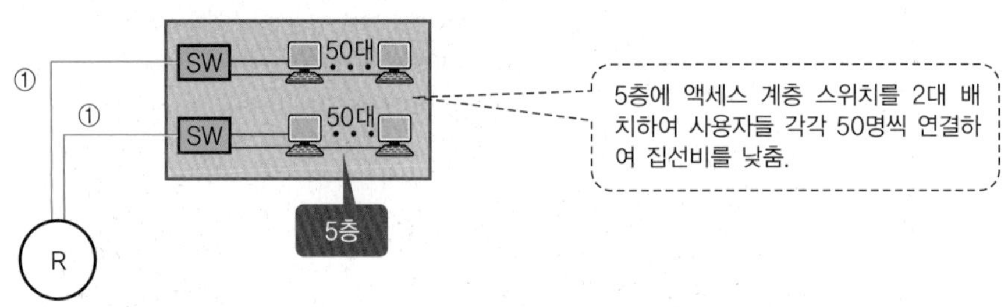

두 번째 사례를 보자.

[표 2-4] ▶ 두 번째 사례

구분	내용
이슈 사항	[그림 2-6]에서 77동 모든 층의 사용자들이 인터넷이나 전산센터의 모든 서버에 접속 속도가 느리다는 신고가 접수되었다면 어느 구간에 문제가 있을까?
문제 구간	77동의 모든 층에 상주하는 사용자가 모두 동일한 불만을 가지므로 이들의 트래픽이 공통으로 거치는 구간은 77동 디스트리뷰션 계층 라우터와 코어 계층의 스위치를 연결하는 '바다' 구간 즉, [그림 2-6]에서 ② 구간이다. 즉, 이 구간의 밴드위스 사용률(utilization)이 높을 것이라고 추정할 수 있다.

[표 2-4]의 문제를 해결하는 솔루션은 이더채널, 집선비 조정과 이중화다.

첫째, 이더채널 적용: 즉, [그림 2-9]와 같이 1차 의심 구간인 '바다 (②)' 구간에 이더채널을 적용한다.

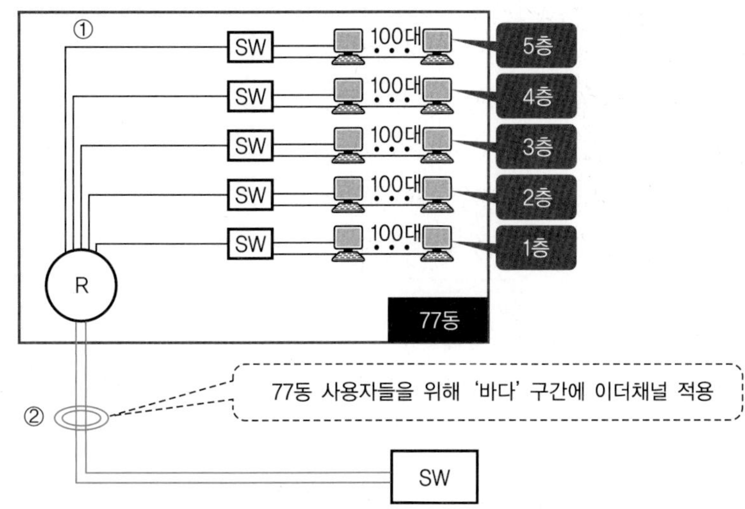

[그림 2-9] ▶ 이더채널(EtherChannel) 적용

둘째, 집선비 조정: 즉, [그림 2-10]과 같이 디스트리뷰션 계층에 2대의 라우터(R1과 R2)를 배치하고 5층, 4층, 3층 액세스 스위치는 R1에, 2층, 1층 스위치는 R2에 연결하면 각 라우터에 유입되는 트래픽을 분산시켜 '바다(①과 ②)' 구간의 밴드위스 사용률을 낮춘다.

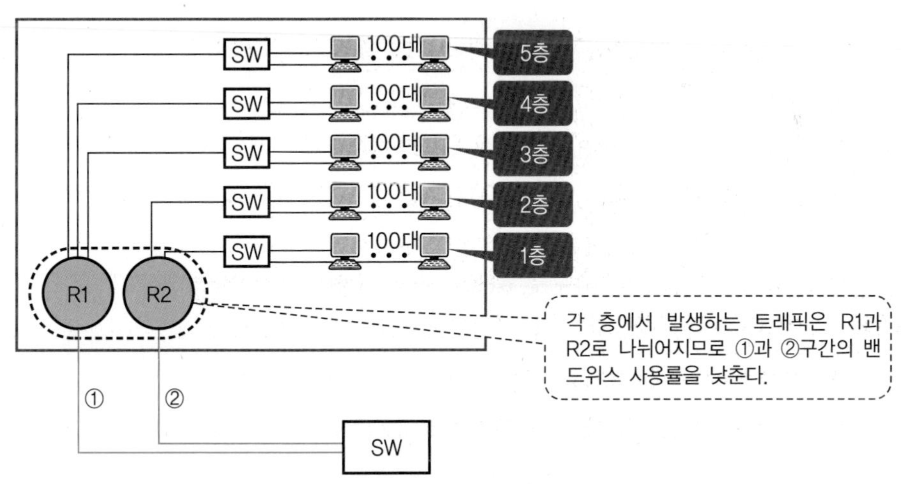

[그림 2-10] ▶ 라우터 이중화와 집선비 조정

셋째, 라우터/스위치와 링크 이중화: [그림 2-11]과 같이 디스트리뷰션 계층 장치인 라우터를 이중화하고 각 층의 스위치를 이중화된 R1과 R2 라우터에 모두 연결하였다. 또한 코어 계층 스위치도 이중화하였다. 이 경우, [그림 2-10]과 같이 각 층에서 발생하는 트래픽은 R1과 R2로 분산되고 트래픽은 바다 구간에 속하는 ①, ②, ③, ④ 링크

들로 분산된다. 이 로드 분산으로 밴드위스 사용률은 낮아진다. 또한, 장비와 링크 이중화로 가용성도 향상된다.

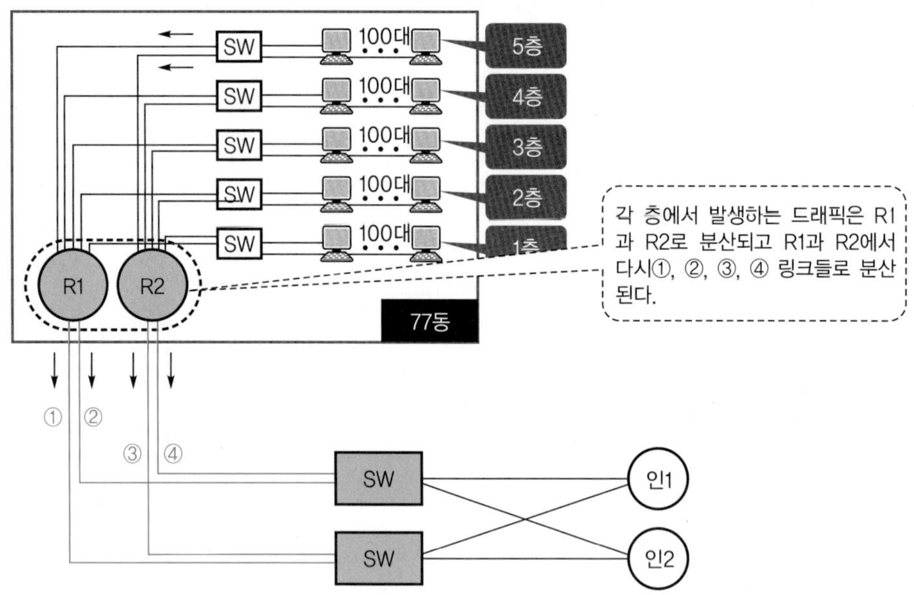

[그림 2-11] ▶ 라우터 이중화와 밴드위스 사용률 개선

세 번째 사례를 보자.

[표 2-5] ▶ 세 번째 사례

구분	내용
이슈 사항	[그림 2-6]에서 모든 건물, 모든 지사의 사용자들이 메일 서버 접속 속도가 느리다는 신고가 접수되었다면 어느 구간에 문제가 있을까?
문제 구간	이 경우는 메일 서버 자체의 성능에 문제가 있거나, 메일 서버([그림 2-6]에서 ③)와 메일 서버가 연결된 스위치 간의 밴드위스 사용률([그림 2-6]에서 ④번 구간)을 의심해볼 수 있다. 따라서, 메일 서버가 스위치와 연결된 구간의 밴드위스를 넓히거나, 메일 서버의 성능을 업그레이드한다.

이번에는 WAN 밴드위스 산정 방식에 대해 알아보자. LAN은 직접 구축하는 네트워크이기 때문에 밴드위스에 대한 별도의 비용을 지불하지 않지만, WAN은 월별로 회선 비용을 지불한다. 따라서, WAN 회선 비용을 적정하게 유지하는 것이 중요한 관리 항목에 속한다. 즉, 밴드위스가 많이 남으면, 필요 이상의 비용을 지불하는 셈이며, 밴드위스가 만성적으로 모자라면 업무에 지장을 준다. 일반적으로 밴드위스 관리 기준으로 Utilization 평균이 대략 70% 이하가 되도록 한다. 상업용 네트워크는 대략 평균 40% 이하가 되도록 한다. 즉, WAN은 Utilization 평균 40~70% 이하 범위로 관리하되, 이 기준치를 고수하려고 해서는 안 된다.

[그림 2-12]를 보자. 평균 70%의 Utilization이라도 Utilization이 Case I과 같이

고른 경우도 있고, Case Ⅱ와 같이 고르지 않은 경우도 있다. Case Ⅰ의 경우는 Utilization이 100%에 이른 경우가 없기 때문에 밴드위스에 여유가 있어 지연(Delay)은 발생하더라도 유실(Loss)은 발생하지 않는다. 그러나, Case Ⅱ의 경우, Utilization이 100%에 이른 경우가 다수 발생하므로 이 경우, 사용자는 지연, 유실, 지터(Jitter) 문제를 겪게 된다. 패킷 유실이 발생하면 TCP에 의해 재전송될 때까지 기다려야 하므로 결국 긴 지연을 낳거나 UDP 패킷인 경우 재전송을 지원하지 않아 유실을 유발한다. 지터는 밴드위스 여유율이 불균일하여 패킷 운반 시간이 고르지 않는 현상으로(실시간 전송을 위해) 패킷 간 도착 간격이 균일해야 하는VoIP 애플리케이션인 경우 문제가 된다.

따라서, Utilization이 같은 평균 70%라도 사용자가 느끼는 만족도는 다르다. 즉, 네트워크 품질 관리를 위해서는 수치가 아니라 사용자 만족도에 초점을 맞추고, 사용자를 만족시킬 수 있는 적정한 기준치를 찾아내야 한다. 아마도 이 기준은 사이트에 따라 서비스에 따라 다를 것이다. 이러한 기준치들이 사용자를 만족시키는 수치인지를 지속적으로 추적하고 갱신할 때 예방 차원에서의 품질 관리를 제공할 수 있다.

[그림 2-12] ▶ 밴드위스 Utilization

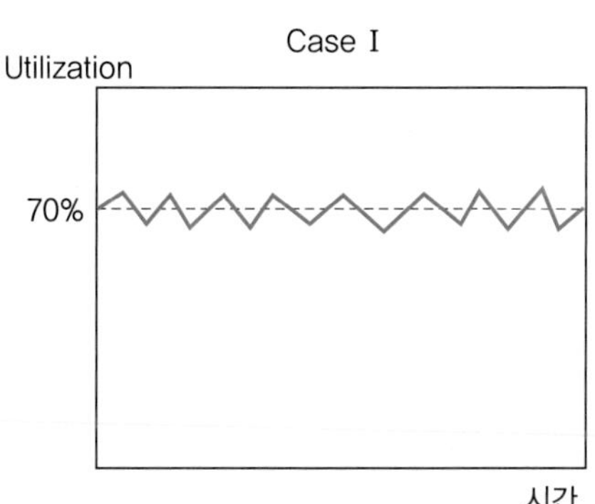

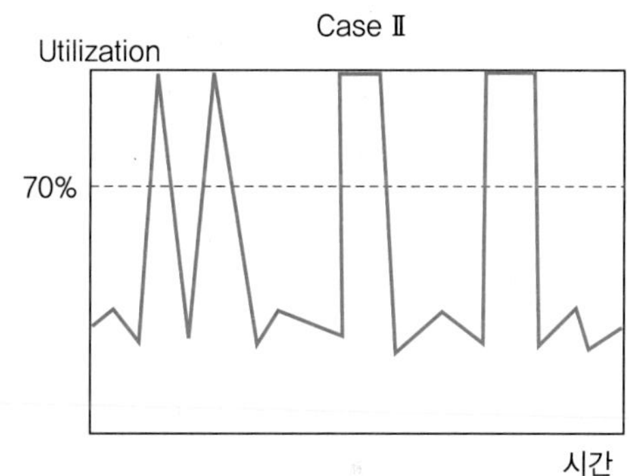

Lecture 02

장비 선정

강의 키워드 라우터와 스위치의 기본적인 차이, 계층 별 장비 선정 이유, 브로드캐스트 도메인과 라우터

Hierarchical 3 layer 모델에서 보통, 코어 계층에는 스위치를 배치하고, 디스트리뷰션 계층에는 라우터를 배치하고, 액세스 계층에는 스위치를 배치한다. 다양한 배치가 가능할 텐데 왜 그렇게 할까?

OSI 7계층에서 스위치는 2계층 장비이고, 라우터는 3계층 장비다. 2계층 장비는 2계층 기능만을 하는 것이 아니라, 2계층 이하의 기능 즉, 2계층과 1계층 기능을 한다. 3계층 장비는 3계층 이하의 기능 즉, 3계층, 2계층, 1계층 기능을 한다. 스위치는 2계층에서 스위칭, 1계층에서 약해진 신호를 증폭한다. 라우터는 3계층에서 라우팅, 2계층에서 미디어 트랜슬레이션, 1계층에서 증폭한다. 그렇다면, 라우터와 스위치의 하드웨어 성능이 같다고 가정할 때, 패킷은 어떤 장비를 통과할 때 속도가 더 빠르며, 어떤 장비의 구입 비용이 더 저렴할까? [표 2-6]과 같이 스위치가 라우터보다 더 적은 프로세스를 수행하기 때문에 속도는 더 빠르고, 구입 비용은 낮다. 즉, 코어 계층과 액세스 계층에 스위치를 배치하는 이유는 라우터보다 가격은 저렴하고 속도는 빠르기 때문이다.

[표 2-6] ▶ 스위치와 라우터 비교

구간	스위치	라우터	비고
프로세스	2계층+1계층	3계층+2계층+1계층	-
통과 속도	더 빠름	더 느림	동일한 성능의 하드웨어일 때
구입 비용	더 낮음	더 높음	

그렇다면, 디스트리뷰션 계층에는 왜 느리고 비싼 장비인 라우터를 배치할까? 그것은 스위치와 라우터의 다음 차이 때문이다. 스위치는 브로드캐스트 패킷을 받으면 차단하지 못하고 모든 포트로 내보낸다. 이것을 달리 말해 '스위치는 브로드캐스트 도메인을

나누지 못한다'라고 한다. 라우터는 브로드캐스트 패킷을 받으면 자신은 받아 처리하지만, 다른 포트로 내보내지 않는다. 즉, 라우터는 브로드캐스트 도메인을 나눈다. CPU 측면에서 보면, 유니캐스트 패킷은 한 장치의 CPU를 돌리고, 브로드캐스트 패킷은 모든 장치의 CPU를 돌린다. PC와 서버는 7계층 장치로 7계층 이하의 모든 기능을 한다. PC와 서버가 가진 2계층 장치가 LAN 카드다. 스위칭은 2계층 기능으로 LAN 카드도 일종의 스위치다. LAN 카드는 프레임을 받아서 목적지 2계층 주소를 보고 자신의 주소일 때는 다음 프로세스를 위해 CPU에게 보내고(CPU로 스위칭하고), 자기 주소가 아닐 때는 쓰레기통으로 보낸다. 즉, 버린다. LAN 카드는 일종의 스위치이므로 브로드캐스트를 수신하면 차단하지 못하고 CPU에게 보낸다.

[그림 2-13]과 같이 빠르고 싸다는 이유로 디스트리뷰션 계층에도 스위치를 배치하면 전체 사이트가 하나의 브로드캐스트 도메인에 속하게 된다. 이 경우, 한 장치에서 출발한 브로드캐스트 패킷은 사이트 내 모든 장치의 CPU를 돌리게 된다. 브로드캐스트 도메인이 너무 넓기 때문에 장치들의 브로드캐스트 수신 가능성은 매우 높아 CPU 부하율이 높아진다. 따라서 모든 장치들의 패킷 처리 속도는 느려지며 결과적으로 사용자들은 네트워크 속도에 만족할 수 없게 된다. 밴드위스에서 브로드캐스트가 차지하는 비중이 10%를 초과하면 안 된다는 브로드케스트 도메인의 적정 넓이에 대한 대략적인 기준이 있다.

[그림 2-13] ▶ 제1안

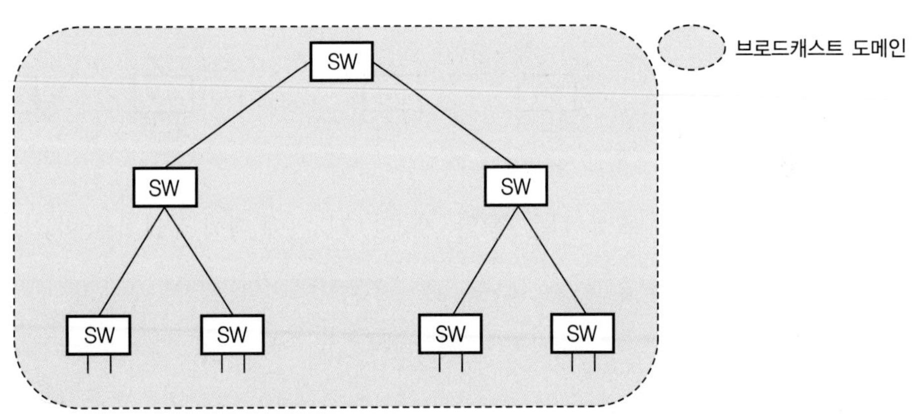

그렇다고 해서, [그림 2-14]와 같이 모든 계층에 스위치 대신 라우터를 배치하면 브로드캐스트 도메인의 넓이는 대폭 줄어들어 브로드캐스트로 인한 CPU 부하율은 낮아지겠지만, 스위치보다 비싸고 느린 라우터의 속성 때문에 패킷의 네트워크 통과 속도가 느려질 뿐만 아니라, 구축 비용도 증가한다.

[그림 2-14] ▶
제2안

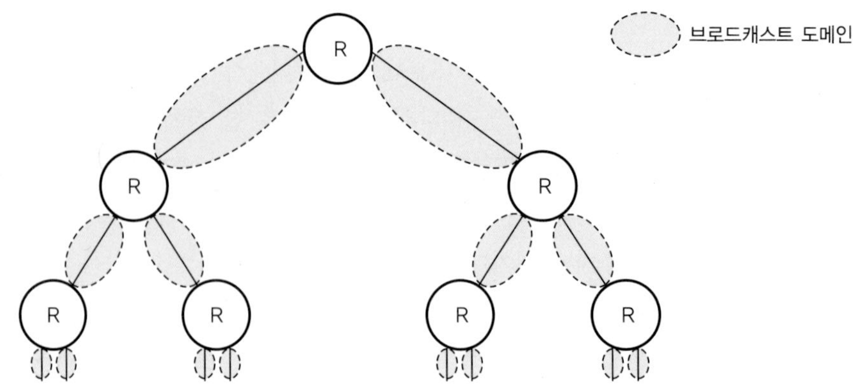

따라서, 브로드캐스트 도메인의 넓이는 적정하게 유지하는 것이 좋다. 즉, 브로드캐스트 도메인을 적정하게 분할하기 위해 구석이 아닌 Hierarchical 3 layer의 중간 계층에 라우터를 배치한다. 즉, [그림 2-15]와 같이 디스트리뷰션 계층에 라우터를 배치한다.

[그림 2-15] ▶
제3안

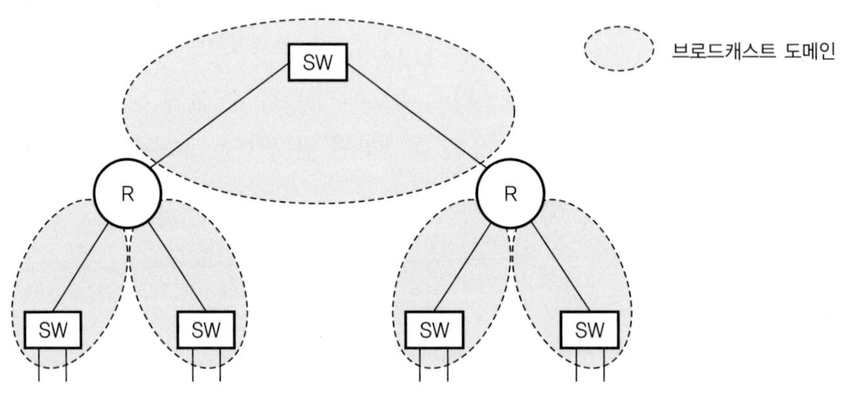

[표 2-7]은 제1안, 제2안, 제3안에 대해 장단점을 비교 요약하였다.

[표 2-7] ▶
제1·2·3안 비교

구분	장점	단점
제1안	디스트리뷰션 계층에서 구축 비용과 패킷 처리 시의 지연 속도가 줄어든다.	브로드캐스트 도메인이 넓어져 브로드캐스트로 인한 모든 장비들(라우터, 스위치, PC, 서버 등)의 CPU 부하가 늘어난다.
제2안	브로드캐스트 도메인이 좁아져 브로드캐스트로 인한 CPU 부하가 줄어든다.	모든 계층에서 구축 비용과 패킷 처리 시의 지연 속도가 늘어난다.
제3안	브로드캐스트 도메인을 적정하게 유지하여 브로드캐스트로 인한 CPU 부하를 줄인다. 코어 계층과 액세스 계층에는 스위치를 배치하여 구축 비용과 지연 시간을 줄인다.	가장 적정한 안이지만, 몇 가지 이슈를 가지고 있는데 극복 방안을 포함해서 Part 3과 4에서 자세히 다루기로 한다.

Lecture 03

LAN 구성 Ⅲ

강의 키워드 LAN 토폴로지 구성 연습, 장비 수 산정, 장비별 포트 산정

Grand University의 네트워크 토플로지 설계

Hierarchical 3 layer 모델을 이용하여 다음 사이트에 대한 네트워크 토폴로지 설계를 하고자 한다. 다음과 같은 조건에서 네트워크 구성도를 그리고, 액세스/디스트리뷰션/코어의 각 계층에서 필요한 장비 수와 각 장비의 포트 수를 구하시오.

[조건]

- 건물 구성 조건:
  모두 12동: 2동(15층), 5동(10층), 5동(5층)

- 액세스 계층 장비는 각 층마다, 디스트리뷰션 계층 장비는 각 건물마다 1대씩 배치함.

- 각 층의 단말 수:
  - 15층 건물: 120대(층별)
  - 10층 건물: 100대(층별)
  - 5층 건물: 50대(층별)
- WAN 접속과 인터넷 접속 필요함.

- 시냇물, 강물, 바다 구간에 각각 100Mbps, 1Gbps, 10Gbps를 할당함.

- 지사는 생략할 것.

가. 네트워크 구성도를 완성하라.

[그림 2-16] ▶ 네트워크 구성도

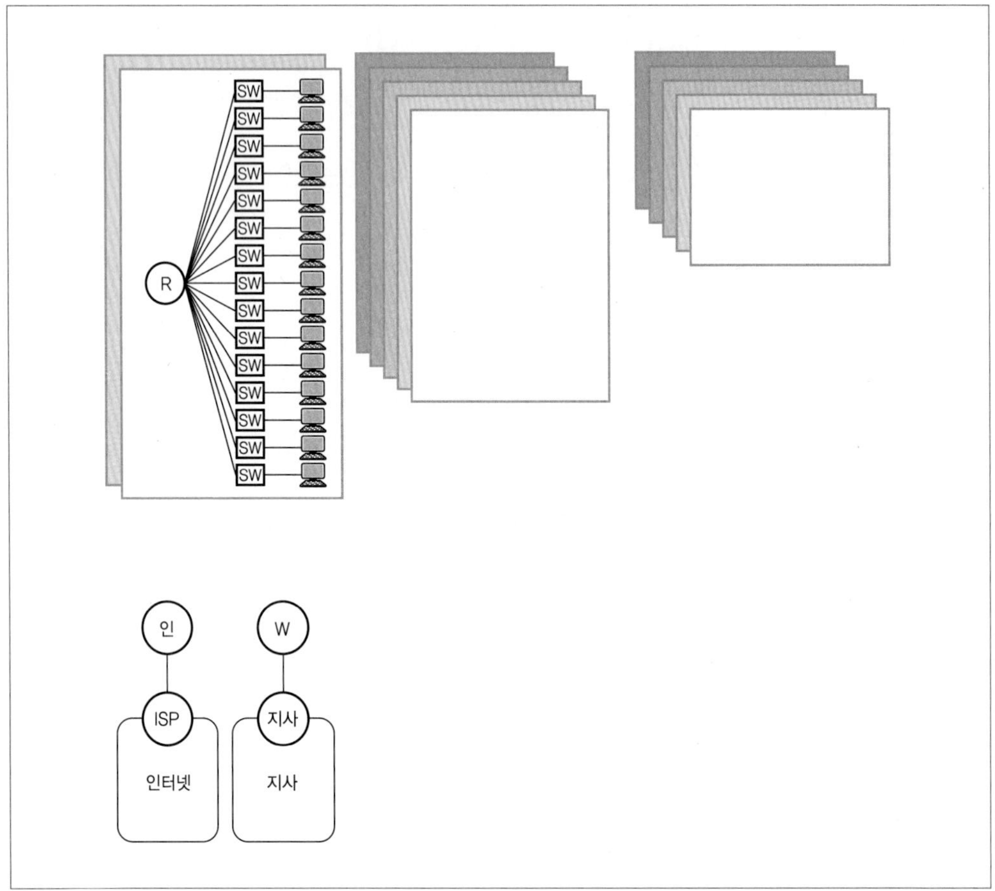

나. 계층별, 장비 수를 산정하라.

[표 2-8] ▶ 장비 수 산정

계층	계산 결과	계산 방법
액세스	대	
디스트리뷰션	대	
코어	1대	조직마다 1대이므로

다. 장비별 포트 수를 산정하라.

[표 2-9] ▶ 장비별 필요 포트 수 산정

구분		포트 수	계산 방법
액세스	15층 건물	1+120	1(1Gbps, 디스트리뷰션 라우터와 연결하는 포트) + 120(100Mbps, 단말 연결 포트)
	10층 건물		
	5층 건물		
디스트리뷰션	15층 건물		
	10층 건물		
	5층 건물	1+5	1(10Gbps, 코어 스위치 연결 포트) + 5(1Gbps, 액세스 스위치 연결 포트)
코어		12+2	12(10Gbps, 디스트리뷰션 라우터 연결 포트) + 2(10Gbps, WAN 및 인터넷 접속 라우터 연결 포트)

종합 해설

다음과 같다.

가. 네트워크 구성도를 완성하라.

액세스 스위치는 각 층마다 1대씩, 디스트리뷰션 라우터는 각 건물마다 1대씩, 코어 스위치에 각 건물의 라우터들과 WAN 접속 라우터와 인터넷 접속 라우터가 연결된다 ([그림 2-17]).

나. 계층별 장비 수를 산정하라.

장비 수는 [표 2-10]과 같이 산정한다. 액세스 계층 스위치 수는 층마다 1대씩 배치하므로 층 수의 합을 구하면 된다. 디스트리뷰션 계층 라우터 수는 건물마다 1대씩 배치하므로 건물 수의 합을 구하면 된다. 코어 계층 스위치는 조직 마다 1대씩 배치하므로 1대를 배치한다.

[표 2-10] ▶ 장비 수 산정(결과)

계층	포트 수	계산 방법
액세스	105대	전체 층수와 같다. 15층 건물 = 2동, 10층 건물 = 5동, 5층 건물=5동이므로 (15 X 2) + (10 X 5) + (5 X 5) = 30 + 50 +25 = 105대
디스트리뷰션	12대	전체 건물 수와 같다. 총 건물 수는 12동이므로
코어	1대	조직마다 1대이므로
그외	2대	인터넷 접속 라우터+WAN 접속 라우터

[그림 2-17] ▶
네트워크 구성도(결과)

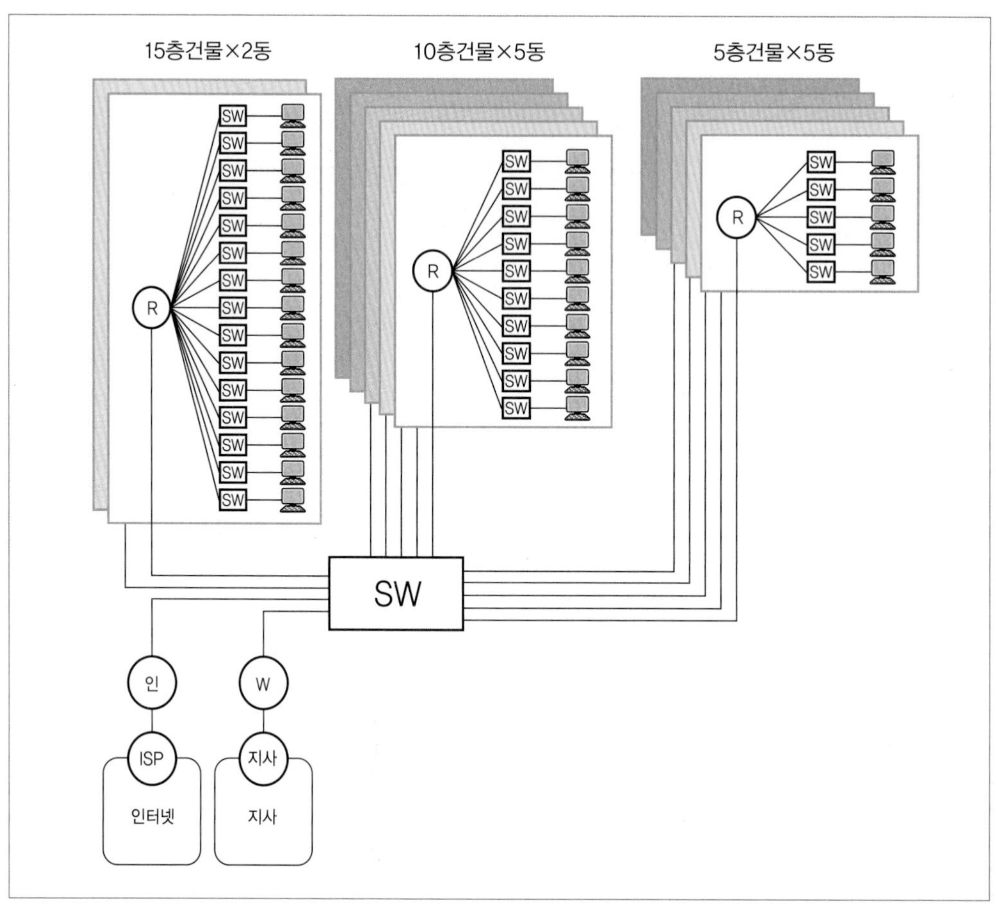

다. 장비별 포트 수를 산정하라.

계산 결과와 계산 방법은 [표 2-11]과 같다.

[표 2-11] ▶
장비별 포트 수(결과)

구분		포트 수	계산 방법
액세스	15층 건물	1 + 120	1(1Gbps, 디스트리뷰션 라우터와 연결하는 포트) + 120(100Mbps, 단말 연결 포트)
	10층 건물	1 + 100	1(1Gbps, 디스트리뷰션 라우터와 연결하는 포트) + 100(100Mbps, 단말 연결 포트)
	5층 건물	1 + 50	1(1Gbps, 디스트리뷰션 라우터와 연결하는 포트) + 50(100Mbps, 단말 연결 포트)
디스트리뷰션	15층 건물	1 + 15	1(10Gbps, 코어 스위치 연결 포트) + 15(1Gbps, 액세스 스위치 연결 포트)
	10층 건물	1 + 10	1(10Gbps, 코어 스위치 연결 포트) + 10(1Gbps, 액세스 스위치 연결 포트)
	5층 건물	1 + 5	1(10Gbps, 코어 스위치 연결 포트) + 5(1Gbps, 액세스 스위치 연결 포트)
코어		12 + 2	12(10Gbps, 디스트리뷰션 라우터 연결 포트) + 2(10Gbps, WAN 및 인터넷 접속 라우터 연결 포트)

Lecture 04

LAN 구축 기초 II Lab 02

강의 키워드 라우터 스위치, 단말들의 연결, UTP Straight-through 케이블, UTP Crossover 케이블, IP 설계, EIGRP 라우팅 프로토콜, Ping 테스트

Problem 1 다음 장비로 [그림 2-18]과 같이 연결하라.

- 라우터는 2621XM에 NM-2FE2W 모듈 장착하고, 스위치는 2960을 사용할 것.
- 라우터와 라우터 사이는 Crossover cable을 활용할 것.

[그림 2-18] ▶ 네트워크 구성도

ISP, Fa 0/0, Crossover cable, Fa 0/0, 인터넷, Fa 0/1
동경, Fa 0/1, SW5, Fa 0/2, Fa 0/0, Fa 0/1, Crossover cable, Fa 0/0, WAN, Fa 0/1
Fa 0/1, Fa 0/3, SW1, Fa 0/2, Fa 0/4
Fa 0/0, R1, Fa 0/1, Fa 1/0, Fa 0/1, SW2, Fa 0/2, Fa 0/3, Fa 0/1, SW3, Fa 0/2, Fa 0/3
Fa 0/0, R2, Fa 0/1, Fa 1/0, Fa 0/1, SW4, Fa 0/2, Fa 0/3, Fa 0/1, SW5, Fa 0/2, Fa 0/3
빌딩 A
빌딩 B

Problem 2 다음과 같이 IP를 할당하라.

- 11.1.1.0/24 영역을 활용하여 IP 설계하라.
- 각 네트워크 호스트 수는 4호스트
- 'show ip route' 명령으로 라우팅 테이블을 확인하라.

Problem 3 모든 라우터에서 다음과 같이 EIGRP 라우팅 프로토콜을 설정하라.

```
Router(config)#router eigrp 100
Router(config-router)#network 11.0.0.0
```

- 다시 'show ip route' 명령으로 라우팅 테이블을 확인하라.

Problem 4 모든 라우터와 PC에서 모든 IP로 핑이 성공함을 확인하라.

Lab 02 해설

Lab 02 에 대한 해설은 다음과 같다.

Problem 1 다음 장비로 [그림 2-18]과 같이 연결하라.

- 라우터는 2621XM에 NM-2FE2W 모듈을 장착하고, 스위치는 2960을 사용할 것.
- 라우터와 라우터 사이는 Crossover cable을 활용할 것.

설명

Chapter 1의 'Lecture 05. Lab 01-1. LAN 구축기초 I(Lab 01)'을 참조할 것.

Problem 2 다음과 같이 IP를 할당하라.

- 11.1.1.0 /24 영역을 활용하여 IP 설계하라.
- 각 네트워크 호스트 수는 4호스트

설명

[표 2-12]에서 서브넷 마스크의 의미를 보자. 우리 회사는 11.1.1.0/24를 할당받았다. 11.1.1.0/24는 11.1.1.0 255.255.255.0와 같은 의미다. 우리는 겨울에 마스크를 얼굴에 쓴다. 서브넷 마스크는 IP 주소에 씌우는 것이다.

서브넷 마스크 '255.255.255.0'에서 255가 겹쳐지는 자리는 네트워크 자리고, '0'이 겹쳐지는 자리는 호스트 자리다. 255.255.255.0은 이진수로 고치면 '11111111.11111111.11111111.00000000'으로 고칠 수 있다. 이진수 포맷일 때는 이진수 '1'이 겹쳐지는 자리는 네트워크 자리고, 이진수 '0'이 겹쳐지는 자리는 호스트 자리다. '/24'는 이진수 포맷에서 '1' 자리가 24칸까지가 네트워크 자리란 의미로 십진수 포맷 '255.255.255.0'과 동일한 의미다. 즉, 255.255.255.0이나 /24는 둘다 네트워크와 호스트의 경계를 표시하기 위한 것이다.

[표 2-12] ▶ 서브넷 마스크 의미

구분	네트워크 자리	호스트 자리
IP 주소	11.1.1	1
서브넷 마스크 [십진수]	255.255.255.	0
서브넷 마스크 [이진수]	11111111.11111111.11111111.	00000000

IP 설계 조건을 다시 보자. 11.1.1.0/24 IP를 할당받았는데 이는 우리 회사가 11.1.1 네트워크임을 의미하고 이것은 우리 회사가 11.1.1로 시작하는 가장 작은 IP 주소(11.1.1.0)부터 가장 큰 IP 주소(11.1.1.255)까지 256개의 IP를 할당받았음을 의미한다. 지금부터 IP 설계(design)를 해보자.

① 네트워크 구분하기

그런데 우리 회사는 256개의 IP가 들어가는 하나의 네트워크로 구성된 것이 아니라, [그림 2-19]와 같이 구분되는 8개의 네트워크로 구성되었다. 네트워크는 라우터에 의해 나뉨을 상기하기 바란다. 문제의 조건에서 8개의 네트워크에는 각각 4 호스트가 들어간다.

[그림 2-19] ▶ 네트워크 구분과 수

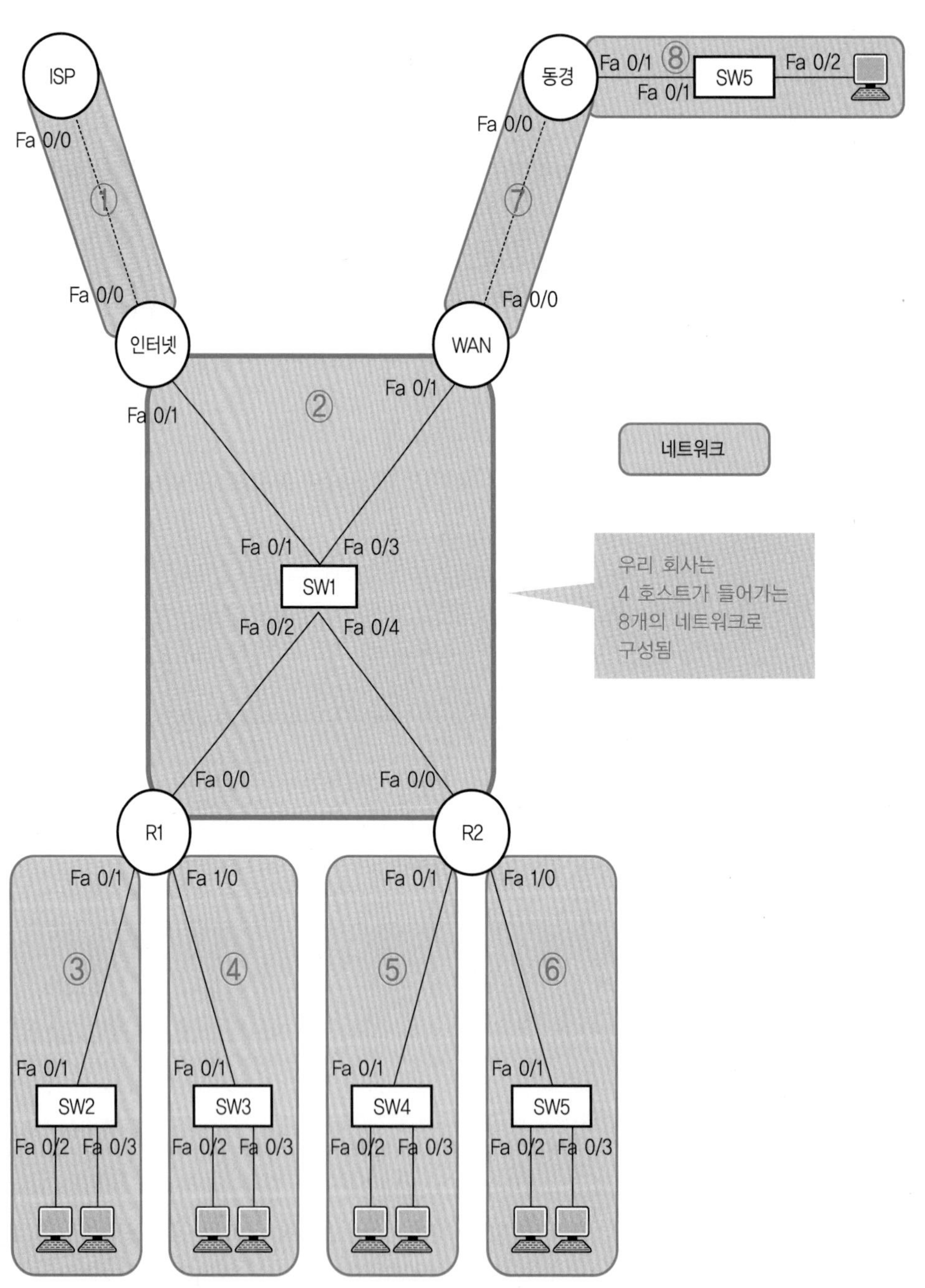

② 서브넷 마스크

IP 설계의 두 번째 단계는 서브넷 마스크의 결정이다. [그림 2-20]을 보자. 서브넷 마스크는 네트워크에 포함되는 호스트 수에 의해 결정된다. 설계 조건에서 각 네트워크는 4 호스트를 포함한다 하였다. 4 호스트를 포함하려면 2^3(=8개의 IP)이 되어야 한다. 2^2(=4개의 IP)는 어떨까? 첫째 주소와 마지막 주소는 사용할 수 없으므로 2^2을 적용하면 IP는 부족하게 된다. 2^3에서 '3'이라는 숫자가 서브넷 마스크를 결정한다. 즉, 호스트 칸은 '3칸'이 되어야 한다. 서브넷 마스크는 호스트 칸이 아니면 네트워크 칸이다. 서브넷 마스크는 호스트 칸과 네트워크 칸을 구분하는 기호이기 때문이다. 즉, 32비트 중에 호스트 칸이 뒤에서부터 3칸이므로 네트워크 칸은 나머지 29칸이 된다. 즉, 11111111.11111111.11111111.11111000'이 되고 십진수로 변경하면 '255.255.255.248'이 된다.

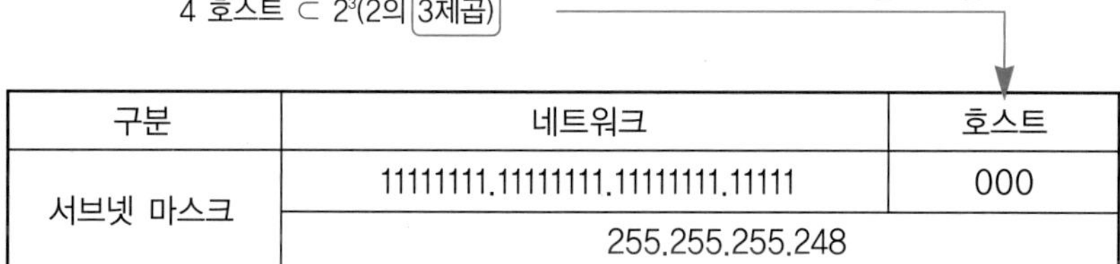

구분	네트워크	호스트
서브넷 마스크	11111111.11111111.11111111.11111	000
	255.255.255.248	

[그림 2-20] ▶ 서브넷 마스크 결정

③ IP 서브네팅

②에서 구한 서브넷 마스크 즉, 네트워크와 호스트의 경계는 '/29'가 되었다. 원래 우리 회사에 할당된 서브넷 마스크는 '/24'였지만, 네트워크 자리가 5칸 확장되어 /29가 되었다. 이 확장된 5칸의 네트워크 자리를 이용하여 11.1.1.0 /24라는 하나의 네트워크를 8개의 새끼 네트워크(서브넷)들로 구분한다. 이렇게 나뉘어진 네트워크를 서브넷이라 한다.

[표 2-13]을 보자.

첫 번째 서브넷은 ㉠의 '11.1.1.00000' 네트워크다. ㉠ 서브넷의 가장 작은 주소는 호스트 자리 세 칸이 모두 이진수로 '0'인 주소(000)이고, 가장 큰 주소는 호스트 자리 세 칸이 이진수로 모두 '1'인 주소(111)다. 이 주소를 십진수로 변경하면 각각 11.1.1.0과 11.1.1.7이다.

두 번째 서브넷은 '11.1.1.00000' 다음 번호인 ㉡의 '11.1.1.00001' 네트워크다. ㉡ 네트워크의 가장 작은 주소는 호스트 자리 세 칸이 모두 이진수로 '0'인 주소(000)이고, 가장 큰 주소는 호스트 자리 세 칸이 이진수로 모두 '1'인 주소(111)다. 이 주소를 십진수로 변경하면 각각 11.1.1.8과 11.1.1.15다.

세 번째 서브넷은 '11.1.1.00001' 다음 번호인 ㉢의 '11.1.1.00010' 네트워크다. ㉢ 네트워크의 가장 작은 주소는 호스트 자리 세 칸이 모두 이진수로 '0'인 주소(000)이고, 가장 큰 주소는 호스트 자리 세 칸이 이진수로 모두 '1'인 주소(111)다. 이 주소를 십진수로 변경하면 각각 11.1.1.16과 11.1.1.23이다.

네 번째 서브넷은 '11.1.1.00010' 다음 번호인 ㉣의 '11.1.1.00011' 네트워크다. ㉣ 네트워크의 가장 작은 주소는 호스트 자리 세 칸이 모두 이진수로 '0'인 주소(000)이고, 가장 큰 주소는 호스트 자리 세 칸이 이진수로 모두 '1'인 주소(111)다. 이 주소를 십진수로 변경하면 각각 11.1.1.24과 11.1.1.31이다.

다섯 번째 서브넷은 '11.1.1.00011' 다음 번호인 ㉤의 '11.1.1.00100' 네트워크다. ㉤ 네트워크의 가장 작은 주소는 호스트 자리 세 칸이 모두 이진수로 '0'인 주소(000)이고, 가장 큰 주소는 호스트 자리 세 칸이 이진수로 모두 '1'인 주소(111)다. 이 주소를 십진수로 변경하면 각각 11.1.1.32과 11.1.1.39다.

여섯 번째 서브넷은 '11.1.1.00100' 다음 번호인 ㉥의 '11.1.1.00101' 네트워크다. ㉥ 네트워크의 가장 작은 주소는 호스트 자리 세 칸이 모두 이진수로 '0'인 주소(000)이고, 가장 큰 주소는 호스트 자리 세 칸이 이진수로 모두 '1'인 주소(111)다. 이 주소를 십진수로 변경하면 각각 11.1.1.40과 11.1.1.47이다.

일곱 번째 서브넷은 '11.1.1.00101' 다음 번호인 ㉦의 '11.1.1.00110' 네트워크다. ㉦ 네트워크의 가장 작은 주소는 호스트 자리 세 칸이 모두 이진수로 '0'인 주소(000)이고, 가장 큰 주소는 호스트 자리 세 칸이 이진수로 모두 '1'인 주소(111)다. 이 주소를 십진수로 변경하면 각각 11.1.1.48과 11.1.1.55이다.

여덟 번째 서브넷은 '11.1.1.00110' 다음 번호인 ㉧의 '11.1.1.00111' 네트워크다. ㉧ 네트워크의 가장 작은 주소는 호스트 자리 세 칸이 모두 이진수로 '0'인 주소(000)이고, 가장 큰 주소는 호스트 자리 세 칸이 이진수로 모두 '1'인 주소(111)다. 이 주소를 십진수로 변경하면 각각 11.1.1.56과 11.1.1.63이다.

[표 2-13] ▶
IP 설계 I

구분	네트워크	(Subnet)	호스트	IP 영역
서브넷 마스크	11111111.11111111.11111111.	11111	000	
첫 번째 서브넷	11.1.1. (십진수)	㉠ 00000 (이진수)	000-111	11.1.1.0~ 11.1.1.7
두 번째 서브넷	11.1.1.	㉡ 00001	000-111	11.1.1.8~ 11.1.1.15
세 번째 서브넷	11.1.1.	㉢ 00010	000-111	11.1.1.16~ 11.1.1.23
네 번째 서브넷	11.1.1.	㉣ 00011	000-111	11.1.1.24~ 11.1.1.31
다섯 번째 서브넷	11.1.1.	㉤ 00100	000-111	11.1.1.32~ 11.1.1.39
여섯 번째 서브넷	11.1.1.	㉥ 00101	000-111	11.1.1.40~ 11.1.1.47
일곱 번째 서브넷	11.1.1.	㉦ 00110	000-111	11.1.1.48~ 11.1.1.55
여덟 번째 서브넷	11.1.1.	㉧ 00111	000-111	11.1.1.56~ 11.1.1.63

IP 서브네팅은 [표 2-14]와 같이 간편하게 할 수도 있다. 즉, 첫 번째 서브넷 즉, 11.1.1.00000 네트워크에서 ㉮와 같이 첫 IP는 11.1.1.0이고 마지막 IP는 11.1.1.7까지 '+7' 차이남을 알아내고, 이어지는 모든 서브넷에도 '호스트 주소는 '000' 부터 '111' 까지이므로 '+7' 패턴을 적용하기만 하면 된다. 즉, 두 번째 서브넷에서는 ㉯와 같이 첫 번째 네트워크 주소 범위의 다음 주소부터 시작하므로 11.1.1.8부터 시작하여 '+7' 한 주소 즉, 11.1.1.15까지가 IP 범위가 된다. 세 번째 서브넷에서도

[표 2-14] ▶
IP 설계 II

구분	네트워크	(Subnet)	호스트	IP 영역	
Subnet Mask	11111111.11111111.11111111.	11111	000		
첫 번째 서브넷	11.1.1.(십진수)	00000 (이진수)	000 -111	11.1.1.0~ 11.1.1.7	㉮
두 번째 서브넷	첫 번째 네트워크의 IP 범위는 11.1.1.0에서 7까지 '+7' 패턴을 가진다. 두 번째 네트워크는 첫 번째 주소 범위의 다음 주소부터 시작하므로 11.1.1.8 부터 시작하여 '+7' 한 주소까지 범위가 된다. 즉. --------▶			11.1.1.8~ 11.1.1.15	㉯
세 번째 서브넷	세 번째 네트워크는 두 번째 주소 범위의 다음 주소부터 시작하므로 11.1.1.16 부터 시작하여 '+7' 한 주소까지 범위가 된다. 즉. --------▶			11.1.1.16~ 11.1.1.23	
네 번째 서브넷	네 번째 네트워크는 세 번째 주소 범위의 다음 주소부터 시작하므로 11.1.1.24 부터 시작하여 '+7' 한 주소까지 범위가 된다. 즉. --------▶			11.1.1.24~ 11.1.1.31	
다섯 번째 서브넷	다섯 번째 네트워크는 네 번째 주소 범위의 다음 주소부터 시작하므로 11.1.1.32 부터 시작하여 '+7' 한 주소까지 범위가 된다. 즉. --------▶			11.1.1.32~ 11.1.1.39	

구분	네트워크 (Subnet) 호스트	IP 영역
여섯 번째 서브넷	여섯 번째 네트워크는 다섯 번째 주소 범위의 다음 주소부터 시작하므로 11.1.1.40 부터 시작하여 '+7' 한 주소까지 범위가 된다. 즉. ------►	11.1.1.40~ 11.1.1.47
일곱 번째 서브넷	일곱 번째 네트워크는 여섯 번째 주소 범위의 다음 주소부터 시작하므로 11.1.1.48 부터 시작하여 '+7' 한 주소까지 범위가 된다. 즉. ------►	11.1.1.48~ 11.1.1.55
여덟 번째 서브넷	여덟 번째 네트워크는 일곱 번째 주소 범위의 다음 주소부터 시작하므로 11.1.1.56 부터 시작하여 '+7' 한 주소까지 범위가 된다. 즉. ------►	11.1.1.56~ 11.1.1.63

두 번째 서브넷의 다음 IP 11.1.1.16 부터 '+7' 한 주소 즉, 11.1.1.23까지가 IP 범위가 된다. 다음 서브넷들은 [표 2-14]의 설명을 참조한다. 그런데 할당할 수 없는 2개의 IP 주소가 있다. 즉, [표 2-14]에서 각 네트워트의 첫 번째 주소 11.1.1.0, 11.1.1.8, 11.1.1.16, 11.1.1.24, 11.1.1.32, 11.1.1.40, 11.1.1.48, 11.1.1.56은 각 네트워크를 대표하는 주소로 라우팅 테이블에 올라온다. 이 주소들은 할당할 수 없다.

예를 들어, 10.0.0.0/8 네트워크에 속하는 IP 주소는 10.0.0.0에서 10.255.255.255까지다. 라우팅 테이블에는 이들 IP 주소들을 포함하는 대표 정보만 올라온다. 네트워크 대표 정보는 첫 번째 주소로 10.0.0.0과 서브넷 마스크로 구성된다. 즉, '10.0.0.0/8'로 올라온다. 10.255.255.255까지의 2^{24}개 정보 대신 1개만 올라오므로 라우팅시에 라우팅 테이블 검색 시간을 단축시킨다.

한편, 10.0.0.0 /16 네트워크에 속하는 IP 주소는 10.0.0.0에서 10.0.255.255 까지다. 네트워크 대표 정보는 첫 번째 주소로 10.0.0.0과 서브넷 마스크로 구성된다. 즉, '10.0.0.0/16'으로 올라온다. 10.0.0.0~10.0.255.255의 2^{16}개 정보 대신 1개만 올라온다. 마찬가지로 10.0.0.0/24 네트워크에 속하는 IP 주소는 10.0.0.0에서 10.0.0.255까지로 이 네트워크를 대표하는 주소는 10.0.0.0/24가 된다. 10.0.0.0~10.0.0.255까지의 2^{8}개 정보 대신 1개만 올라온다.

[표 2-14]에서 각 네트워크의 마지막 IP 즉, 11.1.1.7, 11.1.1.15, 11.1.1.23, 11.1.1.31, 11.1.1.39, 11.1.1.47, 11.1.1.55, 11.1.1.63은 해당 네트워크를 위한 Directed Broadcast 용도로 사용한다. Directed Broadcast 주소는 해당 네트워크에 존재하는 모든 호스트들에게 동일한 패킷을 보낼 때 사용한다. Directed Broadcast 주소로 보내면 해당 네트워크에서는 브로드캐스트와 같이 동작하여 한 번만 보내더라도 해당 네트워크의 모든 호스트가 다 수신할 수 있다.

위에서 설명한 첫 번째와 마지막의 2개의 주소는 라우터와 PC에 설정하려 해도 에러 메시지와 함께, 입력 자체가 불가능하다.

④ IP 할당

[그림 2-21]의 8개의 네트워크에 [표 2-14]의 IP를 중복되지 않게 할당하였다.

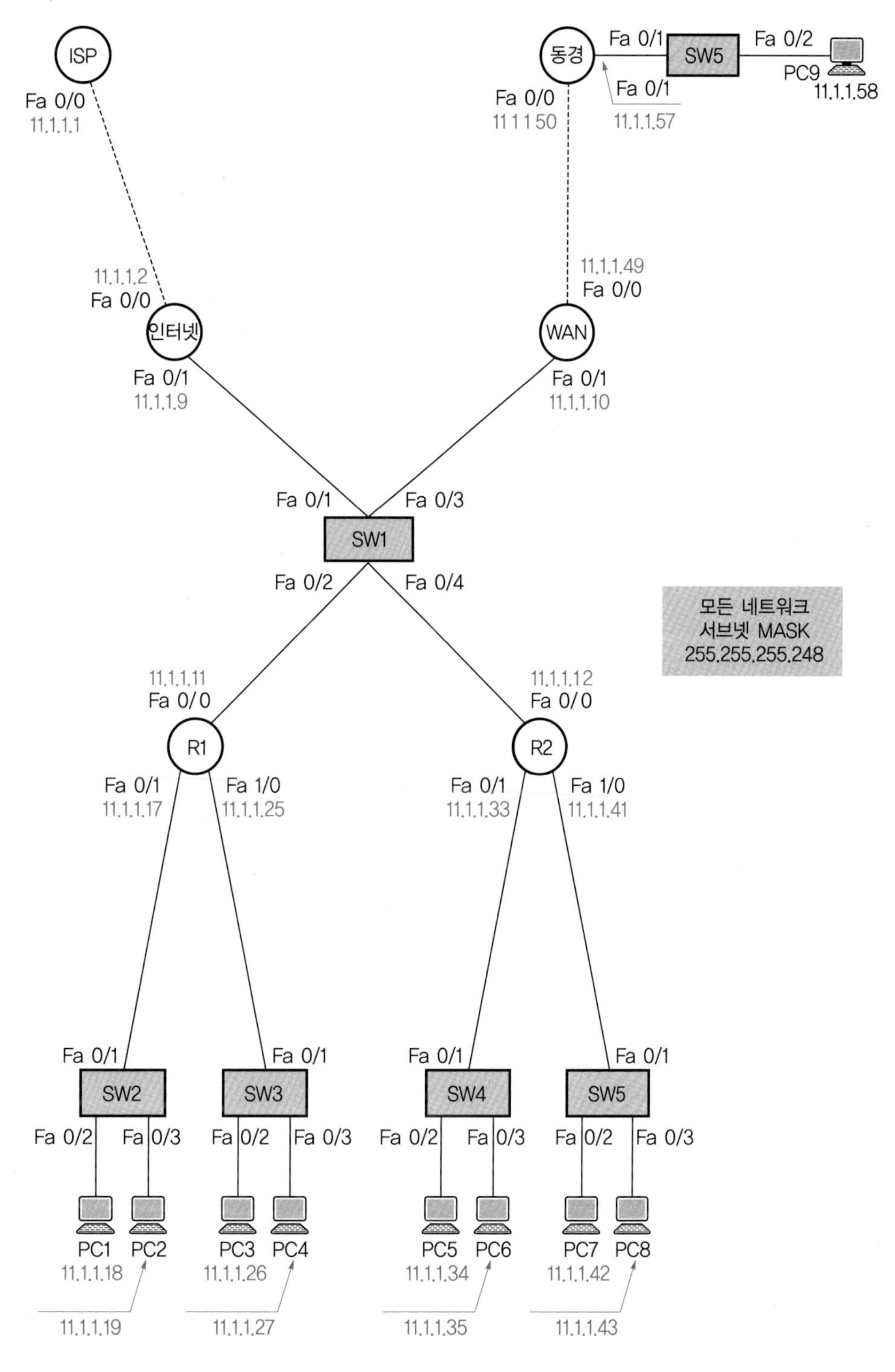

[그림 2-21] ▶ IP 할당

각 라우터의 인터페이스에 [그림 2-21]의 IP 주소를 할당하는 명령은 [표 2-15]와 같다.

[표 2-15] ▶ 라우터별 IP 설정 명령어

라우터	명령어
ISP	Router#configure terminal Router(config)#hostname ISP ISP(config)#interface fastethernet 0/0 ISP(config-if)#no shutdown ISP(config-if)#ip address 11.1.1.1 255.255.255.248
인터넷	Router#configure terminal Router(config)#hostname Internet Internet(config)#interface fastethernet 0/0 Internet(config-if)#no shutdown Internet(config-if)#ip address 11.1.1.2 255.255.255.248 Internet(config-if)#exit Internet(config)#interface fastethernet 0/1 Internet(config-if)#no shutdown Internet(config-if)#ip address 11.1.1.9 255.255.255.248
동경	Router#configure terminal Router(config)#hostname East East(config)#interface fastethernet 0/0 East(config-if)#no shutdown East(config-if)#ip address 11.1.1.50 255.255.255.248 East(config-if)#exit East(config)#interface fastethernet 0/1 East(config-if)#no shutdown East(config-if)#ip address 11.1.1.57 255.255.255.248
WAN	Router#configure terminal Router(config)#hostname WAN WAN(config)#interface fastethernet 0/0 WAN(config-if)#no shutdown WAN(config-if)#ip address 11.1.1.49 255.255.255.248 WAN(config-if)#exit WAN(config)#interface fastethernet 0/1 WAN(config-if)#no shutdown WAN(config-if)#ip address 11.1.1.10 255.255.255.248
R1	Router#configure terminal Router(config)#hostname R1 R1(config)#interface fastethernet 0/0 R1(config-if)#no shutdown R1(config-if)#ip address 11.1.1.11 255.255.255.248 R1(config-if)#exit R1(config)#interface fastethernet 0/1 R1(config-if)#no shutdown R1(config-if)#ip address 11.1.1.17 255.255.255.248 R1(config-if)#interface fastethernet 1/0 R1(config-if)# no shutdown

	R1(config-if)#ip address 11.1.1.25 255.255.255.248
R2	Router#configure terminal Router(config)#hostname R2 R2(config)#interface fastethernet 0/0 R2(config-if)#no shutdown R2(config-if)#ip address 11.1.1.12 255.255.255.248 R2(config-if)#exit R2(config)#interface fastethernet 0/1 R2(config-if)#no shutdown R2(config-if)#ip address 11.1.1.33 255.255.255.248 R2(config-if)#interface fastethernet 1/0 R2(config-if)# no shutdown R2(config-if)#ip address 11.1.1.41 255.255.255.248

각 PC ([그림 2-21])의 IP 주소를 [표 2-16]과 같이 설정한다. 'Chapter 1. Lecture 05 LAN 구축기초 I Lab 01 을 참고하라.

[표 2-16] ▶ PC별 IP 설정

구분	설정 값
PC1	IP 주소 : 11.1.1.18 IP 서브넷 마스크 : 255.255.255.248 IP 디폴트 게이트웨이 : 11.1.1.17
PC2	IP 주소 : 11.1.1.19 IP 서브넷 마스크 : 255.255.255.248 IP 디폴트 게이트웨이 : 11.1.1.17
PC3	IP 주소 : 11.1.1.26 IP 서브넷 마스크 : 255.255.255.248 IP 디폴트 게이트웨이 : 11.1.1.25
PC4	IP 주소 : 11.1.1.27 IP 서브넷 마스크 : 255.255.255.248 IP 디폴트 게이트웨이 : 11.1.1.25
PC5	IP 주소 : 11.1.1.34 IP 서브넷 마스크 : 255.255.255.248 IP 디폴트 게이트웨이 : 11.1.1.33
PC6	IP 주소 : 11.1.1.35 IP 서브넷 마스크 : 255.255.255.248 IP 디폴트 게이트웨이 : 11.1.1.33
PC7	IP 주소 : 11.1.1.42 IP 서브넷 마스크 : 255.255.255.248 IP 디폴트 게이트웨이 : 11.1.1.41
PC8	IP 주소 : 11.1.1.43 IP 서브넷 마스크 : 255.255.255.248 IP 디폴트 게이트웨이 : 11.1.1.41
PC9	IP 주소 : 11.1.1.58 IP 서브넷 마스크 : 255.255.255.248 IP 디폴트 게이트웨이 : 11.1.1.57

[그림 2-22]는 각 네트워크를 구분하고, 각 네트워크에 대한 대표 주소를 표시하였다. 이 대표 주소가 라우팅 테이블에 올라온다.

[그림 2-22] ▶ 네트워크별 대표 주소

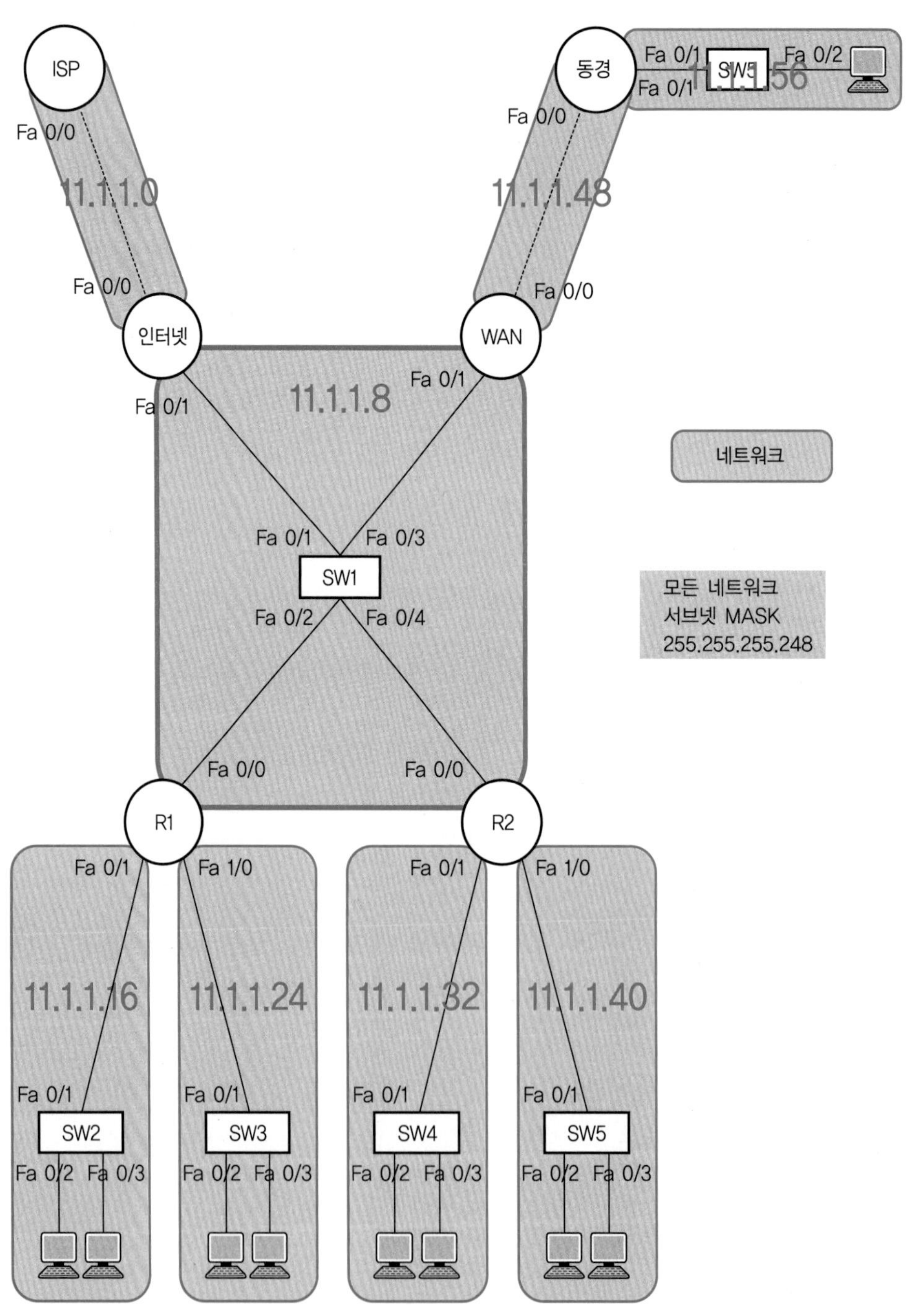

- 'show ip route' 명령으로 라우팅 테이블을 확인하라.

설명

각 라우터에 직접 연결된 네트워크와 직접 연결되지 않은 네트워크는 [표 2-17]과 같다.

[표 2-17] ▶ Connected 네트워크와 Not Connected 네트워크

구분	Connected 네트워크	Not connected 네트워크
ISP	11.1.1.0	11.1.1.8 11.1.1.16 11.1.1.24 11.1.1.32 11.1.1.40 11.1.1.48 11.1.1.56
인터넷	11.1.1.0 11.1.1.8	11.1.1.16 11.1.1.24 11.1.1.32 11.1.1.40 11.1.1.48 11.1.1.56
R1	11.1.1.8 11.1.1.16 11.1.1.24	11.1.1.0 11.1.1.32 11.1.1.40 11.1.1.48 11.1.1.56
R2	11.1.1.8 11.1.1.32 11.1.1.40	11.1.1.0 11.1.1.16 11.1.1.24 11.1.1.48 11.1.1.56
WAN	11.1.1.8 11.1.1.48	11.1.1.0 11.1.1.16 11.1.1.24 11.1.1.32 11.1.1.40 11.1.1.56
동경	11.1.1.48 11.1.1.56	11.1.1.0 11.1.1.8 11.1.1.16 11.1.1.24 11.1.1.32 11.1.1.40

라우터에 IP 주소만 입력하면 connected 네트워크 정보는 각 라우터의 라우팅 테이블에 올라오지만, Not connected 네트워크 정보는 올라오지 않는다. 따라서, 현재 각 라우터에 라우팅 테이블에는 [표 2-18]과 같이 [표 2-17]의 Connected 네트워크 정보만 올라온다.

[표 2-18] ▶ 라우팅 테이블 I

라우터	라우팅 테이블	설명
ISP	ISP#show ip route 11.0.0.0/29 is subnetted, 1 subnets C 11.1.1.0 is directly connected, FastEthernet0/0	ISP 라우터에는 직접 연결된 11.1.1.0 네트워크 정보만 올라온다.
인터넷	Internet#show ip route 11.0.0.0/29 is subnetted, 2 subnets C 11.1.1.0 is directly connected, FastEthernet0/0 C 11.1.1.8 is directly connected, FastEthernet0/1	인터넷 라우터에는 직접 연결된 11.1.1.0과 11.1.1.8 네트워크 정보만 올라온다.
WAN	EAST#show ip route 11.0.0.0/29 is subnetted, 2 subnets C 11.1.1.8 is directly connected, FastEthernet0/1 C 11.1.1.48 is directly connected, FastEthernet0/0	WAN 라우터에는 직접 연결된 11.1.1.8과 11.1.1.48 네트워크 정보만 올라온다.
동경	R1#show ip route 11.0.0.0/29 is subnetted, 2 subnets C 11.1.1.48 is directly connected, FastEthernet0/0 C 11.1.1.56 is directly connected, FastEthernet0/1	동경 라우터에는 직접 연결된 11.1.1.48과 11.1.1.56 네트워크 정보만 올라온다.
R1	R1#show ip route 11.0.0.0/29 is subnetted, 3 subnets C 11.1.1.8 is directly connected, FastEthernet0/0 C 11.1.1.16 is directly connected, FastEthernet0/1 C 11.1.1.24 is directly connected, FastEthernet1/0	R1 라우터에는 직접 연결된 11.1.1.8과 11.1.1.16, 11.1.1.24 네트워크 정보만 올라온다.
R2	R2#show ip route 11.0.0.0/29 is subnetted, 3 subnets C 11.1.1.8 is directly connected, FastEthernet0/0 C 11.1.1.32 is directly connected, FastEthernet0/1 C 11.1.1.40 is directly connected, FastEthernet1/0	R2 라우터에는 직접 연결된 11.1.1.8과 11.1.1.32, 11.1.1.40 네트워크 정보만 올라온다.

 모든 라우터에서 다음과 같이 EIGRP 라우팅 프로토콜을 설정하라.

```
Router(config)#router eigrp 100
Router(config-router)#network 11.0.0.0
```

설명

라우팅 프로토콜은 EIGRP를 설정한다. 숫자 '100'은 우리 조직을 구분하는 AS(Autonomous System) 번호로 모든 라우터에 동일해야 한다. 'network 11.0.0.0'은 EIGRP 라우팅 프로토콜의 범위를 설정하는 명령어다. A 클래스에 속하는 네트워크는 첫째 칸만 표시하고, B 클래스에 속하는 네트워크는 둘째 칸까지 표시하고, C 클래스에 속하는 네트워크는 셋째 칸까지 표시한다. 'network 11.0.0.0' 명령은 여기에 속하는 즉, '11'로 시작하는 IP를 가진 네트워크 정보를 다른 라우터에 보내겠다는 의미다. 프로토콜은 약속으로 약속은 혼자 하는 것이 아니므로 라우팅 프로토콜도 모든 라우터에 동일하게 설정해야 한다.

[표 2-19] ▶ 라우팅 프로토콜 설정

라우터	명령어
ISP	ISP#configure terminal ISP(config)#router eigrp 100 ISP(config-router)#network 11.0.0.0
인터넷	Internet#configure terminal Internet(config)#router eigrp 100 Internet(config-router)#network 11.0.0.0
WAN	WAN#configure terminal WAN(config)#router eigrp 100 WAN(config-router)#network 11.0.0.0
동경	East#configure terminal East(config)#router eigrp 100 East(config-router)#network 11.0.0.0
R1	R1#configure terminal R1(config)#router eigrp 100 R1(config-router)#network 11.0.0.0
R2	R2#configure terminal R2(config)#router eigrp 100 R2(config-router)#network 11.0.0.0

• 다시 'show ip route' 명령으로 라우팅 테이블을 확인하라.

 설명

[표 2-20]과 같이 모든 라우터들에 'Not Connected' 된 네트워크 정보가 기호 'D'로 표시되어 올라옴을 확인할 수 있다. 기호 'D'는 EIGRP 알고리즘의 이름이 DUAL로 DUAL 알고리즘이 만든 정보를 의미한다.

[표 2-20] ▶ 라우팅 테이블 II

라우터	라우팅 테이블
ISP	ISP#show ip route 11.0.0.0/29 is subnetted, 8 subnets C 11.1.1.0 is directly connected, FastEthernet0/0 D 11.1.1.8 [90/30720] via 11.1.1.2, 00:02:50, FastEthernet0/0 D 11.1.1.16 [90/33280] via 11.1.1.2, 00:00:36, FastEthernet0/0 D 11.1.1.24 [90/33280] via 11.1.1.2, 00:00:36, FastEthernet0/0 D 11.1.1.32 [90/33280] via 11.1.1.2, 00:00:18, FastEthernet0/0 D 11.1.1.40 [90/33280] via 11.1.1.2, 00:00:18, FastEthernet0/0 D 11.1.1.48 [90/33280] via 11.1.1.2, 00:02:01, FastEthernet0/0 D 11.1.1.56 [90/35840] via 11.1.1.2, 00:01:10, FastEthernet0/0
인터넷	INTERNET#show ip route 11.0.0.0/29 is subnetted, 8 subnets C 11.1.1.0 is directly connected, FastEthernet0/0 C 11.1.1.8 is directly connected, FastEthernet0/1 D 11.1.1.16 [90/30720] via 11.1.1.11, 00:01:58, FastEthernet0/1 D 11.1.1.24 [90/30720] via 11.1.1.11, 00:01:58, FastEthernet0/1 D 11.1.1.32 [90/30720] via 11.1.1.12, 00:01:39, FastEthernet0/1 D 11.1.1.40 [90/30720] via 11.1.1.12, 00:01:39, FastEthernet0/1 D 11.1.1.48 [90/30720] via 11.1.1.10, 00:03:22, FastEthernet0/1 D 11.1.1.56 [90/33280] via 11.1.1.10, 00:02:32, FastEthernet0/1
WAN	WAN#show ip route 11.0.0.0/29 is subnetted, 8 subnets D 11.1.1.0 [90/30720] via 11.1.1.9, 00:04:45, FastEthernet0/1 C 11.1.1.8 is directly connected, FastEthernet0/1 D 11.1.1.16 [90/30720] via 11.1.1.11, 00:03:38, FastEthernet0/1 D 11.1.1.24 [90/30720] via 11.1.1.11, 00:03:38, FastEthernet0/1 D 11.1.1.32 [90/30720] via 11.1.1.12, 00:03:02, FastEthernet0/1 D 11.1.1.40 [90/30720] via 11.1.1.12, 00:03:02, FastEthernet0/1 C 11.1.1.48 is directly connected, FastEthernet0/0 D 11.1.1.56 [90/30720] via 11.1.1.50, 00:03:55, FastEthernet0/0

동경	EAST#show ip route 11.0.0.0/29 is subnetted, 8 subnets D 11.1.1.0 [90/33280] via 11.1.1.49, 00:03:22, FastEthernet0/0 D 11.1.1.8 [90/30720] via 11.1.1.49, 00:03:22, FastEthernet0/0 D 11.1.1.16 [90/33280] via 11.1.1.49, 00:03:05, FastEthernet0/0 D 11.1.1.24 [90/33280] via 11.1.1.49, 00:03:05, FastEthernet0/0 D 11.1.1.32 [90/33280] via 11.1.1.49, 00:02:30, FastEthernet0/0 D 11.1.1.40 [90/33280] via 11.1.1.49, 00:02:30, FastEthernet0/0 C 11.1.1.48 is directly connected, FastEthernet0/0 C 11.1.1.56 is directly connected, FastEthernet0/1
R1	R1#show ip route 11.0.0.0/29 is subnetted, 8 subnets D 11.1.1.0 [90/30720] via 11.1.1.9, 00:04:19, FastEthernet0/0 C 11.1.1.8 is directly connected, FastEthernet0/0 C 11.1.1.16 is directly connected, FastEthernet0/1 C 11.1.1.24 is directly connected, FastEthernet1/0 D 11.1.1.32 [90/30720] via 11.1.1.12, 00:04:01, FastEthernet0/0 D 11.1.1.40 [90/30720] via 11.1.1.12, 00:04:01, FastEthernet0/0 D 11.1.1.48 [90/30720] via 11.1.1.10, 00:04:36, FastEthernet0/0 D 11.1.1.56 [90/33280] via 11.1.1.10, 00:04:36, FastEthernet0/0
R2	R2#show ip route 11.0.0.0/29 is subnetted, 8 subnets D 11.1.1.0 [90/30720] via 11.1.1.9, 00:04:26, FastEthernet0/0 C 11.1.1.8 is directly connected, FastEthernet0/0 D 11.1.1.16 [90/30720] via 11.1.1.11, 00:04:26, FastEthernet0/0 D 11.1.1.24 [90/30720] via 11.1.1.11, 00:04:26, FastEthernet0/0 C 11.1.1.32 is directly connected, FastEthernet0/1 C 11.1.1.40 is directly connected, FastEthernet1/0 D 11.1.1.48 [90/30720] via 11.1.1.10, 00:04:26, FastEthernet0/0 D 11.1.1.56 [90/33280] via 11.1.1.10, 00:04:26, FastEthernet0/0

Problem 4 모든 라우터와 PC에서 모든 IP로 핑이 성공함을 확인하라.

PC에서도 핑 테스트를 하되, Chapter 1, 'Lecture 05. LAN 구축기초 Lab 01'을 참조한다. 핑은 3계층 프로토콜인 ICMP(Internet Control & Messaging Protocol)에서 정의된 기능으로 IP를 설정하지 않은 스위치에서는 핑이 되지 않는다.

[그림 2-23] ▶ ISP 라우터의 핑 테스트

```
ISP#ping 11.1.1.43

Type escape sequence to abort.
Sending 5, 100-byte ICMP Echos to 11.1.1.43, timeout is 2 seconds:
.!!!!
Success rate is 80 percent (4/5), round-trip min/avg/max=11/11/13 ms

ISP#ping 11.1.1.58

Type escape sequence to abort.
Sending 5, 100-byte ICMP Echos to 11.1.1.57, timeout is 2 seconds:
!!!!!
Success rate is 100 percent (5/5), round-trip min/avg/max=0/6/11 ms

ISP#ping 11.1.1.18

Type escape sequence to abort.
Sending 5, 100-byte ICMP Echos to 11.1.1.17, timeout is 2 seconds:
!!!!!
Success rate is 100 percent (5/5), round-trip min/avg/max=0/5/14 ms
```

Chapter 3

LAN 이중화

Hierarchical 3 layer 모델은 단순하여 구축 비용이 낮고 관리가 용이한 반면 가용성은 낮다. 'Chapter 3 LAN 이중화'에서는 장치와 선의 이중화를 통해 가용성을 높이는 방법에 대해 학습한다.

Lecture 01

Hierarchical 3 layer 모델과 Redundancy

강의 키워드 LAN 가용성 이슈와 해결 방안, Mesh 모델, LAN 이중화와 백업 경로들

Hierarchical 3 layer 모델을 자세히 보면 코어 계층 스위치와 액세스 계층 스위치를 연결하지 않았음을 확인할 수 있다. 즉, [그림 3-1]에서 ①과 ② 링크를 연결하지 않았다. 또한. 액세스 계층 스위치끼리도 연결하지 않았음도 확인 가능하다. 즉, ③과 ④ 링크를 연결하지 않았다. 그 이유는 무엇일까?

사실 [그림 3-1]에서 SW1과 SW5는 다른 네트워크에 속하는 스위치들이다. SW3과 SW4도 다른 네트워크에 속한다. 다른 네트워크에 속하는 스위치들을 연결하려면 스위치와 스위치 사이에 라우터를 배치하거나, 코어 계층 또는 액세스 계층에 스위치 대신 라우터를 배치해야 한다. 다양한 이유로 코어 계층과 액세스 계층에 라우터를 배치하는 경우(Part 2와 Part 3에서 설명)도 있는데 그렇다고 해서 액세스 계층 장치와 코어 계층 장치를 연결하지 않는다. 그 이유는 다음과 같다.

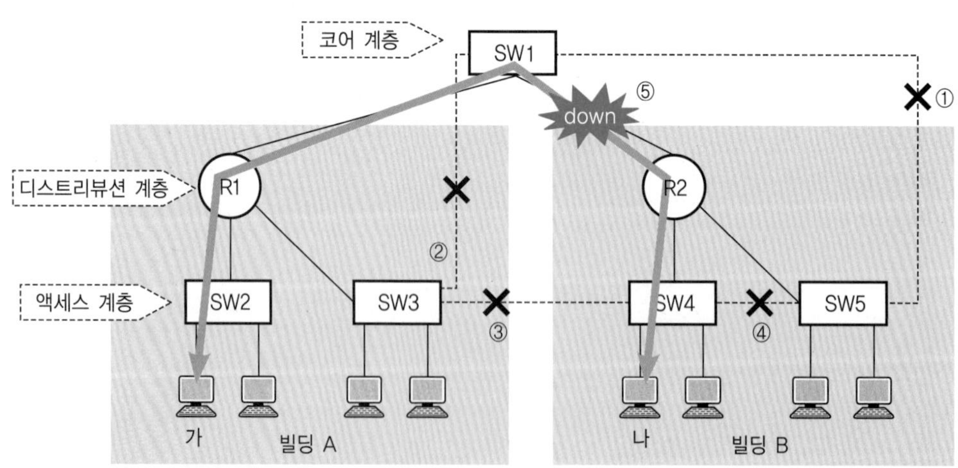

[그림 3-1] ▶ Hiearchical 3 layer 모델 연결의 특징

[그림 3-2]는 액세스 계층과 코어 계층에 라우터를 배치하고 액세스 계층 장치와 코어 계층을 연결하고 액세스 계층 장치끼리도 연결하였다. 즉, ①, ②, ③, ④, ⑤, ⑥ 링크가 추가되었다. 이렇게 모든 계층의 모든 장비를 1 : 1로 연결하는 형태에 굳이 이름을 붙이자면 Mesh 모델이라 부르기로 한다.

[그림 3-2] ▶ Mesh 모델 연결의 특징

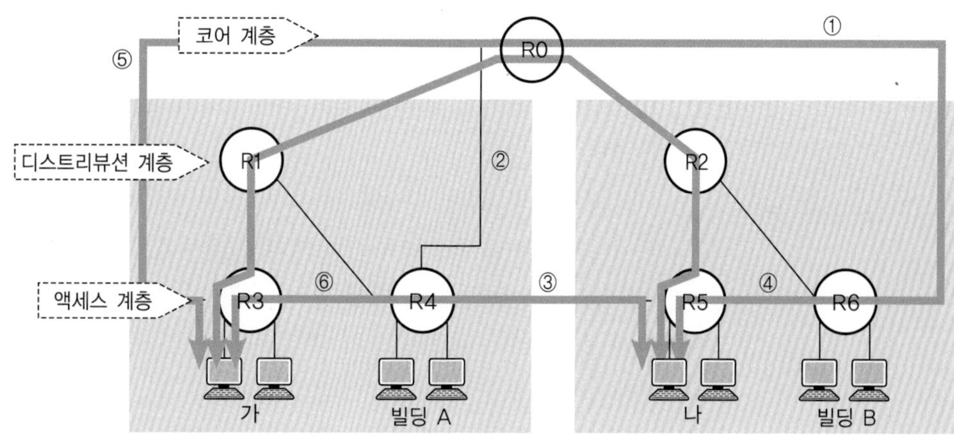

Hierarchical 3 layer 모델과 Mesh 모델의 차이는 무엇일까? [표 3-1]을 보자. 좋은 네트워크가 가져야 할 특성으로 다음 5가지 기준을 제시했다. 즉, 비용, 가용성, 성능, 보안, 관리용이성이다. Hierarchical 3 layer 모델은 최소한의 연결을 통해 토폴로지는 단순해지며, 토폴로지의 단순성은 구축 비용을 낮추고 관리용이성을 제공한다. 이에 반해 Mesh 모델은 링크들의 추가로 토폴로지가 복잡해져 구축비용은 높아지며, 관리하기도 어렵다. [그림 3-1]과 [그림 3-2]에서는 압축된 토폴로지를 보여주지만, 20층짜리 건물이 3동이 존재하는 사이트에서 이들 액세스 계층 장치와 코어 계층 장치를 모두 연결하고, 모든 액세스 계층 장치끼리도 연결한다고 가정해보라. Mesh 토폴로지가 Hierarchicl 3 layer 토폴로지보다 훨씬 복잡할 것이라는 것을 짐작할 수 있다. Hierarchical 3 layer 모델도 유일한 약점이 있는데 바로 가용성 문제다. 즉, [그림 3-1]에서 ⑤ 링크가 다운되면, ㉮ PC와 ㉯ PC 간의 통신은 단절된다. 그러나, [그림 3-2]의 Mesh 모델은 화살표로 표시된 다양한 경로들이 존재하므로 가용성이 좋아진다.

[표 3-1] ▶ 모델 비교

구분	Hierarchical 3 layer 모델	Mesh 모델
구축 비용	토폴로지 단순하여 낮음	토폴로지 복잡하여 높음
관리용이성	토폴로지 단순하여 관리 용이	토폴로지 복잡하여 관리 어려움
가용성	나쁨	좋음

그러면, Hierarchical 3 layer의 약점인 낮은 가용성 문제를 극복하기 위한 방안은 무엇일까?

그것은 바로 주요 장비의 이중화다.
빌딩 A가 중요 네트워크라면, 디스트리뷰션 장비 다운 시에 네트워크가 단절되므로 디스트리뷰션 라우터를 이중화한다. 코어 장비가 다운되면 전체 네트워크가 다운되므로 디스트리뷰션 장비보다 중요하다. 따라서, 디스트리뷰션 장비를 이중화한다면 코어 장비도 이중화할 것이다. 액세스 계층의 스위치에 연결된 장비가 중요 서비스를 제공해야 하는 서버라면 액세스 계층 장비 다운 시에 서비스가 중단되므로 액세스 계층 장비와 서버도 이중화한다. 인터넷 접속 라우터와 WAN 접속 라우터도 중요하다고 판단하면 이중화한다.

그러나, 빌딩 B 내의 디스트리뷰션 계층 장비와 액세스 계층 장비는 이중화하지 않았다. 고장 시 장비 교체 등의 예상 수리 시간이 허용된다면 이중화하지 않는다. 불필요한 이중화는 결국, 좋은 네트워크의 다섯 가지 조건 중에서 구축과 관리 비용을 증가시키고, 관리 포인트를 늘려 관리용이성을 떨어뜨리고, 침투 경로를 다양화하여 보안에도 나쁜 영향을 준다. 성능 측면에서는 경로를 다중화하여 다운로드 속도를 높이기는 하지만, 한편으로는 이중화 환경에서 추가되는 다양한 프로토콜이 유발하는 오버헤드 트래픽으로 인해 네트워크 자원을 낭비하여 네트워크 성능에도 다소간 나쁜 영향을 주기도 한다.

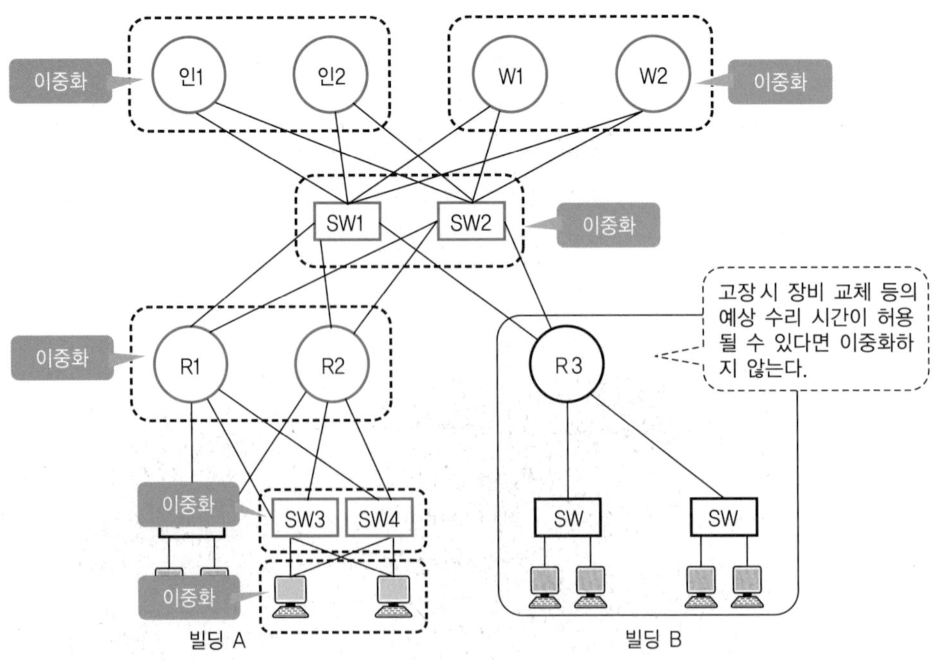

[그림 3-3] ▶ Hierarchical 3 layer 모델의 이중화 환경

[그림 3-4]의 이중화된 경로에서는 ✸로 표시되는 다수의 링크와 장치 다운 시에도 남아 있는 경로를 통해 계속 통신할 수 있다.

[그림 3-4] ▶
Hierarchical 3 layer 모델의 이중화 환경에서의 다양한 경로들

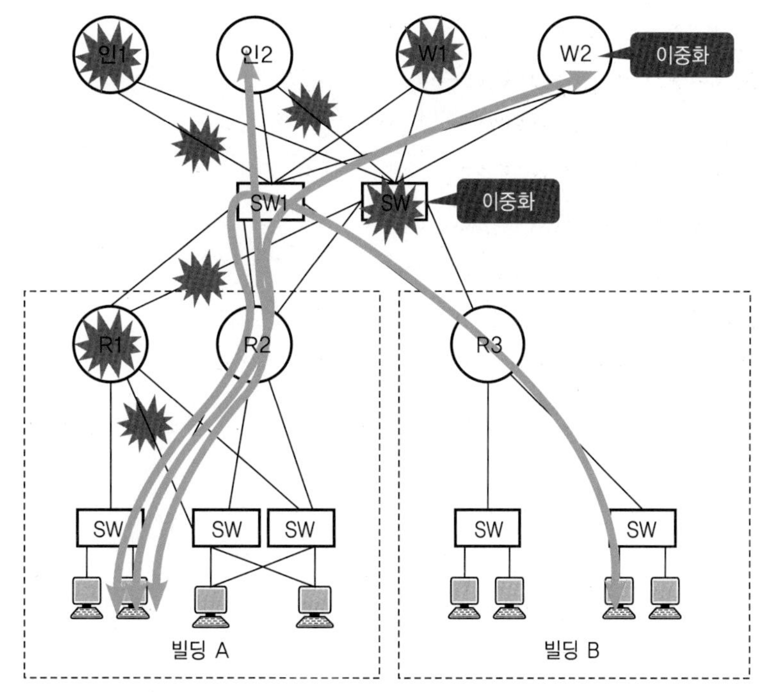

[그림 3-5]는 코어 계층을 생략한 Hierarchical 3 layer 모델을 적용한 네트워크 토폴로지다. 즉, R1과 R2의 디스트리뷰션 계층 라우터에 모든 라우터를 연결하는 코어 계층의 역할도 맡겼다. 코어 계층이 생략되기 때문에 구축 비용 감소, 관리용이성, 지연 감소 등의 잇점이 생긴다. Chapter 1의 'Lecture 04. LAN 구성 Ⅱ'에서 자세히 설명하였다.

[그림 3-5] ▶
코어 계층이 생략된 Hierarchical 3 layer 모델의 이중화 환경

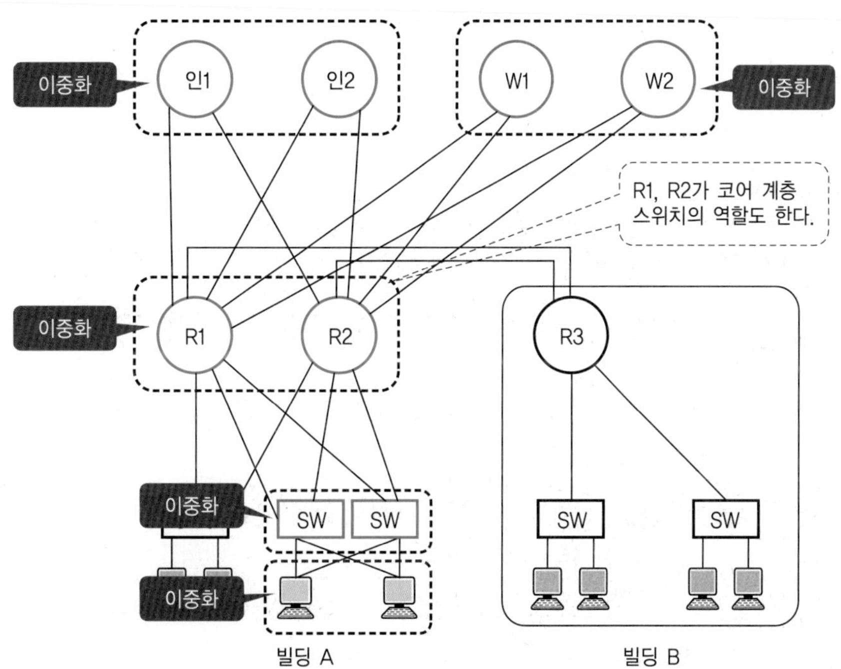

Lecture 02

이중화 LAN 구성 I

강의 키워드 이중화 LAN 환경에서 토폴로지, 장비 수 산정, 장비별 포트 산정

사례 1 Twin Building의 네트워크 토폴로지 설계

Hierarchical 3 layer 모델을 이용하여 다음 사이트에 대한 네트워크 토폴로지 설계를 하고자 한다. 다음과 같은 설계 조건에서 네트워크 구성도를 그리고, 액세스/디스트리뷰션/코어의 각 계층에서 필요한 장비 수와 각 장비의 포트 수를 구하라.

[설계 조건]

- 건물 구성 조건
  - A동(50층), B동(50층)
  - 스위칭 블록 분할 : A동과 B동 건물의 총 100개 층은 10개 층씩 10개의 스위칭 블록으로 분할함(스위칭 블록 = 액세스 계층 + 디스트리뷰션 계층)
- 액세스 계층
  - 층별로 200대의 단말이 존재함.
  - 층별로 2대의 액세스 스위치를 스태킹(Stacking)방식으로 배치함(스태킹은 스위치 2대를 연결하여 논리적으로 1대로 만듦).
- 디스트리뷰션 계층
  - 이중화함.
  - 가용성을 위해 이중화된 디스트리뷰션 라우터 간을 연결함
- 코어 계층: 이중화함
- WAN 접속 라우터와 인터넷 접속 라우터도 연결(지사 네트워크는 임의로 구성하고 장비나 포트 수 산정 시 고려하지 말 것).

• 밴드위스 할당: 시냇물, 강물, 바다 구간에 각각 100Mbps, 1Gbps, 10Gbps를 할당함.

상기 [설계 조건]에 따라 네트워크 구성도, 장비 수 산정, 장비의 포트 수를 계산하라.

가. 네트워크 구성도를 완성하라.

[그림 3-6] ▶ 네트워크 구성도

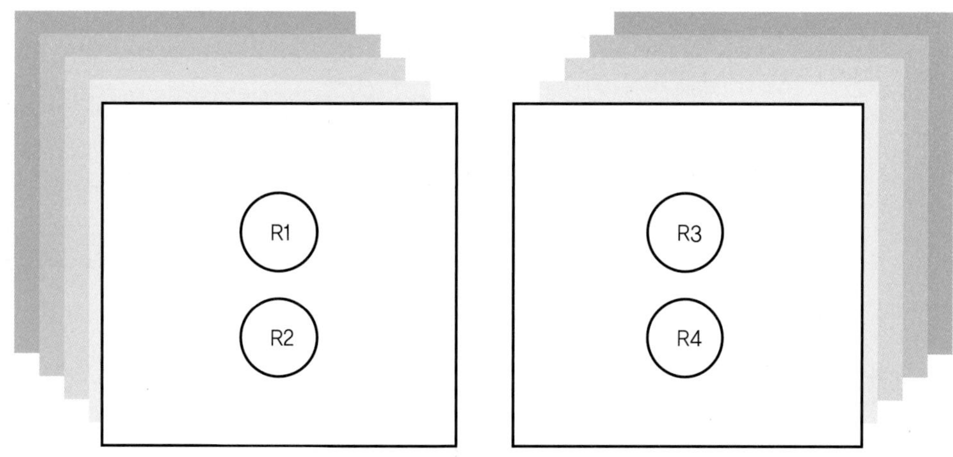

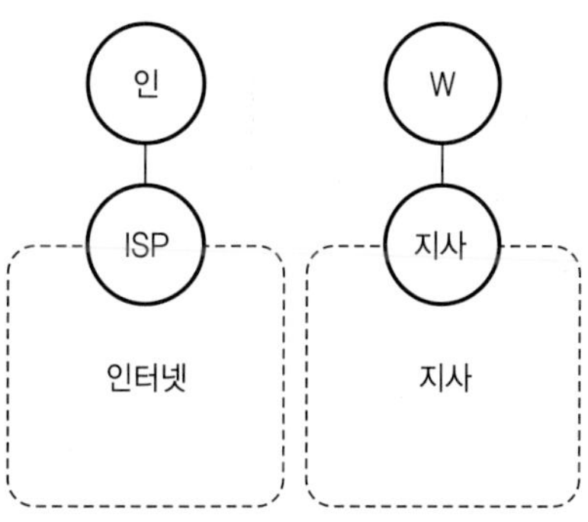

나. 계층별, 장비 수를 산정하라.

[표 3-2] ▶ 계층별 장비 수

계층	계산 결과	계산 방법
액세스		
디스트리뷰션		
코어	2대	이중화하므로
기타	2	WAN 접속 라우터 1대와 인터넷 접속 라우터 1대 필요함

다. 장비별 포트 수를 산정하라.

[표 3-3] ▶ 장비별 포트 수

계산 결과		계산 방법
액세스		
디스트리뷰션		
코어		
WAN 라우터	2 + 1	2(10Gbps, 2대의 코어 스위치와 연결하는 포트) + 1 (WAN 접속을 지원하는 포트)
인터넷 접속 라우터	2 + 1	2(10Gbps, 2대의 코어 스위치와 연결하는 포트) + 1 (인터넷 접속을 지원하는 포트)

종합 해설

사례 1 (Twin Building)에 대한 모범 답안은 다음과 같다.

가. 네트워크 구성도를 완성하라.

- 건물 구성 조건
  - A동(50층), B동(50층)
  - 스위칭 블록 분할: A동과 B동 건물의 총 100개 층은 10개층씩 10개의 스위칭 블록으로 분할함

설명 A동(50층)과 B동(50층), 총 100개 층을 10개의 스위칭 블록으로 분할해야 한다. 여기서 스위칭 블록은 액세스 계층과 디스트리뷰션 계층을 합한 한 세트를 의미한다. 즉, 스위칭 블록을 연결하는 것이 코어 스위치다. 지금까지는 한 동의 건물이 하나의 스위칭 블록으로 구성되었지만, 이 예에서는 하나의 건물을 5개의 스위칭 블록으로 분할해야 한다.

100층 건물을 하나의 스위칭 블록으로 구성하면, 빌딩 내부에서 발생하는 스위칭 루프에 의한 브로드캐스트 스톰이나 브로드캐스트를 통한 공격 발생 시에 브로드캐스트를 차단하는 라우터 까지 즉, 한 브로드캐스트 도메인(스위칭 블록) 내의 모든 장치들이 영향을 받으므로 리스크가 높은 구성이 된다. 이를 해결하기 위해 100층 건물은 10개 층씩 분할하여 모두 10개의 브로드캐스트 도메인(스위칭 블록)으로 구분하기로 하였다.
이와 같은 이유로 규모가 있는 고층 건물들은 여러 개의 스위칭 블록으로 분할되어 있다.

• 액세스 계층
  - 층별로 200대의 단말이 존재함.
  - 층별로 2대의 액세스 스위치를 스태킹 방식으로 배치함.

설명 층별로 200대의 단말이 존재하는데 층별로 2 대의 액세스 스위치를 배치한다는 것은 액세스 스위치 1대당 100대의 단말이 연결됨을 뜻한다. 2대의 스위치를 배치하는 방법은 2가지 방법이 있다. [그림 3-7]에서 SW1과 SW2는 각각 디스트리뷰션 계층의 R1과 R2에 따로따로 연결하는 방식이다. 이 방식은 다음에 설명할 스태킹 방식보다 많은 선이 필요하여 네트워크가 복잡해진다. 항상 네트워크의 복잡성은 관리용이성을 낮추고, 장비에서 필요로 하는 포트 수도 늘어나 구축 비용도 증가하게 한다.

[그림 3-7] ▶ 스태킹을 적용하지 않는 방식

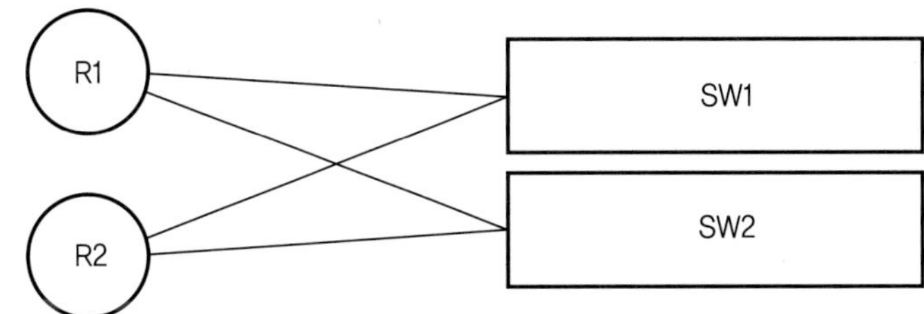

[그림 3-8]은 스위치 스태킹 방식이다. 즉, 스위치의 스태킹 포트끼리 연결하여 물리적으로 분리된 스위치를 한 대의 스위치처럼 쓰는 기술이다. 스위치 스태킹을 적용하면 스위치는 1대가 된 셈이므로 Stack Master 역할을 하는 스위치에서 2대의 스위치들을 설정할 수 있다. 스위치에 따라 스태킹 할 수 있는 스위치의 대수는 다양하다. SW1과 SW2는 특별한 Stack 포트를 이용해서 연결해야 한다.

[그림 3-8] ▶ 스태킹을 적용하는 방식

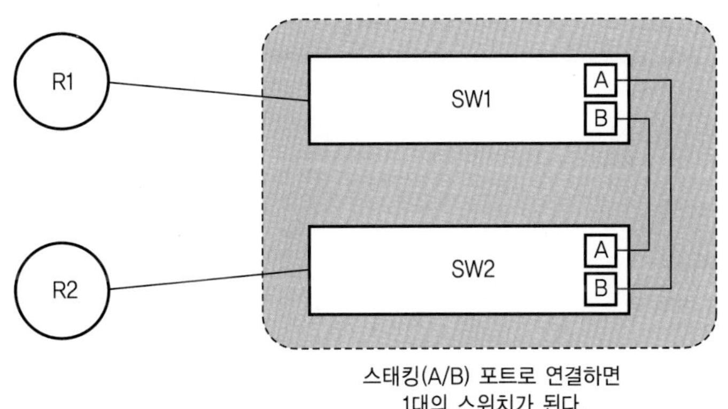

- 디스트리뷰션 계층
  - 이중화함.
  - 가용성을 위해 이중화된 디스트리뷰션 라우터 간을 연결함.

설명 가용성을 위해 디스트리뷰션 계층 라우터를 이중화하고 라우터끼리 연결한다.

- 코어 계층 : 이중화함.

설명 가용성을 위해 코어 계층 스위치를 이중화한다. 다른 네트워크에 속하는 스위치 간에는 라우터 없이 직접 연결해봐야 트래픽 교환이 발생할 수 없으므로 연결하지 않는다.

- WAN 접속 라우터와 인터넷 접속 라우터도 연결
- 밴드위스 할당: 시냇물, 강물, 바다 구간에 각각 100Mbps, 1Gbps, 10Gbps를 할당함.

[그림 3-9] ▶ 네트워크 구성도(결과)

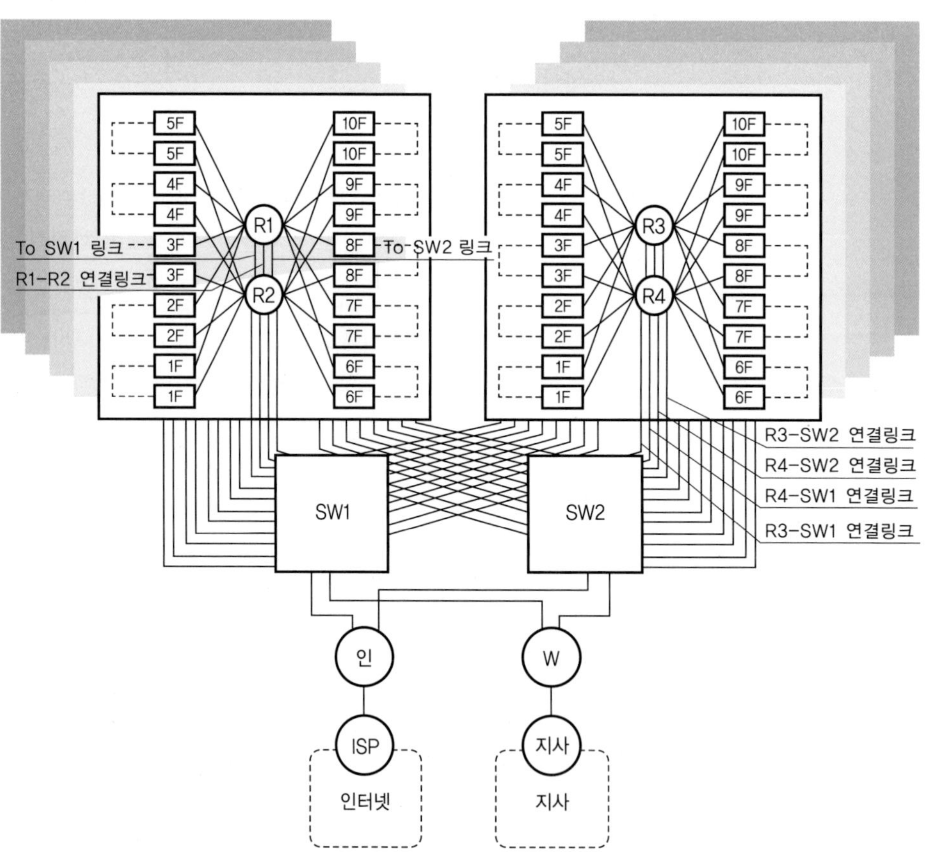

나. 계층별 장비 수를 산정하라.

계층별 장비 수에 대한 계산 결과와 계산 방법은 [표 3-4]와 같다.

[표 3-4] ▶ 계층별 장비 수 산정(결과)

계층	계산 결과	계산 방법
액세스	200대	층별로 두 대의 스위치를 배치하므로 100층 × 2대 = 200대
디스트리뷰션	20대	10층씩을 하나의 스위칭 블록으로 구분하고 이중화하니까 10개의 스위칭 블록 × 2대 = 20대
코어	2대	이중화하므로
기타	2	WAN 접속 라우터 1대와 인터넷 접속 라우터 1대 필요함 (지사 네트워크는 계산에서 제외함).

다. 장비별 포트 수를 산정하라.

장비별 포트 수에 대한 계산 결과와 계산 방법은 [표 3-5]와 같다.

[표 3-5] ▶ 장비별 포트 수(결과)

계산 결과		계산 방법
액세스	1 + 100	1포트(1Gbps, 디스트리뷰션 계층과 연결하는 업 링크 포트)+ 100포트(100Mbps, 단말 연결 포트) + 2포트(스태킹 포트)
디스트리뷰션	2 + 10 + 1	2포트(10Gbps, 2대의 코어스위치(SW1과 SW2)에 연결하는 업 링크 포트) + 10포트(1Gbps, 각 층의 액세스 스위치와 연결하기 위한 포트들) + 1 포트(10Gbps, 디스트리뷰션 라우터 간(R1-R2, R3-R4)을 연결하는 포트)
코어	2+20	2(10Gbps, WAN 접속, 인터넷 접속 라우터 연결포트) + 20(10Gbps, 디스트리뷰션 라우터 연결포트)
WAN 라우터	2+1	2(10Gbps, 2대의 코어 스위치와 연결하는 포트) + 1(WAN 접속을 지원하는 포트)
인터넷 접속 라우터	2+1	2(10Gbps, 2대의 코어 스위치와 연결하는 포트) + 1(인터넷 접속을 지원하는 포트)

Lecture 03

이중화 LAN 구성 II

강의 키워드 이중화 LAN 환경에서 토폴로지, 장비 수 산정, 장비별 포트 산정

Hierarchical 3 layer 모델을 이용하여 다음 사이트에 대한 네트워크 토폴로지 설계를 하고자 한다. 다음과 같은 설계 조건에서 네트워크 구성도를 그리시오.

[설계 조건]

- 건물 구성 조건
  - 1동(10층), 1동(7층), 1동(5층)으로 구성
  - 층별로 1대의 스위치를 배치하기로 한다.

- 액세스 계층
  - 층별로 80대의 단말이 존재함.

- 디스트리뷰션 계층
  - 10층 건물만 이중화하고 이중화된 라우터끼리 연결함.

- 코어 계층
  - 생략한다.
  - 10층 건물의 디스트리뷰션 라우터가 코어 스위치의 역할도 함.
  - 나머지 건물은 이중화하지 않음.

- 인터넷 접속은 이중화하고, 지사 접속은 이중화하지 않음.

- 밴드위스 할당: 시냇물, 강물, 바다 구간에 각각 100Mbps, 1Gbps, 10Gbps를 할당함.

• 지사 네트워크는 임의대로 구성할 것.

상기 '설계 조건'에 따라 네트워크 구성도, 장비 수 산정, 장비의 포트 수를 계산하라.

가. 네트워크 구성도를 완성하라.

[그림 3-10] ▶ 네트워크 구성도

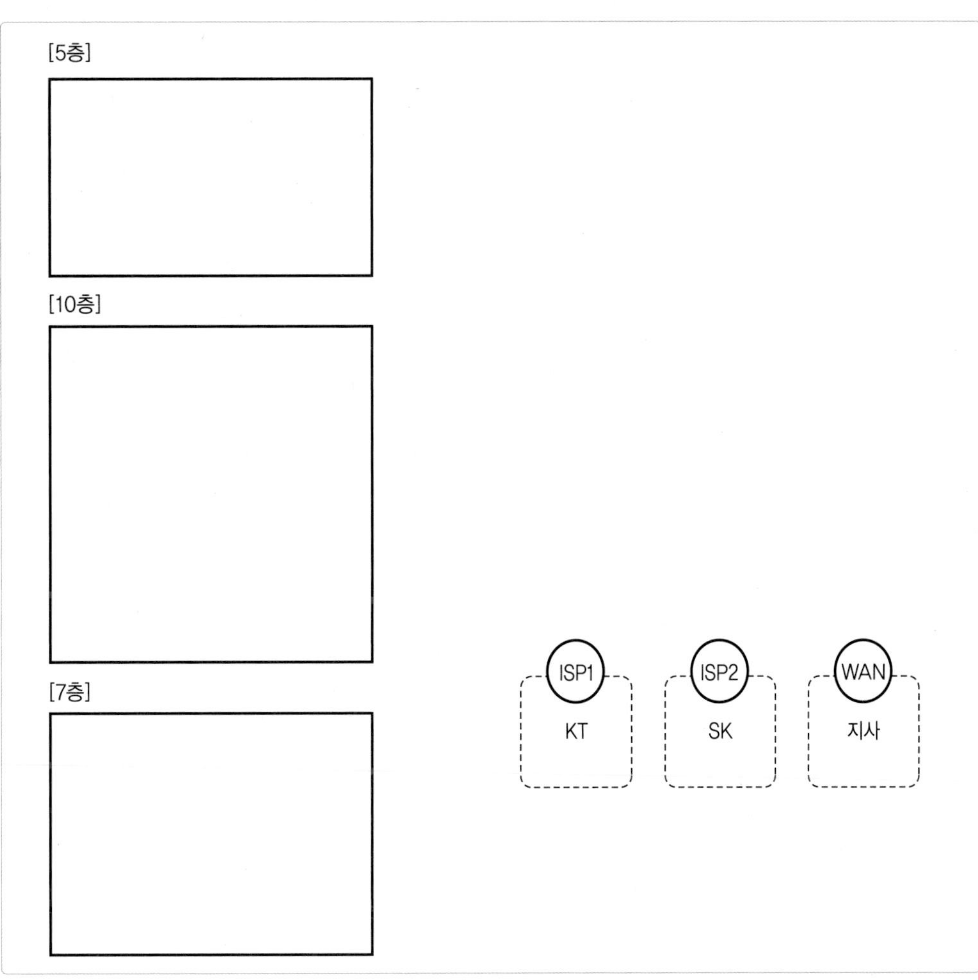

나. 계층별 장비 수를 산정하라.

[표 3-6] ▶ 장비 수 산정

계층	계산 결과	계산 방법
액세스		
디스트리뷰션		
코어	0	생략하므로
기타	2	WAN 접속 라우터 1대와 인터넷 접속 라우터 1대 필요함 (지사 네트워크는 계산에서 제외함)

다. 계층별 장비 수를 산정하라.

[표 3-7] ▶
장비별 포트 수

계산 결과			계산 방법
액세스	7층 건물,		
	5층 건물		
	10층 건물	2 + 80	2(1Gbps, 2대의 디스트리뷰션 계층과 연결하는 업 링크 포트들) + 80(100Mbps, 단말 연결 포트)
디스트리뷰션	7층 건물	2 + 7	2포트(10Gbps, R1과 R2에 연결하는 업 링크 포트) + 7포트(1Gbps, 각 층의 액세스 스위치와 연결하기 위한 포트들)
	5층 건물		
	10층 건물		
WAN 라우터			
인터넷 접속 라우터		2 + 1	2(10Gbps, R1과 R2에 연결하는 포트) + 1(인터넷 접속를 지원하는 포트)

종합 해설

이중화 LAN 구성 II에 대한 모범 답안은 다음과 같다.

가. 네트워크 구성도를 완성하라.

[설계 조건]

• 건물 구성 조건
  - 1동(10층), 1동(7층), 1동(5층)으로 구성
  - 층별로 1대의 스위치를 배치하기로 한다.

• 액세스 계층
  - 층별로 80대의 단말이 존재함.

설명 층별로 80대의 단말이 존재하므로 액세스 스위치는 80개 이상의 포트를 가져야 한다.

• 디스트리뷰션 계층
  - 10층 건물만 이중화하고 이중화된 라우터끼리 연결함.
  - 나머지 건물은 이중화하지 않음.

설명 10층 건물만 R1과 R2로 이중화 배치하고 R1과 R2는 서로 연결한다.

• 코어 계층
  - 생략하고
  - 10층 건물의 디스트리뷰션 라우터가 코어 스위치의 역할도 함.

설명 네트워크 단순화로 구축 비용을 절감하고 관리용이성을 개선하기 위해 코어 계

층을 생략했다. 메인 건물의 디스트리뷰션 계층 라우터인 R1과 R2가 코어 계층의 역할을 수행하므로 모든 라우터들 즉, R3, R4, 인, W 라우터는 모두 R1과 R2를 통해 연결된다.

- 인터넷 접속은 이중화하고, 지사 접속은 이중화하지 않음

설명 인터넷 접속은 각각 다른 ISP1과 ISP2에 이중화하여 연결한다.

- 밴드위스 할당: 시냇물, 강물, 바다 구간에 각각 100Mbps, 1Gbps, 10Gbps를 할당함.

상기 [설계 조건]에 따라 네트워크 구성도, 장비 수 산정, 장비의 포트 수를 계산하라.

가. 네트워크 구성도

[그림 3-11] ▶ 네트워크 구성도 (결과)

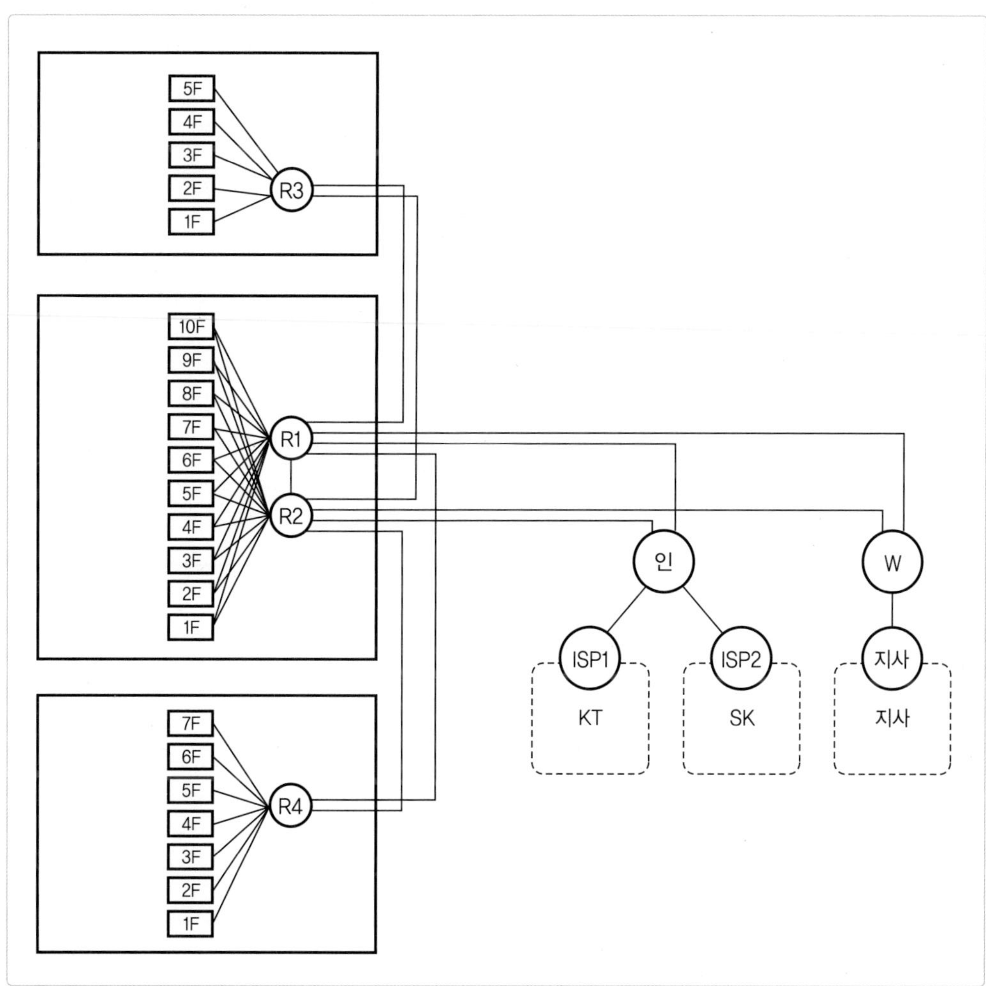

나. 계층별 장비 수를 산정하라.

계층별 장비 수에 대한 계산 결과와 계산 방법은 [표 3-8]과 같다.

[표 3-8] ▶ 장비 수 산정(결과)

계층	계산 결과	계산 방법
액세스	22대	층별로 1대의 스위치를 배치하므로 5층 + 10층 + 7층 = 22층 → 22대
디스트리뷰션	4대	건물별로 1대의 라우터를 배치하되, 10층 건물은 이중화하므로 4대
코어	0	생략하므로
기타	2대	WAN 접속 라우터 1대와 인터넷 접속 라우터 1대 필요함

다. 장비별 포트 수를 산정하라.

장비별 포트 수에 대한 계산 결과와 계산 방법은 [표 3-9]와 같다.

[표 3-9] ▶ 장비별 포트 수(결과)

계산 결과			계산 방법
액세스	7층 건물, 5층 건물	1+80	1(1Gbps, 디스트리뷰션 계층과 연결하는 업 링크 포트)+ 80(100Mbps, 단말 연결 포트)
	10층 건물	2+80	2(1Gbps, 2대의 디스트리뷰션 계층과 연결하는 업 링크 포트들) + 80(100Mbps, 단말 연결 포트)
디스트리뷰션	7층 건물	2+7	2포트(10Gbps, R1과 R2에 연결하는 업 링크 포트) + 7포트(1Gbps, 각 층의 액세스 스위치와 연결하기 위한 포트들)
	5층 건물	2+5	2포트(10Gbps, R1과 R2에 연결하는 업 링크 포트) + 5포트(1Gbps, 각 층의 액세스 스위치와 연결하기 위한 포트들)
	10층 건물	4+1+10	4포트(10Gbps, R3, R4, 인, W 라우터와 연결하기 위한 포트들)+1포트(10Gbps, R1과 R2를 연결하는 포트) + 10포트(1 Gbps, 각 층의 액세스 스위치와 연결하기 위한 포트들)
WAN 라우터		2+1	2(10Gbps, R1과 R2에 연결하는 포트) + 1(WAN 접속을 지원하는 포트)
인터넷 접속 라우터		2+1	2(10Gbps, R1과 R2에 연결하는 포트) + 1 인터넷 접속 포트)

Lecture 04

이중화 LAN 구성 III

강의 키워드 이중화 LAN 환경에서 토폴로지, 장비 수 산정, 장비별 포트 산정

Hierarchical 3 layer 모델을 이용하여 다음 사이트에 대한 네트워크 토폴로지 설계를 하고자 한다. 다음과 같은 설계 조건에서 네트워크 구성도를 그리시오.

[설계 조건]

- 건물 구성
  - Sky View: 7층
  - Ferry Terminal: 5층
  - Aeroplaza: 10층
  - Hotel Nikko: 15층
  - Passenger Terminal: 4층

- 액세스 계층
  - 100 포트 보유 스위치 구매 예정.
  - 층별 단말 수는 80대
  - 단 Passenger Terminal의 층별 단말 수는 450대로 층별로 5대씩 배치 예정 (스위치 1대당 90대의 단말 연결함)

- 디스트리뷰션 계층
  - Aeroplaza와 Passenger Terminal만 이중화 함.
  - 이중화된 디스트리뷰션 계층 라우터들은 가용성을 위해 서로 연결함.

- 코어 계층: 이중화함.

• 기타

– Passenger Terminal은 하나의 층을 하나의 건물(스위칭 블록)로 간주하고 구성해야 함.

– WAN 접속과 인터넷 접속도 필요함.

상기 '설계 조건'에 따라 네트워크 구성도, 장비 수 산정, 장비의 포트 수를 계산하라.

가. 네트워크 구성도를 완성하라.

[그림 3-12] ▶ 네트워크 구성도

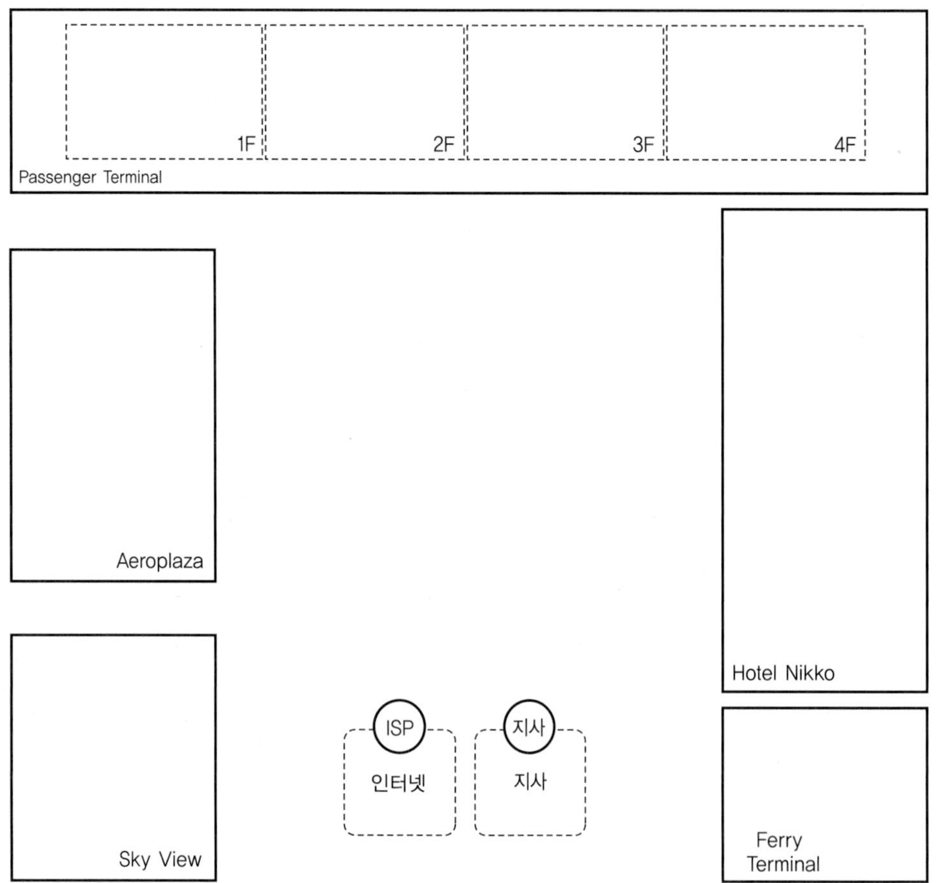

나. 계층별, 장비 수를 산정하라.

[표 3-10] ▶ 장비 수 산정

계산 결과		계산 방법
액세스	대	
디스트리뷰션	대	
코어	2대	이중화하므로 2대 필요
기타	2	WAN 접속 라우터 1대와 인터넷 접속 라우터 1대 (지사는 계산에서 제외함)

다. 장비별 포트 수를 산정하라.

[표 3-11] ▶ 장비별 포트 수

계산 결과			계산 방법
액세스	Aeroplaza	2+80	2(1Gbps, 디스트리뷰션 계층과 연결하는 업 링크 포트) + 80(100Mbps, 단말 연결 포트)
	Sky View		
	Hotel Nikko		
	Ferry Terminal	1+80	1(1Gbps, 디스트리뷰션 계층과 연결하는 업 링크 포트) + 80(100Mbps, 단말 연결 포트)
	Passenger Terminal	2+90	
디스트리뷰션	Aeroplaza	2+10+1	2포트(10Gbps, SW1과 SW2에 연결하는 업 링크 포트) + 10포트(1Gbps, 각 층의 액세스 스위치와 연결하기 위한 포트들) + 1포트(10Gbps, R0-R1 연결 포트)
	Sky View		
	Hotel Nikko		
	Ferry Terminal	2+5	2포트(10Gbps, SW1과 SW2에 연결하는 업 링크 포트)+5포트(1Gbps, 각 층의 액세스 스위치와 연결하기 위한 포트들)
	Passenger Terminal	2+5+1	
코어		13+2	13포트(R0~R12를 연결하는 포트) + 2포트(인터넷 접속 라우터, WAN 라우터 연결 포트)
WAN 라우터			
인터넷 접속 라우터		2+1	2(10Gbps, 2대의 코어 스위치와 연결하는 포트) + 인터넷 접속을 지원하는 포트)

종합 해설

Lecture 04. LAN 구성 연습 04에 대한 모범 답안은 다음과 같다.

가. 네트워크 구성도를 완성하라.

• 액세스 계층

Passenger Terminal을 제외한 모든 건물들은 층별로 80대의 단말이 존재하고 100포트짜리 스위치를 구매할 예정이므로 층별로 1대의 액세스 스위치만 배치하였음. 그러나, Passenger Terminal은 층별로 450대의 단말이 존재한다. 스위치는 100포트만 가지므로 층별로 5대의 액세스 스위치를 배치하고, 1대당 90대의 단말이 연결된다.

• 디스트리뷰션 계층

Aeroplaza는 R0와 R1으로 이중화되었고, 가용성을 높이기 위해 R0와 R1을 서로 연결했다. 코어 계층의 스위치인 SW1과 SW2는 각각의 스위치가 다른 네트워크에 소속하므로 직접 연결해도 트래픽의 경로가 되지 않는다. 따라서, 다른 네트워크에 소속하는 SW1과 SW2는 연결하지 않는다. Passenger Terminal은 하나의 층을 하나의 건물로 구성해야 하므로 각각의 층마다 디스트리뷰션 계층의 라우터를 배치한다. 예를 들어, Passenger Terminal의 1층에는 R5와 R6를 이중화 배치하고, 2층에는 R7과 R8을 이중화 배치하고, 3층에는 R9와 R10을 이중화 배치하고, 4층에는 R11과 R12를 이중화 배치한다. 가용성을 높이기 위해 이중화된 라우터들은 상호 연결한다.

• 코어 계층

SW1과 SW2로 이중화함.

• 기타

WAN 접속 라우터와 인터넷 접속 라우터도 배치함.

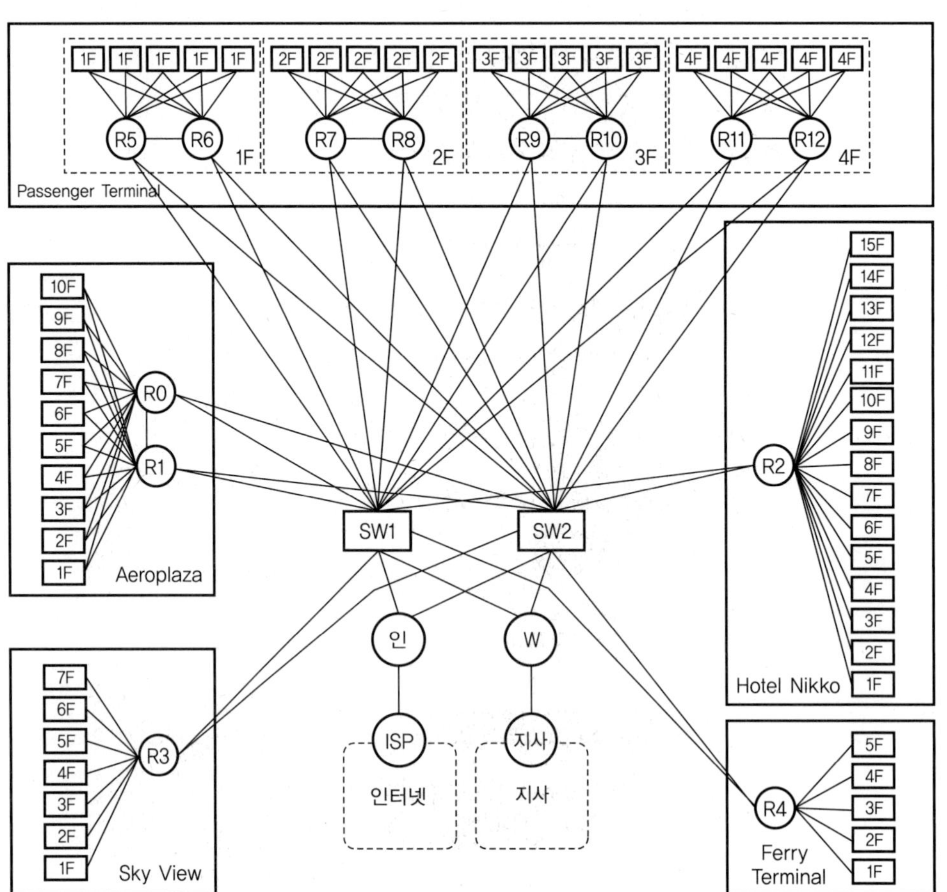

[그림 3-13] ▶ 네트워크 구성도 (결과)

나. 계층별 장비 수를 산정하라.

계층별 장비 수에 대한 계산 결과와 계산 방법은 [표 3-12]와 같다.

[표 3-12] ▶ 장비 수 산정(결과)

계산 결과		계산 방법
액세스	57대	10대(Aeroplaza) + 7대(Sky View)+Hotel Nikko(15대) + Ferry Terminal(5대) + 20대(Passenger Terminal) ※ Passenger Terminal은 층별로 5대씩 × 4개 층 = 20대
디스트리뷰션	13대	2대(Aeroplaza) + 1대(Sky View) + 1대(Hotel Nikko) + 1대(Ferry Terminal) + 8대(Passenger Terminal) ※ Aeroplaza는 이중화 ※ Passenger Terminal은 층별로 2대 씩 × 4개 층=8대
코어	2대	이중화하므로
기타	2대	WAN 접속 라우터 1대와 인터넷 접속 라우터 1대(지사는 생략함)

다. 장비별 포트 수를 산정하라.

장비별 포트 수에 대한 계산 결과와 계산 방법은 [표 3-13]과 같다.

[표 3-13] ▶ 장비별 포트 수(결과)

계산 결과			계산 방법
액세스	Aeroplaza	2 + 80	2(1Gbps, 디스트리뷰션 계층과 연결하는 업 링크 포트) + 80(100Mbps, 단말 연결 포트)
	Sky View	1 + 80	1(1Gbps, 디스트리뷰션 계층과 연결하는 업 링크 포트) + 80(100Mbps, 단말 연결 포트)
	Hotel Nikko	1 + 80	1(1Gbps, 디스트리뷰션 계층과 연결하는 업 링크 포트) + 80(100Mbps, 단말 연결 포트)
	Ferry Terminal	1 + 80	1(1Gbps, 디스트리뷰션 계층과 연결하는 업 링크 포트) + 80(100Mbps, 단말 연결 포트)
	Passenger Terminal	2 + 90	2(1Gbps, 디스트리뷰션 계층과 연결하는 업 링크 포트) + 90(100Mbps, 단말 연결 포트)
디스트리뷰션	Aeroplaza	2 + 10 + 1	2포트(10Gbps, SW1과 SW2에 연결하는 업 링크 포트) + 10포트(1Gbps, 각 층의 액세스 스위치와 연결하기 위한 포트들)+1포트(10Gbps, R0-R1 연결 포트)
	Sky View	2 + 7	2포트(10Gbps, SW1과 SW2에 연결하는 업 링크 포트) + 7포트(1Gbps, 각 층의 액세스 스위치와 연결하기 위한 포트들)
	Hotel Nikko	2 + 15	2포트(10Gbps, SW1과 SW2에 연결하는 업 링크 포트) + 15포트(1Gbps, 각 층의 액세스 스위치와 연결하기 위한 포트들)
	Ferry Terminal	2 + 5	2포트(10Gbps, SW1과 SW2에 연결하는 업 링크 포트) + 5포트(1Gbps, 각 층의 액세스 스위치와 연결하기 위한 포트들)
	Passenger Terminal	2 + 5 + 1	2포트(10Gbps, SW1 과 SW2에 연결하는 업 링크 포트) + 5포트(1Gbps, 각 층의 액세스 스위치와 연결하기 위한 포트들) + 1포트(10Gbps, 라우터 간 연결 포트)
코어		13 + 2	13포트(10Gbps, R0~R12을 연결하는 포트)+2포트(10Gbps, 인터넷 접속 라우터, WAN 라우터 연결 포트
WAN 라우터		2 + 1	2(10Gbps, 2대의 코어 스위치와 연결하는 포트) + 1(WAN 접속을 지원하는 포트)
인터넷 접속 라우터		2 + 1	2(10Gbps, 2대의 코어 스위치와 연결하는 포트) + 1 인터넷 접속을 지원하는 포트)

Lecture 05

이중화 LAN 구축 Lab 03

강의 키워드 이중화 LAN 구성, IP 설계, IP 설정, EIGRP 라우팅 프로토콜, Ping 테스트

Problem 1 다음 장비로 [그림 3-14]와 같이 연결하라.

- 라우터는 2621XM에 NM-2FE2W 모듈 장착하고, 스위치는 2960을 사용할 것.
- 라우터와 라우터 사이는 Crossover cable을 활용할 것.

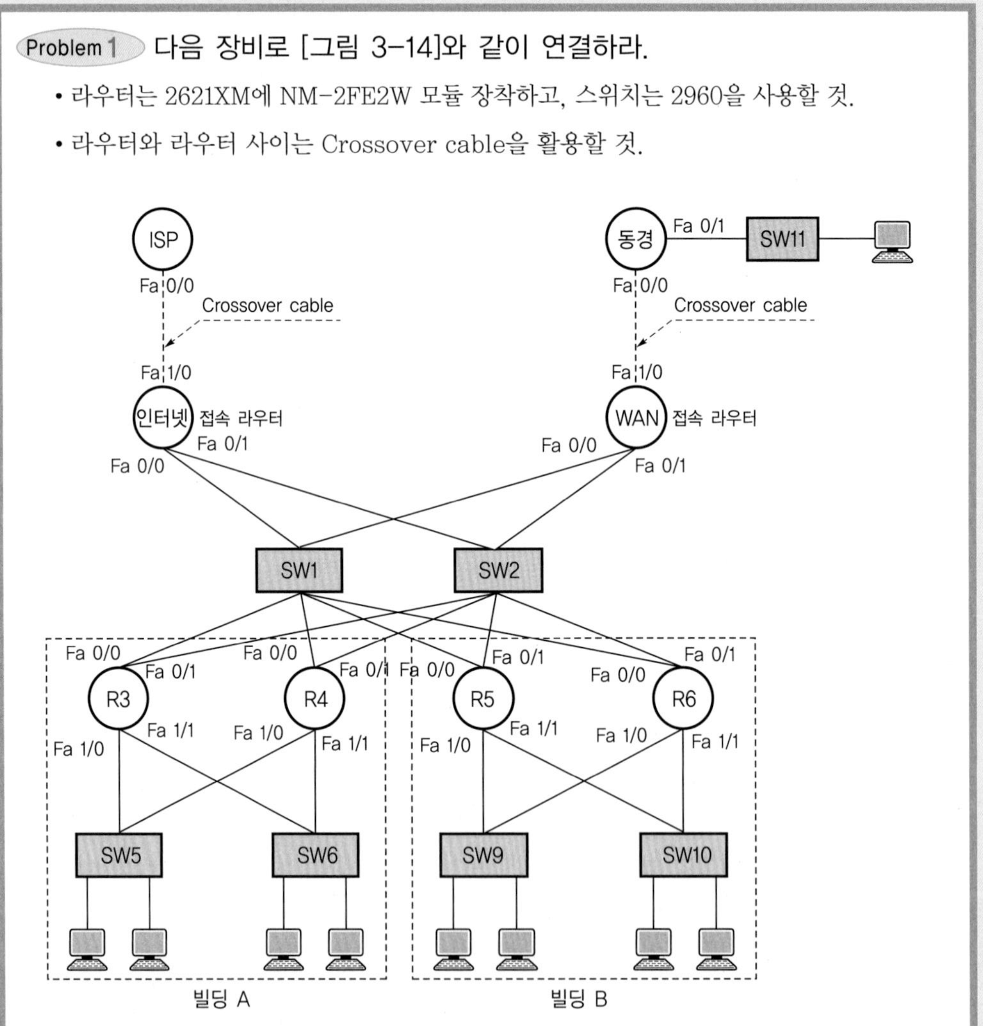

[그림 3-14] ▶ 네트워크 구성도

Problem 2 다음과 같이 IP를 할당하라.

- 11.1.1.0 /24 네트워크를 활용하여 IP 설계할 것.
- 각 네트워크 호스트 수는 10호스트
- 'show ip route' 명령으로 라우팅 테이블을 확인하라.

Problem 3 모든 라우터에서 다음과 같이 EIGRP 라우팅 프로토콜을 설정하라.

```
Router(config)#router eigrp
100router(config-router)#network 11.0.0.0
```

- 다시 'show ip route' 명령으로 라우팅 테이블을 확인하라.

Problem 4 모든 라우터와 PC에서 모든 IP로 핑이 성공함을 확인하라.

Lab 03 해설

Lab 03 에 대한 해설은 다음과 같다.

Problem 1 다음 장비로 [그림 3-14]과 같이 연결하라.

- 라우터는 2621XM에 NM-2FE2W 모듈 장착하고, 스위치는 2960을 사용할 것.
- 라우터와 라우터 사이는 Crossover cable을 활용할 것.

설명 Chapter 1의 Lecture 05. LAN 구축 기초 Lab 01 을 참조할 것.

Problem 2 다음과 같이 IP를 할당하라.

- 11.1.1.0 /24 네트워크를 활용하여 IP 설계할 것.
- 각 네트워크 호스트 수는 10호스트

설명 IP 설계와 할당 방법은 다음과 같다.

1 네트워크 구분하기

우리 회사는 256개의 IP가 들어가는 하나의 네트워크로 구성된 것이 아니라, 다음 그림과 같이 문제의 조건대로 10 호스트가 들어가는 9개의 네트워크로 구성되어 있다.

먼저 인터넷 접속 라우터에 연결된 네트워크는 몇 개일까? [그림 3-15]를 보자. ①, ②, ③의 3개 네트워크가 존재한다.

스위치는 네트워크를 나누지 못하므로 [그림 3-15]에서 ②로 표시된 선들은 모두 같은 네트워크에 속한다. 즉, SW1에 연결된 장치들은 모두 같은 네트워크에 속한다. SW2도 마찬가지다. ③으로 표시된 선들도 모두 같은 네트워크에 속한다. 즉, SW2에 연결된 장치들은 모두 같은 네트워크에 속한다. 물론, ②와 ③선은 라우터에 의해 구분되므로 다른 네트워크에 속한다.

[그림 3-15] ▶
인터넷 접속 라우터와
네트워크 수

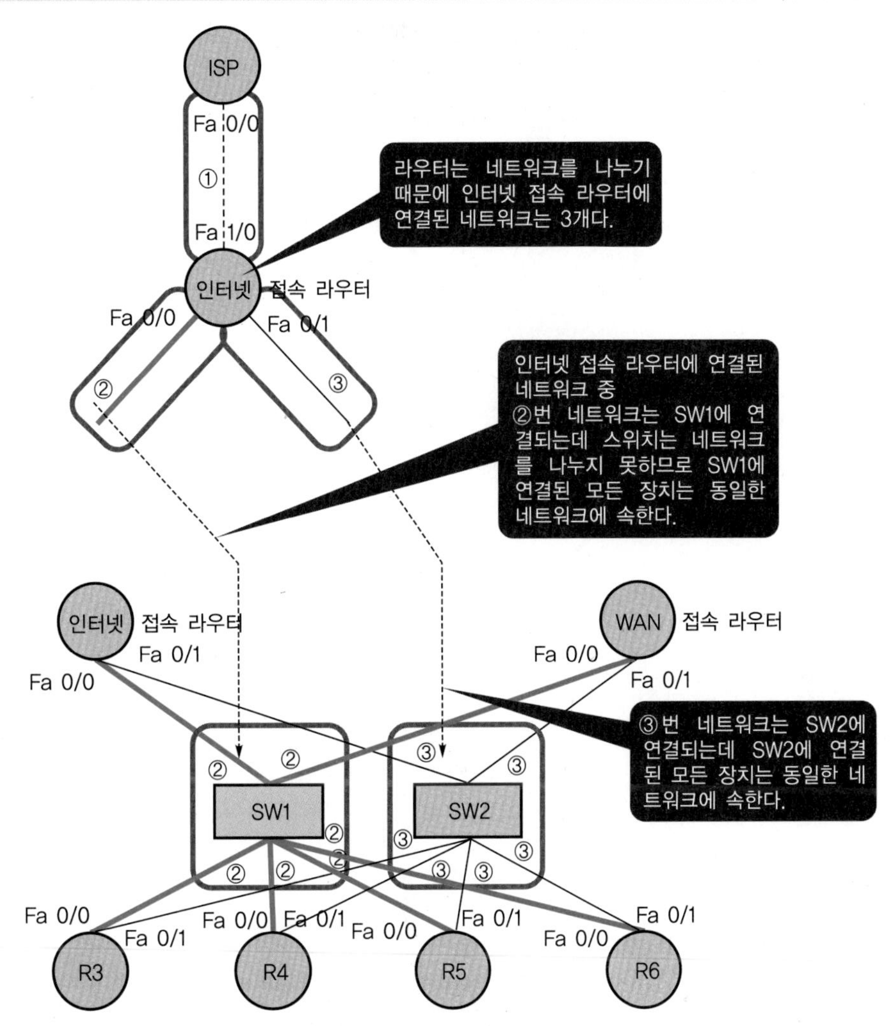

ISP
Fa 0/0
①
Fa 1/0
라우터는 네트워크를 나누기 때문에 인터넷 접속 라우터에 연결된 네트워크는 3개다.
인터넷 접속 라우터
Fa 0/0
Fa 0/1
②
③
인터넷 접속 라우터에 연결된 네트워크 중
②번 네트워크는 SW1에 연결되는데 스위치는 네트워크를 나누지 못하므로 SW1에 연결된 모든 장치는 동일한 네트워크에 속한다.
인터넷 접속 라우터
WAN 접속 라우터
③번 네트워크는 SW2에 연결되는데 SW2에 연결된 모든 장치는 동일한 네트워크에 속한다.
SW1
SW2
R3
R4
R5
R6

[그림 3-16]에서 R3에는 선이 4개 연결되므로 R3에는 4개의 네트워크가 연결되었다. R3에 연결된 ④번 네트워크는 SW5에 연결된다. 스위치는 네트워크를 구분하지 못하므로 SW5에 연결된 ④번 선들은 모두 같은 네트워크에 속한다. R3에 연결된 ⑤번 네트워크는 SW6에 연결된다. 스위치는 네트워크를 구분하지 못하므로 SW6에 연결된 ⑤번 선들은 모두 같은 네트워크에 속한다. R4에 연결된 ④번과 ⑤번 선들도 마찬가지다.

[그림 3-16] ▶ 빌딩 A의 네트워크 수

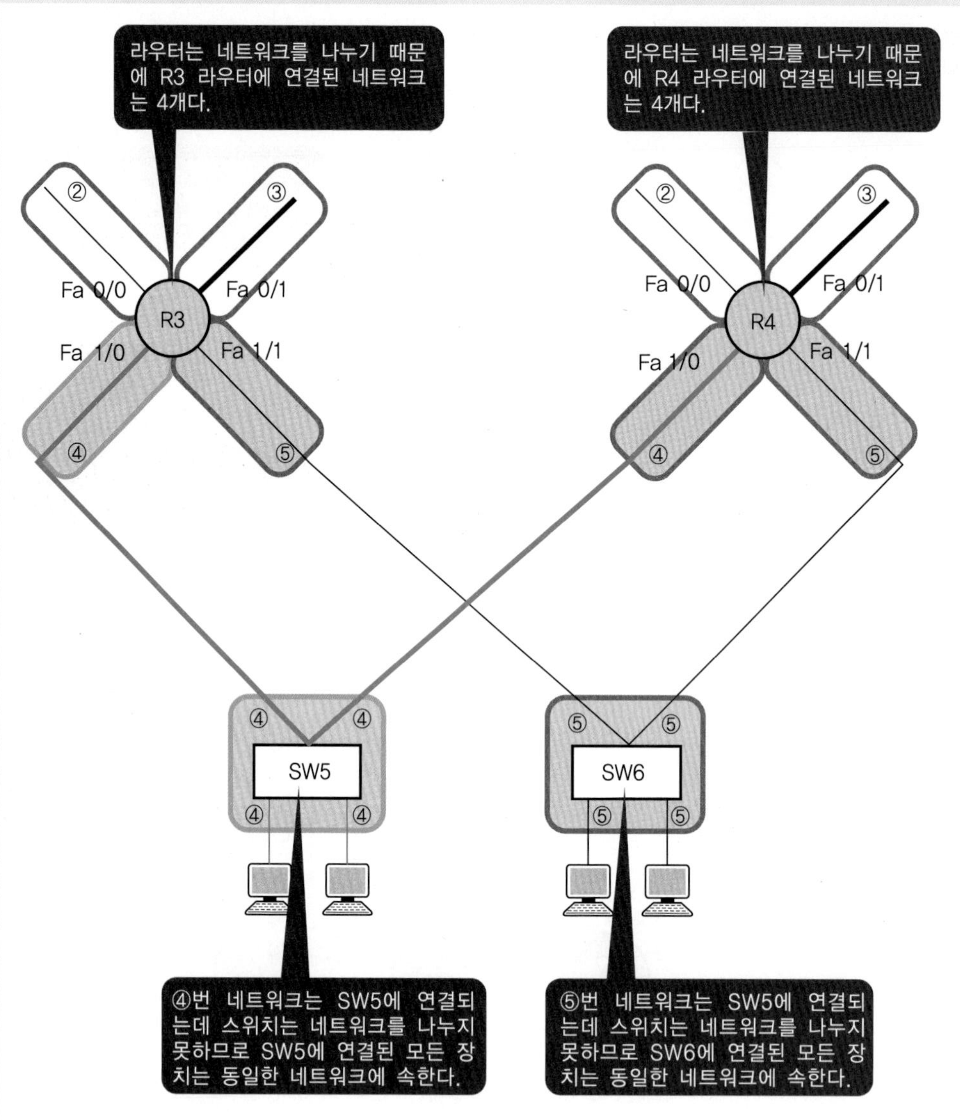

라우터는 네트워크를 나누기 때문에 R3 라우터에 연결된 네트워크는 4개다.
라우터는 네트워크를 나누기 때문에 R4 라우터에 연결된 네트워크는 4개다.
②
③
Fa 0/0
Fa 0/1
R3
Fa 1/0
Fa 1/1
④
⑤
R4
SW5
SW6
④번 네트워크는 SW5에 연결되는데 스위치는 네트워크를 나누지 못하므로 SW5에 연결된 모든 장치는 동일한 네트워크에 속한다.
⑤번 네트워크는 SW5에 연결되는데 스위치는 네트워크를 나누지 못하므로 SW6에 연결된 모든 장치는 동일한 네트워크에 속한다.

즉, [그림 3-17]과 같이 네트워크는 모두 9개가 존재한다.

[그림 3-17] ▶
총 네트워크 수

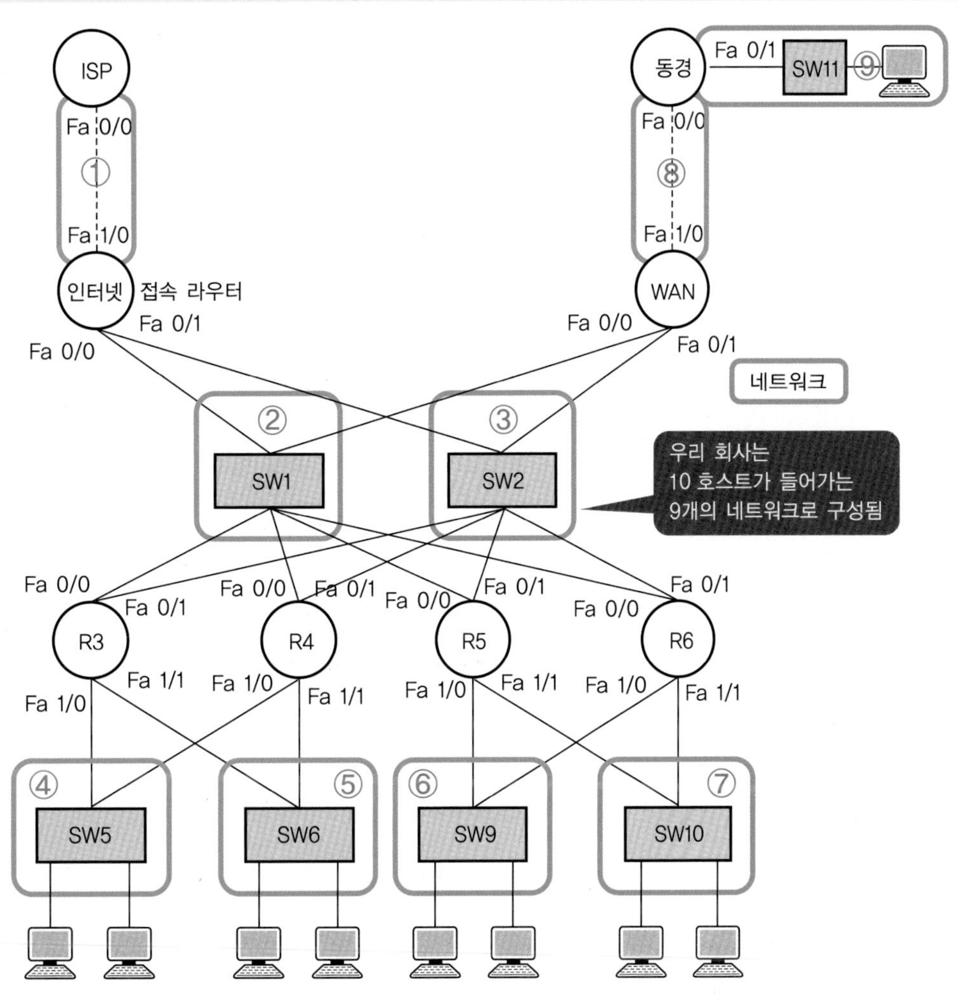

② 서브넷 마스크

서브넷 마스크를 계산해 보자. 서브넷 마스크는 네트워크에 포함되는 호스트 수에 의해 결정된다. 설계 조건에서 각 네트워크는 10 호스트를 포함한다 하였다. 10 호스트를 포함하려면 2^4(=16개의 IP)이 되어야 한다. 즉, 호스트 칸은 '4칸'이 되어야 한다. 서브넷 마스크는 11111111.11111111.11111111.11110000'이 되고 십진수로 변경하면 '255.255.255.240'이 된다.

[그림 3-18] ▶
서브넷 마스크 결정

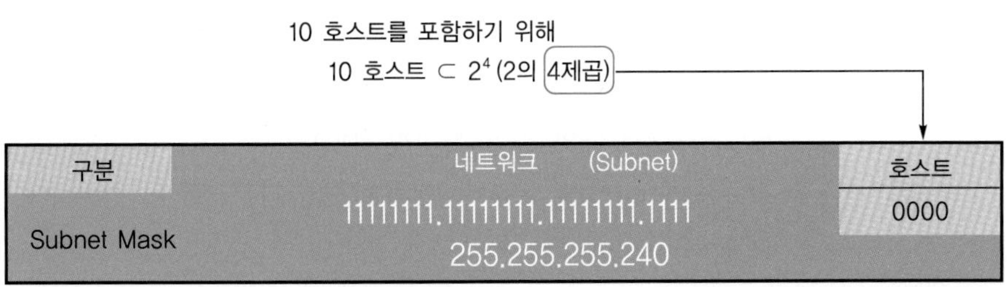

구분	네트워크 (Subnet)	호스트
Subnet Mask	11111111.11111111.11111111.1111 255.255.255.240	0000

③ IP 서브넷팅

원래의 서브넷 마스크는 '/24' 였지만, 네트워크를 더 나누기 위해 4칸 확장하여 '/28'이 되었다. 확장된 4칸을 가지고 '0000'에서 '1000'까지 9개의 서브넷으로 [표 3-14]의 ㉮와 같이 구분한다. 각 서브넷의 IP 범위는 ㉯와 같이 호스트 칸이 이진수로 모두 '0'인 것부터 모두 '1'인 것까지다. 예를 들어, Subnet ①은 11.1.1.0000이다. 서브넷 ①의 가장 작은 주소는 호스트 자리 네 칸이 모두 이진수로 '0'인 주소이고, 가장 큰 주소는 호스트 자리 네 칸이 이진수로 모두 '1'인 주소다. 이 주소를 십진수로 변경하면 IP 범위는 11.1.1.0~11.1.1.15다. 서브넷 ②는 '11.1.1.0000' 다음 번호인 '11.1.1.0001' 네트워크다. 서브넷 ②의 가장 작은 주소는 호스트 자리 네 칸이 모두 이진수로 '0'인 주소이고, 가장 큰 주소는 호스트 자리 네 칸이 이진수로 모두 '1'인 주소다. 이 주소를 십진수로 변경하면 IP 범위는 11.1.1.16~11.1.1.31이다. 다음 서브넷들도 같은 원리로 IP 범위를 구한다.

[표 3-14] ▶ IP 서브네팅 Ⅰ

구분	네트워크	(Subnet)	호스트	IP 영역
Subnet Mask	11111111.11111111.11111111.	1111	0000	
Subnet ①	11.1.1. (십진수)	0000 (이진수)	0000- 1111	11.1.1.0~ 11.1.1.15;
Subnet ②	11.1.1.	0001	0000- 1111	11.1.1.16~ 11.1.1.31
Subnet ③	11.1.1.	0010	0000- 1111	11.1.1.32~ 11.1.1.47
Subnet ④	11.1.1.	0011	0000- 1111	11.1.1.48~ 11.1.1.63
Subnet ⑤	11.1.1.	0100	0000- 1111	11.1.1.64~ 11.1.1.79
Subnet ⑥	11.1.1.	0101	0000- 1111	11.1.1.80~ 11.1.1.95
Subnet ⑦	11.1.1.	0110	0000- 1111	11.1.1.96~ 11.1.1.111
Subnet ⑧	11.1.1.	0111	0000- 1111	11.1.1.112~ 11.1.1.127
Subnet ⑨	11.1.1.	1000	0000- 1111	11.1.1.128~ 11.1.1.143
		㉮	㉯	

IP 서브네팅은 [표 3-15]와 같이 간편하게 할 수 있다. 즉, Subnet ① 즉, 11.1.1.0000 네트워크에서 ㉮와 같이 첫 IP인 11.0.0.0과 마지막 IP인 11.1.1.15는 '+15' 차이가 남을 찾아내고, 이어지는 모든 네트워크에도 '+15' 패턴을 적용한다. 즉, Subnet ②에서는 ㉯와 같이 첫 번째 네트워크 주소 범위의 다음 주소부터 시작하므로 11.1.1.16부터 시작하여

'+15' 한 주소까지 범위가 된다. 즉.11.1.1.16에서 11.1.1.31까지가 된다. Subnet ③부터는 [표 3-15]의 설명을 참조한다.

[표 3-15] ▶ IP 서브네팅 II

구분	네트워크	(Subnet)	호스트	IP 영역	
Subnet Mask	11111111.11111111.11111111.	1111	0000		
Subnet ①	11.1.1. **(십진수)**	0000 **(이진수)**	0000-1111	11.1.1.0~ 11.1.1.15;	㉮
Subnet ②	첫 번째 네트워크의 IP 범위는 11.1.1.0 에서 15까지 '+15' 패턴을 가짐. Subnet ②두 번째 네트워크는 첫 번째 주소 범위의 다음 주소부터 시작하므로 11.1.1.16부터 시작하여 '+15' 한 주소까지 범위가 된다. 즉. --►			11.1.1.16~ 11.1.1.31	㉯
Subnet ③	세 번째 네트워크는 두 번째 주소 범위의 다음 주소부터 시작하므로 11.1.1.32부터 시작하여 '+15' 한 주소까지 범위가 된다. 즉. ------►			11.1.1.32~ 11.1.1.47	
Subnet ④	네 번째 네트워크는 세 번째 주소 범위의 다음 주소부터 시작하므로 11.1.1.48부터 시작하여 '+15' 한 주소까지 범위가 된다. 즉. ------►			11.1.1.48~ 11.1.1.63	
Subnet ⑤	다섯 번째 네트워크는 네 번째 주소 범위의 다음 주소부터 시작하므로 11.1.1.64부터 시작하여 '+15' 한 주소까지 범위가 된다. 즉. ------►			11.1.1.64~ 11.1.1.79	
Subnet ⑥	여섯 번째 네트워크는 다섯 번째 주소 범위의 다음 주소부터 시작하므로 11.1.1.80부터 시작하여 '+15' 한 주소까지 범위가 된다. 즉. ------►			11.1.1.80~ 11.1.1.95	
Subnet ⑦	일곱 번째 네트워크는 여섯 번째 주소 범위의 다음 주소부터 시작하므로 11.1.1.96부터 시작하여 '+15' 한 주소까지 범위가 된다. 즉. ------►			11.1.1.96~ 11.1.1.111	
Subnet ⑧	여덟 번째 네트워크는 일곱 번째 주소 범위의 다음 주소부터 시작하므로 11.1.1.112부터 시작하여 '+15' 한 주소까지 범위가 된다. 즉. ------►			11.1.1.112~ 11.1.1.127	
Subnet ⑨	아홉 번째 네트워크는 여덟 번째 주소 범위의 다음 주소부터 시작하므로 11.1.1.128부터 시작하여 '+15' 한 주소까지 범위가 된다. 즉.------►			11.1.1.128~ 11.1.1.143	

④ IP 할당

9개의 네트워크에 [표 3-14] 또는 [표 3-15]의 IP를 중복되지 않게 [그림 3-19]와 같이 할당한다. 다시 한번 강조하는 것은 각 IP 범위에서 첫 번째 주소(네트워크 대표용 주소)와 마지막 주소(Directed Broadcast용 주소)는 할당할 수 없다.

[그림 3-19] ▶
IP 할당

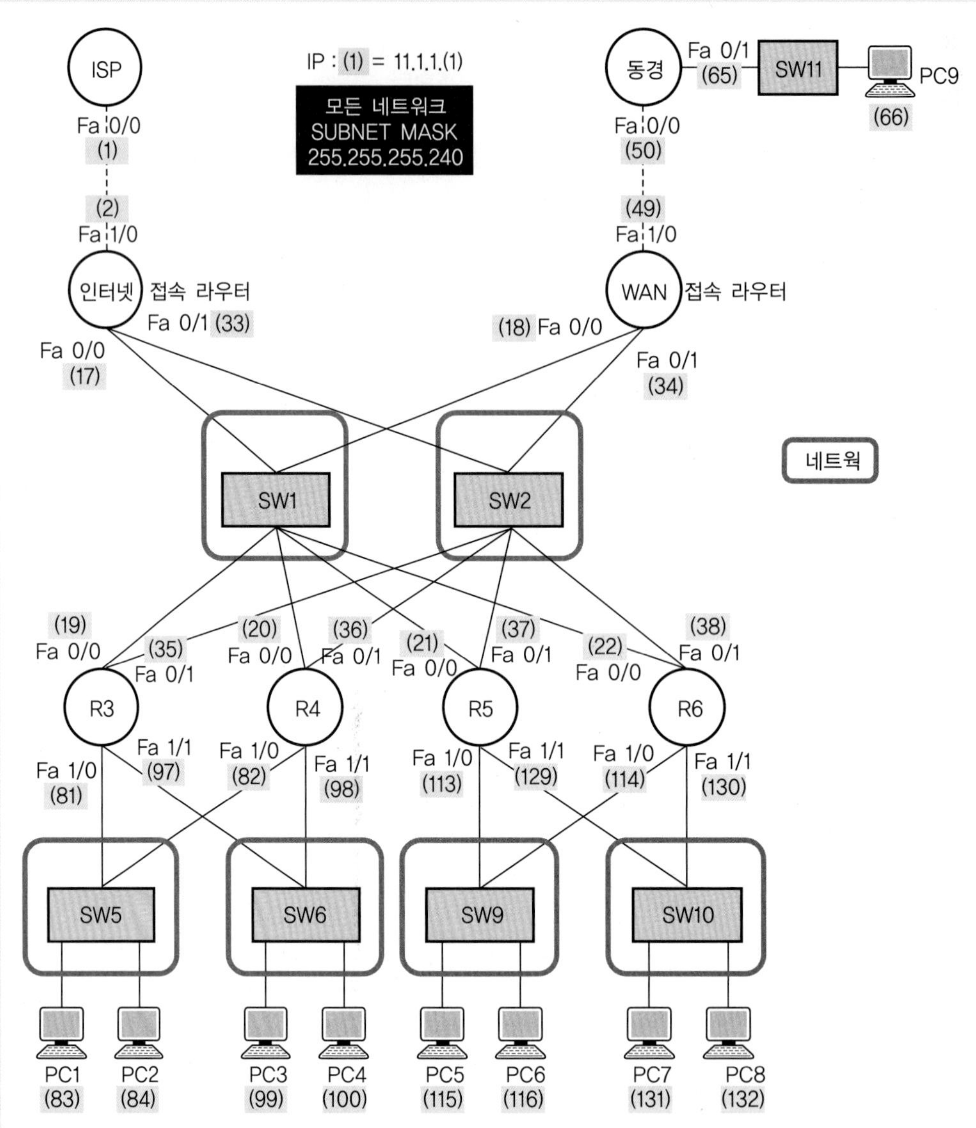

각 라우터의 인터페이스에 [그림 3-19]의 IP 주소를 [표 3-19]와 같은 명령어로 설정한다.

[표 3-16] ▶ 라우터별 IP 설정 명령어

구분	명령어
ISP	Router#configure terminal Router(config)#hostname ISP ISP(config)#interface fastethernet 0/0 ISP(config-if)#no shutdown ISP(config-if)#ip address 11.1.1.1 255.255.255.240
인터넷	Router#configure terminal Router(config)#hostname Internet Internet(config)#interface fastethernet 0/0 Internet(config-if)#no shutdown Internet(config-if)#ip address 11.1.1.17 255.255.255.240 Internet(config)#interface fastethernet 0/1 Internet(config-if)#no shutdown Internet(config-if)#ip address 11.1.1.33 255.255.255.240 Internet(config-if)#exit Internet(config)#interface fastethernet 1/0 Internet(config-if)#no shutdown Internet(config-if)#ip address 11.1.1.2 255.255.255.240
동경	Router#configure terminal Router(config)#hostname East East(config)#interface fastethernet 0/0 East(config-if)#no shutdown East(config-if)#ip address 11.1.1.50 255.255.255.240 East(config-if)#exit East(config)#interface fastethernet 0/1 East(config-if)#no shutdown East(config-if)#ip address 11.1.1.65 255.255.255.240
WAN	Router#configure terminal Router(config)#hostname WAN WAN(config)#interface fastethernet 0/0 WAN(config-if)#no shutdown WAN(config-if)#ip address 11.1.1.18 255.255.255.240 WAN(config-if)#exit WAN(config)#interface fastethernet 0/1 WAN(config-if)#no shutdown WAN(config-if)#ip address 11.1.1.34 255.255.255.240 WAN(config-if)#interface fastethernet 1/0 WAN(config-if)#no shutdown WAN(config-if)#ip address 11.1.1.49 255.255.255.240
R3	Router#configure terminal Router(config)#hostname R3 R3(config)#interface fastethernet 0/0 R3(config-if)#no shutdown R3(config-if)#ip address 11.1.1.19 255.255.255.240 R3(config-if)#exit R3(config)#interface fastethernet 0/1 R3(config-if)#no shutdown R3(config-if)#ip address 11.1.1.35 255.255.255.240 R3(config-if)#interface fastethernet 1/0

R3	R3(config-if)# no shutdown R3(config-if)#ip address 11.1.1.81 255.255.255.240 R3(config-if)#interface fastethernet 1/1 R3(config-if)# no shutdown R3(config-if)#ip address 11.1.1.97 255.255.255.240
R4	Router#configure terminal Router(config)#hostname R4 R4(config)#interface fastethernet 0/0 R4(config-if)#no shutdown R4(config-if)#ip address 11.1.1.20 255.255.255.240 R4(config-if)#exit R4(config)#interface fastethernet 0/1 R4(config-if)#no shutdown R4(config-if)#ip address 11.1.1.36 255.255.255.240 R4(config-if)#interface fastethernet 1/0 R4(config-if)# no shutdown R4(config-if)#ip address 11.1.1.82 255.255.255.240 R4(config-if)#interface fastethernet 1/1 R4(config-if)# no shutdown R4(config-if)#ip address 11.1.1.98 255.255.255.240
R5	Router#configure terminal Router(config)#hostname R5 R5(config)#interface fastethernet 0/0 R5(config-if)#no shutdown R5(config-if)#ip address 11.1.1.21 255.255.255.240 R5(config-if)#exit R5(config)#interface fastethernet 0/1 R5(config-if)#no shutdown R5(config-if)#ip address 11.1.1.37 255.255.255.240 R5(config-if)#interface fastethernet 1/0 R5(config-if)# no shutdown R5(config-if)#ip address 11.1.1.113 255.255.255.240 R5(config-if)#interface fastethernet 1/1 R5(config-if)# no shutdown R5(config-if)#ip address 11.1.1.129 255.255.255.240
R6	Router#configure terminal Router(config)#hostname R6 R6(config)#interface fastethernet 0/0 R6(config-if)#no shutdown R6(config-if)#ip address 11.1.1.22 255.255.255.240 R6(config-if)#exit R6(config)#interface fastethernet 0/1 R6(config-if)#no shutdown R6(config-if)#ip address 11.1.1.38 255.255.255.240 R6(config-if)#interface fastethernet 1/0 R6(config-if)# no shutdown R6(config-if)#ip address 11.1.1.114 255.255.255.240 R6(config-if)#interface fastethernet 1/1 R6(config-if)# no shutdown R6(config-if)#ip address 11.1.1.130 255.255.255.240

각 PC에 [그림 3-19]의 IP 주소를 [표 3-17]과 같이 설정한다. Chapter 1, Lecture 05. LAN 구축 기초 I Lab 01 을 참고하라. PC 1의 경우 디폴트 게이트웨이는 11.1.1.81 또는 11.1.1.82 둘 중 어느 것으로 해도 좋다. 라우터가 이중화 되었으므로 어느 라우터라도 디폴트 게이트웨이가 될 수 있다.

[표 3-17] ▶ PC별 IP 설정

구분	설정 값
PC1	IP 주소 : 11.1.1.83 IP 서브넷마스크 : 255.255.255.240 IP 디폴트 게이트웨이 : 11.1.1.81 또는 11.1.1.82
PC2	IP 주소 : 11.1.1.84 IP 서브넷마스크 : 255.255.255.240 IP 디폴트 게이트웨이 : 11.1.1.82 또는 11.1.1.81
PC3	IP 주소 : 11.1.1.99 IP 서브넷마스크 : 255.255.255.240 IP 디폴트 게이트웨이 : 11.1.1.97 또는 11.1.1.98
PC4	IP 주소 : 11.1.1.100 IP 서브넷마스크 : 255.255.255.240 IP 디폴트 게이트웨이 : 11.1.1.98 또는 11.1.1.97
PC5	IP 주소 : 11.1.1.115 IP 서브넷마스크 : 255.255.255.240 IP 디폴트 게이트웨이 : 11.1.1.113 또는 11.1.1.114
PC6	IP 주소 : 11.1.1.116 IP 서브넷마스크 : 255.255.255.240 IP 디폴트 게이트웨이 : 11.1.1.114 또는 11.1.1.113
PC7	IP 주소 : 11.1.1.131 IP 서브넷마스크 : 255.255.255.240 IP 디폴트 게이트웨이 : 11.1.1.129 또는 11.1.1.130
PC8	IP 주소 : 11.1.1.132 IP 서브넷마스크 : 255.255.255.240 IP 디폴트 게이트웨이 : 11.1.1.130 또는 11.1.1.129
PC9	IP 주소 : 11.1.1.66 IP 서브넷마스크 : 255.255.255.240 IP 디폴트 게이트웨이 : 11.1.1.65

- 'show ip route' 명령으로 라우팅 테이블을 확인하라.

설명 IP 설정 이후의 각 라우터의 라우팅 테이블은 [표 3-18]과 같다. 라우팅 테이블을 설정하기 전이므로 각 라우터에 직접 연결된 네트워크 정보만 올라온다. 각 라우터는 라우팅 테이블에 보이는 네트워크끼리만 통신이 가능하다.

[표 3-18] ▶ 라우팅 프로토콜 설정 전의 라우팅 테이블

구분	라우팅 테이블
ISP	ISP#show ip route Gateway of last resort is not set 11.0.0.0/28 is subnetted, 1 subnets C 11.1.1.0 is directly connected, FastEthernet0/0
인터넷	Internet#show ip route Gateway of last resort is not set 11.0.0.0/28 is subnetted, 3 subnets C 11.1.1.0 is directly connected, FastEthernet1/0 C 11.1.1.16 is directly connected, FastEthernet0/0 C 11.1.1.32 is directly connected, FastEthernet0/1
동경	East#sh ip ro Gateway of last resort is not set 11.0.0.0/28 is subnetted, 2 subnets C 11.1.1.48 is directly connected, FastEthernet0/0 C 11.1.1.64 is directly connected, FastEthernet0/1
WAN	WAN#show ip route Gateway of last resort is not set 11.0.0.0/28 is subnetted, 3 subnets C 11.1.1.16 is directly connected, FastEthernet0/0 C 11.1.1.32 is directly connected, FastEthernet0/1 C 11.1.1.48 is directly connected, FastEthernet1/0
R3	R3#show ip route Gateway of last resort is not set 11.0.0.0/28 is subnetted, 4 subnets C 11.1.1.16 is directly connected, FastEthernet0/0 C 11.1.1.32 is directly connected, FastEthernet0/1 C 11.1.1.80 is directly connected, FastEthernet1/0 C 11.1.1.96 is directly connected, FastEthernet1/1
R4	R4#show ip route Gateway of last resort is not set 11.0.0.0/28 is subnetted, 4 subnets C 11.1.1.16 is directly connected, FastEthernet0/0 C 11.1.1.32 is directly connected, FastEthernet0/1 C 11.1.1.80 is directly connected, FastEthernet1/0 C 11.1.1.96 is directly connected, FastEthernet1/1
R5	R5#show ip route Gateway of last resort is not set 11.0.0.0/28 is subnetted, 4 subnets

	C 11.1.1.16 is directly connected, FastEthernet0/0 C 11.1.1.32 is directly connected, FastEthernet0/1 C 11.1.1.112 is directly connected, FastEthernet1/0 C 11.1.1.128 is directly connected, FastEthernet1/1
R6	R6#show ip route Gateway of last resort is not set 11.0.0.0/28 is subnetted, 4 subnets C 11.1.1.16 is directly connected, FastEthernet0/0 C 11.1.1.32 is directly connected, FastEthernet0/1 C 11.1.1.112 is directly connected, FastEthernet1/0 C 11.1.1.128 is directly connected, FastEthernet1/1

Problem 3 모든 라우터에서 다음과 같이 EIGRP 라우팅 프로토콜을 설정하라.

```
Router(config)#router eigrp 100
Router(config-router)#network 11.0.0.0
```

설명 라우터에 직접 연결되지 않은 네트워크 정보도 보이기 위해서 모든 라우터들에 라우팅 프로토콜을 [표 3-19]와 같이 설정해야 한다. 프로토콜은 약속으로 약속은 혼자 하는 것이 아니다. 모든 라우터에 동일하게 설정해야 한다. 'network 11.0.0.0'은 EIGRP 라우팅 프로토콜의 범위를 설정하는 명령어다. 해당 라우터에 직접 연결된 네트워크 중에 '11'로 시작하는 IP 를 갖는 네트워크가 EIGRP의 영역에 속한다. 즉, '11'로 시작하는 네트워크 정보를 '11'로 시작하는 네트워크를 통해 교환하여 라우팅 테이블을 만든다.

[표 3-19] ▶ 라우팅 프로토콜 설정

구분	명령어
ISP	ISP#configure terminal ISP(config)#router eigrp 100 ISP(config-router)#network 11.0.0.0
인터넷	Internet#configure terminal Internet(config)#router eigrp 100 Internet(config-router)#network 11.0.0.0
동경	East#configure terminal East(config)#router eigrp 100 East(config-router)#network 11.0.0.0
WAN	WAN#configure terminal WAN(config)#router eigrp 100 WAN(config-router)#network 11.0.0.0
R3	R3#configure terminal R3(config)#router eigrp 100 R3(config-router)#network 11.0.0.0

R4	R4#configure terminal R4(config)#router eigrp 100 R4(config-router)#network 11.0.0.0
R5	R5#configure terminal R5(config)#router eigrp 100 R5(config-router)#network 11.0.0.0
R6	R6#configure terminal R6(config)#router eigrp 100 R6(config-router)#network 11.0.0.0

• 다시 'show ip route' 명령으로 라우팅 테이블을 확인하라.

설명 라우팅 프로토콜을 적용한 후에 모든 라우터에는 라우터에 직접 연결되지 않은 모든 네트워크 정보가 보이는데 라우팅 테이블에 'D'로 표시되는 정보다. 'D'는 EIGRP 라우팅 프로토콜의 DUAL 알고리즘이 만든 정보임을 의미한다. [표 3-20]과 같이 모든 라우터에 모든(9개의) 네트워크 정보가 올라온다.

[표 3-20] ▶ 라우팅 프로토콜 설정 후의 라우팅 테이블

구분	라우팅 테이블
ISP	ISP#show ip route Gateway of last resort is not set 11.0.0.0/28 is subnetted, 9 subnets C 11.1.1.0 is directly connected, FastEthernet0/0 D 11.1.1.16 [90/30720] via 11.1.1.2, 00:05:40, FastEthernet0/0 D 11.1.1.32 [90/30720] via 11.1.1.2, 00:05:47, FastEthernet0/0 D 11.1.1.48 [90/33280] via 11.1.1.2, 00:01:23, FastEthernet0/0 D 11.1.1.64 [90/35840] via 11.1.1.2, 00:00:34, FastEthernet0/0 D 11.1.1.80 [90/33280] via 11.1.1.2, 00:04:58, FastEthernet0/0 D 11.1.1.96 [90/33280] via 11.1.1.2, 00:04:45, FastEthernet0/0 D 11.1.1.112 [90/33280] via 11.1.1.2, 00:02:51, FastEthernet0/0 D 11.1.1.128 [90/33280] via 11.1.1.2, 00:02:44, FastEthernet0/0
인터넷	Internet#show ip route Gateway of last resort is not set 11.0.0.0/28 is subnetted, 9 subnets C 11.1.1.0 is directly connected, FastEthernet1/0 C 11.1.1.16 is directly connected, FastEthernet0/0 C 11.1.1.32 is directly connected, FastEthernet0/1 D 11.1.1.48 [90/30720] via 11.1.1.18, 00:01:46, FastEthernet0/0 [90/30720] via 11.1.1.34, 00:01:46, FastEthernet0/1 D 11.1.1.64 [90/33280] via 11.1.1.18, 00:00:57, FastEthernet0/0 [90/33280] via 11.1.1.34, 00:00:57, FastEthernet0/1 D 11.1.1.80 [90/30720] via 11.1.1.35, 00:05:21, FastEthernet0/1

	[90/30720] via 11.1.1.19, 00:05:21, FastEthernet0/0 [90/30720] via 11.1.1.20, 00:04:11, FastEthernet0/0 [90/30720] via 11.1.1.36, 00:04:11, FastEthernet0/1 D 11.1.1.96 [90/30720] via 11.1.1.19, 00:05:08, FastEthernet0/0 [90/30720] via 11.1.1.35, 00:05:08, FastEthernet0/1 [90/30720] via 11.1.1.20, 00:04:05, FastEthernet0/0 [90/30720] via 11.1.1.36, 00:04:05, FastEthernet0/1 D 11.1.1.112 [90/30720] via 11.1.1.37, 00:03:13, FastEthernet0/1 [90/30720] via 11.1.1.21, 00:03:13, FastEthernet0/0 [90/30720] via 11.1.1.38, 00:02:28, FastEthernet0/1 [90/30720] via 11.1.1.22, 00:02:28, FastEthernet0/0 D 11.1.1.128 [90/30720] via 11.1.1.21, 00:03:07, FastEthernet0/0 [90/30720] via 11.1.1.37, 00:03:07, FastEthernet0/1 [90/30720] via 11.1.1.22, 00:02:20, FastEthernet0/0 [90/30720] via 11.1.1.38, 00:02:20, FastEthernet0/1
동경	East# show ip route Gateway of last resort is not set 11.0.0.0/28 is subnetted, 9 subnets D 11.1.1.0 [90/33280] via 11.1.1.49, 00:00:03, FastEthernet0/0 D 11.1.1.16 [90/30720] via 11.1.1.49, 00:00:03, FastEthernet0/0 D 11.1.1.32 [90/30720] via 11.1.1.49, 00:00:03, FastEthernet0/0 C 11.1.1.48 is directly connected, FastEthernet0/0 C 11.1.1.64 is directly connected, FastEthernet0/1 D 11.1.1.80 [90/33280] via 11.1.1.49, 00:00:03, FastEthernet0/0 D 11.1.1.96 [90/33280] via 11.1.1.49, 00:00:03, FastEthernet0/0 D 11.1.1.112 [90/33280] via 11.1.1.49, 00:00:03, FastEthernet0/0 D 11.1.1.128 [90/33280] via 11.1.1.49, 00:00:03, FastEthernet0/0 Router#
WAN	WAN# show ip route Gateway of last resort is not set 11.0.0.0/28 is subnetted, 9 subnets D 11.1.1.0 [90/30720] via 11.1.1.17, 00:02:32, FastEthernet0/0 [90/30720] via 11.1.1.33, 00:02:29, FastEthernet0/1 C 11.1.1.16 is directly connected, FastEthernet0/0 C 11.1.1.32 is directly connected, FastEthernet0/1 C 11.1.1.48 is directly connected, FastEthernet1/0 D 11.1.1.64 [90/30720] via 11.1.1.50, 00:01:30, FastEthernet1/0 D 11.1.1.80 [90/30720] via 11.1.1.19, 00:02:32, FastEthernet0/0 [90/30720] via 11.1.1.20, 00:02:32, FastEthernet0/0 [90/30720] via 11.1.1.35, 00:02:29, FastEthernet0/1 [90/30720] via 11.1.1.36, 00:02:29, FastEthernet0/1 D 11.1.1.96 [90/30720] via 11.1.1.19, 00:02:32, FastEthernet0/0 [90/30720] via 11.1.1.20, 00:02:32, FastEthernet0/0 [90/30720] via 11.1.1.35, 00:02:29, FastEthernet0/1 [90/30720] via 11.1.1.36, 00:02:29, FastEthernet0/1 D 11.1.1.112 [90/30720] via 11.1.1.22, 00:02:33, FastEthernet0/0

	[90/30720] via 11.1.1.21, 00:02:32, FastEthernet0/0 [90/30720] via 11.1.1.37, 00:02:29, FastEthernet0/1 [90/30720] via 11.1.1.38, 00:02:29, FastEthernet0/1 D 11.1.1.128 [90/30720] via 11.1.1.22, 00:02:33, FastEthernet0/0 [90/30720] via 11.1.1.21, 00:02:32, FastEthernet0/0 [90/30720] via 11.1.1.37, 00:02:29, FastEthernet0/1 [90/30720] via 11.1.1.38, 00:02:29, FastEthernet0/1
R3	R3#show ip route Gateway of last resort is not set 11.0.0.0/28 is subnetted, 9 subnets D 11.1.1.0 [90/30720] via 11.1.1.17, 00:06:22, FastEthernet0/0 [90/30720] via 11.1.1.33, 00:06:16, FastEthernet0/1 C 11.1.1.16 is directly connected, FastEthernet0/0 C 11.1.1.32 is directly connected, FastEthernet0/1 D 11.1.1.48 [90/30720] via 11.1.1.18, 00:02:35, FastEthernet0/0 [90/30720] via 11.1.1.34, 00:02:35, FastEthernet0/1 D 11.1.1.64 [90/33280] via 11.1.1.18, 00:01:46, FastEthernet0/0 [90/33280] via 11.1.1.34, 00:01:46, FastEthernet0/1 C 11.1.1.80 is directly connected, FastEthernet1/0 C 11.1.1.96 is directly connected, FastEthernet1/1 D 11.1.1.112 [90/30720] via 11.1.1.37, 00:04:03, FastEthernet0/1 [90/30720] via 11.1.1.21, 00:04:02, FastEthernet0/0 [90/30720] via 11.1.1.38, 00:03:17, FastEthernet0/1 [90/30720] via 11.1.1.22, 00:03:17, FastEthernet0/0 D 11.1.1.128 [90/30720] via 11.1.1.21, 00:03:56, FastEthernet0/0 [90/30720] via 11.1.1.37, 00:03:56, FastEthernet0/1 [90/30720] via 11.1.1.22, 00:03:09, FastEthernet0/0 [90/30720] via 11.1.1.38, 00:03:09, FastEthernet0/1
R4	R4#show ip route Gateway of last resort is not set 11.0.0.0/28 is subnetted, 9 subnets D 11.1.1.0 [90/30720] via 11.1.1.17, 00:05:27, FastEthernet0/0 [90/30720] via 11.1.1.33, 00:05:21, FastEthernet0/1 C 11.1.1.16 is directly connected, FastEthernet0/0 C 11.1.1.32 is directly connected, FastEthernet0/1 D 11.1.1.48 [90/30720] via 11.1.1.18, 00:02:49, FastEthernet0/0 [90/30720] via 11.1.1.34, 00:02:49, FastEthernet0/1 D 11.1.1.64 [90/33280] via 11.1.1.18, 00:02:00, FastEthernet0/0 [90/33280] via 11.1.1.34, 00:02:00, FastEthernet0/1 C 11.1.1.80 is directly connected, FastEthernet1/0 C 11.1.1.96 is directly connected, FastEthernet1/1 D 11.1.1.112 [90/30720] via 11.1.1.37, 00:04:16, FastEthernet0/1 [90/30720] via 11.1.1.21, 00:04:16, FastEthernet0/0 [90/30720] via 11.1.1.38, 00:03:31, FastEthernet0/1 [90/30720] via 11.1.1.22, 00:03:31, FastEthernet0/0 D 11.1.1.128 [90/30720] via 11.1.1.21, 00:04:10, FastEthernet0/0

	`[90/30720] via 11.1.1.37, 00:04:10, FastEthernet0/1`
	`[90/30720] via 11.1.1.22, 00:03:23, FastEthernet0/0`
	`[90/30720] via 11.1.1.38, 00:03:23, FastEthernet0/1`

R5	R5#show ip route Gateway of last resort is not set 11.0.0.0/28 is subnetted, 9 subnets D 11.1.1.0 [90/30720] via 11.1.1.17, 00:04:51, FastEthernet0/0 [90/30720] via 11.1.1.33, 00:04:45, FastEthernet0/1 C 11.1.1.16 is directly connected, FastEthernet0/0 C 11.1.1.32 is directly connected, FastEthernet0/1 D 11.1.1.48 [90/30720] via 11.1.1.18, 00:03:01, FastEthernet0/0 [90/30720] via 11.1.1.34, 00:03:01, FastEthernet0/1 D 11.1.1.64 [90/33280] via 11.1.1.18, 00:02:12, FastEthernet0/0 [90/33280] via 11.1.1.34, 00:02:12, FastEthernet0/1 D 11.1.1.80 [90/30720] via 11.1.1.20, 00:04:50, FastEthernet0/0 [90/30720] via 11.1.1.19, 00:04:50, FastEthernet0/0 [90/30720] via 11.1.1.36, 00:04:45, FastEthernet0/1 [90/30720] via 11.1.1.35, 00:04:45, FastEthernet0/1 D 11.1.1.96 [90/30720] via 11.1.1.20, 00:04:50, FastEthernet0/0 [90/30720] via 11.1.1.19, 00:04:50, FastEthernet0/0 [90/30720] via 11.1.1.36, 00:04:45, FastEthernet0/1 [90/30720] via 11.1.1.35, 00:04:45, FastEthernet0/1 C 11.1.1.112 is directly connected, FastEthernet1/0 C 11.1.1.128 is directly connected, FastEthernet1/1
R6	R6#show ip route Gateway of last resort is not set 11.0.0.0/28 is subnetted, 9 subnets D 11.1.1.0 [90/30720] via 11.1.1.17, 00:04:16, FastEthernet0/0 [90/30720] via 11.1.1.33, 00:04:10, FastEthernet0/1 C 11.1.1.16 is directly connected, FastEthernet0/0 C 11.1.1.32 is directly connected, FastEthernet0/1 D 11.1.1.48 [90/30720] via 11.1.1.18, 00:03:22, FastEthernet0/0 [90/30720] via 11.1.1.34, 00:03:22, FastEthernet0/1 D 11.1.1.64 [90/33280] via 11.1.1.18, 00:02:33, FastEthernet0/0 [90/33280] via 11.1.1.34, 00:02:33, FastEthernet0/1 D 11.1.1.80 [90/30720] via 11.1.1.19, 00:04:16, FastEthernet0/0 [90/30720] via 11.1.1.20, 00:04:16, FastEthernet0/0 [90/30720] via 11.1.1.35, 00:04:10, FastEthernet0/1 [90/30720] via 11.1.1.36, 00:04:10, FastEthernet0/1 D 11.1.1.96 [90/30720] via 11.1.1.19, 00:04:16, FastEthernet0/0 [90/30720] via 11.1.1.20, 00:04:16, FastEthernet0/0 [90/30720] via 11.1.1.35, 00:04:10, FastEthernet0/1 [90/30720] via 11.1.1.36, 00:04:10, FastEthernet0/1 C 11.1.1.112 is directly connected, FastEthernet1/0 C 11.1.1.128 is directly connected, FastEthernet1/1

Problem 4 모든 라우터와 PC에서 모든 IP로 핑이 성공함을 확인하라.

설명 IP를 설정하지 않은 스위치에서는 핑이 되지 않는다. PC에서도 핑 테스트를 하되 Chapter 1. 'Lecture 05. LAN 구축 기초 I Lab 01 을 참조한다.

[그림 3-20] ▶ ISP 라우터의 핑 테스트

```
ISP#ping 11.1.1.132

Type escape sequence to abort.
Sending 5, 100-byte ICMP Echos to 11.1.1.132, timeout is 2 seconds:
.!!!!
Success rate is 80 percent (4/5), round-trip min/avg/max=11/11/13 ms

ISP#ping 11.1.1.66

Type escape sequence to abort.
Sending 5, 100-byte ICMP Echos to 11.1.1.66, timeout is 2 seconds:
!!!!!
Success rate is 100 percent (5/5), round-trip min/avg/max=0/6/11 ms

ISP#ping 11.1.1.83

Type escape sequence to abort.
Sending 5, 100-byte ICMP Echos to 11.1.1.83, timeout is 2 seconds:
!!!!!
Success rate is 100 percent (5/5), round-trip min/avg/max=0/5/14 ms
```

Tip 라우터/스위치 설정 순서

라우터와 스위치에 설정 항목이 늘어나면 무엇부터 설정해야할 지 헷갈린다. 다음 설정 순서를 따르면 보다 쉽게 설정 작업을 마칠 수 있다.

설정 명령은 기본 명령어와 기본 외 명령어로 구분한다. 다음의 라우터 3가지 명령어, 스위치 3가지 명령어, PC 3가지 명령어는 9가지 기본 명령어에 속한다. 이 9가지 기본 명령어만 설정하면 통신이 되고, Ping을 통해 확인할 수 있다.

A. 라우터의 기본 명령어

항목	명령어	설명
1	Router(config)#interface fastethernet 0/0 Router(config-if)#no shutdown	라우터의 인터페이스를 살림.
2	Router(config)#interface fastethernet 0/0 Router(config-if)#ip address 11.1.1.1 255.0.0.0	라우터의 인터페이스에 IP 주소를 할당함.
3	Router(config)#router eigrp 100 Router(config-router)#network 11.0.0.0	라우팅 프로토콜을 돌림.

B. 스위치의 기본 명령어

항목	명령어	설명
1	Switch(config)#vlan 10 Switch(config-vlan)#vlan 20	VLAN을 선언함.
2	Switch(config)#interface fastethernet 0/0 Switch(config-if)#switchport trunk encapsulation dot1Q Switch(config-if)#switchport mode trunk	트렁크를 설정함.
3	Switch(config)#interface fastethernet 0/0 Switch(config-if)#switchport mode access Switch(config-if)#switchport access vlan 10	액세스 링크를 설정함.

C. PC의 기본 명령어

항목	명령어	설명
1	11.1.1.2	PC의 IP주소를 설정함.
2	255.0.0.0	PC의 서브넷 마스크를 설정함.
3	11.1.1.1	PC의 디폴트 게이트웨이를 설정함.

기본 명령어 9가지를 설정한 후, EtherChannel, PVST, RSTP, HSRP 등의 기타 프로토콜들을 설정한다. 라우터의 3가지 기본 명령이 제대로 입력되면 라우팅 테이블이 완벽할 것이므로 'show ip route' 명령으로 확인한다. 스위치의 3가지 기본 명령은 'show vlan'과 'show interface trunk' 명령으로 확인한다. 종합적으로는 Ping이 된다면 9가지 기본 명령어가 완벽하게 입력된 것이다.

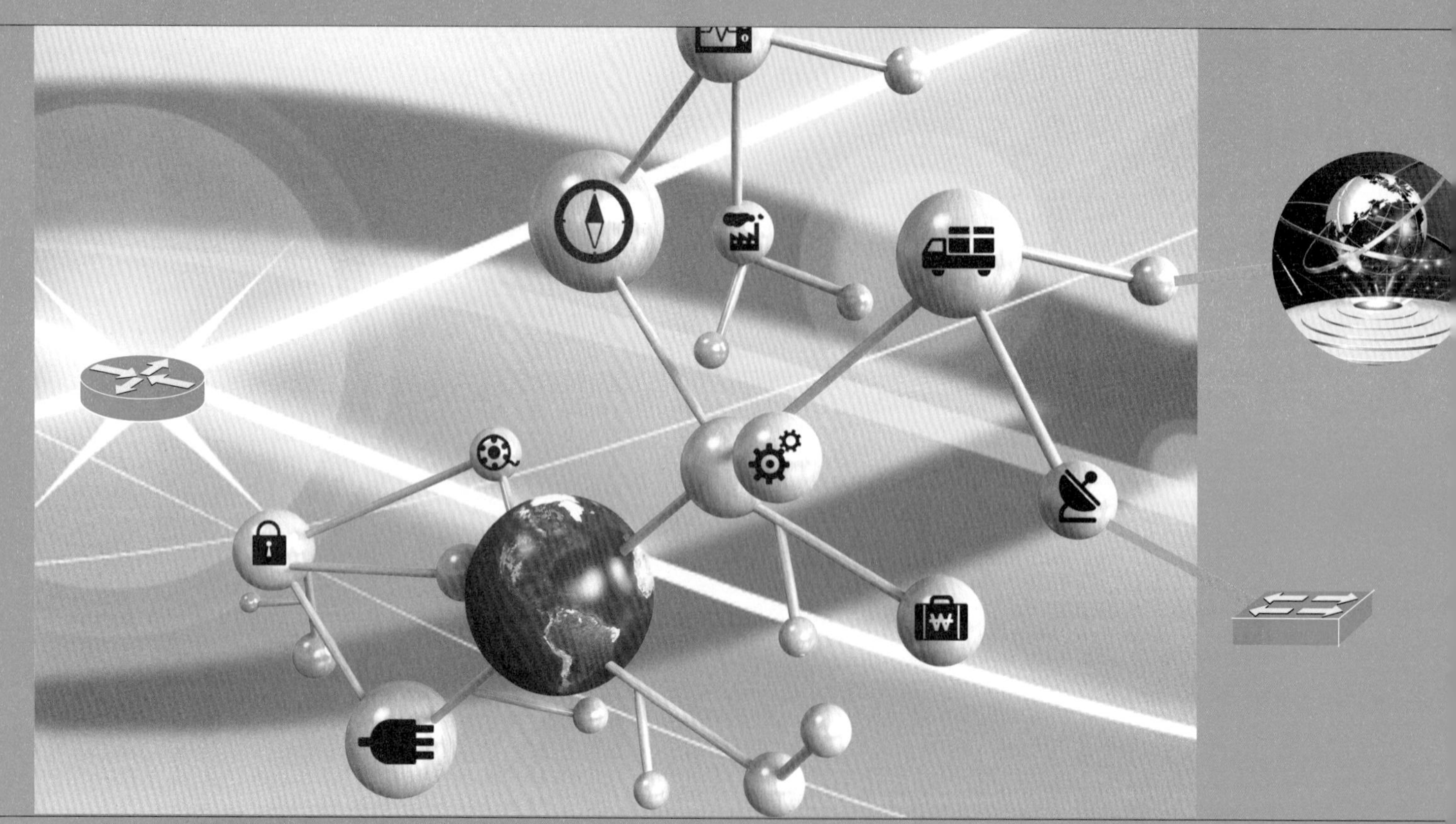

Part Ⅱ

LAN 핵심 프로토콜들과 동작 원리

Part Ⅱ는 다양한 LAN 토폴로지들을 기초로 하여 컨버전스 타임의 최소화, 백그라운드 트래픽의 최소화와 같이 현장 중심의 최적화 주제를 다룬다. 또한, Part Ⅱ에서도 Part Ⅰ과 마찬가지로 다양한 토폴로지 구성과 컨피규레이션 실습을 통해 배운 내용을 확인할 것이다.

또한, Part Ⅱ에선 LAN의 5가지 핵심 프로토콜들과 해당 프로토콜들에 의해 결정되는 Packet 흐름에 대해 학습한다.
5가지 핵심 프로토콜은 다음과 같다.

• VLAN • STP • VTP • 이더채널(EtherChannel) • HSRP

Chapter

Virtual LAN

라우터는 브로드캐스트 도메인을 나누지만 스위치는 기본적으로는 브로드캐스트 도메인을 나누지 못한다. 즉, 스위치의 모든 포트들은 같은 브로드캐스트 도메인에 속해 있다. 적정한 브로드캐스트 도메인 넓이의 기준은 밴드위스에서 브로드캐스트의 비중이 10%를 넘지 않도록 유지해야 한다. 스위치에서 브로드캐스트 도메인을 나눌 필요가 있을 때 적용하는 것이 VLAN이다.

VLAN에는 End-to-End VLAN과 Local VLAN이 있다.

구분	강의 제목
이론 강의	Lecture 01. 라우터와 멀티레이어 스위치 비교
	Lecture 02. VLAN의 필요성과 동작 원리
	Lecture 03. Access Link&Trunk
	Lecture 04. VLAN Configuration
	Lecture 06. End-to-End VLAN과 Local VLAN
	Lecture 07. Local VLAN Configuration
연습 강의	
실습 강의	Lecture 05. End-to-END VLAN. Lab 04
	Lecture 08. Local VLAN & End-to-End VLAN Lab 05

Lecture 01

라우터와 멀티레이어 스위치 비교

강의 키워드 라우터와 멀티레이어 스위치의 Layer 2 비교, 라우터와 멀티레이어 스위치의 브로드캐스트 도메인 분할 비교, 멀티레이어 스위치의 Layer 2 또는 Layer 3 포트 설정

지금까지 Hierarchical 3 layer 모델의 디스트리뷰션 계층에는 [그림 4-1]의 왼쪽 그림과 같이 라우터를 배치했다.

그러나. 디스트리뷰션 계층에는 브로드캐스트 도메인을 자유롭게 나눌 수 있고, 다소 저렴하기 때문에 라우터 대신 멀티레이어 스위치(Multilayer switch)를 배치하는 것이 일반적이다.

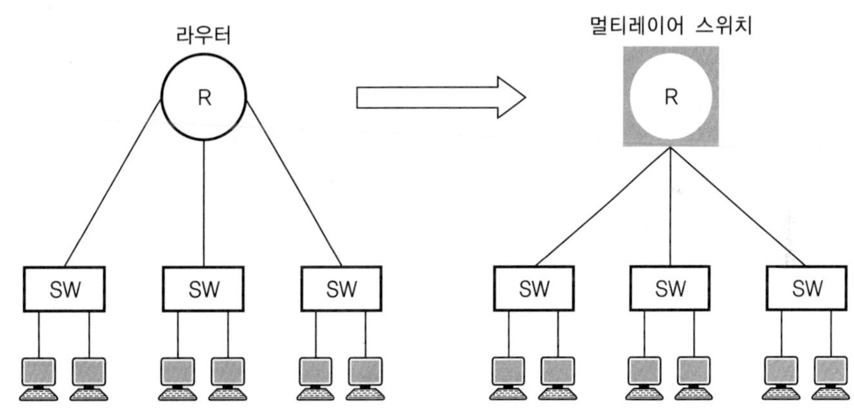

[그림 4-1] ▶ 디스트리뷰션 계층과 멀티레이어 스위치

또한, [표 4-1]과 같이 라우터는 라우팅만 할 수 있지만, 멀티레이어 스위치는 이름 그대로 Layer 3 라우팅과 Layer 2 스위칭 모두 가능하다.

[표 4-1] ▶ 라우터와 멀티레이어 스위치 비교 Ⅰ

구분	Layer 2 스위칭	Layer 3 라우팅
라우터	X	O
멀티래이어 스위치	O	O

즉, 멀티레이어 스위치의 포트는 Layer 3 포트 또는 Layer 2 포트로 설정할 수 있다. [표 4-2]는 멀티레이어 스위치의 포트를 Layer 2 포트 혹은 Layer 3 포트로 설정하는 명령어다.

[표 4-2] ▶ Layer 2 와 Layer 3 포트 설정

구분	명령어
Layer 2 포트 설정	Switch#configure terminal Switch(config)#interface fastethernet 0/0 Switch(config-if)#switchport
Layer 3 포트 설정	Switch#configure terminal Switch(config)#interface fastethernet 0/0 Switch(config-if)#no switchport

Layer 3 포트로 설정하면 라우터 포트가 되어 브로드캐스트 도메인을 분할하고, 라우터 명령어들을 입력할 수 있다. Layer 2 포트로 설정하면 스위치 포트가 되어 브로드캐스트를 차단하지 못하고 스위치 명령어들을 입력할 수 있다.

[그림 4-2]는 디스트리뷰션 계층에 라우터가 배치되었다. 이 때, 브로드캐스트 도메인과 네트워크 수를 세어 보자.

브로드캐스트 도메인과 네트워크는 라우터에 의해 분할된다. 따라서 ▢로 표시되는 3개의 브로드캐스트 도메인과 네트워크가 있다.

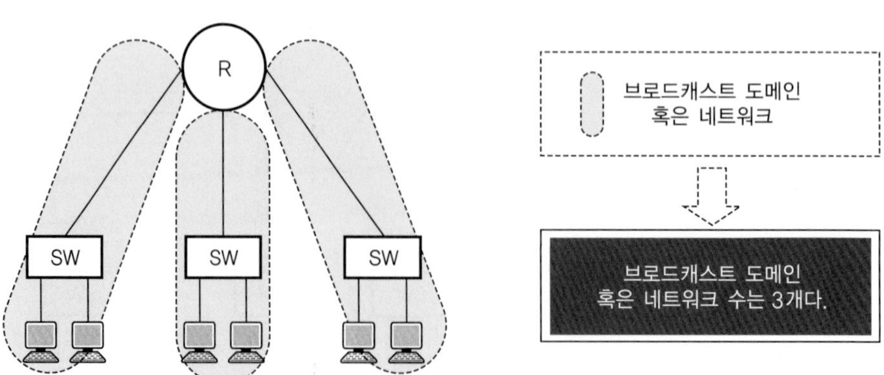

[그림 4-2] ▶ 라우터와 브로드캐스트 도메인/네트워크 분할

멀티레이어 스위치는 Layer 2와 Layer 3 기능을 모두 제공한다. 따라서 멀티레이어 스위치를 절반 딱 잘라 왼쪽에 위치한 포트들은 Layer 2 포트로, 오른쪽에 위치한 포트들은 Layer 3 포트로 설정할 수 있다. 라우터 대신 멀티레이어 스위치를 배치하여 브로드캐스트 도메인을 자유롭게 나누고자 한다면 멀티레이어 스위치의 상부 포트들은 Layer 3포트로, 하부 포트들은 Layer 2포트들로 설정해야 한다.

이 구성은 논리적으로 [그림 4-3]의 오른쪽과 같이 상부에는 라우터, 하부에는 스위치가 연결된 구성과 동일하다.

[그림 4-3] ▶ 브로드캐스트 도메인을 자유롭게 분할하고자 할 때의 멀티레이어 스위치의 논리적인 구조

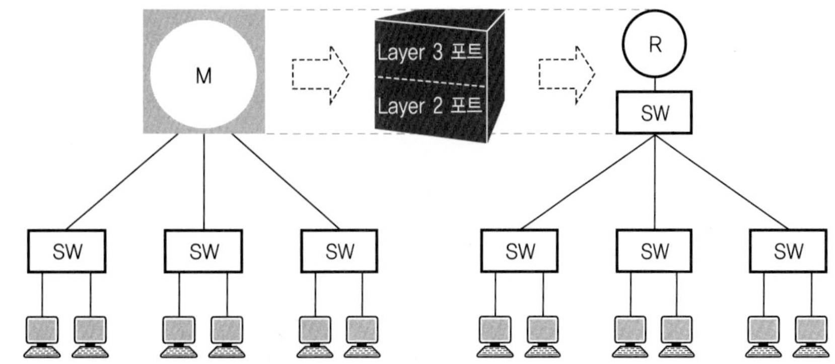

[그림 4-4]를 보자. 멀티레이어 스위치를 배치하면 'Lecture 02. VLAN의 필요성과 동작 원리'에서 설명할 VLAN(Virtual LAN)에 의해 자유롭게 네트워크(브로드캐스트 도메인)를 분할할 수 있다. 즉, 왼쪽 그림은 층(장소)에 관련 없이 네트워크를 나누는 방식이고, 오른쪽 그림은 층(장소)에 따라 네트워크를 나눈 방식이다. 두 가지 방식의 특징과 효용이 다르며 Lecture 02부터 자세히 설명한다. [그림 4-2]에서 처럼 라우터만 배치했을 때는 층(장소)에 따라 네트워크를 나눌 수 있을 뿐이다. 여기서 중요한 것은 [그림 4-4]와 같이 자유롭게 네트워크(브로드캐스트 도메인)를 분할하고자 한다면, 멀티레이어 스위치의 상부 포트들은 라우터 포트로, 하부 포트들은 스위치 포트로 구성해야 한다는 점이다.

[그림 4-4] ▶ 멀티레이어 스위치 배치 시의 자유로운 네트워크 분할

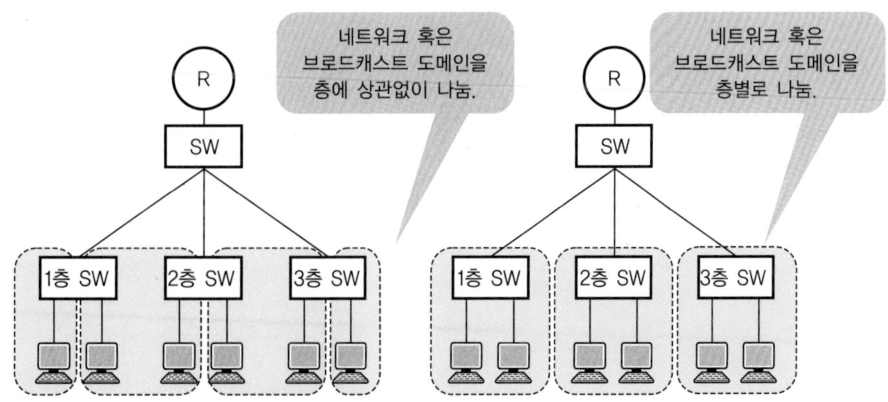

[표 4-3]은 라우터와 멀티레이어 스위치의 두 번째 차이점을 설명한다. 즉, 라우터는 2계층에서 모든 LAN 인터페이스(즉, LAN 프로토콜)들 뿐만 아니라 모든 WAN 인터페이스(즉, WAN 프로토콜)들을 지원한다. 반면 멀티레이어 스위치는 LAN 중에서도 이더넷 인터페이스(이더넷 프로토콜)만 지원한다. 디스트리뷰션 계층은 코어 계층의 이더넷 스위치와 액세스 계층의 이더넷 스위치가 연결되어 이더넷 인터페이스만 필요하므로 라우터를 배치하지 않아도 된다. 그러나, WAN 인터페이스를 필요로 하는 WAN 접속 라우

터나 인터넷 접속 라우터의 경우 라우터를 배치해야 한다.

[표 4-3] ▶ 라우터와 멀티레이어 스위치 비교 II

구분	라우터	멀티레이어 스위치
2계층 지원 프로토콜들	LAN: 이더넷, 토큰링, FDDI WAN: ATM, F/R, X.25 등	Only 이더넷

멀티레이어 스위치는 라우터보다 적은 수의 2계층 프로토콜과 인터페이스를 지원하여 도입 비용이 다소 낮고, 포트를 Layer 2 혹은 Layer 3 포트로 자유롭게 구성할 수 있으며, 네트워크와 브로드캐스트 도메인 분할도 자유롭다. 따라서, WAN 프로토콜을 지원할 필요가 없는 디스트리뷰션 계층에는 라우터 대신 멀티레이어 스위치를 배치한다.

Lecture 02

VLAN의 필요성과 동작 원리

강의 키워드 멀티레이어 스위치와 VLAN의 필요성, VLAN 분할 방법, VLAN과 IP 설정

멀티레이어 스위치 구성 시에 내 맘대로 브로드캐스트 도메인을 나누고자 한다면, 멀티레이어 스위치의 상부 포트들은 라우터 포트로, 하부 포트들은 스위치 포트로 구성한다. 멀티레이어 스위치 도입 시의 논리적 구성인 [그림 4-5]에서 브로드캐스트 도메인은 몇 개일까? 스위치는 브로드캐스트 도메인을 나누지 못한다. 따라서, 브로드캐스트 도메인은 1개다. 일반적으로 밴드위스에서 브로드캐스트의 비중이 10%가 넘는다면 브로드캐스트 도메인이 너무 넓다고 판단한다. [그림 4-2]는 하나의 층이 하나의 브로드캐스트 도메인에 속했지만, [그림 4-5]는 하나의 빌딩이 하나의 브로드캐스트 도메인에 속한다. 이 경우 밴드위스 중, 브로드캐스트 비중이 10%를 넘을 가능성이 상당히 높아진다.

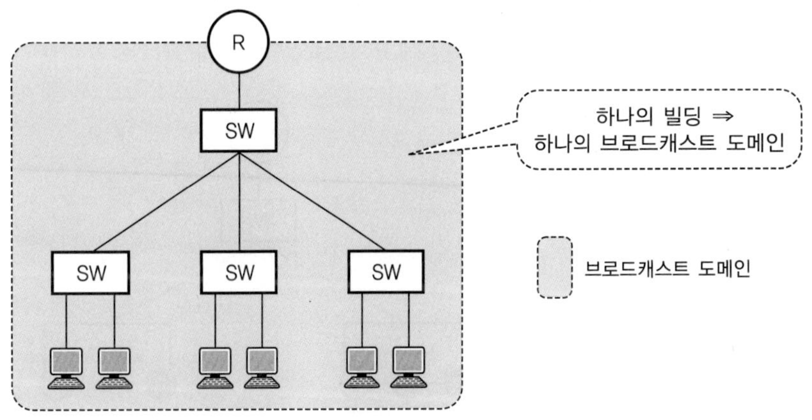

[그림 4-5] ▶ 멀티레이어 스위치와 브로드캐스트 도메인

[그림 4-5]의 '넓은 브로드캐스트 도메인 문제'를 해결하는 것이 VLAN(Virtual LAN)이다. VLAN을 설정하면 스위치도 브로드캐스트 도메인을 나눌 수 있다.

스위치는 [그림 4-6]과 같이 포트별로 브로드캐스트 도메인을 나눈다. '1층 SW'의

'Fa 0/1', 'Fa 0/2' 포트와 '2층 SW'의 'Fa 0/1' 포트는 'VLAN 10'에 속하고, '1층 SW'의 'Fa 0/3'과 '2층 SW'의 'Fa 0/2' 포트는 'VLAN 20'에 속하게 설정하였다. 이때, '1층 SW'에서 VLAN 10에 속한 'PC 1'이 브로드캐스트를 보내면, '1층 SW'는 VLAN 10에 속한 포트들로만 브로드캐스트를 내보냄으로써 브로드캐스트가 전달되는 범위를 좁힌다. 즉, 브로드캐스트 도메인을 나눈다.

[그림 4-6] ▶ 스위치와 브로트캐스트 도메인 분할

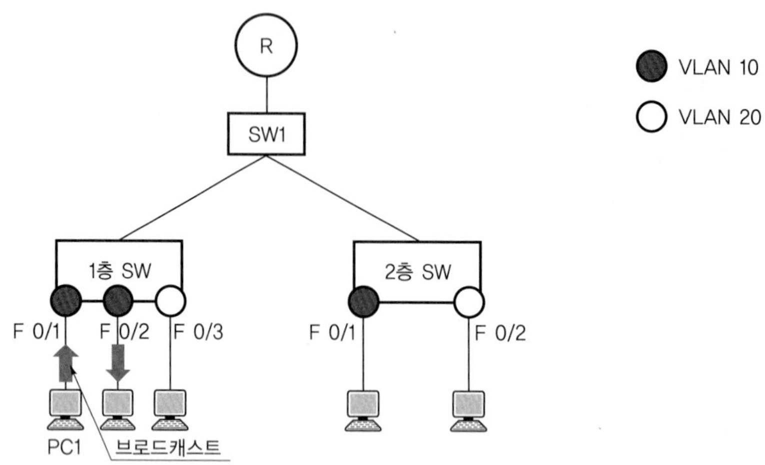

브로드캐스트 도메인과 네트워크는 라우터에 의해 분할되므로 그 범위는 동일하다. ARP Request와 같은 브로드캐스트 패킷은 같은 네트워크 내의 모든 장치들에 전달돼야 한다. 같은 네트워크의 IP를 가진 PC들이 다른 브로드캐스트 도메인에 소속되게 설정하면 ARP Request가 전달되지 않아 2 계층 헤더를 만들지 못하므로 통신을 개시할 수 없다. Chapter 1. [그림 1-59]에 대한 설명을 참조하기 바란다. [그림 4-7]에서 VLAN 즉, 네트워크는 2개이므로 VLAN 10은 11.1.1.0 /24를 할당하였고, VLAN 20은 22.2.2.0 /24를 할당했다.

[그림 4-7] ▶ VLAN과 IP 할당

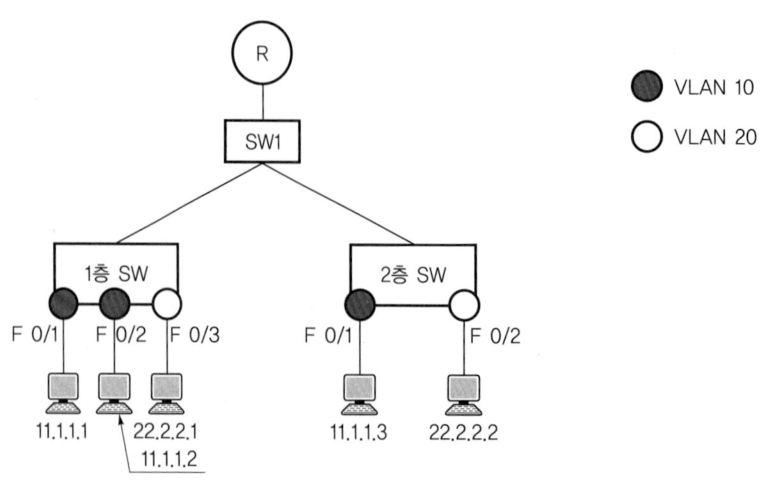

Lecture 03

Access Link & Trunk

강의 키워드 Access Link와 Trunk 구분, IEEE 802.1q / ISL의 필요성, Access Link와 Trunk의 경계

'1층 SW'에서 VLAN 10에 속하는 Fa 0/1 포트로 브로드캐스트가 들어왔을 때, [그림 4-8]과 같이 같은 VLAN에 속한 포트들로만 브로드캐스트를 내보내 브로드캐스트의 이동 범위를 제한한다.

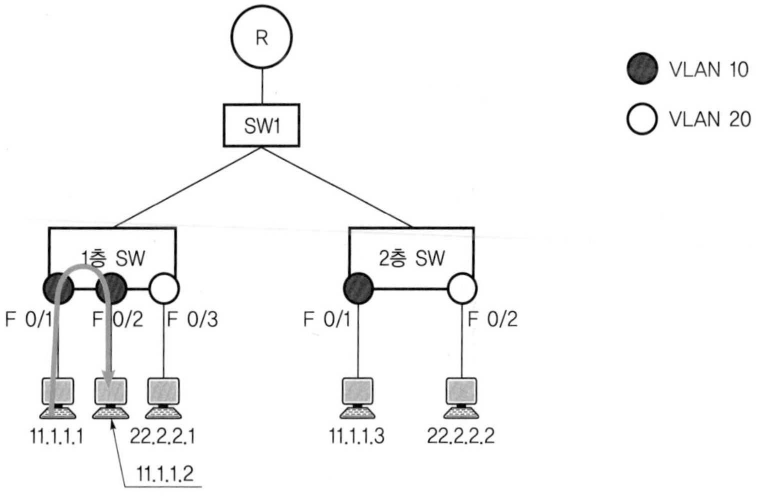

[그림 4-8] ▶ 브로드캐스트 도메인 구분

그러나, [그림 4-9]와 같이 '1층 SW'로 들어온 브로드캐스트가 다른 스위치, 'SW1'이나 '2층 SW'로 전달되었을 때는 'SW1'과 '2층 SW'는 브로드캐스트가 몇 번 VLAN에 속하는지 알 수 없다. 프레임은 4계층, 3계층, 2계층 헤더를 가지고 들어오지만, 스위치는 2계층 장치로 2계층 헤더만 볼 수 있다. 그러나, 기존의 2계층 헤더에는 프레임이 속한 VLAN을 표시하지 않는다.

[그림 4-9] ▶
다른 스위치에서의 VLAN 구분

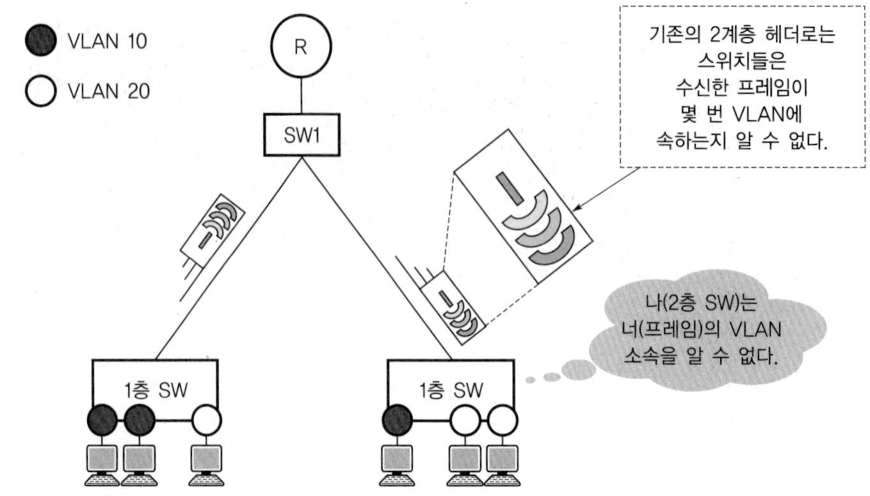

기존의 2계층 헤더에 들어가는 정보는 [그림 4-10]과 같이 Destination address(목적지 2계층 주소), Source address(출발지 2계층 주소), Type(3계층 프로토콜 종류를 표시) 정도일 뿐이다.

[그림 4-10] ▶
2계층 헤더와 필드들

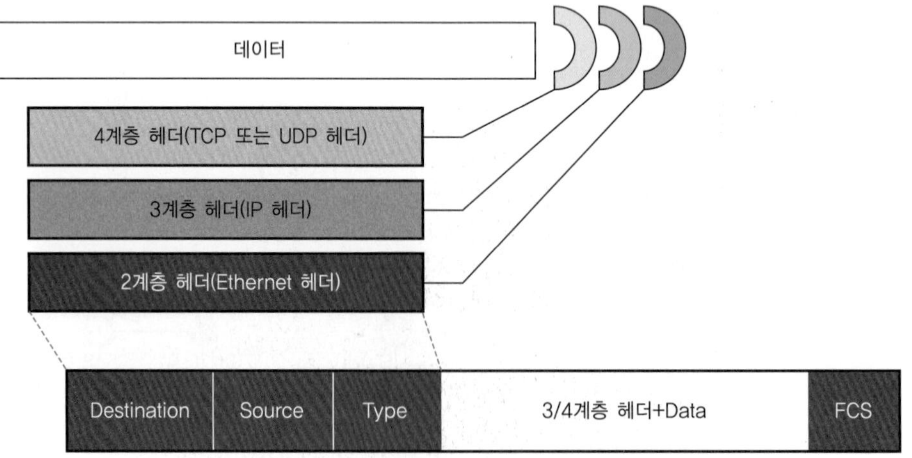

이 문제를 해결하기 위해 스위치와 스위치 사이에서는 [그림 4-11]과 같이 네 번째 헤더를 추가한다. 이 때 추가되는 4번째 옷를 정의하는 프로토콜이 바로 IEEE 802.1q와 ISL이다. IEEE 802.1q는 4바이트에 불과하고 표준 프로토콜인 반면, ISL은 30바이트이고 비표준 프로토콜(시스코)이다. ISL은 IEEE 802.1q에 비해 헤더가 길어 비효율적이고, 비표준이라는 약점이 있어 현장에서는 IEEE 802.1q를 선호한다.

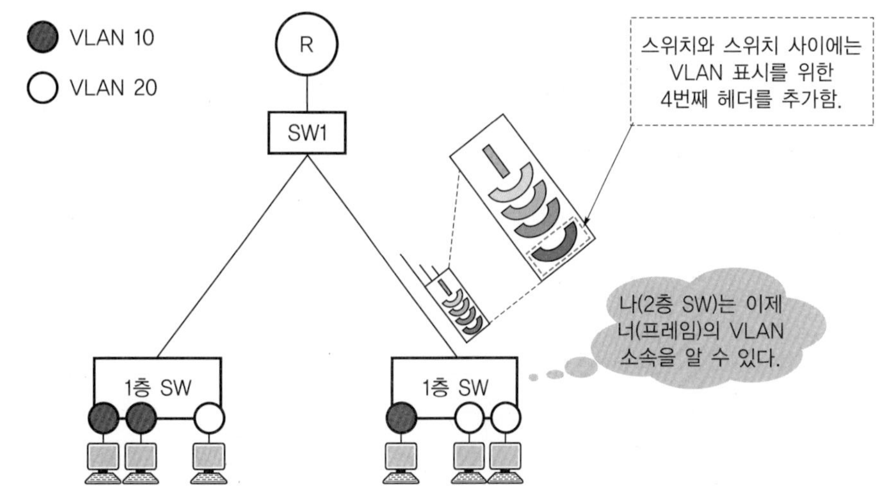

[그림 4-11] ▶ 4번째 헤더와 VLAN 구분

[그림 4-12]는 IEEE 802.1q 헤더 구성이다. 이더넷의 Source address와 Type 필드 사이에 4바이트의 IEEE 802.1q 헤더(TAG)가 추가되는데, QoS(Quality of Service)를 위한 PRI(Priority) 필드와 VLAN 번호를 표시하기 위한 VLAN ID로 구성된다. 참고로 Ether Type 필드는 IEEE 802.1q TAG가 포함되었는지를 표시하고, CFI(Canonical Format Identifier) 필드는 '0'이면 이더넷 인캡슐레이션임을, '1'이면 토큰링 인캡슐레이션임을 표시한다. 즉, 이 네 번째 헤더의 VLAN ID를 확인하여 브로드캐스트 프레임이 전달되는 범위를 줄이고, PRI 필드를 통해 프레임의 중요도를 표시하여 2계층 스위치를 통과할 때 QoS(Quality of Service) 서비스를 적용할 수 있다. QoS는 Delay와 Loss에 취약하여 실시간으로 전달돼야 하는 Voice와 같은 트래픽을 우선 처리하여 품질을 개선시킨다.

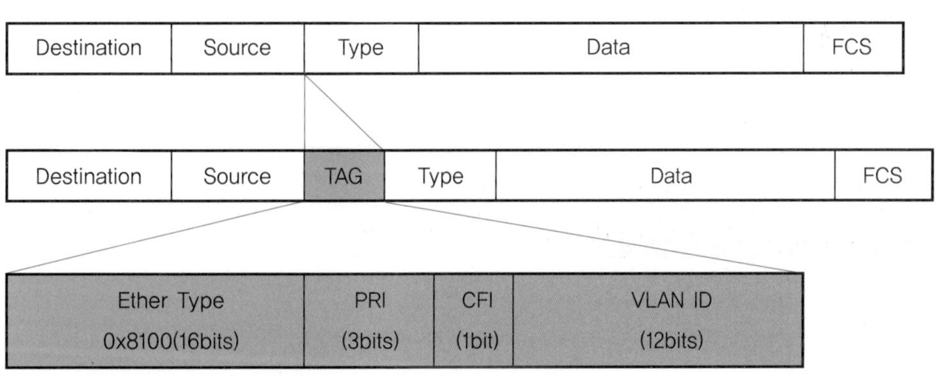

[그림 4-12] ▶ IEEE 802.1q 헤더

VLAN을 적용하면 네트워크 선은 [그림 4-13]과 같이 한 VLAN 소속 프레임만 지나는 선과 모든 VLAN 소속 프레임들이 지날 수 있는 선으로 구분된다. 한 VLAN 소속 프레임만 지나는 선을 액세스 링크라 하고, 모든 VLAN 소속 프레임들이 지날 수 있는 선을 트렁크라 한다. 액세스 링크와 트렁크의 경계는 '1층 SW'와 '2층 SW'가 된다.

트렁크는 모든 VLAN 소속 프레임들이 지나므로, VLAN 표시를 위한 네 번째 헤더가 필요하다. 이 네번째 헤더를 정의하는 프로토콜이 IEEE 802.1q와 ISL이다. 즉, 이 헤더는 트렁크에 들어가기 전에 추가하고, 트렁크를 빠져나오면 제거한다.

[그림 4-13] ▶ 액세스 링크와 트렁크

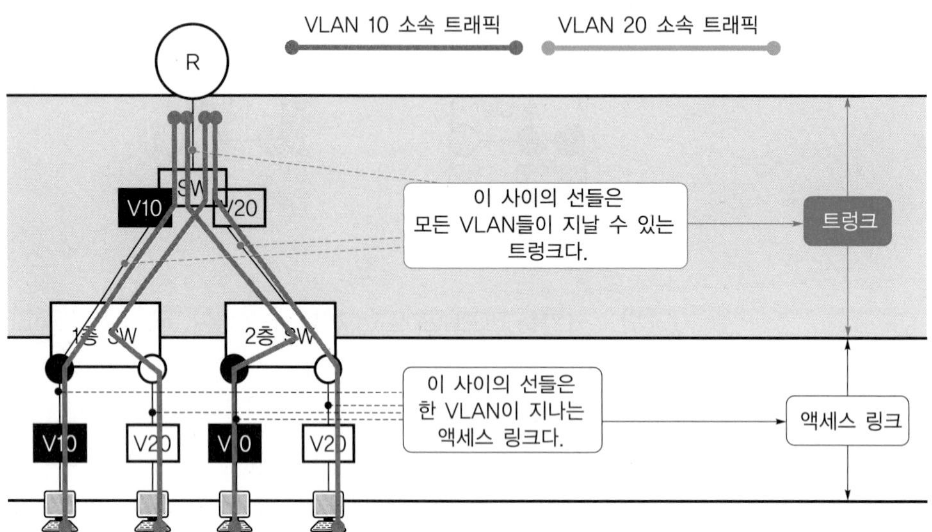

Lecture 04

VLAN Configuration

강의 키워드 VLAN 선언, Access Link 설정, Trunk 설정, 라우터의 Trunk 설정, VLAN 설정 확인, Trunk 설정 확인

[그림 4-14]의 예를 들어 VLAN 설정 방법을 학습하자.

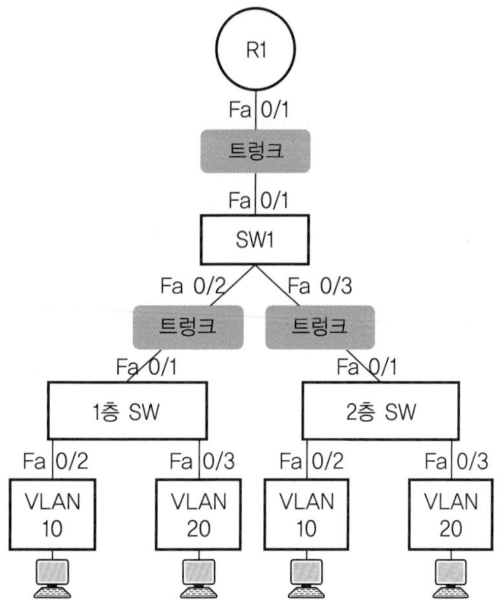

[그림 4-14] ▶ VLAN Configuration

VLAN 설정은 다음의 세 단계로 나뉜다.

첫째, 스위치를 통과하는 모든 VLAN을 선언한다. 'SW1', '1층 SW', '2층 SW'에 VLAN 10과 VLAN 20에 속하는 프레임들이 통과한다. 따라서, 세 대의 스위치들에 VLAN 10과 VLAN 20을 선언한다. VLAN 선언 명령은 [표 4-4]와 같다.

[표 4-4] ▶ VLAN 선언

스위치	컨피규레이션
SW1	Switch(config)#vlan 10 Switch(config-vlan)#vlan 20
1층 SW	Switch(config)#vlan 10 Switch(config-vlan)#vlan 20
2층 SW	Switch(config)#vlan 10 Switch(config-vlan)#vlan 20

둘째, 트렁크를 설정한다. [표 4-5]는 포트를 트렁크로 설정하는 명령이다. 'switchport trunk encapsulation dot1q'와 'switchport trunk encapsulation isl'은 트렁크의 헤더(인캡슐레이션) 타입을 설정하는 명령이다. 'switchport mode trunk' 명령은 포트를 트렁크 모드로 설정한다.

[표 4-5] ▶ 트렁크 설정 I

```
Switch(config)#interface fastethernet 0/1
Switch(config-if)#switchport trunk encapsulation dot1q
Switch(config-if)#switchport mode trunk
```

스위치가 트렁크 헤더 타입으로 IEEE 802.1q만 지원하는 경우도 있다. 이 경우는 [표 4-6]과 같이 헤더 타입 설정 명령은 생략한다.

[표 4-6] ▶ 트렁크 설정 II

```
Switch(config)#interface fastethernet 0/1
Switch(config-if)#switchport mode trunk
```

셋째, 액세스 링크를 설정한다. [표 4-7]은 액세스 링크를 설정하는 명령이다. 'switchport mode access' 명령은 해당 포트를 액세스 모드로 설정한다. 'switchport access vlan 10' 명령은 소속 VLAN을 설정한다.

[표 4-7] ▶ 액세스 링크 설정 I

```
Switch(config)#interface fastethernet 0/2
Switch(config-if)#switchport mode access
Switch(config-if)#switchport access vlan 10
Switch(config)#interface fastethernet 0/3
Switch(config-if)#switchport mode access
Switch(config-if)#switchport access vlan 20
```

스위치 포트의 디폴트 모드는 액세스 모드다. 따라서, [표 4-8]과 같이 'switchport mode access' 명령을 생략할 수 있다. 그러나, 포트를 트렁크 모드로 잘못 설정한 경우 다시 액세스 모드로 변경할 때 필요하므로 숙지하고 있어야 한다.

[표 4-8] ▶ 액세스 링크 설정 II

```
Switch(config)#interface fastethernet 0/2
Switch(config-if)#switchport access vlan 10
Switch(config)#interface fastethernet 0/3
Switch(config-if)#switchport access vlan 20
```

[그림 4-14]에서의 'SW1', '1층 SW', '2층 SW'에 대한 VLAN 설정은 [표 4-9]와 같다.

우리가 실습 시 주로 사용하는 2960 스위치는 트렁크에서 IEEE 802.1q인 캡슐레이션만 지원하므로 'switchport trunk encapsulation dot1q' 명령은 생략한다.

[표 4-9] ▶ 'SW1'의 VLAN 설정

구분	명령어
SW1	Switch(config)#hostname SW1 SW1(config)#vlan 10 SW1(config-vlan)#vlan 20 SW1(config-vlan)#exit SW1(config)#interface fastethernet 0/1 SW1(config-if)#switchport mode trunk SW1(config-if)#exit SW1(config)#interface fastethernet 0/2 SW1(config-if)#switchport mode trunk SW1(config-if)#exit SW1(config)#interface fastethernet 0/3 SW1(config-if)#switchport mode trunk
1층 SW	Switch(config)#hostname 1F_SW 1F_SW(config)#vlan 10 1F_SW(config-vlan)#vlan 20 1F_SW(config-vlan)#exit 1F_SW(config)#interface fastethernet 0/1 1F_SW(config-if)#switchport mode trunk 1F_SW(config-if)#exit 1F_SW(config)#interface fastethernet 0/2 1F_SW(config-if)#switchport access vlan 10 1F_SW(config-if)#exit 1F_SW(config)#interface fastethernet 0/3 1F_SW(config-if)#switchport access vlan 20
2층 SW	Switch(config)#hostname 2F_SW 2F_SW(config)#vlan 10 2F_SW(config-vlan)#vlan 20 2F_SW(config-vlan)#exit 2F_SW(config)#interface fastethernet 0/1 2F_SW(config-if)#switchport mode trunk 2F_SW(config-if)#exit 2F_SW(config)#interface fastethernet 0/2 2F_SW(config-if)#switchport access vlan 10 2F_SW(config-if)#exit 2F_SW(config)#interface fastethernet 0/3 2F_SW(config-if)#switchport access vlan 20

'range' 옵션을 사용하면 다수의 인터페이스들을 한번에 설정 가능하다. SW1의 경우는 [표 4-10]과 같이 설정을 간략화할 수 있다.

[표 4-10] ▶ 'SW1'의 range 옵션을 사용한 트렁크 설정

```
SW1(config)#interface range fastethernet 0/1-3
SW1(config-if)#switchport mode trunk
```

스위치에서 VLAN이 제대로 설정되었는지 확인하는 명령은 'show vlan'이다. 각각의 스위치에서 [표 4-11]과 같이 선언된 VLAN 정보와 VLAN별 소속 포트들을 확인할 수 있다. ㉮와 같이 스위치에 선언된 VLAN들 즉, VLAN 1, VLAN 10, VLAN 20을 볼 수 있다. VLAN 1은 기본적으로 선언되어 있는 VLAN이다. ㉯와 같이 스위치의 모든 포트들은 디폴트로 VLAN 1에 속한다. 1층 SW에서 ㉰와 같이 VLAN 10과 20에 속한 포트(액세스 링크)를 확인할 수 있다.

[표 4-11] ▶ 스위치의 VLAN 설정 확인

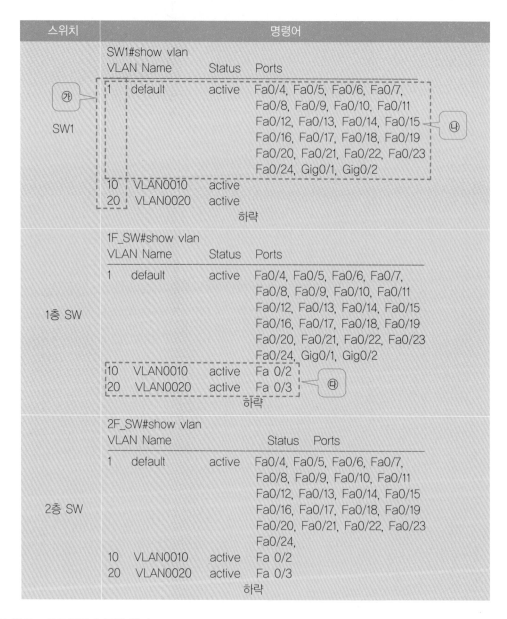

스위치	명령어
SW1	SW1#show vlan VLAN Name Status Ports 1 default active Fa0/4, Fa0/5, Fa0/6, Fa0/7, Fa0/8, Fa0/9, Fa0/10, Fa0/11 Fa0/12, Fa0/13, Fa0/14, Fa0/15 Fa0/16, Fa0/17, Fa0/18, Fa0/19 Fa0/20, Fa0/21, Fa0/22, Fa0/23 Fa0/24, Gig0/1, Gig0/2 10 VLAN0010 active 20 VLAN0020 active 하략 (㉮: VLAN 1, 10, 20 / ㉯: VLAN 1 포트들)
1층 SW	1F_SW#show vlan VLAN Name Status Ports 1 default active Fa0/4, Fa0/5, Fa0/6, Fa0/7, Fa0/8, Fa0/9, Fa0/10, Fa0/11 Fa0/12, Fa0/13, Fa0/14, Fa0/15 Fa0/16, Fa0/17, Fa0/18, Fa0/19 Fa0/20, Fa0/21, Fa0/22, Fa0/23 Fa0/24, Gig0/1, Gig0/2 10 VLAN0010 active Fa 0/2 20 VLAN0020 active Fa 0/3 하략 (㉰: VLAN 10, 20 행)
2층 SW	2F_SW#show vlan VLAN Name Status Ports 1 default active Fa0/4, Fa0/5, Fa0/6, Fa0/7, Fa0/8, Fa0/9, Fa0/10, Fa0/11 Fa0/12, Fa0/13, Fa0/14, Fa0/15 Fa0/16, Fa0/17, Fa0/18, Fa0/19 Fa0/20, Fa0/21, Fa0/22, Fa0/23 Fa0/24, 10 VLAN0010 active Fa 0/2 20 VLAN0020 active Fa 0/3 하략

[표 4-12]는 트렁크가 제대로 설정되었는지 확인하는 명령이다.

[표 4-12] ▶ 트렁크 확인 명령어

스위치	명령어				
SW1	SW1#show interface trunk				
	Port	Mode	Encapsulation	Status	Native vlan
	Fa0/1	auto	n-802.1q	trunking	1
	Fa0/2	auto	n-802.1q	trunking	1
	Fa0/3	auto	n-802.1q	trunking	1
1층 SW	1F_SW#show interface trunk				
	Port	Mode	Encapsulation	Status	Native vlan
	Fa0/1	auto	n-802.1q	trunking	1
2층 SW	2F_SW#show interface trunk				
	Port	Mode	Encapsulation	Status	Native vlan
	Fa0/1	auto	n-802.1q	trunking	1

패킷 트레이서에서 보다 간편하게 VLAN 설정을 확인하기 위해 다음의 방법을 사용한다. 즉, 마우스를 스위치에 올려보라. 스위치 포트가 액세스 링크일 때는 소속 VLAN 번호가 표시되고, 트렁크일 때는 해당 포트에 '--'로 표시된다.

셋째, R1은 다음과 같이 설정한다. 디폴트로 스위치의 모든 포트들은 '1번 VLAN'에 속한다. 따라서, [그림 4-15]에서 스위치에 VLAN을 추가로 설정하지 않았다면, R1의 Fa 0/1 인터페이스 아래에는 1개의 브로드캐스트 도메인만 존재하고 네트워크도 1개만 존재한다. [그림 4-15]에서는 11.1.1.0 /24 IP가 할당되어 있다. 'R1'의 Fa 0/1 인터페이스는 '11.1.1.1' 네트워크에 속하는 PC들과 통신하기 위해 이 네트워크에 속하는 IP 주소를 가져야 한다. [그림 4-15]에서는 라우터에 11.1.1.1를 할당하였다. 이 라우터 주소 11.1.1.1은 11.1.1.2~4의 IP 주소를 갖는 PC들의 디폴트 게이트웨이 주소가 된다.

[그림 4-15] ▶ 라우터의 IP 설정

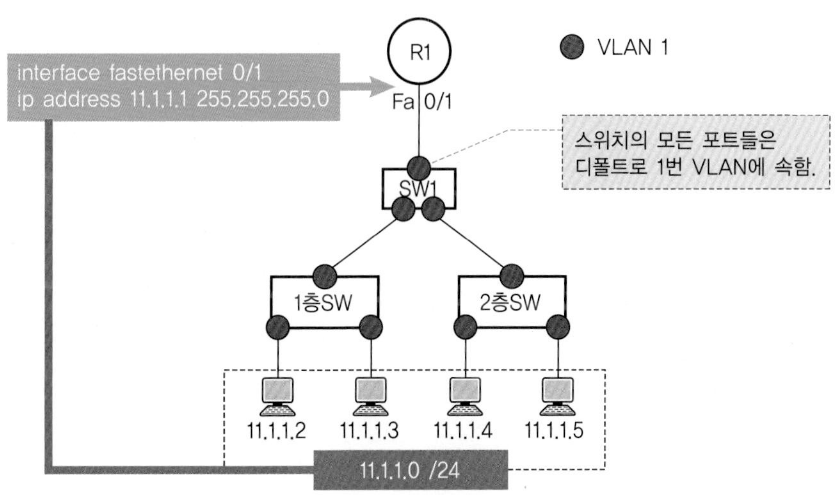

한편, VLAN이 적용된 [그림 4-16]은 'R1' 아래 2개의 VLAN, 즉 VLAN 10과 VLAN 20이 존재한다. VLAN 10은 11.1.1.0/24가 할당되었고, VLAN 20은 22.2.2.0/24가 할당되었다. 'R1'은 VLAN 10 즉, '11.1.1.0/24' 네트워크에 속하는 PC들과 통신하기 위한 IP 주소와 VLAN 20 즉, '22.2.2.0 /24' 네트워크에 속하는 PC들과 통신하기 위한 IP 주소를 가져야 한다. 그러나, IP 주소를 설정하기 위한 R1의 인터페이스는 1개 즉, Fa 0/1만 존재한다. 이 문제를 어떻게 해결해야 할까?

[그림 4-16] ▶ VLAN 설정 시의 라우터 IP 설정

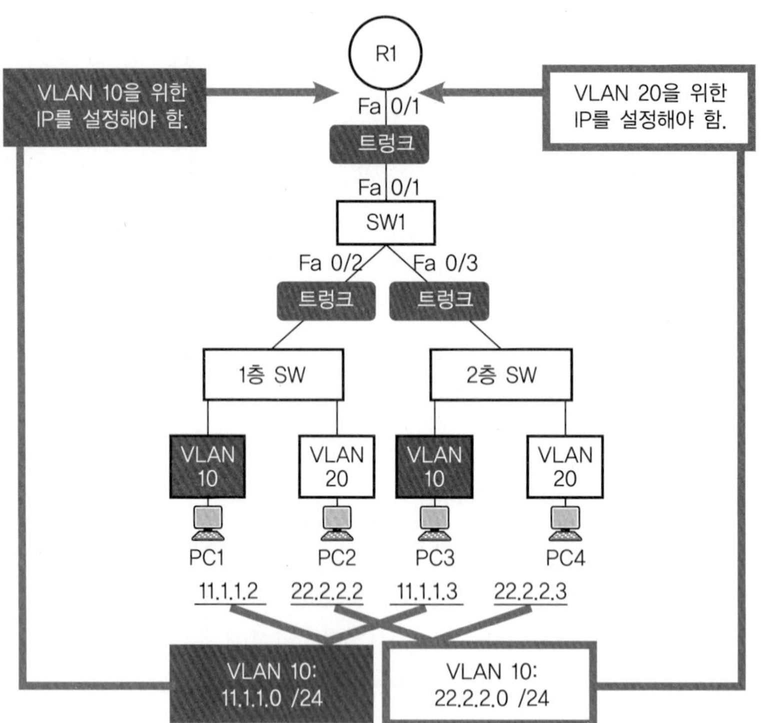

이 문제를 해결하는 방법은 Fa 0/1 인터페이스를 Fa 0/1.1과 Fa 0/1.2의 가상의 서브 인터페이스로 분할하고 각각의 서브 인터페이스에 IP 주소를 할당한다. [표 4-13]을 보자. 우선, 'interface fastethernet 0/1'의 물리 인터페이스는 'no shutdown' 명령으로 살린다. 그리고, 각각의 서브인터페이스, Fa 0/1.1과 Fa 0/1.2에 VLAN 10과 VLAN 20에 속하는 IP 주소를 할당한다. R1과 SW1을 연결하는 링크는 트렁크이므로 ISL 또는 IEEE 802.1q의 트렁크 인캡슐레이션 타입을 설정한다. 'encapsulation dot1q 10' 명령은 트렁크 인캡슐레이션 타입을 IEEE 802.1q로 설정하며, 여기서 '10'과 '20'은 IEEE 802.1q 헤더에 입력될 VLAN 번호다. 참고로, 'encapsulation isl 10'과 'encapsulation isl 20' 명령으로 트렁크 인캡슐레이션 타입을 ISL로 설정할 수도 있다.

[표 4-13] ▶
라우터의 트렁크 설정

```
Router(config)#interface fastethernet 0/1
Router(config-if)#no shutdown
Router(config-if)# interface fastethernet 0/1.1
Router(config-subif)#encapsulation dot1q 10
Router(config-subif)#ip address 11.1.1.1 255.255.255.0
Router(config-subif)#exit
Router(config)# interface fastethernet 0/1.2
Router(config-subif)#encapsulation dot1q 20
Router(config-subif)#ip address 22.2.2.1 255.255.255.0
```

마지막으로 PC들의 IP 주소, 서브넷 마스크, Default Gateway를 'Desktop → IP Configuration' 메뉴에서 [표 4-14]와 같이 설정한다.

[표 4-14] ▶
PC 설정

구분	IP 주소	서브넷 마스크	Default Gateway
PC1	11.1.1.2	255.255.255.0	11.1.1.1
PC2	22.2.2.2	255.255.255.0	22.2.2.1
PC3	11.1.1.3	255.255.255.0	11.1.1.1
PC4	22.2.2.3	255.255.255.0	22.2.2.1

이 실습의 확인은 IP를 가진 모든 장비에서 모든 IP 주소로 핑이 되는지 여부를 통해 할 수 있다. Ping이 된다면 VLAN 설정(VLAN 선언, 트렁크 설정, 액세스링크 설정)과 IP 설정에 문제가 없다.

Lecture 05

End-to-End VLAN Lab 04

Problem 1 그림[4-17]과 같이 장비들을 연결하라(SW1 아래로만 연결하여 실습해도 좋다.).

- 스위치는 2960, 라우터는 2621XM을 사용할 것.
- 라우터와 라우터 사이는 Crossover 케이블을 사용할 것(동경-WAN, ISP-인터넷 라우터 사이).

[그림 4-17] ▶ 네트워크 구성도

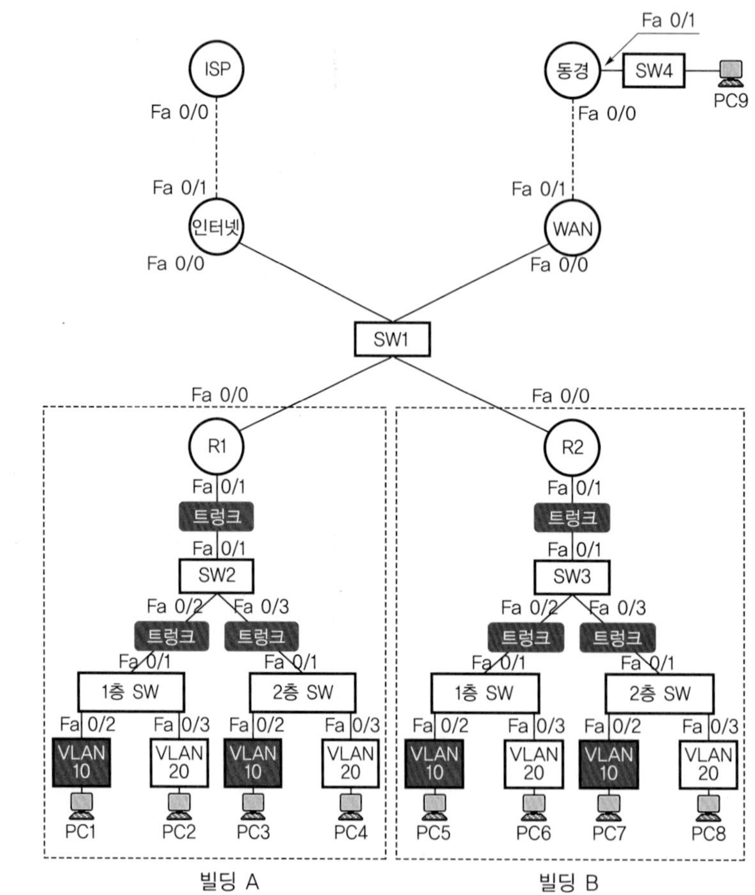

Problem 2 다음 조건으로 IP 할당하라.

- 11.1.1.0 /24로 IP 설계할 것.
- 모든 네트워크에는 6 호스트가 들어감.
- R1과 R2의 0/1 인터페이스는 트렁크 구현이 필요함(IEEE 802.1q).

[설정 예]

[표 4-15] ▶ 설정 사례

```
Router(config)#interface fastethernet 0/1
Router(config-if)#no shutdown
Router(config-if)# interface fastethernet 0/1.1
Router(config-subif)#encapsulation dot1q 10
Router(config-subif)#ip address 11.1.1.1 255.255.255.0
Router(config-subif)#exit
Router(config)# interface fastethernet 0/1.2
Router(config-subif)#encapsulation dot1q 20
Router(config-subif)#ip address 22.2.2.1 255.255.255.0
```

Problem 3 SW2, SW3, 1층 SW, 2층 SW에 VLAN을 설정하라.

- SW1, SW4는 VLAN을 설정할 필요가 없음.
- VLAN을 적정하게 선언하고
- 액세스 링크와 트렁크를 설정할 것.
- 'show vlan'과 'show interface trunk' 명령을 통해 액세스 링크와 트렁크 설정을 확인하라.

[설정 예]

[표 4-16] ▶ 설정 사례(스위치 VLAN 설정)

```
Switch#configure terminal
Switch(config)#VLAN 10
Switch(config-vlan)#VLAN 20
Switch(config-vlan)#exit
Switch(config)#interface fast 0/1
Switch(config-if)# switchport access VLAN 10
Switch(config-if)#exit
Switch(config)#interface fast 0/2
Switch(config-if)# switchport access VLAN 20
```

Problem 4 모든 라우터에서 다음과 같이 라우팅 프로토콜을 설정하라.

- 라우팅 프로토콜: EIGRP(AS# : 100)
- show ip route 명령으로 확인할 것.

[표 4-17] ▶ 설정 사례

```
Router(config)#router eigrp 100
Router(config-router)#network 11.0.0.0
Router#show ip route
```

Problem 5 모든 라우터와 PC에서 모든 IP로 핑이 성공함을 확인하라.

- 스위치는 기본적으로 2계층 장치로 3계층 주소인 IP 주소를 설정하지 않아 핑 패킷의 출발지와 목적지가 될 수 없다.

  - SW2 스위치에서 핑 등을 위해 IP를 설정하려면 다음과 같이 한다. PC에서의 IP 설정과 같이 IP 주소, 서브넷 마스크, 디폴트 게이트웨이를 설정한다.

```
Switch (config) #interface vlan 1
Switch (config-if) #shutdown
Switch (config-if) #interface vlan 10
Switch (config-if) #ip address 11.1.1.20 255.255.255.248
Switch (config-if) #no shutdown
Switch (config-if) #exit
Switch (config) #ip default-gateway 11.1.1.17
```

  - 상기 예에서 SW2의 IP 주소는 VLAN 10에 속한 것인데 VLAN 20에 속한 IP 주소를 설정해도 된다. 스위치에서 IP 설정은 스위치에서 텔넷, SNMP(Simple Network Management Protocol), TFTP(Trivial File Transfer Protocol), 핑과 같은 서비스를 위한 것이므로, PC와 같이 하나의 IP 주소만 설정한다.

Lab 04 해설

Lab 04 에 대한 해설은 다음과 같다.

Problem 1 다음과 같이 장비들을 연결하라.

- 스위치는 2960, 라우터는 2621XM을 사용할 것.
- 라우터와 라우터 사이는 Crossover 케이블을 사용할 것(동경-WAN, ISP-인터넷 라우터 사이).

설명 Chapter 1의 'Lecture 05. LAN 구축 기초 I Lab 01 참조할 것.

Problem 2 다음 조건으로 IP 할당하라.

- 11.1.1.0 /24로 IP 설계할 것.
- 모든 네트워크에는 6 호스트가 들어감.
- R1과 R2의 0/1 인터페이스는(모든 VLAN 과의 통신을 위해) 트렁크 구현이 필요함(트렁크에서 인캡슐레이션 타입은 IEEE 802.1q로 설정해야 함).

설명 IP 설계와 할당 방법은 다음과 같다.

① 서브넷 마스크 결정

6 호스트를 포함하기 위해 2^3으로 호스트 칸 3칸이 필요하므로 IP 주소 전체 길이 32칸 중에 29칸은 네트워크 자리가 된다. 즉, 11111111.11111111.11111111.11111000 서브넷 마스크는 십진수로 255.255.255.248이 된다.

[그림 4-18] ▶ 서브넷 마스크 결정

6 호스트를 포함하기 위해
6 호스트 ⊂ 2^3 (2의 3제곱) → 호스트 칸 → 3칸

구분	네트워크	호스트
서브넷 마스크	11111111.11111111.11111111.11111	000
	255.255.255.248	

② IP 설계

첫 번째 서브넷의 IP 주소 범위만 알면 그 다음 서브넷들도 첫 번째 서브넷과 같은 '주소 범위' 패턴을 따르기 때문에 IP 설계 과정은 생각보다 쉽다. 즉, [표 4-18]을 보자. Subnet ① 즉, 11.1.1.00000 네트워크에서 ㉮와 같이 첫 IP는 11.0.0.0이고 마지막 IP는 11.1.1.7까지 '+7' 차이가 난다. 이어지는 모든 서브넷들에도 첫 IP와 마지막 IP의 차이는 '+7' 패턴을 따른다. 즉, Subnet ②에서는 ㉯와 같이 첫 번째 서브넷의 다음 주소부터 시

작하므로 11.1.1.8부터 시작하여 '+7' 한 주소 즉, 11.1.1.15까지가 IP 범위가 된다. Subnet ③에서도 Subnet ②의 다음 IP 11.1.1.16부터 '+7' 한 주소 즉, 11.1.1.23까지가 IP 범위가 된다. 다음 서브넷들은 [표 4-18]의 설명을 참조한다.

[표 4-18] ▶ IP 서브넷 설계

구분	네트워크	(Subnet)	호스트	IP 영역
Subnet Mask	11111111.11111111.11111111.	11111	000	㉮
Subnet ①	11.1.1. **(십진수)**	0000 **(이진수)**	000–1111	11.1.1.0~ 11.1.1.17
Subnet ②	첫 번째 네트워크의 IP 범위는 11.1.1.0에서 7까지 '+7' 패턴을 가진다. 두 번째 네트워크는 첫 번째 주소 범위의 다음 주소부터 시작하므로 11.1.1.8부터 시작하여 '+7' 한 주소까지 범위가 된다. 즉, ------► ㉯			11.1.1.8~ 11.1.1.15
Subnet ③	세 번째 네트워크는 두 번째 주소 범위의 다음 주소부터 시작하므로 11.1.1.16부터 시작하여 '+7' 한 주소까지 범위가 된다. 즉. ---------►			11.1.1.16~ 11.1.1.23
Subnet ④	네 번째 네트워크는 세 번째 주소 범위의 다음 주소부터 시작하므로 11.1.1.24부터 시작하여 '+7' 한 주소까지 범위가 된다. 즉. ---------►			11.1.1.24~ 11.1.1.31
Subnet ⑤	다섯 번째 네트워크는 네 번째 주소 범위의 다음 주소부터 시작하므로 11.1.1.32부터 시작하여 '+7' 한 주소까지 범위가 된다. 즉. ---------►			11.1.1.32~ 11.1.1.39
Subnet ⑥	여섯 번째 네트워크는 다섯 번째 주소 범위의 다음 주소부터 시작하므로 11.1.1.40부터 시작하여 '+7' 한 주소까지 범위가 된다. 즉. ---------►			11.1.1.40~ 11.1.1.47
Subnet ⑦	일곱 번째 네트워크는 여섯 번째 주소 범위의 다음 주소부터 시작하므로 11.1.1.48부터 시작하여 '+7' 한 주소까지 범위가 된다. 즉. ---------►			11.1.1.48~ 11.1.1.55
Subnet ⑧	여덟 번째 네트워크는 일곱 번째 주소 범위의 다음 주소부터 시작하므로 11.1.1.56부터 시작하여 '+7' 한 주소까지 범위가 된다. 즉. ---------►			11.1.1.56~ 11.1.1.63

3 네트워크 구분

IP를 할당하기 전에 네트워크를 구분해야 한다. 빌딩 A와 B는 물리적인 네트워크는 1개이지만, 2개의 VLAN으로 나뉘어 있으므로 네트워크는 각각 2개다. 즉, [그림 4-19]에서 보이는 네트워크 총 수는 8개다.

[그림 4-19] ▶
네트워크 구분

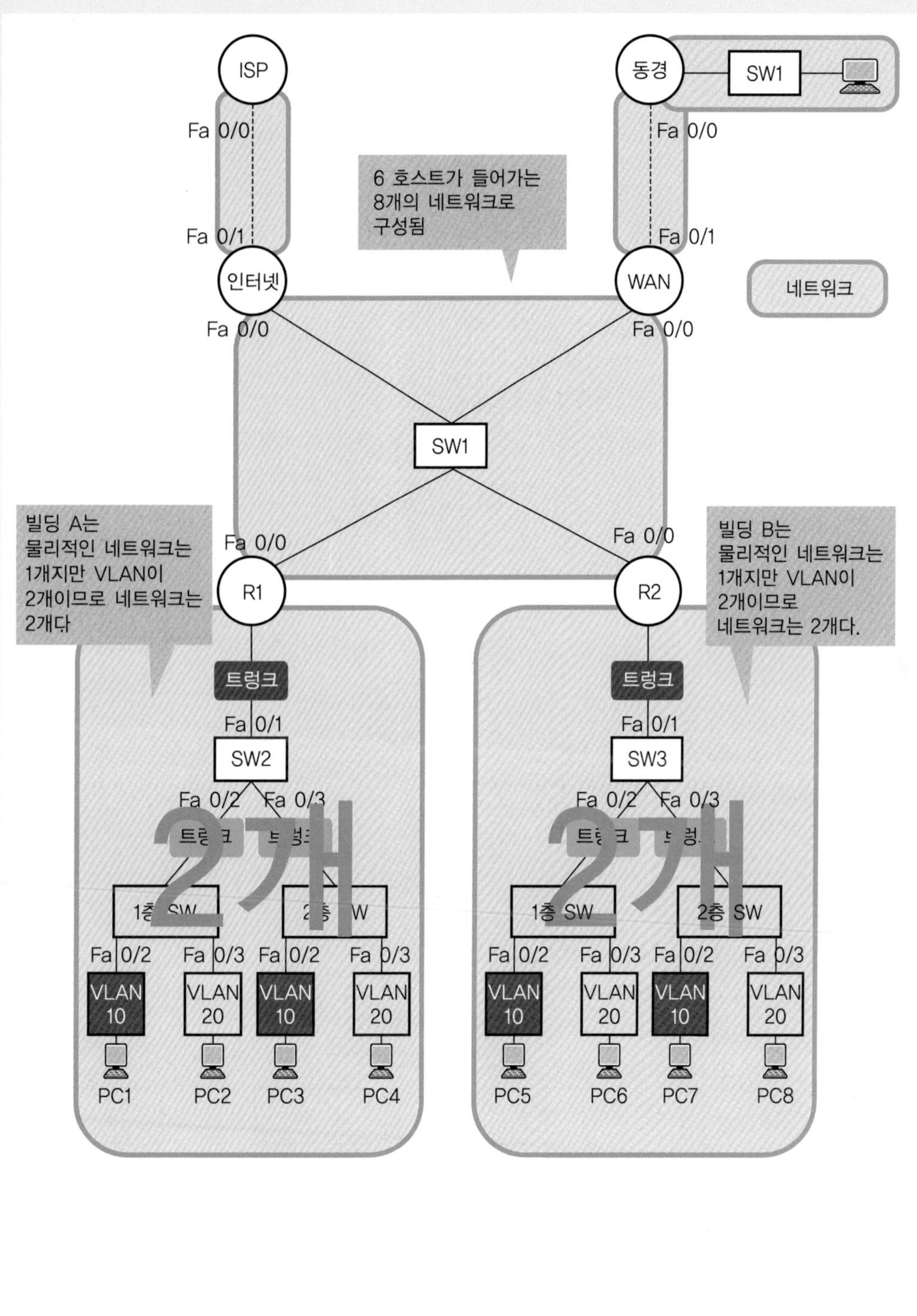

④ IP 할당

각 네트워크의 첫번째와 마지막 IP를 제외한 IP 주소를 중복되지 않게 할당한다. [그림 4-20]은 할당 예다.

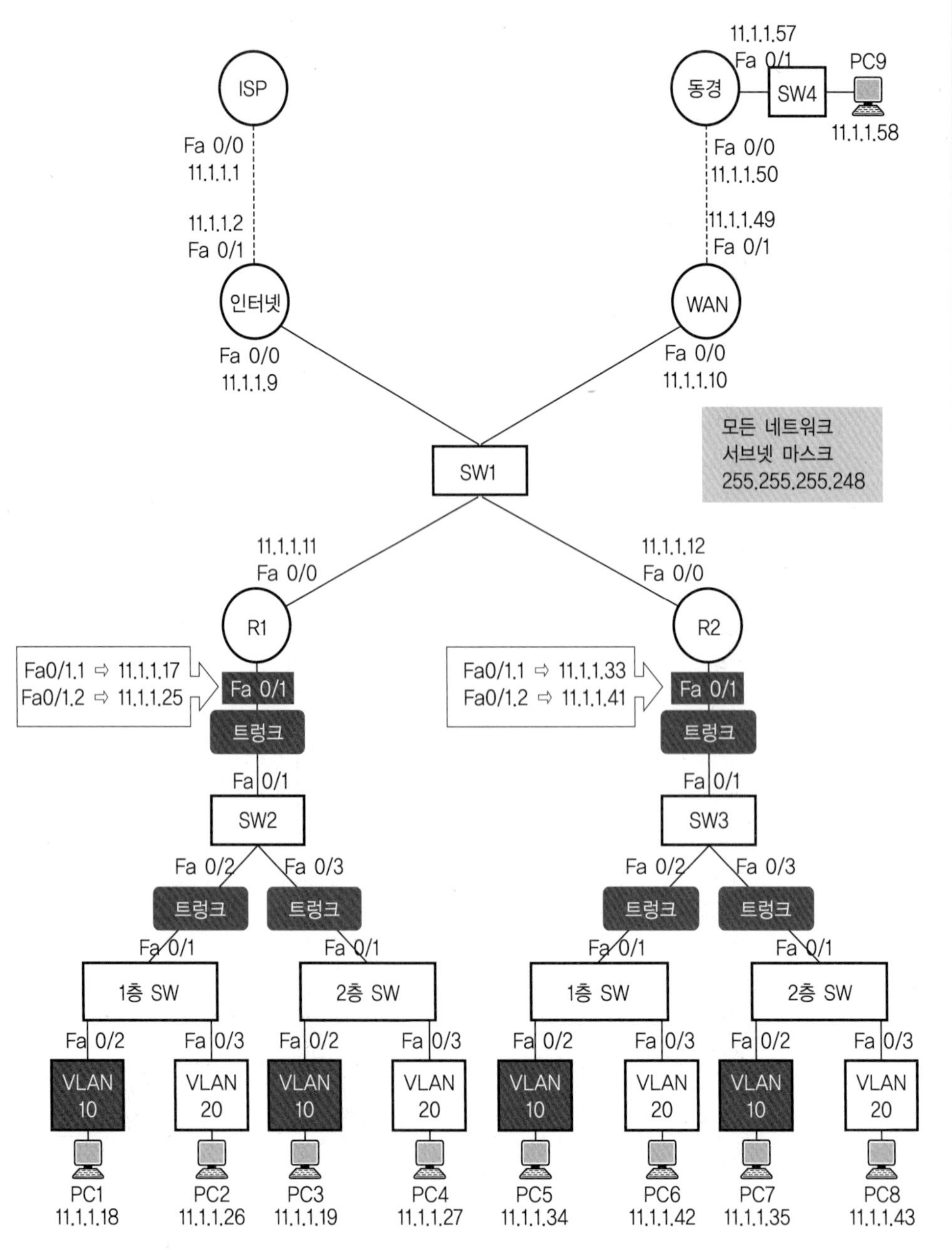

[그림 4-20] ▶ IP 할당

첫째, 라우터에서 IP 설정은 [표 4-19]와 같다.

[표 4-19] ▶
라우터 설정

구분	명령어
ISP	Router#configure terminal Router(config)#hostname ISP ISP(config)#interface fastethernet 0/0 ISP(config-if)#no shutdown ISP(config-if)#ip address 11.1.1.1 255.255.255.248
인터넷	Router#configure terminal Router(config)#hostname Internet Internet(config)#interface fastethernet 0/0 Internet(config-if)#no shutdown Internet(config-if)#ip address 11.1.1.9 255.255.255.248 Internet(config-if)#exit Internet(config)#interface fastethernet 0/1 Internet(config-if)#no shutdown Internet(config-if)#ip address 11.1.1.2 255.255.255.248
동경	Router#configure terminal Router(config)#hostname East East(config)#interface fastethernet 0/0 East(config-if)#no shutdown East(config-if)#ip address 11.1.1.50 255.255.255.248 East(config-if)#exit East(config)#interface fastethernet 0/1 East(config-if)#no shutdown East(config-if)#ip address 11.1.1.57 255.255.255.248
WAN	Router#configure terminal Router(config)#hostname WAN WAN(config)#interface fastethernet 0/0 WAN(config-if)#no shutdown WAN(config-if)#ip address 11.1.1.10 255.255.255.248 WAN(config-if)#exit WAN(config)#interface fastethernet 0/1 WAN(config-if)#no shutdown WAN(config-if)#ip address 11.1.1.49 255.255.255.248
R1	Router#configure terminal Router(config)#hostname R1 R1(config)#interface fastethernet 0/0 R1(config-if)#no shutdown R1(config-if)#ip address 11.1.1.11 255.255.255.248 R1(config-if)#exit R1(config)#interface fastethernet 0/1 R1(config-if)#no shutdown R1(config-if)#interface fastethernet 0/1.1 R1(config-subif)#encapsulation dot1q 10 R1(config-subif)#ip address 11.1.1.17 255.255.255.248 R1(config-subif)#exit R1(config)#interface fastethernet 0/1.2 R1(config-subif)#encapsulation dot1q 20 R1(config-subif)#ip address 11.1.1.25 255.255.255.248

구분	명령어
R2 (0/1 인터페이스는 트렁크로 설정함)	Router#configure terminal Router(config)#hostname R2 R2(config)#interface fastethernet 0/0 R2(config-if)#no shutdown R2(config-if)#ip address 11.1.1.12 255.255.255.248 R2(config-if)#exit R2(config)#interface fastethernet 0/1 R2(config-if)#no shutdown R2(config-if)#interface fastethernet 0/1.1 R2(config-subif)#encapsulation dot1q 10 R2(config-subif)#ip address 11.1.1.33 255.255.255.248 R2(config-subif)#exit R2(config)#interface fastethernet 0/1.2 R2(config-subif)#encapsulation dot1q 20 R2(config-subif)#ip address 11.1.1.41 255.255.255.248

둘째, PC에서 IP 설정 값은 [표 4-20]과 같다.

Desktop→IP Configuration에서 다음 3항목(IP 주소, 서브넷 마스크, Default Gateway)을 설정한다.

[표 4-20] ▶ PC 설정

구분	IP 주소	서브넷 마스크	Default Gateway
PC1	11.1.1.18	255.255.255.248	11.1.1.17
PC2	11.1.1.26	255.255.255.248	11.1.1.25
PC3	11.1.1.19	255.255.255.248	11.1.1.17
PC4	11.1.1.27	255.255.255.248	11.1.1.25
PC5	11.1.1.34	255.255.255.248	11.1.1.33
PC6	11.1.1.42	255.255.255.248	11.1.1.41
PC7	11.1.1.35	255.255.255.248	11.1.1.33
PC8	11.1.1.43	255.255.255.248	11.1.1.41
PC9	11.1.1.58	255.255.255.248	11.1.1.57

Problem 3 SW2, SW3, 1층 SW, 2층 SW에 VLAN을 설정하라.

- SW1, SW4는 VLAN을 적용하지 않으므로 어떤 설정도 필요 없다.
- 나머지 VLAN을 적정하게 선언하고
- 액세스 링크와 트렁크를 설정할 것.
- 'show vlan'과 'show interface trunk' 명령을 통해 액세스 링크와 트렁크 설정을 확인하라.

각 스위치의 VLAN 설정 명령은 [표 4-21]과 같다.

[표 4-21] ▶ 스위치의 VLAN 설정

구분		명령어
빌딩 A	SW2	Switch#configure terminal Switch(config)#hostname SW2 SW2(config)#vlan 10 SW2(config-vlan)#vlan 20 SW2(config-vlan)#exit SW2(config)#interface fastethernet 0/1 SW2(config-if)#switchport mode trunk SW2(config-if)#exit SW2(config)#interface fastethernet 0/2 SW2(config-if)#switchport mode trunk SW2(config-if)#exit SW2(config)#interface fastethernet 0/3 SW2(config-if)#switchport mode trunk
	1층 SW	Switch#configure terminal Switch(config)#hostname 1F_SW 1F_SW(config)#vlan 10 1F_SW(config-vlan)#vlan 20 1F_SW(config-vlan)#exit 1F_SW(config)#interface fastethernet 0/1 1F_SW(config-if)#switchport mode trunk 1F_SW(config-if)#exit 1F_SW(config)#interface fastethernet 0/2 1F_SW(config-if)#switchport access vlan 10 1F_SW(config-if)#exit 1F_SW(config)#interface fastethernet 0/3 1F_SW(config-if)#switchport access vlan 20
	2층 SW	Switch#configure terminal Switch(config)#hostname 2F_SW 2F_SW(config)#vlan 10 2F_SW(config-vlan)#vlan 20 2F_SW(config-vlan)#exit 2F_SW(config)#interface fastethernet 0/1 2F_SW(config-if)#switchport mode trunk 2F_SW(config-if)#exit 2F_SW(config)#interface fastethernet 0/2 2F_SW(config-if)#switchport access vlan 10 2F_SW(config-if)#exit 2F_SW(config)#interface fastethernet 0/3 2F_SW(config-if)#switchport access vlan 20
	SW3	Switch#configure terminal Switch(config)#hostname SW3 3F_SW(config)#vlan 10 3F_SW(config-vlan)#vlan 20 3F_SW(config-vlan)#exit

구분		명령어
빌딩 B		3F_SW(config)#interface range fastethernet 0/1-3 3F_SW2(config-if)#switchport mode trunk
	1층 SW	Switch#configure terminal Switch(config)#hostname 1F_SW 1F_SW(config)#vlan 10 1F_SW(config-vlan)#vlan 20 1F_SW(config-vlan)#exit 1F_SW(config)#interface fastethernet 0/1 1F_SW(config-if)#switchport mode trunk 1F_SW(config-if)#exit 1F_SW(config)#interface fastethernet 0/2 1F_SW(config-if)#switchport access vlan 10 1F_SW(config-if)#exit 1F_SW(config)#interface fastethernet 0/3 1F_SW(config-if)#switchport access vlan 20
	2층SW	Switch#configure terminal Switch(config)#hostname 2F_SW 2F_SW(config)#vlan 10 2F_SW(config-vlan)#vlan 20 2F_SW(config-vlan)#exit 2F_SW(config)#interface fastethernet 0/1 2F_SW(config-if)#switchport mode trunk 2F_SW(config-if)#exit 2F_SW(config)#interface fastethernet 0/2 2F_SW(config-if)#switchport access vlan 10 2F_SW(config-if)#exit 2F_SW(config)#interface fastethernet 0/3 2F_SW(config-if)#switchport access vlan 20
동경	SW4	없음

스위치에서 VLAN이 제대로 설정되었는지 확인하는 명령은 'show vlan'이다. 간편하게 VLAN 설정을 확인하기 위해 다음의 방법을 사용한다. 즉, 마우스를 스위치에 올려보라. 스위치 포트가 액세스 링크일 때는 소속된 VLAN 번호를 확인할 수 있고, 트렁크일 때는 해당 포트에 '- -'로 표시된다.

Problem 4 모든 라우터에서 다음과 같이 라우팅 프로토콜을 설정하라.

- 라우팅 프로토콜 : EIGRP(AS# : 100)
- show ip route 명령으로 확인할 것.

설명 라우팅 프로토콜은 [표 4-22]와 같이 EIGRP를 설정한다. 숫자 '100'은 조직을 구분하는 AS(Autonomous System) 번호로 모든 라우터에 동일해야 한다. 'network 11.0.0.0'은 EIGRP 라우팅 프로토콜의 범위를 설정하는 명령어다.

[표 4-22] ▶ 라우터의 라우팅 프로토콜 설정

라우터	명령어
ISP	ISP#configure terminal ISP(config)#router eigrp 100 ISP(config-router)#network 11.0.0.0
인터넷	Internet#configure terminal Internet(config)#router eigrp 100 Internet(config-router)#network 11.0.0.0
동경	East#configure terminal East(config)#router eigrp 100 East(config-router)#network 11.0.0.0
WAN	WAN#configure terminal WAN(config)#router eigrp 100 WAN(config-router)#network 11.0.0.0
R1	R1#configure terminal R1(config)#router eigrp 100 R1(config-router)#network 11.0.0.0
R2	R2#configure terminal R2(config)#router eigrp 100 R2(config-router)#network 11.0.0.0

Problem 5 모든 라우터와 PC에서 모든 IP로 핑이 성공함을 확인하라.

설명 Problem 4번 실습까지 끝나면 모든 라우터의 라우팅 테이블에 8개의 네트워크 정보들이 다 보여야 한다. 모든 3계층 이상의 장비에서 모든 IP로 Ping이 되어야 한다. PC에서도 핑 테스트를 하되, 핑 테스트 방법은 Chapter 1, 'Lecture 05. LAN 구축 기초 I{Lab 01}을 참조한다.

Lecture 06

End-to-End VLAN과 Local VLAN

강의 키워드 End-to-End VLAN과 Local VLAN 구성 차이, End-to-End VLAN과 Local VLAN의 특징

디스트리뷰션 계층에 라우터 대신 멀티레이어 스위치를 두면, 너무 넓은 브로드캐스트 도메인 문제 때문에 스위치에서도 브로드캐스트 도메인을 나누는 솔루션이 필요한데 이것이 바로 VLAN이다. 이때 VLAN을 나누는 방법은 다음 두 가지가 있다.

- End-to-End VLAN
- Local VLAN

End-to-End VLAN은 장소에 상관 없이 VLAN을 나누는 방식이다. 즉, [그림 4-21]과 같이 같은 층(장소)에 있어도 다른 VLAN, 다른 층(장소)에 있어도 같은 VLAN에 속한다. 액세스링크와 트렁크의 경계는 액세스 계층 스위치다.

[그림 4-21] ▶ End-to-End VLAN

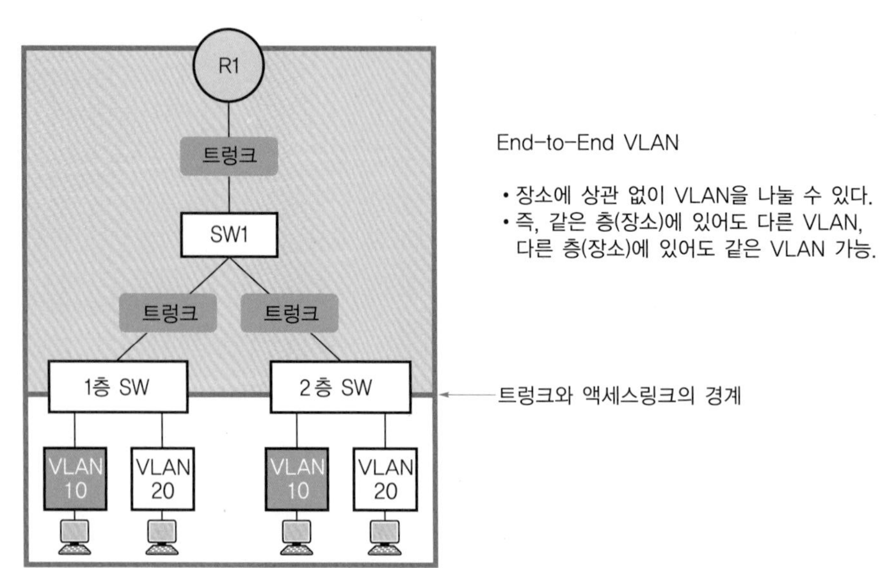

End-to-End VLAN과 달리, Local VLAN은 층(장소)에 따라 VLAN을 나누는 방식이다. 즉, [그림 4-22]와 같이 같은 층(장소)의 장치들은 같은 VLAN에 속한다. 즉, 1층에 있는 모든 장치들은 VLAN 10에 속하고, 2층에 있는 모든 장치들은 VLAN 20에 속한다. Local VLAN에서 액세스링크와 트렁크의 경계는 디스트리뷰션 계층 스위치다.

[그림 4-22] ▶ Local VLAN

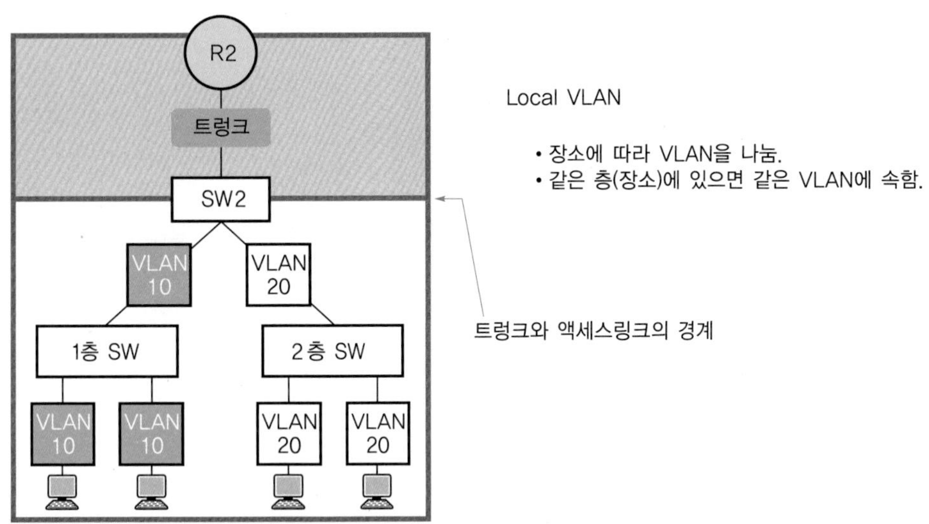

End-to-End VLAN과 Local VLAN은 다음과 같은 공통된 특징을 갖는다.

- 첫째, 밴드위스와 CPU 사용률을 낮춘다. 브로드캐스트 도메인을 분할하면 브로드캐스트의 전달 범위를 좁혀 밴드위스와 CPU 사용률을 낮춘다. 다만, End-to-End VLAN은 장소에 상관없이, Local VLAN은 장소에 따라 브로드캐스트 도메인을 나눈다.
- 둘째, 보안이 좋아진다. ARP Spoofing, MAC Spoofing 등 같은 VLAN 내부의 장비들에 대한 다양한 공격으로부터 보호할 수 있다. 예를 들어, 같은 장소에 클라이언트 PC들과 서버가 존재하는 경우, 서버와 클라이언트 PC들을 VLAN으로 분리하여 서버에 대한 보안성을 높힌다.
- 셋째. 고장의 영향을 줄인다. 예를 들어 스위칭 룹 환경에서 발생하는 브로드캐스트 스톰('Chapter 5. 이중화 LAN과 STP'에서 설명)으로 부터 보호할 수 있다.

다음은 End-to-End VLAN만이 가지는 효과다.

- 첫째, End-to-End VLAN은 패킷 전달 시간을 줄여 성능을 개선할 수 있다. End-to-End VLAN은 장소에 상관 없이 VLAN을 나누는 방식이다. 이를 통해

같은 VLAN에 속한 장치 간의 통신은 Layer 3 장치(라우터)를 경유하지 않는다. 즉, [그림 4-23]에서 PC1과 PC2의 통신은 같은 VLAN(네트워크)에 속하기 때문에 PC1 → 1층 SW → SW1 → 2층 SW → PC3을 거친다. 그러나, 이 특징은 Layer 3 장치의 성능 향상으로 네트워크 사용자들이 눈치 못챌 정도로 미미하다.

[그림 4-23] ▶ (End-to-End VLAN에서) 동일 VLAN 간의 통신

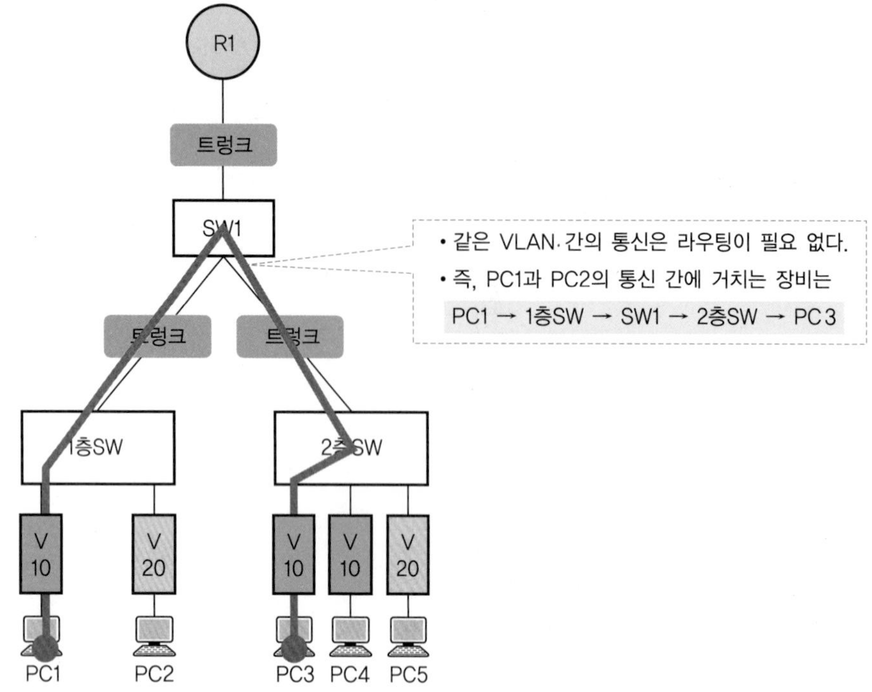

[그림 4-24]에서 PC1과 PC2 사이의 통신을 보자. PC1에서 PC2로 패킷을 보내면 PC1은 PC2가 다른 VLAN(네트워크)에 속하기 때문에 PC1이 속한 네트워크 내의 장비들 중에 다른 네트워크에 대한 정보를 가진 장비에게 보낸다. 다른 네트워크에 대한 정보를 가진 장비가 무엇인가? 바로 라우터다. PC1에 설정한 디폴트 게이트웨이 주소가 바로 라우터의 주소다. 즉, 다른 VLAN 간의 통신은 같은 층에 있더라도, 반드시 라우터를 경유 한다. 즉, PC1과 PC2의 통신은 PC1 → 1층 SW → SW1 → R1 → SW1 → 1층 SW → PC2 경로를 거친다.

- 둘째, QoS를 적용할 수 있다. 즉, 특정 VLAN 소속 프레임에 대해서 IEEE 802.1q의 PRI(Priorty) 필드나 ISL의 User 필드에 프레임의 중요도를 표기하여 [그림 4-24]에서 스위치나 링크 통과 시에 우선처리하여 지연이나 유실에 민감한 VoIP 등의 서비스 품질을 개선한다. 한편 Local VLAN 환경에서는 스위치와 스위치 사이가 액세스 링크이므로 트렁크에서만 추가되는 네 번째 헤더(IEEE 802.1g나 ISL)를 착용하지 않아 QoS를 적용할 수 없다.

[그림 4-24] ▶ (End-to-End VLAN 에서) 다른 VLAN 간의 통신

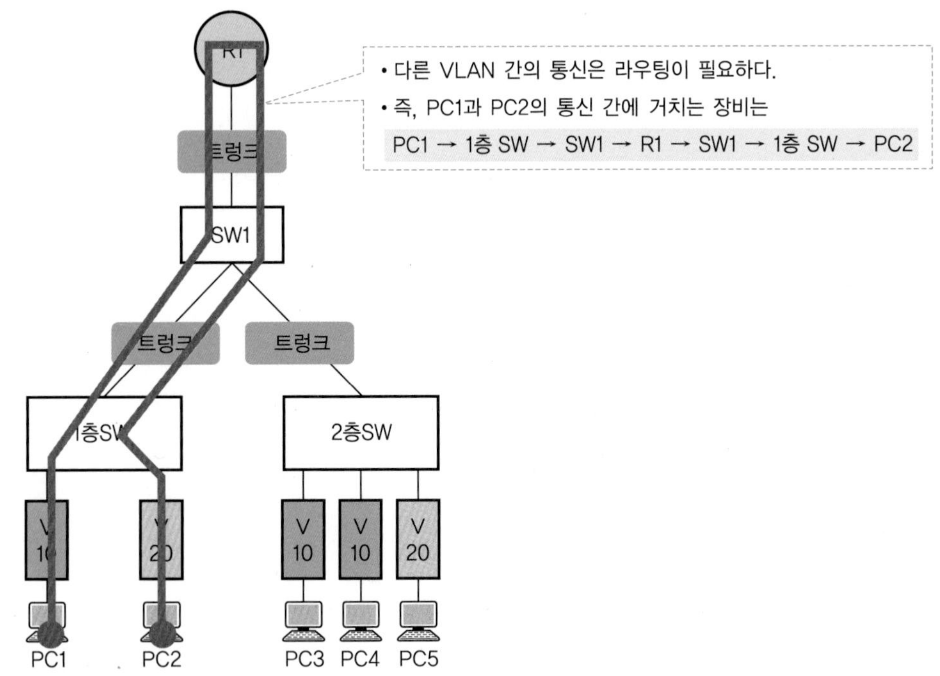

다음은 Local VLAN만이 가지는 효과다.

- Local VLAN은 관리용이성이 우수하다. End-to-End VLAN은 지연 개선, 보안 등의 이유로 장소에 상관 없이 VLAN을 나누기 때문에 단말의 설치, 폐기, 이동 등이 발생할 때마다 스위치에 VLAN 설정을 변경해 주어야 한다. 이에 반해 Local VLAN은 장소에 따라 VLAN을 분할하므로 단말의 설치, 폐기, 이동 등이 발생해도 스위치의 VLAN 설정은 변하지 않으므로 Local VLAN이 관리 용이성 측면에서 우수하다.

End-to-End VLAN과 Local VLAN을 요약 비교하면 [표 4-23]과 같다. 네트워크 설계 및 구축의 적정성을 평가하는 5가지 기준은 ① 비용, ② 가용성, ③ 성능, ④ 보안, ⑤ 관리 용이성이다. End-to-End VLAN과 Local VLAN은 각각 장소에 상관 없이 혹은 장소에 따라 브로드캐스트 도메인을 분할하여 밴드위스/CPU 개선, 보안, 브로드캐스트 스톰과 같은 고장 영향의 범위 축소와 같은 효과를 제공한다. 차이점은 End-to-End VLAN은 지연과 지터(Jitter)에 민감한 서비스를 사용하는 장치들을 장소에 관계 없이 동일 VLAN으로 묶어 지연 개선 효과가 있다. 여기서 지연과 지터에 민감한 서비스란 VoIP(Voice over IP)와 같이 실시간 전송을 필요로 하는 서비스가 해당된다. 그런데, 단말들을 지속적으로 동일 VLAN에 속하도록 관리하기란 생각보다 어려운 일일 뿐 아니라, Layer 3 장치를 거치든 거치지 않든 사용자가 느낄 수 있을

정도의 성능 차이를 보이지 않는다. 따라서, 특별한 경우가 아니면 End-to-End VLAN을 잘 적용하지 않는다. 여기서 특별한 경우란, 예를 들어, 보안을 위해 연구소 직원이나 중요 서버들을 장소에 상관 없이 다른 VLAN으로 분리하는 경우, 실시간 전송을 위해 VoIP 트래픽에 QoS 서비스를 적용하는 경우 등을 들 수 있다.

[표 4-23] ▶ End-to-End VLAN과 Local VLAN 비교

효과		End-to-End VLAN	Local VLAN
공통점	밴드위스/CPU 개선	O	O
	보안	O	O
	고장 영향 범위의 축소	O	O
차잇점	성능 개선(지연 개선, QoS)	O	X
	관리 용이성	X	O

Lecture 07

Local VLAN Configuration

강의 키워드 Local VLAN 설정 명령어, VLAN 설언, 액세스 링크/트렁크 설정, show VLAN

End-to-End VLAN 설정 방법은 Lecture 04. VLAN Configuration에서 설명했다. 이번에는 [그림 4-25]의 예를 들어 Local VLAN 설정 방법을 설명한다. VLAN 설정은 세 개의 단계로 나뉜다.

- 첫째, 스위치를 통과하는 VLAN을 선언한다.
- 둘째, 액세스링크를 설정한다.
- 셋째, 트렁크를 설정한다.

[그림 4-25] ▶ VLAN 구성

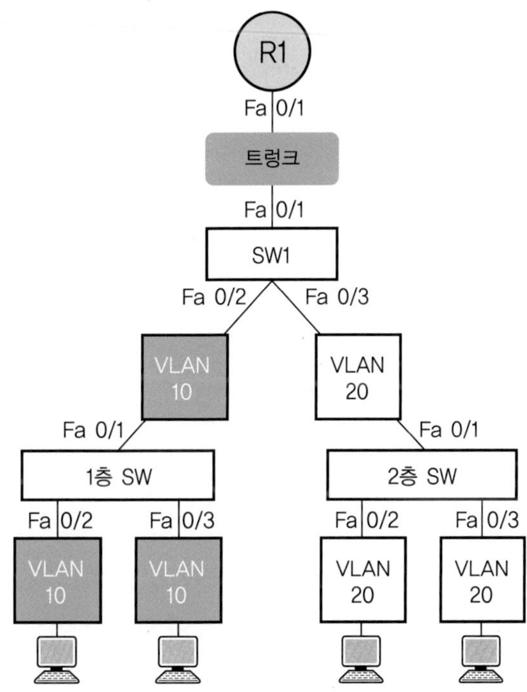

첫째, 스위치를 통과하는 모든 VLAN을 선언해야 하는데, 각 스위치를 통과하는 프레임이 속한 VLAN만 선언한다. 즉, [표 4-24]와 같이 SW1은 VLAN 10과 20을, 1층 SW는 VLAN 10만, 2층 SW는 VLAN 20만 선언하면 된다.

[표 4-24] ▶ VLAN 선언

스위치	명령어
SW1	Switch(config)#hostname SW1 SW1(config)#vlan 10 SW1(config-vlan)#vlan 20
1층 SW	Switch(config)#hostname 1F_SW 1F_SW(config)#vlan 10
2층 SW	Switch(config)#hostname 2F_SW 2F_SW(config)#vlan 20

둘째와 셋째, 각 스위치의 포트들을 액세스링크 또는 트렁크로 설정한다. [그림 4-25]에서의 SW1, '1층 SW', '2층 SW'의 액세스 링크 또는 트렁크 설정은 각각 [표 4-25]와 같다.

[표 4-25] ▶ 스위치 설정

스위치	명령어
SW1	SW1(config)#interface fastethernet 0/1 SW1(config-if)#switchport mode trunk SW1(config-if)#interface fastethernet 0/2 SW1(config-if)#switchport access vlan 10 SW1(config-if)#interface fastethernet 0/3 SW1(config-if)#switchport access vlan 20
1F_SW	1F_SW(config)#interface fastethernet 0/1 1F_SW(config-if)#switchport access vlan 10 1F_SW(config-if)#exit 1F_SW(config)#interface fastethernet 0/2 1F_SW(config-if)#switchport access vlan 10 1F_SW(config-if)#exit 1F_SW(config)#interface fastethernet 0/3 1F_SW(config-if)#switchport access vlan 10
2F_SW	2F_SW(config)#interface fastethernet 0/1 2F_SW(config-if)#switchport access vlan 20 2F_SW(config-if)#exit 2F_SW(config)#interface fastethernet 0/2 2F_SW(config-if)#switchport access vlan 20 2F_SW(config-if)#exit 2F_SW(config)#interface fastethernet 0/3 2F_SW(config-if)#switchport access vlan 20

스위치에서 VLAN이 제대로 설정되었는지 확인하는 명령은 'show vlan'이다. 각각의 스위치에서 [표 4-26]과 같이 선언된 VLAN 정보와 VLAN 별 소속 포트들을 확인할 수 있다.

[표 4-26] ▶ 스위치의 VLAN 설정 확인

스위치	명령어
SW1	SW1#show vlan VLAN Name Status Ports -- 1 default active Fa0/4, Fa0/5, Fa0/6, Fa0/7, Fa0/8, Fa0/9, Fa0/10, Fa0/11 Fa0/12, Fa0/13, Fa0/14, Fa0/15 Fa0/16, Fa0/17, Fa0/18, Fa0/19 Fa0/20, Fa0/21, Fa0/22, Fa0/23 Fa0/24, Gig0/1, Gig0/2 10 VLAN0010 active Fa 0/2 20 VLAN0020 active Fa 0/3 하략
1층SW	1F_SW#show vlan VLAN Name Status Ports -- 1 default active Fa0/4, Fa0/5, Fa0/6, Fa0/7, Fa0/8, Fa0/9, Fa0/10, Fa0/11 Fa0/12, Fa0/13, Fa0/14, Fa0/15 Fa0/16, Fa0/17, Fa0/18, Fa0/19 Fa0/20, Fa0/21, Fa0/22, Fa0/23 Fa0/24, Gig0/1, Gig0/2 10 VLAN0010 active Fa0/1, Fa 0/2, Fa0/3 하략
2층SW	2F_SW#show vlan VLAN Name Status Ports -- 1 default active Fa0/4, Fa0/5, Fa0/6, Fa0/7, Fa0/8, Fa0/9, Fa0/10, Fa0/11 Fa0/12, Fa0/13, Fa0/14, Fa0/15 Fa0/16, Fa0/17, Fa0/18, Fa0/19 Fa0/20, Fa0/21, Fa0/22, Fa0/23 Fa0/24, Gig0/1, Gig0/2 20 VLAN0010 active Fa0/1, Fa 0/2, Fa0/3 하략

[표 4-27]의 'show interface trunk'는 스위치에서 트렁크 설정을 확인하는 명령어다. 트렁크에서 인캡슐레이션 타입(여기에서는 IEEE 802.1q)과 트렁킹 상태 등을 확인할 수 있다.

[표 4-27] ▶ 트렁크 확인 명령어

스위치	명령어
SW1	SW1#show interface trunk Port Mode Encapsulation Status Native vlan Fa0/1 auto n-802.1q trunking 1

R1 설정은 다음과 같다.

VLAN이 적용된 [그림 4-26]은 'R1' 아래 2개의 VLAN, 즉 VLAN 10과 VLAN 20이 존재한다. VLAN 10은 11.1.1.0 /24가 할당되었고, VLAN 20은 22.2.2.0/24가 할당되었다. 'R1'은 VLAN 10 즉, '11.1.1.1' 네트워크에 속하는 PC들과 통신하기 위한 IP 주소와 VLAN 20 즉, '22.2.2.0' 네트워크에 속하는 PC들과 통신하기 위한 IP 주소를 가져야 한다. 그러나, R1의 인터페이스는 1개 즉, Fa 0/1만 존재한다.

[그림 4-26] ▶ VLAN 설정 시의 라우터 IP 설정

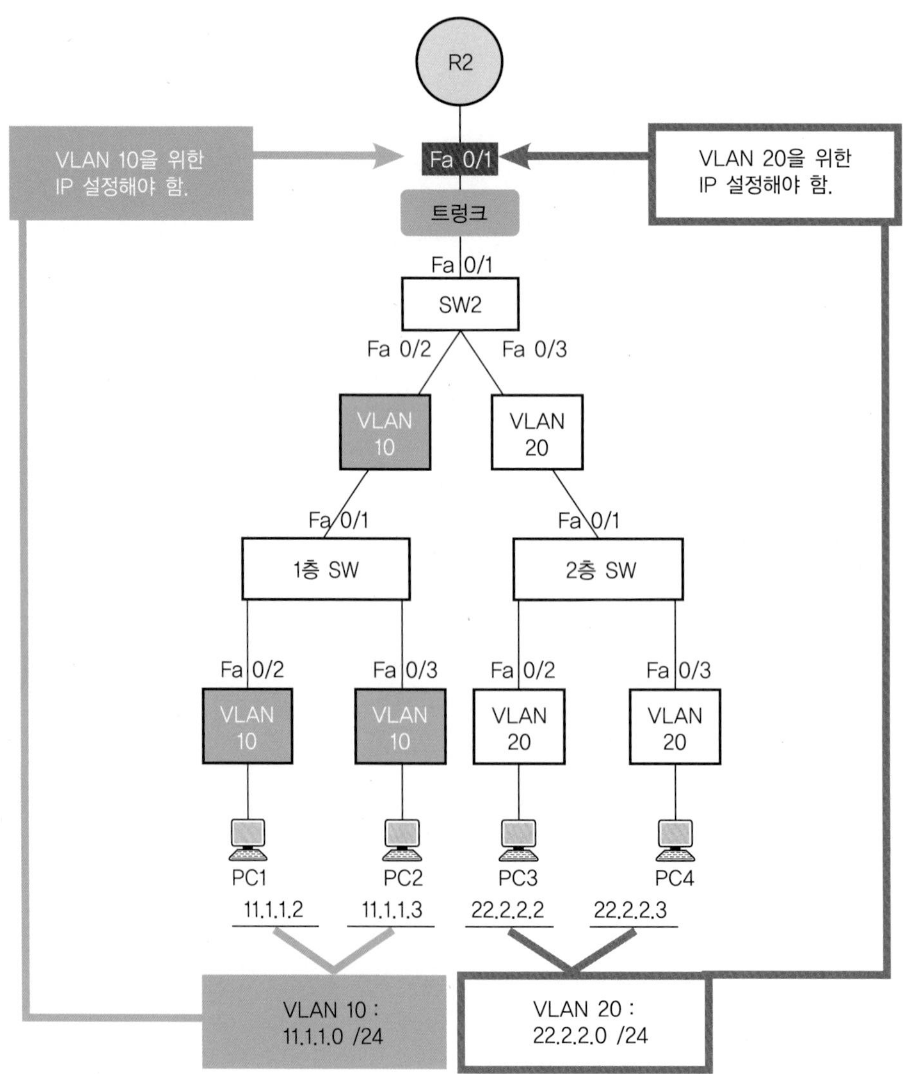

이 문제를 해결하는 설정 방법이 [표 4-28]이다. 'interface fastethernet 0/1'의 메인 인터페이스는 'no shutdown' 명령으로 살려야 한다. 그리고, R1의 Fa 0/1 인터페이스를 2개의 서브 인터페이스로 나눈다. 그리고, 각각의 서브인터페이스에 VLAN 10과 VLAN 20에 속하는 IP 주소를 하나씩 할당한다. R1과 SW1을 연결하는 링크는 트렁크이므로 ISL 또는 IEEE 802.1q 트렁크 인캡슐레이션 타입을 설정한다. 'encapsulation dot1q 10' 명령은 트렁크 인캡슐레이션 타입을 IEEE 802.1q로 설정한다. 여기서 번호 '10'과 '20'은 VLAN 번호다. 참고로, 'encapsulation isl 10'과 'encapsulation isl 20' 명령으로 트렁크 인캡슐레이션 타입을 ISL로 설정할 수 있다.

[표 4-28] ▶ 라우터의 트렁크 설정

```
Router(config)#interface fastethernet 0/1
Router(config-if)#no shutdown
Router(config-if)# interface fastethernet 0/1.1
Router(config-subif)#encapsulation dot1q 10
Router(config-subif)#ip address 11.1.1.1 255.255.255.0
Router(config-subif)#exit
Router(config)# interface fastethernet 0/1.2
Router(config-subif)#encapsulation dot1q 20
Router(config-subif)#ip address 22.2.2.1 255.255.255.0
```

마지막으로 PC들의 IP 주소, 서브넷 마스크, Default Gateway를 'Desktop → IP Configuration' 메뉴에서 [표 4-29]와 같이 설정한다.

[표 4-29] ▶ PC 설정

구분	IP 주소	서브넷 마스크	Default Gateway
PC1	11.1.1.2	255.255.255.0	11.1.1.1
PC2	11.1.1.3	255.255.255.0	11.1.1.1
PC3	22.2.2.2	255.255.255.0	22.2.2.1
PC4	22.2.2.3	255.255.255.0	22.2.2.1

이 실습의 확인은 Ping을 통해 확인한다. 스위치는 3계층 주소를 갖지 않았으므로 핑이 안 된다. PC와 라우터에서는 모든 IP로 핑이 되어야 한다.

Lecture 08

Local VLAN & End-to-End VLAN Lab 05

Problem 1 [그림 4-27]과 같이 장비들을 연결하라(SW1 아래로만 연결하여 실습해도 좋다).

- 스위치는 2960, 라우터는 2621XM을 사용할 것.
- 라우터와 라우터 사이는 Crossover 케이블을 사용할 것(동경-WAN, ISP-인터넷 라우터 사이).

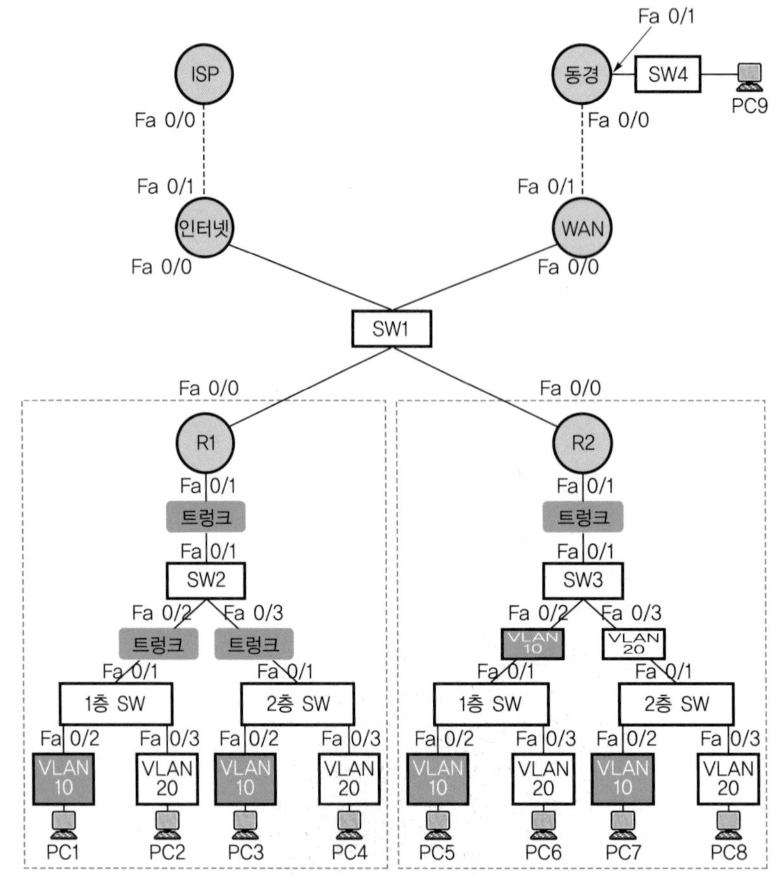

[그림 4-27] ▶ 네트워크 구성도

Problem 2 다음 조건으로 IP 할당하라.

- 11.1.1.0/24로 IP 할당할 것(각 네트워크에는 6 호스트가 들어감).
- R1과 R2의 Fa 0/1 인터페이스는 트렁크이므로 VLAN 수 만큼의 IP 주소를 할당해야 함.

[설정 예]

[표 4-30] ▶ 설정 사례

```
Router(config)#interface fastethernet 0/1
Router(config-if)#no shutdown
Router(config-if)# interface fastethernet 0/1.1
Router(config-subif)#encapsulation dot1q 10
Router(config-subif)#ip address 11.1.1.1 255.255.255.0
Router(config-subif)#exit
Router(config)# interface fastethernet 0/1.2
Router(config-subif)#encapsulation dot1q 20
Router(config-subif)#ip address 22.2.2.1 255.255.255.0
```

Problem 3 SW2, SW3, 1층SW, 2층SW에 VLAN을 설정하라.

- SW1, SW4는 VLAN을 적용하지 않으므로 어떤 설정도 필요 없음.
  (VLAN을 적정하게 선언하고, 액세스링크와 트렁크를 설정할 것.)
- 'show vlan'과 'show interface trunk' 명령을 통해 액세스링크와 트렁크 설정을 확인하라.

[설정 예]

[표 4-31] ▶ 설정 사례

```
Switch#configure terminal
Switch(config)#VLAN 10
Switch(config-vlan)#VLAN 20
Switch(config-vlan)#exit
Switch(config)#interface fast 0/2
Switch(config-if)# switchport access VLAN 10
Switch(config-if)#exit
Switch(config)#interface fast 0/3
Switch(config-if)# switchport access VLAN 20
Switch(config-if)#exit
Switch(config)#interface fast 0/1
Switch(config-if)# switchport mode trunk
```

Problem 4 모든 라우터에서 다음과 같이 라우팅 프로토콜을 설정하라.

- 라우팅 프로토콜: EIGRP(AS번호는 100으로 설정할 것).
- show ip route 명령으로 확인할 것.

[표 4-32] ▶ 설정 사례

```
Router(config)#router eigrp 100
Router(config-router)#network 11.0.0.0
```

Problem 5 모든 라우터와 PC에서 모든 IP 주소로 핑이 성공함을 확인하라.

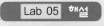

Lab 05 해설

Lab 05에 대한 해설은 다음과 같다.

Problem 1 다음과 같이 장비들을 연결하라.

- 스위치는 2960, 라우터는 2621XM을 사용할 것.
- 라우터와 라우터 사이는 Crossover 케이블을 사용할 것(동경-WAN, ISP-인터넷 라우터 사이).

설명 Chapter 1의 'Lecture 05. LAN 구축 기초 I Lab 01' 참조할 것.

Problem 2 다음 조건으로 IP 할당하라.

- 11.1.1.0 /24로 IP 할당할 것(각 네트워크에는 6 호스트가 들어감).
- R1 과 R2의 Fa 0/1 인터페이스는 트렁크이므로 VLAN 수 만큼의 IP 주소를 할당해야 함.

설명 IP 설계와 할당 방법은 다음과 같다.

① 서브넷 마스크 결정

6 호스트를 포함하기 위해 2^3으로 호스트 칸 3칸이 필요하므로 IP 주소 전체 길이 32칸 중에 29칸은 네트워크 자리가 된다. 즉, 11111111.11111111.11111111.11111000 서브넷 마스크는 십진수로 255.255.255.248이 된다.

[그림 4-28] ▶ 서브넷 마스크 결정

6 호스트를 포함하기 위해
6 호스트 ⊂ 2^3 (2의 3제곱)
호스트칸 → 3칸

구분	네트워크	호스트
서브넷 마스크	11111111.11111111.11111111.11111	000
	255.255.255.248	

② IP 설계

IP 서브네팅은 [표 4-33]과 같이 간편하게 할 수 있다. 즉, Subnet ① 즉, 11.1.1.00000 네트워크에서 ㉮와 같이 첫 IP는 11.1.1.0이고 마지막 IP는 11.1.1.7까지 '+7' 차이남을 알아내고, 이어지는 모든 서브넷에도 '+7' 패턴을 적용한다. 즉, Subnet ②에서는 ㉯와 같이 첫 번째 네트워크 주소 범위의 다음 주소부터 시작하므로 11.1.1.8 부터 시작하여 '+7' 한 주소 즉, 11.1.1.15 까지가 IP 범위가 된다. Subnet ③에서도 Subnet ②의 다음 IP 11.1.1.16 부터 '+7' 한 주소 즉, 11.1.1.23까지가 IP 범위가 된다. 다음 서브넷들은 [표 4-33]의 설명을 참조한다.

[표 4-33] ▶ IP 설계

구분	네트워크	(Subnet)	호스트	IP 영역
Subnet Mask	11111111.11111111.11111111.	11111	000	㉮
Subnet ①	11.1.1. **(십진수)**	0000 **(이진수)**	000–1111	11.1.1.0~ 11.1.1.17
Subnet ②	첫 번째 네트워크의 IP 범위는 11.1.1.0 에서 7까지 '+7' 패턴을 가진다. 두 번째 네트워크는 첫 번째 주소 범위의 다음 주소부터 시작하므로 11.1.1.8부터 시작하여 '+7' 한 주소까지 범위가 된다. 즉. -----► ㉯			11.1.1.8~ 11.1.1.15
Subnet ③	세 번째 네트워크는 두 번째 주소 범위의 다음 주소부터 시작하므로 11.1.1.16부터 시작하여 '+7' 한 주소까지 범위가 된다. 즉. -------►			11.1.1.16~ 11.1.1.23
Subnet ④	네 번째 네트워크는 세 번째 주소 범위의 다음 주소부터 시작하므로 11.1.1.24부터 시작하여 '+7' 한 주소까지 범위가 된다. 즉. -------►			11.1.1.24~ 11.1.1.31
Subnet ⑤	다섯 번째 네트워크는 네 번째 주소 범위의 다음 주소부터 시작하므로 11.1.1.32부터 시작하여 '+7' 한 주소까지 범위가 된다. 즉. -------►			11.1.1.32~ 11.1.1.39
Subnet ⑥	여섯 번째 네트워크는 다섯 번째 주소 범위의 다음 주소부터 시작하므로 11.1.1.40부터 시작하여 '+7' 한 주소까지 범위가 된다. 즉. -------►			11.1.1.40~ 11.1.1.47
Subnet ⑦	일곱 번째 네트워크는 여섯 번째 주소 범위의 다음 주소부터 시작하므로 11.1.1.48부터 시작하여 '+7' 한 주소까지 범위가 된다. 즉. -------►			11.1.1.48~ 11.1.1.55
Subnet ⑧	여덟 번째 네트워크는 일곱 번째 주소 범위의 다음 주소부터 시작하므로 11.1.1.56부터 시작하여 '+7' 한 주소까지 범위가 된다. 즉. -------►			11.1.1.56~ 11.1.1.63

③ 네트워크 구분

IP를 할당하기 전에 네트워크를 구분해야 한다. 빌딩 A와 B는 물리적인 네트워크는 1개이지만, 2개의 VLAN으로 나뉘어 있으므로 네트워크는 각각 2개다. [그림 4-29]에서 보이는 네트워크 총 수는 8개다.

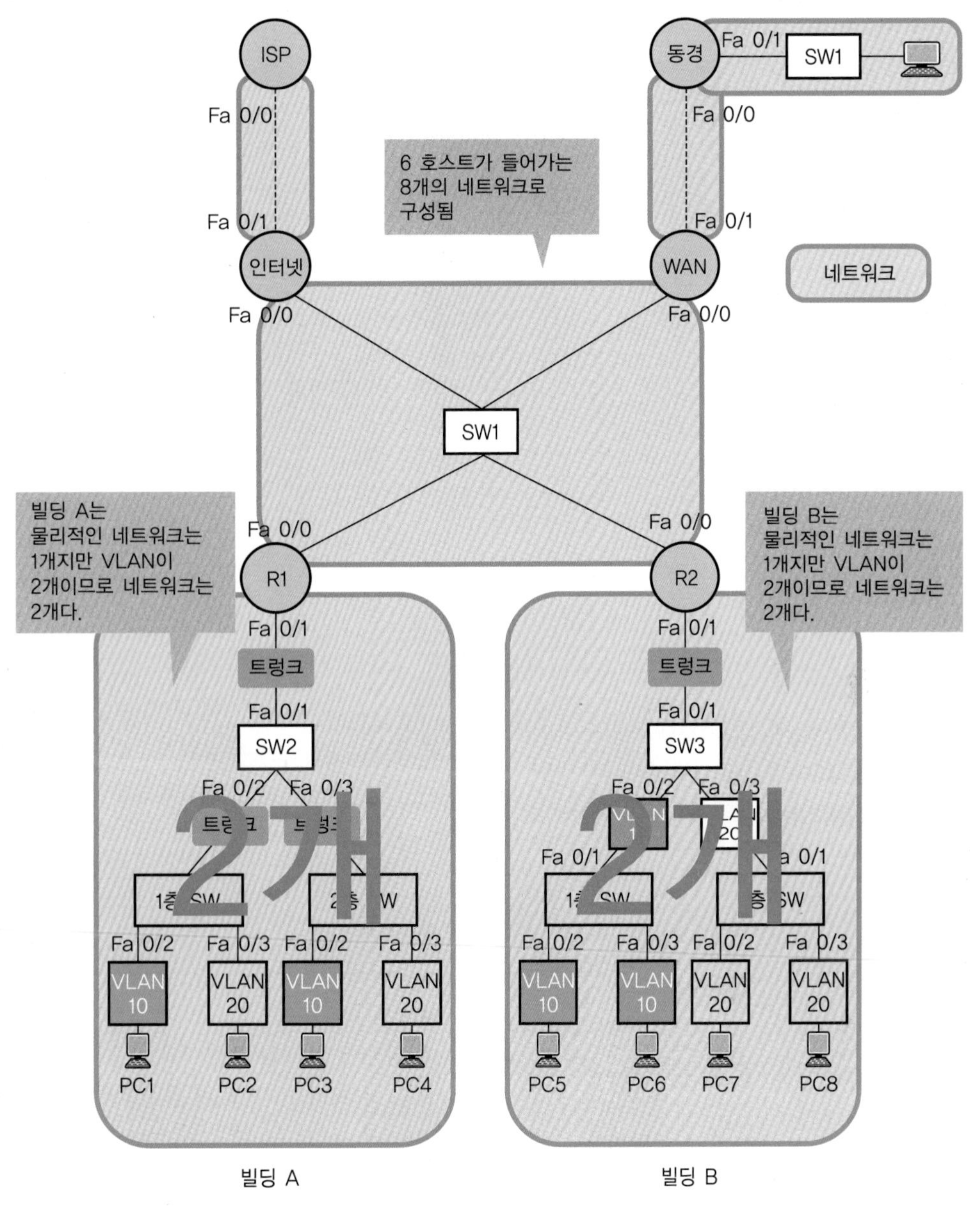

[그림 4-29] ▶ 네트워크 구분

④ IP 할당

각 네트워크의 첫 번째와 마지막 IP를 제외한 IP를 중복되지 않게 할당한다. 각 서브넷의 첫 번째와 마지막 IP 주소는 할당하지 않는다. [그림 4-30]은 IP 할당 예다.

[그림 4-30] ▶
IP 할당

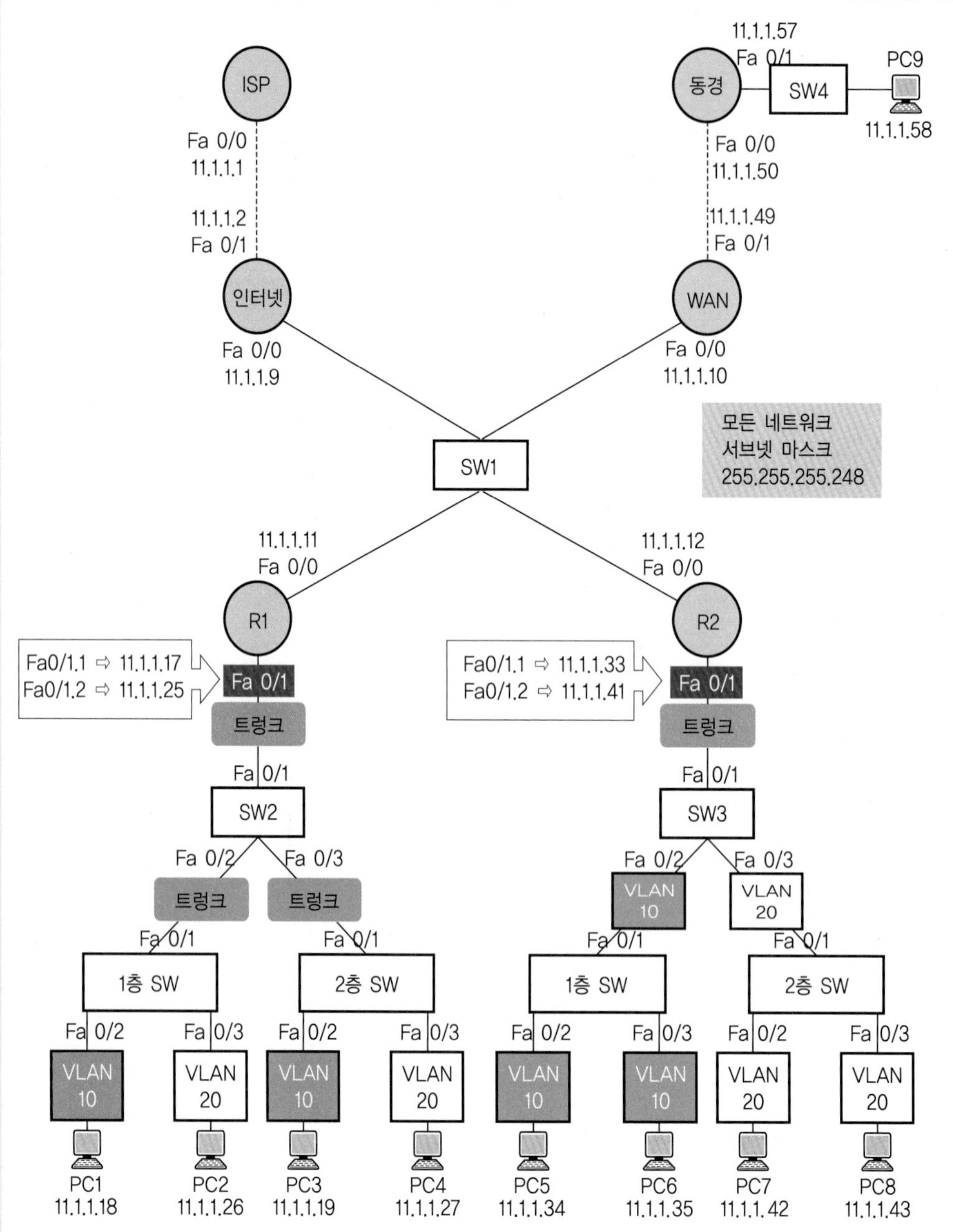

[표 4-34]는 각 라우터마다 [그림 4-30]의 IP 주소를 할당하는 명령이다.

[표 4-34] ▶ 라우터별 IP 설정 명령어

라우터	명령어
ISP	Router#configure terminal Router(config)hostname ISP ISP(config)#interface fastethernet 0/0 ISP(config-if)#no shutdown ISP(config-if)#ip address 11.1.1.1 255.255.255.248
인터넷	Router#configure terminal Router(config)hostname Internet Internet(config)#interface fastethernet 0/0 Internet(config-if)#no shutdown Internet(config-if)#ip address 11.1.1.9 255.255.255.248 Internet(config-if)#exit Internet(config)#interface fastethernet 0/1 Internet(config-if)#no shutdown Internet(config-if)#ip address 11.1.1.2 255.255.255.248
동경	Router#configure terminal Router(config)hostname East East(config)#interface fastethernet 0/0 East(config-if)#no shutdown East(config-if)#ip address 11.1.1.50 255.255.255.248 East(config-if)#exit East(config)#interface fastethernet 0/1 East(config-if)#no shutdown East(config-if)#ip address 11.1.1.57 255.255.255.248
WAN	Router#configure terminal Router(config)hostname WAN WAN(config)#interface fastethernet 0/0 WAN(config-if)#no shutdown WAN(config-if)#ip address 11.1.1.10 255.255.255.248 WAN(config-if)#exit WAN(config)#interface fastethernet 0/1 WAN(config-if)#no shutdown WAN(config-if)#ip address 11.1.1.49 255.255.255.248
R1 (0/1 인터페이스는 트렁크로 설정함)	Router#configure terminal Router(config)hostname R1 R1(config)#interface fastethernet 0/0 R1(config-if)#no shutdown R1(config-if)#ip address 11.1.1.11 255.255.255.248 R1(config-if)#exit R1(config)#interface fastethernet 0/1 R1(config-if)#no shutdown R1(config-if)#interface fastethernet 0/1.1 R1(config-subif)#encapsulation dot1q 10 R1(config-subif)#ip address 11.1.1.17 255.255.255.248 R1(config-subif)#exit R1(config)#interface fastethernet 0/1.2 R1(config-subif)#encapsulation dot1q 20

라우터	명령어
	R1(config-subif)#ip address 11.1.1.25 255.255.255.248
R2 (0/1 인터페이스는 트렁크로 설정함)	Router#configure terminal Router(config)hostname R2 R2(config)#interface fastethernet 0/0 R2(config-if)#no shutdown R2(config-if)#ip address 11.1.1.12 255.255.255.248 R2(config-if)#exit R2(config)#interface fastethernet 0/1 R2(config-if)#no shutdown R2(config-if)#interface fastethernet 0/1.1 R2(config-subif)#encapsulation dot1q 10 R2(config-subif)#ip address 11.1.1.33 255.255.255.248 R2(config-subif)#exit R2(config)#interface fastethernet 0/1.2 R2(config-subif)#encapsulation dot1q 20 R2(config-subif)#ip address 11.1.1.41 255.255.255.248

PC에서 IP 설정 값은 [표 4-35]와 같다. Desktop → IP Configuration에서 다음 3항목(IP 주소, 서브넷 마스크, Default Gateway)을 설정한다.

[표 4-35] ▶ PC 설정

구분	IP 주소	서브넷 마스크	Default Gateway
PC1	11.1.1.18	255.255.255.248	11.1.1.17
PC2	11.1.1.26	255.255.255.248	11.1.1.25
PC3	11.1.1.19	255.255.255.248	11.1.1.17
PC4	11.1.1.27	255.255.255.248	11.1.1.25
PC5	11.1.1.34	255.255.255.248	11.1.1.33
PC6	11.1.1.35	255.255.255.248	11.1.1.33
PC7	11.1.1.42	255.255.255.248	11.1.1.41
PC8	11.1.1.43	255.255.255.248	11.1.1.41
PC9	11.1.1.58	255.255.255.248	11.1.1.57

Problem 3 SW2, SW3, 1층 SW, 2층 SW에 VLAN을 설정하라.

- SW1, SW4는 VLAN이 필요 없으므로 설정할 필요가 없음.
  (다른 스위치들에 VLAN을 적정하게 선언하고, 액세스링크와 트렁크를 설정할 것)
- 'show vlan'과 'show interface trunk' 명령을 통해 액세스링크와 트렁크 설정을 확인하라.

설명 각 스위치의 VLAN 설정은 [표 4-36]과 같다.

[표 4-36] ▶ 스위치의 VLAN 설정

	스위치	명령어
기타	SW1	없음
빌딩 A	SW2	Switch#configure terminal Switch(config)#hostname SW2 SW2(config)#vlan 10 SW2(config-vlan)#vlan 20 SW2(config-vlan)#exit SW2(config)#interface range fastethernet 0/1-3 SW2(config-if)#switchport mode trunk
	1층 SW	Switch#configure terminal Switch(config)#hostname 1F_SW 1F_SW(config)#vlan 10 1F_SW(config-vlan)#vlan 20 1F_SW(config-vlan)#exit 1F_SW(config)#interface fastethernet 0/1 1F_SW(config-if)#switchport mode trunk 1F_SW(config-if)#exit 1F_SW(config)#interface fastethernet 0/2 1F_SW(config-if)#switchport access vlan 10 1F_SW(config-if)#exit 1F_SW(config)#interface fastethernet 0/3 1F_SW(config-if)#switchport access vlan 20
	2층 SW	Switch#configure terminal Switch(config)#hostname 2F_SW 2F_SW(config)#vlan 10 2F_SW(config-vlan)#vlan 20 2F_SW(config-vlan)#exit 2F_SW(config)#interface fastethernet 0/1 2F_SW(config-if)#switchport mode trunk 2F_SW(config-if)#exit 2F_SW(config)#interface fastethernet 0/2 2F_SW(config-if)#switchport access vlan 10 2F_SW(config-if)#exit 2F_SW(config)#interface fastethernet 0/3 2F_SW(config-if)#switchport access vlan 20
빌딩 B	SW3	Switch#configure terminal Switch(config)#hostname SW3 3F_SW(config)#vlan 10 3F_SW(config-vlan)#vlan 20 3F_SW(config-vlan)#exit SW3(config)#interface fastethernet 0/1 SW3(config-if)#switchport mode trunk SW3(config-if)#exit SW3(config)#interface fastethernet 0/2 SW3(config-if)#switchport access vlan 10

	스위치	명령어
빌딩 B		SW3(config-if)#exit SW3(config)#interface fastethernet 0/3 SW3(config-if)#switchport access vlan 20
	1층 SW	Switch#configure terminal Switch(config)#hostname 1F_SW 1F_SW(config)#vlan 10 1F_SW(config-vlan)#interface range fastethernet 0/1-3 1F_SW(config-if)#switchport access vlan 10
	2층 SW	Switch#configure terminal Switch(config)#hostname 2F_SW 1F_SW(config)#vlan 20 2F_SW(config-vlan)#interface range fastethernet 0/1-3 2F_SW(config-if)#switchport access vlan 20
기타	SW4	없음

스위치에서 VLAN이 제대로 설정되었는 지 확인하는 명령은 'show vlan'이다. 간편하게 VLAN 설정을 확인하기 위해 다음의 방법을 사용한다. 즉, 마우스를 스위치에 올려보라. 스위치 포트가 액세스 링크일 때는 소속 VLAN 번호를 확인할 수 있고, 트렁크일 때는 해당 포트에 '--'로 표시된다.

Problem 4 모든 라우터에서 다음과 같이 라우팅 프로토콜을 설정하라.

- 라우팅 프로토콜: EIGRP(AS 번호는 100으로 설정할 것)
- show ip route 명령으로 확인할 것

설명

라우터 들의 EIGRP 라우팅 프로토콜 설정은 [표 4-37]과 같다. 각각의 라우터의 라우팅 테이블에 8개의 네트워크 정보가 올라와야 한다.

[표 4-37] ▶ 라우터의 라우팅 프로토콜 설정

라우터	명령어
ISP	ISP#configure terminal ISP(config)#router eigrp 100 ISP(config-router)#network 11.0.0.0
인터넷	Internet#configure terminal Internet(config)#router eigrp 100 Internet(config-router)#network 11.0.0.0
동경	East#configure terminal East(config)#router eigrp 100 East(config-router)#network 11.0.0.0
WAN	WAN#configure terminal WAN(config)#router eigrp 100 WAN(config-router)#network 11.0.0.0
R1	R1#configure terminal R1(config)#router eigrp 100 R1(config-router)#network 11.0.0.0
R2	R2#configure terminal R2(config)#router eigrp 100 R2(config-router)#network 11.0.0.0

Problem 5 모든 라우터와 PC에서 모든 IP로 핑이 성공함을 확인하라.

설명 PC에서도 핑 테스트를 하되, 핑 테스트 방법은 Chapter 1, 'Lecture 05. LAN 구축 기초 I Lab 01'을 참조한다. 04번 실습까지 끝나면 모든 라우터에 8개의 네트워크 정보들이 다 보여야 하고, 모든 3계층 이상의 장비에서 모든 IP로 Ping이 되어야 한다.

Memo

Chapter 5

STP

디스트리뷰션 계층의 이중화와 STP에 대해 학습한다. 디스트리뷰션 계층이 이중화되면 스위칭 룹이 발생하고, 스위칭 룹 환경에서는 브로드캐스트 스톰(Broadcast storm)이 일어난다. 이 문제를 해결하는 프로토콜이 STP(Spanning Tree Protocol)다.
이 장에서는 STP의 필요성, 동작 원리, 약점들과 극복 방안에 대해 학습한다.

구분	강의 제목
이론 강의	Lecture 02. 스위치의 기본 기능들
	Lecture 03. STP(Spanning Tree Protocol) 동작 원리
	Lecture 07. STP 동작 확인
연습 강의	Lecture 04. STP 연습 Ⅰ
	Lecture 05. STP 연습 Ⅱ
	Lecture 06. STP 연습 Ⅲ
실습 강의	Lecture 01. LAN 이중화 Lab 06

Lecture 01

LAN 이중화 Lab 06

Problem 1 [그림 5-1]과 같이 장비들을 연결하라.

- 스위치는 2960, 라우터는 2621XM을 사용할 것.
- 라우터와 라우터 사이는 Crossover 케이블을 사용할 것(동경과 WAN, ISP와 인터넷 라우터 사이).

[그림 5-1] ▶ 네트워크 구성도

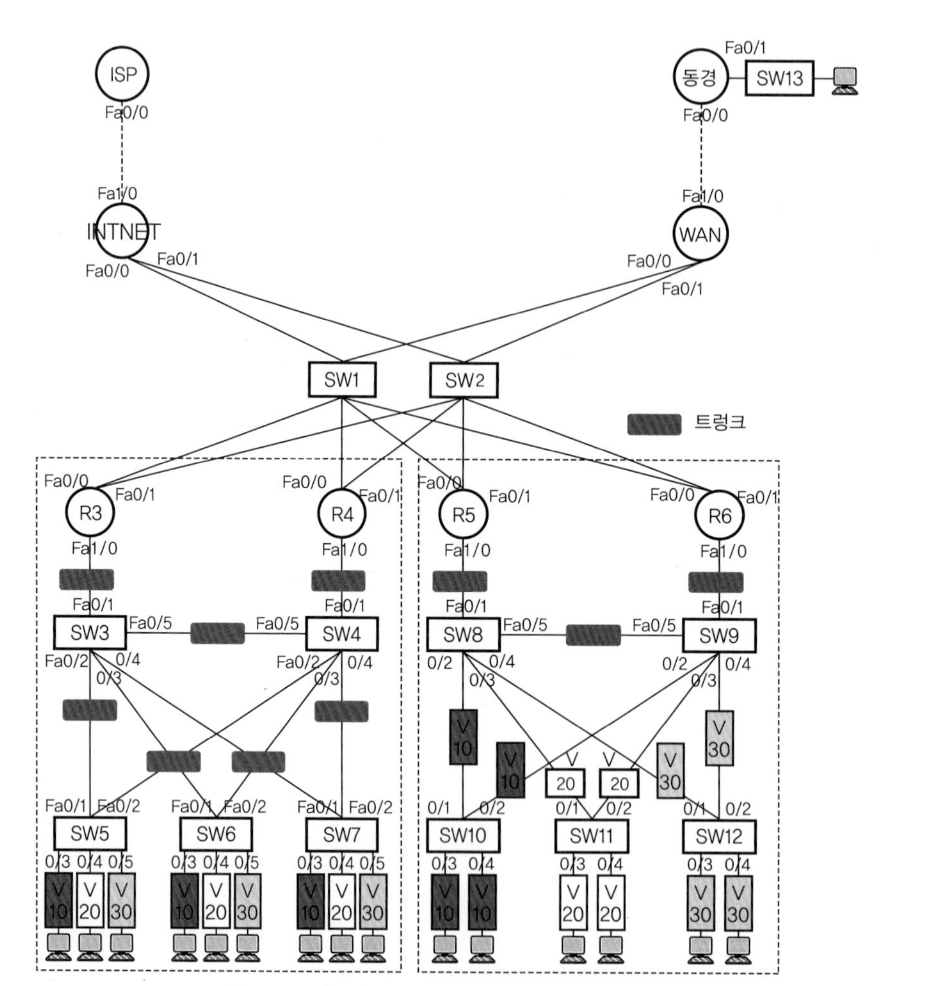

Problem 2 다음 조건으로 IP 할당하라.

- 11.1.1.0 /24로 IP 설계할 것(각 네트워크에는 10 호스트가 들어감).
- R3, R4, R5, R6의 Fa 1/0 인터페이스는 트렁크이므로 VLAN 수 만큼의 IP 주소를 할당해야 함.

[설정 예]

[표 5-1] ▶ 설정 사례

```
Router(config)#interface fastethernet 1/0
Router(config-if)#no shutdown
Router(config-if)# interface fastethernet 1/0.1
Router(config-subif)#encapsulation dot1q 10
Router(config-subif)#ip address 11.1.1.1 255.255.255.240
Router(config-subif)#exit
Router(config)# interface fastethernet 1/0.2
Router(config-subif)#encapsulation dot1q 20
Router(config-subif)#ip address 22.2.2.1 255.255.255.240
```

Problem 3 SW3~SW12에 VLAN을 설정하라.

- 빌딩 A는 End-to-End VLAN으로, 빌딩 B는 Local VLAN임(VLAN을 적정하게 선언하고, 액세스 링크와 트렁크를 설정할 것).
- SW1, SW2, SW13은 VLAN을 적용 안함.
- 'show vlan'과 'show interface trunk' 명령으로 액세스 링크와 트렁크 설정을 확인하라.

[설정 예]

[표 5-2] ▶ 설정 사례

```
Switch#configure terminal
Switch(config)#VLAN 10
Switch(config-vlan)#VLAN 20
Switch(config-vlan)#exit
Switch(config)#interface fast 0/1
Switch(config-if)# switchport access VLAN 10
Switch(config-if)#exit
Switch(config)#interface fast 0/2
Switch(config-if)# switchport access VLAN 20
Switch(config-if)#exit
Switch(config)#interface fast 0/3
Switch(config-if)# switchport mode trunk
Switch(config-if)#end
Switch#show vlan
Switch#
Switch#show interface trunk
```

[표 5-3] ▶ 설정 사례

Problem 4 모든 라우터에서 다음과 같이 라우팅 프로토콜을 설정하라.

- 라우팅 프로토콜: EIGRP(AS 번호는 100으로 설정할 것)
- show ip route 명령으로 확인할 것

[설정 예]

```
Router(config)#router eigrp 100
Router(config-router)#network 11.0.0.0
Router(config-router)#end
Router#show ip route
```

Problem 5 모든 라우터와 PC에서 모든 IP로 핑이 성공함을 확인하라.

Lab 06 해설

Problem 1 다음과 같이 장비들을 연결하라.

- 스위치는 2960, 라우터는 2621XM을 사용할 것.
- 라우터와 라우터 사이는 Crossover 케이블을 사용할 것(동경-WAN 사이, ISP-인터넷 라우터 사이).

설명 Chapter 1의 'Lecture 05. LAN 구축 기초 I Lab 01' 참조할 것.

Problem 2 다음 조건으로 IP 할당하라.

- 11.1.1.0 /24로 IP 할당할 것(각 네트워크에는 10 호스트가 들어감).
- R3, R4, R5, R6의 Fa 1/0 인터페이스는 트렁크이므로 VLAN 수 만큼의 IP 주소를 할당해야 함.

설명 IP 설계와 할당 방법은 다음과 같다.

1 서브넷 마스크 결정

10 호스트를 포함하기 위해 2^4으로 호스트 칸 4칸이 필요하므로 IP 주소 전체 길이 32칸 중에 28칸은 네트워크 자리가 된다. 즉, 11111111.11111111.11111111. 11110000 서브넷 마스크는 십진수로 255.255.255.240이 된다.

[그림 5-2] ▶ 서브넷 마스크 결정

구분	네트워크(서브넷)	호스트
서브넷 마스크	11111111.11111111.11111111.1111	0000
	255.255.255.240	

2 IP 설계

IP 서브네팅은 [표 5-4]와 같이 간편하게 할 수 있다. Subnet ① 즉, 11.1.1.0000 네트워크에서 ㉮와 같이 첫 IP는 11.1.1.0(11.1.1.00000000)이고 마지막 IP는 11.1.1.15(11.1.1.00001111) 까지 '+15' 차이가 난다. 따라서, 이어지는 모든 서브넷에도 호스트 칸은 4칸으로 동일하므로 첫 IP와 마지막 IP는 '+15' 차이가 날 것이다. 즉, Subnet ②에서는 ㉯와 같이 Subnet ①의 다음 주소 즉, 11.1.1.16부터 시작하여 '+15' 한 주소 즉, 11.1.1.31까지가 IP 범위가 된다. Subnet ③에서도 Subnet ②의 다음 주소 즉, 11.1.1.32부터 '+15' 한 주소 즉, 11.1.1.47까지가 IP 범위가 된다. Subnet ④부터는 [표 5-4]의 설명을 참조한다.

[표 5-4] ▶ IP 서브넷팅

구분	네트워크	(Subnet)	호스트	IP 영역
Subnet Mask	11111111.11111111.11111111.	1111	0000	
Subnet ①	11.1.1. (십진수)	0000 (이진수)	0000– 1111	11.1.1.0~ 11.1.1.15 ㉮
Subnet ②	11.1.1.	0001	0000– 1111	11.1.1.16~ 11.1.1.31 ㉯
Subnet ③	11.1.1.	0010	0000– 1111	11.1.1.32~ 11.1.1.47
Subnet ④	11.1.1.	0011	0000– 1111	11.1.1.48~ 11.1.1.63
Subnet ⑤	11.1.1.	0100	0000– 1111	11.1.1.64~ 11.1.1.79
Subnet ⑥	11.1.1.	0101	0000– 1111	11.1.1.80~ 11.1.1.95
Subnet ⑦	11.1.1.	0110	0000– 1111	11.1.1.96~ 11.1.1.111
Subnet ⑧	11.1.1.	0111	0000– 1111	11.1.1.112~ 11.1.1.127
Subnet ⑨	11.1.1.	1000	0000– 1111	11.1.1.128~ 11.1.1.143
Subnet ⑩	11.1.1.	1001	0000– 1111	11.1.1.144~ 11.1.1.159
Subnet ⑪	11.1.1.	1010	0000– 1111	11.1.1.160~ 11.1.1.175

3 네트워크 구분

IP를 할당하기 전에 네트워크를 구분해야 한다. 빌딩 A와 B는 물리적인 네트워크는 1개이지만, 3개의 VLAN, 네트워크로 나뉜다. [그림 5-3]에서 보이는 네트워크 총 수는 11개다.

[그림 5-3] ▶
네트워크 구분

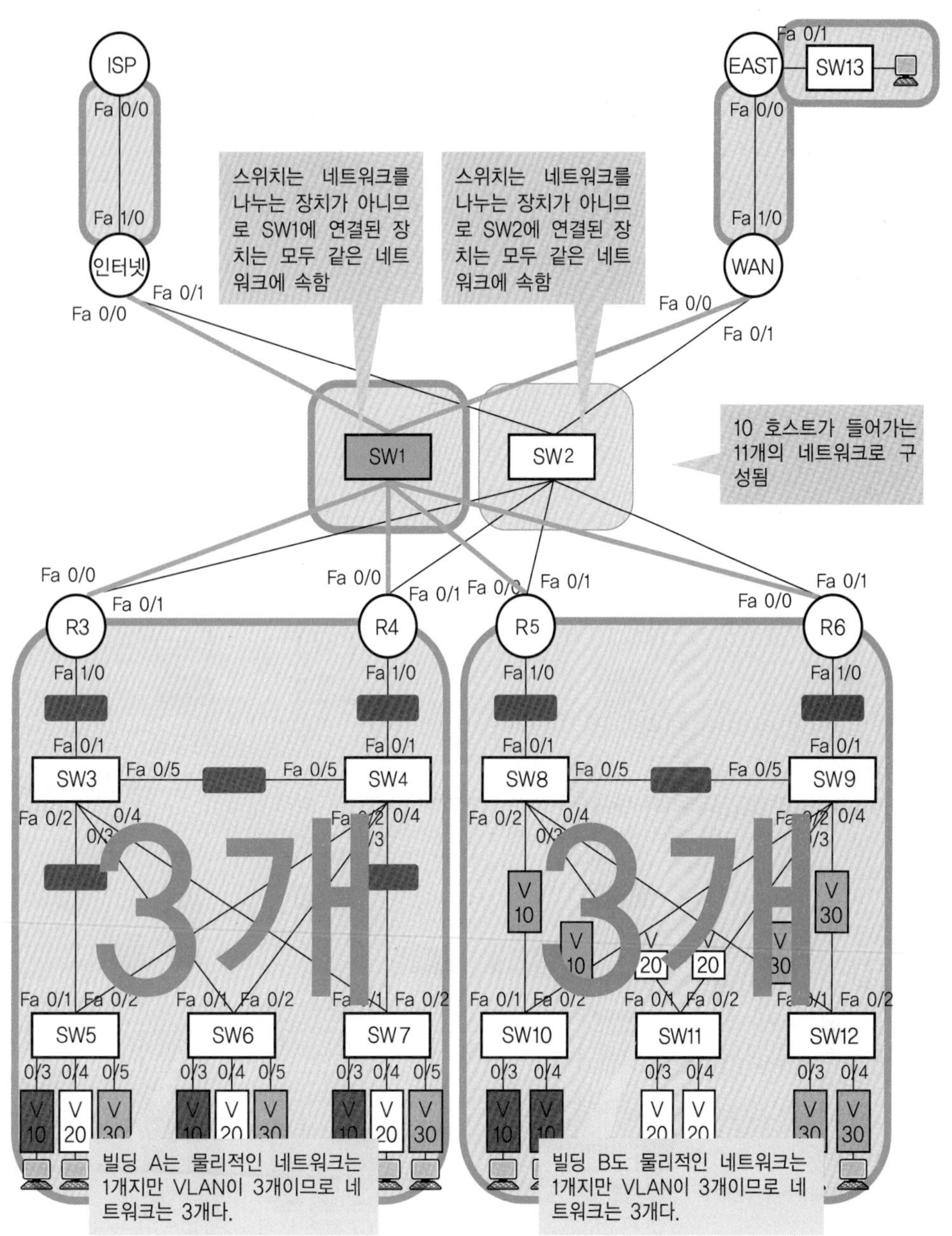
ISP
Fa 0/0
Fa 1/0
인터넷
Fa 0/1
Fa 0/0
스위치는 네트워크를 나누는 장치가 아니므로 SW1에 연결된 장치는 모두 같은 네트워크에 속함
스위치는 네트워크를 나누는 장치가 아니므로 SW2에 연결된 장치는 모두 같은 네트워크에 속함
Fa 0/1
EAST
SW13
WAN
SW1
SW2
10 호스트가 들어가는 11개의 네트워크로 구성됨
R3
R4
R5
R6
SW3
SW4
SW8
SW9
SW5
SW6
SW7
SW10
SW11
SW12
3개
3개
빌딩 A는 물리적인 네트워크는 1개지만 VLAN이 3개이므로 네트워크는 3개다.
빌딩 B도 물리적인 네트워크는 1개지만 VLAN이 3개이므로 네트워크는 3개다.

④ IP 할당

[그림 5-4]와 같이 IP를 중복되지 않게 할당한다. 각 서브넷의 첫 번째와 마지막 IP 주소는 할당하지 않는다.

[그림 5-4] ▶
IP 할당

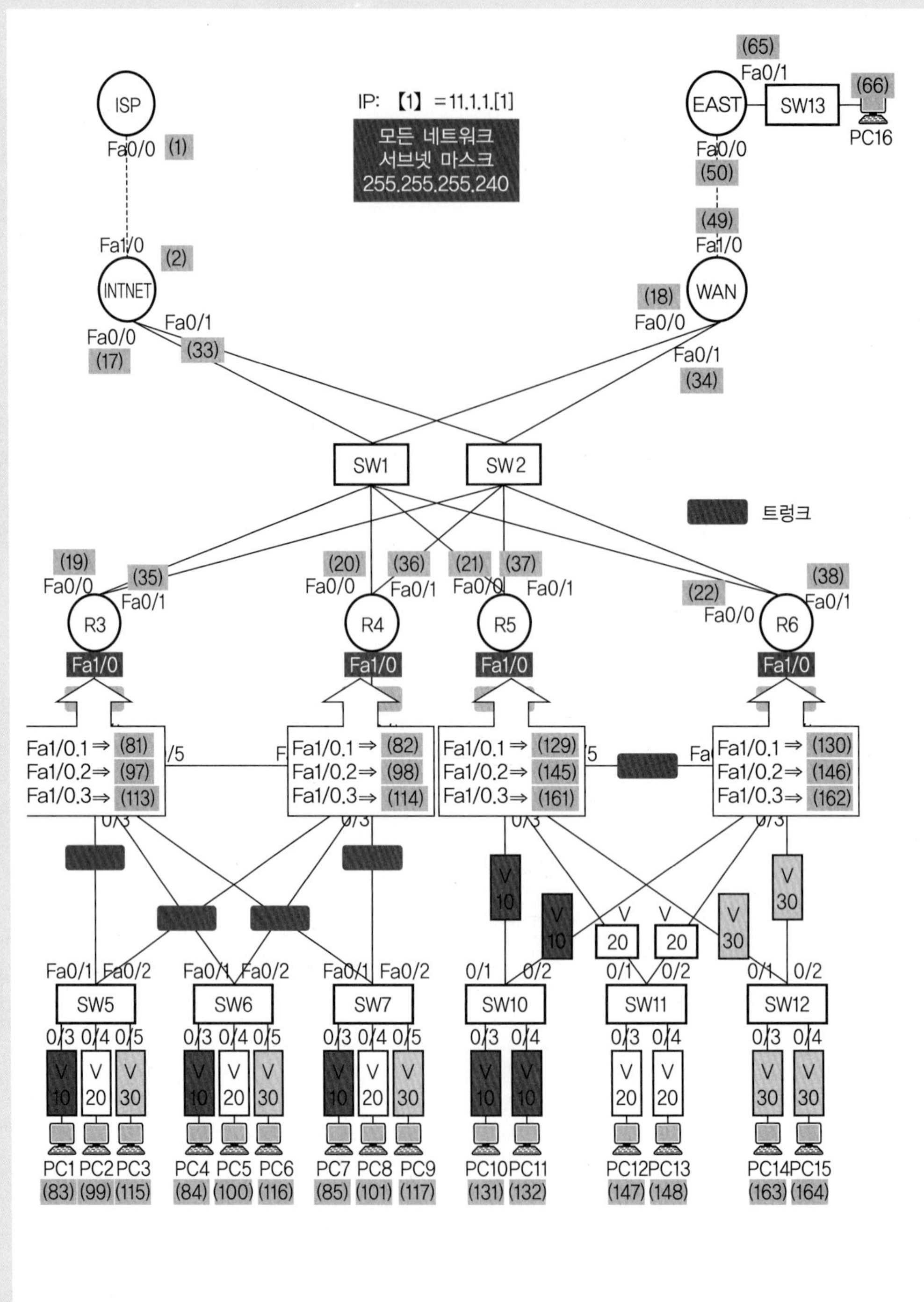

IP: 【1】=11.1.1.[1]
모든 네트워크
서브넷 마스크
255.255.255.240
ISP
Fa0/0 (1)
Fa1/0 (2)
INTNET
Fa0/0 (17)
Fa0/1 (33)
EAST
(65) Fa0/1
SW13
(66)
PC16
Fa0/0 (50)
(49) Fa1/0
WAN
(18) Fa0/0
Fa0/1 (34)
SW1
SW2
트렁크
(19) Fa0/0
(35) Fa0/1
R3
(20) Fa0/0
(36) Fa0/1
R4
(21) Fa0/0
(37) Fa0/1
R5
(22) Fa0/0
(38) Fa0/1
R6
Fa1/0
Fa1/0.1 ⇒ (81)
Fa1/0.2⇒ (97)
Fa1/0.3⇒ (113)
Fa1/0.1 ⇒ (82)
Fa1/0.2⇒ (98)
Fa1/0.3⇒ (114)
Fa1/0.1 ⇒ (129)
Fa1/0.2⇒ (145)
Fa1/0.3⇒ (161)
Fa1/0.1 ⇒ (130)
Fa1/0.2⇒ (146)
Fa1/0.3⇒ (162)
SW5
SW6
SW7
SW10
SW11
SW12
Fa0/1 Fa0/2
0/1 0/2
0/3 0/4 0/5
V 10
V 20
V 30
PC1 PC2 PC3
(83) (99) (115)
PC4 PC5 PC6
(84) (100) (116)
PC7 PC8 PC9
(85) (101) (117)
PC10 PC11
(131) (132)
PC12 PC13
(147) (148)
PC14 PC15
(163) (164)

[표 5-5]는 각 라우터마다 [그림 5-3]의 IP 주소를 할당하는 명령이다.

[표 5-5] ▶ 라우터별 IP 설정 명령어

라우터	명령어
ISP	Router#configure terminal Router(config)hostname ISP ISP(config)#interface fastethernet 0/0 ISP(config-if)#no shutdown ISP(config-if)#ip address 11.1.1.1 255.255.255.240
INTNET (인터넷 접속 라우터)	Router#configure terminal Router(config)hostname INTNET INTNET(config)#interface fastethernet 1/0 INTNET(config-if)#no shutdown INTNET(config-if)#ip address 11.1.1.2 255.255.255.240 INTNET(config-if)#exit INTNET(config)#interface fastethernet 0/0 INTNET(config-if)#no shutdown INTNET(config-if)#ip address 11.1.1.17 255.255.255.240 INTNET(config-if)#ext INTNET(config)#interface fastethernet 0/1 INTNET(config-if)#no shutdown INTNET(config-if)#ip address 11.1.1.33 255.255.255.240
EAST (동경)	Router#configure terminal Router(config)hostname East East(config)#interface fastethernet 0/0 East(config-if)#no shutdown East(config-if)#ip address 11.1.1.50 255.255.255.240 East(config-if)#exit East(config)#interface fastethernet 0/1 East(config-if)#no shutdown East(config-if)#ip address 11.1.1.65 255.255.255.240
WAN	Router#configure terminal Router(config)hostname WAN WAN(config)#interface fastethernet 0/0 WAN(config-if)#no shutdown WAN(config-if)#ip address 11.1.1.18 255.255.255.240 WAN(config-if)#exit WAN(config)#interface fastethernet 0/1 WAN(config-if)#no shutdown WAN(config-if)#ip address 11.1.1.34 255.255.255.240 WAN(config-if)#exit WAN(config)#interface fastethernet 1/0 WAN(config-if)#no shutdown WAN(config-if)#ip address 11.1.1.49 255.255.255.240
R3 (1/0 인터페이스는 트렁크로 설정함)	Router#configure terminal Router(config)hostname R3 R3(config)#interface fastethernet 0/0 R3(config-if)#no shutdown R3(config-if)#ip address 11.1.1.19 255.255.255.240

라우터	명령어
R3 (1/0 인터페이스는 트렁크로 설정함)	R3(config-if)#exit R3(config)#interface fastethernet 0/1 R3(config-if)#no shutdown R3(config-if)#ip address 11.1.1.35 255.255.255.240 R3(config-if)#exit R3(config)#interface fastethernet 1/0 R3(config-if)#no shutdown R3(config-if)#interface fastethernet 1/0.1 R3(config-subif)#encapsulation dot1q 10 R3(config-subif)#ip address 11.1.1.81 255.255.255.240 R3(config-subif)#interface fastethernet 1/0.2 R3(config-subif)#encapsulation dot1q 20 R3(config-subif)#ip address 11.1.1.97 255.255.255.240 R3(config-subif)#interface fastethernet 1/0.3 R3(config-subif)#encapsulation dot1q 30 R3(config-subif)#ip address 11.1.1.113 255.255.255.240
R4 (1/0 인터페이스는 트렁크로 설정함)	Router#configure terminal Router(config)hostname R4 R4(config)#interface fastethernet 0/0 R4(config-if)#no shutdown R4(config-if)#ip address 11.1.1.20 255.255.255.240 R4(config-if)#exit R4(config)#interface fastethernet 0/1 R4(config-if)#no shutdown R4(config-if)#ip address 11.1.1.36 255.255.255.240 R4(config-if)#exit R4(config)#interface fastethernet 1/0 R4(config-if)#no shutdown R4(config-if)#interface fastethernet 1/0.1 R4(config-subif)#encapsulation dot1q 10 R4(config-subif)#ip address 11.1.1.82 255.255.255.240 R4(config-subif)#interface fastethernet 1/0.2 R4(config-subif)#encapsulation dot1q 20 R4(config-subif)#ip address 11.1.1.98 255.255.255.240 R4(config-subif)#interface fastethernet 1/0.3 R4(config-subif)#encapsulation dot1q 30 R4(config-subif)#ip address 11.1.1.114 255.255.255.240
R5 (1/0 인터페이스는 트렁크로 설정함)	Router#configure terminal Router(config)hostname R5 R5(config)#interface fastethernet 0/0 R5(config-if)#no shutdown R5(config-if)#ip address 11.1.1.21 255.255.255.240 R5(config-if)#exit R5(config)#interface fastethernet 0/1 R5(config-if)#no shutdown R5(config-if)#ip address 11.1.1.37 255.255.255.240 R5(config-if)#exit

라우터	명령어
R5 (1/0 인터페이스는 트렁크로 설정함)	R5(config)#interface fastethernet 1/0 R5(config-if)#no shutdown R5(config-if)#interface fastethernet 1/0.1 R5(config-subif)#encapsulation dot1q 10 R5(config-subif)#ip address 11.1.1.129 255.255.255.240 R5(config-subif)#interface fastethernet 1/0.2 R5(config-subif)#encapsulation dot1q 20 R5(config-subif)#ip address 11.1.1.145 255.255.255.240 R5(config-subif)#interface fastethernet 1/0.3 R5(config-subif)#encapsulation dot1q 30 R5(config-subif)#ip address 11.1.1.161 255.255.255.240
R6 (1/0 인터페이스는 트렁크로 설정함)	Router#configure terminal Router(config)hostname R6 R6(config)#interface fastethernet 0/0 R6(config-if)#no shutdown R6(config-if)#ip address 11.1.1.22 255.255.255.240 R6(config-if)#exit R6(config)#interface fastethernet 0/1 R6(config-if)#no shutdown R6(config-if)#ip address 11.1.1.38 255.255.255.240 R6(config-if)#exit R6(config)#interface fastethernet 1/0 R6(config-if)#no shutdown R6(config-if)#interface fastethernet 1/0.1 R6(config-subif)#encapsulation dot1q 10 R6(config-subif)#ip address 11.1.1.130 255.255.255.240 R6(config-subif)#interface fastethernet 1/0.2 R6(config-subif)#encapsulation dot1q 20 R6(config-subif)#ip address 11.1.1.146 255.255.255.240 R6(config-subif)#interface fastethernet 1/0.3 R6(config-subif)#encapsulation dot1q 30 R6(config-subif)#ip address 11.1.1.162 255.255.255.240

PC에서 IP 설정 값은 [표 5-6]과 같다. 'Desktop → IP Configuration'에서 다음 3항목(IP 주소, 서브넷 마스크, Default Gateway)을 설정한다.

[표 5-6] ▶ PC 설정

구분	IP 주소	서브넷 마스크	Default Gateway
PC1	11.1.1.83	255.255.255.240	11.1.1.81 또는 11.1.1.82
PC2	11.1.1.99	255.255.255.240	11.1.1.97 또는 11.1.1.98
PC3	11.1.1.115	255.255.255.240	11.1.1.113 또는 11.1.1.114
PC4	11.1.1.84	255.255.255.240	11.1.1.81 또는 11.1.1.82
PC5	11.1.1.100	255.255.255.240	11.1.1.97 또는 11.1.1.98
PC6	11.1.1.116	255.255.255.240	11.1.1.113 또는 11.1.1.114
PC7	11.1.1.85	255.255.255.240	11.1.1.81 또는 11.1.1.82
PC8	11.1.1.101	255.255.255.240	11.1.1.97 또는 11.1.1.98
PC9	11.1.1.117	255.255.255.240	11.1.1.113 또는 11.1.1.114
PC10	11.1.1.131	255.255.255.240	11.1.1.129 또는 11.1.1.130
PC11	11.1.1.132	255.255.255.240	11.1.1.129 또는 11.1.1.130
PC12	11.1.1.147	255.255.255.240	11.1.1.145 또는 11.1.1.146
PC13	11.1.1.148	255.255.255.240	11.1.1.145 또는 11.1.1.146
PC14	11.1.1.163	255.255.255.240	11.1.1.161 또는 11.1.1.162
PC15	11.1.1.164	255.255.255.240	11.1.1.161 또는 11.1.1.162
PC16	11.1.1.66	255.255.255.240	11.1.1.65

Problem 3 스위치들에 VLAN을 설정하라.

- 빌딩 A는 End-to-End VLAN으로, 빌딩 B는 Local VLAN으로 설정하라(VLAN을 적정하게 선언하고, 액세스 링크와 트렁크를 설정할 것).
- SW1, SW2, SW13은 VLAN을 적용 안 함.
- 'show vlan'과 'show interface trunk' 명령을 통해 액세스 링크와 트렁크 설정을 확인하라.

설명 각 스위치의 VLAN 설정은 [표 5-7]과 같이, 1단계, VLAN 선언과 2단계 액세스 링크와 트렁크 설정으로 구분된다.

[표 5-7] ▶
스위치의 VLAN 설정

스위치		명령어
코어 계층	SW1	없음
	SW2	없음
빌딩 A	SW3	Switch#configure terminal Switch(config)#hostname SW3 SW3(config)#vlan 10 SW3(config-vlan)#vlan 20 SW3(config-vlan)#vlan 30 SW3(config-vlan)#exit SW3(config)#interface range fastethernet 0/1-5 SW3(config-if)#switchport mode trunk
	SW4	Switch#configure terminal Switch(config)#hostname SW4 SW4(config)#vlan 10 SW4(config-vlan)#vlan 20 SW4(config-vlan)#vlan 30 SW4(config-vlan)#exit SW4(config)#interface range fastethernet 0/1-5 SW4(config-if)#switchport mode trunk
	SW5	Switch#configure terminal Switch(config)#hostname SW5 SW5(config)#vlan 10 SW5(config-vlan)#vlan 20 SW5(config-vlan)#vlan 30 SW5(config-vlan)#exit SW5(config)#interface fastethernet 0/1 SW5(config-if)#switchport mode trunk SW5(config-if)#exit SW5(config)#interface fastethernet 0/2 SW5(config-if)#switchport mode trunk SW5(config-if)#exit SW5(config)#interface fastethernet 0/3 SW5(config-if)#switchport access vlan 10 SW5(config-if)#exit SW5(config)#interface fastethernet 0/4 SW5(config-if)#switchport access vlan 20 SW5(config-if)#exit SW5(config)#interface fastethernet 0/5 SW5(config-if)#switchport access vlan 30
	SW6	Switch#configure terminal Switch(config)#hostname SW6 SW6(config)#vlan 10 SW6(config-vlan)#vlan 20 SW6(config-vlan)#vlan 30

스위치		명령어
	SW6	SW6(config-vlan)#exit SW6(config)#interface fastethernet 0/1 SW6(config-if)#switchport mode trunk SW6(config-if)#exit SW6(config)#interface fastethernet 0/2 SW6(config-if)#switchport mode trunk SW6(config-if)#exit SW6(config)#interface fastethernet 0/3 SW6(config-if)#switchport access vlan 10 SW6(config-if)#exit SW6(config)#interface fastethernet 0/4 SW6(config-if)#switchport access vlan 20 SW6(config-if)#exit SW6(config)#interface fastethernet 0/5 SW6(config-if)#switchport access vlan 30
	SW7	Switch#configure terminal Switch(config)#hostname SW7 SW7(config)#vlan 10 SW7(config-vlan)#vlan 20 SW7(config-vlan)#vlan 30 SW7(config-vlan)#exit SW7(config)#interface fastethernet 0/1 SW7(config-if)#switchport mode trunk SW7(config-if)#exit SW7(config)#interface fastethernet 0/2 SW7(config-if)#switchport mode trunk SW7(config-if)#exit SW7(config)#interface fastethernet 0/3 SW7(config-if)#switchport access vlan 10 SW7(config-if)#exit SW7(config)#interface fastethernet 0/4 SW7(config-if)#switchport access vlan 20 SW7(config-if)#exit SW7(config)#interface fastethernet 0/5 SW7(config-if)#switchport access vlan 30
빌딩 B	SW8	Switch#configure terminal Switch(config)#hostname SW8 SW8(config)#vlan 10 SW8(config-vlan)#vlan 20 SW8(config-vlan)#vlan 30 SW8(config-vlan)#exit SW8(config)#interface fastethernet 0/1 SW8(config-if)#switchport mode trunk SW8(config-if)#exit

스위치		명령어
빌딩 B	SW8	SW8(config)#interface fastethernet 0/5 SW8(config-if)#switchport mode trunk SW8(config-if)#exit SW8(config)#interface fastethernet 0/2 SW8(config-if)#switchport access vlan 10 SW8(config-if)#exit SW8(config)#interface fastethernet 0/3 SW8(config-if)#switchport access vlan 20 SW8(config-if)#exit SW8(config)#interface fastethernet 0/4 SW8(config-if)#switchport access vlan 30
	SW9	Switch#configure terminal Switch(config)#hostname SW9 SW9(config)#vlan 10 SW9(config-vlan)#vlan 20 SW9(config-vlan)#vlan 30 SW9(config-vlan)#exit SW9(config)#interface fastethernet 0/1 SW9(config-if)#switchport mode trunk SW9(config-if)#exit SW9(config)#interface fastethernet 0/5 SW9(config-if)#switchport mode trunk SW9(config-if)#exit SW9(config)#interface fastethernet 0/2 SW9(config-if)#switchport access vlan 10 SW9(config-if)#exit SW9(config)#interface fastethernet 0/3 SW9(config-if)#switchport access vlan 20 SW9(config-if)#exit SW9(config)#interface fastethernet 0/4 SW9(config-if)#switchport access vlan 30
	SW10	Switch#configure terminal Switch(config)#hostname SW10 SW10(config)#vlan 10 SW10(config-vlan)#exit SW10(config)#interface range fastethernet 0/1-4 SW10(config-if)#switchport access vlan 10
	SW11	Switch#configure terminal Switch(config)#hostname SW11 SW11(config)#vlan 20 SW11(config-vlan)#exit SW11(config)#interface range fastethernet 0/1-4 SW11(config-if)#switchport access vlan 20

스위치		명령어
	SW12	Switch#configure terminal Switch(config)#hostname SW12 SW12(config)#vlan 30 SW12(config-vlan)#exit SW12(config)#interface range fastethernet 0/1-4 SW12(config-if)#switchport access vlan 30
동경	SW13	없음

스위치에서 VLAN이 제대로 설정되었는지 확인하는 명령은 'show vlan'이다. 각각의 스위치에서 [표 5-8]과 같이 선언된 VLAN 정보와 VLAN별 소속 포트들을 확인할 수 있다. 예를 들어, End-to-End VLAN이 적용된 빌딩 A의 SW3은 액세스 링크가 없으므로 각 VLAN에 소속된 포트는 없고, SW5는 VLAN 10에 Fa 0/3, VLAN 20에 Fa 0/4, VLAN 30에 Fa 0/5 포트가 소속됨을 확인할 수 있다. Local VLAN이 적용된 빌딩 B의 SW8은 VLAN 10에 Fa 0/2, VLAN 20에 Fa 0/3, VLAN 30에 Fa 0/4 포트가 소속되고 SW10의 Fa 0/1~Fa 0/4 포트들이 모두 VLAN 10에 소속됨을 확인할 수 있다. 간편하게 VLAN 설정을 확인하기 위해 스위치에 마우스를 그냥 살짝 올려보라. 스위치 포트가 액세스 링크일 때는 소속 VLAN의 번호를 확인할 수 있고, 트렁크일 때는 해당 포트에 '--'로 표시된다.

[표 5-8] ▶ 스위치의 VLAN 설정 확인

스위치	명령어

SW3	SW3#show vlan
	VLAN Name Status Ports
	-- 	
	1 default active Fa0/6, Fa0/7, Fa0/8, Fa0/9,
	                                 Fa0/10, Fa0/11, Fa0/12, Fa0/13
	                   (중략)
	10 VLAN0010 active (선언된 VLAN 번호)
	20 VLAN0020 active
	30 VLAN0030 active
	                   (하략)

SW4	SW3#show vlan
	VLAN Name Status Ports
	-- 	
	1 default active Fa0/6, Fa0/7, Fa0/8, Fa0/9,
	                                 Fa0/10, Fa0/11, Fa0/12, Fa0/13
	                   (중략)
	10 VLAN0010 active
	20 VLAN0020 active
	30 VLAN0030 active
	                   (하략)

SW5	SW5#show vlan VLAN Name Status Ports -- 1 default active Fa0/6, Fa0/7, Fa0/8, Fa0/9, Fa0/10, Fa0/11, Fa0/12, Fa0/13 (중략) 10 VLAN0010 active Fa 0/3 20 VLAN0020 active Fa 0/4 30 VLAN0030 active Fa 0/5 (하략) VLAN별 소속 포트
SW6	SW6#show vlan VLAN Name Status Ports -- 1 default active Fa0/6, Fa0/7, Fa0/8, Fa0/9, Fa0/10, Fa0/11, Fa0/12, Fa0/13 (중략) 10 VLAN0010 active Fa 0/3 20 VLAN0020 active Fa 0/4 30 VLAN0030 active Fa 0/5 (하략)
SW7	SW7#show vlan VLAN Name Status Ports -- 1 default active Fa0/6, Fa0/7, Fa0/8, Fa0/9, Fa0/10, Fa0/11, Fa0/12, Fa0/13 (중략) 10 VLAN0010 active Fa 0/3 20 VLAN0020 activ Fa 0/4 30 VLAN0030 active Fa 0/5 (하략)
SW8	SW8#show vlan VLAN Name Status Ports 1 default active Fa0/6, Fa0/7, Fa0/8, Fa0/9, Fa0/10, Fa0/11, Fa0/12, Fa0/13 (중략) 10 VLAN0010 active Fa 0/2 20 VLAN0020 active Fa 0/3 30 VLAN0030 active Fa 0/4 (하략)
SW9	SW9#show vlan VLAN Name Status Ports -- 1 default active Fa0/6, Fa0/7, Fa0/8, Fa0/9, Fa0/10, Fa0/11, Fa0/12, Fa0/13

SW9	(중략) 10 VLAN0010 active Fa 0/2 20 VLAN0020 active Fa 0/3 30 VLAN0030 active Fa 0/4 (하략)
SW10	SW10#show vlan VLAN Name Status Ports --- 1 default active Fa0/5, Fa0/6, Fa0/7, Fa0/8, Fa0/9, Fa0/10, Fa0/11, Fa0/12, Fa0/13 (중략) 10 VLAN0010 active Fa 0/1, Fa0/2, Fa0/3, Fa0/4, (하략)
SW11	SW11#show vlan VLAN Name Status Ports --- 1 default active Fa0/5, Fa0/6, Fa0/7, Fa0/8, Fa0/9, Fa0/10, Fa0/11, Fa0/12, Fa0/13 (중략) 20 VLAN0020 active Fa 0/1, Fa0/2, Fa0/3, Fa0/4, (하략)
SW12	SW10#show vlan VLAN Name Status Ports --- 1 default active Fa0/5, Fa0/6, Fa0/7, Fa0/8, Fa0/9, Fa0/10, Fa0/11, Fa0/12, Fa0/13 (중략) 30 VLAN0030 active Fa 0/1, Fa0/2, Fa0/3, Fa0/4 (하략)

[표 5-9]의 'show interface trunk'는 스위치에서 트렁크 설정을 확인하는 명령어다. 트렁크에서 인캡슐레이션 타입(여기에서는 IEEE 802.1q)과 트렁킹 상태 등을 확인할 수 있다.

[표 5-9] ▶ 트렁크 확인

스위치	명령어
SW3	SW3#show interface trunk Port Mode Encapsulation Status Native vlan Fa0/1 auto n-802.1q trunking 1 Fa0/2 auto n-802.1q trunking 1 Fa0/3 auto n-802.1q trunking 1 Fa0/4 auto n-802.1q trunking 1 Fa0/5 auto n-802.1q trunking 1 (트렁크로 설정된 포트와 트렁크 인캡슐레이션)
SW4	SW4#show interface trunk Port Mode Encapsulation Status Native vlan Fa0/1 auto n-802.1q trunking 1 Fa0/2 auto n-802.1q trunking 1 Fa0/3 auto n-802.1q trunking 1 Fa0/4 auto n-802.1q trunking 1 Fa0/5 auto n-802.1q trunking 1
SW5	SW5#show interface trunk Port Mode Encapsulation Status Native vlan Fa0/1 auto n-802.1q trunking 1 Fa0/2 auto n-802.1q trunking 1
SW6	SW6#show interface trunk Port Mode Encapsulation Status Native vlan Fa0/1 auto n-802.1q trunking 1 Fa0/2 auto n-802.1q trunking 1
SW7	SW7#show interface trunk Port Mode Encapsulation Status Native vlan Fa0/1 auto n-802.1q trunking 1 Fa0/2 auto n-802.1q trunking 1
SW8	SW8#show interface trunk Port Mode Encapsulation Status Native vlan Fa0/1 auto n-802.1q trunking 1 Fa0/5 auto n-802.1q trunking 1
SW9	SW9#show interface trunk Port Mode Encapsulation Status Native vlan Fa0/1 auto n-802.1q trunking 1 Fa0/5 auto n-802.1q trunking 1
SW10	SW10#show interface trunk, SW10은 트렁크 설정 없음
SW11	SW11#show interface trunk, SW11은 트렁크 설정 없음
SW12	SW12#show interface trunk, SW12는 트렁크 설정 없음

보다 간편하게 VLAN 설정을 확인하기 위해 다음의 방법을 사용한다. 즉, 마우스를 스위치에 올려보라. 스위치 포트가 액세스 링크일 때는 소속 VLAN 번호를 확인할 수 있고, 트렁크일 때는 해당 포트에 '--'로 표시된다.

Problem 4 모든 라우터에서 다음과 같이 라우팅 프로토콜을 설정하라.

- 라우팅 프로토콜 : EIGRP(AS 번호는 100으로 설정할 것)
- show ip route 명령으로 확인할 것.

라우터들의 EIGRP 라우팅 프로토콜 설정은 [표 5-10]과 같다. 모든 라우터의 라우팅 테이블에 모든 네트워크 정보(11개)가 올라오는지 확인해야 한다. Chapter 1. 'Lecture 05. LAN 구축 기초 I Lab 01'의 Problem 12 해설 참조할 것.

[표 5-10] ▶ 라우팅 프로토콜 설정

라우터	명령어
ISP	ISP#configure terminal ISP(config)#router eigrp 100 ISP(config-router)#network 11.0.0.0
INTNET	INTNET#configure terminal INTNET(config)#router eigrp 100 INTNET(config-router)#network 11.0.0.0
EAST	East#configure terminal East(config)#router eigrp 100 East(config-router)#network 11.0.0.0
WAN	WAN#configure terminal WAN(config)#router eigrp 100 WAN(config-router)#network 11.0.0.0
R3	R3#configure terminal R3(config)#router eigrp 100 R3(config-router)#network 11.0.0.0
R4	R4#configure terminal R4(config)#router eigrp 100 R4(config-router)#network 11.0.0.0
R5	R5#configure terminal R5(config)#router eigrp 100 R5(config-router)#network 11.0.0.0
R6	R6#configure terminal R6(config)#router eigrp 100 R6(config-router)#network 11.0.0.0

Problem 5 모든 라우터와 PC에서 모든 IP로 핑이 성공함을 확인하라.

IP가 설정된 장치(PC, 라우터)에서 모든 IP로 Ping이 되어야 한다.

Lecture 02

스위치의 기본 기능들

강의 키워드 스위칭 테이블 만들기, 스위칭 또는 플러딩, 스위칭 루프와 STP

스위치의 기본 기능은 공장에서 출고될 때부터 할 수 있는 기능, 즉 관리자가 아무 것도 하지 않아도 할 수 있는 기능으로 다음 세 가지를 들 수 있다.

- 스위칭 테이블을 만들고
- 스위칭하고
- STP(Spanning Tree Protocol)에 의한 Loop Avoidance다.

첫째. 스위칭 테이블을 만든다.

스위치의 스위칭 테이블은 처음에는 비어 있다. [그림 5-5]에서 MAC 주소를 가진 장치(PC, 서버, 라우터 등)가 프레임을 스위치 쪽으로 내보내면 각각의 스위치는 프레임의 Source address 필드를 보고 스위칭 테이블을 만든다.

[그림 5-5] ▶ 이더넷 헤더

Destination	Source	Type	Data	FCS

즉, [그림 5-6]에서 0004.9a87.7401 MAC 주소를 가진 PC 1이 보낸 프레임이 SW3에 도착하면 SW3은 Fa 0/1 포트와 MAC 주소, 0004.9a87.7401을 매핑하여 스위칭 테이블을 만든다. MAC 주소, 0004.9a87.7401은 프레임이 이동하는 경로를 따라 SW1에는 Fa 0/2 포트에 SW2에는 Fa 0/1 포트에 학습된다.

[그림 5-6] ▶
스위칭 테이블 만들기

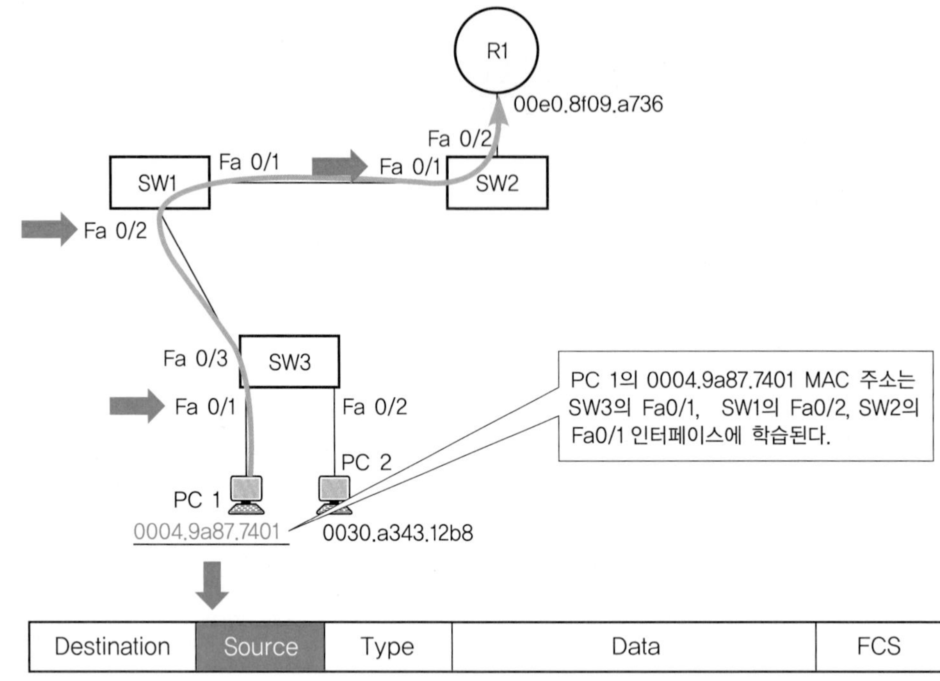

스위칭 테이블을 확인하는 명령어는 'show mac-address-table'이며 결과는 [표 5-11]과 같다. 라우터의 MAC 주소, 00e0.8f09.a736은 SW2의 Fa 0/2, SW1의 Fa 0/1, SW3의 Fa 0/3 포트에 학습됨을 확인할 수 있다.

[표 5-11] ▶
SW1, SW2, SW3의 스위칭 테이블

스위치	스위칭 테이블
SW1	SW1#show mac-address-table Mac Address Table Vlan Mac Address Type Ports 1 0004.9a87.7401 DYNAMIC Fa0/2 (PC1) 1 0030.a343.12b8 DYNAMIC Fa0/2 (PC2) 1 0060.5cd5.1c01 DYNAMIC Fa0/1 (SW2) 1 0090.21c0.2101 DYNAMIC Fa0/2 (SW3) 1 00e0.8f09.a736 DYNAMIC Fa0/1 (R1)
SW2	SW2#show mac-address-table Mac Address Table Vlan Mac Address Type Ports 1 0004.9a87.7401 DYNAMIC Fa0/1 1 0030.a343.12b8 DYNAMIC Fa0/1 1 00e0.8f09.a736 DYNAMIC Fa0/2 1 00d0.ff7e.3501 DYNAMIC Fa0/1 1 0090.21Co.2101 DYNAMIC Fa0/1
SW3	SW3#show mac-address-table Mac Address Table

	Vlan	Mac Address	Type	Ports
SW3	1	0004.9a87.7401	DYNAMIC	Fa0/1
	1	0030.a343.12b8	DYNAMIC	Fa0/2
	1	00e0.8f09.a736	DYNAMIC	Fa0/3
	1	00d0.ff7e.3501	DYNAMIC	Fa0/3
	1	0060.5cd5.1c01	DYNAMIC	Fa0/3

둘째, 스위칭한다. 스위치는 스위칭 테이블를 기반으로 스위칭을 한다. 스위치는 모든 포트로 들어오는 프레임을 보고 스위칭 테이블을 만든다. 스위치가 스위칭 테이블을 미처 못 만들었을 때는 어떻게 할까? 플러딩(flooding)을 한다. 플러딩이란 프레임이 들어온 포트를 제외한 모든 포트들로 내보내는 것이다. 이것을 언논 유니캐스트 플러딩(Unknown Unicast Flooding)이라고 한다.

셋째, Loop Avoidance다. Loop Avoidance란, STP(Spanning Tree Protocol)가 스위칭 루프(Loop)로 인한 문제를 해결하는 것이다. 스위칭 루프 때문에 발생하는 문제가 브로드캐스트 스톰(Broadcast Storm)이다. Lab 06 을 다시 보라. [그림 5-7]과 같이 빌딩 A와 빌딩 B의 스위치들의 포트들 중 일부가 Orange LED가 켜진 것을 발견할 수 있을 것이다. 이 Orange LED는 STP(Spanning Tree Protocol)가 브로드캐스트 스톰 문제를 해결하기 위해 차단한 포트들이다.

[그림 5-7] ▶ STP와 블로킹 포트들

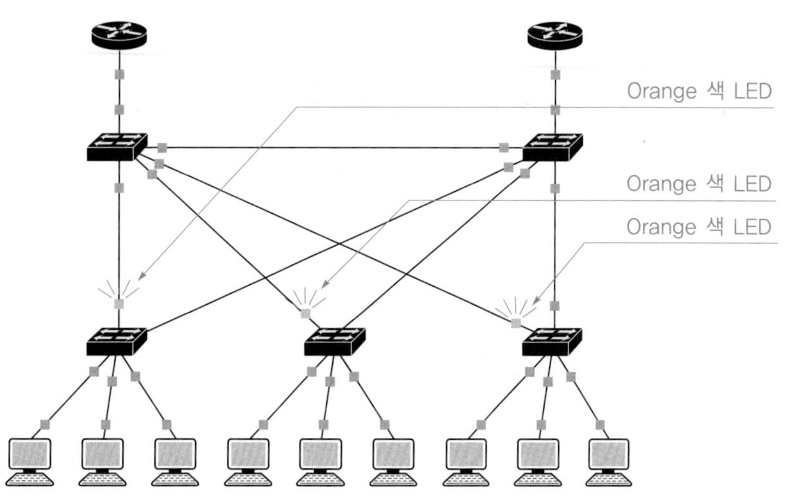

[그림 5-8]에서 스위치에 연결된 포트에서 브로드캐스트가 들어오면 스위치는 브로드캐스트를 차단하지 못하므로 모든 포트들로 브로드캐스트를 내보낸다. 그림에서는 시계 방향의 흐름만 나와 있는데 시계 반대 방향의 흐름도 만들어진다. 이 때 발생하는 브로드캐스트의 끊임 없는 순환을 브로드캐스트 스톰이라 한다. 이때, 브로드캐스트의

순환 속도는 밴드위스, CPU, 메모리와 같은 네트워크 자원 중 하나를 완전히 소진하는 정도의 속도이므로 정상적인 통신이 불가능해진다.

이 문제를 해결하는 것이 STP다. 이 문제를 해결하기 위해 STP는 스위칭 루프를 만드는 스위치의 포트 중 하나를 차단한다.

[그림 5-8] ▶ 스위칭 루프 환경에서의 브로드캐스트 스톰과 STP 동작

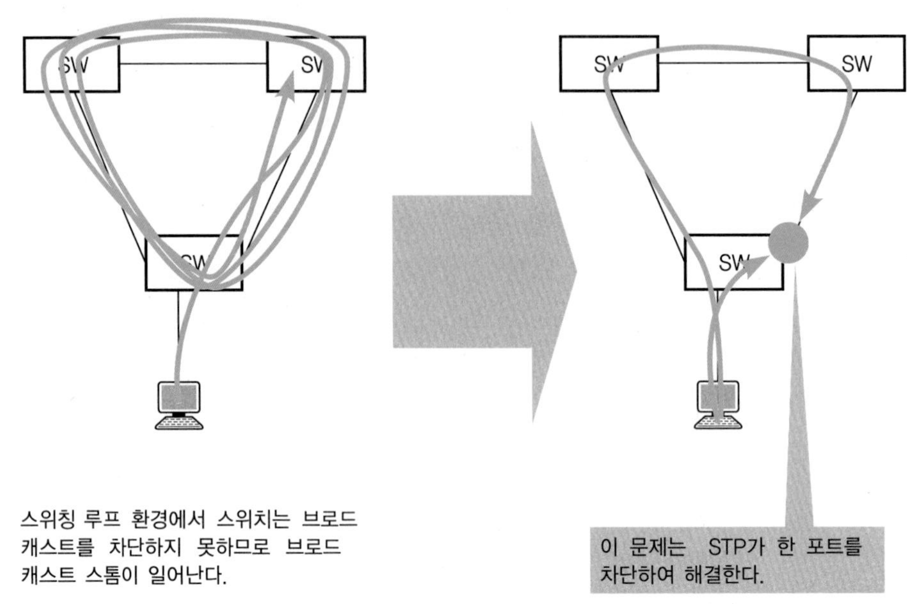
SW
SW
SW
SW
SW
SW
스위칭 루프 환경에서 스위치는 브로드캐스트를 차단하지 못하므로 브로드캐스트 스톰이 일어난다.
이 문제는 STP가 한 포트를 차단하여 해결한다.

Lecture 03

STP(Spanning Tree Protocol) 동작 원리

강의 키워드 BPDU, Path cost, BPDU가 방금 거친 스위치 ID, BPDU가 방금 거친 스위치의 포트 ID, Root 포트, Designated 포트, Non-designated 포트

STP가 포트 차단을 위해 교환하는 BPDU에는 [표 5-12]와 같이 다음과 같은 내용이 들어간다.

- Root 스위치 ID
- Path cost
- BPDU가 방금 거친 스위치 ID
- BPDU가 방금 거친 스위치의 포트 ID
- STP가 사용하는 다양한 타이머들 등

지금부터는 [표 5-12]의 Root 스위치 ID, Path cost, (BPDU가 방금 거친) 스위치 ID, (BPDU가 방금 거친) 스위치의 포트 ID를 중심으로 차단 포트를 선정하는 원리에 대해 학습한다.

[표 5-12] ▶ BPDU 필드들

2bytes	Protocol ID						
1	Protocol 버전						
1	BPDU 타입=0x00						
1	TC	-	-	-	-	-	-	TCA
8	Root 스위치 ID						
4	Path cost						
8	(BPDU가 방금 거친) 스위치의 ID						
2	(BPDU가 방금 거친) 스위치의 포트 ID						
2	Message Age						
2	Max Age						
2	Hello Time						
2	Forward Delay						

[그림 5-9]를 보면, 3군데에서 스위칭 루프(Loop)가 일어남을 확인할 수 있다.

[그림 5-9] ▶ 스위칭 루프와 코스트

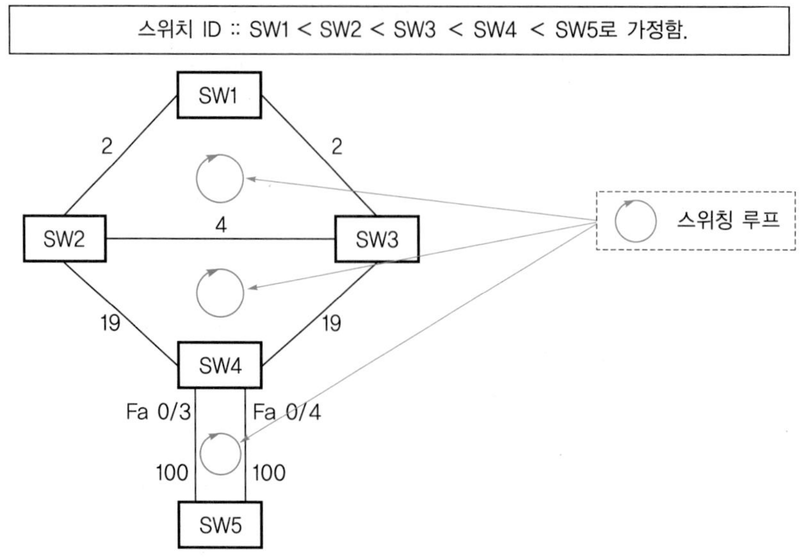

[그림 5-10]에서 링크 위의 숫자는 코스트(cost) 값으로 블로킹 포트를 결정할 때 사용한다. STP 프로토콜은 낮은 숫자를 좋아하고 높은 숫자를 싫어한다. 이더넷이 제공하는 밴드위스 10Gbps, 1Gbps, 100Mbps, 10Mbps에 대한 코스트 값은 각각 2, 4, 19, 100이다. 한편, 스위치 ID는 SW1이 제일 낮고, SW2, SW3, SW4, SW5로 갈수록 높아진다고 가정한다.

[그림 5-10] ▶ 코스트(cost)

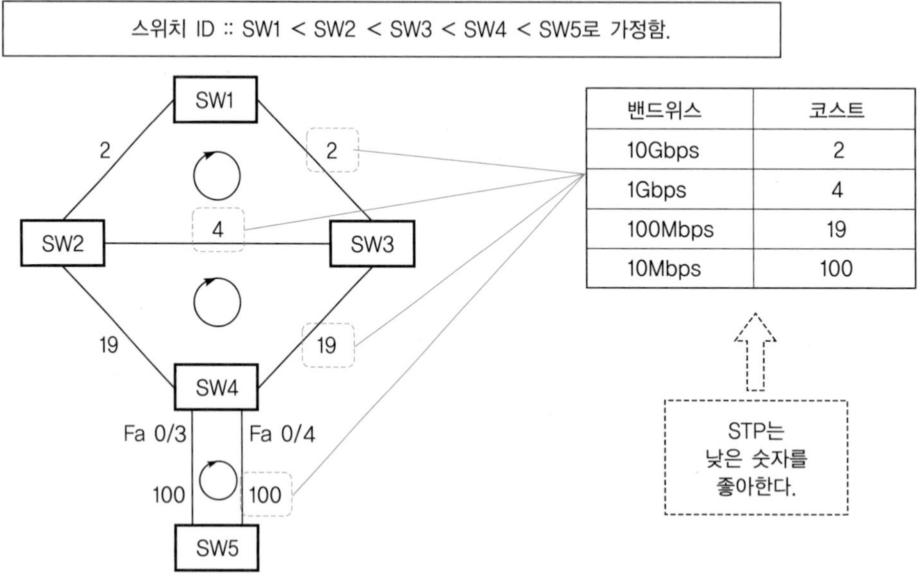

STP는 포트 차단을 위해 제일 먼저 STP 포트 차단의 기준이 되는 Root 스위치를 정해야 한다.

① Root 스위치의 결정

Root 스위치를 선정하기 위해 [표 5-12]의 Root 스위치 ID 필드를 활용한다. Root 스위치 ID는 [그림 5-11]과 같이 Priority와 MAC 주소로 구성된다. 스위치들은 Root 스위치 선정을 위해 BPDU의 Root 스위치 ID 자리에 자신의 ID를 입력하여 교환한다.

[그림 5-11] ▶ 스위치 ID

Priority (2 bytes)	MAC 주소 (6 bytes)

Priority 설정 범위: 0~65535, 디폴트 Priority 값: 32768

BPDU의 교환 주기는 2초다. [그림 5-12]는 SW1의 스위치 ID가 제일 낮다고(좋다고) 가정하므로 SW1이 Root 스위치가 될 것이다. 즉, ① 먼저 SW1과 SW2가 BPDU를 교환하면 SW1의 ID가 더 낮으므로(좋으므로) SW2는 즉시 침묵하고(BPDU를 생성시키지 않고), 수신한 BPDU를 전달만 한다. SW3도 마찬가지다. ② SW1이 보낸 BPDU가 SW4에 도착하면 SW4도 SW1이 보낸 BPDU의 스위치 ID가 자신보다 낮기(좋기) 때문에 즉시 침묵 상태에 들어간다. SW5도 마찬가지다. ③SW1은 자신보다 낮은 ID를 가진 BPDU를 수신하지 전까지는 Root 스위치로서 BPDU를 2초 주기로 보낸다. Root 스위치가 보내는 이 BPDU를 Configuration BPDU라 한다. BPDU의 교환주기가 2초이므로 Root 스위치 선정을 위한 소요 시간도 약 2초 내가 된다.

[그림 5-12] ▶ STP의 Root 스위치 선정 I

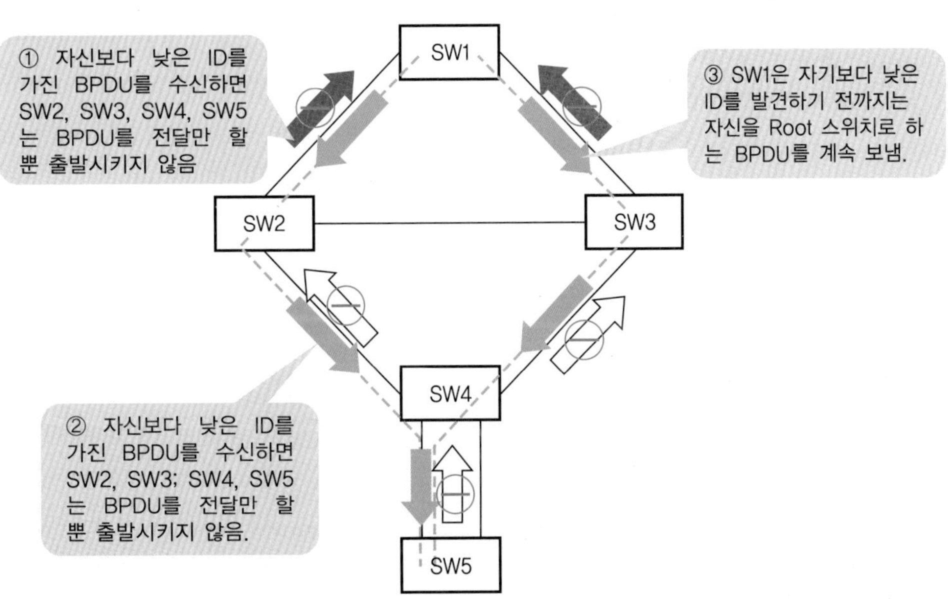
① 자신보다 낮은 ID를 가진 BPDU를 수신하면 SW2, SW3, SW4, SW5는 BPDU를 전달만 할 뿐 출발시키지 않음
SW1
③ SW1은 자기보다 낮은 ID를 발견하기 전까지는 자신을 Root 스위치로 하는 BPDU를 계속 보냄.
SW2
SW3
SW4
② 자신보다 낮은 ID를 가진 BPDU를 수신하면 SW2, SW3; SW4, SW5는 BPDU를 전달만 할 뿐 출발시키지 않음.
SW5

[그림 5-13]을 보자. 기존의 Root 스위치보다 낮은 스위치 ID를 가진 SW0를 연결하면 SW0는 2초 주기로 BPDU를 보내고 해당 BPDU를 받은 SW1은 침묵 상태에 들어간다. 오직 SW0만이 2초 주기로 BPDU를 보내게 된다. 이것은 SW0가 Root 스위치가 되었음을 의미한다.

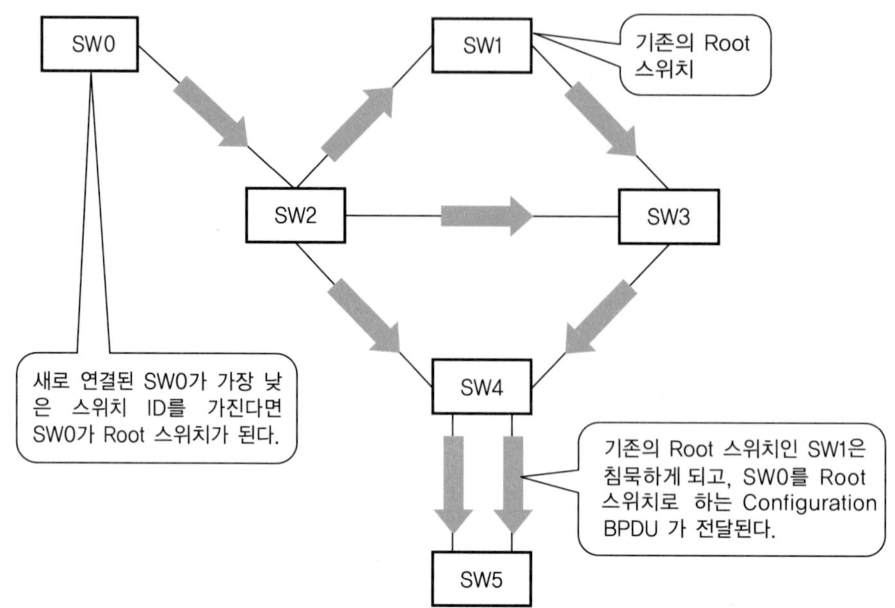

[그림 5-13] ▶ STP의 Root 스위치 선정 II

② 하나의 Root 포트 선정

(Root 스위치가 아닌) 일반 스위치는 하나의 Root 포트를 선정한다. Root 포트란 Root 스위치로 가는 최단거리를 제공하는 포트다. 일반 스위치는 [표 5-12]의 BPDU 필드 중에서 다음 순서대로 비교하여 Root 포트를 선정한다.

① Path cost
② (BPDU가 방금 거친) 스위치 ID
③ (BPDU가 방금 거친) 스위치의 포트 ID

SW1이 Root 스위치로 선정되면 SW1은 2초마다 Configuration BPDU를 보낸다. 일반 스위치에서 Root 포트를 결정하기 위해 제일 먼저 비교하는 값이 Path cost다. Path cost는 Configuration BPDU가 거친 모든 링크들의 코스트의 합이다.

[그림 5-14]를 보자. SW2에서는 Root 스위치가 보낸 Configuration BPDU가 0/1, 0/2, 0/3 포트를 통해 들어오는데, 각각의 포트를 통해 들어온 Configuration BPDU의 Path cost는 각각 2, 6(= 2 + 4), 40(= 2 + 19 + 19)이다. SW2는 Path cost '2'를 제공하는 0/1 포트를 Root 포트로 선택한다. Root 포트란 Root 스위치로

가는 최단거리를 제공하는 포트다.

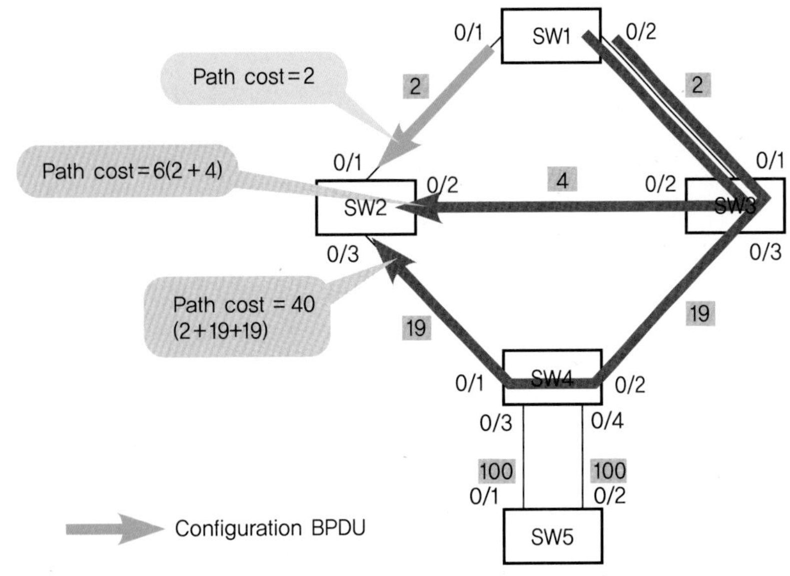

[그림 5-14] ▶ SW2의 Root 포트 선정

[그림 5-15]를 보자. SW3도 마찬가지다. Root 스위치가 보낸 Configuration BPDU가 0/1, 0/2, 0/3 포트를 통해 들어오는데, 각각의 포트를 통해 들어온 Configuration BPDU의 Path cost는 각각 2, 6(= 2 + 4), 40(= 2 + 19 + 19)이다. SW3은 Path cost '2'를 제공하는 이 포트를 Root 포트로 선택한다.

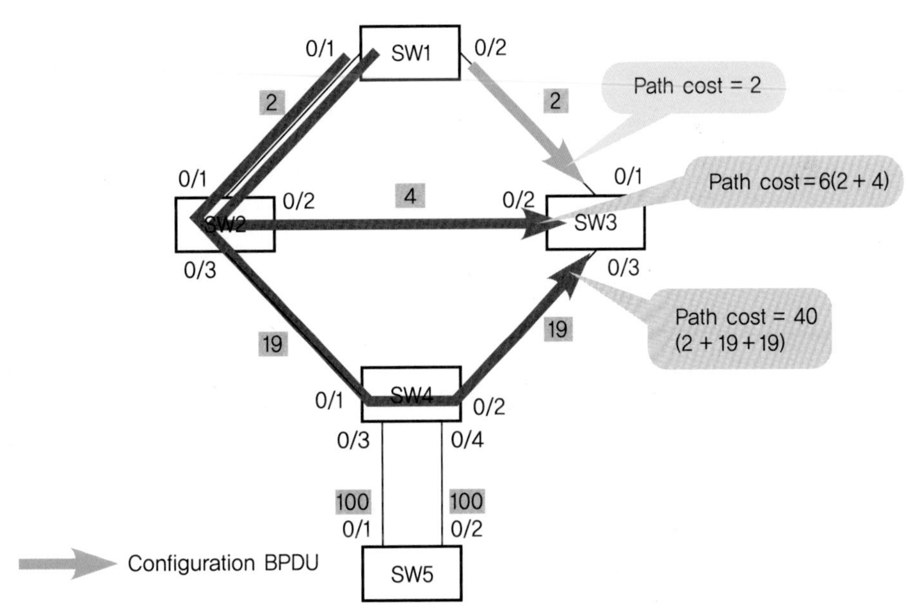

[그림 5-15] ▶ SW3의 Root 포트 선정

[그림 5-16]을 보자. SW4 입장에서는 Root 스위치가 보낸 Configuration BPDU가 0/1과 0/2 포트를 통해 들어오는데, Path cost는 '21'로 동일하다. 이때, 다음으로 비교하는 값이 Configuration BPDU가 방금 거친 스위치 ID다. 0/1번 포트로 들어온 Configuration BPDU는 방금 SW2를 거쳤고, 0/2 번 포트로 들어온 Configuration BPDU는 방금 SW3을 거쳤다. SW4는 어떤 경로를 선택할까? STP는 낮은 숫자를 좋아한다고 했으므로 SW4는 방금 거친 스위치 ID가 낮은 SW2쪽 포트(SW4 의 0/1 포트)를 Root 포트로 선택한다. 스위치 ID는 'SW1 < SW2 < SW3 < SW4 < SW5'라고 가정했음을 상기하기 바란다.

[그림 5-16] ▶ SW4의 Root 포트 선정

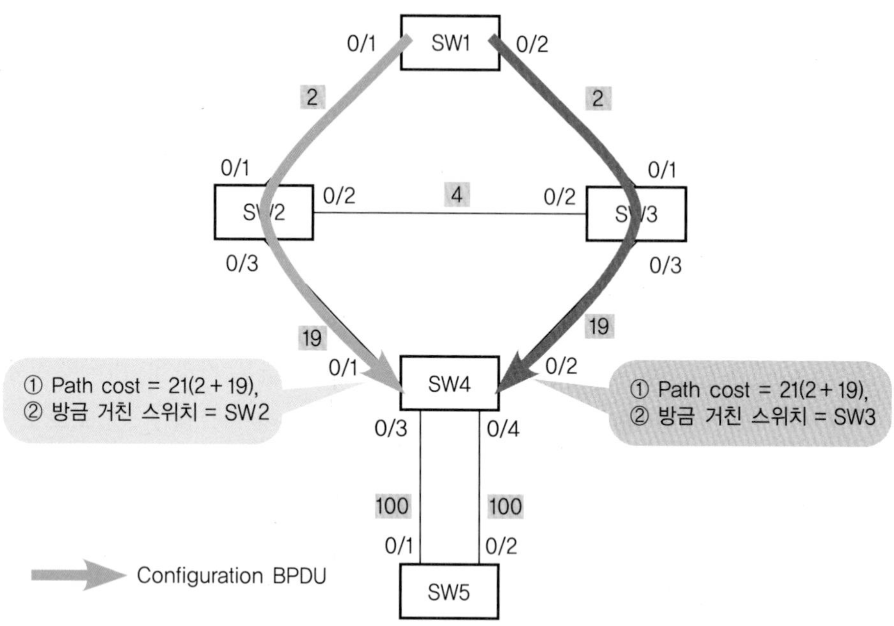

[그림 5-17]을 보자. SW5 입장에서는 Root 스위치가 보낸 Configuration BPDU가 0/1과 0/2 포트를 통해 들어오는데, 각각의 포트를 통해 들어온 Configuration BPDU의 Path cost는 '121'로 동일하다. 이 때 다음으로 비교하는 값이 Configuration BPDU가 방금 거친 스위치 ID인데 두 경로 모두 SW4로 동일하다. 마지막으로 비교하는 값이 방금 거친 스위치의 포트 ID다. 0/1 번 포트로 들어온 Configuration BPDU의 방금 거친 스위치의 포트 ID는 128.3이고, 0/2번 포트로 들어온 Configuration BPDU는의 방금 거친 스위치의 포트 ID는 128.4이다. 포트 ID는 '포트_Priority.포트 번호' 형식을 갖는데, 디폴트 포트 Priority 값은 128이다. 포트 Priority가 디폴트 값일 때, SW5는 포트 번호가 낮은 쪽 경로를 선택한다. 즉, SW5는 방금 거친 스위치의 포트 번호가 낮은 쪽인 0/1 포트를 Root 포트로 선택한다.

[그림 5-17] ▶
SW5의 Root 포트 선정

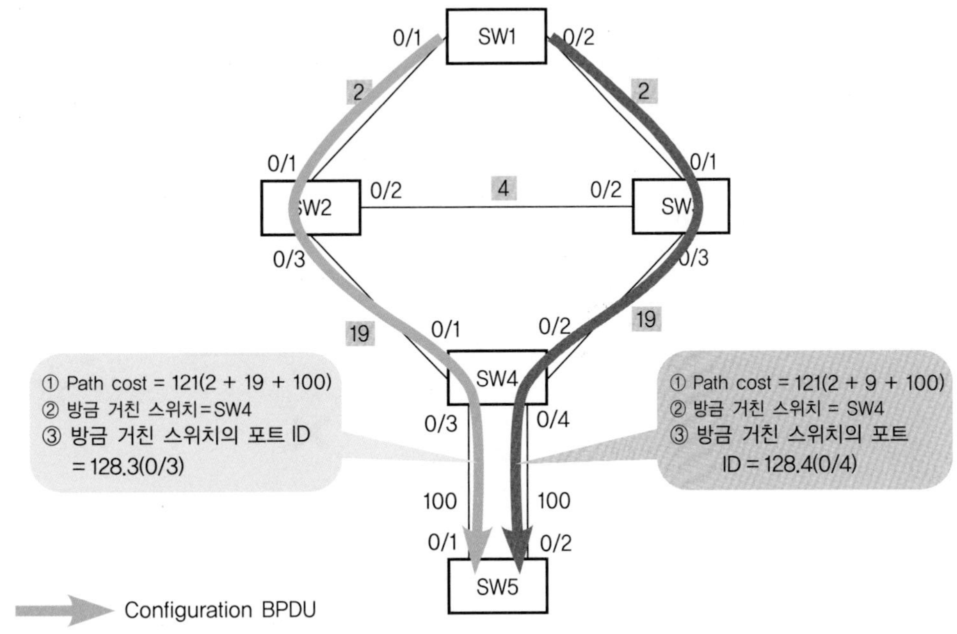

Root 스위치가 아닌 일반 스위치들이 Root 스위치로 가는 가장 좋은 경로 즉, Root 포트가 연결된 경로를 하나씩 선택하고 나면 [그림 5-18]의 ①, ②, ③번 경로와 같이 선택되지 않는 경로가 생긴다.

[그림 5-18] ▶
STP가 선택한 경로와 선택하지 않은 경로

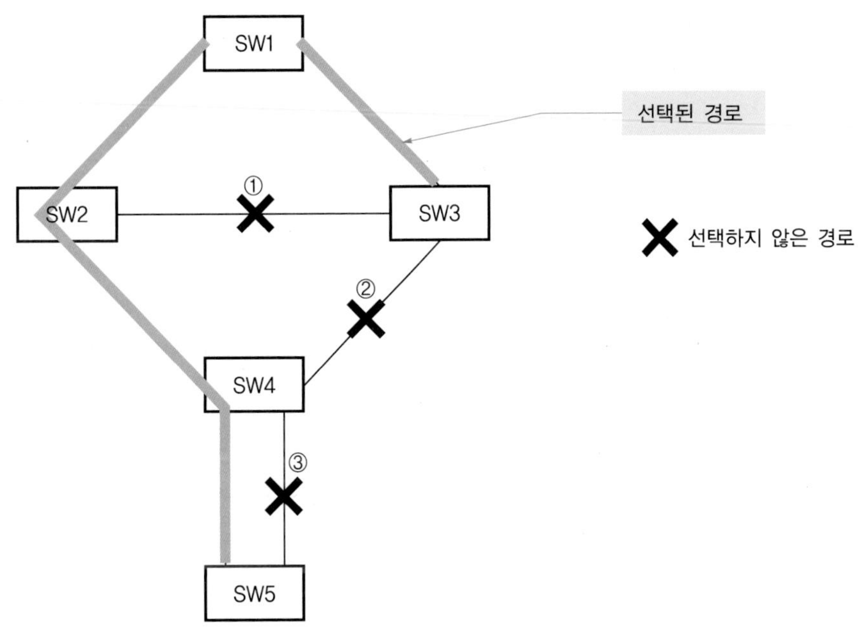

[그림 5-19]와 같이 Root 스위치가 아닌 일반 스위치에서 Root 스위치로 가는 최단 경로와 연결되는 포트를 Root 포트라고 한다.

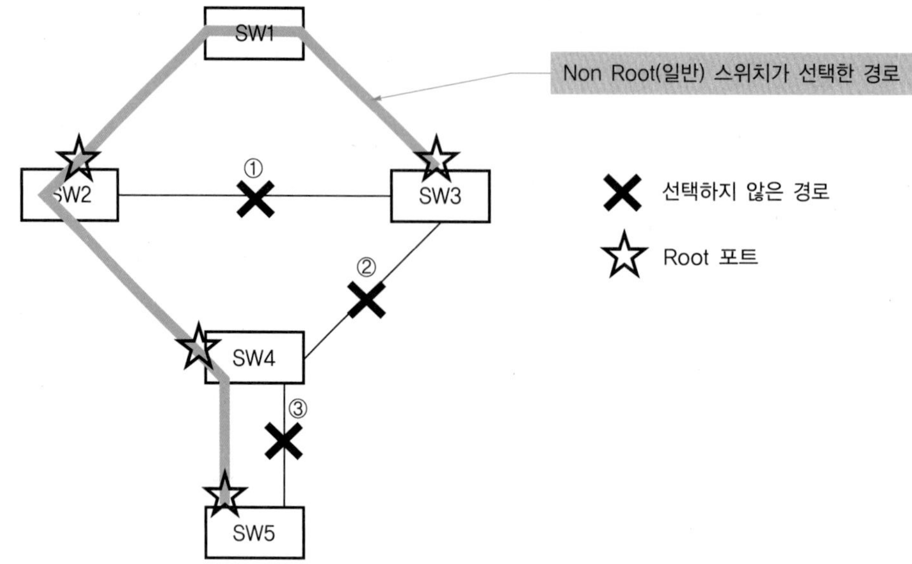

[그림 5-19] ▶ 일반 [Non Root] 스위치가 선택한 경로들

선택되지 않은 선인 ①, ②, ③을 연결하는 포트들 중 한 포트만 블로킹 상태에 두면 된다. 블로킹될 상태를 선정할 때도 다음 순서를 따른다.

① Path cost
② (BPDU가 방금 거친) 스위치 ID
③ (BPDU가 방금 거친) 스위치의 포트 ID

[그림 5-20]을 보자. ①번 선의 중심에 내가 서 있다 가정하자. ①번 선의 중심으로 들어오는 Configuration BPDU의 Path cost가 '2'로 동일하므로 BPDU가 방금 거친 스위치 ID를 비교한다. 방금 'SW2'와 'SW3'을 거쳐 들어왔다. 'SW2'와 'SW3'쪽 포트 중 어느 포트를 블로킹할까? 정답은 'SW3'쪽 포트다. STP는 낮은 숫자를 좋아하고 높은 숫자를 싫어한다. 방금 거친 스위치 ID가 높은 'SW3'쪽 포트를 블로킹한다. 즉 SW2와 SW3이 양자의 스위치 ID를 비교하여 스위치 ID가 높은 쪽인 SW3의 0/2 포트가 블로킹된다.

[그림 5-20] ▶
블로킹 포트 찾기 I

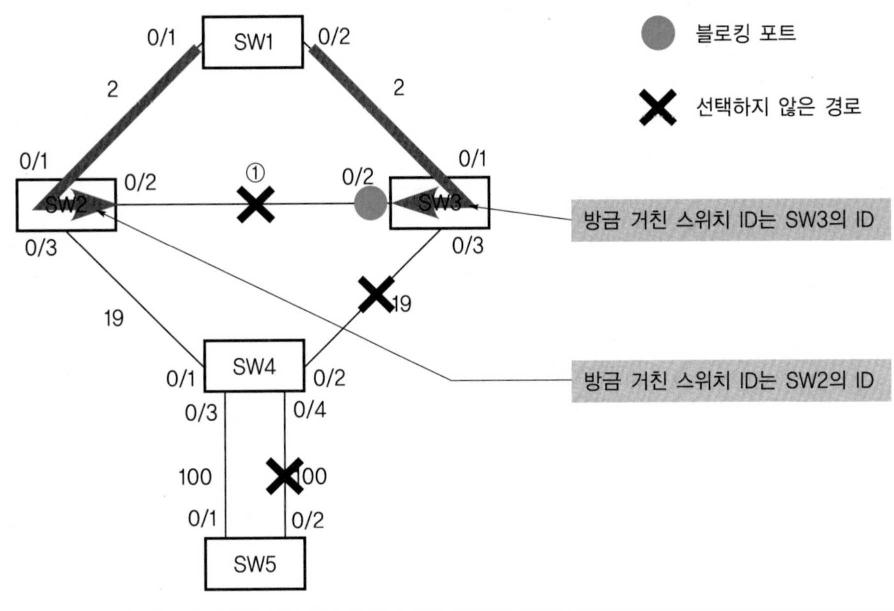

[그림 5-21]을 보자. 이번에는 ②번 선으로 들어오는 Configuration BPDU의 Path cost가 각각 '2'와 '21'로 다르므로 Path cost가 높은 쪽 포트를 블로킹한다. 즉 SW4의 0/2 포트가 블로킹된다. STP는 높은 숫자를 싫어한다.

[그림 5-21] ▶
블로킹 포트 찾기 II

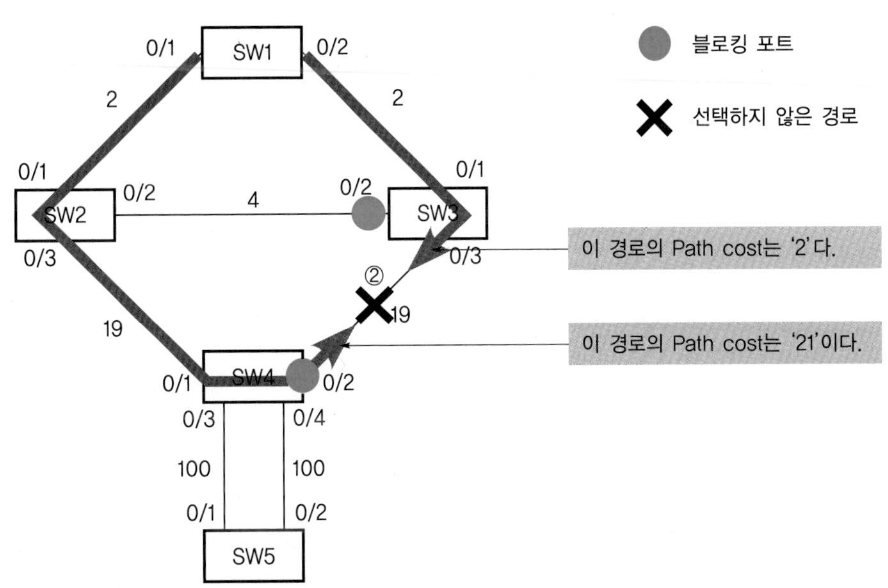

[그림 5-22]를 보자. ③번 선으로 들어오는 Configuration BPDU의 Path cost가 각각 '21'과 '121'로 다르므로 Path cost가 높은 쪽 포트를 블로킹한다. 즉 SW5의 0/2 포트가 블로킹된다. STP는 높은 숫자를 싫어한다.

[그림 5-22] ▶ 블로킹 포트 찾기 III

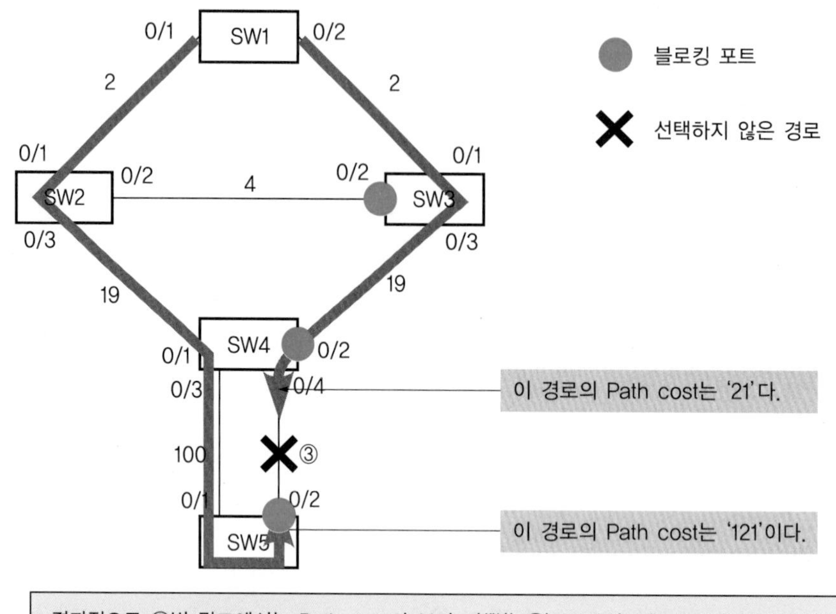

[그림 5-23]과 같이 블로킹된 포트를 Non-designated 포트 또는 Alternate 포트라고 한다. 이 블로킹 포트를 차단하여 스위칭 루프는 사라지며 따라서 브로드캐스트 스톰 문제를 해결한다.

[그림 5-23] ▶ 블로킹 포트들

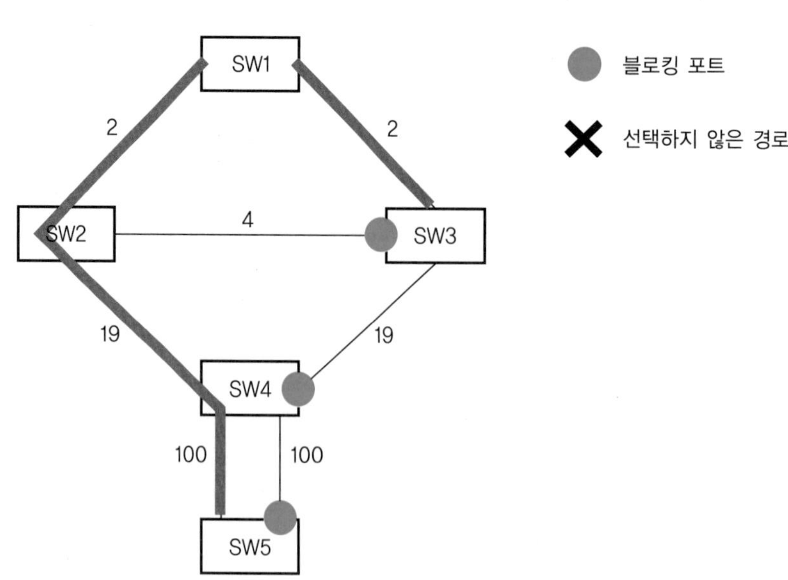

[그림 5-24]에서는 Root와 Non-designated 포트가 아닌 포트 들을 세모로 표시하였다. 이 포트 들을 Designated 포트라고 한다. Designated 포트는 각각의 선에서 가장 좋은 포트다. 가장 좋다는 의미는 STP의 기준인 Root 스위치에 가장 가깝다는 것을 뜻한다.

[그림 5-24] ▶ Designated 포트들

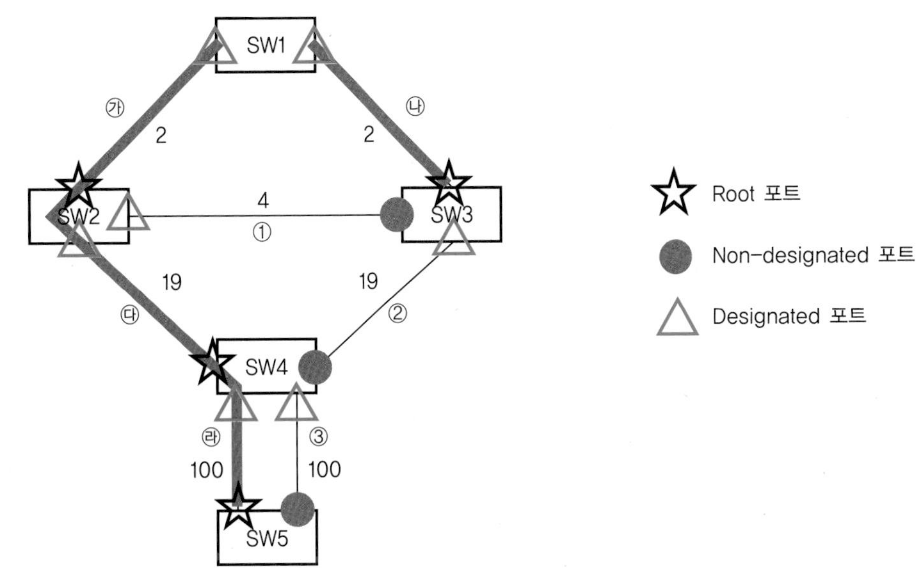

[그림 5-24]에서 세모로 표시된 포트는 각각의 선에서 Root 스위치에 가장 가까운 포트다. 해당 포트 들이 Designated 포트가 되는 이유는 [표 5-13]에 정리하였다.

[표 5-13] ▶ Designated 포트와 선정이유

선	Designated 포트	이유
㉮	SW1쪽 포트	㉮선에서 SW1(Root 스위치)쪽 포트는 Root 스위치에 바로 연결되어 Path cost가 '0'이고, SW2쪽 포트는 Path cost가 '6'으로 SW1쪽 포트가 보다 좋음.
㉯	SW1쪽 포트	㉯선에서 SW1(Root 스위치)쪽 포트는 Root 스위치에 바로 연결되어 Path cost가 '0'이고, SW3쪽 포트는 Path cost가 '6'으로 SW1쪽 포트가 보다 좋음.
㉰	SW2쪽 포트	㉰선에서 SW2쪽 포트는 Path cost가 '2'이고, SW4쪽 포트는 Path cost가 '21'임. SW2쪽 포트가 보다 좋음.
㉱	SW4쪽 포트	㉱선에서 SW4쪽 포트는 Path cost가 '21'이고, SW5쪽 포트는 Path cost가 '121'임. SW4쪽 포트가 보다 좋음.
①	SW2쪽 포트	①선에서 SW2와 SW3쪽 포트는 모두 Path cost가 '2'로 동일하므로, BPDU가 방금 거친 스위치 ID를 비교함. SW2와 SW3의 ID를 비교하여 낮은 스위치 ID쪽인 SW2쪽 포트가 보다 좋음
②	SW3쪽 포트	②선에서 SW3쪽 포트는 Path cost가 '2'이고, SW4쪽 포트는 Path cost가 '21'임. SW3쪽 포트가 보다 좋음.
③	SW4쪽 포트	③선에서 SW4쪽 포트는 Path cost가 '21'이고, SW5쪽 포트는 Path cost가 '121'임. SW4쪽 포트가 보다 좋음.

Lecture 04

STP 연습 I

강의 키워드 BPDU, Path cost, BPDU가 방금 거친 스위치 ID, BPDU가 방금 거친 스위치의 포트 ID, Root 포트, Designated 포트, Non-designated 포트

[그림 5-25]의 예에서 Root 포트, Designated 포트, Non-designated 포트를 찾아보자.

• 스위치 ID : SW1이 제일 낮고, SW1<SW2<SW3<···<SW10 순으로 높아진다.
• 선 위의 수, '2'와 '19'는 Cost다.

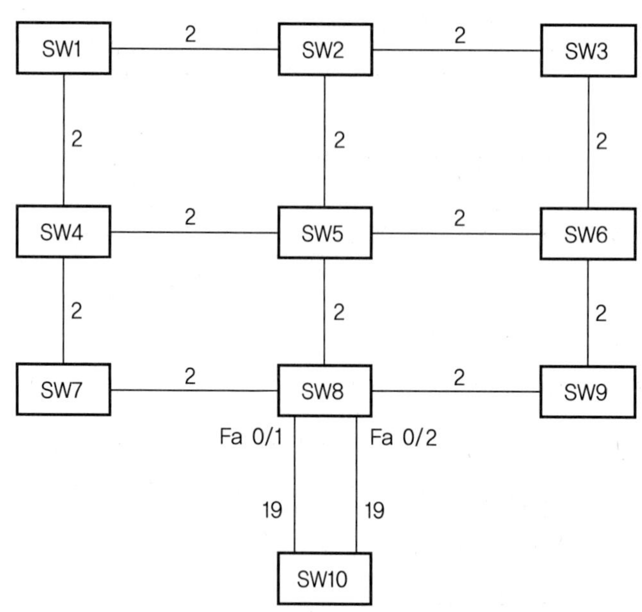

[그림 5-25] ▶ STP 연습 구성 I

해설 결과는 [그림 5-26]과 같아야 한다.

[그림 5-26] ▶
STP 연습 구성 해답

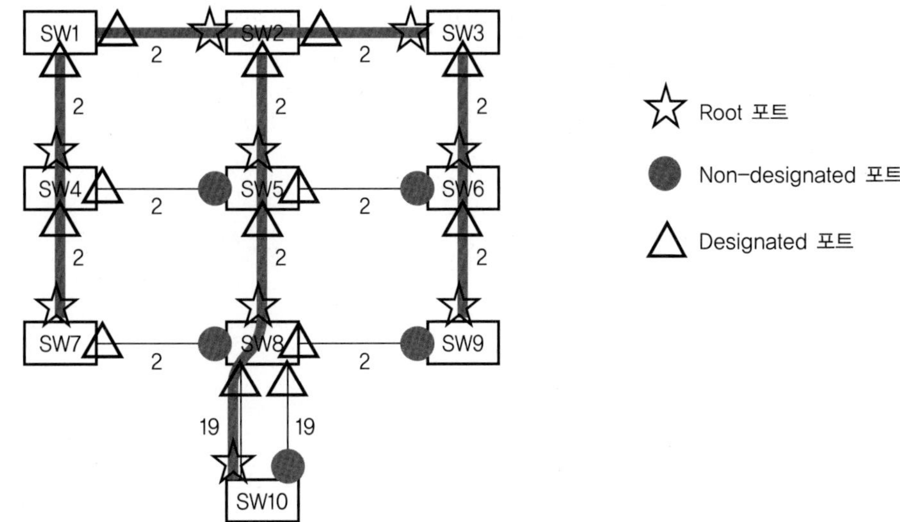

[그림 5-26]에서 각 포트가 Root, Designated, Non Designated 포트가 되는 이유는 다음과 같다.

1 Root 포트

먼저 Root 스위치는 문제에서 SW1의 스위치 ID가 가장 낮으므로 SW1이 Root 스위치가 된다. Root 스위치가 선정되면 Root 스위치는 2초마다 Configuration BPDU를 보낸다.

[그림 5-27]을 보자. SW2 입장에서 3개의 포트로 도착하는 Configuration BPDU의 Path cost는 각각 2, 6, 10이다. SW2는 Path cost가 가장 좋은(낮은) SW1쪽 경로를 선택하고, SW1쪽 경로와 연결된 포트를 Root 포트로 선정한다.

[그림 5-27] ▶
SW2 에서 Root 포트

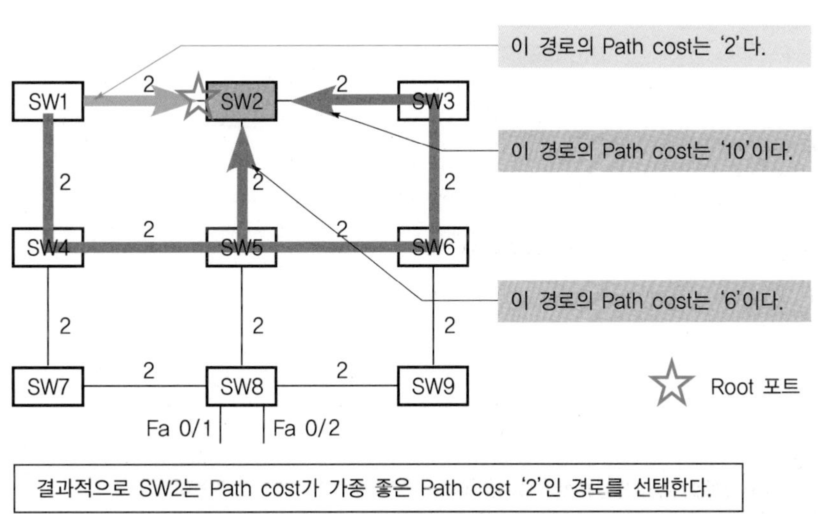

[그림 5-28]을 보자. SW3 입장에서 2개의 포트로 도착하는 Configuration BPDU의 Path cost는 각각 4, 8이다. SW2는 Path cost가 가장 좋은(낮은) SW2쪽 경로를 선택하고, SW2쪽 경로와 연결된 포트를 Root 포트로 선정한다.

[그림 5-28] ▶ SW3에서 Root 포트

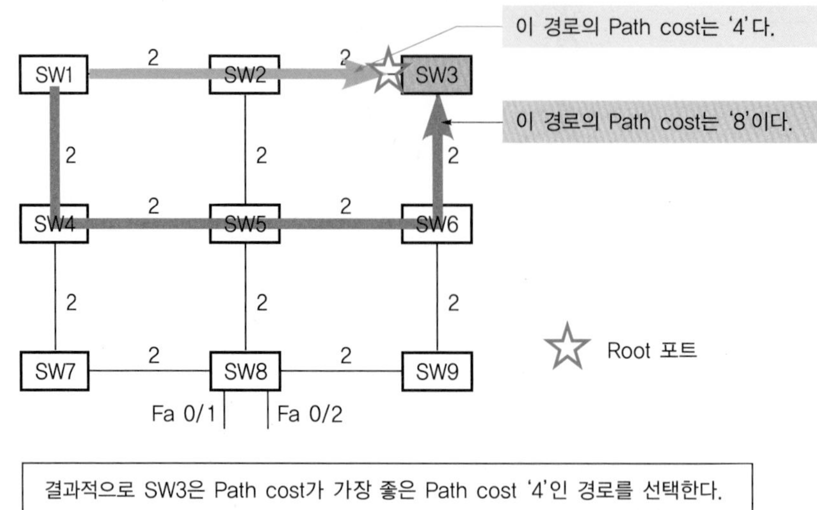

이 경로의 Path cost는 '4'다.
SW1
SW2
SW3
이 경로의 Path cost는 '8'이다.
SW4
SW5
SW6
SW7
SW8
SW9
Root 포트
Fa 0/1
Fa 0/2
2
결과적으로 SW3은 Path cost가 가장 좋은 Path cost '4'인 경로를 선택한다.

[그림 5-29]를 보자. SW4 입장에서 2개의 포트로 도착하는 Configuration BPDU의 Path cost는 각각 2, 6, 10이다. SW4는 Path cost가 가장 좋은(낮은) SW1쪽 경로를 선택하고, SW1쪽 경로와 연결된 포트를 Root 포트로 선정한다.

[그림 5-29] ▶ SW4에서 Root 포트

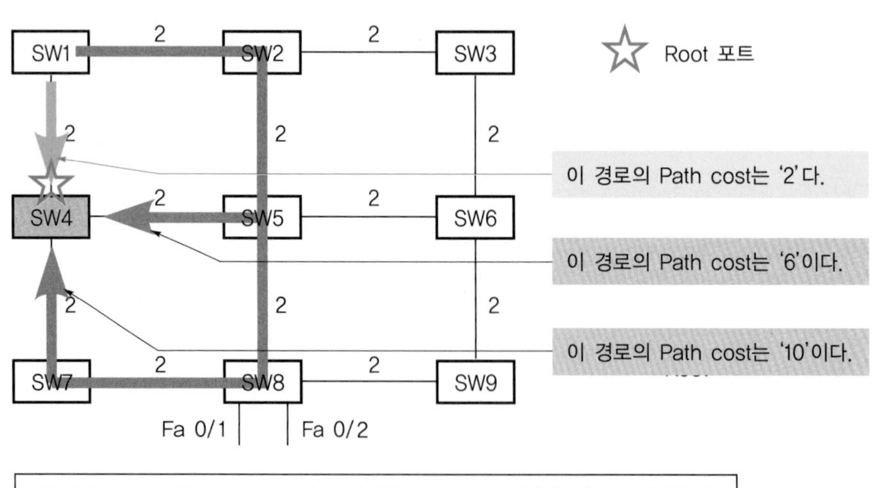

SW1
SW2
SW3
Root 포트
이 경로의 Path cost는 '2'다.
SW4
SW5
SW6
이 경로의 Path cost는 '6'이다.
이 경로의 Path cost는 '10'이다.
SW7
SW8
SW9
Fa 0/1
Fa 0/2
2
결과적으로 SW4는 Path cost가 가장 좋은 Path cost '2'인 경로를 선택한다.

[그림 5-30]을 보자. SW7 입장에서 2개의 포트로 도착하는 Configuration BPDU의 Path cost는 각각 4, 8이다. SW7은 Path cost가 가장 좋은(낮은) SW4쪽 경로를 선택하고, SW4쪽 경로와 연결된 포트를 Root 포트로 선정한다.

[그림 5-30] ▶
SW7에서 Root 포트

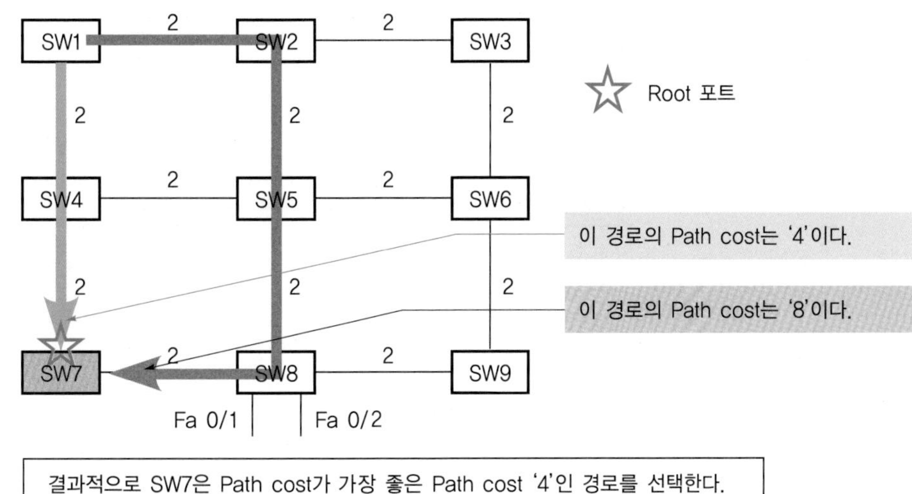
SW1
SW2
SW3
SW4
SW5
SW6
SW7
SW8
SW9
2
Root 포트
이 경로의 Path cost는 '4'이다.
이 경로의 Path cost는 '8'이다.
Fa 0/1
Fa 0/2
결과적으로 SW7은 Path cost가 가장 좋은 Path cost '4'인 경로를 선택한다.

[그림 5-31]을 보자. SW5 입장에서 2개의 포트로 도착하는 Configuration BPDU의 Path cost 는 '4'로 동일하다. 이때, 비교하는 값이 BPDU가 방금 거친 스위치의 ID다. 두 BPDU는 각각 방금 SW2와 SW5를 거쳐 들어왔다. 문제에서 SW2의 ID가 SW5의 ID 보다 낮다고 했으므로 SW2쪽 포트를 Root 포트로 선택한다.

[그림 5-31] ▶
SW5에서 Root 포트

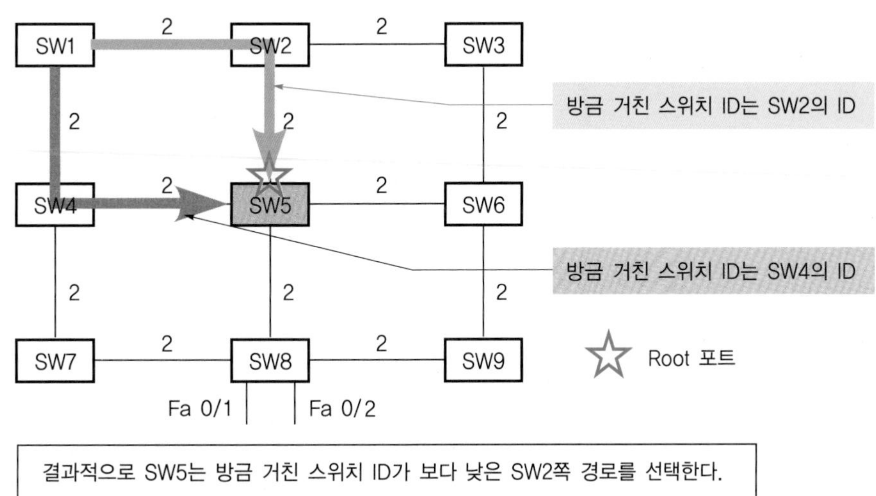
SW1
SW2
SW3
SW4
SW5
SW6
SW7
SW8
SW9
2
방금 거친 스위치 ID는 SW2의 ID
방금 거친 스위치 ID는 SW4의 ID
Root 포트
Fa 0/1
Fa 0/2
결과적으로 SW5는 방금 거친 스위치 ID가 보다 낮은 SW2쪽 경로를 선택한다.

[그림 5-32]를 보자. SW6 입장에서 2개의 포트로 도착하는 Configuration BPDU의 Path cost 는 '6'으로 동일하다. 이 때, 비교하는 값이 BPDU가 방금 거친 스위치의 ID다. 두 BPDU는 각각 방금 SW3과 SW5를 거쳐 들어왔다. 가정에서 SW3의 ID가 SW5의 ID보다 낮다고 했으므로 SW3쪽 포트를 Root 포트로 선택한다.

[그림 5-32] ▶
SW6에서 Root 포트

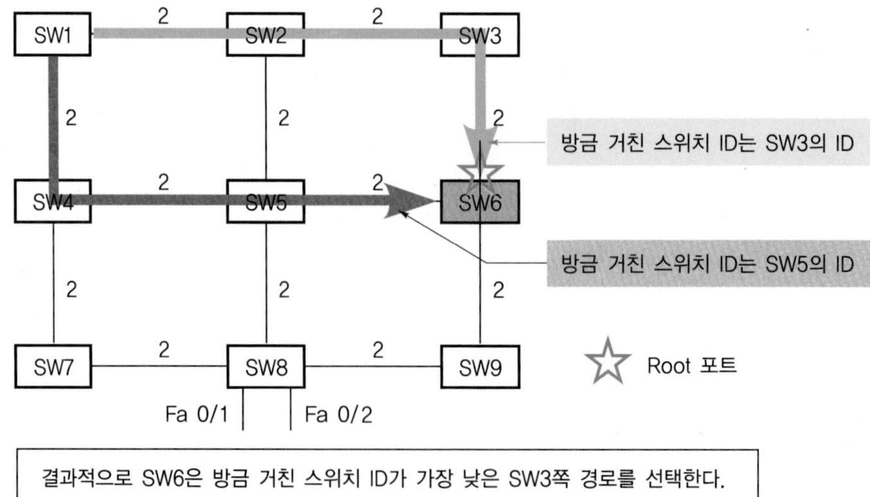
SW1
SW2
SW3
SW4
SW5
SW6
SW7
SW8
SW9
2
방금 거친 스위치 ID는 SW3의 ID
방금 거친 스위치 ID는 SW5의 ID
Root 포트
Fa 0/1
Fa 0/2
결과적으로 SW6은 방금 거친 스위치 ID가 가장 낮은 SW3쪽 경로를 선택한다.

[그림 5-33]을 보자. SW8 입장에서 2개의 포트로 도착하는 Configuration BPDU의 Path cost 는 '6'으로 동일하다. 이 때, 비교하는 값이 BPDU가 방금 거친 스위치의 ID다. 두 BPDU는 각각 방금 SW5와 SW7을 거쳐 들어왔다. 가정에서 SW5의 ID가 SW7의 ID보다 낮다고 했으므로 SW5쪽 포트를 Root 포트로 선택한다.

[그림 5-33] ▶
SW8에서 Root 포트

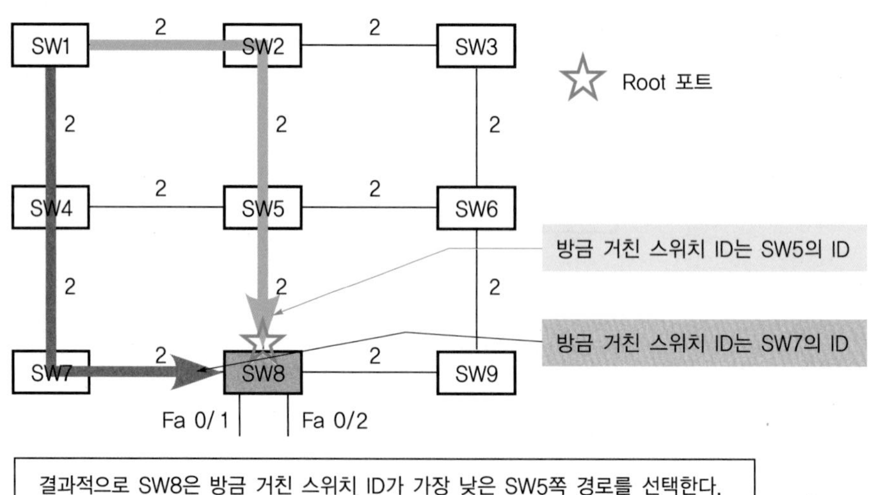
SW1
SW2
SW3
SW4
SW5
SW6
SW7
SW8
SW9
2
Root 포트
방금 거친 스위치 ID는 SW5의 ID
방금 거친 스위치 ID는 SW7의 ID
Fa 0/1
Fa 0/2
결과적으로 SW8은 방금 거친 스위치 ID가 가장 낮은 SW5쪽 경로를 선택한다.

[그림 5-34]를 보자. SW9 입장에서 2개의 포트로 도착하는 Configuration BPDU의 Path cost는 '8'로 동일하다. 이 때, 비교하는 값이 BPDU가 방금 거친 스위치의 ID다. 두 BPDU는 각각 방금 SW6와 SW8을 거쳐 들어왔다. 가정에서 SW6의 ID가 SW8의 ID보다 낮다고 했으므로 SW6쪽 포트를 Root 포트로 선택한다.

[그림 5-34] ▶
SW9에서 Root 포트

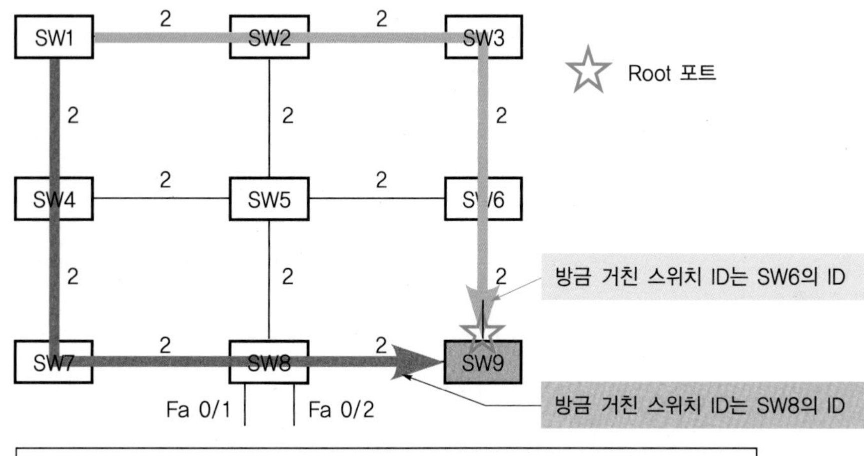
SW1
SW2
SW3
SW4
SW5
SW6
SW7
SW8
SW9
2
Root 포트
방금 거친 스위치 ID는 SW6의 ID
방금 거친 스위치 ID는 SW8의 ID
Fa 0/1
Fa 0/2
결과적으로 SW9는 방금 거친 스위치 ID가 보다 낮은 SW6쪽 경로를 선택한다.

[그림 5-35]를 보자. SW9 입장에서 2개의 포트로 도착하는 Configuration BPDU의 Path cost는 '8'로 동일하고 방금 거친 스위치 ID도 SW8로 동일하다. 이때, 비교하는 값이 BPDU가 방금 거친 스위치의 포트 ID다. 두 BPDU는 각각 방금 SW8의 Fa 0/1과 Fa 0/2 포트를 거쳐 들어왔다. SW10은 방금 거친 스위치의 포트 ID가 낮은 왼쪽 포트 측, Fa 0/1 포트를 Root 포트로 선택한다.

[그림 5-35] ▶
SW10에서 Root 포트

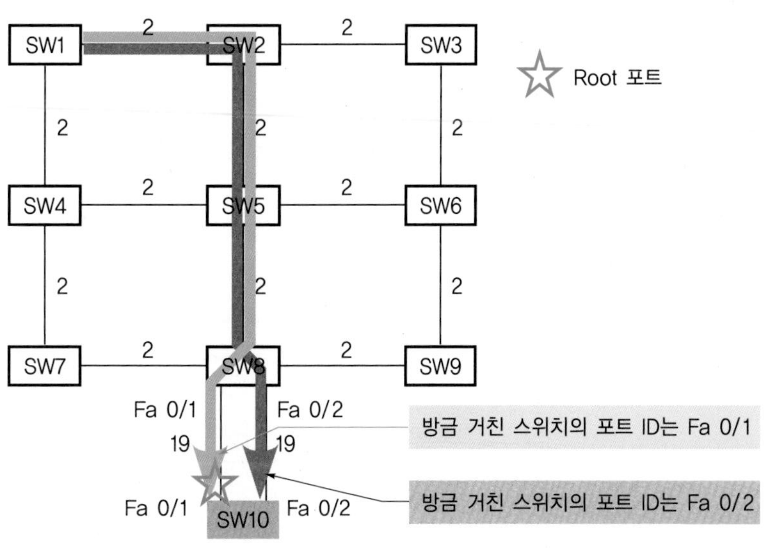
SW1
SW2
SW3
SW4
SW5
SW6
SW7
SW8
SW9
SW10
2
19
Root 포트
Fa 0/1
Fa 0/2
방금 거친 스위치의 포트 ID는 Fa 0/1
방금 거친 스위치의 포트 ID는 Fa 0/2
SW10은 방금 거친 스위치의 포트 ID가 보다 낮은 Fa 0/1 포트를 선택한다.

② Non-designated(혹은 Alternate) 포트

Root가 아닌 일반 스위치에서 Root 스위치로 가는 제일 좋은 경로를 선정하면 [그림 5-36]과 같은 ①, ②, ③, ④, ⑤의 선택되지 않은 경로가 생긴다. 이 경로는 스위칭 룹 때문에 사용할 수 없으며 이 경로들을 연결하는 두 포트들 중의 한 포트만 블로킹하면 된다.

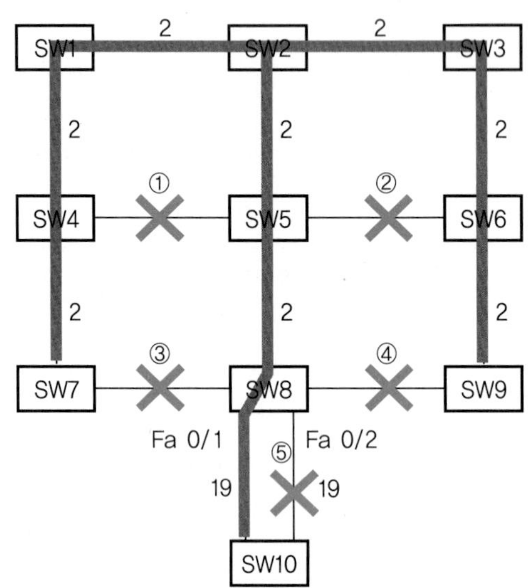

[그림 5-36] ▶ 선택되지 않은 링크들(블로킹 포트를 가지는 링크들)

[그림 5-37]을 보자. ①번 선 입장에서 2개의 포트로 도착하는 Configuration BPDU의 Path cost는 각각 2, 4이다. Path cost가 보다 나쁜(높은) SW5쪽 포트가 Non-designated 포트가 되고 블로킹된다.

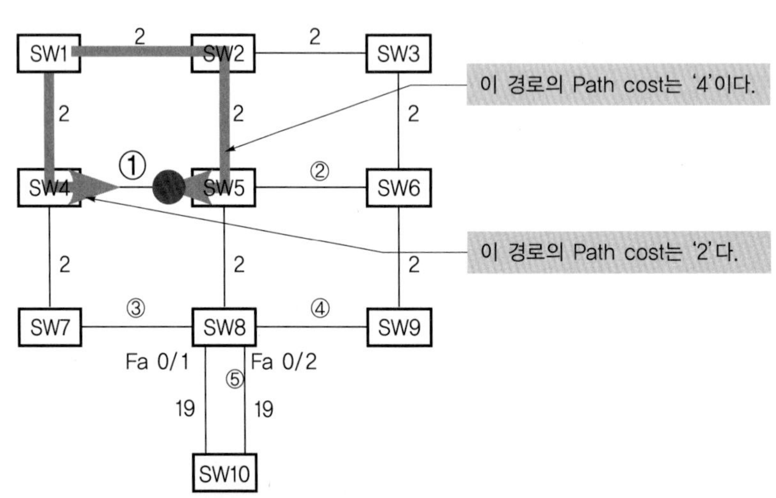

[그림 5-37] ▶ 블로킹 포트 찾기 I

[그림 5-38]을 보자. ②번 선 입장에서 2개의 포트로 도착하는 Configuration BPDU의 Path cost는 각각 4, 6이다. Path cost가 보다 나쁜(높은) SW6쪽 포트가 Non-designated 포트가 되고 블로킹된다.

[그림 5-38] ▶ 블로킹 포트 찾기 II

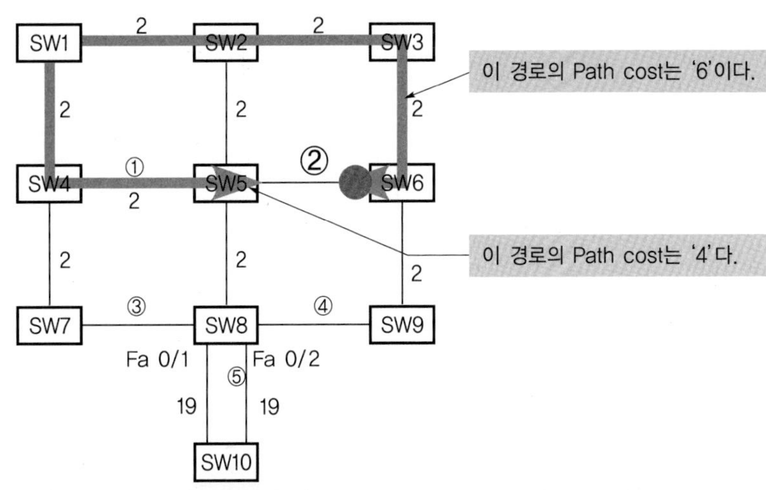
SW1
SW2
SW3
SW4
SW5
SW6
SW7
SW8
SW9
SW10
Fa 0/1
Fa 0/2
이 경로의 Path cost는 '6'이다.
이 경로의 Path cost는 '4'다.
결과적으로 ②번 링크에서는 Path cost가 보다 나쁜 Path cost '6'인 쪽 포트가 차단됨

[그림 5-39]를 보자. ③번 선 입장에서 2개의 포트로 도착하는 Configuration BPDU의 Path cost는 각각 4, 6이다. Path cost가 보다 나쁜(높은) SW8쪽 포트가 Non-designated 포트가 되고 블로킹된다.

[그림 5-39] ▶ 블로킹 포트 찾기 III

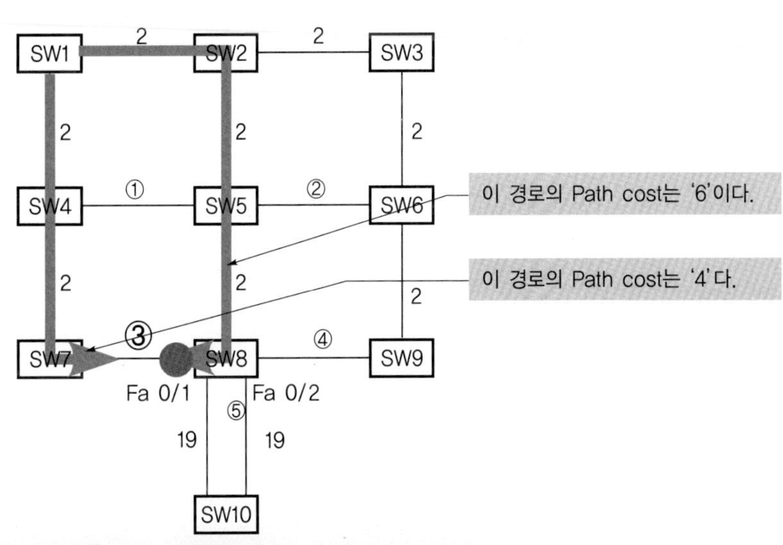
SW1
SW2
SW3
SW4
SW5
SW6
SW7
SW8
SW9
SW10
Fa 0/1
Fa 0/2
이 경로의 Path cost는 '6'이다.
이 경로의 Path cost는 '4'다.
결과적으로 ③번 링크에서는 Path cost가 보다 나쁜 Path cost '6'인 쪽 포트가 차단됨

[그림 5-40]을 보자. ④번 선 입장에서 2개의 포트로 도착하는 Configuration BPDU의 Path cost는 각각 6, 8이다. Path cost가 보다 나쁜(높은) SW9쪽 포트가 Non-designated 포트가 되고 블로킹된다.

[그림 5-40] ▶ 블로킹 포트 찾기 Ⅳ

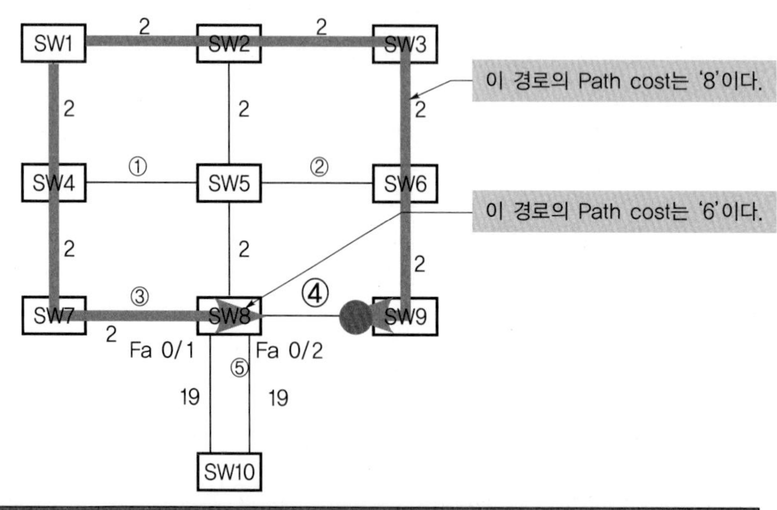

[그림 5-41]을 보자. ⑤번 선 입장에서 2개의 포트로 도착하는 Configuration BPDU의 Path cost는 각각 6, 25이다. Path cost가 보다 나쁜(높은) SW10쪽 포트가 Non-designated 포트가 되고 블로킹된다.

[그림 5-41] ▶ 블로킹 포트 찾기 Ⅴ

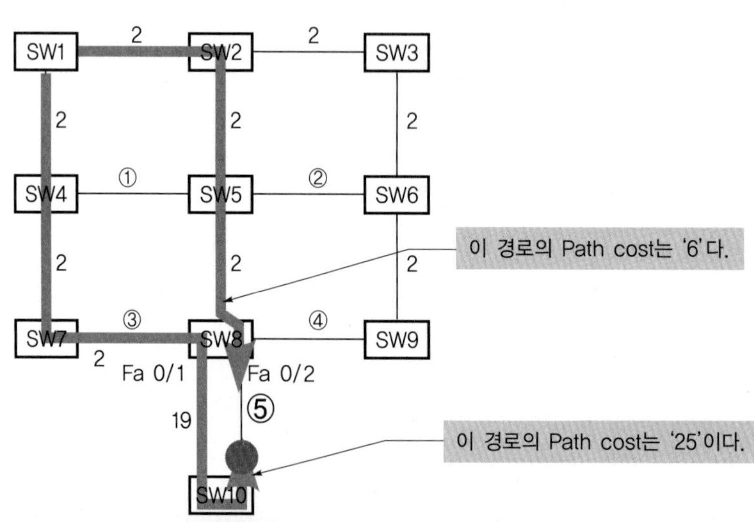

결과적으로 [그림 5-42]와 같이 Root 포트와 Non-designated 포트를 선정했다.

[그림 5-42] ▶ 블로킹 포트 찾기 VI

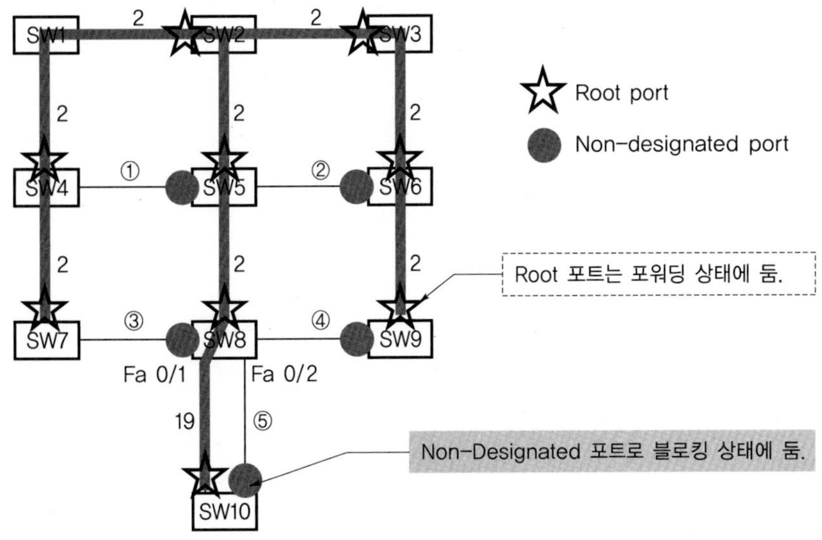

③ Designated 포트

Root 포트도 아니고 Non-designated 포트도 아닌 나머지 포트들은 Designated 포트가 된다. Root 포트면서 Designated 포트가 되거나, Root 포트면서 Non-designated 포트 등 2개의 역할을 중복적으로 하는 경우는 없다.

[그림 5-43] ▶ Root, Designated, Non-designated 포트

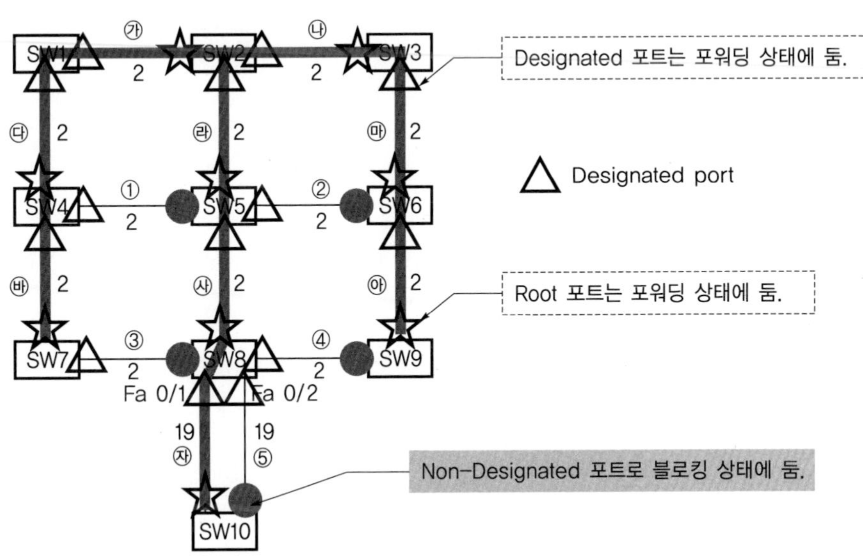

각 선에서 Designated 포트가 되는 이유는 [표 5-14]와 같다.

[표 5-14] ▶ Designated 포트와 이유

선	Designated 포트	이유
㉮	SW1쪽 포트	㉮선에서 SW1쪽 포트는 Root 스위치에 바로 연결되어 Path cost가 '0'이고, SW2쪽 포트는 Path cost가 '6'임.
㉯	SW2쪽 포트	㉯선에서 SW2쪽 포트는 Path cost가 '2'이고, SW3쪽 포트는 Path cost가 '8'임. SW2쪽 포트가 보다 좋음.
㉰	SW1쪽 포트	㉰선에서 SW1쪽 포트는 Root 스위치에 바로 연결되어 Path cost가 '0' 이고, SW4쪽 포트는 Path cost가 '6' 임.
㉱	SW2쪽 포트	㉱선에서 SW2쪽 포트는 Path cost가 '2'이고, SW5쪽 포트는 Path cost가 '4'임. SW2쪽 포트가 보다 좋음.
㉲	SW3쪽 포트	㉲선에서 SW3쪽 포트는 Path cost가 '4'이고, SW6쪽 포트는 Path cost가 '6'임. SW3쪽 포트가 보다 좋음.
㉳	SW4쪽 포트	㉳선에서 SW4쪽 포트는 Path cost가 '2'이고, SW7쪽 포트는 Path cost가 '8'임. SW4쪽 포트가 보다 좋음.
㉴	SW5쪽 포트	㉴선에서 SW5쪽 포트는 Path cost가 '4'이고, SW8쪽 포트는 Path cost가 '6'임. SW5쪽 포트가 보다 좋음.
㉵	SW6쪽 포트	㉵선에서 SW6쪽 포트는 Path cost가 '6'이고, SW9쪽 포트는 Path cost가 '8'임. SW6쪽 포트가 보다 좋음.
㉶	SW8쪽 포트	㉶선에서 SW8쪽 포트는 Path cost가 '6'이고, SW10쪽 포트는 Path cost가 '25'임. SW8쪽 포트가 보다 좋음.
①	SW4쪽 포트	①선에서 SW4쪽 포트는 Path cost가 '2'이고, SW5쪽 포트는 Path cost가 '4'임. SW4쪽 포트가 보다 좋음.
②	SW5쪽 포트	②선에서 SW5쪽 포트는 Path cost가 '4'이고, SW6쪽 포트는 Path cost가 '6'임. SW5쪽 포트가 보다 좋음.
③	SW7쪽 포트	③선에서 SW7쪽 포트는 Path cost가 '4'이고, SW8쪽 포트는 Path cost가 '6'임. SW7쪽 포트가 보다 좋음.
④	SW8쪽 포트	④선에서 SW8쪽 포트는 Path cost가 '6'이고, SW9쪽 포트는 Path cost가 '8'임. SW8쪽 포트가 보다 좋음.
⑤	SW8쪽 포트	⑤선에서 SW8쪽 포트는 Path cost가 '6'이고, SW10쪽 포트는 Path cost가 '25'임. SW8쪽 포트가 보다 좋음.

포트 선정에 대해 한번 더 요약 정리하며 이번 강의를 마치자.

- Root 포트: (Root 스위치가 아닌) 각각의 일반 스위치에서 가장 좋은(Root 스위치에 가장 가까운) 포트(포워딩 상태에 둠)
- Designated 포트: 각각의 선에서 가장 좋은(Root 스위치에 가장 가까운) 포트(포워딩 상태에 둠)
- Non-designated 포트: Root 스위치에서 가장 먼 포트로 블로킹 상태에 둠.

Lecture 05

STP 연습 II

강의 키워드 BPDU, Path cost, BPDU가 방금 거친 스위치 ID, BPDU가 방금 거친 스위치의 포트 ID, Root 포트, Designated 포트, Non-designated 포트

[그림 5-44]에서 Root 포트, Designated 포트, Non-designated 포트를 찾아 보자.

- 스위치 ID: SW1이 제일 낮고, SW2, SW3, SW4, SW5 순으로 높아진다.
- 선 위의 수는 Cost다.

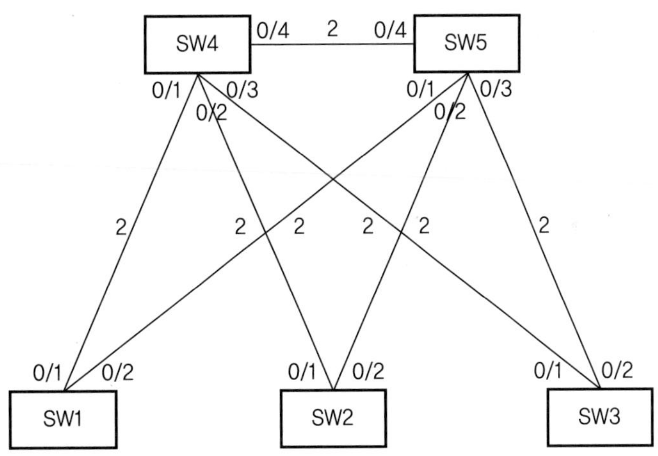

[그림 5-44] ▶ STP 연습 구성 II

해설 결과는 [그림 5-45]와 같아야 한다.

[그림 5-45] ▶
STP 연습 구성 II 해답

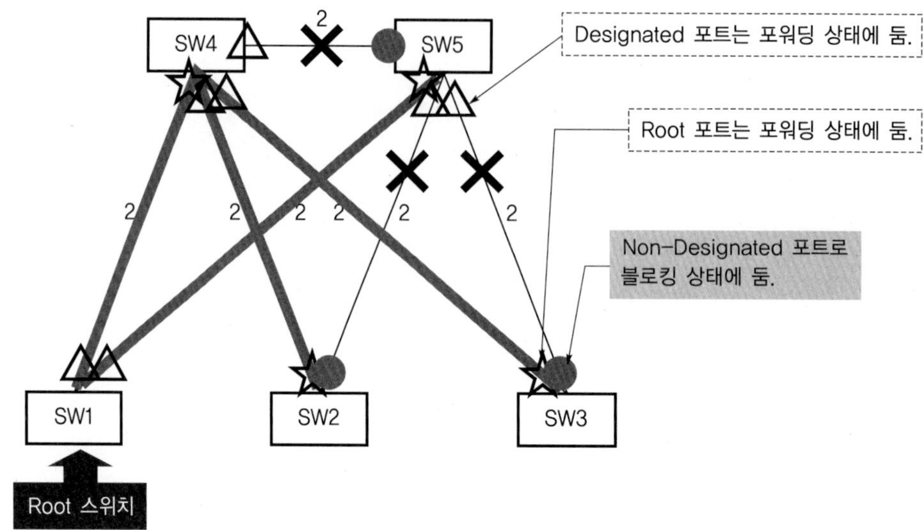

[그림 5-45]에서 각 포트가 Root, Designated, Non designated 포트가 되는 이유는 다음과 같다.

먼저 Root 스위치는 문제에서 SW1의 스위치 ID가 가장 낮으므로 SW1이 Root 스위치가 된다. 각각의 스위치는 모든 경로를 통해 들어오는 Configuration BPDU의 Path cost를 비교하여 Root 스위치로 가는 가장 좋은 경로를 제공하는 Root 포트를 결정하는데 그 결과는 [그림 5-46]과 같다.

[그림 5-46] ▶
Root 포트

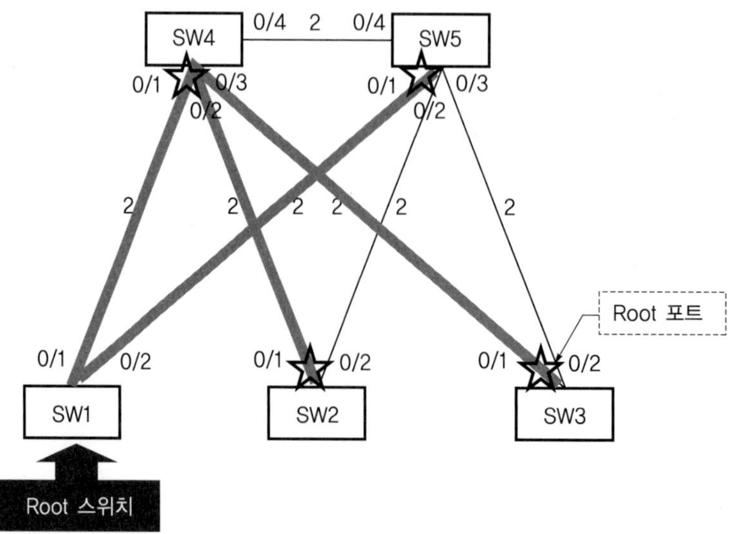

각 스위치에서 Root 포트를 선정한 이유는 [표 5-15]와 같다.

[표 5-15] ▶ Root 포트 선정 이유

선	Root 포트	이유
SW1	없음	Root 포트의 정의는 일반 스위치에서 Root 스위치로 가는 최단거리를 제공하는 포트로 Root 스위치에는 Root 포트가 없음.
SW2	0/1	0/1과 0/2 포트의 Path cost는 '4'로 동일함. BPDU가 방금 SW4와 SW5를 거쳐 내려왔으므로 스위치 ID가 낮은 SW4쪽 포트를 선택한다.
SW3	0/1	0/1과 0/2 포트의 Path cost는 '4'로 동일함. BPDU가 방금 SW4와 SW5를 거쳐 내려왔으므로 스위치 ID가 낮은 SW4쪽 포트를 선택한다.
SW4	0/1	0/1, 0/2, 0/3, 0/4 포트들의 Path cost는 각각 2, 6, 6, 4이므로 Path cost가 가장 낮은(좋은) 0/1 포트를 선택한다.
SW5	0/1	0/1, 0/2, 0/3, 0/4 포트들의 Path cost는 각각 2, 6, 6, 4이므로 Path cost가 가장 낮은(좋은) 0/1 포트를 선택한다.

Root 스위치가 아닌 일반 스위치에서 Root 스위치로 가는 제일 좋은 포트인 Root 포트가 선택되면 그림과 같이 남아 있는 선이 생긴다. 그림에서 'X'로 표시된 선들이다. 이 남아 있는 선들을 연결하는 포트들 중 한 포트만 블로킹하면 되는데 이 포트가 Non-designated 포트다. 그 결과는 [그림 5-47]과 같다.

[그림 5-47] ▶ Non-designated 포트

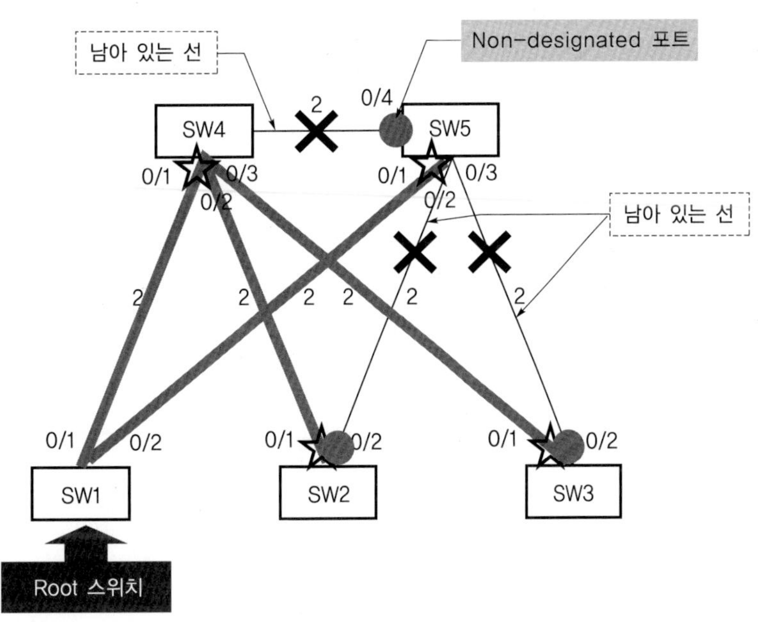

선택되지 않은 선들에서 Non-designated 포트를 선정한 이유는 [표 5-16]과 같다.

[표 5-16] ▶ Non-designated 포트와 선정이유

선	Non-designated 포트	이유
SW4-SW5	SW5의 0/4	SW4쪽과 SW5쪽 모두 Root 스위치까지의 Path cost는 '2'로 동일하므로 방금 거친 스위치 ID를 비교하는데 SW5의 ID가 SW4의 ID보다 높으므로 SW5쪽 포트가 Non-designated 포트가 된다.
SW2-SW5	SW2의 0/2	SW2쪽 포트는 Path cost가 '4'이고, SW5쪽 포트는 Path cost가 '2'이므로 SW2쪽 포트가 Non-Designated 포트가 된다.
SW3-SW5	SW3의 0/2	SW3쪽 포트는 Path cost가 '4'이고, SW5쪽 포트는 Path cost가 '2'이므로 SW3쪽 포트가 Non-designated 포트가 된다.

[그림 5-48]에서 ☆와 ● 표시된 포트를 제외한 모든 포트들은 Designated 포트다. 즉, SW1의 0/1, 0/2 포트들, SW4의 0/2, 0/3, 0/4 포트들, SW5의 0/2, 0/3 포트들이 Designated 포트에 해당한다.

[그림 5-48] ▶ Designated 포트

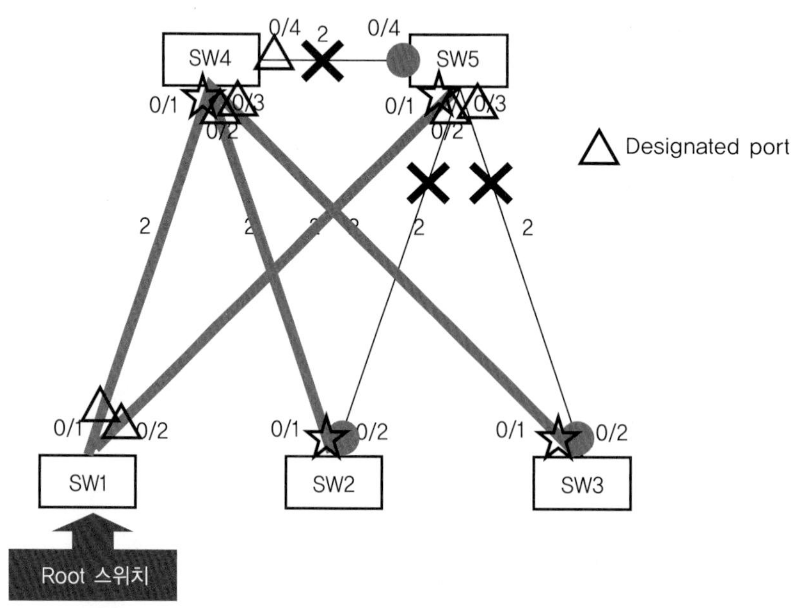

해당 포트들이 Designated 포트가 되는 이유는 [표 5-17]과 같다.

[표 5-17] ▶ Designated 포트와 선정이유

선	Designated 포트	이유
SW1-SW4	SW1의 0/1	SW1쪽 포트는 SW1이 Root 스위치이므로 Path cost가 '0'이고, SW4쪽 포트는 Path cost가 4이므로 SW1쪽 포트가 Designated 포트가 된다.
SW1-SW5	SW1의 0/2	SW1쪽 포트는 SW1이 Root 스위치이므로 Path cost가 '0'이고, SW5쪽 포트는 Path cost가 4이므로 SW1쪽 포트가 Designated 포트가 된다.
SW4-SW5	SW4의 0/4	SW4쪽 포트와 SW5쪽 포트 모두 Path cost가 '2'이므로, BPDU가 방금 거친 스위치 ID를 비교하는데 문제에서 SW4의 스위치 ID가 SW5의 스위치 ID보다 낮기(좋기) 때문에 SW4쪽 포트가 Designated 포트가 된다.
SW2-SW4	SW4의 0/2	SW2쪽 포트의 Path cost가 '4'이고, SW4쪽 포트의 Path cost가 '2'이므로 SW4쪽 포트가 Designated 포트가 된다.
SW2-SW5	SW5의 0/2	SW2쪽 포트의 Path cost가 '4'이고, SW5쪽 포트의 Path cost가 '2'이므로 SW5쪽 포트가 Designated 포트가 된다.
SW3-SW4	SW4의 0/3	SW3쪽 포트의 Path cost가 '4'이고, SW4쪽 포트의 Path cost가 '2'이므로 SW4쪽 포트가 Designated 포트가 된다.
SW3-SW5	SW5의 0/3	SW3쪽 포트의 Path cost가 '4'이고, SW5쪽 포트의 Path cost가 '2'이므로 SW5쪽 포트가 Designated 포트가 된다.

Lecture 06

STP 연습 III

강의 키워드 BPDU, Path cost, BPDU가 방금 거친 스위치 ID, BPDU가 방금 거친 스위치의 포트 ID, Root 포트, Designated 포트, Non-designated 포트

다음 예에서 Root 포트, Designated 포트, Non-designated 포트를 찾아 보자.

- 스위치 ID : SW1이 제일 낮고, SW2, SW3, SW4, SW5 순으로 높아진다.
- 선 위의 수는 Cost다.

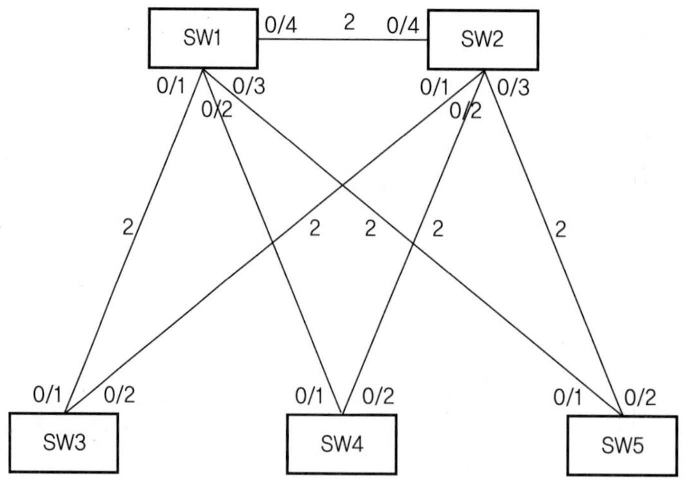

[그림 5-49] ▶ STP 연습 구성 III

해설 결과는 [그림 5-50]과 같아야 한다.

[그림 5-50] ▶
STP 연습 구성 Ⅲ 해답

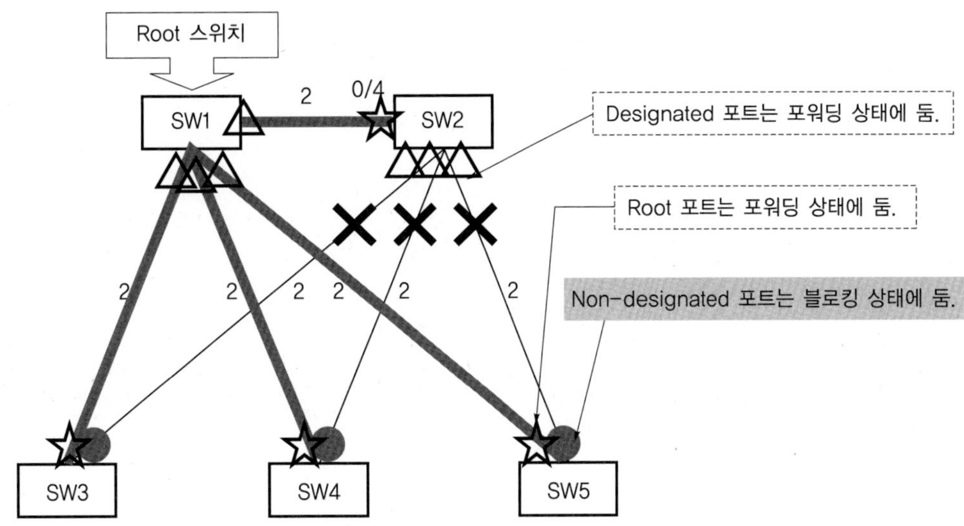

[그림 5-50]에서 각 포트가 Root, Designated, Non designated 포트가 되는 이유는 다음과 같다.

먼저 Root 스위치는 문제에서 SW1의 스위치 ID가 가장 낮으므로 SW1이 Root 스위치가 된다. 각각의 스위치는 모든 경로를 통해 들어오는 Configuration BPDU를 비교하여 Root 스위치로 가는 가장 좋은 경로를 선정하는데 그 결과는 [그림 5-51]과 같다.

[그림 5-51] ▶
Root 포트

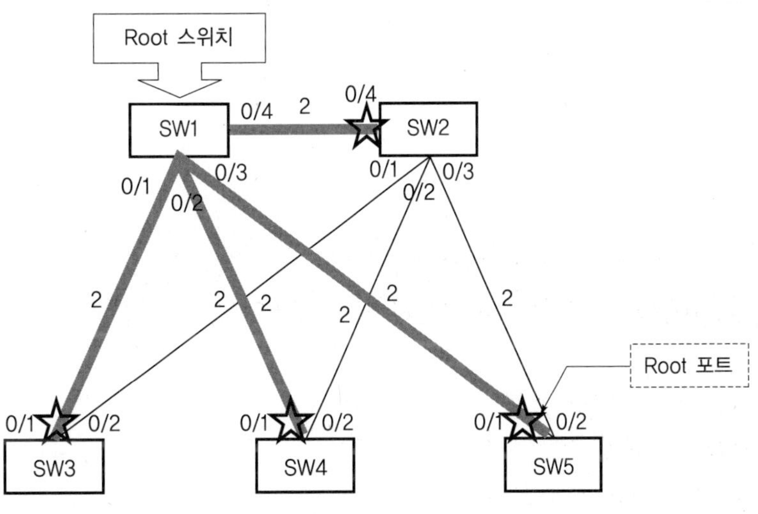

각 스위치에서 Root 포트를 선정한 이유는 [표 5-18]과 같다.

[표 5-18] ▶ Root 포트와 선정 이유

선	Root 포트	이유
SW1	없음	Root 포트의 정의는 일반 스위치에서 Root 스위치로 가는 최단거리를 제공하는 포트로 Root 스위치는 Root 포트를 가지지 않음.
SW2	0/4	0/1, 0/2, 0/3, 0/4 포트 들의 Path cost는 각각 4, 4, 4, 2이므로 Path cost가 가장 낮은(좋은) 0/4 포트를 선택한다.
SW3	0/1	0/1, 0/2 포트 들의 Path cost는 각각 2, 4이므로 Path cost가 가장 낮은(좋은) 0/1 포트를 선택한다.
SW4	0/1	0/1, 0/2 포트 들의 Path cost는 각각 2, 4이므로 Path cost가 가장 낮은(좋은) 0/1 포트를 선택한다.
SW5	0/1	0/1, 0/2 포트 들의 Path cost는 각각 2, 4이므로 Path cost가 가장 낮은(좋은) 0/1 포트를 선택한다.

Root 스위치가 아닌 일반 스위치에서 Root 스위치로 가는 제일 좋은 포트인 Root 포트가 선택되면 [그림 5-52]와 같이 남아 있는 선이 생긴다. 그림에서 '×'로 표시된 선들이다. 이 남아 있는 선들을 연결하는 포트들 중 한 포트만 블로킹하면 되는데 이 포트가 Non-designated 포트다. 그 결과는 [그림 5-52]와 같다.

[그림 5-52] ▶ Non-designated 포트

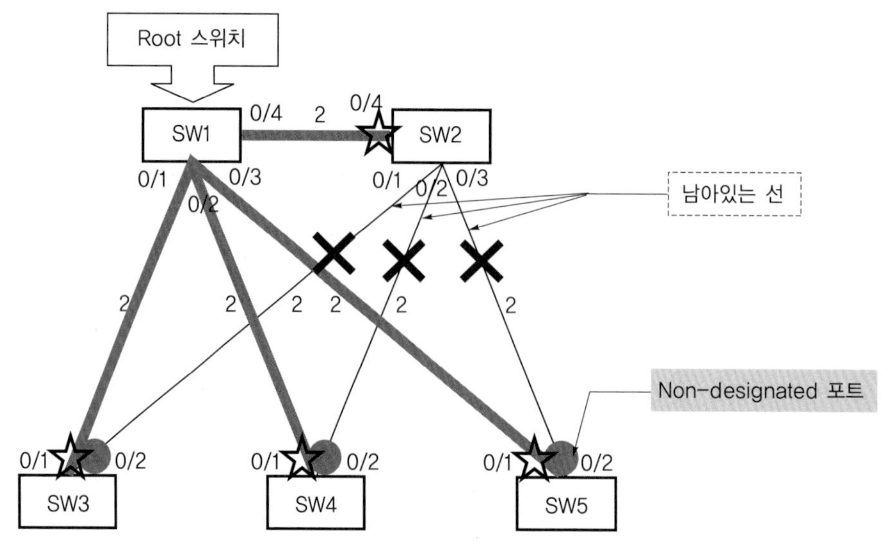

선택되지 않은 선 들에서 Non-designated 포트를 선정한 이유는 [표 5-19]와 같다.

[표 5-19] ▶ Non-designated 포트와 이유

선	Non-Designated 포트	이유
SW2-SW3	SW3의 0/2	SW2쪽과 SW3쪽 모두 Root 스위치까지의 Path cost는 '2'로 동일하므로 BPDU가 방금 거친 스위치 ID를 비교하는데 SW3의 ID가 SW2의 ID보다 높으므로 SW3쪽 포트가 Non-designated 포트가 된다.
SW2-SW4	SW4의 0/2	SW2쪽과 SW4쪽 모두 Root 스위치까지의 Path cost는 '2'로 동일하므로 BPDU가 방금 거친 스위치 ID를 비교하는데 SW4의 ID가 SW2의 ID보다 높으므로 SW4쪽 포트가 Non-designated 포트가 된다.
SW2-SW5	SW5의 0/2	SW2쪽과 SW5쪽 모두 Root 스위치까지의 Path cost는 '2'로 동일하므로 BPDU가 방금 거친 스위치 ID를 비교하는데 SW5의 ID가 SW2의 ID보다 높으므로 SW5쪽 포트가 Non-designated 포트가 된다.

[그림 5-53]에서 ☆와 ● 표시된 포트를 제외한 모든 포트들은 Designated 포트다. 즉, SW1의 0/1, 0/2, 0/3, 0/4 포트들, SW2의 0/1, 0/2, 0/3 포트들이 Designated 포트에 해당한다.

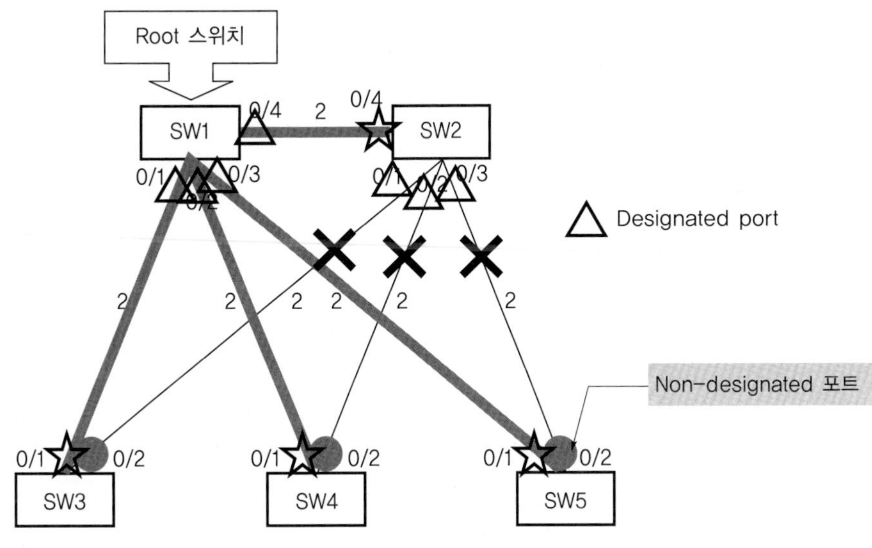

[그림 5-53] ▶ Designated 포트

해당 포트들이 Designated 포트가 되는 이유는 [표 5-20]과 같다.

[표 5-20] ▶ Designated 포트와 선정이유

선	Designated 포트	이유
SW1-SW2	SW1의 0/4	SW1쪽 포트는 SW1이 Root 스위치이므로 Path cost가 '0'이고, SW2쪽 포트는 Path cost가 4이므로 SW1쪽 포트가 Designated 포트가 된다.
SW1-SW3	SW1의 0/1	SW1쪽 포트는 SW1이 Root 스위치이므로 Path cost가 '0'이고, SW3쪽 포트는 Path cost가 4이므로 SW1쪽 포트가 Designated 포트가 된다.
SW1-SW4	SW1의 0/2	SW1쪽 포트는 SW1이 Root 스위치이므로 Path cost가 '0'이고, SW4쪽 포트는 Path cost가 4이므로 SW1쪽 포트가 Designated 포트가 된다.
SW1-SW5	SW1의 0/3	SW1쪽 포트는 SW1이 Root 스위치이므로 Path cost가 '0'이고, SW5쪽 포트는 Path cost가 4이므로 SW1쪽 포트가 Designated 포트가 된다.
SW2-SW3	SW2의 0/1	SW2쪽 포트와 SW3쪽 포트 모두 Path cost가 '2'이므로, BPDU가 방금 거친 스위치 ID를 비교하는데 문제에서 SW2의 스위치 ID가 SW3의 스위치 ID보다 낮기(Low, 좋기) 때문에 SW2쪽 포트가 Designated 포트가 된다.
SW2-SW4	SW2의 0/2	SW2쪽 포트와 SW4쪽 포트 모두 Path cost가 '2'이므로, BPDU가 방금 거친 스위치 ID를 비교하는데 문제에서 SW2의 스위치 ID가 SW4의 스위치 ID보다 낮기(Low, 좋기) 때문에 SW2쪽 포트가 Designated 포트가 된다.
SW2-SW5	SW2의 0/3	SW2쪽 포트와 SW5쪽 포트 모두 Path cost가 '2'이므로, BPDU가 방금 거친 스위치 ID를 비교하는데 문제에서 SW2의 스위치 ID가 SW5의 스위치 ID보다 낮기(Low, 좋기) 때문에 SW2쪽 포트가 Designated 포트가 된다.

Lecture 07

Root 스위치의 위치 비교

강의 키워드 Root 스위치가 액세스 계층에 있는 경우의 트래픽 경로, Root 스위치가 디스트리뷰션 계층에 있는 경우의 트래픽 경로,

Lecture 05. STP 연습 Ⅱ와 Lecture 06. STP 연습 Ⅲ을 비교해보자. Lecture 05. STP 연습 Ⅱ는 Root 스위치가 액세스 계층에 있는 경우다. Lecture 06. STP 연습 Ⅲ은 Root 스위치가 디스트리뷰션 계층에 있는 경우다.

[그림 5-54]에서 Root 스위치가 액세스 계층에 있는 경우의 사용하는 경로와 사용하지 않는 경로를 확인할 수 있다. 디스트리뷰션 계층 장치를 R1과 R2로 이중화한 것은 두 라우터들을 모두 사용하여 가용성을 높이기 위한 것이다. 그런데 SW3에서 R1

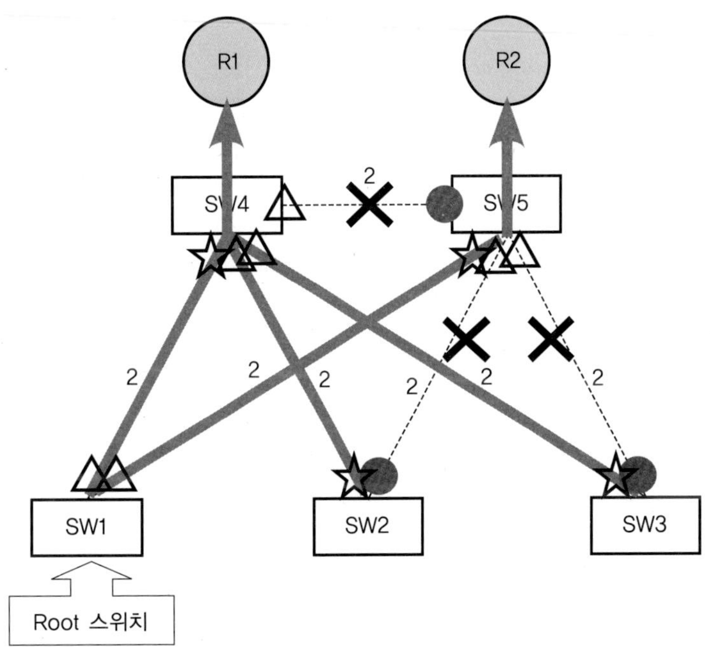

[그림 5-54] ▶ Root 스위치가 디스트리뷰션 계층에 있는 경우

라우터에 가는 경로는 SW3 → SW4 → R1으로 문제가 없지만, R2 라우터에 가는 경로는 'SW3 → SW4 → SW1 → SW5 → R2'와 같이 올라갔다 내려왔다 다시 올라가는 형태로 동선이 불합리해진다.

[그림 5-55]에서 Root 스위치가 디스트리뷰션 계층에 있는 경우의 사용하는 경로와 사용하지 않는 경로를 확인할 수 있다. 이 경우, SW5에서 R1 라우터로 가는 경로는 SW5 → SW1 → R1으로 문제가 없고, R2 라우터에 가는 경로도 'SW5 → SW1 → SW2 → R2'로 Root 스위치가 액세스 계층에 있는 경우처럼 비합리적이지는 않다.

[그림 5-55] ▶ Root 스위치가 액세스 계층에 있는 경우

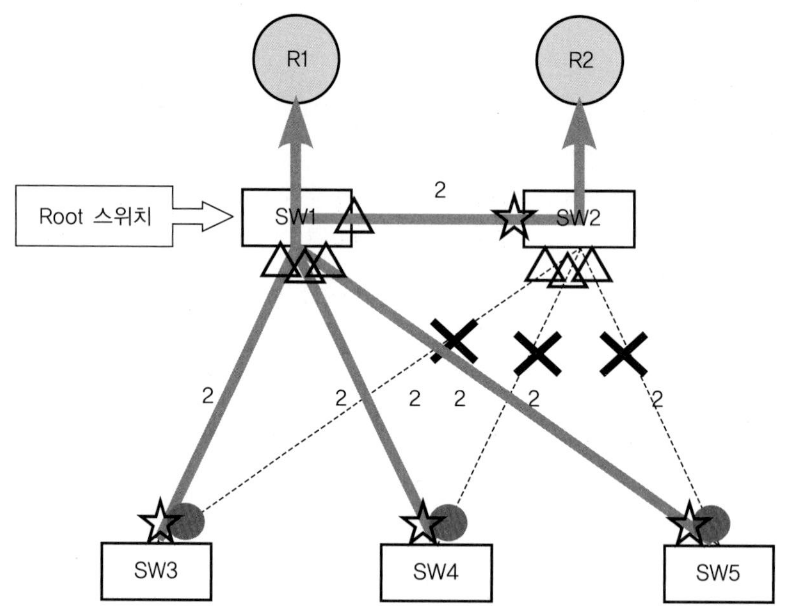

결론적으로 Root 스위치는 액세스 계층보다는 디스트리뷰션 계층에 설정해야 한다.

Lecture 08

STP 동작 확인

강의 키워드 Lab 06에서 Root 스위치 찾기, Lab 06에서 Root/Designated/Non-designated 포트 찾기, show spanning-tree

[그림 5-56]에서 Orange색으로 표시되는 포트들은 STP 프로토콜에 의해 블로킹된 포트다. 나머지 포트들은 모두 초록색이다.

Root 스위치를 찾아보자. 여기서 모든 링크의 코스트 값은 동일하다는 조건이며, 힌트는 다음과 같다. 블로킹되는 포트는 Root 스위치에서 가장 멀리 있는 포트이므로, 역으로 Root 스위치는 블로킹 포트에서 제일 멀리 있는 스위치다.

[그림 5-56] ▶ Root 스위치 찾기 연습

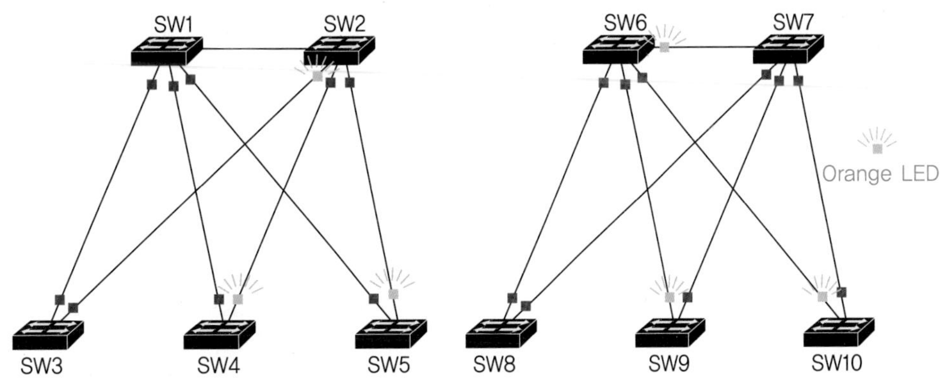

[그림 5-56]의 왼쪽 그림에서 Root 스위치는 SW1이다. SW1은 유일하게 블로킹 포트를 갖지 않았고, 블로킹 포트에 직접 연결되지도 않았다. SW3은 블로킹 포트를 갖지는 않았지만 SW2의 블로킹 포트에 직접 연결되어 있기 때문에 Root 스위치가 아니다. [그림 5-56]의 오른쪽 그림에서 Root 스위치는 SW8이다. SW8은 유일하게 블로킹 포트를 갖지 않았고, 블로킹 포트에 직접 연결되지도 않았다. SW7은 블로킹 포트를 갖지는 않았지만 SW6의 블로킹 포트에 직접 연결되어 있기 때문에 Root 스위치가 아니다.

자! 이제 Chapter 5. Lecture, 01 LAN. 이중화{Lab 06} 파일을 다시 열고 빌딩 A를 보자. 다음 빌딩 A에서 Root 스위치를 찾아 보라. [그림 5-57]이 그 한 예다. 여러분들이 Lab 06을 수행할 때 이전의 실습들처럼 모두 FastEthernet 인터페이스로 연결하였다면 모든 링크의 코스트 값은 '19'로 동일할 것이고, 그렇게 가정하고 다음 설명을 이어나가기로 하자. [그림 5-57]은 당연히 저자의 실습 예이고 여러분은 각기 다른 포트들이 블로킹 되었을 수 있을 것이다. 여러분은 각자 환경에 맞게 STP 계산을 해보기 바란다.

[그림 5-57] ▶ LAB 06에서 Root 스위치 찾기

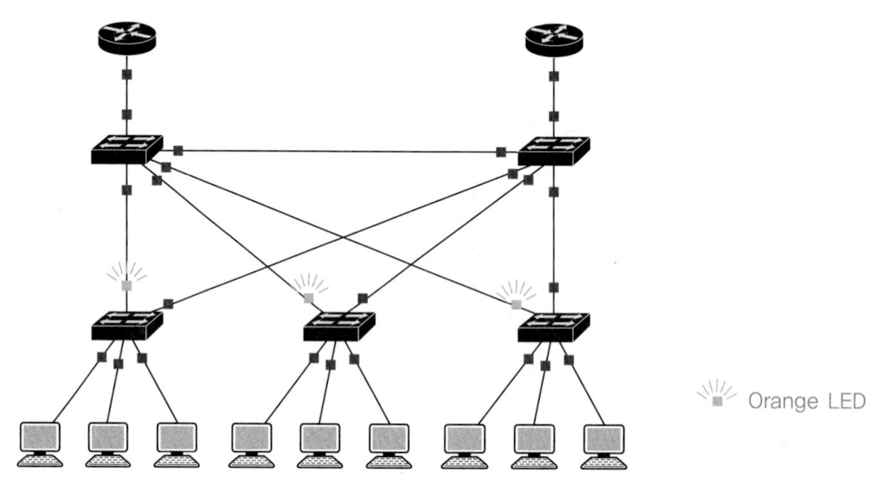

[그림 5-58]에서 Root 스위치는 SW2다. SW2는 유일하게 블로킹 포트를 갖지 않았고, 블로킹 포트에 직접 연결되지도 않았다. SW1은 블로킹 포트를 갖지는 않았지만 SW3의 블로킹 포트에 연결되어 있기 때문에 Root 스위치가 아니다. Root 스위치를 찾았으면 다음 명령으로 Spanning Tree Protocol의 결과를 자신의 계산 결과와 일치하는지 확인해보자.

[그림 5-58] ▶ STP 계산 결과

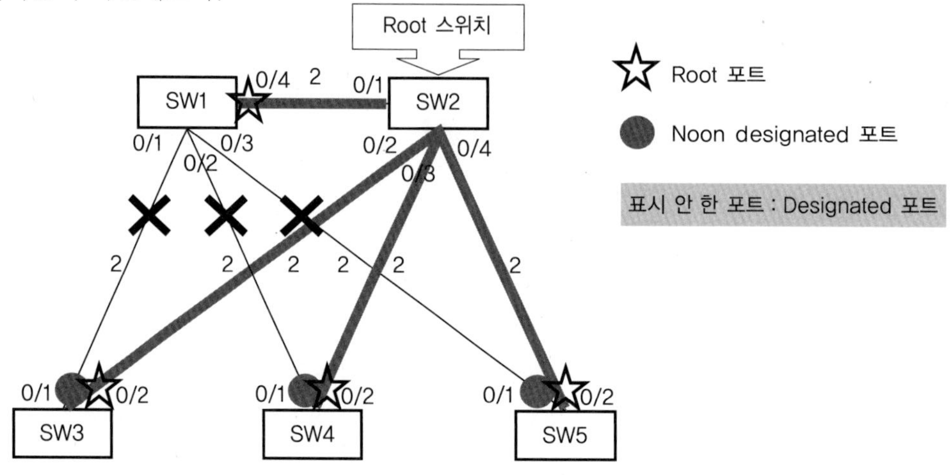

각 스위치에서 Root 포트를 선정한 이유는 [표 5-21]과 같다.

[표 5-21] ▶ Root 포트와 이유

선	Root 포트	이유
SW1	0/4	0/4 포트는 유일하게 Path cost가 2이고, 0/1, 0/2, 0/3 포트들의 Path cost는 모두 4이므로 Path cost가 가장 낮은(좋은) 0/1 포트가 선택된다.
SW2	없음	Root 포트의 정의는 일반 스위치에서 Root 스위치로 가는 최단 거리를 제공하는 포트로 Root 스위치는 Root 포트를 가지지 않음.
SW3	0/2	0/1, 0/2 포트들의 Path cost는 각각 4, 2이므로 Path cost가 가장 낮은(좋은) 0/2 포트를 선택한다.
SW4	0/2	0/1, 0/2 포트들의 Path cost는 각각 4, 2이므로 Path cost가 가장 낮은(좋은) 0/2 포트를 선택한다.
SW5	0/2	0/1, 0/2 포트들의 Path cost는 각각 4, 2이므로 Path cost가 가장 낮은(좋은) 0/2 포트를 선택한다.

Root 스위치가 아닌 일반 스위치에서 Root 스위치로 가는 제일 좋은 포트인 Root 포트가 선택되면 그림과 같이 남아 있는 선이 생긴다. 그림에서 'X'로 표시된 선들이다. 이 남아 있는 선들을 연결하는 포트들 중 한 포트만 블로킹하면 되는데 이 포트가 Non-designated 포트다. 그 결과는 [그림 5-58]과 같다.

선택되지 않은 선들에서 Non-designated 포트가 선정된 이유는 [표 5-22]와 같다.

[표 5-22] ▶ Non-Designated 포트와 이유

선	Non-designated 포트	이유
SW1-SW3	SW3의 0/1	SW1쪽과 SW3쪽 모두 Root 스위치까지의 Path cost는 '2'로 동일하므로 BPDU가 방금 거친 스위치 ID를 비교하여 스위치 ID가 높은 쪽이 블로킹되는데 SW3쪽 포트가 블로킹되었다는 것은 SW3의 ID가 SW1의 ID보다 높다는 것을 의미한다.
SW1-SW4	SW4의 0/1	SW1쪽과 SW4쪽 모두 Root 스위치까지의 Path cost는 '2'로 동일하므로 BPDU가 방금 거친 스위치 ID를 비교하여 스위치 ID가 높은 쪽이 블로킹되는데 SW4쪽 포트가 블로킹되었다는 것은 SW4의 ID가 SW1의 ID보다 높다는 것을 의미한다.
SW1-SW5	SW5의 0/1	SW1쪽과 SW5쪽 모두 Root 스위치까지의 Path cost는 '2'로 동일하므로 BPDU가 방금 거친 스위치 ID를 비교하여 스위치 ID가 높은 쪽이 블로킹되는데 SW5쪽 포트가 블로킹되었다는 것은 SW5의 ID가 SW1의 ID보다 높다는 것을 의미한다.

그림에서 ☆와 ● 표시된 포트를 제외한 모든 포트들은 Designated 포트다. 즉, SW1의 0/1, 0/2, 0/3 포트들, SW2의 0/1, 0/2, 0/3, 0/4 포트들이 Designated 포트에 해당한다.

해당 포트들이 Designated 포트가 되는 이유는 [표 5-23]과 같다.

[표 5-23] ▶ Designated 포트와 이유

선	Designated 포트	이유
SW1-SW2	SW2의 0/1	SW1-SW2 연결 선에서 SW2쪽 포트는 SW2가 Root 스위치이므로 Path cost가 '0'이고, SW1쪽 포트는 Path cost가 4이므로 SW2쪽 포트가 Designated 포트가 된다.
SW1-SW3	SW1의 0/1	SW1쪽 포트와 SW3쪽 포트 모두 Path cost가 '2'이므로, BPDU가 방금 거친 스위치 ID를 비교하는데 SW1의 스위치 ID가 SW3의 스위치 ID보다 낮기(좋기) 때문에 SW1쪽 포트가 Designated 포트가 된다.
SW1-SW4	SW1의 0/2	SW1쪽 포트와 SW4쪽 포트 모두 Path cost가 '2'이므로, BPDU가 방금 거친 스위치 ID를 비교하는데 SW1의 스위치 ID가 SW4의 스위치 ID보다 낮기(좋기) 때문에 SW1쪽 포트가 Designated 포트가 된다.
SW1-SW5	SW1의 0/3	SW1쪽 포트와 SW5쪽 포트 모두 Path cost가 '2'이므로, BPDU가 방금 거친 스위치 ID를 비교하는데 SW1의 스위치 ID가 SW5의 스위치 ID보다 낮기(좋기) 때문에 SW1쪽 포트가 Designated 포트가 된다.
SW2-SW3	SW2의 0/2	SW2쪽 포트는 SW2가 Root 스위치이므로 Path cost가 '0'이고, SW3쪽 포트는 Path cost가 4이므로 SW2쪽 포트가 Designated 포트가 된다.
SW2-SW4	SW2의 0/3	SW2쪽 포트는 SW2가 Root 스위치이므로 Path cost가 '0'이고, SW4쪽 포트는 Path cost가 4이므로 SW2쪽 포트가 Designated 포트가 된다.
SW2-SW5	SW2의 0/4	SW2쪽 포트는 SW2가 Root 스위치이므로 Path cost가 '0'이고, SW5쪽 포트는 Path cost가 4이므로 SW2쪽 포트가 Designated 포트가 된다.

[표 5-24]와 같이 show spanning-tree 명령을 통해 STP 계산 결과를 확인할 수 있다. [그림 5-58]에서 계산한 STP 결과와 일치함을 확인할 수 있다. SW1 부터 보면, 0/4 포트가 Root 포트로, 0/1, 0/2, 0/3 포트가 Designated 포트가 되었다. SW2는 밑줄 표시와 같이 Root 스위치로 선정되었음을 확인할 수 있고, 사실 Root 스위치의 모든 포트들은 Designated 포트가 되는데 이것도 확인가능하다. SW3에서는 0/2가 Root 포트가 되었고, 0/1이 Non-designated 포트가 되었다. [표 5-24]에서는 'Altn'이라고 표시되는데 Alternate의 약어이며 Non-designated 포트의 다른 표현이다. SW4와 SW5에서도 0/2가 Root 포트가 되었고, 0/1이 Non-designated 포트가 되었다.

[표 5-24] ▶
STP 계산 결과

<table>
<tr><th>스위치</th><th>STP 계산 결과</th></tr>
<tr><td>SW1</td><td><pre>
Switch#show spanning-tree
VLAN0001
  Spanning tree enabled protocol ieee
  Root ID   Priority   32769
              Address   0001.43D6.D712
              Cost   19
              Port   4(FastEthernet0/4)
              Hello Time   2 sec Max Age 20 sec Forward Delay 15 sec

  Bridge ID   Priority   32769 (priority 32768 sys-id-ext 1)
              Address   0001.9620.D734
              Hello Time   2 sec Max Age 20 sec Forward Delay 15 sec
              Aging Time   20

Interface Role Sts Cost Prio. Nbr Type

Fa0/1   Desg FWD 19   128.1 P2p
Fa0/2   Desg FWD 19   128.2 P2p
Fa0/3   Desg FWD 19   128.3 P2p
Fa0/4   Root FWD 19   128.4 P2p
</pre>
포트의 역할(Root, Designated, Non-designated(Alternate) 포트인지 구분함.</td></tr>
<tr><td>SW2</td><td><pre>
Switch#show spanning-tree
VLAN0001
  Spanning tree enabled protocol ieee
  Root ID   Priority   32769
              Address   0001.43D6.D712
              This bridge is the root
              Hello Time   2 sec Max Age 20 sec Forward Delay 15 sec

  Bridge ID   Priority   32769 (priority 32768 sys-id-ext 1)
              Address   0001.43D6.D712
              Hello Time   2 sec Max Age 20 sec Forward Delay 15 sec
              Aging Time   20

Interface Role Sts Cost Prio. Nbr Type

Fa0/1   Desg FWD 19   128.1 P2p
Fa0/2   Desg FWD 19   128.2 P2p
Fa0/3   Desg FWD 19   128.3 P2p
Fa0/4   Desg FWD 19   128.4 P2p
</pre>
이 스위치가 루트 스위치임.
스위치 ID
Root 스위치의 모든 포트는 Designated port가 됨</td></tr>
<tr><td>SW3</td><td><pre>
Switch#show spanning-tree
VLAN0001
  Spanning tree enabled protocol ieee
  Root ID   Priority   32769
              Address   0001.43D6.D712
              Cost   19
              Port   2(FastEthernet0/2)
              Hello Time   2 sec Max Age 20 sec Forward Delay 15 sec
</pre></td></tr>
</table>

	Bridge ID Priority 32769 (priority 32768 sys-id-ext 1) Address 0001.9731.9E82 Hello Time 2 sec Max Age 20 sec Forward Delay 15 sec Aging Time 20 Interface Role Sts Cost Prio. Nbr Type --- Fa0/2 Root FWD 19 128.2 P2p Fa0/1 Altn BLK 19 128.1 P2p
SW4	Switch#show spanning-tree VLAN0001 Spanning tree enabled protocol ieee Root ID Priority 32769 Address 0001.43D6.D712 Cost 19 Port 2(FastEthernet0/2) Hello Time 2 sec Max Age 20 sec Forward Delay 15 sec Bridge ID Priority 32769(priority 32768 sys-id-ext 1) Address 0001.9707.6690 Hello Time 2 sec Max Age 20 sec Forward Delay 15 sec Aging Time 20 Interface Role Sts Cost Prio. Nbr Type --- Fa0/2 Root FWD 19 128.2 P2p Fa0/1 Altn BLK 19 128.1 P2p 블로킹된 포트 (Alternate 포트)
SW5	Switch#show spanning-tree VLAN0001 Spanning tree enabled protocol ieee Root ID Priority 32769 Address 0001.43D6.D712 Cost 19 Port 2(FastEthernet0/2) Hello Time 2 sec Max Age 20 sec Forward Delay 15 sec Bridge ID Priority 32769 (priority 32768 sys-id-ext 1) Address 0060.2F65.1858 Hello Time 2 sec Max Age 20 sec Forward Delay 15 sec Aging Time 20 Interface Role Sts Cost Prio. Nbr Type --- Fa0/2 Root FWD 19 128.2 P2p Fa0/1 Altn BLK 19 128.1 P2p

Chapter 6

그 외 핵심 LAN 프로토콜들과 패킷 흐름

Chapter 6에서는 다음과 같은 핵심 LAN 프로토콜들에 대한 동작 원리를 배우고 실습을 통해 확인한다. 또한 그 프로토콜들에 의해 트래픽 흐름이 어떻게 결정되는지에 대해 배운다. 또한, 이러한 지식을 LAN 트러블슈팅에 어떻게 응용하는지에 대해서도 설명한다.

- PVST(Per-VLAN STP)
- VTP(VLAN Trunking Protocol)
- 이더채널(EtherChannel)
- HSRP(Hot Standby Router Protocol)

구분	강의 제목
이론 강의	Lecture 01. PVST(Per-VLAN STP)
	Lecture 02. VTP(VLAN Trunking Protocol)
	Lecture 03. EtherChannel
	Lecture 04. HSRP(Hot Standby Router Protocol)
	Lecture 06. 핵심 LAN 프로토콜들과 패킷 흐름
연습 강의	-
실습	Lecture 05. 핵심 LAN 프로토콜들(PVST, VTP, 이더채널, HSRP) Lab 07

Lecture 01

PVST(Per-VLAN STP)

강의 키워드 STP의 첫번째 약점과 PVST, PVST의 VLAN 별 트래픽 로드 분산

STP는 다음의 2가지 문제가 있다.

첫째. [그림 6-1]에서 STP는 사용하는 경로나 스위치가 다운되면, 블로킹 상태의 포트를 포워딩 상태로 바꾼다. 이때 최대 50초를 기다린다. 즉, 너무 긴 컨버전스 타임 문제가 발생한다. 이 문제를 해결하는 것은 RSTP(Rapid STP)로 Chapter 7의Lecture 06과 07에서 자세히 다룬다.

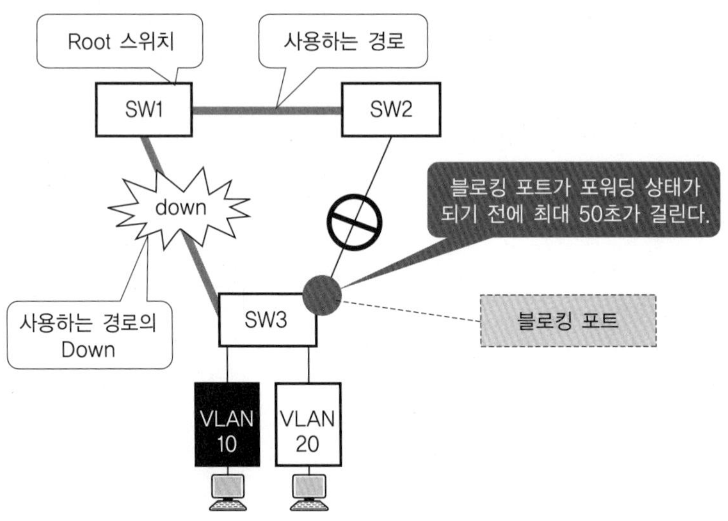

[그림 6-1] ▶ STP의 첫 번째 이슈: 최대 50 초 문제

둘째. STP는 포트 블로킹으로 한 링크를 사용할 수 없게 한다. [그림 6-2]를 보면 SW1이 Root 스위치로 선정되었고, SW2와 SW3를 연결하는 링크에서 블로킹 포트가 생기기 때문에 SW2-SW3 연결 링크는 평소에는 사용할 수 없다.

[그림 6-2] ▶
STP의 두 번째 약점

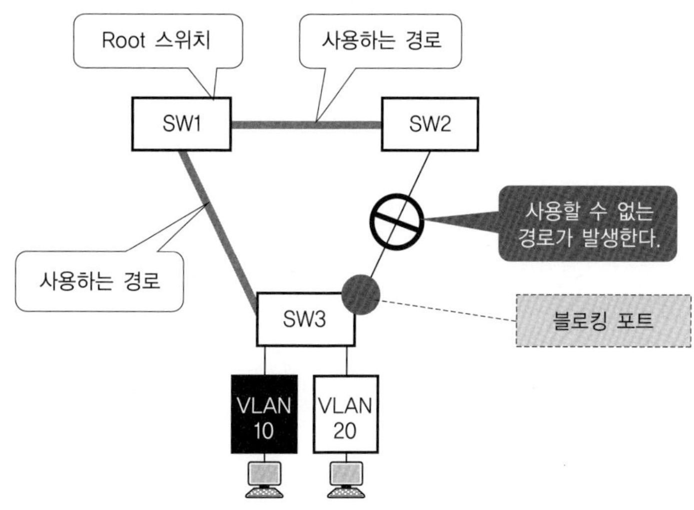

두 번째 문제를 해결하는 프로토콜이 PVST(Per-VLAN STP)다. PVST는 VLAN별로 Root 스위치를 달리 설정한다. [그림 6-3]을 보면, VLAN 10에 대해서는 SW1을 Root 스위치로 설정하고, VLAN 20에 대해서는 SW2를 Root 스위치로 설정하였다.

[그림 6-3] ▶
PVST 동작 원리

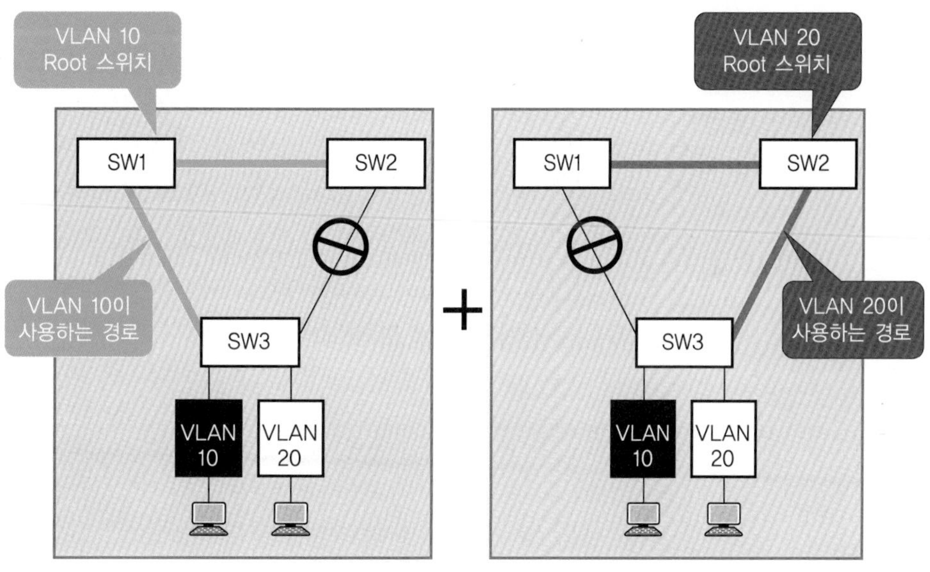

결과적으로 [그림 6-4]와 같이 VLAN별로 다른 경로를 사용하여 모든 경로들을 사용하는 원리다. 즉, VLAN별로 트래픽 로드는 분산된다.

[그림 6-4] ▶
PVST의 로드분산 효과

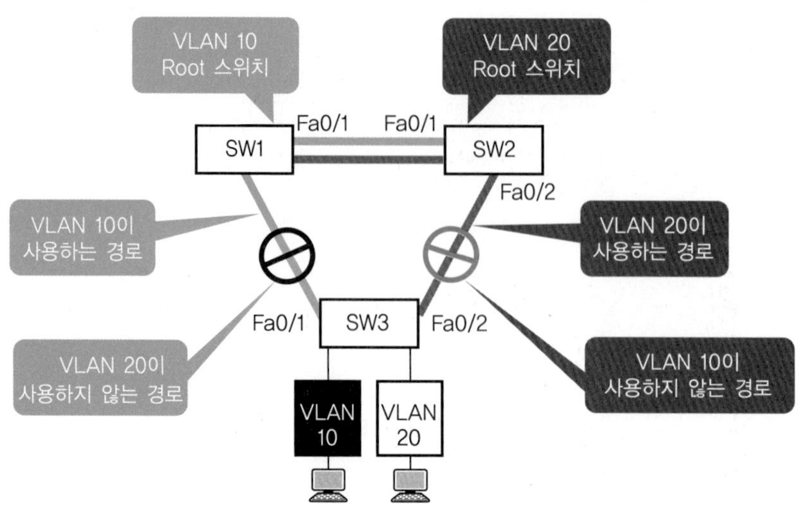

PVST의 설정 방법을 알아보자. STP에서 스위치 ID가 가장 낮은 스위치가 Root 스위치가 된다. 스위치 ID는 스위치의 Priority+스위치의 MAC 주소다. 스위치의 Priority를 먼저 비교하고 Priority가 같다면, 스위치의 MAC 주소를 비교하여 낮은 값을 가진 스위치가 Root 스위치가 된다.

스위치의 기본 Priority 값은 32768이므로 이 값보다 낮게 설정하면 Root 스위치가 된다. [표 6-1]을 보면 SW1에서 'spanning-tree vlan 10 priority 4096' 명령은 스위치 Priority 값을 VLAN 10에 대해서 4096으로 설정한다. SW2에서 'spanning-tree vlan 20 priority 4096' 명령은 스위치 Priority 값을 VLAN 20에 대해서 4096으로 설정한다. 결과적으로, VLAN 10에서 SW1이 가장 낮은 스위치 ID를 가지게 되므로 Root 스위치가 된다. 마찬가지로, VLAN 20에서 SW2가 가장 낮은 ID를 가지게 되므로 Root 스위치가 된다.

[표 6-1] ▶
PVST 설정

구분	명령어
SW1	SW1(config)#spanning-tree vlan 10 priority 4096
SW2	SW2(config)#spanning-tree vlan 20 priority 4096

STP의 동작을 확인하는 명령은 'show spanning-tree'다. PVST를 [표 6-1]과 같이 설정하면 VLAN별로 별도의 STP가 운용되고, 각 VLAN별로 Root 스위치도 달라지며, Root 포트, Designated 포트, Non-designated 포트도 달라진다. 따라서, PVST의 동작을 확인하는 명령은 'show spanning-tree vlan 10'과 'show spanning-tree vlan 20'과 같이 구분한다.

[그림 6-5]에서 [표 6-1]의 명령으로 VLAN 10에 대해서 SW1을 Root 스위치로 설정했다. 모든 선의 코스트는 19(100Mbps)로 동일하다. SW2는 Path cost를 비교하여 ①번 링크를 선택하고, SW3은 ②번 링크를 선택한다. 루트가 아닌 스위치에서 Root 스위치로 가는 최단 거리를 제공하는 포트를 Root 포트로 선정한다. Non Root 스위치 들에서 Root 포트를 하나씩 선택하면, 남아 있는 링크인 ③번 링크에서 블로킹 포트가 선정된다. SW2쪽 포트나 SW3쪽 포트의 Path cost가 19로 동일하므로 SW2와 SW3의 스위치 ID를 비교한다. SW2와 SW3의 스위치 Priority는 VLAN 10에 대해서는 설정한 바가 없으므로 디폴트 값으로 동일할 것이다. 따라서, SW2와 SW3의 MAC 주소를 비교하여 MAC 주소가 높은 쪽 포트가 블로킹된다.

[표 6-2]에서 확인할 수 있는 SW2의 MAC 주소는 0001.42D4.4468이고, SW3의 MAC 주소는 0002.FF26.95D6이므로 MAC 주소가 높은 SW3의 Fa 0/2 포트가 블로킹된다. [그림 6-5]에서 Root 포트나 Non-designated 포트로 표시되지 않은 포트는 Designated 포트다.

[그림 6-5] ▶ PVST 확인 (VLAN 10)

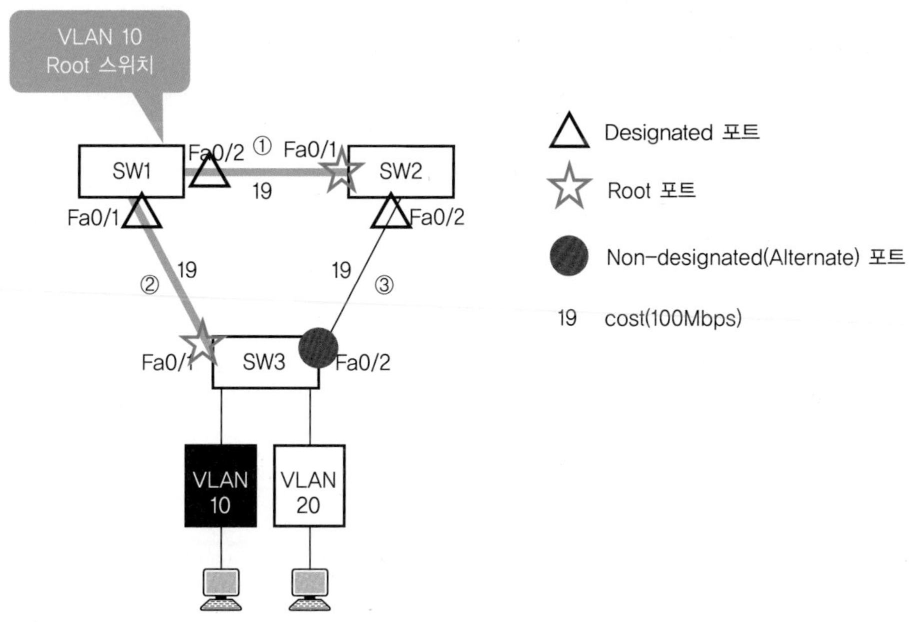

[표 6-2]를 보면 [그림 6-5]에서 설명한 VLAN 10에 대한 스위치별, STP 계산 결과를 확인할 수 있다.

[표 6-2] ▶ VLAN 10에 대한 PVST 동작 확인

<table>
<tr><th colspan="2">구분</th><th>결과</th></tr>
<tr><td rowspan="3">VLAN 10</td><td>SW1
(Root 스위치)</td><td><pre>SW1#show spanning-tree vlan 10
VLAN0010
  Spanning tree enabled protocol ieee
  Root ID   Priority   Root 스위치의 Priotity=4096(설정값)+10(VLAN 번호)
           Address   00E0.F966.B117
           This bridge is the root   VLAN 10에 대한 Root 스위치
           Hello Time 2 sec Max Age 20 sec Forward Delay 15 sec

  Bridge ID Priority   4106 (priority 4096 sys-id-ext 10)
           Address   00E0.F966.B117
           Hello Time 2 sec Max Age 20 sec Forward Delay 15 sec
           Aging Time 20

Interface   Role   Sts   Cost   Prio.Nbr Type

Fa0/1   Desg   FWD   19   128.1   P2p
Fa0/2   Desg   FWD   19   128.2   P2p</pre></td></tr>
<tr><td>SW2</td><td><pre>SW2#show spanning-tree vlan 10
VLAN0010
  Spanning tree enabled protocol ieee
  Root ID   Priority   32778
           Address   00E0.F966.B117
           Cost   19
           Port   1(FastEthernet0/1)
           Hello Time 2 sec Max Age 20 sec Forward Delay 15 sec

  Bridge ID Priority   32778 (priority 32768 sys-id-ext 10)
           Address   0001.42D4.4468   SW2의 MAC 주소
           Hello Time 2 sec Max Age 20 sec Forward Delay 15 sec
           Aging Time 20

Interface   Role   Sts   Cost   Prio.Nbr Type

Fa0/2   Desg   FWD   19   128.2   P2p
Fa0/1   Root   FWD   19   128.1   P2p</pre></td></tr>
<tr><td>SW3</td><td><pre>SW3#show spanning-tree vlan 10
VLAN0010
  Spanning tree enabled protocol ieee
  Root ID   Priority   32778
           Address   00E0.F966.B117
           Cost   19
           Port   1(FastEthernet0/1)
           Hello Time 2 sec Max Age 20 sec Forward Delay 15 sec

  Bridge ID Priority   32778 (priority 32768 sys-id-ext 10)
           Address   0002.FF26.95D6   SW3의 MAC 주소
           Hello Time 2 sec Max Age 20 sec Forward Delay 15 sec
           Aging Time 20</pre></td></tr>
</table>

Interface	Role	Sts	Cost	Prio.Nbr	Type
Fa0/2	Altn	BLK	19	128.2	P2p
Fa0/1	Root	FWD	19	128.1	P2p

VLAN10에서 블로킹된 포트

[그림 6-6]에서 VLAN 20에 대해서는 SW2를 Root 스위치로 설정했다. 모든 선의 코스트는 19(100Mbps)로 동일하다. SW1은 Path cost를 비교하여 ①번 링크를 선택하고, SW3은 ③번 링크를 선택한다. 남아 있는 링크인 ②번 링크에서 블로킹 포트가 선정되는데 SW1쪽 포트와 SW3쪽 포트 모두 Path cost가 19로 동일하므로 SW1과 SW3의 스위치 ID를 비교한다. SW1과 SW3의 스위치 Priority는 VLAN 20에 대해서는 설정한 바가 없으므로 디폴트 값으로 동일하다. 따라서, SW2와 SW3의 MAC 주소를 비교하여 MAC 주소가 높은 쪽 포트가 블로킹된다. [표 6-3]에서 확인할 수 있는 SW1의 MAC 주소는 00E0.F966.B117이고, SW3의 MAC 주소는 00D0.FF26.95D6이므로 MAC 주소가 높은 SW1의 Fa 0/1 포트가 블로킹된다. [그림 6-6]에서 Root 포트나 Non-designated 포트로 표시되지 않은 포트는 Designated 포트다.

[그림 6-6] ▶
PVST 확인(VLAN 20)

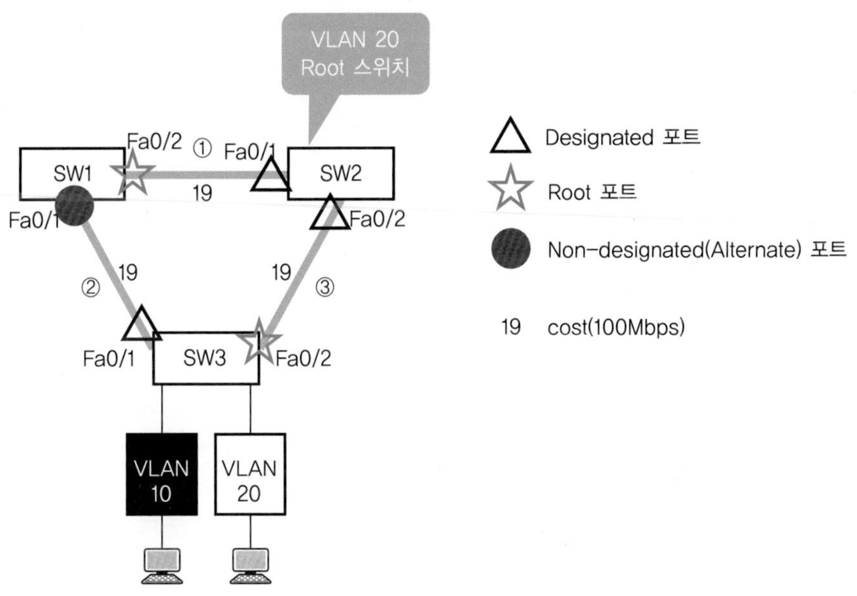

[표 6-3]을 보면 [그림 6-6]에서 설명한 VLAN 20에 대한 STP 결과를 확인할 수 있다.

[표 6-3] ▶ VLAN 20에 대한 PVST 동작 확인

<table>
<tr><th colspan="2">구분</th><th>결과</th></tr>
<tr><td rowspan="3">VLAN 20</td><td>SW1</td><td><pre>SW1#show spanning-tree vlan 20
VLAN0020
  Spanning tree enabled protocol ieee
  Root ID   Priority   Root 스위치의 Priotity=4096(설정값)+20(VLAN 번호)
             Address   0001.42D4.4468
             Cost   19
             Port   1(FastEthernet0/1)
             Hello Time 2 sec Max Age 20 sec Forward Delay 15 sec

  Bridge ID Priority   32788 (priority 32768 sys-id-ext 20)
             Address   00E0.F966.B117
             Hello Time 2 sec Max Age 20 sec Forward Delay 15 sec
             Aging Time 20

Interface   Role Sts   Cost   Prio.Nbr Type
Fa0/1   Root FWD 19   128.1 VLAN10에서 블로킹된 포트
Fa0/2   Altn BLK 19   128.2   P2p</pre></td></tr>
<tr><td>SW2 (Root 스위치)</td><td><pre>SW2#show spanning-tree vlan 20
VLAN0020
  Spanning tree enabled protocol ieee
  Root ID   Priority   4116
             Address   0001.42D4.4468
             This bridge is the root   VLAN 20에 대한 Root 스위치
             Hello Time 2 sec Max Age 20 sec Forward Delay 15 sec

  Bridge ID Priority   4116 (priority 4096 sys-id-ext 20)
             Address   0001.42D4.4468   SW2의 MAC 주소
             Hello Time 2 sec Max Age 20 sec Forward Delay 15 sec
             Aging Time 20

  Interface   Role Sts   Cost   Prio.Nbr Type
  Fa0/2   Desg FWD 19   128.2   P2p
  Fa0/1   Desg FWD 19   128.1   P2p</pre></td></tr>
<tr><td>SW3</td><td><pre>SW3#show spanning-tree vlan 20
VLAN0020
  Spanning tree enabled protocol ieee
  Root ID   Priority   4116
             Address   0001.42D4.4468
             Cost   19
             Port   2(FastEthernet0/2)
             Hello Time 2 sec Max Age 20 sec Forward Delay 15 sec

  Bridge ID Priority   32788 (priority 32768 sys-id-ext 20)
             Address   00D0.FF26.95D6   SW3의 MAC 주소
             Hello Time 2 sec Max Age 20 sec Forward Delay 15 sec
             Aging Time 20

  Interface   Role Sts   Cost   Prio.Nbr Type
  Fa0/2   Root FWD 19   128.2   P2p
  Fa0/1   Desg FWD 19   128.1   P2p</pre></td></tr>
</table>

Lecture 02

VTP(VLAN Trunking Protocol)

강의 키워드 VTP, VTP 서버, VTP 클라이언트, End-to-end VLAN과 VTP, VTP Advertisement, Show vlan, Show vtp status

VTP(VLAN Trunking Protocol)는 프로토콜 이름에 그 기능을 함축하고 있다. 즉, VTP는 선언된 VLAN 정보를 트렁크를 통해 전달하는 프로토콜이다.

[그림 6-7] ▶ VLAN Trunking Protocol 기능

선언된		전달하는
VLAN	Trunking	Protocol
정보를	통해	

VTP의 구성 요소는 VTP 서버와 VTP 클라이언트이다. [그림 6-8]에서 'SW1'은 VTP 서버이고, 'SW2'는 VTP 클라이언트이다. VTP 서버를 설정하는 명령어는 'vtp mode server'이다. 도메인 이름도 반드시 설정해야 하는데, 명령어는 'vtp domain test'다. 여기에서 VTP 도메인 이름 'test'는 임의로 정하면 된다. VTP 서버에서는 VLAN을 선언해야 한다.

다음으로 VTP 클라이언트 설정을 보자. VTP 클라이언트를 설정하는 명령어는 'vtp mode client'다. 다른 명령은 필요 없다.

[그림 6-8] ▶
VTP 동작 원리

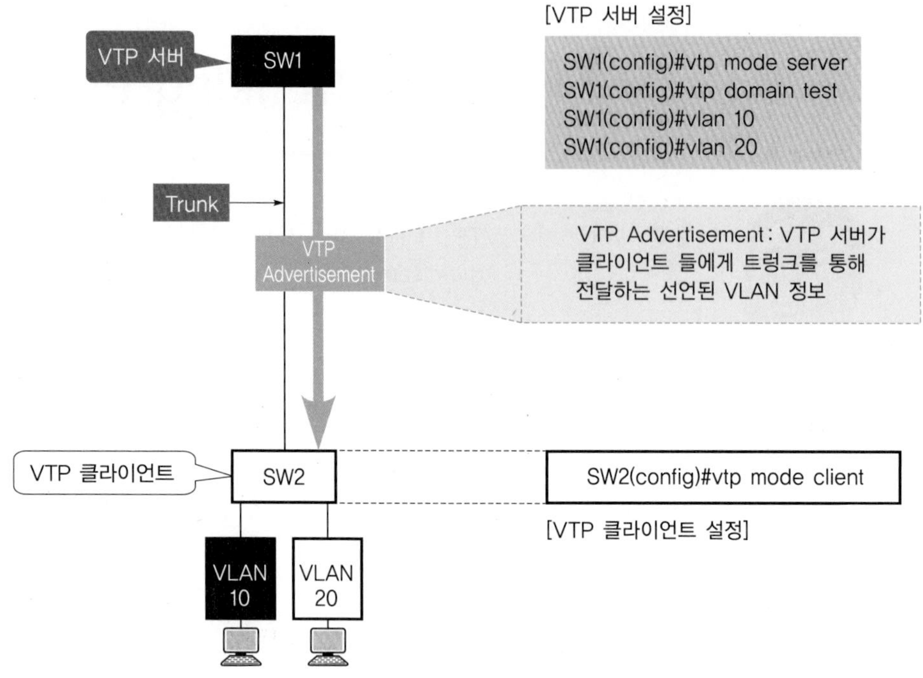
[VTP 서버 설정]
VTP 서버
SW1
SW1(config)#vtp mode server
SW1(config)#vtp domain test
SW1(config)#vlan 10
SW1(config)#vlan 20
Trunk
VTP
Advertisement
VTP Advertisement : VTP 서버가 클라이언트 들에게 트렁크를 통해 전달하는 선언된 VLAN 정보
VTP 클라이언트
SW2
SW2(config)#vtp mode client
[VTP 클라이언트 설정]
VLAN 10
VLAN 20

그러면, VTP 서버에서 선언한 VLAN 정보가 트렁크를 통해 VTP 클라이언트에 전달된다. 즉, VTP 클라이언트에서는 별도로 VLAN을 선언하는 수고를 덜어준다. 선언된 VLAN 정보를 전달하는 프레임이 VTP Advertisement다.

[그림 6-7]을 기준으로 VTP가 제대로 동작하는지 확인하는 방법을 알아보자. 우선, VTP 서버인 'SW1'에서 VTP 서버 설정을 마치고 'show vlan' 명령으로 선언된 VLAN들인 'VLAN 10'과 'VLAN 20'이 선언되었음을 확인하자. 참고로 'VLAN 1', 'VLAN 1002', 'VLAN 1003', 'VLAN 1004', 'VLAN 1005'는 처음부터 선언된 디폴트 VLAN이다. [표 6-4]와 같이 VTP 설정 전에는 VTP 클라이언트인 SW2에서는 ①의 디폴트 VLAN만 볼 수 있다. 그러나, VTP를 설정한 후에는 [표 6-4]와 같이 VTP 클라이언트인 SW2에서 선언하지 않은 ②의 VLAN 10과 VLAN 20이 VTP Advertisement로 전달되어 자동으로 선언되었음을 확인할 수 있다.

[표 6-4] ▶ VTP 확인 명령 I

<table>
<tr><th>구분</th><th>명령어</th></tr>
<tr><td>VTP 설정 전의 VTP 클라이언트</td><td><pre>SW2#show vlan

VLAN Name   Status   Ports
----
1   default   active   Fa0/2, Fa0/3, Fa0/4, Fa0/5
                                    Fa0/6, Fa0/7, Fa0/8, Fa0/9
                                    Fa0/10, Fa0/11, Fa0/12, Fa0/13
                                    Fa0/14, Fa0/15, Fa0/16, Fa0/17
                                    Fa0/18, Fa0/19, Fa0/20, Fa0/21
                                    Fa0/22, Fa0/23, Fa0/24, Gig1/1
                                    Gig1/2
1002 fddi-default   act/unsup
1003 token-ring-default   act/unsup
1004 fddinet-default   act/unsup
1005 trnet-default   act/unsup</pre>①</td></tr>
<tr><td>VTP 설정 후의 VTP 클라이언트</td><td><pre>SW2#show vlan

VLAN Name   Status   Ports
----
1   default   active   Fa0/2, Fa0/3, Fa0/4, Fa0/5
                                    Fa0/6, Fa0/7, Fa0/8, Fa0/9
                                    Fa0/10, Fa0/11, Fa0/12, Fa0/13
                                    Fa0/14, Fa0/15, Fa0/16, Fa0/17
                                    Fa0/18, Fa0/19, Fa0/20, Fa0/21
                                    Fa0/22, Fa0/23, Fa0/24, Gig1/1
                                    Gig1/2
10   VLAN0010   active
20   VLAN0020   active
1002 fddi-default   act/unsup
1003 token-ring-default   act/unsup
1004 fddinet-default   act/unsup
1005 trnet-default   act/unsup</pre>VTP 서버로 부터 VTP Advertisement로 받은 선언된 VLAN
②</td></tr>
</table>

VTP 동작을 확인하는 또 다른 명령으로 'show vtp status'가 있다. [표 6-5]와 같이 VTP 모드와 VTP 도메인네임을 확인할 수 있다. 그 외, Maximum VLANs supported locally(이 스위치에서 선언할 수 있는 최대 VLAN 수), Number of existing VLANs(현재 스위치에 선언된 VLAN 수: 7개) 등을 확인할 수 있다. 참고로 Configuration Revision 번호는 정보가 얼마나 새로운가를 나타내는 관리 번호로 선언된 VLAN 정보가 갱신될 때마다 숫자는 올라간다.

[표 6-5] ▶ VTP 확인 명령 II

<table>
<tr><th>구분</th><th>명령어</th></tr>
<tr><td>SW1</td><td>SW1#show vtp status
VTP Version : 2
Configuration Revision : 2
Maximum VLANs supported locally : 255
Number of existing VLANs : 7
VTP Operating Mode : Server
VTP Domain Name : test
VTP Pruning Mode : Disabled
VTP V2 Mode : Disabled
VTP Traps Generation : Disabled
MD5 digest : 0x3A 0x50 0xC4 0x7B 0x2C 0x4F 0x4E 0x36
Configuration last modified by 0.0.0.0 at 3-1-93 00:00:28
Local updater ID is 0.0.0.0 (no valid interface found)
[VTP 모드와 VTP 도메인 네임을 확인 가능함.]</td></tr>
<tr><td>SW2</td><td>SW2#show vtp status
VTP Version : 2
Configuration Revision : 2
Maximum VLANs supported locally : 255
Number of existing VLANs : 7
VTP Operating Mode : Client
VTP Domain Name : test
VTP Pruning Mode : Disabled
VTP V2 Mode : Disabled
VTP Traps Generation : Disabled
MD5 digest : 0x3A 0x50 0xC4 0x7B 0x2C 0x4F 0x4E 0x36
Configuration last modified by 0.0.0.0 at 3-1-93 00:00:28
[VTP 모드와 VTP 도메인 네임을 확인 가능함.]</td></tr>
</table>

VTP와 관련하여 주의 사항이 한 가지 있다. VLAN 구성 방식에는 End-to-End VLAN과 Local VLAN이 있는데, End-to-End VLAN은 [그림 6-9]와 같이 스위치와 스위치 사이가 트렁크이기 때문에 VTP를 적용할 수 있다. VTP는 선언된 VLAN 정보를 트렁크를 통해 전달하는 프로토콜이기 때문이다.

그러나, [그림 6-10]과 같이 Local VLAN은 스위치와 스위치 사이가 액세스 링크로 구성된다. 따라서 VTP 를 적용하고 싶어도 적용하지 못한다. 왜냐하면, VTP는 선언된 VLAN 정보를 트렁크를 통해 전달하는 프로토콜이기 때문이다.

[그림 6-9] ▶ End-to-End VLAN과 VTP

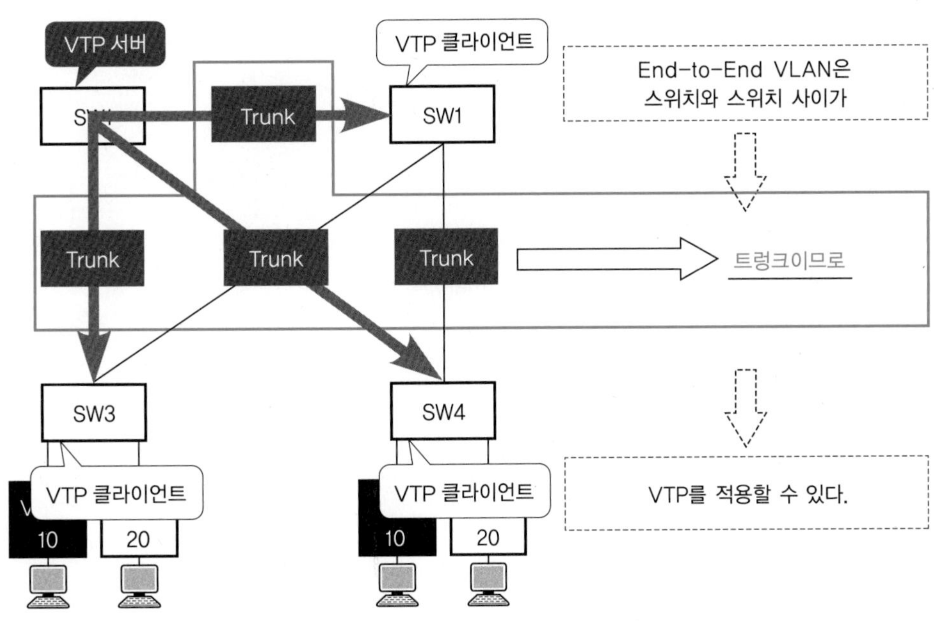

[그림 6-10] ▶ Local VLAN과 VTP

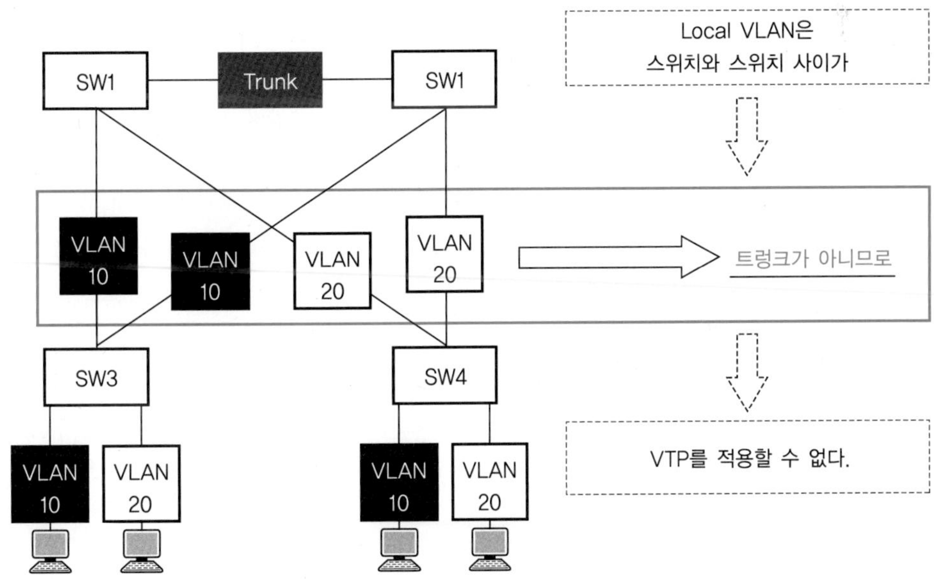

Lecture 03

EtherChannel

강의 키워드 이더채널의 필요성, STP와 이더채널의 관계, 이더채널 설정, show etherchannel-summary

다음으로 이더채널(EtherChannel)에 대한 설명이다. [그림 6-11]에서 밴드위스 업그레이드를 위해 'SW1'과 'SW2' 사이를 이중으로 연결하면 밴드위스는 2배가 될까?

[그림 6-11] ▶ 이중 연결과 밴드위스 업그레이드

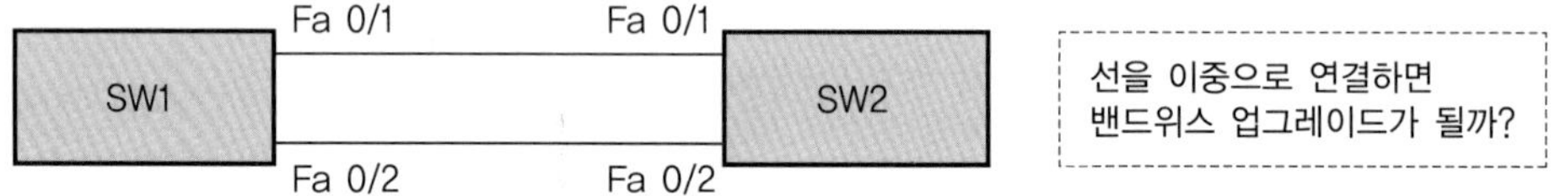

정답은 No이다. 왜냐하면, 'SW1'과 'SW2' 사이에 스위칭 룹이 발생하므로 [그림 6-12]와 같이 STP의 포트 차단으로 한 링크만 사용할 수 있기 때문이다. SW1이 스위치 ID가 낮아 Root 스위치가 되면 SW2는 Path cost와 (BPDU(Bridge Protocol Data Unit)가 방금 거친) 스위치 ID를 비교하는데 둘 다 동일하므로 (BPDU가 방금 거친) 스위치의 포트 ID 즉, 여기서는 SW1의 Fa 0/1과 Fa 0/2의 포트 ID를 비교한다. SW2는 (BPDU가 방금 거친) 스위치의 포트 ID가 높은 쪽 즉, Fa 0/2쪽 포트를 블로킹한다.

[그림 6-12] ▶ STP에 의한 포트 블로킹

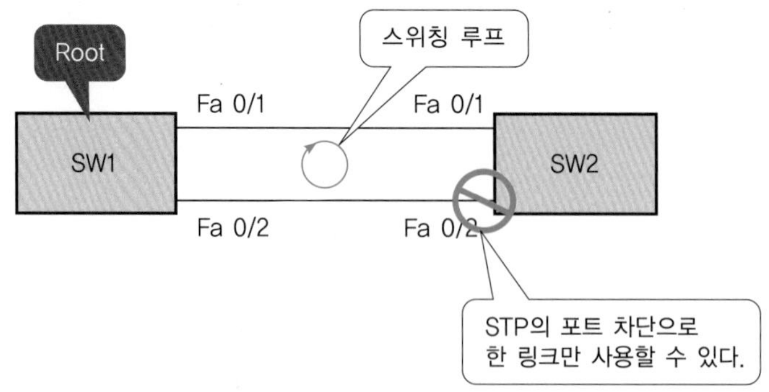

이 문제를 해결하는 솔루션이 바로 이더채널이다. 이더채널을 구성하면 논리적으로 1개의 링크로 간주하므로 스위칭 루프가 더 이상 발생하지 않는다. 스위칭 룹이 발생하지 않으므로 STP에 의한 포트 차단도 일어나지 않는다. 결국 2개의 링크를 동시에 사용할 수 있어 두 배의 속도를 얻는다. 이더채널 설정 명령어는 'channel-group 1 mode on'이다.

[그림 6-13] ▶ 이더채널의 동작원리

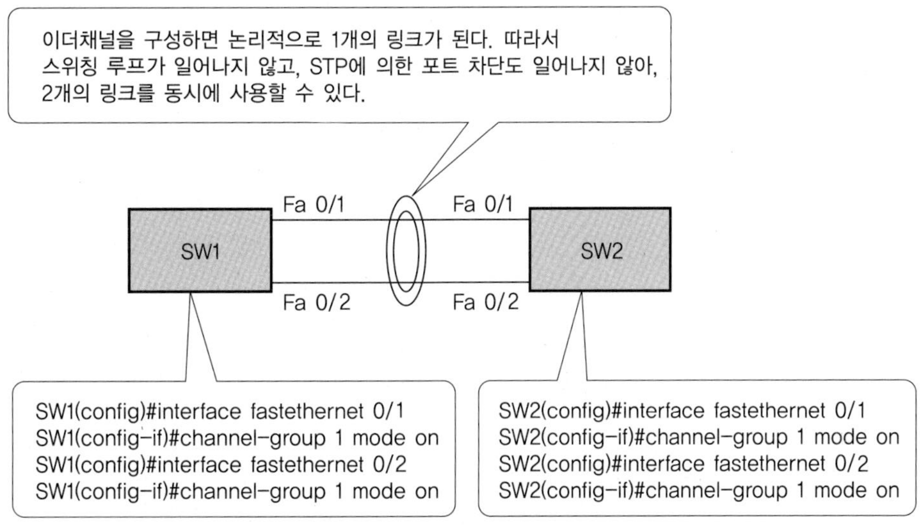
이더채널을 구성하면 논리적으로 1개의 링크가 된다. 따라서
스위칭 루프가 일어나지 않고, STP에 의한 포트 차단도 일어나지 않아,
2개의 링크를 동시에 사용할 수 있다.
Fa 0/1
Fa 0/1
SW1
SW2
Fa 0/2
Fa 0/2
SW1(config)#interface fastethernet 0/1
SW1(config-if)#channel-group 1 mode on
SW1(config)#interface fastethernet 0/2
SW1(config-if)#channel-group 1 mode on
SW2(config)#interface fastethernet 0/1
SW2(config-if)#channel-group 1 mode on
SW2(config)#interface fastethernet 0/2
SW2(config-if)#channel-group 1 mode on

'channel-group 1 mode on'에서 숫자 '1'은 채널 그룹 번호다. [그림 6-14]에서 'SW1'에 설정된 2개의 이더채널을 구분하는 용도로 사용한다.

[그림 6-14] ▶ channel-group 번호

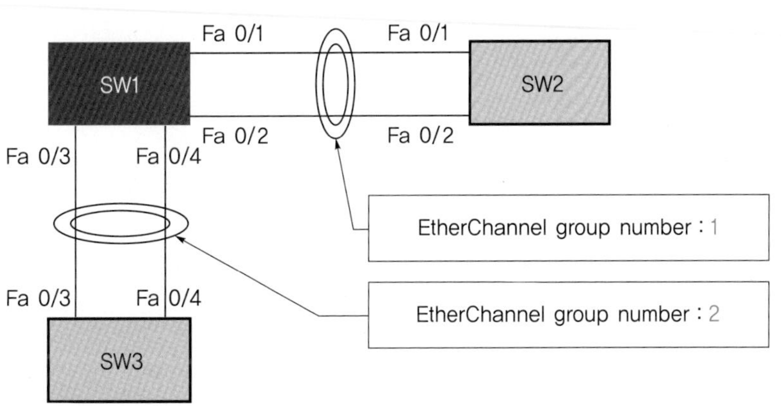
Fa 0/1
Fa 0/1
SW1
SW2
Fa 0/2
Fa 0/2
Fa 0/3
Fa 0/4
EtherChannel group number : 1
Fa 0/3
Fa 0/4
EtherChannel group number : 2
SW3

이더채널 동작을 확인하는 명령은 'show ether-channel summary'다. [표 6-6]을 보면 SW1, SW2, SW3에서 설정한 이더채널을 확인할 수 있다.

[표 6-6] ▶ SW1 이더채널 동작 확인 방법

<table>
<tr><th>구분</th><th>명령어</th></tr>
<tr><td>SW1</td><td><pre>
SW1#show etherchannel summary
Flags: D - down   P - in port-channel
        I - stand-alone s - suspended
        H - Hot-standby (LACP only)
        R - Layer3   S - Layer2
        U - in use   f - failed to allocate aggregator
        u - unsuitable for bundling
        w - waiting to be aggregated
        d - default port

Number of channel-groups in use: 1
Number of aggregators: 1

Group Port-channel Protocol   Ports
------+-------------+-----------+-----------------------
1   Po1(SU)   -   Fa0/1(P) Fa0/2(P)
2   Po2(SU)   -   Fa0/3(P) Fa0/4(P)
</pre>
생성된 2개의 채널 그룹
각각의 채널에 소속된 포트 번호</td></tr>
<tr><td>SW2</td><td><pre>
SW2#show etherchannel summary
Flags: D - down   P - in port-channel
        I - stand-alone s - suspended
        H - Hot-standby (LACP only)
        R - Layer3   S - Layer2
        U - in use   f - failed to allocate aggregator
        u - unsuitable for bundling
        w - waiting to be aggregated
        d - default port

Number of channel-groups in use: 1
Number of aggregators: 1

Group Port-channel Protocol   Ports
------+-------------+-----------+-----------------------
1   Po1(SU)   -   Fa0/1(P) Fa0/2(P)
</pre></td></tr>
<tr><td>SW3</td><td><pre>
SW3#show etherchannel summary
Flags: D - down   P - in port-channel
        I - stand-alone s - suspended
        H - Hot-standby (LACP only)
        R - Layer3   S - Layer2
        U - in use   f - failed to allocate aggregator
        u - unsuitable for bundling
        w - waiting to be aggregated
        d - default port

Number of channel-groups in use: 1
Number of aggregators: 1

Group Port-channel Protocol   Ports
------+-------------+-----------+-----------------------
2   Po1(SU)   -   Fa0/3(P) Fa0/4(P)
</pre></td></tr>
</table>

Lecture 04 HSRP(Hot Standby Router Protocol)

강의 키워드 HSRP 필요성 및 동작 원리, Hello 타이머, Holddown 타이머, HSRP 설정, MHSRP 설정, show standby brief

[그림 6-15]에서 라우터가 이중화 되었지만, PC1과 PC2는 디폴트 게이트웨이를 한 대만 설정할 수 있다. 11.1.1.2(R1)를 디폴트 게이트웨이로 설정하면 R1 라우터가 다운되었을 때, R2 라우터를 사용할 수 없고, 11.1.1.3(R2)를 디폴트 게이트웨이로 설정하면 R2 라우터가 다운되었을 때, R1 라우터를 사용할 수 없다. HSRP는 이 문제를 해결하는 솔루션이다.

[그림 6-15] ▶ HSRP 필요성

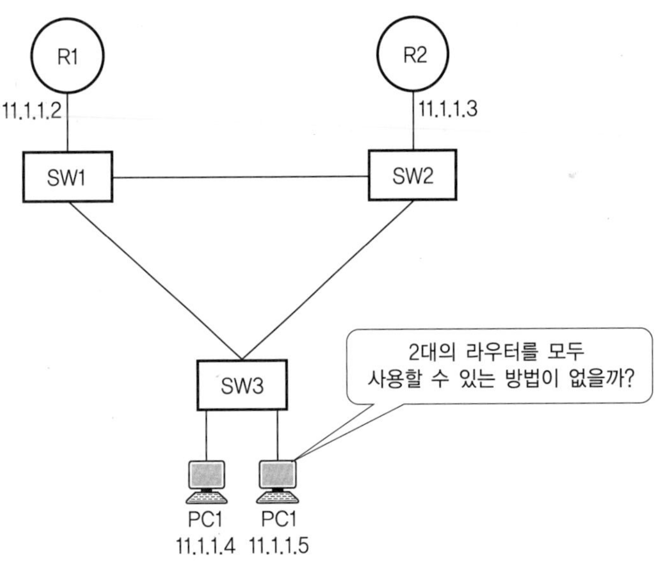

HSRP의 용어를 정리해보자. R1과 R2 라우터를 대표하는 라우터를 Virtual 라우터라 한다. Virtual 라우터도 IP 주소를 가지는데 Virtual IP 주소라 하고 [그림 6-16]에서는 11.1.1.1이 할당되었다. Virtual IP 주소와 매핑되는 Virtual MAC 주소도 생기는데, HSRP의 Virtual MAC 주소는 '0000.0C07.ACXX'와 '0000.0C9F.FFXX'를

사용한다. 여기서 'XX' 자리에는 나중에 설명할 HSRP 그룹 번호가 들어간다. Virtual 라우터는 R1과 R2를 대표하는 라우터로 11.1.1.4와 11.1.1.5 PC 입장에서는 11.1.1.1 Virtual 라우터 한 대만 있다고 생각한다.

HSRP를 설정하면 라우터들은 HSRP 헬로 패킷을 교환하여 네트워크 관리자가 설정한 Priority 값을 비교하여 액티브 라우터와 스탠바이 라우터를 정한다. Priority 값이 높은 라우터가 액티브(Active) 라우터가 된다. 액티브 라우터는 패킷이 도착하면 라우팅을 하지만, 스탠바이 라우터는 패킷이 도착해도 라우팅을 하지 않는다. 이 때, HSRP 헬로 패킷 교환 주기를 Hello timer라 하고 디폴트 값은 3초다. 액티브 라우터가 다운되면, 스탠바이 라우터가 헬로 패킷을 기다리는 시간을 Holddown timer라 하고 디폴트 값은 10초다. 즉, HSRP의 네트워크 복구 시간(Convergence time)은 10초라고 할 수 있다.

[그림 6-16] ▶
HSRP 동작 원리 I

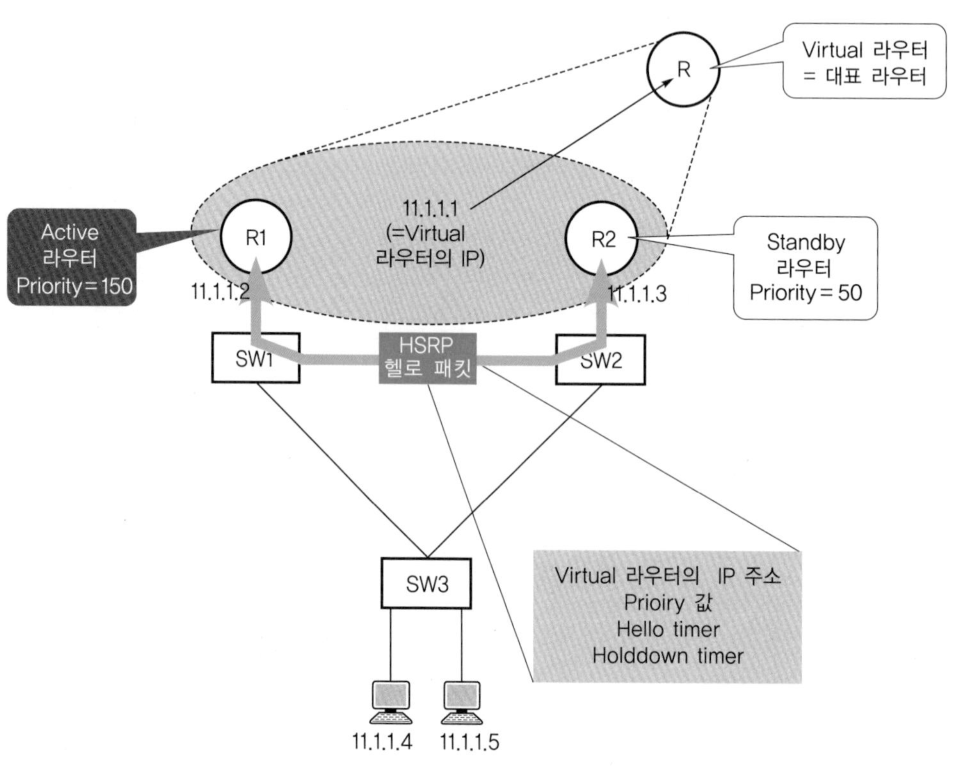

Virtual IP와 Virtual MAC 주소에 대한 소유권은 액티브 라우터가 가지므로 PC들이 보낸 ARP Request에 대한 응답 책임도 액티브 라우터가 지게 된다. ARP에 대한 설명은 Chapter 1의 'Lecture 05 LAN 구축 기초 I{Lab 01}'을 참고하기 바란다.

[그림 6-17] ▶
HSRP 동작원리 II

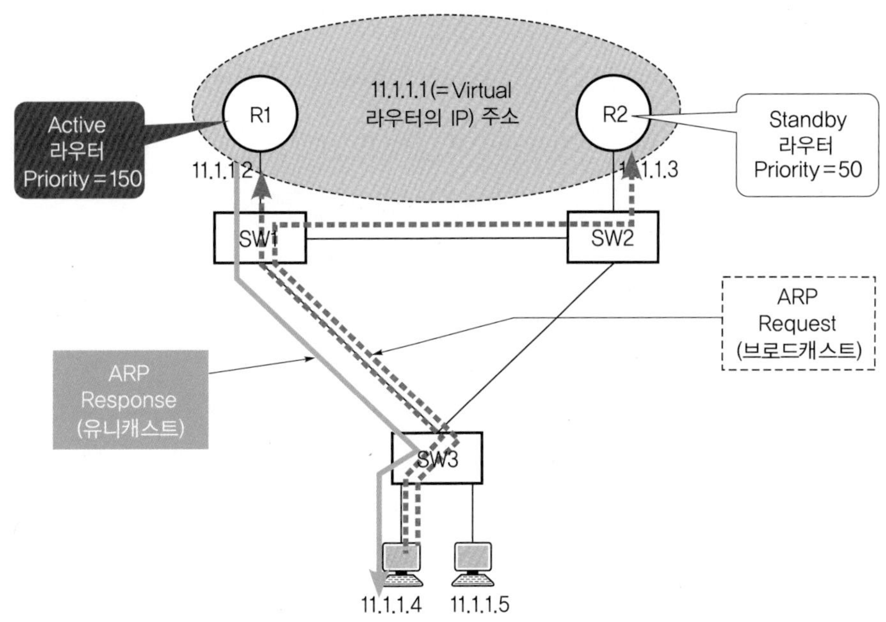

[그림 6-17]에서 HSRP 설정 명령은 [표 6-7]과 같다. 먼저 R1과 R2의 물리적인 IP를 설정한다. Virtual IP(11.1.1.)를 설정하는 명령은 'standby 10 ip 11.1.1.1'이다. 11.1.1.1은 두 라우터를 대표하는 Virtual 라우터의 주소로 두 라우터에서 동일해야 한다. 그리고 숫자 '10'은 그룹 번호인데 0~255 사이에서 임의의 번호를 사용한다. 'standby 10 priority 150'과 'standby 10 priority 50'은 각각 R1과 R2의 Priority 값을 설정하는데, Priority가 높은 라우터가 액티브라우터가 되고 낮은 라우터는 스탠바이 라우터가 된다. 액티브 라우터인 R1이 다운되면 스탠바이 라우터가 액티브 라우터가 될 것이다. 'standby 10 preempt' 명령은 원래의 액티브 라우터인 R1이 살아나면 다시 액티브 라우터가 되게 하는 명령이다.

[표 6-7] ▶
HSRP 설정

라우터	명령어
R1	R1(config)#interface fastethernet 1/0 R1(config-if)#ip address 11.1.1.2 255.255.255.0 R1(config-if)#standby 10 ip 11.1.1.1 R1(config-if)#standby 10 priority 150 R1(config-if)#standby 10 preempt
R2	R2(config)#interface fastethernet 1/0 R2(config-if)#ip address 11.1.1.3 255.255.255.0 R2(config-if)#standby 10 ip 11.1.1.1 R2(config-if)#standby 10 priority 50

HSRP 동작은 [표 6-8]과 같이 'show standby brief' 명령으로 확인한다. 인터페이스(Fa0/0), 그룹(Grp) 번호와 Priority 값(Pri), 해당 라우터가 10번 그룹에서 액티브

라우터인지 스탠바이 라우터인지(Active/Standby), 액티브와 스탠바이 라우터의 주소(local은 자기 자신을 의미), Virtual IP를 확인할 수 있다.

[표 6-8] ▶ HSRP 확인

라우터	명령어
R1	R1#**show standby brief** P indicates configured to preempt. | Interface Grp Pri P State Active Standby Virtual IP Fa0/0 10 150 p Active local 11.1.1.3 11.1.1.1
R2	R2#**show standby brief** P indicates configured to preempt. | Interface Grp Pri P State Active Standby Virtual IP Fa0/0 10 50 p Standby 11.1.1.2 local 11.1.1.1

다음은 MHSRP(Multiple HSRP)에 대한 설명이다. MHSRP는 그룹별로 HSRP를 따로 운용한다. [그림 6-18]을 보면, VLAN 10과 VLAN 20이 보인다. VLAN 10에 대해서는 R1을 액티브 라우터, R2를 스탠바이 라우터로 설정하고, VLAN 20에 대해서는 반대로 R2를 액티브 라우터, R1을 스탠바이 라우터로 설정한다.

[그림 6-18] ▶ Mutiple HSRP

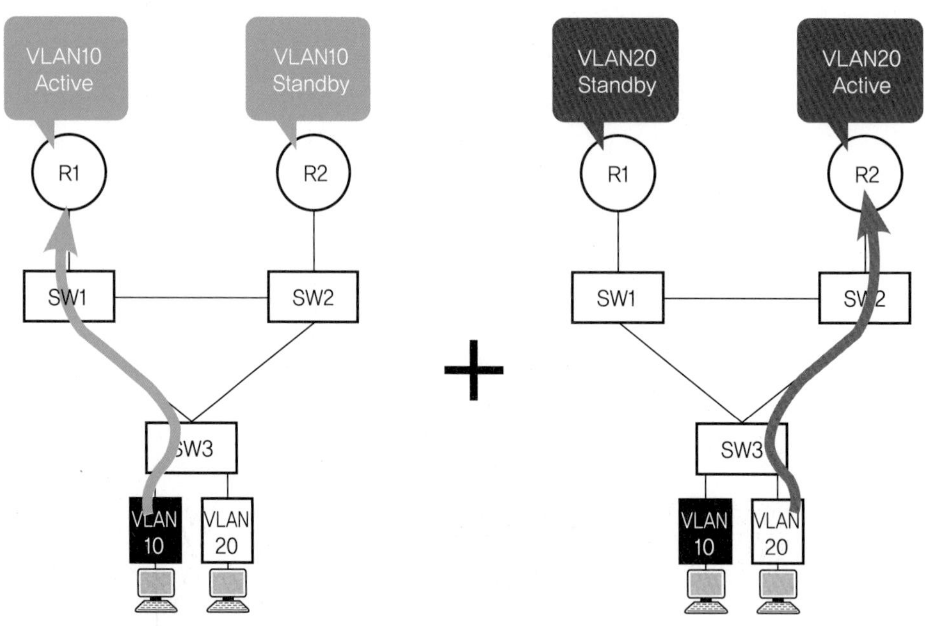

MHSRP를 적용하면, VLAN 10과 VLAN 20이 사용하는 라우터를 달리하여 [그림 6-19]와 같이 트래픽 로드가 분산된다.

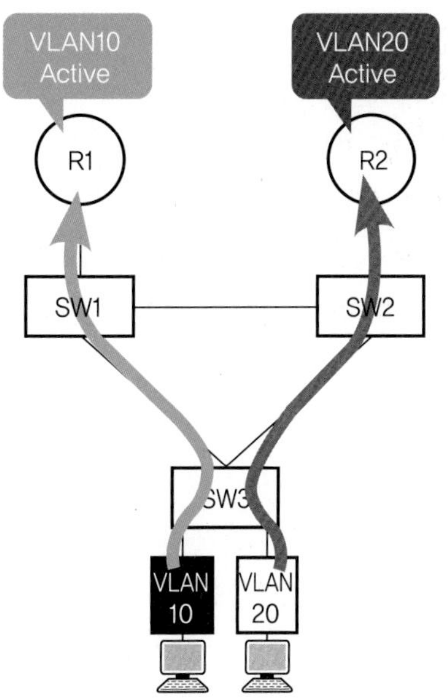

[그림 6-19] ▶
MHSRP 의 로드분산

MHSRP 설정을 해보자. [그림 6-20]의 설정 과제를 보면 R1은 VLAN 10 그룹에 대한 액티브 라우터로, R2는 VLAN 20 그룹에 대한 액티브 라우터로 설정해야 한다.

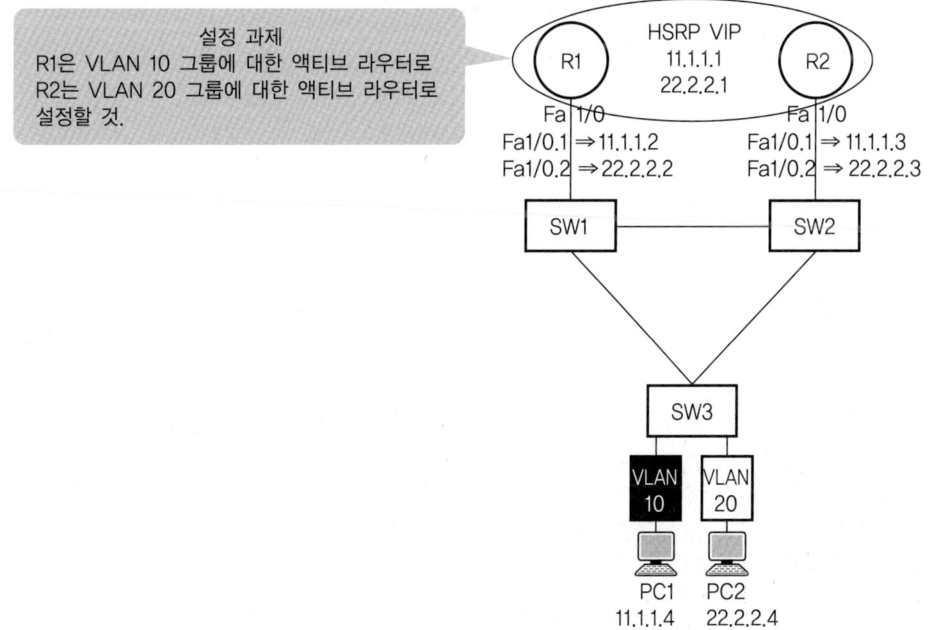

[그림 6-20] ▶
MHSRP 설정 과제

우선 VLAN 10 그룹에 대한 HSRP 설정을 보자. R1에서 'encapsulation dot1q 10'과 'ip address 11.1.1.2 255.255.255.0' 명령과 R2에서 'encapsulation dot1q 10'과 'ip address 11.1.1.3 255.255.255.0' 명령은 VLAN 10에 속한 물리적 IP 설정 명령이다. VLAN 10 그룹에 대해서 R1을 액티브 라우터로 설정하기

위해 R1에는 'standby 10 priority 150' 명령을 R2에는 'standby 10 priority 50' 명령을 설정했다. VLAN 10에 대한 Virtual IP는 R1과 R2에 동일하게 설정한다(standby 10 ip 11.1.1.1). 마지막으로 'standby 10 preempt' 명령은 액티브 라우터가 죽었다 살아났을 때 다시 액티브 라우터가 되게 하는 명령이다.

VLAN 20 그룹에 대한 HSRP 설정도 마찬가지다. R1에서 'encapsulation dot1q 20'과 'ip address 22.2.2.2 255.255.255.0' 명령과 R2에서 'encapsulation dot1q 20'과 'ip address 22.2.2.3 255.255.255.0' 명령은 VLAN 20에 속한 물리적 IP 설정 명령이다. VLAN 20 그룹에 대해서 R2를 액티브 라우터로 설정하기 위해 R2에는 'standby 20 priority 150' 명령을 R1에는 'standby 20 priority 50' 명령을 설정했다. VLAN 20에 대한 Virtual IP는 R1과 R2에 동일하게 설정한다(standby 20 ip 22.2.2..1). 마지막으로 'standby 20 preempt' 명령은 액티브 라우터가 죽었다 살아났을 때 다시 액티브 라우터가 되게 하는 명령이다.

[표 6-9] ▶ MHSRP 설정

라우터	명령어
R1	R1(config)#interface fastethernet 1/0.1 R1(config-subif)#encapsulation dot1q 10 R1(config-subif)#ip address 11.1.1.2 255.255.255.0 R1(config-subif)#standby 10 ip 11.1.1.1 R1(config-subif)#standby 10 priority 150 R1(config-subif)#standby 10 preempt R1(config-subif)#interface fastethernet 1/0.2 R1(config-subif)#encapsulation dot1q 20 R1(config-subif)#ip address 22.2.2.2 255.255.255.0 R1(config-subif)#standby 20 ip 22.2.2.1 R1(config-subif)#standby 20 priority 50
R2	R2(config)#interface fastethernet 1/0.1 R2(config-subif)#encapsulation dot1q 10 R2(config-subif)#ip address 11.1.1.3 255.255.255.0 R2(config-subif)#standby 10 ip 11.1.1.1 R2(config-subif)#standby 10 priority 50 R2(config-subif)#interface fastethernet 1/0.2 R2(config-subif)#encapsulation dot1q 20 R2(config-subif)#ip address 22.2.2.3 255.255.255.240 R2(config-subif)#standby 20 ip 22.2.2.1 R2(config-subif)#standby 20 priority 150 R2(config-subif)#standby 20 preempt

MHSRP의 동작을 확인하는 명령은 [표 6-10]과 같다. VLAN 그룹별로 액티브 라우터와 스탠바이 라우터, Virtual IP 등을 확인할 수 있다.

[표 6-10] ▶ MHSRP 확인

<table>
<tr><th>라우터</th><th>명령어</th></tr>
<tr><td>R1</td><td><pre>R1#show standby brief
                P indicates configured to preempt.
                |
Interface   Grp Pri P State   Active   Standby   Virtual IP
Fa1/0.1   10   150 p Active   local   11.1.1.3 11.1.1.1
Fa1/0.2   20   50   Standby 22.2.2.3 local   22.2.2.1</pre></td></tr>
<tr><td>R2</td><td><pre>R2#show standby brief
          P indicates configured to preempt.
          |
Interface   Grp Pri P State   Active   Standby   Virtual IP
Fa1/0.1   10   50   Standby 11.1.1.2 local   11.1.1.1
Fa1/0.2   20   150 p Active   local   22.2.2.2 22.2.2.1.</pre></td></tr>
</table>

Lecture 05

핵심 LAN 프로토콜들 (PVST, VTP, 이더채널, HSRP) Lab 07

Problem 1 [그림 6-21]과 같이 장비들을 연결하라.

- 스위치는 2960, 라우터는 2621XM을 사용할 것.
- 라우터와 라우터 사이는 Crossover 케이블을 사용할 것(동경-WAN, ISP와 INTNET 라우터 사이).

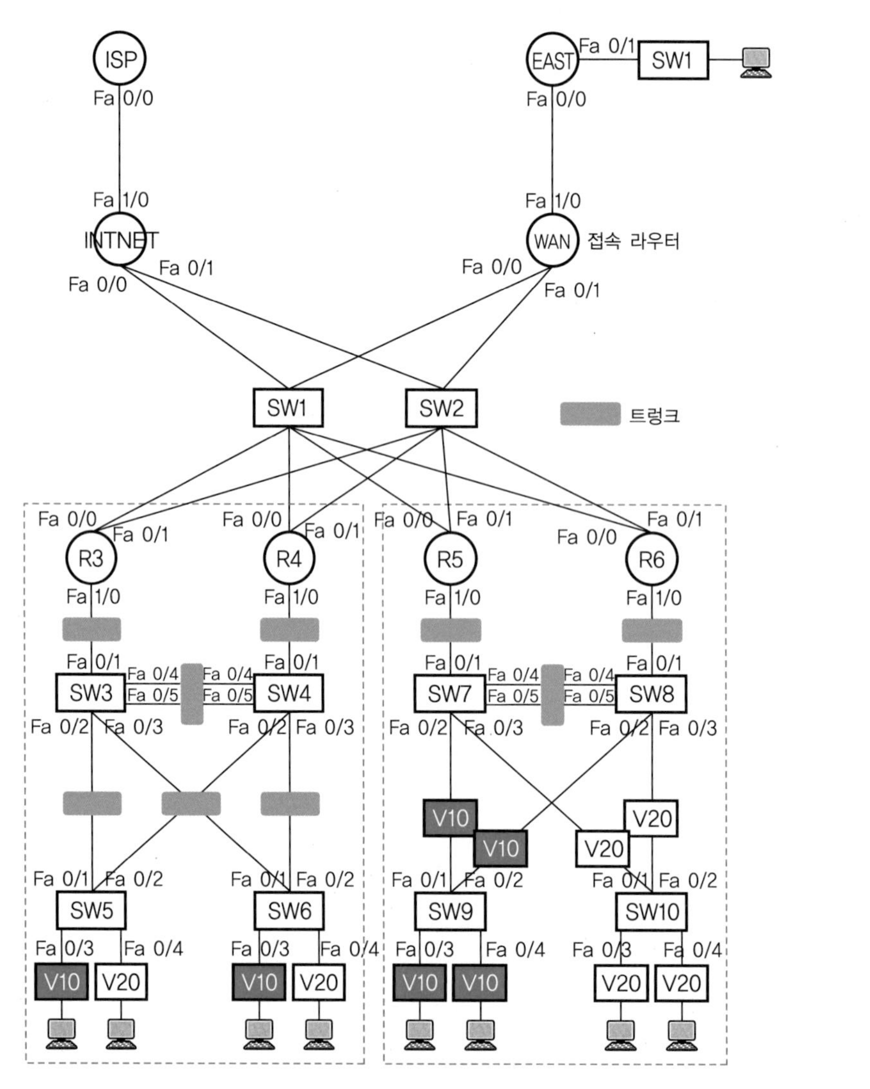

[그림 6-21] ▶ 네트워크 구성도

Problem 2 다음 조건으로 IP를 할당하라.

- 11.1.1.0/24로 IP 설계할 것(각 네트워크에는 10 호스트가 들어감).
- R3, R4, R5, R6 Fa 1/0 인터페이스는 트렁크이므로 VLAN 수 만큼의 IP 주소를 할당해야 함.

Problem 3 빌딩 A에 다음과 같이 VLAN을 설정하라.

- 빌딩 A는 End-to-End VLAN임.
- VTP
  - SW3을 VTP 서버로 SW4, SW5, SW6은 VTP 클라이언트로 설정할 것.
  - VTP Domain name은 test로 설정할 것.
- 액세스 링크와 트렁크는 [그림 6-21] 대로 설정할 것.
- 'show vlan'과 'show vtp status' 명령으로 확인할 것.

Problem 4 빌딩 B에 다음과 같이 VLAN을 설정하라.

- 빌딩 B는 Local VLAN임.
- VTP 적용할 수 없는 Local VAN 환경이므로 SW7, SW8, SW9, SW10에 VLAN을 별도로 선언해 줘야 함.
- 액세스 링크와 트렁크는 [그림 6-21] 대로 설정할 것.
- 'show vlan' 명령으로 확인할 것.

Problem 5 다음과 같이 PVST를 설정하라.

- 빌딩 A: SW3을 VLAN10, SW4를 VLAN 20에 대한 루트 스위치로 설정할 것.
- 빌딩 B: SW7을 VLAN10, SW8을 VLAN 20에 대한 루트 스위치로 설정할 것.
- 'show spanning-tree vlan 10'과 'show spanning-tree vlan 20' 명령으로 확인할 것.
- Root 스위치는 디스트리뷰션 계층 스위치에 선언함을 상기하기 바람.

[표 6-11] ▶ 설정 사례

```
Switch#(config)#spanning-tree  vlan 10 priority 4096
Switch#(config)#spanning-tree  vlan 20 priority 4096
```

Problem 6 다음 구간을 이중으로 연결하고 이더채널을 설정하라.

- SW3과 SW4 사이
- SW7과 SW8 사이

• 'show etherchannel summary' 명령으로 확인할 것.

[표 6-12] ▶ 설정 사례

```
Switch(config)#interface  fastethernet  0/4
Switch(config-if)#channel-group 1 mode on
Switch(config)#interface  fastethernet  0/5
Switch(config-if)#channel-group 1 mode on
```

Problem 7 모든 라우터에서 다음과 같이 라우팅 프로토콜을 설정하라.

• 라우팅 프로토콜: EIGRP(AS 번호는 100으로 설정할 것)
• show ip route 명령으로 확인할 것.

[표 6-13] ▶ 설정 사례

```
Router(config)#router eigrp 100
Router(config-router)#network 11.0.0.0
```

Problem 8 다음과 같이 HSRP 설정하라.

• 빌딩 A: R3을 VLAN 10, R4를 VLAN 20에 대한 ACTIVE 라우터로 설정하고,
• 빌딩 B: R5를 VLAN 10, R6을 VLAN 20에 대한 ACTIVE 라우터로 설정할 것.
• 'show standby brief' 명령으로 확인할 것.

[표 6-14] ▶ 설정 사례

```
R1(config)#interface fastethernet 1/0.1
R1(config-Subif)#encapsulation dotlg 10
R1(config-Subif)#ip address 11.1.1.2 255.255.255.0
R1(config-Subif)#standby 10 ip 11.1.1.1
R1(config-Subif)#standby 10 priority 150
R1(config-Subif)#standby 10 preempt
```

Problem 9 모든 라우터와 PC에서 모든 IP로 핑이 성공함을 확인하라.

Lab 07 해설

Lab 07 에 대한 해설은 다음과 같다.

Problem 1 [그림 6-21]과 같이 장비들을 연결하라.

- 스위치는 2960, 라우터는 2621XM을 사용할 것.
- 라우터와 라우터 사이는 Crossover 케이블을 사용할 것(동경과 WAN 사이, ISP-인터넷 라우터 사이).

설명 Chapter 1의 'Lecture 05. LAN 구축 기초 I Lab 01' 참조할 것.

Problem 2 다음 조건으로 IP 할당하라.

- 11.1.1.0/24로 IP 설계할 것(각 네트워크에는 10 호스트가 들어감).
- R3, R4, R5, R6 Fa 1/0 인터페이스는 트렁크이므로 VLAN 수 만큼의 IP 주소를 할당해야 함.

설명 IP 설계와 할당 방법은 다음과 같다.

① 서브넷 마스크 결정

10 호스트를 포함하기 위해 24로 호스트 칸 4칸이 필요하다. 따라서 서브넷 마스크는 이진수로 11111111.11111111.11111111.11110000이고, 십진수로 255.255.255.240이 된다.

[그림 6-22] ▶ 서브넷 마스크 결정

10 호스트를 포함하기 위해
10 호스트 ⊂ 2^4 (2의 4제곱) → 호스트칸 → 4칸

구분	네트워크(서브넷)	호스트
서브넷 마스크	11111111.11111111.11111111.1111	0000
	255.255.255.240	

② IP 설계

IP 설계 결과는 [표 6-15]와 같다. Subnet ①의 IP 범위를 구하면 11.1.1.0에서 11.1.1.15까지로 '+15' 패턴을 가짐을 알 수 있다. 다음 서브넷들에서도 차례대로 '+15' 패턴을 적용한다.

[표 6-15] ▶
IP 서브넷팅

구분	네트워크 (서브넷)		호스트	IP 영역
서브넷 마스크	11111111.11111111.11111111.	1111	0000	
Subnet ①	11.1.1. (십진수)	0000 (이진수)	0000- 1111	11.1.1.0~ 11.1.1.15
Subnet ②	11.1.1.	0001	0000- 1111	11.1.1.16~ 11.1.1.31
Subnet ③	11.1.1.	0010	0000- 1111	11.1.1.32~ 11.1.1.47
Subnet ④	11.1.1.	0011	0000- 1111	11.1.1.48~ 11.1.1.63
Subnet ⑤	11.1.1.	0100	0000- 1111	11.1.1.64~ 11.1.1.79
Subnet ⑥	11.1.1.	0101	0000- 1111	11.1.1.80~ 11.1.1.95
Subnet ⑦	11.1.1.	0110	0000- 1111	11.1.1.96~ 11.1.1.111
Subnet ⑧	11.1.1.	0111	0000- 1111	11.1.1.112~ 11.1.1.127
Subnet ⑨	11.1.1.	1000	0000- 1111	11.1.1.128~ 11.1.1.143

③ 네트워크 구분

IP를 할당하기 전에 네트워크를 구분해야 한다. 빌딩 A와 B는 물리적인 네트워크는 1개이지만, 2개의 VLAN으로 나뉘어 있으므로 네트워크는 각각 2개다. 즉, [그림 6-23]과 같이 네트워크 총 수는 9개다.

[그림 6-23] ▶
네트워크 구분

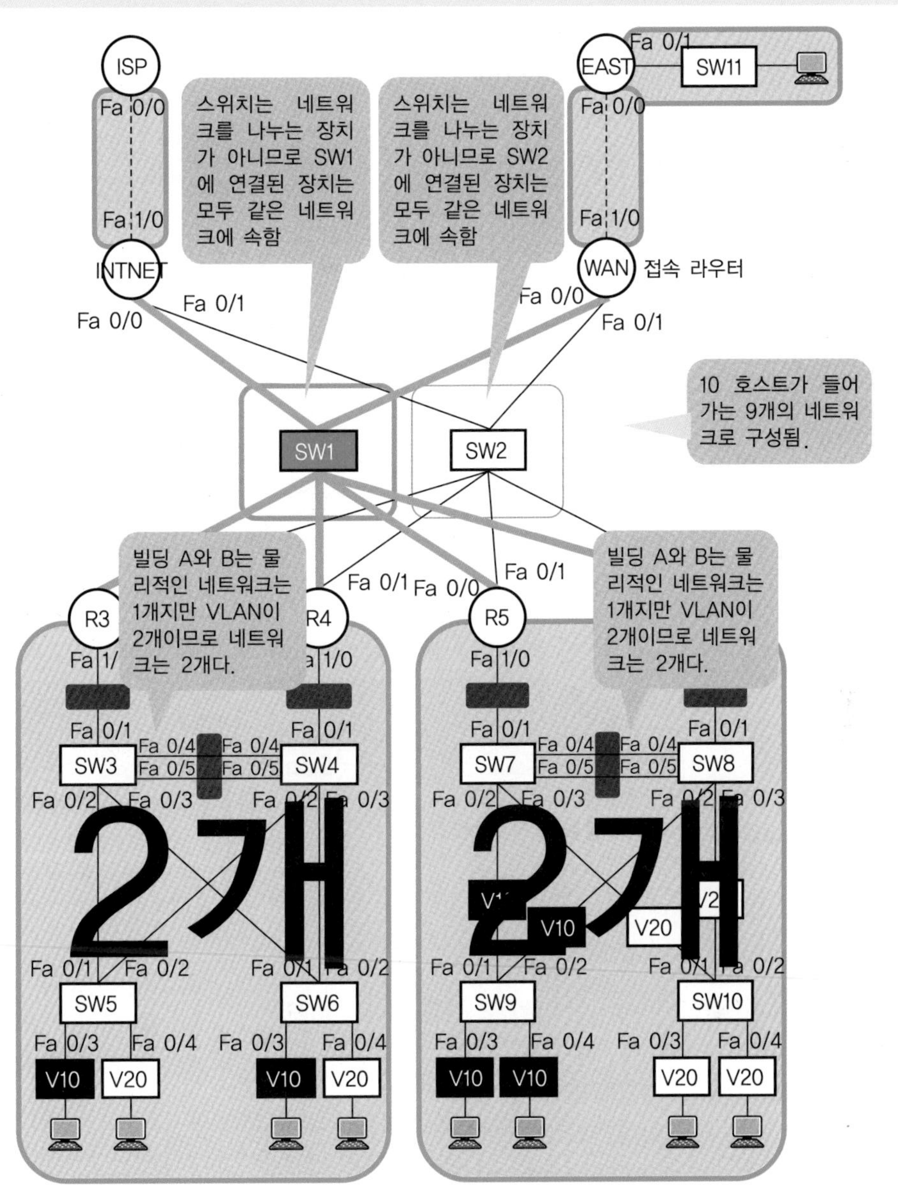

④ IP 할당

각 네트워크의 첫 번째 IP와 마지막 IP는 각각 대표 주소와 Directed broadcast 용도다. 이 두 IP를 제외하고 중복되지 않게 할당한다.

[그림 6-24] ▶
IP 할당

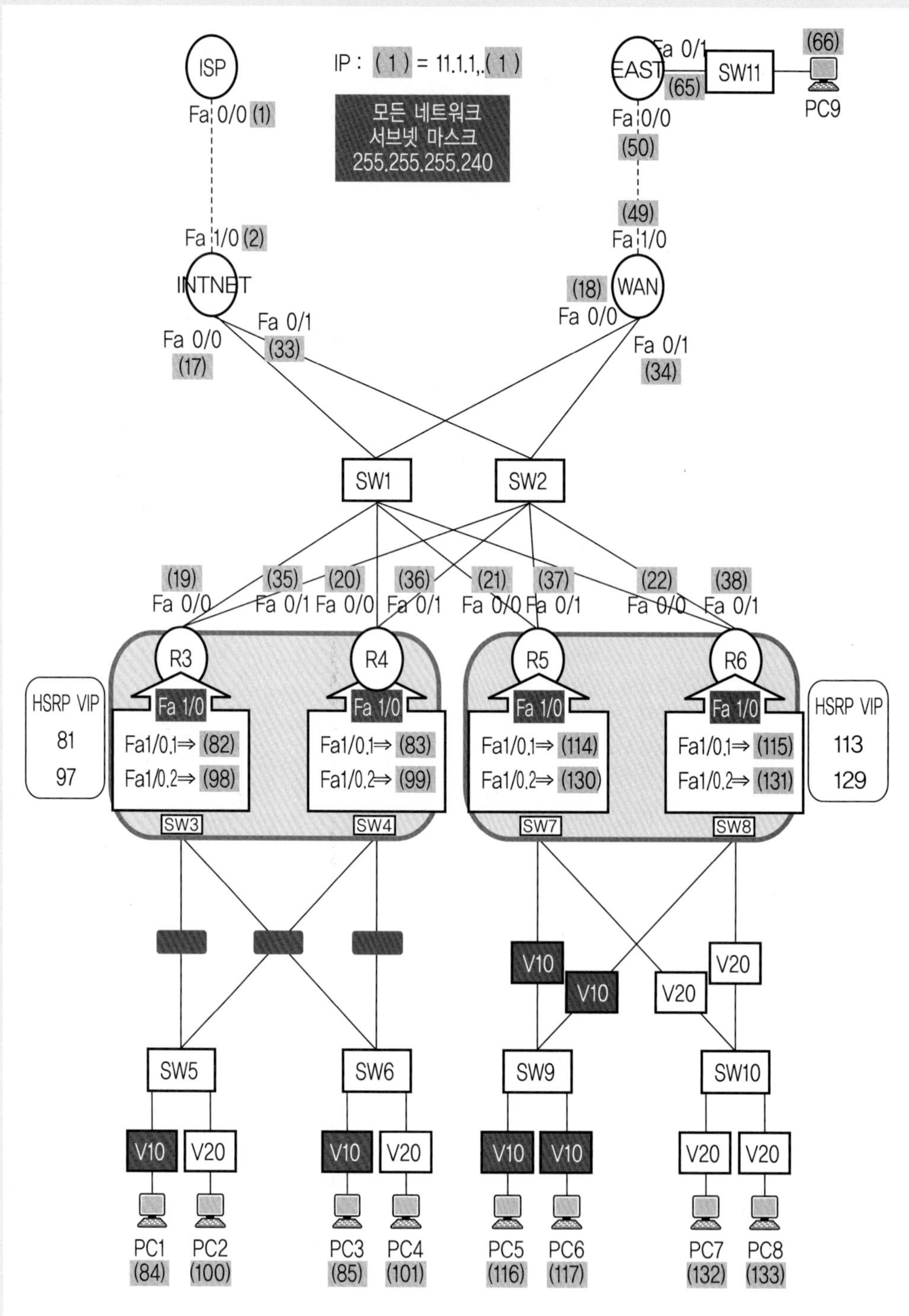

[표 6-16]은 라우터 마다 [그림 6-24]의 IP 주소를 할당하는 명령이다.

[표 6-16] ▶
IP 설정

라우터	명령어
ISP	Router#configure terminal Router(config)hostname ISP ISP(config)#interface fastethernet 0/0 ISP(config-if)#no shutdown ISP(config-if)#ip address 11.1.1.1 255.255.255.240
INTNET (접속 라우터)	Router#configure terminal Router(config)hostname INTNET INTNET(config)#interface fastethernet 1/0 INTNET(config-if)#no shutdown INTNET(config-if)#ip address 11.1.1.2 255.255.255.240 INTNET(config-if)#exit INTNET(config)#interface fastethernet 0/0 INTNET(config-if)#no shutdown INTNET(config-if)#ip address 11.1.1.17 255.255.255.240 INTNET(config-if)#ext INTNET(config)#interface fastethernet 0/1 INTNET(config-if)#no shutdown INTNET(config-if)#ip address 11.1.1.33 255.255.255.240
EAST (동경)	Router#configure terminal Router(config)hostname East East(config)#interface fastethernet 0/0 East(config-if)#no shutdown East(config-if)#ip address 11.1.1.50 255.255.255.240 East(config-if)#exit East(config)#interface fastethernet 0/1 East(config-if)#no shutdown East(config-if)#ip address 11.1.1.65 255.255.255.240
WAN	Router#configure terminal Router(config)hostname WAN WAN(config)#interface fastethernet 0/0 WAN(config-if)#no shutdown WAN(config-if)#ip address 11.1.1.18 255.255.255.240 WAN(config-if)#exit WAN(config)#interface fastethernet 0/1 WAN(config-if)#no shutdown WAN(config-if)#ip address 11.1.1.34 255.255.255.240 WAN(config-if)#exit WAN(config)#interface fastethernet 1/0 WAN(config-if)#no shutdown WAN(config-if)#ip address 11.1.1.49 255.255.255.240
R3	Router#configure terminal Router(config)hostname R3 R3(config)#interface fastethernet 0/0 R3(config-if)#no shutdown R3(config-if)#ip address 11.1.1.19 255.255.255.240 R3(config-if)#exit R3(config)#interface fastethernet 0/1

R3	R3(config-if)#no shutdown R3(config-if)#ip address 11.1.1.35 255.255.255.240 R3(config-if)#exit R3(config)#interface fastethernet 1/0 R3(config-if)#no shutdown R3(config-if)#interface fastethernet 1/0.1 R3(config-subif)#encapsulation dot1q 10 R3(config-subif)#ip address 11.1.1.82 255.255.255.240 R3(config-subif)#exit R3(config)#interface fastethernet 1/0.2 R3(config-subif)#encapsulation dot1q 20 R3(config-subif)#ip address 11.1.1.98 255.255.255.240
R4	Router#configure terminal Router(config)hostname R4 R4(config)#interface fastethernet 0/0 R4(config-if)#no shutdown R4(config-if)#ip address 11.1.1.20 255.255.255.240 R4(config-if)#exit R4(config)#interface fastethernet 0/1 R4(config-if)#no shutdown R4(config-if)#ip address 11.1.1.36 255.255.255.240 R4(config-if)#exit R4(config)#interface fastethernet 1/0 R4(config-if)#no shutdown R4(config-if)#interface fastethernet 1/0.1 R4(config-subif)#encapsulation dot1q 10 R4(config-subif)#ip address 11.1.1.83 255.255.255.240 R4(config-subif)#exit R4(config)#interface fastethernet 1/0.2 R4(config-subif)#encapsulation dot1q 20 R4(config-subif)#ip address 11.1.1.99 255.255.255.240
R5	Router#configure terminal Router(config)hostname R5 R5(config)#interface fastethernet 0/0 R5(config-if)#no shutdown R5(config-if)#ip address 11.1.1.21 255.255.255.240 R5(config-if)#exit R5(config)#interface fastethernet 0/1 R5(config-if)#no shutdown R5(config-if)#ip address 11.1.1.37 255.255.255.240 R5(config-if)#exit R5(config)#interface fastethernet 1/0 R5(config-if)#no shutdown R5(config-if)#interface fastethernet 1/0.1 R5(config-subif)#encapsulation dot1q 10 R5(config-subif)#ip address 11.1.1.114 255.255.255.240 R5(config-subif)#exit R5(config)#interface fastethernet 1/0.2

	R5(config-subif)#encapsulation dot1q 20 R5(config-subif)#ip address 11.1.1.130 255.255.255.240
R6	Router#configure terminal Router(config)hostname R6 R6(config)#interface fastethernet 0/0 R6(config-if)#no shutdown R6(config-if)#ip address 11.1.1.22 255.255.255.240 R6(config-if)#exit R6(config)#interface fastethernet 0/1 R6(config-if)#no shutdown R6(config-if)#ip address 11.1.1.38 255.255.255.240 R6(config-if)#exit R6(config)#interface fastethernet 1/0 R6(config-if)#no shutdown R6(config-if)#interface fastethernet 1/0.1 R6(config-subif)#encapsulation dot1q 10 R6(config-subif)#ip address 11.1.1.115 255.255.255.240 R6(config-subif)#exit R6(config)#interface fastethernet 1/0.2 R6(config-subif)#encapsulation dot1q 20 R6(config-subif)#ip address 11.1.1.131 255.255.255.240

PC에서 IP 설정 값은 [표 6-17]과 같다. 'Desktop → IP Configuration'에서 다음 3항목(IP 주소, 서브넷 마스크, Default Gateway)을 설정한다.

[표 6-17] ▶ PC 설정

구분	IP 주소	서브넷 마스크	Default Gateway
PC1	11.1.1.84	255.255.255.240	11.1.1.81
PC2	11.1.1.100	255.255.255.240	11.1.1.97
PC3	11.1.1.85	255.255.255.240	11.1.1.81
PC4	11.1.1.101	255.255.255.240	11.1.1.97
PC5	11.1.1.116	255.255.255.240	11.1.1.113
PC6	11.1.1.117	255.255.255.240	11.1.1.113
PC7	11.1.1.132	255.255.255.240	11.1.1.129
PC8	11.1.1.133	255.255.255.240	11.1.1.129
PC9	11.1.1.66	255.255.255.240	11.1.1.65

Problem 3 빌딩 A에 다음과 같이 VLAN을 설정하라.

- 빌딩 A는 End-to-End VLAN임.
- VTP
  - SW3을 VTP 서버로 SW4, SW5, SW6은 VTP 클라이언트로 설정할 것.
  - VTP Domain name은 test로 설정할 것.

[표 6-18] ▶ VTP 설정

스위치	명령어
SW3	SW3#configure terminal SW3(config)#vtp mode server SW3(config)#vtp domain test SW3(config)#vlan 10 SW3(config-vlan)#vlan 20
SW4	SW4#configure terminal SW4(config)#vtp mode client
SW5	SW5#configure terminal SW5(config)#vtp mode client
SW6	SW6#configure terminal SW6(config)#vtp mode client

- 액세스 링크와 트렁크는 [그림 6-21]대로 설정할 것.
- 'show vlan'과 'show vtp status' 명령으로 확인할 것.

[표 6-19] ▶ 트렁크와 액세스 링크 설정

스위치	명령어
SW3	SW3(config)#interface range fastethernet 0/1-5 SW3(config-if)#switchport mode trunk
SW4	SW4(config)#interface range fastethernet 0/1-5 SW4(config-if)#switchport mode trunk
SW5	SW5(config)#interface fastethernet 0/1 SW5(config-if)#switchport mode trunk SW5(config-if)#exit SW5(config)#interface fastethernet 0/2 SW5(config-if)#switchport mode trunk SW5(config-if)#exit SW5(config)#interface fastethernet 0/3 SW5(config-if)#switchport access vlan 10 SW5(config-if)#exit SW5(config)#interface fastethernet 0/4 SW5(config-if)#switchport access vlan 20
SW6	SW6(config)#interface fastethernet 0/1 SW6(config-if)#switchport mode trunk SW6(config-if)#exit SW6(config)#interface fastethernet 0/2 SW6(config-if)#switchport mode trunk SW6(config-if)#exit SW6(config)#interface fastethernet 0/3 SW6(config-if)#switchport access vlan 10 SW6(config-if)#exit SW6(config)#interface fastethernet 0/4 SW6(config-if)#switchport access vlan 20

Problem 4 빌딩 B에 다음과 같이 VLAN을 설정하라.

- 빌딩 B는 Local VLAN임.
- VTP 적용 못하므로 SW3, SW4, SW5, SW6에 각각 VLAN 선언해야 함.
- 액세스 링크와 트렁크는 [그림 6-21]대로 설정할 것.
- 'show vlan' 명령으로 확인할 것.

[표 6-20] ▶ VLAN 설정

스위치	명령어
SW7	SW7#configure terminal SW7(config)#vlan 10 SW7(config-vlan)#vlan 20 SW7(config-vlan)#exit SW7(config)#interface fastethernet 0/1 SW7(config-if)#switchport mode trunk SW7(config-if)#exit SW7(config)#interface fastethernet 0/4 SW7(config-if)#switchport mode trunk SW7(config-if)#exit SW7(config)#interface fastethernet 0/5 SW7(config-if)#switchport mode trunk SW7(config-if)#exit SW7(config)#interface fastethernet 0/2 SW7(config-if)#switchport access vlan 10 SW7(config-if)#exit SW7(config)#interface fastethernet 0/3 SW7(config-if)#switchport access vlan 20
SW8	SW8#configure terminal SW8(config)#vlan 10 SW8(config-vlan)#vlan 20 SW8(config-vlan)#exit SW8(config)#interface fastethernet 0/1 SW8(config-if)#switchport mode trunk SW8(config-if)#exit SW8(config)#interface fastethernet 0/4 SW8(config-if)#switchport mode trunk SW8(config-if)#exit SW8(config)#interface fastethernet 0/5 SW8(config-if)#switchport mode trunk SW8(config-if)#exit SW8(config)#interface fastethernet 0/2 SW8(config-if)#switchport access vlan 10 SW8(config-if)#exit SW8(config)#interface fastethernet 0/3 SW8(config-if)#switchport access vlan 20
SW9	SW9#configure terminal SW9(config)#vlan 10 SW9(config-vlan)#exit

	SW9(config)#interface range fastethernet 0/1-4 SW9(config-if)#switchport access vlan 10
SW10	SW10#configure terminal SW10(config)#vlan 20 SW10(config-vlan)#exit SW10(config)#interface range fastethernet 0/1-4 SW10(config-if)#switchport access vlan 20

Problem 5 다음과 같이 PVST 설정하라.

- 빌딩 A: SW3을 VLAN 10, SW4를 VLAN 20에 대한 루트 스위치로 설정할 것.
- 빌딩 B: SW7을 VLAN 10, SW8을 VLAN 20에 대한 루트 스위치로 설정할 것.
- 'show spanning-tree vlan 10'과 'show spanning-tree vlan 20' 명령으로 확인할 것.

[표 6-21] ▶ PVST 설정

구분		명령어
빌딩 A	SW3	SW3(config)#spanning-tree vlan 10 priority 4096
	SW4	SW4(config)#spanning-tree vlan 20 priority 4096
빌딩 B	SW7	SW7(config)#spanning-tree vlan 10 priority 4096
	SW8	SW8(config)#spanning-tree vlan 20 priority 4096

Problem 6 다음 구간을 이중으로 연결하고 이더채널을 설정하라.

- SW3과 SW4 사이
- SW7과 SW8 사이

[표 6-22] ▶ 이더채널 설정

스위치	명령어
SW3	SW3(config)#interface fastethernet 0/4 SW3(config-if)#channel-group 1 mode on SW3(config)#interface fastethernet 0/5 SW3(config-if)#channel-group 1 mode on
SW4	SW4(config)#interface fastethernet 0/4 SW4(config-if)#channel-group 1 mode on SW4(config)#interface fastethernet 0/5 SW4(config-if)#channel-group 1 mode on
SW7	SW7(config)#interface fastethernet 0/4 SW7(config-if)#channel-group 1 mode on SW7(config)#interface fastethernet 0/5 SW7(config-if)#channel-group 1 mode on
SW8	SW8(config)#interface fastethernet 0/4 SW8(config-if)#channel-group 1 mode on SW8(config)#interface fastethernet 0/5 SW8(config-if)#channel-group 1 mode on

Problem 7 라우팅 프로토콜은 EIGRP를 설정하여 모든 장비끼리 Ping이 되게 하라.

설명

라우터 들의 EIGRP 라우팅 프로토콜 설정은 [표 6-23]과 같다. 각각의 라우터의 라우팅 테이블에 9개의 네트워크 정보가 올라와야 한다.

Chapter 1. 'Lecture 5. LAN 구축 기초 I Lab 01 'Problem 12 해설 참조할 것.

[표 6-23] ▶ EIGRP 설정

라우터	명령어
ISP	ISP#configure terminal ISP(config)#router eigrp 100 ISP(config-router)#network 11.0.0.0
인터넷 접속 라우터	INTNET#configure terminal INTNET(config)#router eigrp 100 INTNET(config-router)#network 11.0.0.0
동경	East#configure terminal East(config)#router eigrp 100 East(config-router)#network 11.0.0.0
WAN	WAN#configure terminal WAN(config)#router eigrp 100 WAN(config-router)#network 11.0.0.0
R3	R3#configure terminal R3(config)#router eigrp 100 R3(config-router)#network 11.0.0.0
R4	R4#configure terminal R4(config)#router eigrp 100 R4(config-router)#network 11.0.0.0
R5	R5#configure terminal R5(config)#router eigrp 100 R5(config-router)#network 11.0.0.0
R6	R6#configure terminal R6(config)#router eigrp 100 R6(config-router)#network 11.0.0.0

Problem 8 다음과 같이 HSRP를 설정하라.

- 빌딩 A: R3을 VLAN 10에 대한 ACTIVE 라우터, R4를 VLAN 20에 대한 ACTIVE 라우터로 설정하고,
- 빌딩 B: R5를 VLAN 10에 대한 ACTIVE 라우터, R6을 VLAN 20에 대한 ACTIVE 라우터로 설정할 것.

[표 6-24] ▶
HSRP 설정

라우터	명령어
R3	R3(config)#interface fastethernet 1/0.1 R3(config-subif)#encapsulation dot1q 10 R3(config-subif)#ip address 11.1.1.82 255.255.255.240 R3(config-subif)#standby 10 ip 11.1.1.81 R3(config-subif)#standby 10 priority 150 R3(config-subif)#interface fastethernet 1/0.2 R3(config-subif)#encapsulation dot1q 20 R3(config-subif)#ip address 11.1.1.98 255.255.255.240 R3(config-subif)#standby 20 ip 11.1.1.97 R3(config-subif)#standby 20 priority 50
R4	R4(config)#interface fastethernet 1/0.1 R4(config-subif)#encapsulation dot1q 10 R4(config-subif)#ip address 11.1.1.83 255.255.255.240 R4(config-subif)#standby 10 ip 11.1.1.81 R4(config-subif)#standby 10 priority 50 R4(config-subif)#interface fastethernet 1/0.2 R4(config-subif)#encapsulation dot1q 20 R4(config-subif)#ip address 11.1.1.99 255.255.255.240 R4(config-subif)#standby 20 ip 11.1.1.97 R4(config-subif)#standby 20 priority 150
R5	R5(config)#interface fastethernet 1/0.1 R5(config-subif)#encapsulation dot1q 10 R5(config-subif)#ip address 11.1.1.114 255.255.255.240 R5(config-subif)#standby 10 ip 11.1.1.113 R5(config-subif)#standby 10 priority 150 R5(config-subif)#interface fastethernet 1/0.2 R5(config-subif)#encapsulation dot1q 20 R5(config-subif)#ip address 11.1.1.130 255.255.255.240 R5(config-subif)#standby 20 ip 11.1.1.129 R5(config-subif)#standby 20 priority 50
R6	R6(config)#interface fastethernet 1/0.1 R6(config-subif)#encapsulation dot1q 10 R6(config-subif)#ip address 11.1.1.115 255.255.255.240 R6(config-subif)#standby 10 ip 11.1.1.113 R6(config-subif)#standby 10 priority 50 R6(config-subif)#interface fastethernet 1/0.2 R6(config-subif)#encapsulation dot1q 20 R6(config-subif)#ip address 11.1.1.131 255.255.255.240 R6(config-subif)#standby 20 ip 11.1.1.129 R6(config-subif)#standby 20 priority 150

모든 라우터와 PC에서 모든 IP로 핑이 성공함을 확인하라.

Problem 9 모든 3계층 이상의 장비에서 모든 IP로 Ping이 되어야 한다.

Lecture 06

핵심 LAN 프로토콜들과 패킷 흐름

강의 키워드 PVST/HSRP/라우팅 프로토콜에 의한 로드 분산, 패킷 바이 패킷 로드밸런싱, 데스티네이션 바이 데스티네이션 로드밸런싱.

이 강의에서는 지금까지 배운 핵심 LAN 프로토콜들에 의해 결정되는 패킷 흐름에 대해 학습한다. [그림 6-25]의 빌딩 A와 B에서 VLAN별 Active 라우터와 Root 스위치를 [표 6-25]와 같이 설정하였다.

[표 6-25] ▶ VLAN별 Active 라우터 & Root 스위치

구분			장비
빌딩 A	VLAN 10	Active 라우터	R1
		Root 스위치	SW2
	VLAN 20	Active 라우터	R2
		Root 스위치	SW1
빌딩 B	VLAN 10	Active 라우터	R3
		Root 스위치	SW3
	VLAN 20	Active 라우터	R4
		Root 스위치	SW4

[그림 6-25]에서 빌딩 A와 B의 VLAN별 Active 라우터와 Root 스위치의 위치를 보자. 여기서 빌딩 A와 B의 차이점은 빌딩 A는 VLAN별 Active 라우터와 Root 스위치가 엇갈리게 배치되어 있다. 즉,VLAN 10에 대해서는 왼쪽 라우터인 R1이 Active 라우터지만, 오른쪽 스위치인 SW2가 Root 스위치다. VLAN 20에 대해서도 엇갈리게 오른쪽 라우터인 R2가 Active 라우터지만, 왼쪽 스위치인 SW1이 Root 스위치다.

반대로 빌딩 B는 VLAN 10에 대해서 왼쪽 라우터인 R3가 Active 라우터이고 같은 왼쪽의 SW3가 Root 스위치다. VLAN 20에 대해서도 오른쪽 라우터인 R4가 Active 라우터이고 같은 오른쪽의 SW4가 Root 스위치다.

[그림 6-25] ▶
Active 라우터와 Root 스위치의 배치

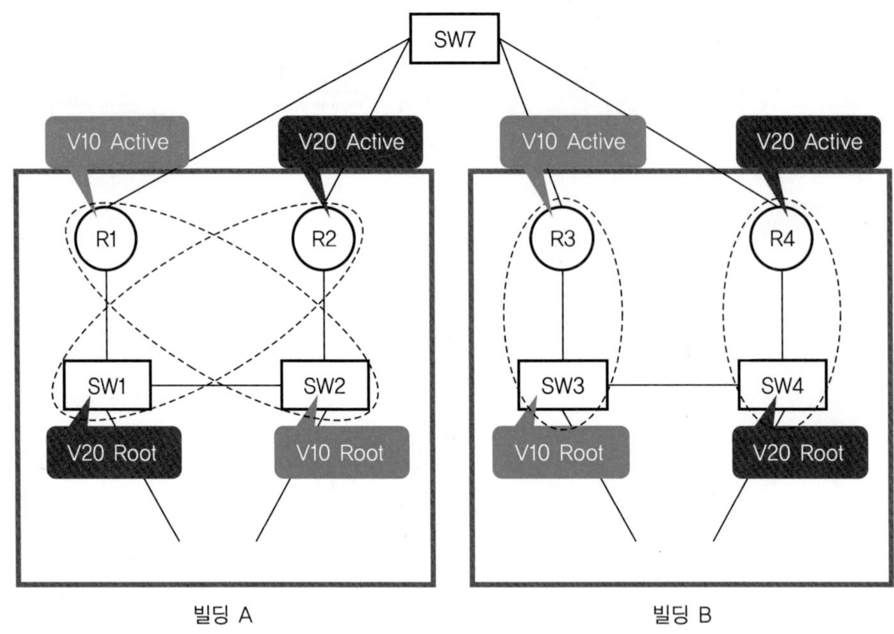

[그림 6-26]을 보면 빌딩 A의 경우 PC들에서 다른 네트워크로 향하는 트래픽이 라우터 쪽으로 갈 때 STP에 의한 블로킹 포트 때문에 ㉮링크(SW1-SW2 연결 링크)를 경유하는데 비해, 빌딩 B에서는 ㉮링크를 경유할 필요가 없다. 따라서 트래픽 경로를 짧게하기 위해서는 빌딩 B와 같이 VLAN별 Active 라우터와 Root 스위치는 같은 쪽의 장치에 설정하는 것이 적절하다.

[그림 6-26] ▶
Active 라우터/Root 스위치의 배치와 트래픽의 흐름

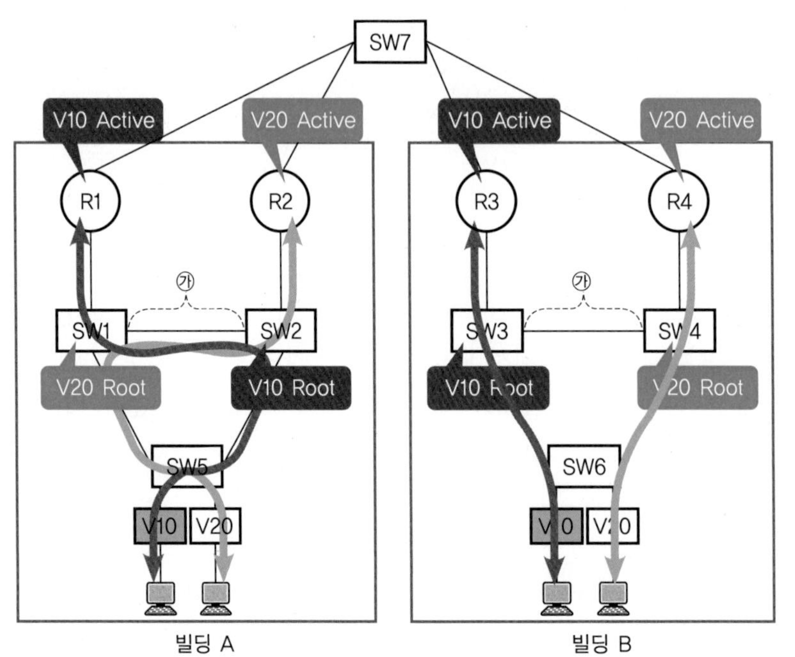

[그림 6-27]를 보자. 빌딩 A의 PC 1에서 빌딩 B의 PC 3으로 핑을 보냈을 때의 경로를 추적해보자. PC 1은 VLAN 10에 속한다. 빌딩 A에서는 VLAN 10에 대한 Root 스위치가 SW1이므로 (a), (b) 링크는 사용되지만, (c) 링크는 블로킹되어 사용하지 않는다. VLAN 10에 대한 Active 라우터가 R1이므로 (b)와 (d) 링크를 따라 R1에 도착한다.

[그림 6-27] ▶ 트래픽 흐름 I

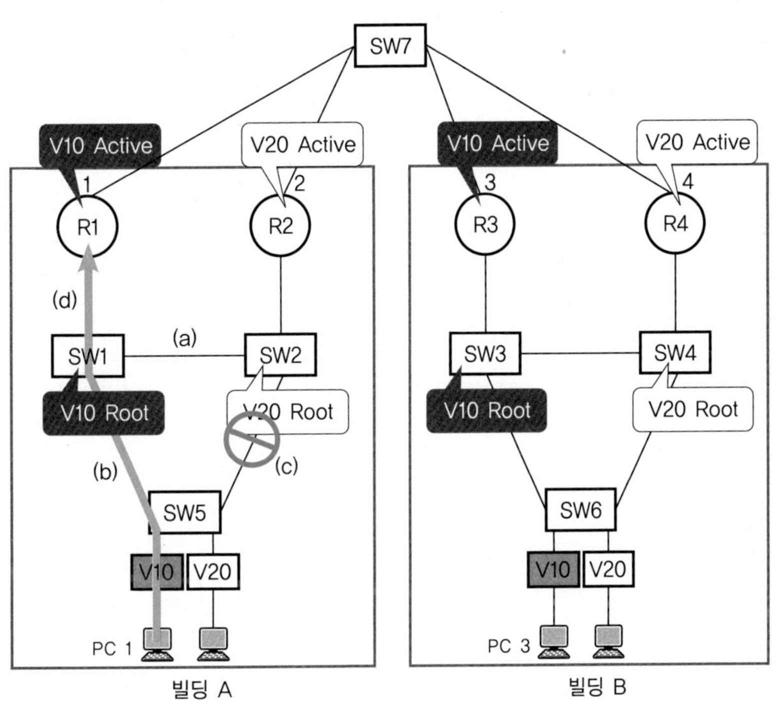

R1에서의 트래픽 경로를 추적하기 전에 라우팅에 대해 알아보자. [그림 6-28]에서 R1의 라우팅 테이블을 보여주는데 라우팅 테이블에는 목적지 33.3.3.0/24 네트워크에 가기 위해 패킷이 다음으로 거쳐야 할 라우터의 주소(1.1.1.3)가 올라온다.

[그림 6-28] ▶ 라우팅 I

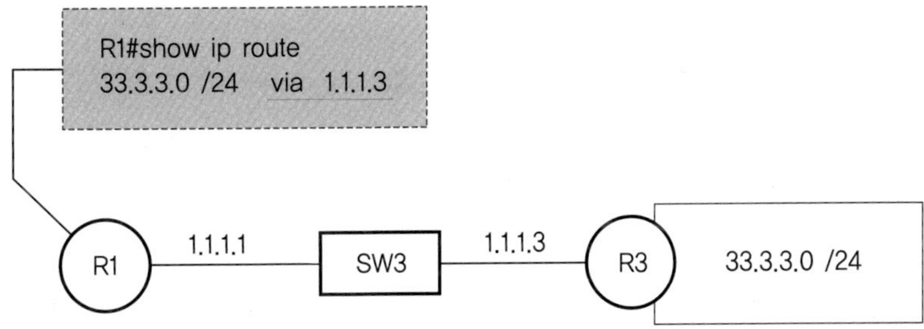

[그림 6-29]에서도 R1의 라우팅 테이블에는 목적지 33.3.3.0/24 네트워크에 가기 위해 패킷이 다음으로 거쳐야 할 라우터의 주소(1.1.1.3)가 올라오고, R2의 라우팅 테이블에는 목적지 33.3.3.0/24 네트워크에 가기 위해 패킷이 다음으로 거쳐야 할 라우터의 주소(2.2.2.3)가 올라온다. 라우팅을 릴레이 프로세스(Relay process)라고 하는데 이는 바통을

다음 선수에게 전달하면 자기 임무가 끝나는 릴레이 시합과 닮았기 때문이다.

[그림 6-29] ▶
라우팅 II

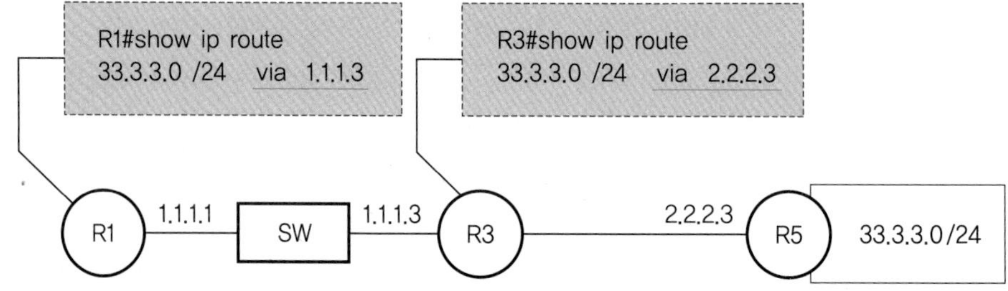

라우터는 각각의 목적지 네트워크에 대한 베스트 루트를 찾아 라우팅 테이블을 만든다. 즉, 각 목적지에 대한 베스트 루트만 라우팅 테이블에 올라올 수 있다. [그림 6-30]과 같이 베스트 루트가 2개면 어떻게 될까? 2개가 함께 올라온다. 2경로가 함께 올라오면 33.3.3.0/24가 목적지인 패킷은 1.1.1.3 경로와 2.2.2.3 경로들을 번갈아 사용한다. 즉 트래픽 로드 분산이 일어난다. 라우팅 테이블에는 최대 6개의 경로가 올라올 수 있다.

[그림 6-30] ▶
라우팅 III

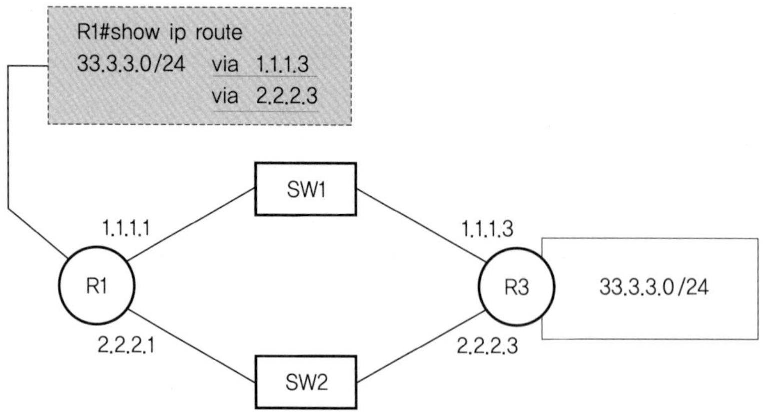

[그림 6-31]을 보자. R1에서 빌딩 B의 VLAN 10 즉, 33.3.3.0 네트워크에 대한 라우팅 테이블을 보여 준다. 다음 라우터 주소가 1.1.1.3과 1.1.1.4의 2개의 경로가 존재하므로 트래픽 로드 분산이 발생한다.

[그림 6-31] ▶
라우팅 Ⅳ

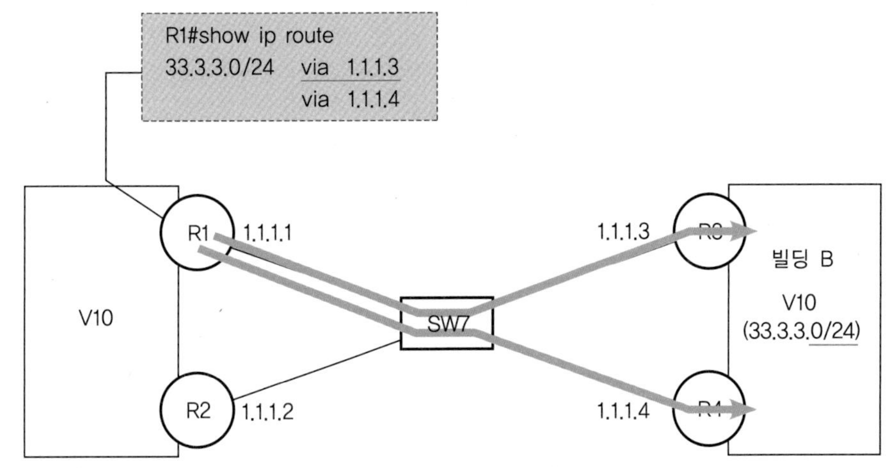

[그림 6-31]은 [그림 6-32]와 같이 실제 환경을 반영하여 다시 그렸다.

[그림 6-32] ▶
라우팅 V

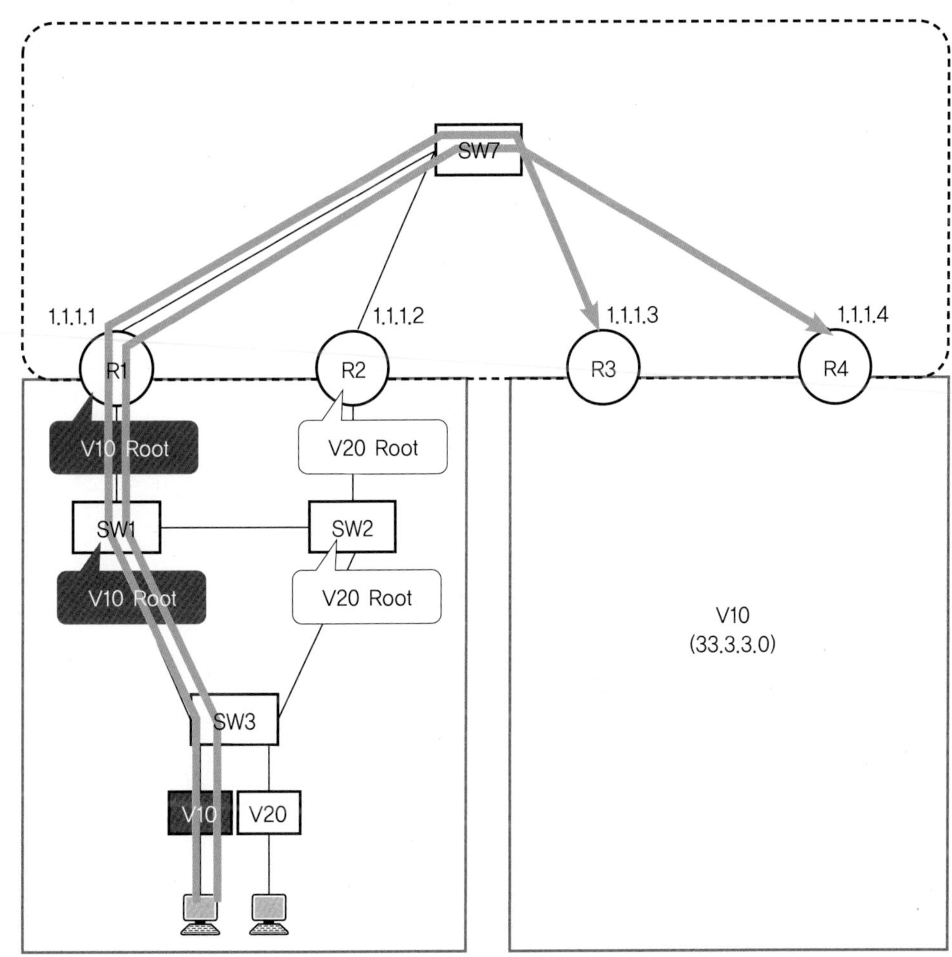

트래픽은 [그림 6-33]과 같이 R1에서 다음 라우터 R3(1.1.1.3)과 R4(1.1.1.4)으로 분산된다. 즉, 코어 계층 스위치인 SW7에서 50% 대 50%로 나뉘어 R3과 R4에 도착한다. 트래픽의 목적지인 33.3.3.0/24 네트워크는 VLAN 10에 속한다. VLAN 10에 대해 SW4가 Root 스위치이므로 (e)와 (f) 링크는 사용되지만, (g) 링크는 블로킹되어 사용하지 않는다. 따라서 50% 대 50%로 분산된 트래픽은 빌딩 B의 SW4에서 100%로 합쳐져서 목적지인 PC3에 도착한다.

[그림 6-33] ▶ 트래픽 흐름 II

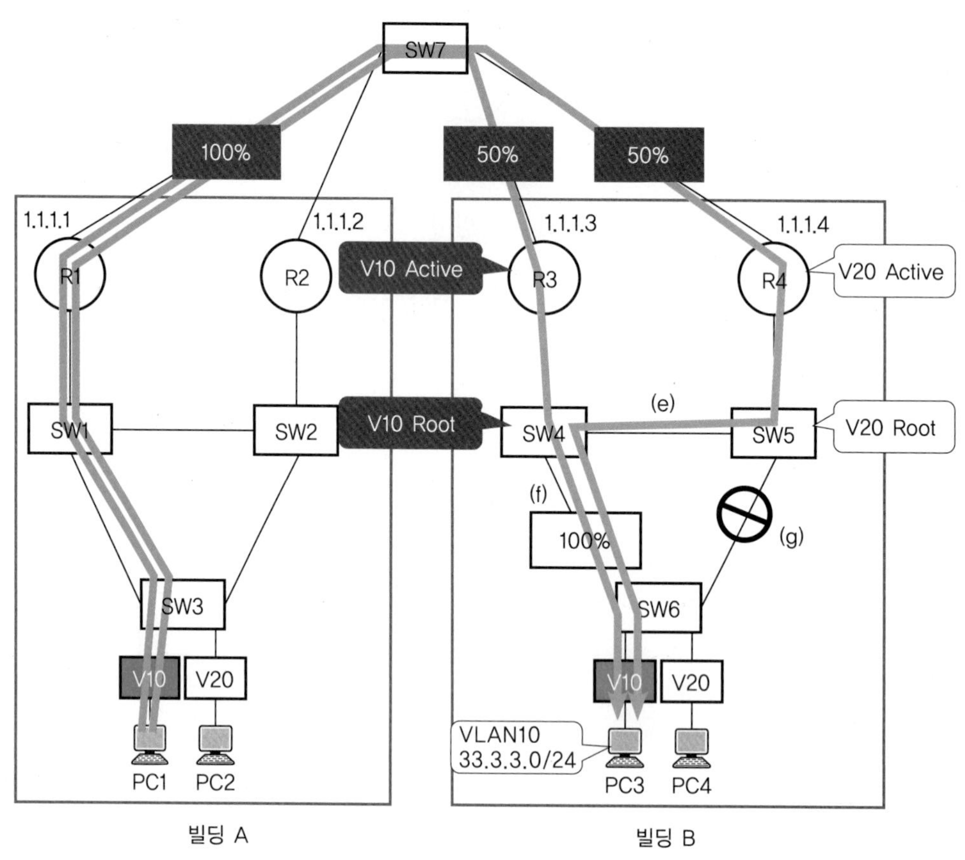

이번에는 PC 3에서 PC 1로 향하는 트래픽 경로도 살펴보자, 빌딩 B에서 VLAN 10에 대해 SW4가 Root 스위치이므로 (g) 링크는 사용하지 않는다. Active 라우터인 R3에 도착한 패킷은 빌딩 A의 VLAN 10 즉, 11.1.1.0/24 네트워크에 대한 라우팅 테이블을 참조한다.

트래픽은 [그림 6-34]와 같이 R3에서 다음 라우터 R1(1.1.1.1)과 R2(1.1.1.2)로 분산된다. 즉, 코어 계층 스위치인 SW7에서 50% 대 50%로 나뉘어 R1과 R2에 도착한다. 트래픽의 목적지는 VLAN 10에 속한다고 했다. VLAN 10에 대해 SW1이 Root 스위치이므로 (a)와 (b) 링크는 사용되지만, (c) 링크는 블로킹되어 사용하지 않는다. 따라서 50% 대 50%로 분산된 트래픽은 빌딩 A의 SW1에서 100%로 합쳐져서 목적지인 PC1에 도착한다.

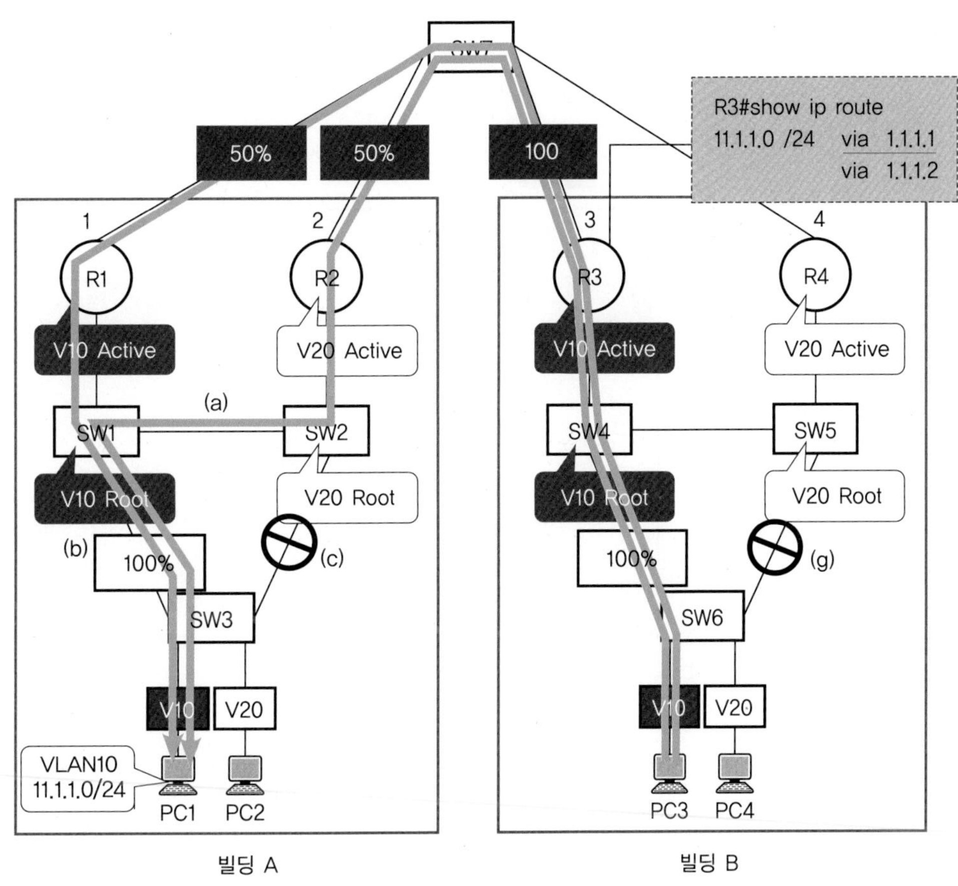

[그림 6-34] ▶ 트래픽 흐름 III

[그림 6-35]에서는 코어 스위치가 SW7과 SW8로 이중화되었다. PC 1에서 빌딩 B의 PC 3(VLAN 10, 33.3.3.0/24)을 향하는 트래픽 흐름을 다시 살펴 보자. PC1에서 출발한 패킷은 SW1을 거쳐 Active 라우터인 R1에 도착한다.

[그림 6-35] ▶
트래픽 흐름 Ⅳ

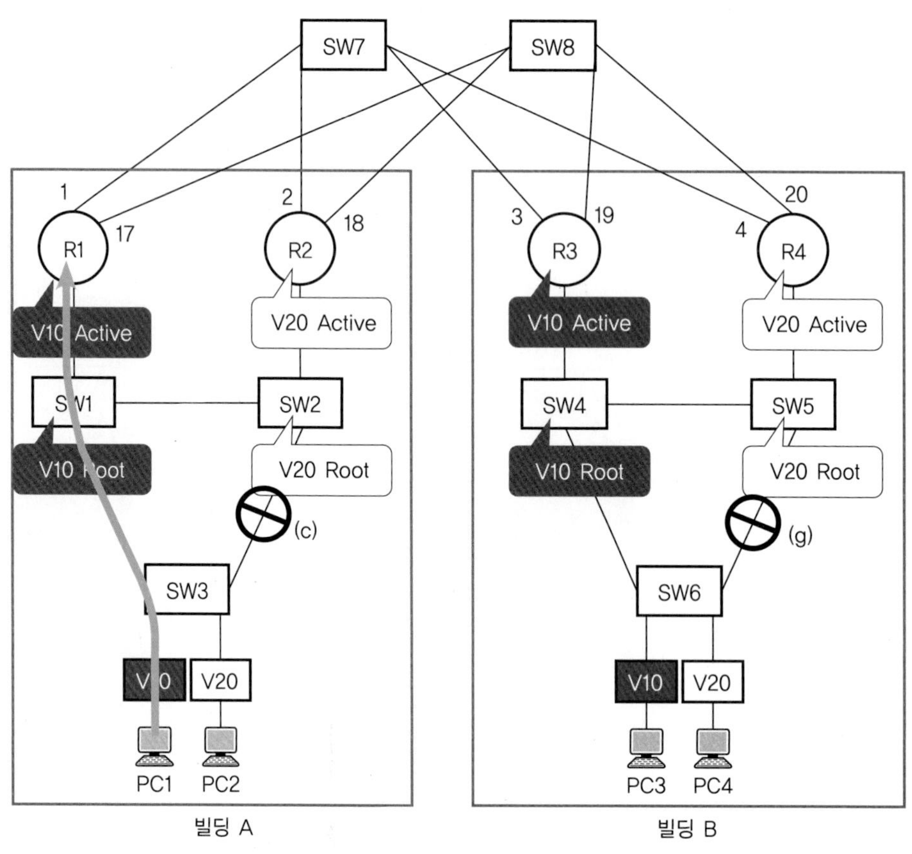

[그림 6-36]을 보자. R1에 도착한 패킷은 R1의 라우팅 테이블에서 목적지인 PC3가 속하는 네트워크 정보를 찾는데, 코어 스위치가 이중화된 환경에서는 33.3.3.0/24 목적지 네트워크에 대해 다음 라우터 주소 4개, 1.1.1.3, 1.1.1.4, 1.1.1.19, 1.1.1.20이 올라와 있다. 동일한 베스트 루트가 4개 존재하기 때문이다.

[그림 6-36] ▶
라우팅 Ⅵ

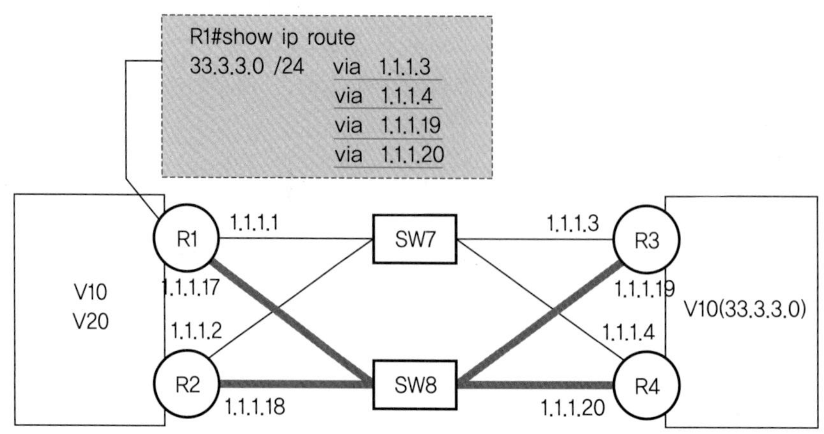

그러면, R1에서 [그림 6-37]과 같이 트래픽 로드 분산이 일어난다.

[그림 6-37] ▶
라우팅 Ⅶ

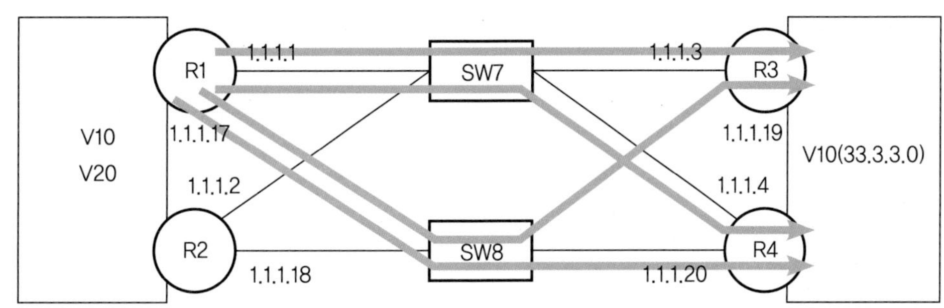

실제 환경에서 로드 분산 경로를 전체적으로 보면 [그림 6-38]과 같다.

[그림 6-38] ▶
트래픽 흐름 Ⅴ

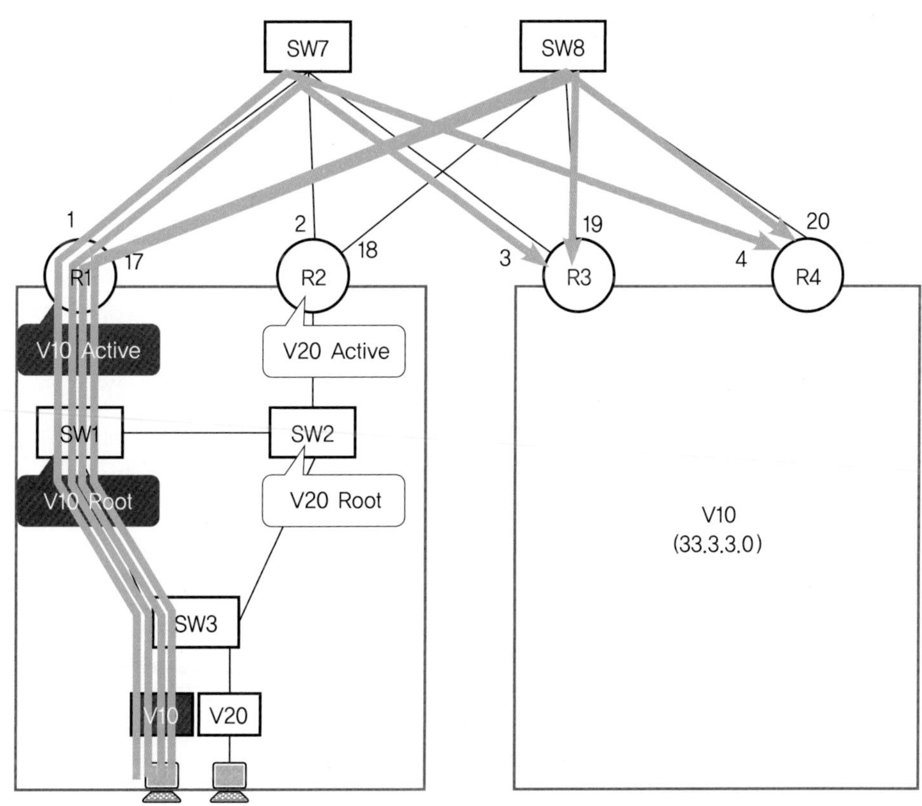

[그림 6-39]를 보자. PC1에서 PC3으로 향하는 트래픽 흐름이다. R1에서 1/2로 분산된 트래픽은 SW7과 SW8에서 1/4로 분산된다. 1/4로 분산된 트래픽은 R3와 R4 라우터에 각각 1/2씩 도착한다. 다시 최종적으로 SW4에서 완전히 합쳐 목적지인 PC 3에 도착한다.

[그림 6-39] ▶
트래픽 흐름 Ⅵ

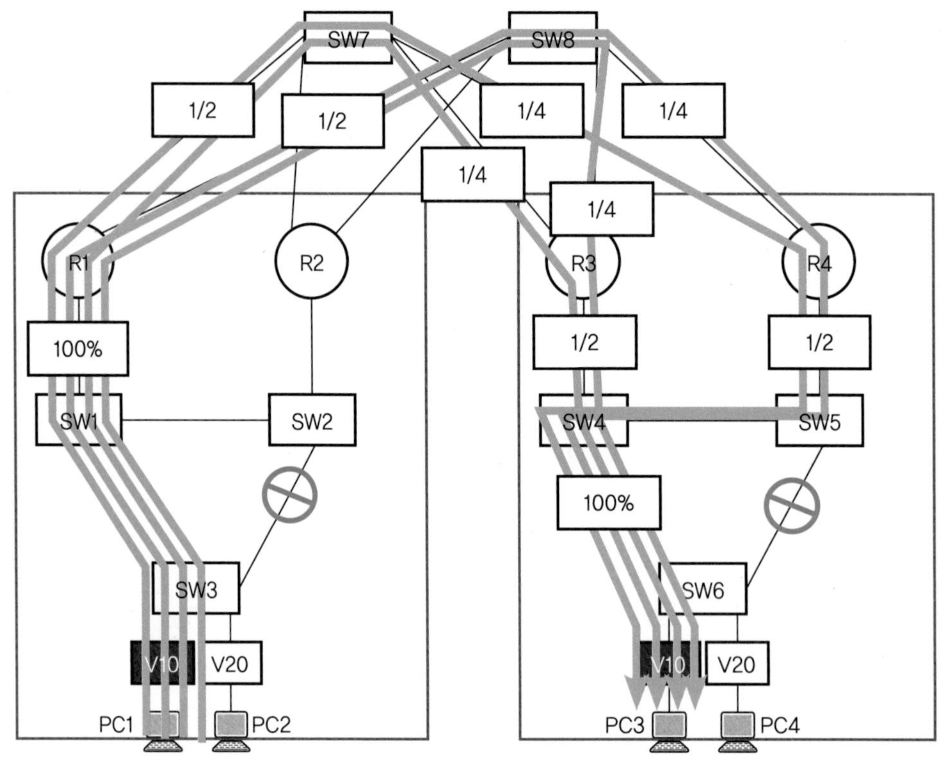

[그림 6-39]의 트래픽 흐름은 [그림 6-40]과 같이 간략화할 수 있다.

[그림 6-40] ▶
간략화한 트래픽 흐름

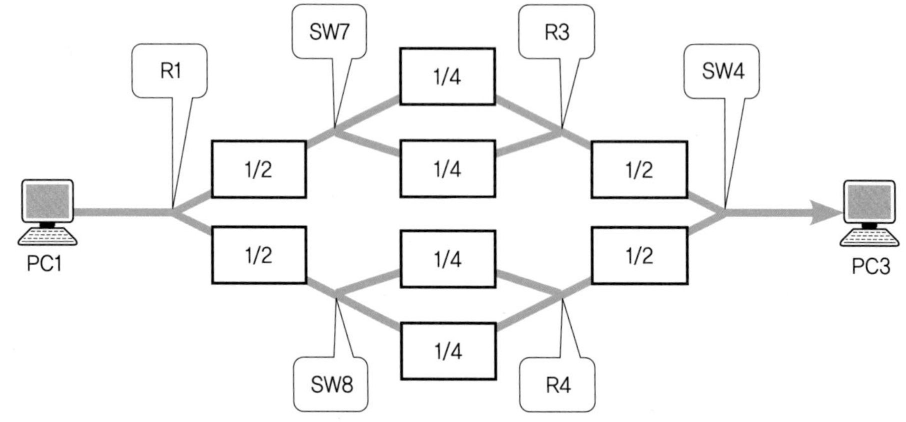

[그림 6-41]은 PC 3에서 PC 1로 향하는 [그림 6-39]와 반대 방향의 흐름이다. PC B에서 출발한 트래픽은 R3에서 1/2로 분산되고, 다시 SW7과 SW8에서 1/4로 분산된다. 1/4로 분산된 트래픽은 R1과 R2 라우터에 각각 1/2씩 도착한다. 다시 최종적으로 SW1에서 완전히 합쳐 목적지인 PC 1에 도착한다.

[그림 6-41] ▶
트래픽 흐름 Ⅵ

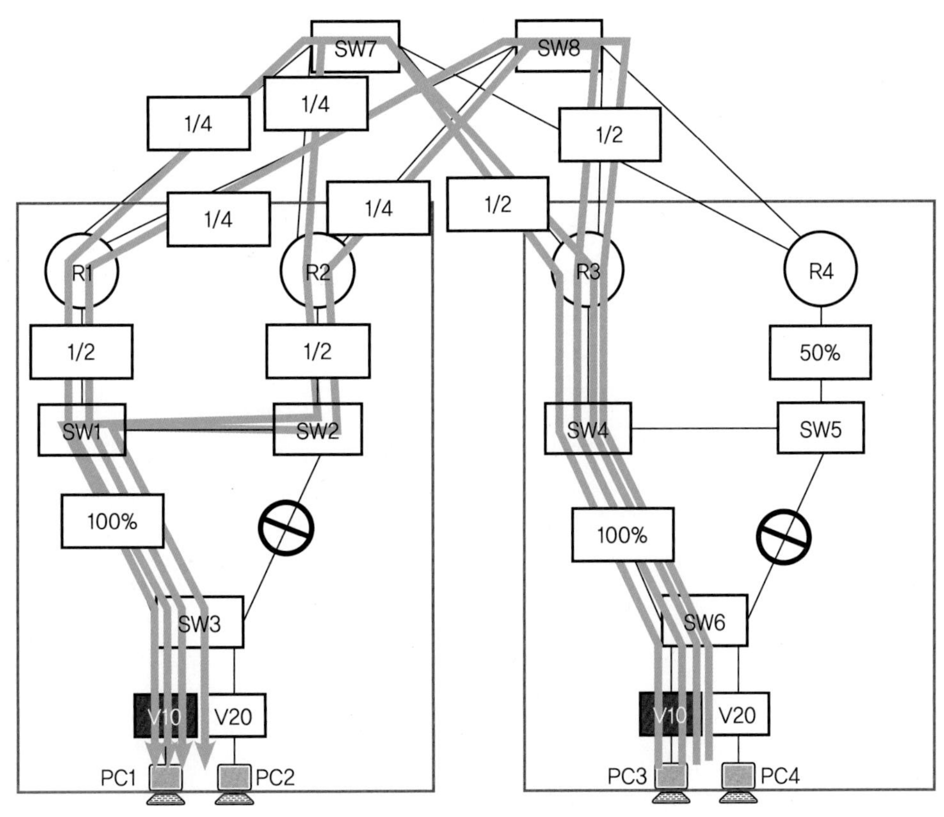

[그림 6-41]의 트래픽 흐름은 [그림 6-42]와 같이 간략화할 수 있다.

[그림 6-42] ▶
간략화한 트래픽 흐름

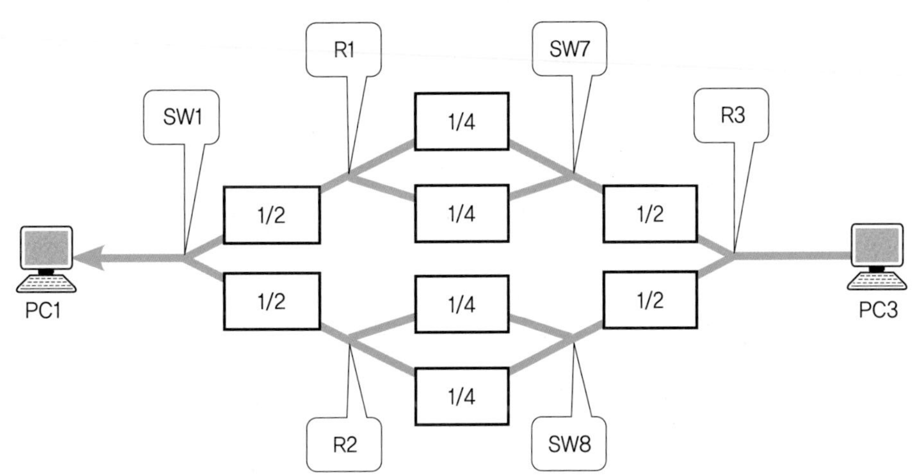

따라서, [그림 6-43]에서 PC1에서 PC3으로 향하는 트래픽의 1/4이 빠진다면 ①번 구간을, 트래픽의 1/2이 빠진다면 ②번 구간을, 트래픽이 모두 빠진다면 ③번 구간을 먼저 의심해본다. 자세한 설명은 [표 6-26]을 참고하기 바란다.

[그림 6-43] ▶
경로들

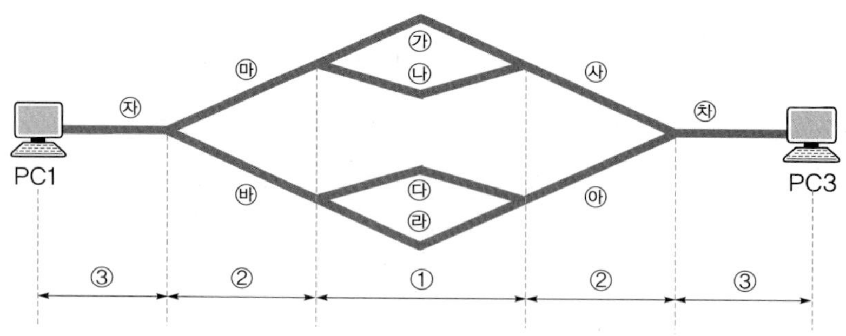

[표 6-26] ▶
문제 구간 찾기

사례	문제 구간
핑의 1/4이 빠진다면	①번 ㉮, ㉯, ㉰, ㉱ 링크들 중 하나에 문제가 있다.
핑의 1/2이 빠진다면	①번과 ②번 구간에 모두 문제 가능성이 있을 수 있다. 그런데, ①번 구간에 문제가 있으려면 ㉮, ㉯, ㉰, ㉱ 링크들 중 2개의 링크가 동시에 고장이 나야 하고 ②번 구간에 문제가 있으려면 ㉲, ㉳, ㉴, ㉵ 링크들 중 1개의 링크만 고장 나도 되므로 확률적으로 ②번 구간을 먼저 점검해 본다.
핑의 100%가 빠진다면	①번, ②번, ③번 구간에 모두 문제 가능성이 있을 수 있다. 그런데, ①번 구간에 문제가 있으려면 ㉮, ㉯, ㉰, ㉱ 링크들 중 4개의 링크가 동시에 고장이 나야 하고 ②번 구간에 문제가 있으려면 ㉲와 ㉳, 또는 ㉴와 ㉵ 링크가 동시에 고장이 나야 한다. 그러므로 ㉶와 ㉷ 링크와 같이 1개만 고장이 나도 되는 구간인 ③번 링크를 먼저 점검하도록 한다.

[그림 6-39]와 [그림 6-41]에서 설명한 PC 1과 PC 3 간의 양방향 패킷 경로를 다시 상기하기 바란다. PC1과 PC 3간에 핑과 같은 양방향 트래픽의 50%가 누락될 때, [그림 6-44]에서 굵은 선으로 표시된 구간이 1차 의심 구간이 된다.

[그림 6-44] ▶ 50% 누락 시, 1차 의심 구간

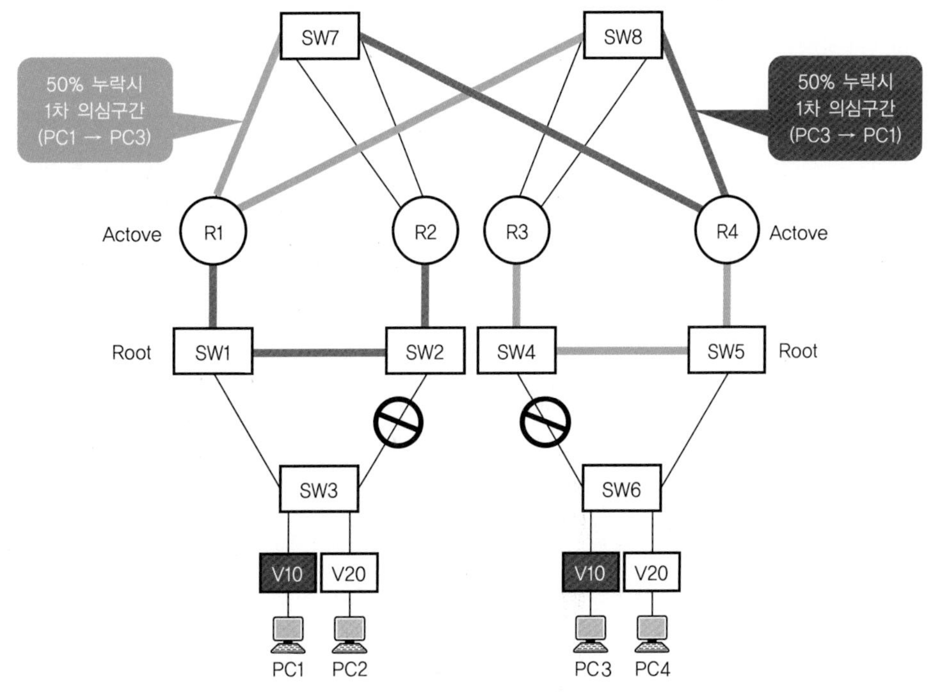

[그림 6-45]를 보자. PC1과 PC3 간에 핑과 같은 양방향 트래픽의 100%가 누락될 때, 굵은 선으로 표시된 구간이 1차 의심 구간이 된다. 즉, 트래픽이 50%로 분산되기 전의 구간이다.

[그림 6-45] ▶ 100% 누락 시, 1차 의심 구간

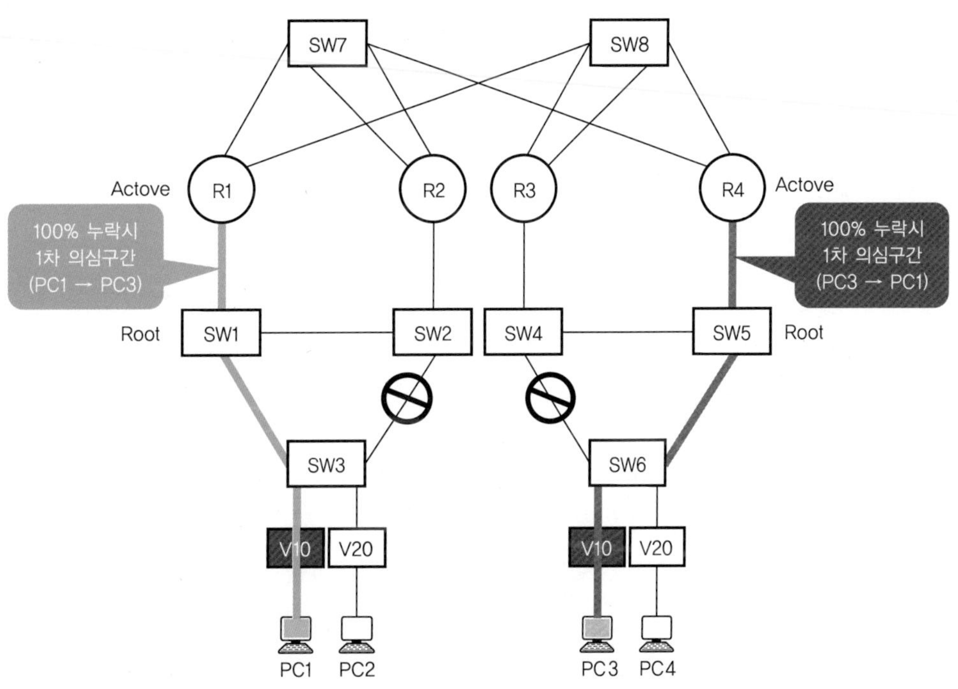

사실, 라우터의 로드 분산 방식은 패킷 바이 패킷 로드밸런싱(Packet by Packet Load Balancing)과 데스티네이션 바이 데스티네이션 로드밸런싱(Destination by Destination Load Balancing)으로 구분한다. 지금까지 설명한 방식이 패킷 바이 패킷 로드밸런싱 방식이다. 즉, [그림 6-46]과 같이 33.3.3.0/24 네트워크에 대해 주어진 경로들, 1.1.1.3, 1.1.1.4, 1.1.1.19, 1.1.1.20을 모두 활용한다. 33.3.3.1을 포함하여 33.3.3.0/24 네트워크에 속하는 모든 장치들을 향하는 패킷들에 대해 모든 경로들 1.1.1.3, 1.1.1.4, 1.1.1.19, 1.1.1.20 간에 로드 분산한다.

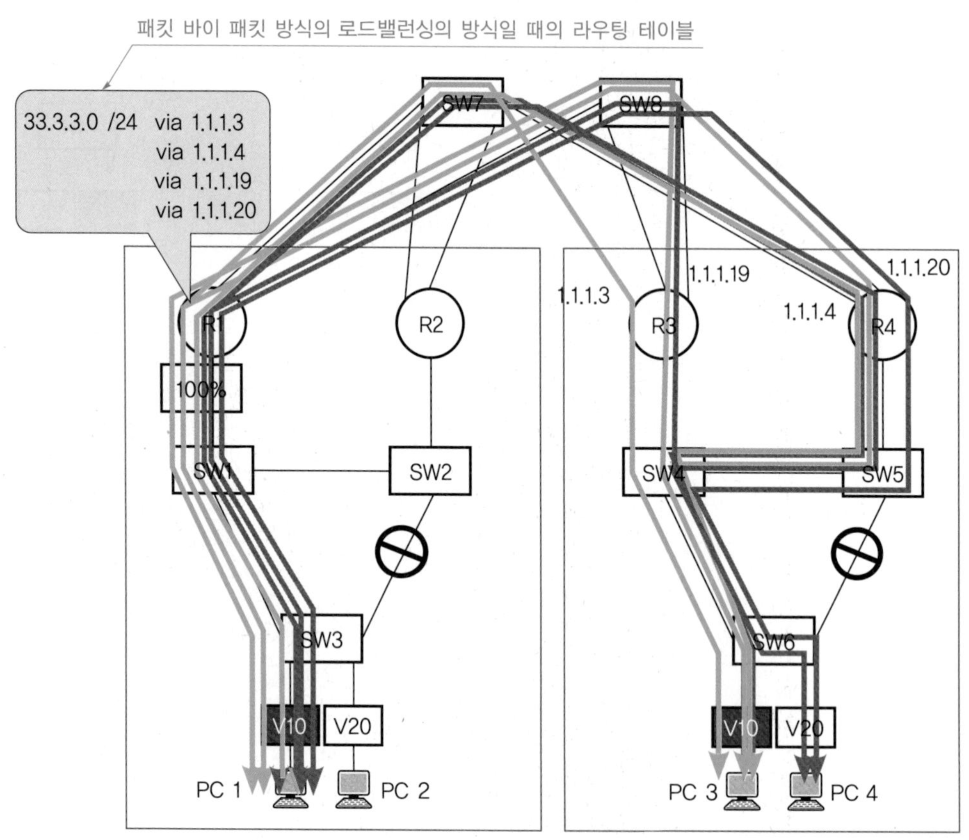

[그림 6-46] ▶ 패킷 바이 패킷 로드 발란싱

이에 반해 데스티네이션 바이 데스티네이션 로드밸런싱 방식은 [그림 6-47]과 같이 33.3.3.0/24 네트워크에 대해 33.3.3.1을 향하는 패킷은 1.1.1.4 경로만 사용하고, 33.3.3.2를 향하는 패킷은 1.1.1.20 경로만 사용하고, 33.3.3.3을 향하는 패킷은 1.1.1.3 경로만 사용하고, 33.3.3.4를 향하는 패킷은 11.1.1.19 경로만 사용하는 방식이다. 즉, 목적지 별로 사용하는 경로를 달리하는 방식이다.

[그림 6-47] ▶ 데스티네이션 바이 데스티네이션 로드 밸런싱

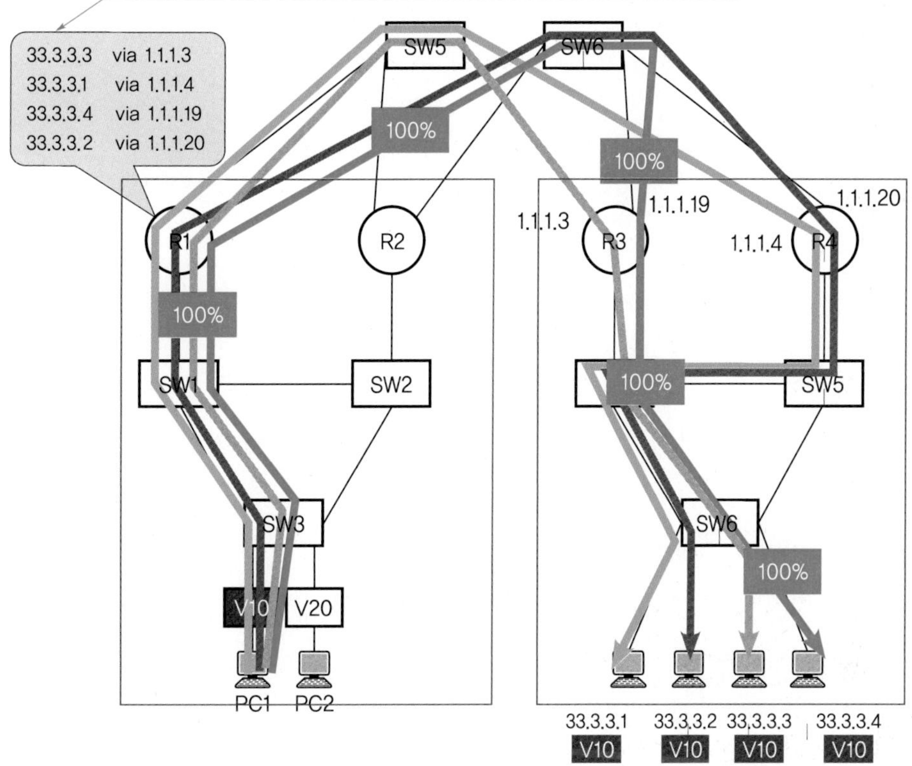

패킷 바이 패킷 로드밸런싱과 데스티네이션 바이 데스티네이션 로드밸런싱 방식의 차이는 무엇일까?

양자의 장점과 단점을 비교하면 다음과 같다.

[표 6-27] ▶ 로드밸런싱 방식 비교

로드 분산 방식	장점	단점
패킷 바이 패킷 (Packet by Packet)	모든 경로를 활용하므로 통신(전달) 속도가 빠르다.	다양한 경로들을 통해 세그먼트들이 도착하기 때문에 순서대로 도착하지 않는 TCP 세그먼트들이 생기는 경우, 목적지 장치에서 TCP 세그먼트 재조립 지연이 발생할 수 있다.
데스티네이션 바이 데스티네이션 (Destination by Destination)	한 경로만을 사용하므로 TCP 세그먼트들이 순서대로 전달하여 목적지 장치에서 재조립 지연이 발생하지 않는다.	특정 경로만 사용하므로 통신(통신) 속도가 비교적 느리다.

Chapter 7

LAN 심화/최적화

지금까지 배운 LAN 핵심 프로토콜들을 정리하고, 보완하고, 심화학습을 한다.

구분	강의 제목
이론 강의	Lecture 02. MST
	Lecture 03. STP Convergence Ⅰ
	Lecture 04. STP Convergence Ⅱ
	Lecture 05. STP Convergence Ⅲ
	Lecture 06. RSTP Convergence Ⅰ
	Lecture 07. RSTP Convergence Ⅱ
	Lecture 08. STP 대안
	Lecture 09. EtherChannel
	Lecture 10. HSRP, MHSRP
	Lecture 11. VRRP, GLBP
	Lecture 12. HSRP/VRRP/GLBP대안
연습 강의	Lecture 01. VLAN, VTP Review
실습 강의	

Lecture 01

VLAN, VTP Review

강의 키워드 멀티레이어 스위치와 VLAN, End-to-End VLAN과 Local VLAN 구성 비교, VLAN 선언과 VTP, End-to-End VLAN만 VTP 적용 가능

● VLAN

디스트리뷰션 계층에는 브로드캐스트 도메인 분할의 자유로움과 낮은 비용 때문에 라우터 대신 멀티레이어 스위치를 배치한다. 멀티레이어 스위치에서 브로드캐스트 도메인을 자유롭게 나누려면 멀티레이어 스위치의 상단포트들은 Layer 3 포트로, 하단 포트들은 Layer 2 포트로 설정해야 하는데 이때 논리적으로는 [그림 7-1]의 [B] 구성과 같아진다. 이 경우 브로드캐스트 도메인이 너무 넓게 된다.

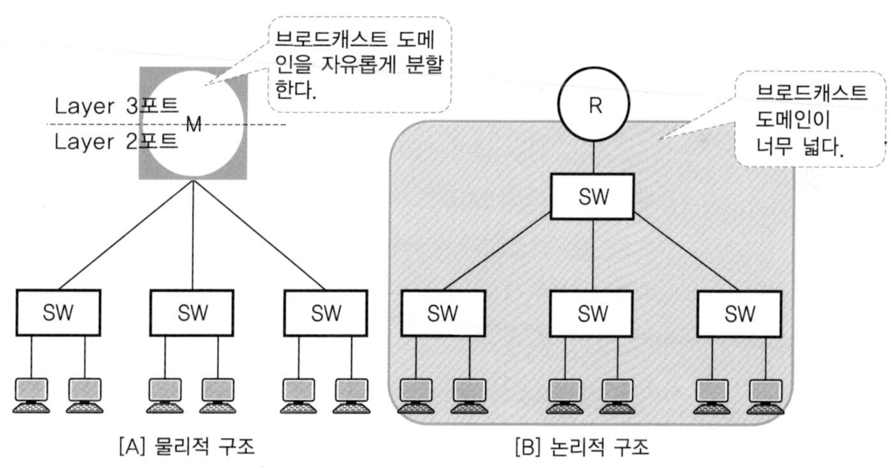

[그림 7-1] ▶ 멀티레이어 스위치와 브로드캐스트 도메인

이 '너무 넓은 브로드캐스트 문제를 해결하는 것이 VLAN이다. 브로드캐스트 도메인을 나누는 방법은 다음 두 가지다.

- End-to-End VLAN
- Local VLAN

End-to-End VLAN은 [그림 7-2]의 [A] 구성으로 장소에 상관없이, Local VLAN은 [B] 구성으로 장소에 따라 VLAN을 나눈다. VLAN으로 나누면, 선은 한 VLAN에 소속되는 액세스 링크와 모든 VLAN 소속 프레임이 통과할 수 있는 트렁크로 구분된다. 액세스 링크와 트렁크의 경계는 End-to-End VLAN은 액세스 계층 스위치이고, Local VLAN은 디스트리뷰션 계층 스위치이다.

[그림 7-2] ▶ End-to-End VLAN과 Local VLAN 비교

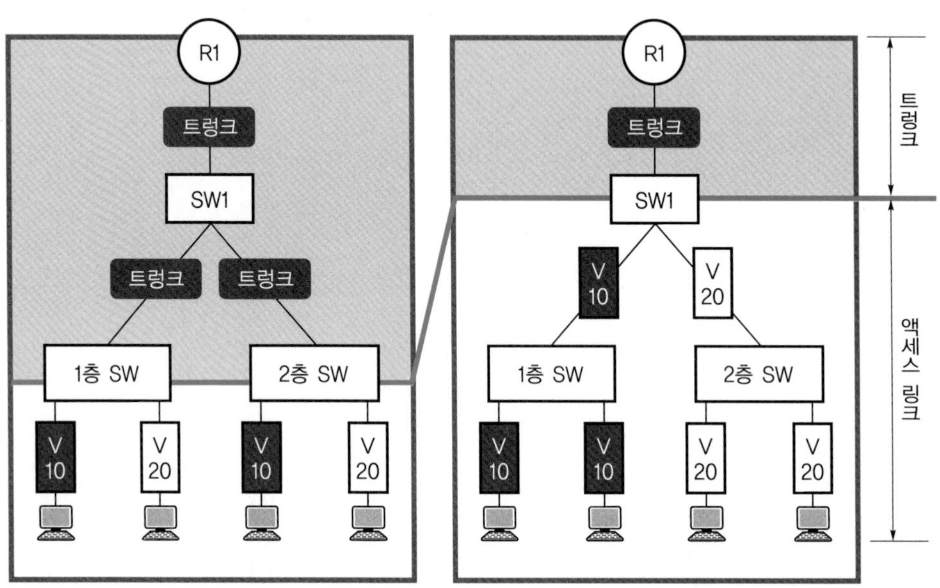

End-to-End VLAN과 Local VLAN의 공통점은 VLAN을 통해 ① 브로드캐스트의 전달 범위를 줄여 밴드위스와 CPU 부하를 줄인다. ② ARP Spoofing, MAC Spoofing 등과 같이 브로드캐스트를 통한 공격과 ③ 브로드캐스트는 같은 VLAN 내부에만 전달되어 브로드캐스트 스톰과 같은 망 장애 발생 시에 그 영향을 줄인다.

End-to-End VLAN과 Local VLAN의 차이점을 보면, ④ 장소와 무관하게 End-to-End VLAN은 트래픽이 빈번한 장치끼리 같은 VLAN에 묶어 Layer 3 장치를 거치지 않는 통신으로 경로를 단축시키거나 QoS(Quality of Service) 솔루션의 적용으로 Response time 즉, 지연(delay)이 개선된다. ⑤ 그러나, End-to-End VLAN은 장치의 추가, 이동, 제외 등의 변동 사항이 발생할 때마다 VLAN 설정 변경이 필요하므로 관리하기가 힘들다. 게다가, Layer 3 장치의 성능 개선으로 Layer 3 장치를 거치는 경우나 거치지 않는 경우나 사용자가 인식하지 못할 정도이고, QoS도 높은 밴드위스에서 낮은 밴드위스로 연결되는 WAN 구간에 주로 적용하는 솔루션으로 밴드위스가 높은 LAN 네트워크에서는 잘 적용하지 않는다. 밴드위스가 부족하지 않은 LAN 구간에 적용하면 QoS 프로세스 때문에 장비의 성능을 떨어뜨리고, 솔루션을 관리해 주어야 하므로 관리 부담을 높힌다.

Local VLAN은 QoS와 같은 성능 개선 솔루션은 적용할 수 없지만, 같은 장소의 장비들을 동일 VLAN에 속하게 하여 관리하기가 쉽다.

결론적으로, 보안을 위해 같은 층의 장치를 분리해야 하는 경우와 VoIP 등 특별한 서비스를 위해 QoS를 적용하는 경우를 제외하고는 현장에서는 관리용이성 때문에 Local VLAN을 선호한다.

[표 7-1] ▶ End-to-End & Local VLAN 비교

효과	End-to-End VLAN	Local VLAN
① 성능 (CPU/밴드위스 부하 개선)	O	O
② 보안 개선	O	O
③ 망 고장의 영향 축소	O	O
④ 성능(지연 개선 & QoS)	O	X
⑤ 관리 용이성	X	O

VLAN을 적용하면 선은 액세스 링크와 트렁크로 나뉜다. 액세스 링크는 한 VLAN 소속의 프레임만 통과하고, 트렁크는 모든 VLAN 소속의 프레임들이 통과한다. 트렁크는 모든 VLAN 소속의 프레임들이 통과하므로, 수신 스위치에게 프레임의 소속 VLAN을 알려주기 위해 4번째 옷을 입힌다. 이 4번째 옷을 정의하는 프로토콜이 IEEE 802.1Q와 ISL이다. IEEE 802.1Q는 ISL보다 헤더가 짧고 표준이라는 장점을 가지고 있다.

[그림 7-3] ▶ VLAN과 선

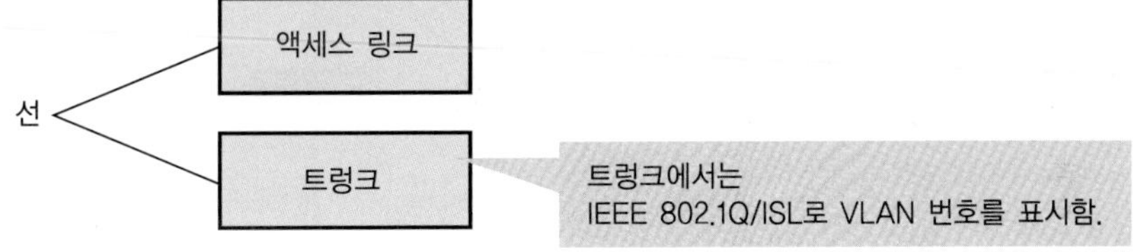

VLAN을 설정해보자. VLAN 설정은 3단계로 구성된다. 첫째, 스위치를 통과하는 VLAN을 선언한다. 둘째, 스위치의 포트를 트렁크로 설정한다. 셋째, 액세스 링크를 설정한다. [표 7-2]의 명령어를 상기해보기 바란다.

[표 7-2] ▶ VLAN 설정 명령

순서	스위치	환경설정(configuration)
1st	선언	Switch(config)#vlan 10 Switch(config-vlan)#vlan 20
2nd	트렁크 설정	Switch(config)#interface fastethernet 0/1 Switch(config-if)#switchport mode trunk
3rd	액세스링크 설정	Switch(config)#interface fastethernet 0/2 Switch(config-if)#switchport mode access Switch(config-if)#switchport access vlan 10

VTP는 'VLAN Trunking Protocol'의 약어로 그 이름에 하는 역할이 설명되어 있다. 즉, 선언된 VLAN 정보를 Trunk를 통해 전달하는 프로토콜이다. 즉, VLAN의 설정 단계에서 첫째 단계인 VLAN 선언을 자동화하는 프로토콜이다. 즉, VTP 서버에서만 VLAN을 선언하면 VTP Advertisement 메시지를 통해 선언된 VLAN 정보가 VTP 클라이언트 스위치에게 전달된다. 즉, VTP 클라이언트 스위치에는 별도로 VLAN 을 선언하지 않아도 된다.

그러나, VTP는 [그림 7-4]와 같이 Local VLAN에서는 적용할 수 없다. VTP는 선언된 VLAN 정보를 Trunk를 통해 전달하는 프로토콜이므로 모든 스위치와 스위치 사이의 링크 들이 트렁크가 아닌 Local VLAN에서는 적용할 수가 없다.

[그림 7-4] ▶ VTP & End-to-End VLAN

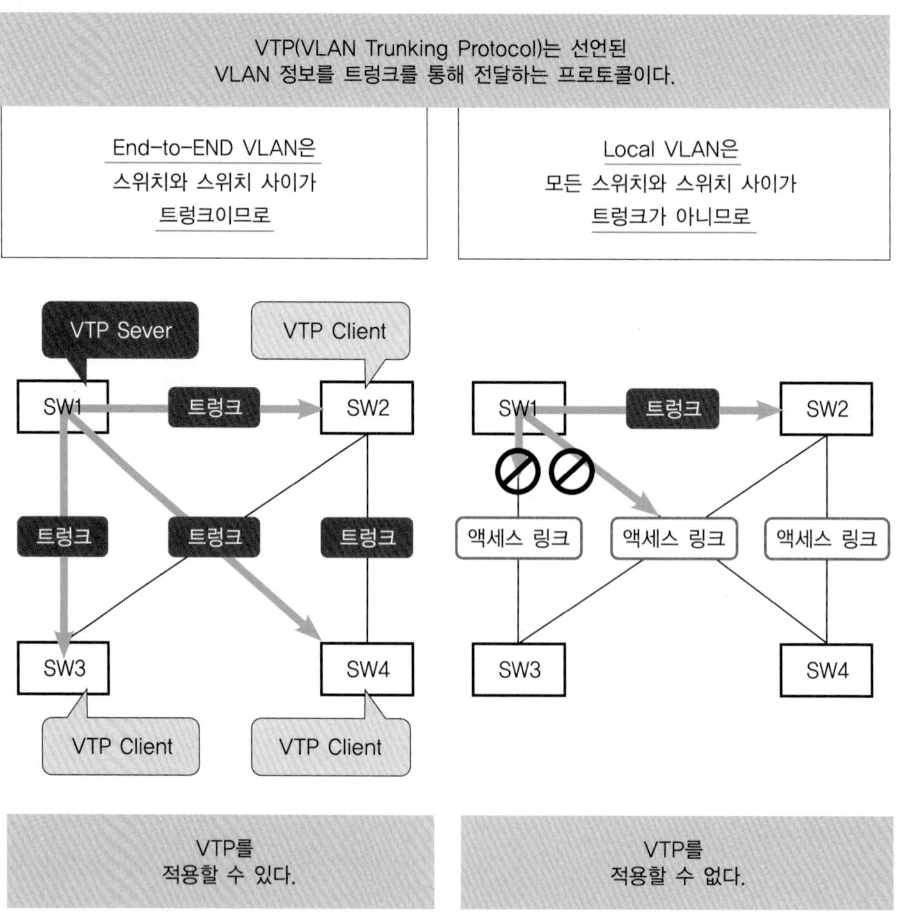

VTP 설정 명령은 [표 7-3]과 같다. VTP 서버에서만 VLAN을 선언했고, 스위치와 스위치 사이는 반드시 트렁크가 되어야 한다. VTP 동작을 확인하는 명령으로 'show vlan'은 선언된 VLAN을 확인하는 명령을 활용한다. 즉, 클라이언트 모드 스위치에서 선언한 적이 없는 VLAN이 선언되어 있으면 정상적인 동작이다.

[표 7-3] ▶ VTP 설정 명령

순서	컨피규레이션
VTP 서버	Switch(config)#vtp mode server Switch(config)#vtp domain test Switch(config)#vlan 10 Switch(config-vlan)#vlan 20
VTP 클라이언트	Switch(config)#vtp mode client

네트워크 설계 및 구축의 적정성을 평가하는 기준은 ① 비용, ② 가용성, ③ 성능, ④ 보안, ⑤ 관리용이성이다. VTP는 시스코 프로토콜이다. VTP를 적용하기 위해서는 시스코 스위치로 통일해야 하고 이 과정에서 구축 비용이 추가될 수 있다. VTP는 고장의 원인이 되어 네트워크 가용성을 저해할 수 있다. 예를 들어, VTP 서버가 다운되는 등의 이유로 선언된 VLAN 정보가 제대로 전달되지 않을 수 있다. 또한 VTP를 적용하면 VTP는 선언된 VLAN 정보에 변화가 일어나자마자 즉시 전달되지만, 변화가 없어도 300초마다 VTP Advertisement가 전달되어 밴드위스, 메모리, CPU를 소모시켜 성능에 영향을 끼친다. 보안 측면에서도 VTP는 선언된 VLAN 정보를 뿌리기 때문에 보안에도 나쁘다고 본다. 마지막으로 VTP는 VLAN 정보를 자동으로 일치시켜 관리용이성에 일정 정도 도움이 되지만, VTP가 제대로 동작할 수 있도록 신경써야 하므로 관리 노력을 필요로 한다.

VTP를 상기와 같은 이유로 적용하지 않으려면 어떻게 해야 할까? 간단하다. 모든 스위치에 각각 VLAN을 선언하면 된다. 더욱이 현장에서 관리용이성 때문에 Local VLAN을 적용하였다면, VTP를 사용할 수 없다. VTP 뿐만 아니라 명확한 목적이 없는 프로토콜은 설정하지 않도록 해야 한다.

Lecture 02

MST

강의 키워드 STP의 첫번째 약점과 PVST, PVST의 약점과 MST, MST 설정

스위치는 브로드캐스트를 차단하지 못하므로 브로드캐스트 패킷은 시계방향과 시계반대방향으로 돌게 된다. 이 브로드캐스트의 순환을 브로드캐스트 스톰이라 한다. 브로드캐스트 스톰 발생시의 브로드캐스트 순환 속도는 밴드위스, CPU, 메모리와 같은 네트워크 자원 중 하나를 소진해 버릴 정도이므로 다른 통신을 위한 자원이 남지 않게 되어 네트워크가 다운되는 효과를 낳는다. 이 문제를 해결하는 것이 STP(Spanning Tree Protocol)다.

[그림 7-5] ▶ 브로드캐스트 스톰과 STP

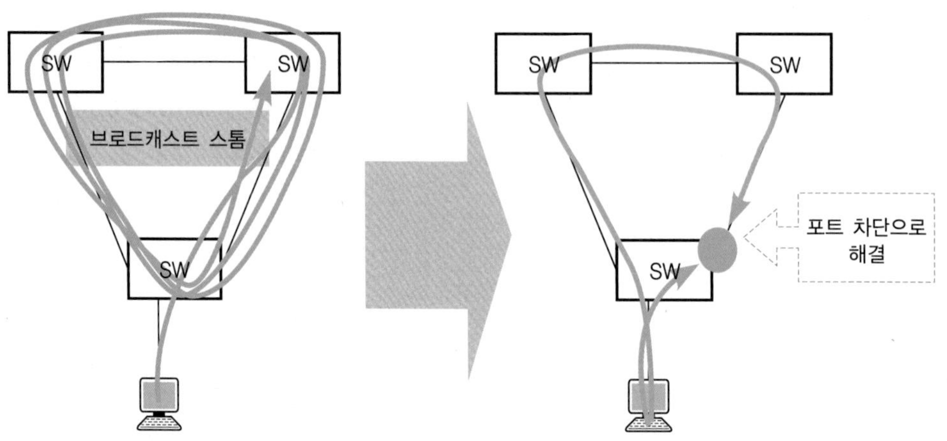

STP가 포트 차단을 위해 교환하는 BPDU는 다음 절차를 수행한다.

1 Root 스위치 선정

- 스위치 ID가 제일 낮은 스위치가 Root 스위치가 된다.

② (Non-root 스위치마다) 1개의 Root 포트 선정

- Root 스위치가 보낸 Configuration BPDU에 포함된 다음 값들을 순서대로 비교하여 Root 포트를 선정한다.
  ① Path cost(Root 스위치를 거쳐 내려온 모든 링크들의 코스트 합)
  ② (BPDU가 방금 통과한) 스위치 ID
  ③ (BPDU가 방금 통과한) 스위치 포트 ID

③ Non-designated(Alternate) 포트와 Designated 포트의 선정

- Root 포트를 포함하지 않은 링크에서 Path cost, (BPDU가 방금 통과한) 스위치 ID, (BPDU가 방금 통과한) 스위치 포트 ID를 비교하여 Non-designated (Alternate) 포트를 선정한다.
- 모든 링크에서 Path cost, (BPDU가 방금 통과한) 스위치 ID, (BPDU가 방금 통과한) 스위치 포트 ID를 비교하여 Designated 포트를 선정한다.

STP의 첫번째 약점은 다음과 같다.

[그림 7-6]의 오른쪽 STP는 블로킹 포트 때문에 한 링크를 사용할 수 없는 문제가 있다. 이 문제를 PVST(Per-VLAN STP)는 VLAN별로 다른 스위치를 루트 스위치로 설정하여 해결한다. 즉, SW1은 VLAN 10에 대한 루트 스위치로 설정하고, SW2는 VLAN 20에 대한 루트 스위치로 설정한다.

[그림 7-6] ▶ PVST

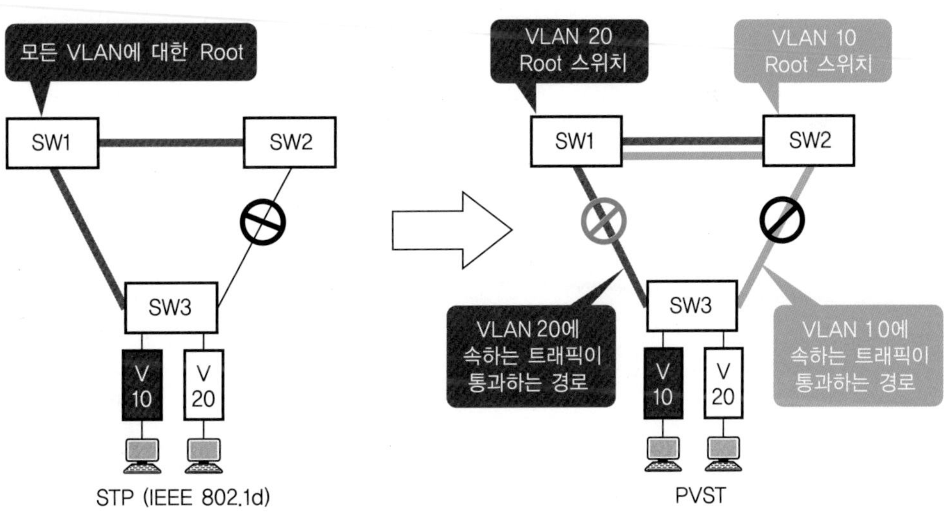

PVST는 모든 링크를 사용하기 때문에 STP의 첫 번째 문제를 해결하기는 하지만 PVST도 다음과 같은 두 가지 문제를 가지고 있다.

• 표준이 아님(시스코 프로토콜)
• VLAN별로 STP를 돌리기 때문에 VLAN 수가 100개라면 BPDU도 100배로 늘어난다.

트래픽은 User 트래픽과 Background 트래픽으로 구분한다. User 트래픽은 네트워크 사용자가 발생시킨 트래픽으로 네트워크가 존재하는 이유다. 그러나, Background 트래픽은 프로토콜을 설정했을 때 프로토콜이 동작하기 위해 발생시키는 것이다. STP의 BPDU, 라우팅 프로토콜의 라우팅 업데이트, VTP의 VTP Advertisement, HSRP의 Hello 메시지 등이 여기에 해당한다. 네트워크 최적화 목표 중의 하나로 Background 트래픽이 밴드위스에서 차지하는 비중이 10%를 넘지 않도록 해야 한다.

PVST가 모든 링크들을 사용할 수 있다는 분명한 장점이 있기 때문에 PVST의 동작 원리와 동일하며 PVST와 호환도 가능한 Juniper 사의 VSTP(VLAN Spanning Tree Protocol)와 HP 사의 STP PVST 모드가 있다. 그러나, 이 프로토콜들도 PVST와 마찬가지로 표준이 아니며, Background 트래픽을 과도하게 늘릴 수 있는 동일한 약점을 가진다.

PVST의 두 가지 약점을 극복하기 위한 프로토콜이 MST(Multiple ST, IEEE 802.1s)다. MST는 표준일 뿐 아니라, 다음과 같이 BPDU의 양을 줄인다. 즉, VLAN이 100개라면, VLAN 1~VLAN 50까지는 그룹 1에 속하게 하고, VLAN 51~VLAN 100까지는 그룹 2에 속하게 하고 그룹별로 루트 스위치를 달리 설정한다. VLAN별로 STP를 따로 돌리는 것이 아니라, 그룹별로 돌리므로 VLAN이 100개라도 BPDU는 2배만 늘어난다.

[그림 7-7] ▶ MST

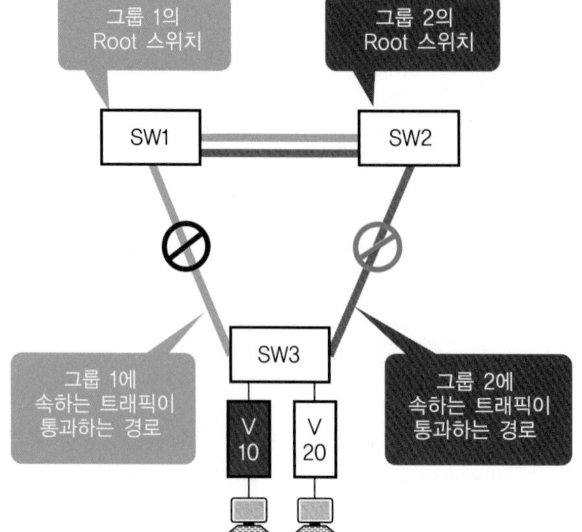

MST의 설정은 [표 7-4]와 같이 VLAN 범위를 정하여 그루핑하고 그룹마다 루트 스위치를 다르게 한다. MST는 다음 강의에서 설명할 RSTP 프로토콜을 포함하기 때문에 MST를 켜면 RSTP도 자동으로 이네이블된다.

[표 7-4] ▶ MST 설정 명령

순서	컨피규레이션	설명
SW1	Switch(config)#spanning-tree mode mst Switch(config)#spanning-tree mst configuration Switch(config)#name test	MST를 이네이블함. (MST를 켜면 RSTP(다음 강의)도 자동으로 이네이블됨).
	Switch(config)#revision 1	설정 변경 번호: 네트워크 관리자가 직접 설정 변경할 때마다 '1' 씩 올려서 설정해야 함.
	Switch(config)#instance 1 vlan 1-50 Switch(config)#instance 2 vlan 51-100	VLAN 1~50까지를 그룹 1에 속하게 하고 VLAN 51~100까지를 그룹 2에 속하게 함.
	Switch(config)#spanning-tree mst 1 root primary Switch(config)#spanning-tree mst 2 root secondary	그룹 1에 대해서 Root 스위치로, 그룹 2에 대해서 백업 Root 스위치로 설정함.
SW2	Switch(config)#spanning-tree mode mst Switch(config)#spanning-tree mst configuration Switch(config)#name test	MST를 이네이블함(MST를 켜면 RSTP (다음 강의)도 자동으로 이네이블됨).
	Switch(config)#revision 1	설정 변경 번호 : 네트워크 관리자가 직접 설정 변경할 때마다 '1' 씩 올려서 설정해야 함.
	Switch(config)#instance 1 vlan 1-50 Switch(config)#instance 2 vlan 51-100	VLAN 1~50까지를 그룹 1에 속하게 하고 VLAN 51~100까지를 그룹 2에 속하게 함.
	Switch(config)#spanning-tree mst 1 root secondary Switch(config)#spanning-tree mst 2 root primary	그룹 1에 대해서 백업 Root 스위치로, 그룹 2에 대해서 Root 스위치로 설정함.

좋은 네트워크의 5가지 특징은 ①비용, ②가용성, ③성능, ④보안, ⑤관리 용이성이다. PVST는 시스코 프로토콜로 PVST 적용을 위해서는 시스코 스위치만 구입해야 하므로 비용을 증가시킬 수 있다. 또한, VLAN별로 트래픽 로드를 분산한다는 측면에서 성능 개선 효과는 있지만, 한편으로 VLAN 수가 늘어날수록 Background 트래픽에 속하는 BPDU의 증가로 성능에 나쁜 영향을 끼친다. 즉, PVST의 로드 분산의 장점을 살리면서 Background 트래픽을 줄여 PVST의 단점을 해결하는 것이 MST다.

Lecture 03

STP Convergence I

강의 키워드 STP 컨버전스 절차, STP 포트 역할(Designated, Non-designated, Root), STP 포트 상태(Blocking, Listening, Learning, Forwarding), 컨버전스 타임

이번 강의에서는 STP의 두 번째 약점인 최대 50초의 원복 시간 문제를 다룬다. [그림 7-8]에서 SW3의 Blocking 포트는 SW1-SW2 연결 링크 또는 SW1-SW3 연결 링크 또는 SW1이 다운되면 자동으로 살아나야 한다. 즉 Forwarding 상태가 되어야 한다. STP의 두 번째 문제는 Blocking 포트가 Forwarding 상태가 되기 전에 최대 50초를 기다린다는 것이다. 즉, STP의 네트워크 변화 시에 원복 시간 즉 Convergence time이 너무 길다.

Blocking 상태에서 Forwarding 상태가 되기 전에 Listening 상태와 Learning 상태의 두 개의 중간 단계를 거친다. Blocking 상태에서 Listening 상태가 되기 전에 기다리는 시간을 Max Age라 하고 최대 20초다. Listening 상태에서 Learning 상태가 되기 전에 기다리는 시간을 Forward Delay라 하고 15초이고, Learning 상태에서 Forwarding 상태가 되기 전에 기다리는 시간도 Forward Delay라 하고 15초다. 즉, 합하면 최대 50초가 된다.

[그림 7-8] ▶ STP의 두번째 문제

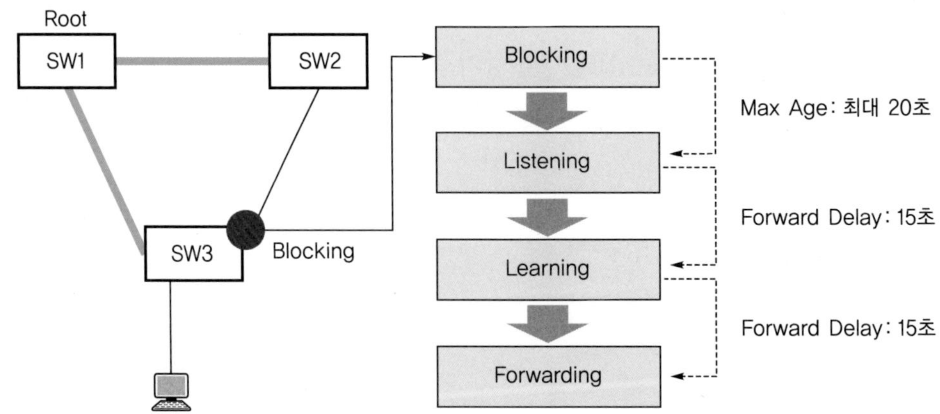

● 스위치를 처음 켰을 때 STP 동작

[그림 7-9]를 보자. 스위치를 처음 켜면 다음 STP 절차를 거친다. 스위치 ID는 'SW1 < SW2 < SW3'로 가정하여, 가장 낮은 ID를 가진 SW1이 Root가 된다.

Listening 상태

① 스위치들은 BPDU를 교환하여 Root 스위치를 선정한다. Root 스위치가 된 SW1은 2초마다 Configuration BPDU를 내보낸다.

② Root 스위치의 Fa 0/1과 Fa 0/2 포트는 (역할은) Designated (상태는) Blocking 포트였다가 Configuration BPDU를 보내면, (역할은) Designated (상태는) Listening 포트가 된다. 이것은 Configuration BPDU의 출발 포트는 Designated 포트가 되고 도착 포트는 Root 포트가 되기 때문이다.

③ SW2의 Fa 0/1과 SW3의 Fa 0/1 포트는 (역할은) Designated (상태는) Blocking 포트였다가 Configuration BPDU를 받으면 Max Age가 종료되고 (역할은) Root, (상태는) Listening 포트가 된다. SW3도 마찬가지다. Max Age는 Root 스위치가 바뀌어 원래의 Root 스위치에 대한 정보를 삭제하기 전에 기다리는 시간이므로 이 경우는 적용하지 않는다. 적용 사례는 조금 있다가 자세히 학습한다.

④ SW2나 SW3 중 하나가 먼저 Configuration BPDU를 내보낼 것이다. [그림 7-9]에서는 SW2가 SW3에게 먼저 보냈다. Configuration BPDU의 출발 포트는 Designated 포트가 되고 도착 포트는 Root 포트가 되기 때문에 SW2의 Fa 0/2 포트는 Designated Listening 포트가 되지만, SW3의 Fa 0/2 포트는 Root Listening 포트가 될 수는 없다. Root 포트는 각 스위치마다 1개씩만 존재하므로, SW3의 Fa 0/1 포트가 Path cost가 우수하여 Root 포트가 되었고, SW3의 Fa 0/2 Designated 포트 아니면 Non-designated 포트가 된다. SW2-SW3 링크에서는 SW2와 SW3 중 스위치 ID가 높은 쪽 포트가 Non-designated 포트가 된다. SW3은 자신의 ID와 SW2가 보낸 SW2의 ID를 비교하여 자신이 높기 때문에 SW3의 Fa 0/2 포트를 Non-designated 포트로 지정한다. Non-designated 포트는 BPDU를 수신만 할 수 있고 내보내지 못한다. 즉, SW2의 Fa 0/2 포트는 Configuration BPDU의 출발 포트로서 Designated Listening 포트가 되고, SW3의 Fa 0/2 포트는 Non-designated Blocking 포트가 된다. 만약, SW2의 ID가 SW3보다 높다면, SW3은 Configuration BPDU를 SW2에게 보내 SW2의 Fa 0/2 포트는 Non-designated Blocking 포트가 되고, SW3의 Fa 0/2 포트는 Designated Listening 포트가 된다.

[그림 7-9] ▶
STP 동작 I

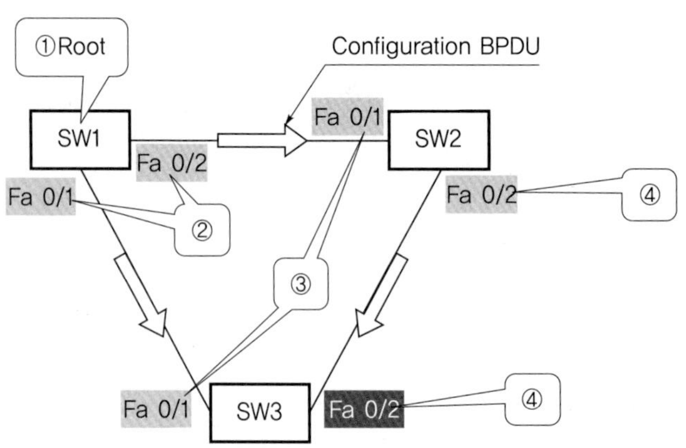

현재 시점에서 각각 스위치 포트 들의 역할과 상태는 [표 7-5]와 같다.

[표 7-5] ▶
포트별 역할과 상태

스위치	포트	역할	상태	지속 시간
SW1	Fa 0/1	Designated	Listening	15초
	Fa 0/2	Designated	Listening	15초
SW2	Fa 0/1	Root	Listening	15초
	Fa 0/2	Designated	Listening	15초
SW3	Fa 0/1	Root	Listening	15초
	Fa 0/2	Non-designated	Blocking	계속

Learning 상태

⑤ SW1, SW2, SW3에서[표 7-5] Listening 상태에 있던 포트는 15초 이후에 Learning 상태에 들어간다. Learning 상태는 Listening 상태와 마찬가지로 일반 프레임을 통과시키지 않으며, BPDU만 송신 또는 수신할 수 있는 상태다. 그러나, Listening 상태와 달리 포트로 수신된 프레임의 출발지 주소 자리를 보고 15초 동안 스위칭 테이블을 만든다.

[그림 7-10] ▶
STP 동작 II

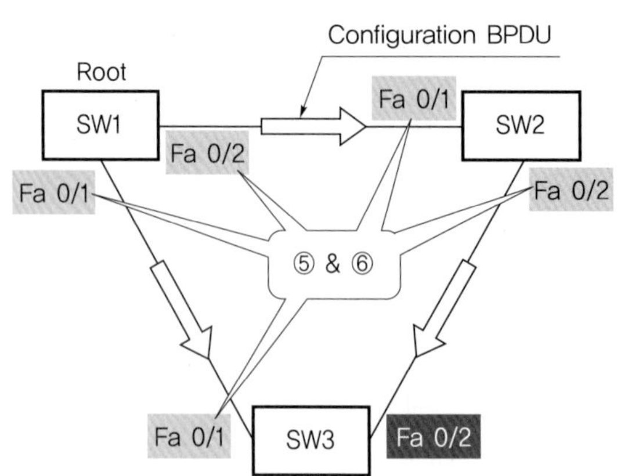

현재 시점에서 각각 스위치 포트들의 역할과 상태는 [표 7-6]과 같다.

[표 7-6] ▶ 포트별 역할과 상태

스위치	포트	역할	상태	지속 시간
SW1	Fa 0/1	Designated	Learning	15초
	Fa 0/2	Designated	Learning	15초
SW2	Fa 0/1	Root	Learning	15초
	Fa 0/2	Designated	Learning	15초
SW3	Fa 0/1	Root	Learning	15초
	Fa 0/2	Non-designated	Blocking	계속

Forwarding 상태

⑥ Root 포트와 Designated 포트는 Learning 상태 이후에 Forwarding 상태가 되어 일반 프레임을 통과시킨다. Non-designated 포트는 Blocking 상태가 되어 일반 프레임을 차단하지만, BPDU는 수신할 수 있다(BPDU를 송신하지는 않는다). 현재, 각 스위치 포트들의 역할과 상태는 [표 7-7]과 같다.

[표 7-7] ▶ 포트별 역할과 상태

스위치	포트	역할	상태	지속 시간
SW1	Fa 0/1	Designated	Forwarding	계속
	Fa 0/2	Designated	Forwarding	계속
SW2	Fa 0/1	Root	Forwarding	계속
	Fa 0/2	Designated	Forwarding	계속
SW3	Fa 0/1	Root	Forwarding	계속
	Fa 0/2	Non-designated	Blocking	계속

결과적으로 [그림 7-9]와 같이 스위치들을 연결하고 스위치를 처음 켰을 때 STP Convergence 시간은 약 30초 정도가 소요된다. 즉, Convergence 시간은 Listening 상태(15초) + Learning 상태(15초)로 구성된다.

Lecture 04

STP Convergence II

강의 키워드 직접 연결된 링크 다운 시의 STP 컨버전스 절차, 직접 연결된 링크 다운 시의 컨버전스 타임

Lecture 03에서는 스위치를 처음 켰을 때의 STP Convergence 절차에 대해 학습했고, 이번 강의에서는 사용 중인 네트워크에서 스위치에 직접 연결된 링크가 다운되었을 때의 STP Convergence 절차에 대해 학습한다.

[그림 7-11]을 보자. SW3의 직접 연결된 링크인 SW1-SW3 연결 링크가 다운되었을 때의 STP 컨버전스 절차를 살펴 보자.

① SW1-SW3 연결 링크가 다운되면,

② Root 스위치(SW1)는 링크 다운을 감지하고 Configuration BPDU 내의 'Topology Change' 필드를 '0'에서 '1'로 변경하여 보낸다.

③ SW2: Topology Change 필드가 '1'로 변경된 Configuration BPDU를 받은 SW2는 다음 2가지를 수행한다.

1 Aging time 조정

모든 스위치들은 네트워크 연결 형태(Topology)가 변경되었으므로 스위칭 테이블을 새로 만들어야 한다. 이를 위해 스위칭 테이블의 Aging time을 디폴트 시간인 300초에서 15초로 줄인다. Aging time은 스위칭 테이블의 길이를 줄이기 위한 방법이다. 즉, Aging time 동안 사용되지 않은 스위칭 테이블 정보를 삭제하기 때문에 스위칭 테이블의 길이를 짧게 하여 스위칭 속도를 높일 뿐 아니라 메모리도 절약한다. 즉, 15초 후에는 스위칭 테이블을 삭제하고 스위칭 테이블을 다시 만든다(재학습한다).

2 STP 재계산

SW2는 STP 포트 역할과 상태는 변경되지 않는다. Listening과 Learning 상태는 Blocking 상태의 포트가 Forwarding 상태가 되기 전에 통과하는 상태이기 때문이다. SW2의 모든 포트는 Forwarding 상태였고 계속 Forwarding 상태가 된다. 원래 SW2의 Fa 0/1 포트는 Root 포트였고, Fa 0/2 포트는 Designated 포트였다. 그러나, SW1-SW3 연결 링크 다운 시에도 Fa 0/1 포트는 Root 포트이고, Fa 0/2 포트는 Designated 포트다. STP 재계산은 스위치의 Root 포트와 Root 스위치 까지의 경로나 스위치 즉, 업링크에 문제가 있을 때만 발생하기 때문이다.

[그림 7-11] ▶ BPDV(TC = 1) 수신 시의 STP 동작

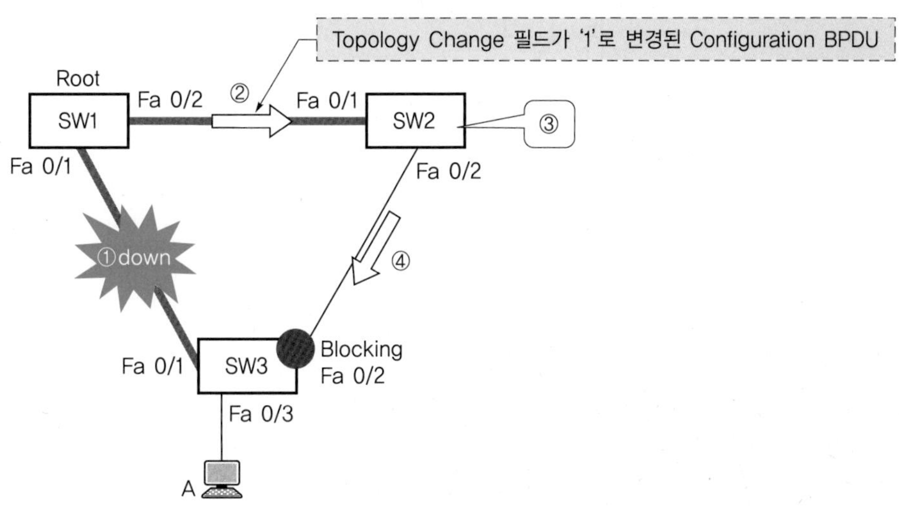

SW2에서 STP 재계산이 필요 없는 이유에 대해 보다 자세히 알아보자. STP 재계산은 Root 스위치의 업/다운이나 Root 스위치로 가는 베스트 루트(즉, 업링크)상의 경로 변화 시에만 발생한다. [그림 7-12]에서 SW2 입장에서 링크 (c)와 (e), 스위치 (d) 변화는 베스트 루트(업링크) 상의 변화가 아니다. 따라서 SW2의 포트의 역할과 상태 변화는 없다. 마찬가지로, 링크 (e)가 다운돼도 SW1, SW2, SW3의 포트의 역할과 상태 변화는 없다. SW3 입장에서 링크 (a)와 (c), SW1, SW2의 변화는 Root 스위치로 가는 베스트 루트 상의 변화로 SW3 포트의 역할과 상태를 변화시킨다. 즉, Root 포트가 다운되었으므로 다른 포트를 Root 포트로 선정하거나 스스로 Root 스위치가 되어야 한다.

[그림 7-12] ▶ STP 재계산이 필요한 경우와 필요 없는 경우

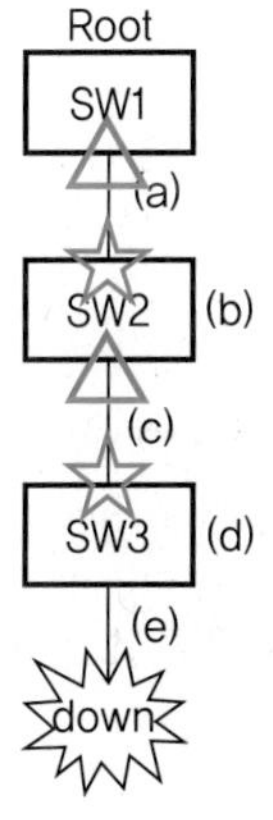

[그림 7-13]에서는 SW1-SW3 연결 링크가 다운되었다. SW2 입장에서 SW1-SW3 연결 링크는 Root 스위치로 가는 베스트 루트 상의 링크가 아니기 때문에 SW2 포트들의 역할과 상태 변화는 없다.

[그림 7-13] ▶
링크 다운과 SW2 포트

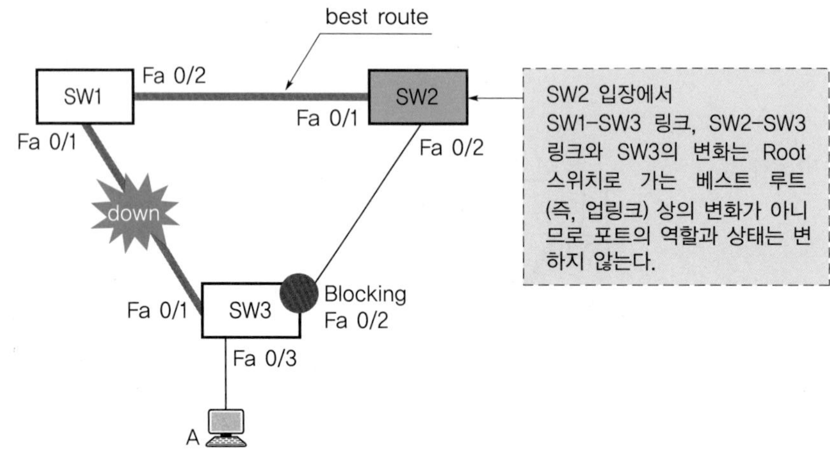

[그림 7-13]에서 SW1-SW3 연결 링크가 다운되었을 때, 각 스위치의 포트 역할과 상태는 [표 7-8]과 같다. 즉, SW1-SW3 링크가 다운돼도 SW1의 Fa 0/2 포트와 SW2의 Fa 0/1 포트의 상태가 Forwarding이므로 SW1과 SW2에 연결된 장치들 간에는 계속 통신을 할 수 있다. SW3에 연결된 장치들만이 고립된 상태다.

[표 7-8] ▶
포트별 역할과 상태

스위치	포트	역할	상태	지속 시간
SW1	Fa 0/1	Disabled(Port Down)		계속
	Fa 0/2	Designated	Forwarding	계속
SW2	Fa 0/1	Root	Forwarding	계속
	Fa 0/2	Designated	Forwarding	계속
SW3	Fa 0/1	Disabled(Port Down) 계속		
	Fa 0/2	Non-designated	Blocking	TC BPDU 수신 시 까지

④ SW3: [그림 7-14]와 같이 Topology Change 필드가 '1'로 변경된 Configuration BPDU를 받은 SW3은 다음의 2가지를 수행한다.

- 스위칭 테이블의 Aging time을 300초에서 15초로 줄인다(SW2도 마찬가지).
- SW3의 Fa 0/2 포트 상태: (역할은) Non-designated (상태는) Blocking 포트에서 (역할은) Root (상태는) Listening 포트로 변경된다.

[그림 7-14] ▶
BPDU(TC = 1) 수신 시의 STP 동작

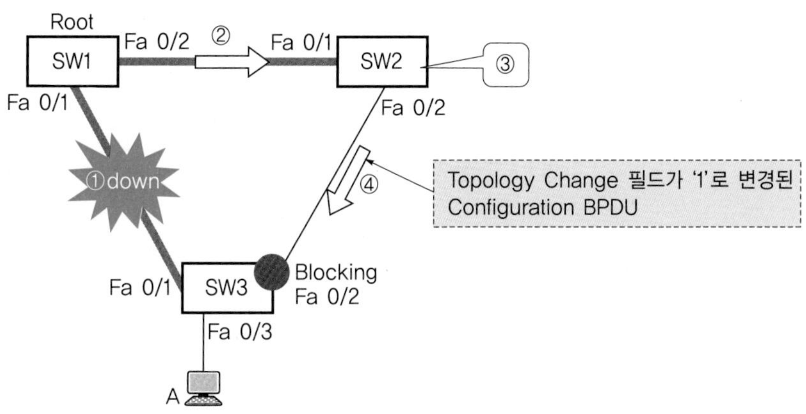

현재 시점에서 각 스위치의 포트 역할과 상태는 [표 7-9]와 같다. 즉, SW3에 연결된 장치들만이 아직 고립된 상태다.

[표 7-9] ▶
포트별 역할과 상태

스위치	포트	역할	상태	지속 시간
SW1	Fa 0/1	Disabled(Port Down)		계속
	Fa 0/2	Designated	Forwarding	계속
SW2	Fa 0/1	Root	Forwarding	계속
	Fa 0/2	Designated	Forwarding	계속
SW3	Fa 0/1	Disabled(Port Down)		계속
	Fa 0/2	Root	Listening	15초

⑤ SW3: Listening 상태가 끝나면, Learning 상태에서 SW3은 다음 두 가지를 수행한다.
- 일반 프레임을 송신하지 않는다.
- 일반 프레임이나 직접 연결된 단말들로부터 프레임을 수신하여 스위칭 테이블을 만든다.

현재 시점에서 각 스위치의 포트 역할과 상태는 [표 7-10]과 같다. 즉, SW3에 연결된 장치들만이 아직 고립된 상태다. SW1과 SW2는 포트의 역할과 상태에는 변화가 없으므로 SW1과 SW2에 연결된 장치 간에는 계속 통신할 수 있다.

[표 7-10] ▶
포트별 역할과 상태

스위치	포트	역할	상태	지속 시간
SW1	Fa 0/1	Disabled(Port Down)		계속
	Fa 0/2	Designated	Forwarding	계속
SW2	Fa 0/1	Root	Forwarding	계속
	Fa 0/2	Designated	Forwarding	계속
SW3	Fa 0/1	Disabled(Port Down)		계속
	Fa 0/2	Root	Learning	15초

⑥ SW3의 Fa 0/2 포트는 Learning 상태가 끝나면, 일반 프레임을 송수신하는 Forwarding 상태가 된다. 현재 시점에서 각 스위치의 포트 역할과 상태는 [표 7-11]과 같다. 즉, SW3에 연결된 장치들을 포함하여 모든 스위치에 연결된 모든 장치들이 통신이 가능한 상태다.

[표 7-11] ▶ 포트별 역할과 상태

스위치	포트	역할	상태	지속 시간
SW1	Fa 0/1	Disabled(Port Down)		계속
	Fa 0/2	Designated	Forwarding	계속
SW2	Fa 0/1	Root	Forwarding	계속
	Fa 0/2	Designated	Forwarding	계속
SW3	Fa 0/1	Disabled(Port Down)		계속
	Fa 0/2	Root	Forwarding	계속

SW1-SW3 연결 링크가 다운되었을 때의 결론은 다음과 같이 정리할 수 있다. SW1과 SW2 입장에서 SW1-SW3 연결 링크는 다운스트림 링크로 SW1과 SW2가 가진 모든 포트들에 아무 변화가 없으므로 SW1과 SW2 간의 통신에는 문제가 없다. 다만 SW3에 연결된 장치들만 고립될 뿐이다. 이 때 Convergence 시간은 약 30초다. 30초는 SW3의 Fa 0/2 포트가 거치는 Listening 상태(15초)와 Learning 상태(15초)로 구성된다.

스위칭 테이블이 기존의 정보만 삭제된채로 완벽하게 갱신되지 않았다면 어떻게 될까? 스위치는 스위칭 테이블에 목적지 정보가 없을 때 모든 포트들로 내보내는 플러딩을 하기 때문에 통신에는 문제가 없다.

Lecture 05

STP Convergence Ⅲ

강의 키워드 업링크 다운 시의 STP 컨버전스 절차, 직접 연결되지 않은 링크 다운 시의 STP 컨버전스 절차, 직접 연결되지 않은 링크 다운 시의 컨버전스 타임

Lecture 04는 SW3에 직접 연결된 링크가 다운되었을 때의 Convergence 절차에 대해 학습했고, 이번 강의는 SW3에 직접 연결되지 않은 링크가 다운되었을 때의 Convergence 절차에 대해 학습한다. 이것은 SW2 입장에서는 업 링크가 다운된 경우다.

[그림 7-15]를 보자.

① SW3 입장에서 직접 연결되지 않은 SW1-SW2 연결 링크가 다운되었다.

② SW2는 Root 포트가 다운되면 일단, Root 스위치가 사라졌다고 인식한다. Root 스위치가 사라졌으므로 SW2는 STP 동작을 처음부터 다시 시작한다. 즉, Root 스위치 선정 단계부터 다시 시작하므로 자신을 Root 스위치로 주장하는 Configuration BPDU를 보낸다.

③ SW3은 SW2가 새로 보낸 Inferior BPDU를 받게 된다. Inferior BPDU란 원래의 Root ID보다 높은(나쁜) Root ID를 갖거나 보다 높은 Path cost를 가진 BPDU를 말한다. Inferior BPDU를 받은 경우, 스위치는 Max Age(최대 20초) 동안 기다린다. 즉, 해당 포트에서 학습된 적이 있는 원래의 Root 스위치 정보를 포트에서 삭제하기 전에 기다리는 시간이 Max Age다. 즉, SW3은 Max Age 동안 Fa 0/2 포트의 역할과 상태는 Non-designated Blocking으로 변화가 없다.

④ 한편, Root 스위치(SW1)은 SW1-SW2 연결 링크가 다운되었으므로 Topology Change 필드가 '1'로 변경된 Configuration BPDU를 보낸다.

[그림 7-15]
(직접 연결되지 않은 링크가 다운되었을 때의) STP 동작

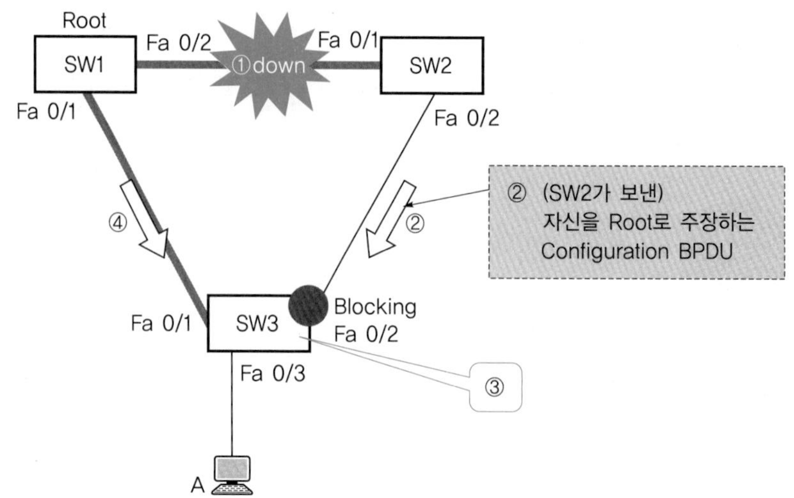

[그림 7-15]에서 SW1-SW2 연결링크가 다운된 현재의 각 스위치의 포트 역할과 상태는 [표 7-12]와 같다. 지금 시점에서 SW1과 SW3에 연결된 장치들은 통신이 가능하다. SW2에 연결된 장치들만 고립되어 있다.

[표 7-12] ▶
포트별 역할과 상태

스위치	포트	역할	상태	지속 시간
SW1	Fa 0/1	Designated	Forwarding	계속
	Fa 0/2	Disabled(Port Down)		계속
SW2	Fa 0/1	Disabled(Port Down)		계속
	Fa 0/2	Designated	Forwarding	약 20초
SW3	Fa 0/1	Root	Forwarding	계속
	Fa 0/2	Non-designated	Blocking	약 20초

[그림 7-16]을 보자.

⑤ Topology Change 필드가 '1'로 변경된 Configuration BPDU를 받은 SW3은 스위칭 테이블의 Aging time을 300초에서 15초로 변경한다(Root 스위치는 Max Age+Forward delay 동안 TC(Topology Change) BPDV를 보냄).

⑥ SW3의 Fa 0/2(Blocking) 포트는 Max Age가 끝나면 Listening 상태가 되고 이때부터 Configuration BPDU(Topology Change=1)를 SW2에게 보낸다(Blocking 상태의 포트는 BPDU를 수신만 할 수 있다).

⑦ SW2는 Root 스위치가 보낸 Configuration BPDU를 받고 다음 세 가지를 수행한다.

- SW2의 Fa 0/2 포트는 Configuration BPDU를 받은 포트로 즉시 Root 포트가 된다.

- 스위칭 테이블의 Aging time을 300초에서 15초로 변경한다.
- Root 포트가 되지만, Listening 상태가 되지는 않는다. Listening과 Learning 상태는 Blocking에서 Forwarding 상태로 전이할 때 경유하는 상태들이므로 즉시, Root Forwarding 포트가 된다.

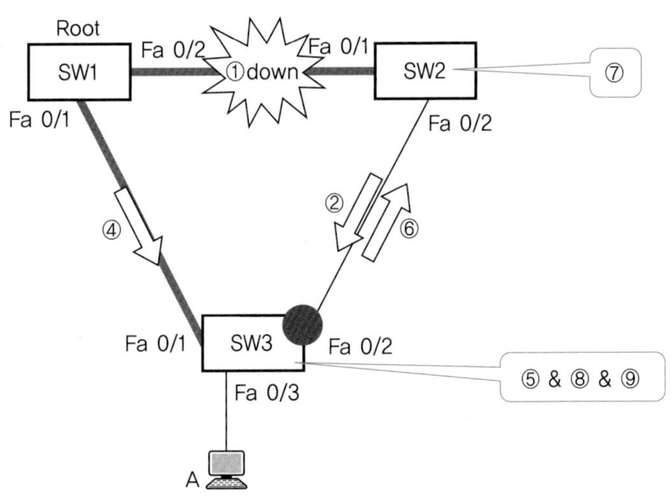

[그림 7-16]
(직접 연결되지 않은 링크가 다운되었을 때의) STP 동작

[그림 7-16]에서 ⑦번이 끝난 시점의 각 스위치의 포트 역할과 [표 7-13]과 같다. 지금 시점에서 SW1과 SW3에 연결된 장치들은 통신이 가능하다. SW2에 연결된 장치들만 고립되어 있다. SW3의 Fa 0/2 포트가 아직 Listening 상태이기 때문이다.

[표 7-13] ▶
포트별 역할과 상태

스위치	포트	역할	상태	지속 시간
SW1	Fa 0/1	Designated	Forwarding	계속
	Fa 0/2	Disabled(Port Down)		계속
SW2	Fa 0/1	Disabled(Port Down)		계속
	Fa 0/2	Root	Forwarding	계속
SW3	Fa 0/1	Root	Forwarding	계속
	Fa 0/2	Designated	Listening	약 15초

⑧ SW3은 Listening 상태(15초)가 끝나면 Learning 상태가 되고 스위칭 테이블을 재학습한다.

현재 시점에서 각 스위치의 포트 역할과 상태는 다음과 같다. 지금 시점에서 SW1과 SW3에 연결된 장치들은 통신이 가능하다. SW2에 연결된 장치들만 고립되어 있다.

[표 7-14] ▶ 포트별 역할과 상태

스위치	포트	역할	상태	지속 시간
SW1	Fa 0/1	Designated	Forwarding	계속
	Fa 0/2	Disabled(Port Down)		계속
SW2	Fa 0/1	Disabled(Port Down)		계속
	Fa 0/2	Root	Forwarding	계속
SW3	Fa 0/1	Root	Forwarding	계속
	Fa 0/2	Designated	Learning	약 15초

⑨ SW3은 '⑧'번의 Learning 상태(15초)가 끝나면 최종적으로 Forwarding 상태가 된다. 현재 시점에서 각 스위치의 포트 역할과 상태는 [표 7-15]와 같다.

[표 7-15] ▶ 포트별 역할과 상태

스위치	포트	역할	상태	지속 시간
SW1	Fa 0/1	Designated	Forwarding	계속
	Fa 0/2	Disabled(Port Down)		계속
SW2	Fa 0/1	Disabled(Port Down)		계속
	Fa 0/2	Root	Forwarding	계속
SW3	Fa 0/1	Root	Forwarding	계속
	Fa 0/2	Designated	Forwarding	계속

SW1-SW2 연결 링크가 다운되었을 때의 결론은 다음과 같이 정리할 수 있다. 즉, SW3에 연결된 장치들이 SW2에 연결된 장치들과 통신을 재개하는 데 필요한 컨버전스 시간은 약 50초다. SW1과 SW3에 연결된 장치들은 계속 통신을 할 수 있다. SW2 입장에서 SW1과 SW3에 연결된 장치들과 통신을 재개하는 데 걸리는 시간은 경유 스위치인 SW3의 Fa 0/2 포트가 Forwarding 상태가 되기까지 최대 50초를 기다려야 하기 때문에 최대 50초가 걸린다. [표 7-16]은 BPDU 필드 포맷이다.

[표 7-16] ▶ BPDU 필드들

2bytes	Protocol ID	항상 0
1	Protocol 버전	STP: 0, RSTP: 2, MST: 3
1	BPDU 타입	0x00: 컨피규레이션 BPDU, 0x80 : TCN BPDU
1	TC - - - - - - TCA	토폴로지 변화 표시. 0x01: TC, 0x80: TCA
8	Root 브릿지 ID	루트 스위치의 ID
4	Path cost	루트 스위치까지의 경로 값
8	(BPDU가 방금 거친) 스위치의 ID	직전 스위치의 스위치 ID
2	(BPDU가 방금 거친) 스위치의 포트 ID	직전 스위치의 포트 ID
2	Message Age	루트 스위치가 현 BPDU를 만들고 경과된 시간
2	Max Age	BPDU 정보를 저장하는 시간
2	Hello Time	BPDU 전송 주기
2	Forward Delay	리스닝 상태와 러닝 상태에 머무르는 시간

여기에서 BPDU 필드들에 대해 자세히 알아보자.

- Protocol ID: 항상 '0'이다.

- Protocol 버전: STP일 경우 0, RSTP일 경우 2, MST일 경우 3

- BPDU 타입: 0x00일 경우 Configuration BPDU, 0x80일 경우 TCN(Topology Change Notification) BPDU를 의미(0x는 뒤에 따라오는 숫자가 16진수임을 표시함)

- 토폴로지 변화 표시: 0x01일 경우 TC(Topology Change)를 표시, 0x80: TCA(Topology Change ACK) 표시

여기서 BPDU 타입과 토폴로지 변화 표시 필드에 대해 알아보자.

① SW1-SW2 링크나 SW1-SW3 링크가 다운되면 Root 스위치는 직접 연결된 링크가 다운되어 즉시 Topology Change 필드를 '1'로 변경하여 Topology 변화가 일어났음을 알릴 수 있지만, SW3-SW4 링크와 같이 직접 연결되지 않은 링크가 다운되면 Root 스위치는 이를 인식할 수 없다.
② SW3은 SW3-SW4 링크 다운을 감지하고, Root 스위치가 존재하는 방향으로 즉, Root 포트를 통해서만 TCN(Topology Change Notification) BPDU를 보낸다.
③ TCN BPDU를 받은 스위치는 TCN BPDU를 보낸 스위치에게 TCA(Topology Change ACK) BPDU를 보내 수신 확인을 해준다.
④ Root 스위치는 Topology 변화를 감지하고, Configuration BPDU의 Topology Change 필드를 '1'로 변경하여 보낸다.

[그림 7-17] ▶ TCN, TCA, TC BPDU 필드

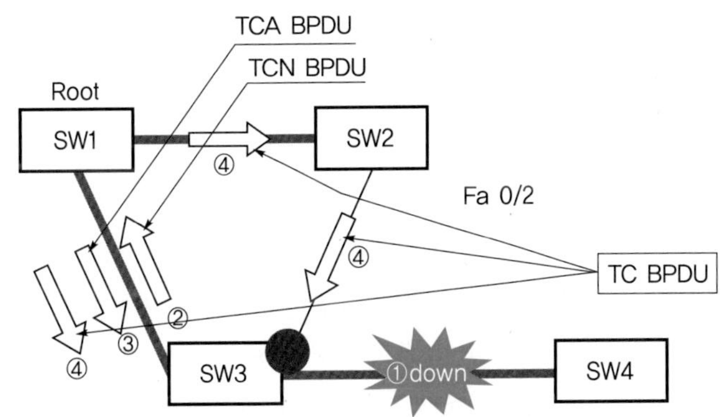

- Root 브릿지 ID/Path cost/(BPDU가 방금 거친) 스위치의 ID/(BPDU가 방금 거친) 스

위치의 포트 ID : Root 포트, Designated 포트, Non-designated 포트 선정 시의 기준 값

- Message Age

  Max Age는 Root 스위치가 변경된 경우, 원래의 Root 스위치에 대한 정보를 삭제하기 전에 기다리는 시간이다. 최대 20초라고 했는데 Max Age를 구하는 공식은 다음과 같다.

  Max Age = 20 초 - Message Age

[그림 7-18]을 보자.

Message Age는 Root 스위치에서 얼마나 떨어졌는지를 표시하는 숫자로 Configuration BPDU가 전달될 때 계산된다. 단위는 초다. [그림 7-18]에서 Root 스위치가 다운되었다고 가정해보자. 그러면 남아 있는 스위치들 사이에서 다시 Root 스위치를 선정해야 한다. 단위를 1일 단위로 바꾸어 설명하면 이해가 빠르다. 즉, Root 스위치가 7월 1일에 마지막 Configuration BPDU를 보내고 다운되었다고 해보자. 그런데 STP는 스위치와 스위치 사이에 Configuration BPDU가 전달되는데 1일(원래는 1초)이 걸린다고 가정한다.

Message Age가 없다면 SW2와 SW5는 Root 스위치가 7월 1일에 마지막으로 보낸 Configuration BPDU를 1일이 지난 7월 2일에 수신할 것이므로 Max Age인 20일(원래는 20초)이 지난 이후인 7월 22일에 Root 스위치가 다운되었다고 판단하고 새로 Root 스위치를 선정하려고 자신을 Root로 하는 Configuration BPDU를 보낼 것이다.

SW3과 SW6은 Root 스위치가 7월 1일에 마지막으로 보낸 Configuration BPDU를 2일이 지난 7월 3일에 수신할 것이므로 Max Age인 20일(원래는 20초)이 지난 이후인 7월 23일에 Root 스위치가 다운되었다고 판단하고 새로 Root 스위치를 선정하려고 자신을 Root 로 하는 Configuration BPDU를 보낼 것이다.

SW4는 Root 스위치가 7월 1일에 보낸 마지막으로 Configuration BPDU를 3일이 지난 7월 4일에 수신할 것이므로 Max Age인 20일(원래는 20초)이 지난 이후인 7월 24일에 Root 스위치가 다운되었다고 판단하고 새로 Root 스위치를 선정하려고 자신을 Root 로 하는 Configuration BPDU를 보낼 것이다.

결과적으로 각각의 스위치 들이 Root 스위치가 다운되었다고 판단하는 시점이 달라

져서 어떤 스위치는 Root 스위치가 죽었다고 판단하고, 어떤 스위치는 살았다고 판단하여 STP 컨버전스 과정에 혼동이 일어난다. 이것을 보정하는 것이 Message Age다.

Max Age 공식에 따라, SW2와 SW5는 19초(Max Age=20초-Message Age(1초)), SW3과 SW6은 18(Max Age=20초-Message Age(2초))초가 되고 SW4는 17초의 Max Age 값을 얻는다. 다시 초를 일로 이해해 보면, SW2와 SW5는 Root 스위치가 7월 1일에 보낸 Configuration BPDU를 1일이 지난 7월 2일에 수신하고 Max Age인 19일을 기다려 7월 21일에 SW3과 SW6은 Root 스위치가 7월 1일에 보낸 Configuration BPDU를 2일이 지난 7월 3일에 수신하고 Max Age인 18일을 기다려 7월 21일에, SW4는 Root 스위치가 7월 1일에 보낸 Configuration BPDU를 3일이 지난 7월 4일에 수신하고 Max Age 17일을 기다려 7월 21일에 Root 스위치가 다운되었다고 판단한다. 즉, 같은 날에 모든 스위치들이 Root 스위치가 죽었다고 판단한다.

어떤 스위치는 Root 스위치가 죽었다고 생각하고 어떤 스위치는 살았다고 생각하면 새로운 Root 스위치를 선정하는 과정에서 혼선과 지연이 발생할 것이다. 이것을 해결하는 것이 Message Age다.

[그림 7-18] ▶ Message Age

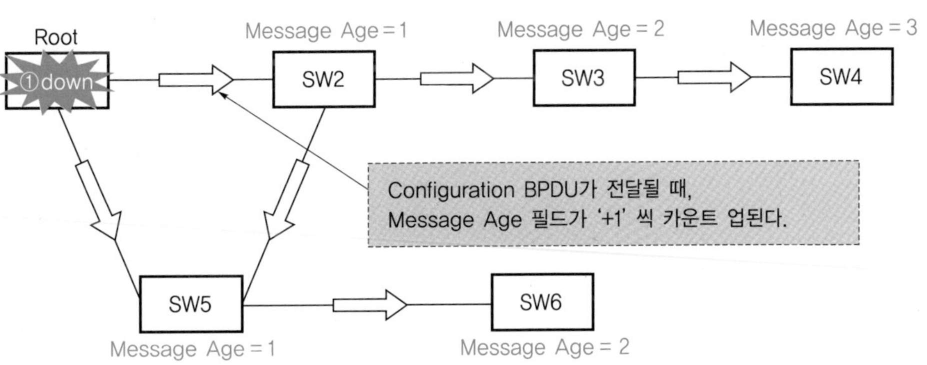

- Max Age/Hello Time/Forward Delay : STP가 사용하는 기본 타이머이다. 참고로, Configuration BPDU의 주기인 Hello 타임은 1~10초 범위에서, Max Age는 6~40초 범위에서, Forward Delay는 4~30초 범위에서 설정 가능하다.

Lecture 06

RSTP Convergence I

강의 키워드 RSTP 컨버전스 절차, RSTP 포트 역할(Designated, Alternate, Root), STP 포트 상태(Discarding, Learning, Forwarding), Edge 포트, 컨버전스 타임

STP의 이슈 중 하나는 Blocking 상태의 포트가 Forwarding 상태가 되기 전에 최대 50초를 기다리는 것이다. 이에 대한 솔루션이 RSTP(Rapid STP)다. 공식적인 명칭은 IEEE 802.1w로 표준 프로토콜이다. RSTP는 STP에서 긴 컨버전스 타임의 원인이 되었던 Max Age와 Forward Delay와 같은 타이머를 사용하지 않는다.

먼저 다음에 설명할 RSTP 컨버전스 절차 이해를 위해 RSTP와 STP의 용어와 개념을 비교 정리해보자.

① 포트의 상태

포트의 상태는 [그림 7-19]와 같이 Discarding, Learning, Forwarding 상태로 구분하며 Max Age와 Forward Delay와 같은 타이머를 사용하지 않는다. RSTP에서 Learning 상태란 STP처럼 정해진 시간이 가지는 것이 아니라 포트의 상태를 결정하기 위해 Proposal BPDU와 Agreement BPDU를 교환하는 동안이다.

[그림 7-19] ▶ STP & RSTP 포트 상태 비교

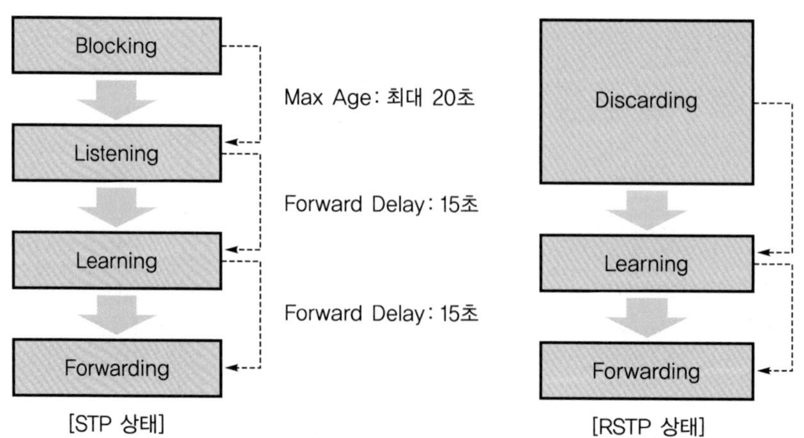

② BPDU 종류들

STP는 Configuration BPDU와 TCN(Topology Change Notification) BPDU가 있지만, RSTP는 Configuration BPDU만 존재한다. 대신, RSTP의 Configuration BPDU의 1바이트 Flag 필드를 활용하여 Topology Change BPDU, Proposal BPDU, Agreement BPDU를 구분한다. STP는 평소에는 Root만 BPDU를 보낼 수 있었지만, RSTP는 평소에 스위치끼리 keepalive 용도로 모든 스위치들이 BPDU를 교환한다. 단, STP의 Blocking 포트에 해당하는 Discarding 포트는 BPDU를 수신만 할 수 있다. 직접 연결되지 않은 링크가 다운되면 BPDU 3개가 누락되면 링크 다운이 발생했다고 판단한다.

③ 포트의 Role

Root와 Designated 포트는 STP와 동일하며, STP에서 Non-designated 대신 Alternate 포트라 한다.

④ 링크 타입

링크 타입은 Point-to-Point, Shared, Edge 포트로 구분한다.

Edge 포트는 엔드 시스템과 연결된 포트이므로 스위칭 루프를 만들지 않는다. 따라서, 스위치를 켜면 즉시, Designated Forwarding 상태가 된다. 토폴로지 변화와 무관하게 항상 Forwarding 상태를 유지하고, Edge 포트로는 Topology Change BPDU를 보내지 않고 Edge 포트의 변화를 Topology 변화로 간주하지 않으므로 Topology Change BPDU를 발생시키지도 않는다. 설정을 통해 Edge 포트로 만들어 주어야 한다.

[그림 7-20] ▶ Edge 포트

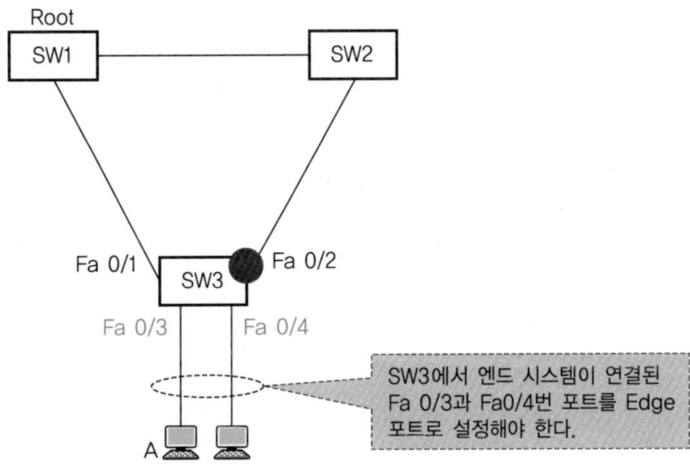

[표 7-17]과 같이 Edge 포트를 포함하여 RSTP를 설정한다.

[표 7-17] ▶ RSTP 설정

순서	컨피규레이션	설명
SW1	Switch(config)#spanning-tree mode rapid-pvst	RSTP와 PVST를 동시에 켜는 명령
	모든 포트가 Full Duplex를 지원해야 함.	
SW2	Switch(config)#spanning-tree mode rapid-pvst	RSTP와 PVST를 동시에 켜는 명령
	모든 포트가 Full Duplex를 지원해야 함.	
SW3	Switch(config)#spanning-tree mode rapid-pvst	RSTP와 PVST를 동시에 켜는 명령
	Switch(config)#interface fastethernet 0/3 Switch(config-if)#spanning-tree portfast Switch(config)#interface fastethernet 0/4 Switch(config-if)#spanning-tree portfast	Edge 포트로 설정하는 명령
	모든 포트가 Full Duplex를 지원해야 함.	

Point-to-Point 포트와 Shared 포트는 스위치와 스위치를 연결하는 포트다. Point-to-Point 포트는 Full duplex로 설정한 포트이고, Shared 포트는 허브가 연결된 포트 또는 Half duplex 로 설정한 포트다. RSTP가 동작하기 위해서는 스위치와 스위치 사이를 반드시 Point-to-Point 링크로 설정해야 한다. RSTP에서 도입된 Proposal BPDU와 Agreement BPDU는 Point-to-Point 링크에서만 교환될 수 있기 때문이다.

⑤ Topology 변화

Topology 변화란 STP 재계산을 촉발시키는 기준이다. STP에서는 포트의 상태가 Forwarding 또는 Blocking이 되거나, Designated 포트를 추가로 인식할 때 Topology 변화로 간주하지만, RSTP에서는 Forwarding 상태로의 변화만 Topology 변화로 간주한다. RSTP는 특정 링크가 Blocking이 되고 난 후, 대안 포트가 Forwarding 상태가 되는 데 걸리는 시간이 짧기 때문이다.

RSTP는 어떻게 컨버전스 타임을 줄일 수 있는지 그 동작 원리를 보자.

스위치를 처음 켜면 다음과 같은 RSTP의 절차를 거친다. 스위치 ID는 'SW1 < SW2 < SW3'로 가정하면 SW1이 Root가 된다.

① [그림 7-21]을 보자. 스위치들은 Proposal BPDU(STP의 Configuration BPDU에 해당)를 교환하여 Root 스위치를 선정한다.

[그림 7-21] ▶ RSTP 동작

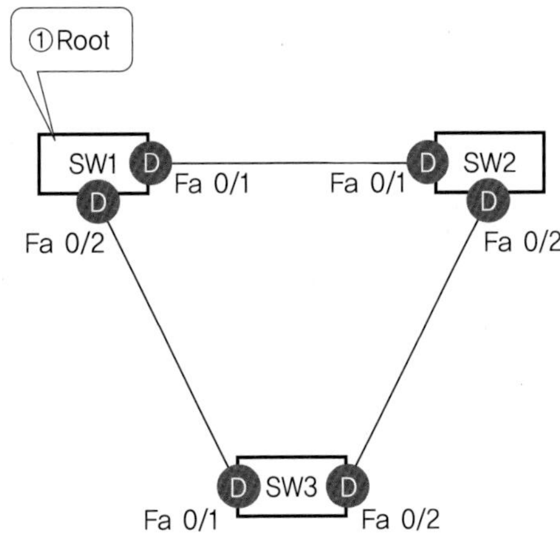

Root 스위치가 선정되기 직전 시점에서 각 스위치의 포트 역할과 상태는 [표 7-18]과 같다.

[표 7-18] ▶ 포트별 역할과 상태

스위치	포트	역할	상태	지속 시간
SW1	Fa 0/1	Designated	Discarding	Root 선정할 때까지
	Fa 0/2	Designated	Discarding	
SW2	Fa 0/1	Designated	Discarding	
	Fa 0/2	Designated	Discarding	
SW3	Fa 0/1	Designated	Discarding	
	Fa 0/2	Designated	Discarding	

② [그림 7-22]를 보자. Root 스위치는 모든 포트로 Proposal BPDU를 보낸다(Proposal BPDU가 출발한 포트는 Designated 포트가 되고 도착한 포트는 Root 포트가 된다).

③&④ Proposal BPDU를 받은 SW2와 SW3의 Fa 0/1 포트는 (역할은) Root, (상태는) Discarding 상태가 된다. SW2와 SW3 입장에서는 지금까지 받은 Proposal BPDU 중에서 Fa 0/1번 포트가 베스트 루트를 제공하므로 즉시 개통할 수 있다면, STP의 50초 문제를 해결할 수 있다. 그러나, 스위칭 루프가 일어날 수 있어 Sync 절차를 거쳐야 하는데 이때, 모든 Root와 Designated 포트들을 Discarding 상태에 둔다. 이 때, 스위칭 루프가 무관한 Edge 포트와 이미 Discarding 상태에 있는 Alternate 포트는 그대로 둔다.

[그림 7-22] ▶
RSTP 컨버전스

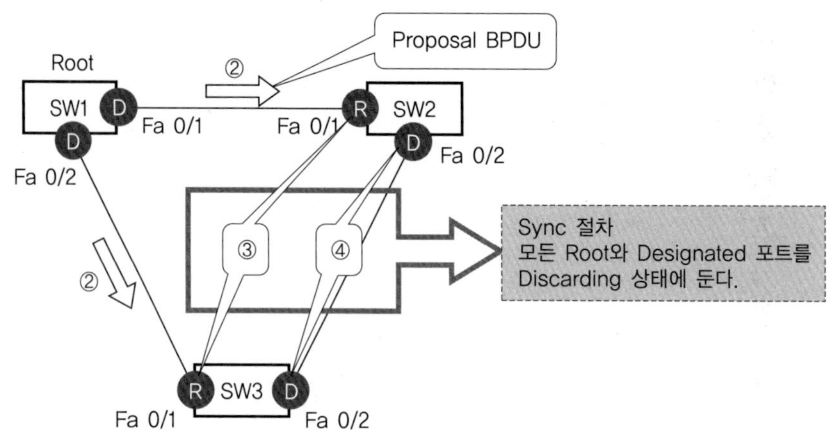

현재 시점에서 각 스위치의 포트 역할과 상태는 [표 7-19]와 같다.

[표 7-19] ▶
포트별 역할과 상태

스위치	포트	역할	상태	지속 시간
SW1	Fa 0/1	Designated	Discarding	Agreement BPDU 수신 시까지
	Fa 0/2	Designated	Discarding	Agreement BPDU 수신 시까지
SW2	Fa 0/1	Root	Discarding	Agreement BPDU 송신 시까지
	Fa 0/2	Designated	Discarding	이후 설명
SW3	Fa 0/1	Root	Discarding	Agreement BPDU 송신 시까지
	Fa 0/2	Designated	Discarding	이후 설명

⑤ [그림 7-23]을 보자. SW1이 SW2와 SW3로부터 Agreement BPDU를 받으면 SW1의 Fa 0/1과 Fa 0/2 포트는 (역할은) Designated, (상태는) Forwarding이 된다. 이 시점에 SW1-SW2 링크, SW1-SW3 링크가 개통되어 모든 장치들 간의 통신이 가능한 상태다. STP와 비교해보면 약 30초의 Convergence 타임이 필요했지만, RST는 Proposal BPDU, Sync, Agreement BPDU를 교환하는 시간만 소요되었다.

현재 시점에서 각 스위치의 포트 역할과 상태는 [표 7-20]과 같다.

[표 7-20] ▶
포트별 역할과 상태

스위치	포트	역할	상태	지속 시간
SW1	Fa 0/1	Designated	Forwarding	계속
	Fa 0/2	Designated	Forwarding	
SW2	Fa 0/1	Root	Forwarding	
	Fa 0/2	Designated	Discarding	이후 설명
SW3	Fa 0/1	Root	Forwarding	계속
	Fa 0/2	Designated	Discarding	이후 설명

[그림 7-23] ▶
RSTP 컨버전스

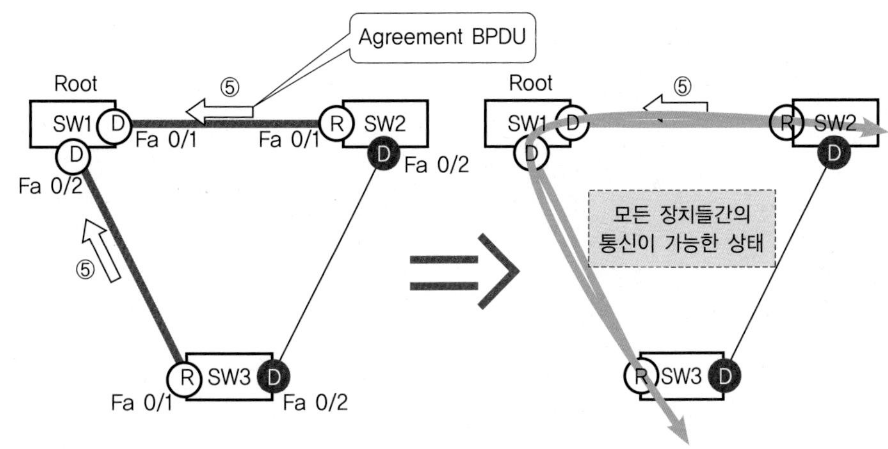

⑥ [그림 7-24]에서 SW2-SW3 링크를 보자.

SW2나 SW3 중 하나가 먼저 Proposal BPDU를 내보낼 것이다. [그림 7-24]는 SW2가 SW3에게 먼저 보냈다. SW3은 SW1과 SW2가 보낸 Proposal BPDU를 비교하여 Fa 0/1을 Root 포트로 계속 유지한다. Root 포트는 스위치마다 1개씩 있으므로 SW3의 Fa0/2는 Designated 포트 또는 Alternate 포트가 된다. SW2-SW3 링크에서는 Root 스위치로부터의 Path cost가 동일하므로 SW2와 SW3의 스위치 ID를 비교하여 높은 ID를 가진 쪽이 Alternate(STP에서의 Non-designated 포트)가 된다. SW2는 SW3이 보낸 Proposal BPDU를 보고 자신의 ID와 SW3의 ID를 비교하여 자신이 높은 경우 SW3의 Fa0/2 포트를 Alternate 포트로 지정한다. SW3의 Fa 0/2 포트는 (역할은) Designated, (상태는) Discarding 포트에서 (역할은) Alternate, (상태는) Discarding 포트가 된다. Alternate Discarding 포트는 BPDU를 수신만 할 수 있고 내보내지 못한다.

그러면, SW2의 Fa 0/2 포트에서는 보낸 Proposal BPDU에 대한 Agreement BPDU가 오지 않으므로 반대쪽 스위치인 SW3이 RSTP를 지원할 수 없다고 판단하고, STP와 같이 동작한다. 즉, 15초의 Listening 상태, 15초의 Learning 상태를 거쳐 Designated Forwarding 상태가 된다. 이 시간이 문제가 되지 않는

[그림 7-24] ▶
RSTP 컨버전스

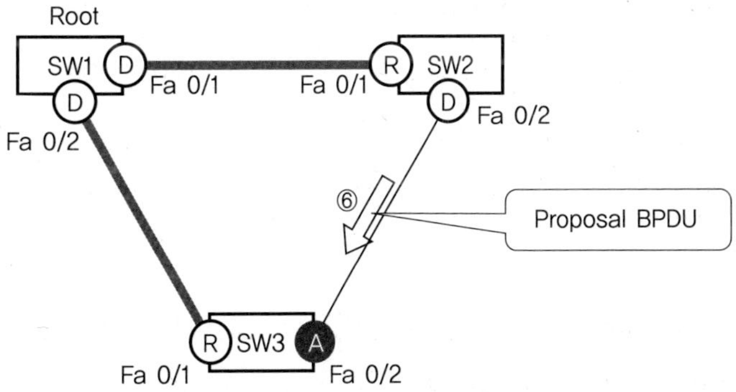

것은 이미 SW1-SW2-SW3를 연결하는 네트워크 경로는 개통되었기 때문이다. 현재 시점에서 각 스위치의 포트 역할과 상태는 [표 7-21]과 같다.

[표 7-21] ▶ 포트별 역할과 상태

스위치	포트	역할	상태	타이머	
SW1	Fa 0/1	Designated	Forwarding	해당 없음	계속 (Topology 변화 시까지)
	Fa 0/2	Designated	Forwarding	해당 없음	
SW2	Fa 0/1	Root	Forwarding	해당 없음	
	Fa 0/2	Designated	Forwarding	해당 없음	Listening/Learning을 거쳐 Forwarding 상태가 됨(약 30초)
SW3	Fa 0/1	Root	Forwarding	해당 없음	계속(Topology 변화 시까지)
	Fa 0/2	Alternate	Discarding	해당 없음	계속(Topology 변화 시까지)

⑦ 하나 더 가정할 수 있는 것은, SW2가 SW3보다 스위치 ID가 높은 경우다. 이 경우, SW3은 Proposal BPDU를 SW2에게 보내 SW2의 Fa 0/2 포트가 Alternate Discarding 포트가 되게 한다. SW3의 Fa 0/2 포트는 Listening과 Learning 상태를 거쳐 Forwarding 상태가 된다.

⑧ [그림 7-25]를 보자. 마지막으로 SW4가 RSTP를 지원하지 않는 경우다. SW2는 Proposal BPDU를 보내지만 SW4는 Fa 0/1을 Root Listening 포트로 만들고 Agreement BPDU를 보내지 못한다. STP는 Proposal과 Agreement BPDU를 지원하지 않기 때문이다. Agreement BPDU를 받지 못한 SW2의 Fa 0/3 포트는 상대 스위치가 RSTP를 지원할 수 없다 판단하고 Listening과 Learning 상태를 거쳐 Designated Forwarding 상태가 된다. 이런 식으로 RSTP는 기존의 802.1D STP와 호환된다.

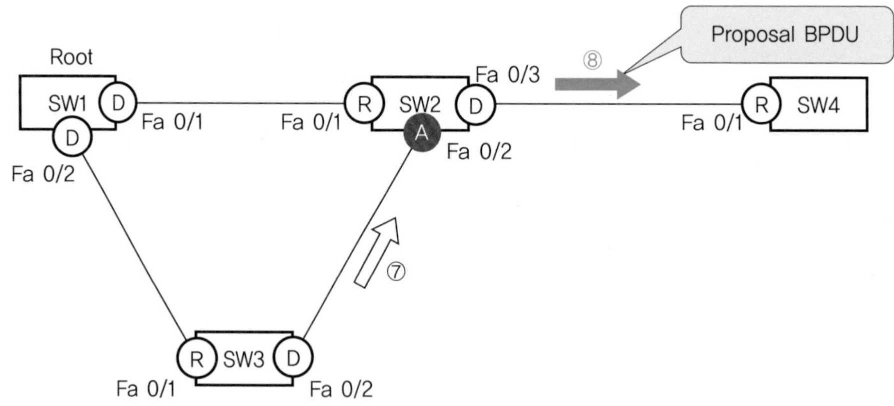

[그림 7-25] ▶ RSTP 컨버전스

Lecture 07

RSTP Convergence II

강의 키워드 링크 다운 시의 RSTP 컨버전스 절차, 링크 다운 시의 RSTP 컨버전스 타임

이번에는 SW3 입장에서 직접 연결된 링크인 SW1-SW3 연결 링크 다운 시의 STP 컨버전스 절차를 살펴 보자.

① [그림 7-26]을 보자. SW1-SW3 연결 링크가 다운되면,

② & ③ SW3은 다음 2가지를 수행한다.

첫째, 즉시 Alternate 포트를 Root 포트로 변경한다(링크가 다운되었을 때는 스위칭 룹이 근본적으로 발생하지 않는다. 즉, 스위칭 루프 상황에서 발생할 수 있는 브로드캐스트 스톰도 일어나지 않는다). 지금 이 시점에서 SW1-SW2-SW3 사이의 경로가 재개통되었다. 즉, 이 경우 RSTP 컨버전스 타임은 거의 실시간이다.

둘째, RSTP는 Fa 0/2의 Forwarding 상태로의 변화를 Topology 변화로 간주하므로 SW3은 TC(Topology Change) BPDU를 모든 Root 포트와 Designated 포트를 통해 보낸다. TC BPDU는 TC While 타이머 동안 보내는데 TC While 타이머는 디폴트로 Hello 타이머×2초다.

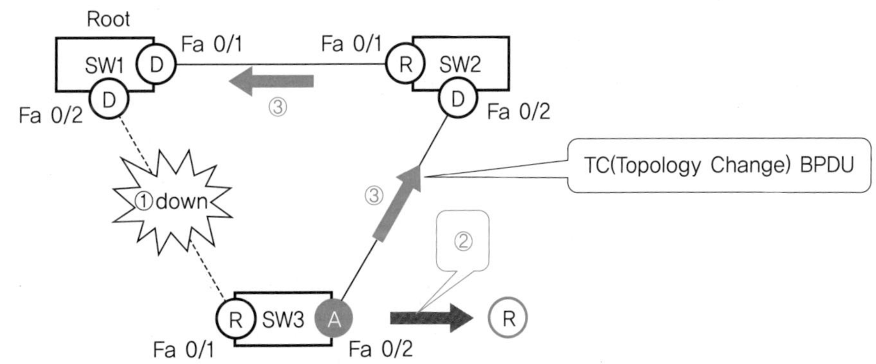

[그림 7-26] ▶ (직접 연결된 링크가 다운되었을 때의) RSTP 컨버전스

③ 현재 시점에서 각 스위치의 포트 역할과 상태는 [표 7-22]와 같다.

[표 7-22] ▶ 포트별 역할과 상태

스위치	포트	역할	상태	관련 타이머
SW1	Fa 0/1	Designated	Forwarding	-
	Fa 0/2	Disabled(Port Down)		-
SW2	Fa 0/1	Root	Forwarding	-
	Fa 0/2	Designated	Forwarding	-
SW3	Fa 0/1	Disabled(Port Down)		-
	Fa 0/2	Root	Forwarding	-

④ [그림 7-27]에서 SW2와 SW1이 SW3이 보낸 Topology Change BPDU를 받으면, TC BPDU를 받은 포트에 학습된 정보 즉, SW2의 Fa 0/2 포트, SW1의 Fa 0/1 포트에 학습된 MAC 주소를 제외하고 모든 스위칭 테이블을 즉시 삭제한다. TC BPDU를 받은 경로는 계속적으로 살아 있는 포트이기 때문에 해당 포트에 학습된 MAC 주소 정보도 유효하기 때문이다. 이로써 모든 스위치들은 연결되었을 뿐 아니라 스위칭 테이블은 일부 유효 정보를 제외하고 모두 삭제되어 플러딩을 수행한다. 즉, 네트워크는 복구되었다.

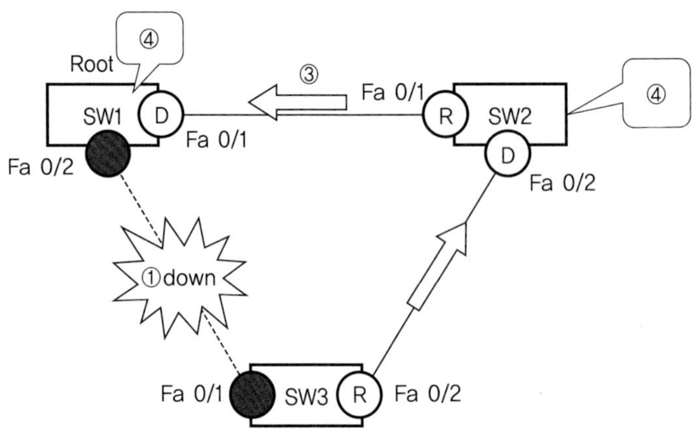

[그림 7-27] ▶ (직접 연결되지 않은 링크가 다운되었을 때의) RSTP 컨버전스

• 직접 연결되지 않은 링크가 다운되었을 때의 RSTP 동작

마지막으로 SW3 입장에서 직접 연결되지 않은 SW1-SW2 연결 링크 다운 시의 STP 컨버전스 절차를 살펴 보자.

① [그림 7-28]에서 SW1-SW2 연결 링크가 다운되면,

② SW2는 Root 스위치가 보낸 BPDU는 오직 Fa 0/1 포트를 통해서만 수신하였으므로 Fa 0/1 포트가 다운되면 Root 스위치가 사라졌다고 판단한다. SW2는 새로운 Root 스위치를 선정하기 위해 자신을 Root로 하는 Proposal BPDU를 SW3에게 보낸다. SW2의 Fa 0/2 포트는 Designated Forwarding으로 변화가 없다.

[그림 7-28] ▶
(직접 연결되지 않은 링크가 다운되었을 때의) RSTP 컨버전스

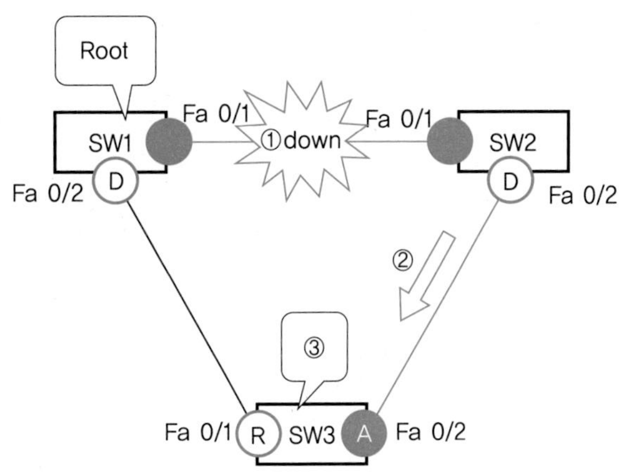

현재 시점에서 각 스위치의 포트 역할과 상태는 [표 7-23]과 같다.

[표 7-23] ▶
포트별 역할과 상태

스위치	포트	역할	상태	관련 타이머
SW1	Fa 0/1	Disabled(Port Down)		–
	Fa 0/2	Designated	Forwarding	–
SW2	Fa 0/1	Disabled(Port Down)		–
	Fa 0/2	Designated	Forwarding	–
SW3	Fa 0/1	Root	Forwarding	–
	Fa 0/2	Alternate	Discarding	–

③ [그림 7-29]에서 SW3은 SW2가 보낸 BPDU가 Inferior BPDU에 해당하므로 SW2에게 SW1(Root)이 건재함을 Proposal BPDU로 알려준다.

[그림 7-29] ▶
직접 연결되지 않은 링크가 다운되었을 때의 RSTP 컨버전스

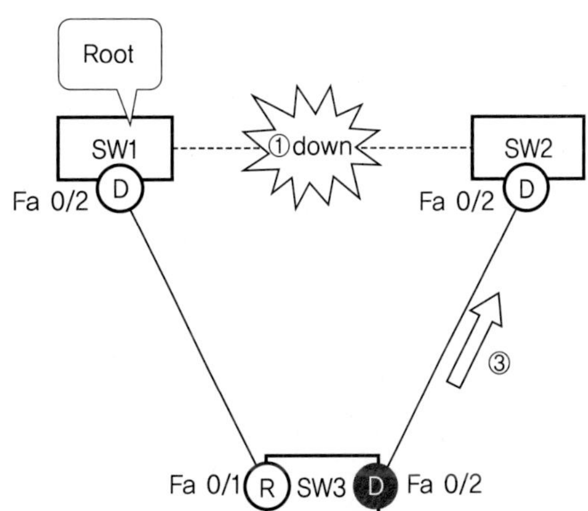

현재 시점에서 각 스위치의 포트 역할과 상태는 [표 7-24]와 같다.

[표 7-24] ▶ 포트별 역할과 상태

스위치	포트	역할	상태	관련 타이머
SW1	Fa 0/1	Disabled(Port Down)		–
	Fa 0/2	Designated	Forwarding	–
SW2	Fa 0/1	Disabled(Port Down)		–
	Fa 0/2	Designated	Forwarding	–
SW3	Fa 0/1	Root	Forwarding	–
	Fa 0/2	Designated	Discarding	–

④ [그림 7-30]에서 SW2는 Superior BPDU(자신보다 나은 Root ID를 가진 BPDU)를 받았으므로 Sync 절차를 거쳐(여기서는 차단할 포트가 없음)

⑤ SW3에게 Agreement BPDU를 보낸다. Agreement BPDU를 보낸 SW2의 Fa 0/2 포트는 Root Forwarding 포트가 되고,

⑥ Agreement BPDU를 받은 SW3의 Fa 0/2 포트는 Designated Forwarding 포트가 된다.

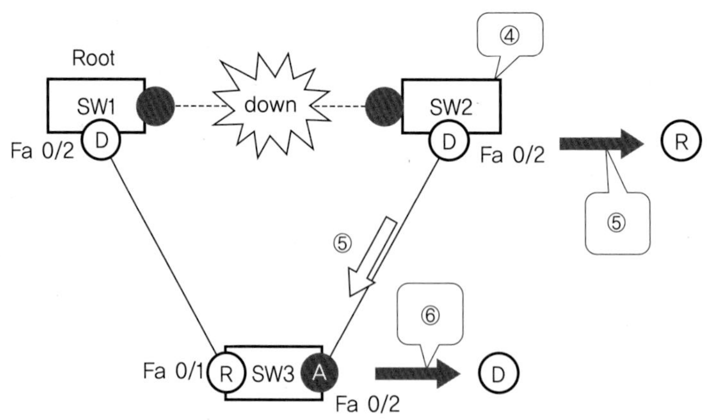

[그림 7-30] ▶ 직접 연결되지 않은 링크가 다운되었을 때의 RSTP 컨버전스

현재 시점에서 각 스위치의 포트 역할과 상태는 [표 7-25]와 같다.

[표 7-25] ▶ 포트별 역할과 상태

스위치	포트	역할	상태	관련 타이머
SW1	Fa 0/1	Disabled(Port Down)		–
	Fa 0/2	Designated	Forwarding	–
SW2	Fa 0/1	Disabled(Port Down)		–
	Fa 0/2	Root	Forwarding	–
SW3	Fa 0/1	Root	Forwarding	–
	Fa 0/2	Designated	Forwarding	–

⑦ [그림 7-31]에서 SW3의 Fa 0/2 포트의 상태가 Discarding에서 Forwarding으로 변경되었으므로 Topology 변화로 간주되어 SW3는 모든 Root와 Designated 포트들로 TC BPDU를 보낸다.

⑧ TC BPDU를 받은 SW1과 SW2는 TC BPDU가 도착한 포트를 제외한 모든 포트들의 MAC 주소를 스위칭 테이블에서 삭제한다.

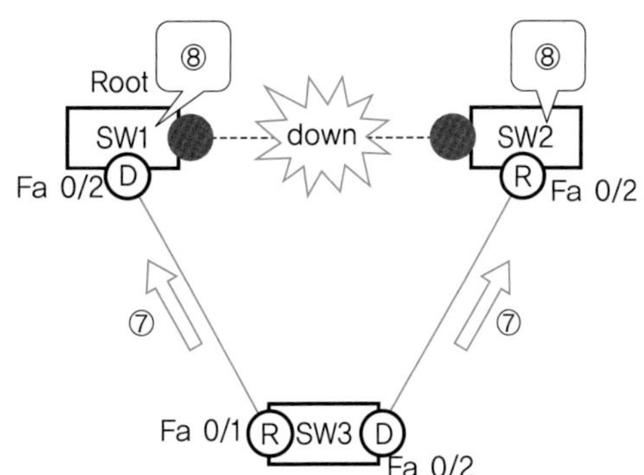

[그림 7-31] ▶ 직접 연결되지 않은 링크가 다운되었을 때의 RSTP 컨버전스

[표 7-26]은 RSTP BPDU 필드 포맷이다. Protocol 버전 자리는 '2'로 RSTP를 뜻한다. 세 번째 바이트를 제외한 다른 필드는 이미 설명한 STP BPDU 필드와 동일하다.

[표 7-26] ▶ RSTP BPDU 포맷

2bytes	Protocol ID	항상 0
1	Protocol 버전	항상 2: RSTP
1	BPDU 타입	항상 0x00: 컨피규레이션 BPDU
1	TC P r r L F A TCA	[그림 7-32] 참조
8	Root 브릿지 ID	루트 스위치의 ID
4	Path cost	루트 스위치까지의 경로 값
8	(BPDU가 방금 거친) 스위치의 ID	직전 스위치의 스위치 ID
2	(BPDU가 방금 거친) 스위치의 포트 ID	포트 ID
2	Message Age	루트 스위치가 현 BPDU를 만들고 경과된 시간
2	Max Age	BPDU 정보를 저장하는 시간
2	Hello Time	BPDU 전송 주기
2	Forward Delay	리스닝 상태와 러닝 상태에 머무르는 기간

[그림 7-32]에서 IEEE 802.1d BPDU는 8비트중 0번과 7번 비트만 사용(0번: TC(Topology Change), 7번: TCA(Topology Change Acknowledgment)만 사용한다. RSTP는 8비트 중 7번을 제외한 0~6번 비트를 사용한다. 1번 비트는 Proposal BPDU임을 표시하고, 6번 비트는 Agreement BPDU임을 표시한다. 2~3번 비트는 포트의 현재 역할을 표시하고, 4번과 5번 비트는 포트의 현재 상태를 표시한다.

[그림 7-32] ▶ RSTP BPDU의 세 번째 바이트

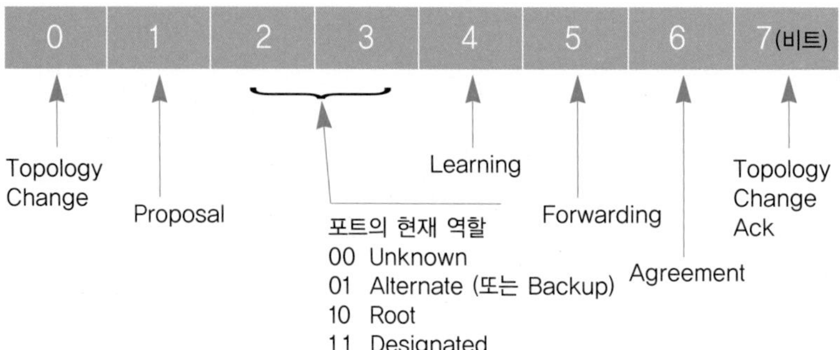

RSTP의 동작을 [그림 7-33]과 같이 마지막으로 정리하고 이 강의를 끝내자.

[그림 7-33] ▶ RSTP 동작 요약

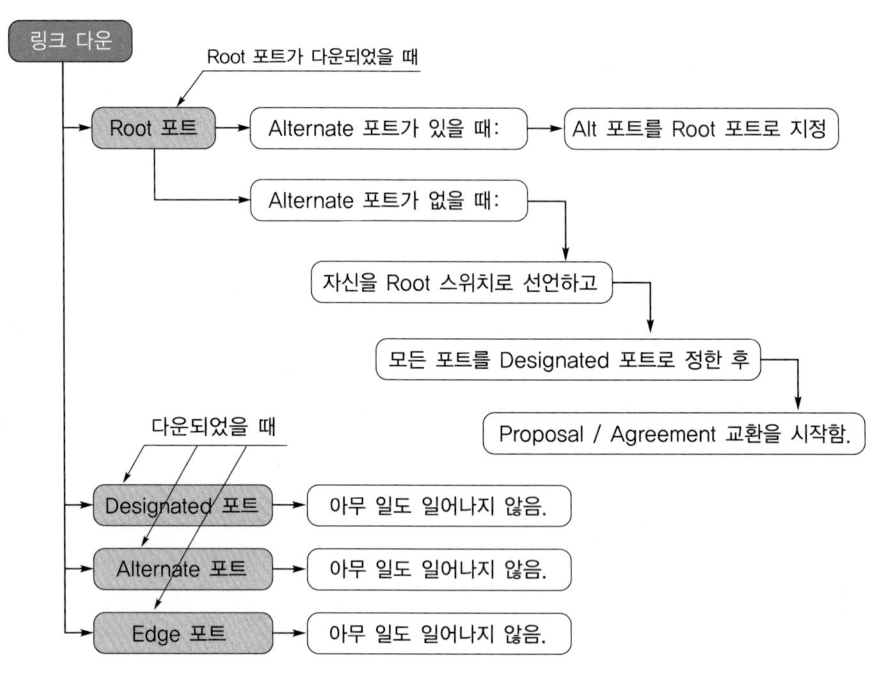

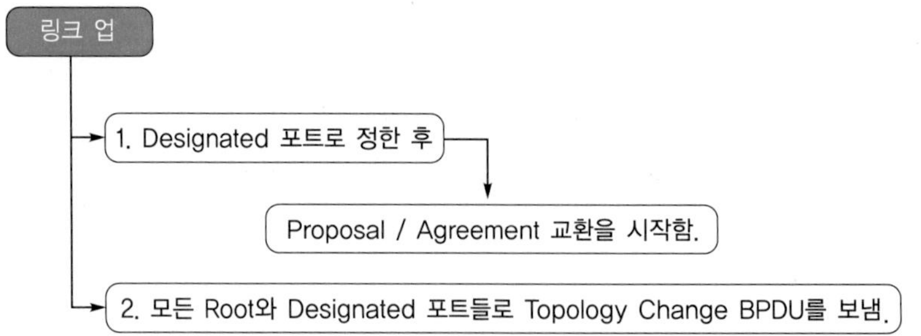

Lecture 08

STP 대안

강의 키워드 Local VLAN과 U 구조, 액세스 계층에 라우터 배치, 멀티샤시 이더채널

STP는 스위칭 루프를 해결하는 프로토콜이다. 이 강의에서는 스위칭 루프를 해결하는 방법으로 STP를 적용하지 않고 해결하는 방법 3가지에 대해 알아본다. 결론부터 말하면, 3가지 방법의 스위칭 루프 해결 방법은 아예 처음부터 스위칭 루프가 일어나지 않도록 하는 것이다.

1 U 구조

U 구조부터 알아보자. [그림 7-34]에서는 스위칭 루프가 일어나므로 STP가 필요하다.

[그림 7-34] ▶ RST의 필요성

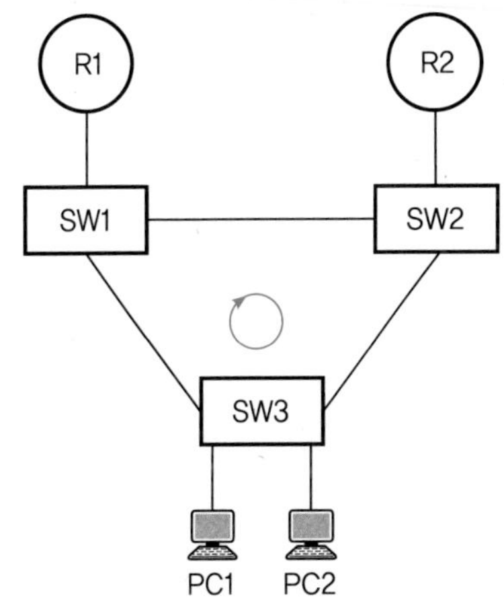

그렇다면, 아예 스위칭 루프가 일어나지 않은 환경으로 만들면 어떨까? [그림 7-35]와 같이 SW1과 SW2 연결 링크를 끊으면 스위칭 루프는 일어나지 않으므로 STP가 더이상 필요 없는 환경이 된다.

[그림 7-35]
스위칭 루프가 일어나지 않는 환경

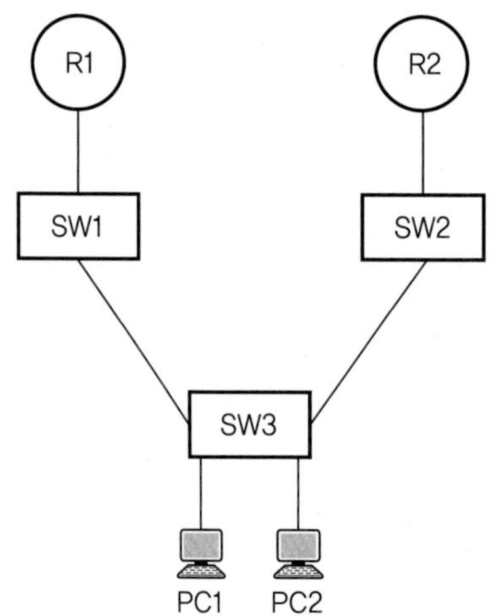

[그림 7-36]의 왼쪽 그림과 같이 SW1-SW2 연결 링크를 끊으면 스위칭 루프가 일어나지 않지만, 백업 링크도 사라져 가용성이 나빠진다. 스위칭 루프가 일어나지 않으면서 가용성도 유지하는 방법은 없을까? 바로 오른쪽 그림과 같이 R1과 R2 즉, 라우터끼리 연결하면 된다. R1과 R2를 연결한 '가' 링크는 1.1.1.0 /24 네트워크로 SW1-SW2-SW3로 연결되는 2.2.2.0 /24 네트워크와 별개의 네트워크 즉, 별개의 브로드캐스트 도메인이 되어 브로드캐스트 스톰이 발생할 수 없다. 즉, 백업 링크는 유지하면서도 스위칭 루프는 일어나지 않는 환경이 된다. 이 구조를 U 구조라 한다.

[그림 7-36] ▶
가용성을 유지하면서 스위칭 루프가 일어나지 않는 구성

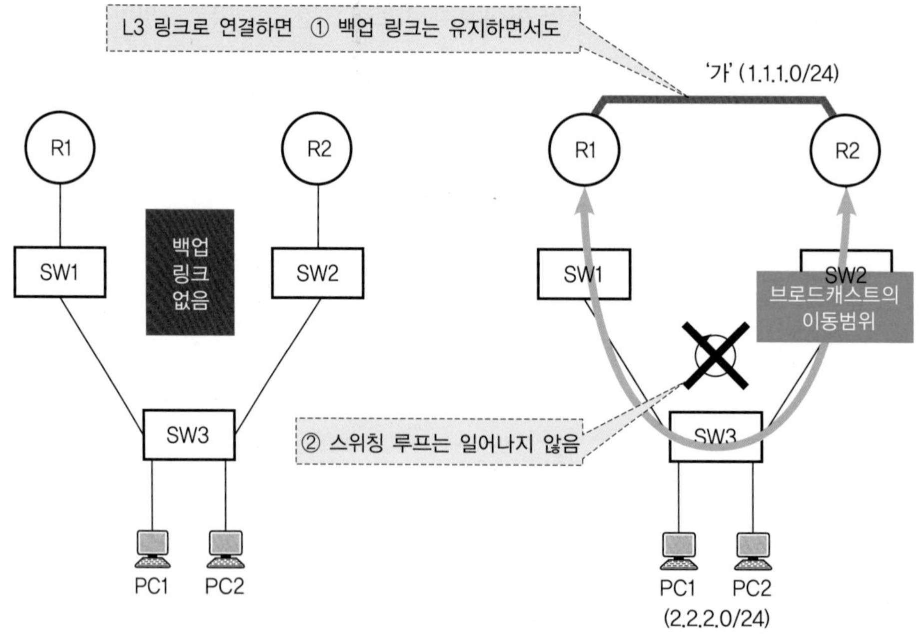

그런데 U 구조는 디스트리뷰션 계층의 두 스위치 즉, SW1과 SW2의 연결 링크를 끊는다 하여 무조건 만들어지지 않는다. [그림 7-37]은 End-to-End VLAN 환경이다. 그리고, U구조를 위해 SW1과 SW2 연결 링크를 끊었다.

[그림 7-37] ▶ End-to-End VLAN과 U 구조

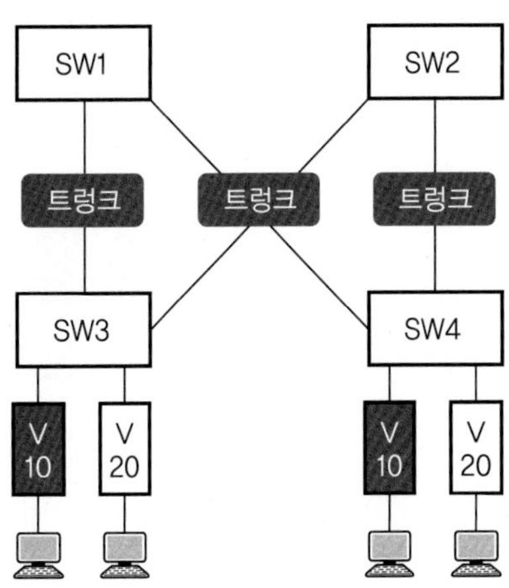

그러나, [그림 7-38]에 보다시피 VLAN 10에서 유입된 브로드캐스트가 트렁크를 따라 '8'자 루프를 만듦을 알 수 있다.

[그림 7-38] ▶ End-to-End VLAN/U 구조에서 발생하는 스위칭 루프

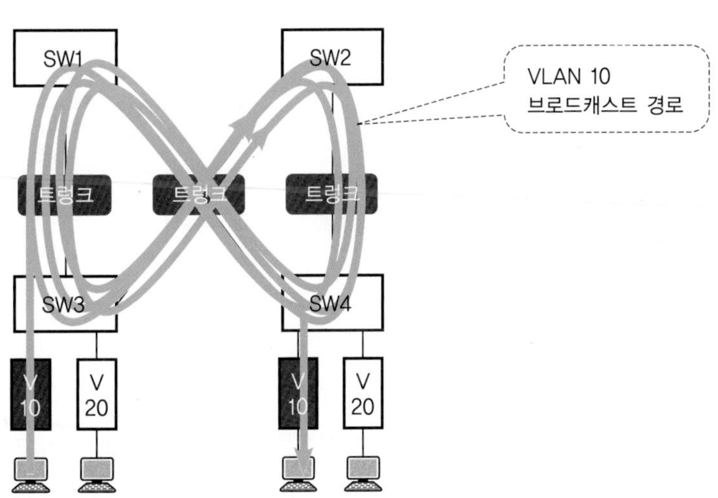

[그림 7-39]는 Local VLAN 환경이다. U 구조를 위해 SW1과 SW2 연결 링크를 끊었다.

[그림 7-39] ▶
Local VLAN과 U 구조

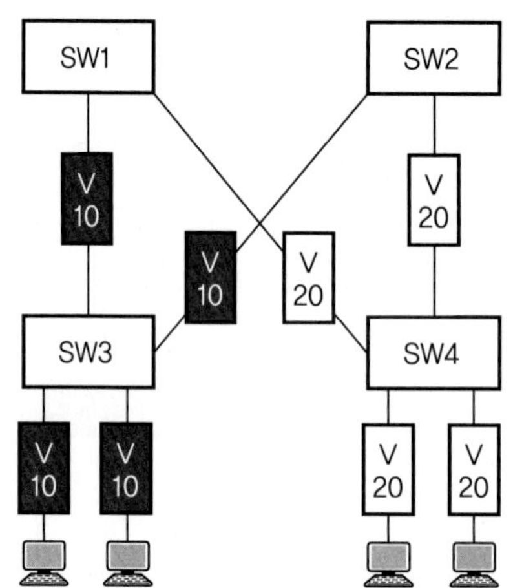

[그림 7-40]을 보자. VLAN 10에서 들어온 브로드캐스트의 이동 범위와 VLAN 20에서 들어온 브로드캐스트의 이동 범위를 보면 루프를 형성하지 않는 U 구조를 만듦을 확인할 수 있다. 즉, U 구조를 만들기 위해서는 반드시 Local VLAN으로 설정해야 한다.

[그림 7-40] ▶
Local VLAN/U 구조에서는 발생하지 않는 스위칭 루프

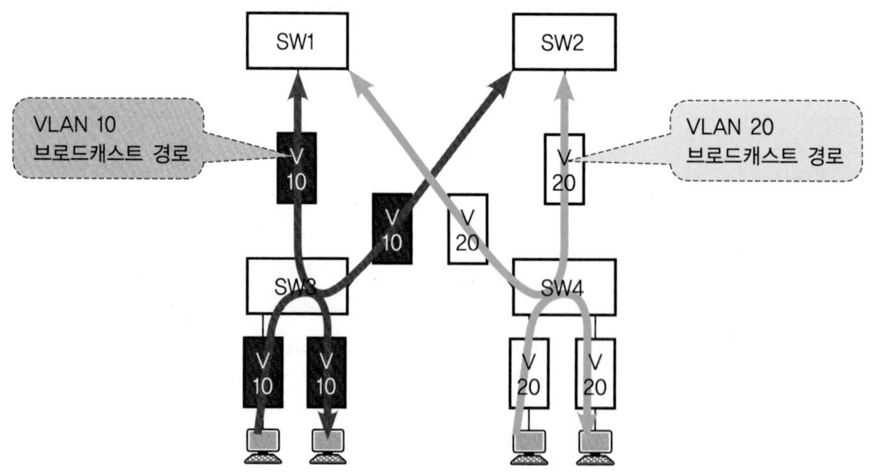

② 디스트리뷰션 계층과 액세스 계층에 라우터 배치

[그림 7-41]과 같이 디스트리뷰션 계층과 액세스 계층에 라우터(Layer 3 장치)를 배치한다. 라우터는 브로드캐스트를 수신하면 자신은 받아 처리하지만 다른 인터페이스들로 내보내지 않기 때문에 스위칭 룹이 일어나지 않는다. 따라서, 디스트리뷰션 계층과 액세스 계층에 라우터를 배치해도 STP가 필요 없는 환경이 된다. R1, R2, R3(SW2 포함)은 실제로는 낮은 비용과 브로드캐스트 도메인의 자유로운 분할 등의 이유로 멀티레이어 스위치를 배치하여 Layer 3 포트로 구성한다.

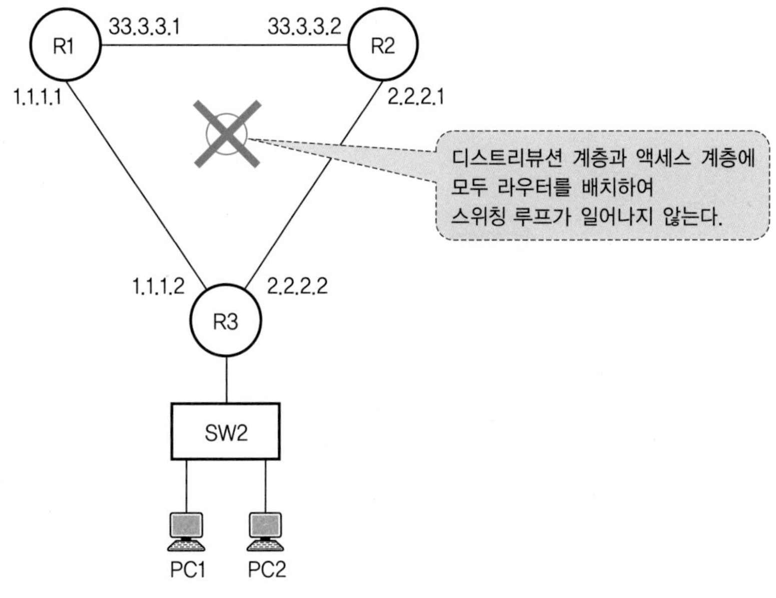

[그림 7-41] ▶ 액세스 계층에 라우터를 배치하여 스위칭 루프가 일어나지 않는 구조

③ 멀티샤시 이더채널 설정

멀티샤시 이더채널은 두 대의 멀티레이어 스위치를 논리적으로 한 대로 만드는 솔루션이다. 두 대의 멀티레이어 스위치는 이더채널로 연결하는데 VSL(Virtual Switch Link)이라고 한다. 액세스 계층 스위치와 논리적으로 1대가 된(사실은 2대) 디스트리뷰션 계층 장치는 이더채널로 연결한다. 이것을 멀티샤시 이더채널이라 한다. [그림 7-42]의 오른쪽 그림을 보자. 액세스 계층 스위치와 디스트리뷰션 계층 장치 간의 다수의 물리적 링크는 이더채널을 설정하여 하나의 링크가 되므로 스위칭 룹이 발생하지 않는다. 즉, STP가 필요 없다.

그러나, STP는 휴먼 에러를 고려하여 가능한 한 끄지 않도록 해야 한다.

[그림 7-42] ▶
멀티샤시 이더채널을 설정하여 스위칭 루프가 일어나지 않는 구조

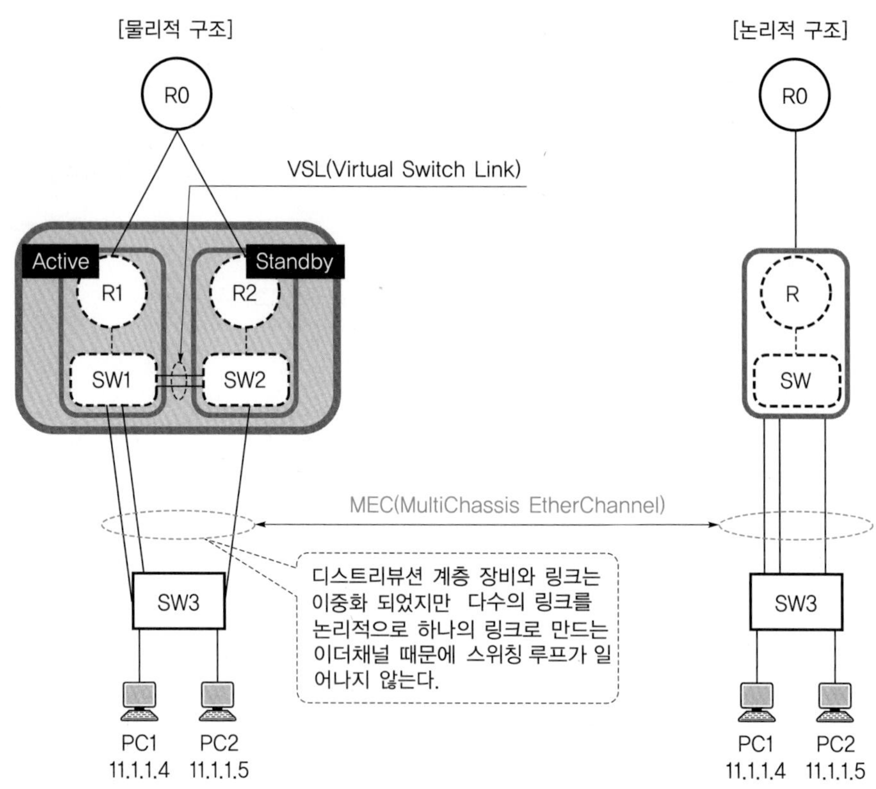

Lecture 09

EtherChannel

강의 키워드 STP와 이더채널의 관계, 이더채널 로드밸런싱 방법들, PAgP/LACP의 역할과 설정, Port Priority, 멀티샤시 이더채널

[그림 7-43]을 보자. 밴드위스를 늘리고자 두 장비를 2개의 이더넷 선으로 연결하면 루프가 일어난다. 루프 환경에서는 STP의 포트 블락킹이 일어나므로 결국 1개의 선만 사용할 수 있다. 즉, 밴드위스를 늘릴 수 없다.

[그림 7-43] ▶ 이더채널의 필요성

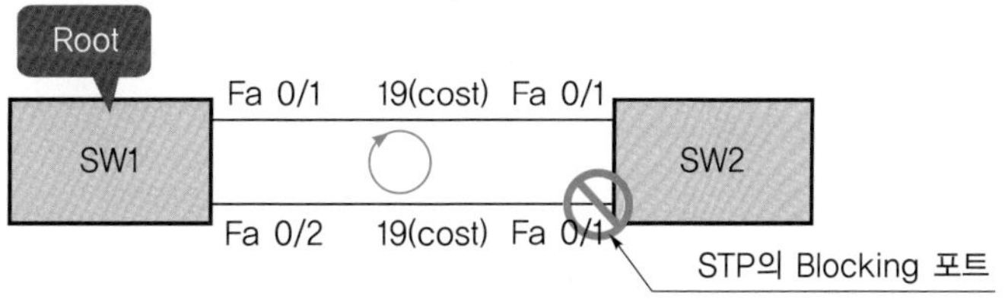

이 문제에 대한 솔루션이 이더채널(EtherChannel)이다. 포트에 이더채널을 설정하면 다수의 선을 논리적으로 1개의 선으로 인식하므로 스위칭 루프 환경이 만들어지지 않는다. 결국, STP의 포트 블락킹은 없다. 따라서, 2개의 선을 동시에 사용하여 밴드위스를 넓힌다.

[그림 7-44] ▶ 이더채널의 개념

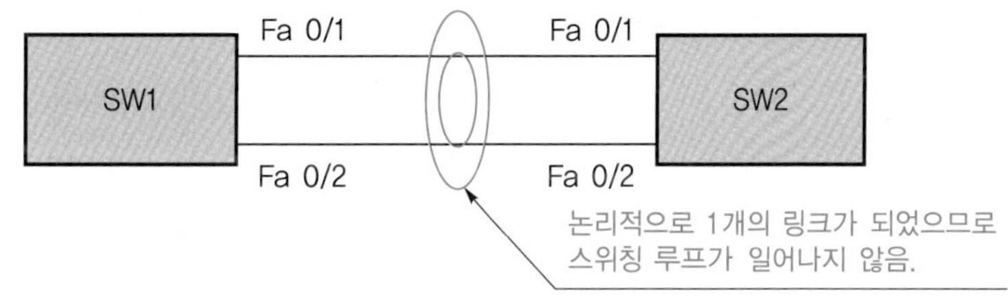

이더채널은 100Mbps, 1Gbps, 10Gbps에 적용 가능하다. 이더채널의 로드 분산 방법은 [그림 7-45]와 같이 다양한데, 해당 스위치에서 제공하는 로드밸런싱 방법을 확인할 수 있다. [그림 7-45]와 같은 다양한 로드밸런싱 방법이 있고, 'port-channel load-balance [로드밸런싱 방식]' 명령을 사용한다.

[그림 7-45] ▶ 이더채널 로드밸런싱 방법

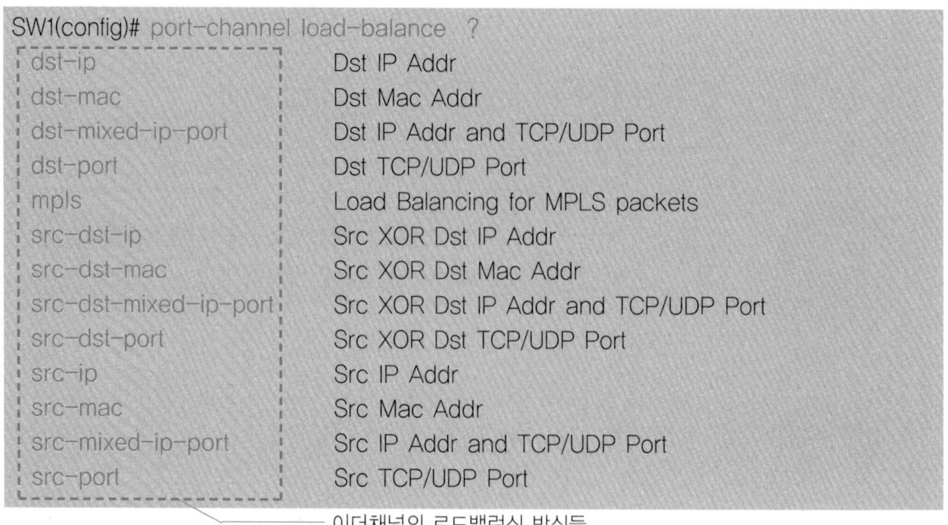

SW1(config)# port-channel load-balance ?
dst-ip Dst IP Addr
dst-mac Dst Mac Addr
dst-mixed-ip-port Dst IP Addr and TCP/UDP Port
dst-port Dst TCP/UDP Port
mpls Load Balancing for MPLS packets
src-dst-ip Src XOR Dst IP Addr
src-dst-mac Src XOR Dst Mac Addr
src-dst-mixed-ip-port Src XOR Dst IP Addr and TCP/UDP Port
src-dst-port Src XOR Dst TCP/UDP Port
src-ip Src IP Addr
src-mac Src Mac Addr
src-mixed-ip-port Src IP Addr and TCP/UDP Port
src-port Src TCP/UDP Port
이더채널의 로드밸런싱 방식들

[그림 7-45]에서 src-ip, dst-ip, src-mac, dst-mac, src-port, dst-port 옵션은 로드밸런싱 기준이 1개다. 물리적 링크가 8개라면 마지막 세 비트를 보고 사용할 링크를 결정한다. 예를 들어, 마지막 세 비트가 '000'이면 [그림 7-46]에서 '0'번 링크를 사용하고, '001'이면 '1'번 링크를 사용하고, '010'이면 '2'번 링크를 사용하고, '011'이면 '3'번 링크를 사용하고, '100'이면 '4'번 링크를 사용하고, '101'이면 '5'번 링크를 사용하고, '110'이면 '6'번 링크를 사용하고, '111'이면 '7'번 링크를 사용한다. 만약 이더채널로 묶이는 링크가 네 개라면 마지막 두 비트를 보고 결정하고, 이더채널로 묶이는 링크가 두 개라면 마지막 1비트만 보면 된다. [그림 7-46]을 보자. 만약 SW1에 연결된 장치가 PC1 뿐인데 로드발란싱 방식을 'src-ip'로 하면 어떻게 될까? PC1의 source IP의 끝자리가 '001'이므로 이더채널의 8개의 링크들 중 '1'번 링크만 사용하게 된다.

[그림 7-46] ▶ 이더채널 로드밸런싱

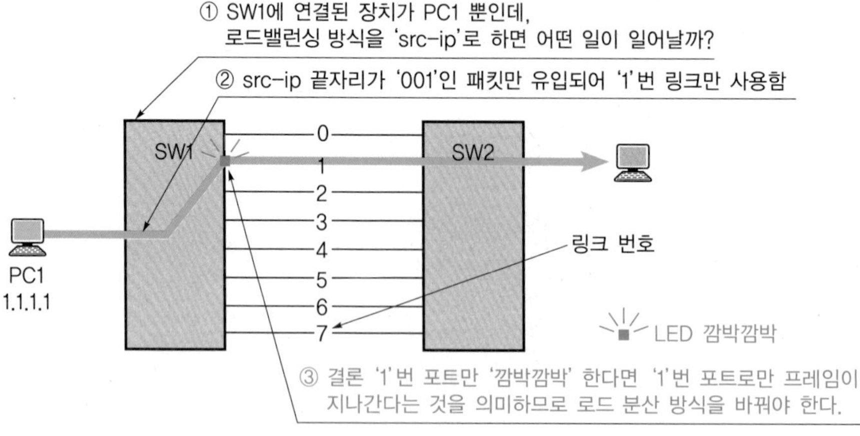

이 문제에 대한 솔루션이 src-dst-ip, src-dst-mac, src-dst-port, dst-mixed-ip-port, src-dst-mixed-ip-port, src-mixed-ip-port와 같이 로드밸런싱 기준이 2개 이

상인 방법이다. 이때, 이더채널로 묶이는 링크가 8개라면 마지막 세 비트의 XOR를 계산한다. [표 7-27]은 XOR 계산 결과로 비교할 두 비트가 같으면 '0'이 되고, 다르면 '1'이 된다.

[표 7-27] ▶ XOR 값

두 비트	0	0	1	1
	0	1	0	1
XOR 결과	0	1	1	0

즉, 'src-dst-ip' 로드 분산 방법을 선택하면, [표 7-28]과 같이 로드 분산된다. 즉, 출발지 IP와 목적지 IP의 마지막 3비트에 대한 XOR 값을 계산하고, XOR 값에 해당하는 링크를 사용한다. 이더채널에 속한 링크가 2개일 때, 일반적으로 'src-dst-ip'와 같이 3계층 정보를 조합한 방법은 7 : 3 정도의 로드 분산 효과를 제공하는데 비해 'src-dst-port'와 같이 4계층 정보를 조합한 방법은 5 : 5 정도로 로드 분산 효과가 보다 나은 편이다.

[표 7-28] ▶ 두 주소의 XOR 값 계산 예

출발지 IP	목적지 IP	XOR	링크 번호
...........000	000	000	0
	001	001	1
	010	010	2
	011	011	3
	100	100	4
	101	101	5
	110	110	6
	111	111	7
...........001	000	001	1
	001	000	0
	010	011	3
	011	010	2
	100	101	5
	101	100	4
	110	111	7
	111	110	6

8개의 링크들을 묶으면 마지막 세 비트가 사용할 링크를 결정하고, 4개의 링크들을 묶으면 마지막 두 비트가 사용할 링크를 결정하고, 2개의 링크들을 묶으면 마지막 한 비트가 사용할 링크를 결정한다. 만약, 7개, 6개, 5개, 3개의 링크들을 묶을 때는 어떻게 될까? 이 때는 마지막 3비트를 보고 사용할 링크를 결정한다. 그런데 이 때의 로드밸런싱 비율은 [표 7-29]와 같다. 그런데, 7/6/5/3 링크를 묶으면 많이 사용하는 링크와 그렇지 않은 링크로 구분되고, 결과적으로 어떤 링크는 컨제스천을 겪는 반면 어떤 링크는 밴드위스가 남게 된다. 따라서, 이더채널을 적용할 때는 2/4/8개를 묶는 것이 좋다.

[표 7-29] ▶ 링크 수별 링크간 로드밸런싱 비율

링크 수	로드밸런싱 비율
7개	2:1:1:1:1:1:1
6개	2:2:1:1:1:1
5개	2:2:2:1:1
3개	3:3:2

이더채널의 로드 분산 방식에는 라운드로빈 방식은 왜 없을까? 라운드로빈 방식을 적용하면 모드 경로들을 순서대로 사용할 것이다. 이때, 작은 프레임과 큰 프레임이 섞여 있다면, 순서대로 다시 프레임들을 목적지 장치에서 합칠 때, 먼저 도착한 작은 프레임이 기다려야 하는 재조립 지연 문제가 발생할 수 있기 때문이다.

이더채널을 지원하는 2개의 프로토콜이 있다. 바로 LACP(Link Aggregation Control Protocl)와 PAgP(Port Aggregation Protocpl)다. LACP는 IEEE 802.3ad에서 정의된 표준이고, PAgP는 시스코 프로토콜이다. 이 프로토콜들이 하는 기본적인 역할은 협상 기능이다.

LACP 설정 방법에 대해 알아보자. [표 7-30]을 보자.

'switch(config-if)#channel-protocol lacp' 명령으로 이더채널 지원 프로토콜을 지정하고, 'switch(config-if)#channel-group 그룹번호 mode {passive 또는 active} 명령으로 이더채널 옵션을 설정한다.

[표 7-30] ▶ LACP 설정

구분	Configuration
SW1	Switch(config)#interface fastethernet 0/1 Switch(config-if)#channel-protocol lacp Switch(config-if)#channel-group 1 mode {passive / active}
SW2	Switch(config)#interface fastethernet 0/1 Switch(config-if)#channel-protocol lacp Switch(config-if)#channel-group 1 mode {passive / active}

[표 7-31]은 LACP 옵션들이다. 채널 모드가 'active'일 때 상대 스위치에게 먼저 물어보고, 'passive'일 때는 상대 스위치가 먼저 말을 걸기 전에는 가만히 있으므로 두 스위치를 'passive'로 구현하면 이더채널이 생성되지 않는다.

[표 7-31] ▶ LACP 옵션들

LACP 옵션	Passive	Active
Passive	No	Yes
Active	Yes	Yes

PAgP 설정 방법에 대해 알아보자. [표 7-32]를 보면 'switch(config-if)#channel-protocol pagp' 명령으로 이더채널 지원 프로토콜을 지정하고, [예 3-2]의 'switch(config-if)#channel-group 그룹번호 mode {auto 또는 desirable}' 명령으로 이더채널 옵션을 설정한다.

[표 7-32] ▶ PAgP 설정

구분	Configuration
SW1	Switch(config)#interface fastethernet 0/1 Switch(config-if)#channel-protocol pagp Switch(config-if)#channel-group 1 mode {auto / desirable}
SW2	Switch(config)#interface fastethernet 0/1 Switch(config-if)#channel-protocol pagp Switch(config-if)#channel-group 1 mode {auto / desirable}

[표 7-33]은 PAgP 옵션들이다. 채널 모드가 'desirable'일 때 상대 스위치에게 먼저 물어보고, 'auto'일 때는 상대 스위치가 먼저 말을 걸기 전에는 가만히 있으므로 두 스위치를 모두 'auto'로 구현하면 이더채널이 생성되지 않는다.

[표 7-33] ▶ PAgP 옵션들

PAgP 옵션	Auto	Desirable
Auto	No	Yes
Desirable	Yes	Yes

[표 7-34]는 LACP나 PAgP를 적용하지 않고, 이더채널을 스테이틱하게 설정하는 명령이다. 그러면, LACP와 PAgP Negotiate 등의 기능을 제공하지 않는 대신 초기의 설정(Negotiate) 지연을 줄인다.

[표 7-34] ▶ PAgP/LACP를 적용하지 않고 이더채널을 설정하는 방법

구분	Configuration
SW1	Switch(config)#interface fastethernet 0/1 Switch(config-if)#channel-group 1 mode on
SW2	Switch(config)#interface fastethernet 0/1 Switch(config-if)#channel-group 1 mode on

채널 생성 시에 이더채널 구성과 동작을 확인하는 명령으로 [그림 7-47]의 'show etherchannel-summary' 등이 있다.

[그림 7-47] ▶ 이더채널 동작 확인

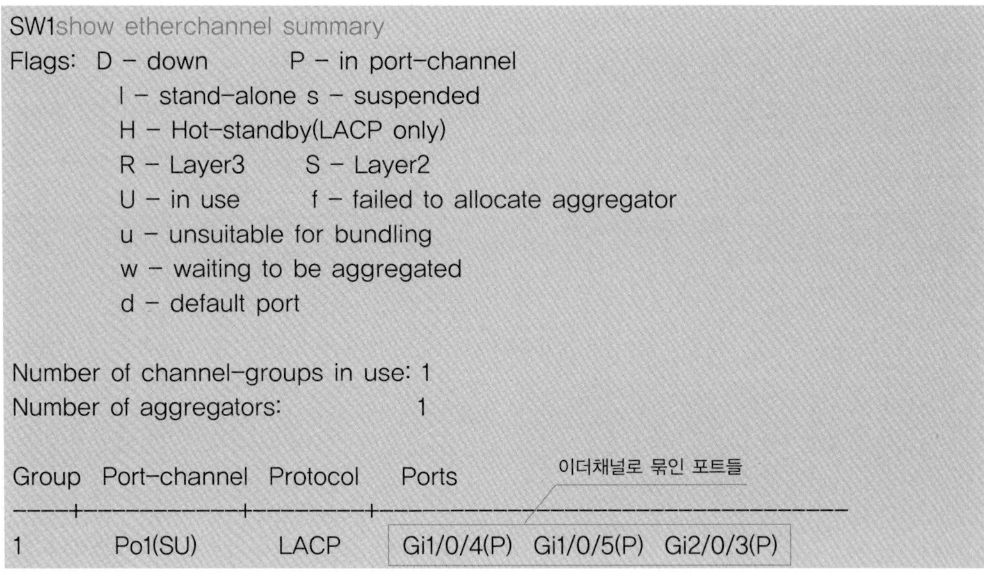

```
SW1show etherchannel summary
Flags:  D - down          P - in port-channel
        I - stand-alone s - suspended
        H - Hot-standby(LACP only)
        R - Layer3        S - Layer2
        U - in use         f - failed to allocate aggregator
        u - unsuitable for bundling
        w - waiting to be aggregated
        d - default port

Number of channel-groups in use: 1
Number of aggregators:           1

Group  Port-channel  Protocol    Ports
------+-------------+-----------+-----------------------------------
1      Po1(SU)       LACP      Gi1/0/4(P)  Gi1/0/5(P)  Gi2/0/3(P)
```


LACP 와 PAgP를 적용하면 다음과 같은 이점을 갖는다.

첫째, 설정 오류로 인한 스위칭 룹을 막는다. LACP와 PAgP를 설정하면 양단 간의 니고시에이션이 성공한 후에 이더채널이 만들어진다. 니고시에이션에 필요한 컨버전스 타임은 1초 미만이다.

둘째, [그림 7-48]과 같이 핫 스탠바이 포트 기능을 제공한다. 이더채널로 묶일 수 있는 최대 포트 수가 8개이므로 여분의 포트들을 핫 스탠바이 모드로 설정하면 사용 중인 포트에 고장이 발생할 때 핫 스탠바이 포트가 고장 포트를 대체하여 정해진 밴드위스를 지속적으로 제공할 수 있다. 그림은 LACP 설정 예로 Fa 0/1~0/8번 포트는 Port Priority를 80으로 설정되었고, Fa 0/9~0/10번 포트는 Port Priorty 100으로 설정되었다. Port Priority가 낮은 링크가 먼저 이더채널에 묶이고 높은 링크는 핫 스탠바이 포트로 대기한다.

[그림 7-48] ▶ 핫 스탠바이 포트

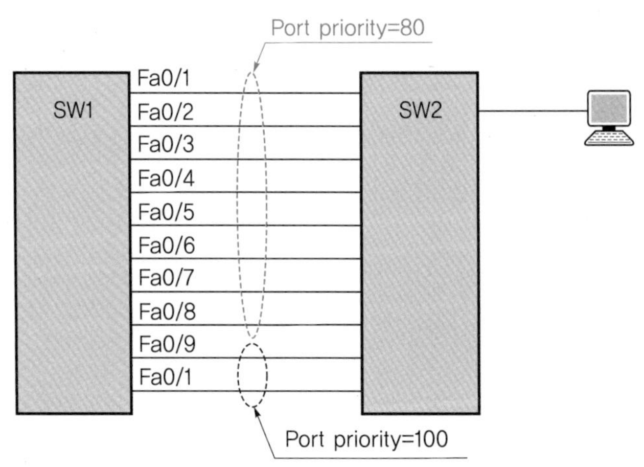

[표 7-35]는 LACP 핫 스탠바이 설정 방법이다. 'switch(config-if)#pagp port-priority 프라이어리티' 명령은 LACP의 'lacp port-priority 프라이어리티'와 동일한 목적을 가지는데, LACP는 프라이어리티가 낮은 포트들부터 이더채널로 묶이는 반면 PAgP는 높은 포트들로부터 이더채널에 묶는다.

[표 7-35] ▶ LACP 핫 스탠바이 포트 설정

SW1	SW2
SW1(config)#interface fastethernet 0/1 SW1(config-if)#channel-protocol lacp SW1(config-if)#channel-group 1 mode active SW1(config-if)#lacp port-priority 80	SW2(config)#interface fastethernet 0/1 SW2(config-if)#channel-protocol lacp SW2(config-if)#channel-group 1 mode active SW2(config-if)#lacp port-priority 80
SW1(config)#interface fastethernet 0/2 SW1(config-if)#channel-protocol lacp SW1(config-if)#channel-group 1 mode active SW1(config-if)#lacp port-priority 80	SW2(config)#interface fastethernet 0/2 SW2(config-if)#channel-protocol lacp SW2(config-if)#channel-group 1 mode active SW2(config-if)#lacp port-priority 80
SW1(config)#interface fastethernet 0/3 SW1(config-if)#channel-protocol lacp SW1(config-if)#channel-group 1 mode active SW1(config-if)#lacp port-priority 80	SW2(config)#interface fastethernet 0/3 SW2(config-if)#channel-protocol lacp SW2(config-if)#channel-group 1 mode active SW2(config-if)#lacp port-priority 80
SW1(config)#interface fastethernet 0/4 SW1(config-if)#channel-protocol lacp SW1(config-if)#channel-group 1 mode active SW1(config-if)#lacp port-priority 80	SW2(config)#interface fastethernet 0/4 SW2(config-if)#channel-protocol lacp SW2(config-if)#channel-group 1 mode active SW2(config-if)#lacp port-priority 80
SW1(config)#interface fastethernet 0/5 SW1(config-if)#channel-protocol lacp SW1(config-if)#channel-group 1 mode active SW1(config-if)#lacp port-priority 80	SW2(config)#interface fastethernet 0/5 SW2(config-if)#channel-protocol lacp SW2(config-if)#channel-group 1 mode active SW2(config-if)#lacp port-priority 80
SW1(config)#interface fastethernet 0/6 SW1(config-if)#channel-protocol lacp SW1(config-if)#channel-group 1 mode active SW1(config-if)#lacp port-priority 80	SW2(config)#interface fastethernet 0/6 SW2(config-if)#channel-protocol lacp SW2(config-if)#channel-group 1 mode active SW2(config-if)#lacp port-priority 80
SW1(config)#interface fastethernet 0/7 SW1(config-if)#channel-protocol lacp SW1(config-if)#channel-group 1 mode active SW1(config-if)#lacp port-priority 80	SW2(config)#interface fastethernet 0/7 SW2(config-if)#channel-protocol lacp SW2(config-if)#channel-group 1 mode active SW2(config-if)#lacp port-priority 80
SW1(config)#interface fastethernet 0/8 SW1(config-if)#channel-protocol lacp SW1(config-if)#channel-group 1 mode active SW1(config-if)#lacp port-priority 80	SW2(config)#interface fastethernet 0/8 SW2(config-if)#channel-protocol lacp SW2(config-if)#channel-group 1 mode active SW2(config-if)#lacp port-priority 80
SW1(config)#interface fastethernet 0/9 SW1(config-if)#channel-protocol lacp SW1(config-if)#channel-group 1 mode active SW1(config-if)#lacp port-priority 100	SW2(config)#interface fastethernet 0/9 SW2(config-if)#channel-protocol lacp SW2(config-if)#channel-group 1 mode active SW2(config-if)#lacp port-priority 100
SW1(config)#interface fastethernet 0/10 SW1(config-if)#channel-protocol lacp SW1(config-if)#channel-group 1 mode active SW1(config-if)#lacp port-priority 100	SW2(config)#interface fastethernet 0/10 SW2(config-if)#channel-protocol lacp SW2(config-if)#channel-group 1 mode active SW2(config-if)#lacp port-priority 100

셋째, [그림 7-49]의 페일오버(Failover) 기능이다. SW1과 SW2 사이에 Repeater(증폭 장치)나 Media Converter(광/UTP 케이블 변환장치) 등의 1계층 장비가 위치하면 그림에서 ㉮ 링크가 다운되면 해당 링크를 통해 더이상 LACP나 PAgP 메시지를 수신하지 못해 해당 링크를 사용할 수 없음을 인식하고 해당 링크를 이더채널에서 제외시킨다. 이러한 상황에서 LACP나 PAgP를 적용하지 않으면 해당 링크의 상태를 모르므로 계속적으로 해당 링크로 프레임을 보내게 된다.

[그림 7-49] ▶ 페일오버 기능

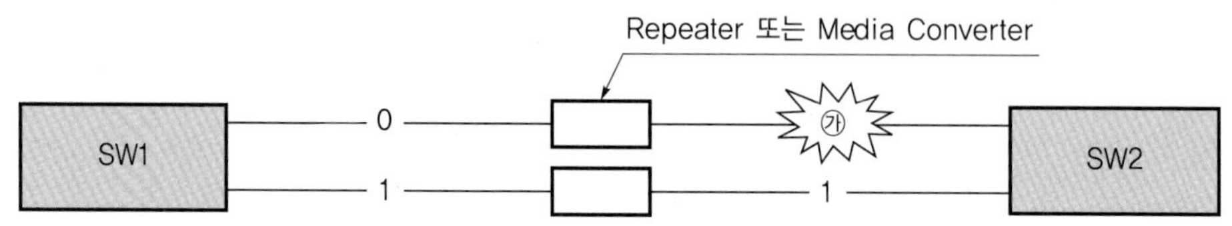

디폴트 PAgP 메세지 교환 주기는 90초다. PAgP 컨버전스 타임 개선을 위해 'pagp rate fast' 명령으로 교환 주기를 1초로 줄일 수 있다. 'pagp rate normal' 명령은 교환주기를 30초로 설정하며, 'pagp rate slow' 명령은 기본 옵션으로 교환주기 90초다. LACP도 'lacp rate fast' 명령으로 교환주기를 1초로 줄인다. 'lacp rate slow' 명령으로 교환 주기를 30초로 설정한다.

[표 7-36] ▶ PAgP 또는 LACP의 교환 주기 설정 명령어

구분	Configuration	교환 주기
PAgP	Switch(config)#interface fastethernet 0/1	
	Switch(config-if)#pagp rate fast	1초
	Switch(config-if)#pagp rate slow	90초
	Switch(config-if)#pagp rate normal	30초
LACP	Switch(config)#interface fastethernet 0/1	
	Switch(config-if)#lacp rate fast	1초
	Switch(config-if)#lacp rate slow	30초

넷째, 체크 기능을 제공한다.

이더채널이 묶일 수 있는 포트의 조건은 다음과 같다. LACP와 PAgP는 다음 조건을 따져 이더채널에 묶일 수 있는 자격이 있는지를 확인한다.

- 액세스 링크로 구현한다면, 동일 VLAN에 속할 것
- 트렁크로 구현한다면, 동일하게 트렁크로 구현할 것
- 트렁크에서 Native VLAN, 허용한 VLAN 범위, 인캡슐레이션 타입(ISL 또는 IEEE 802.1Q)
- 모든 포트들의 속도와 듀플렉스 타입은 동일할 것(LACP 는 반드시 Full duplex로 설정해야 함).

• 다이나믹 VLAN(Dynamic VLAN)이나 포트 시큐리티(Port Security)를 설정하면 안 됨.

다이나믹 VLAN은 MAC 주소별로 VLAN을 나누는 방식으로 현장에서 MAC 주소까지 관리할 수 없어 보통은 사용하지 않는다. 포트 시큐리티 기능은 [그림 7-50]과 같이 스위치의 포트에 MAC 주소를 설정하면, 해당 MAC 주소를 가진 장치만 Fa 0/1 포트에 접속할 수 있도록 하는 일종의 보안 기능이다.

[그림 7-50] ▶ 포트 시큐리티

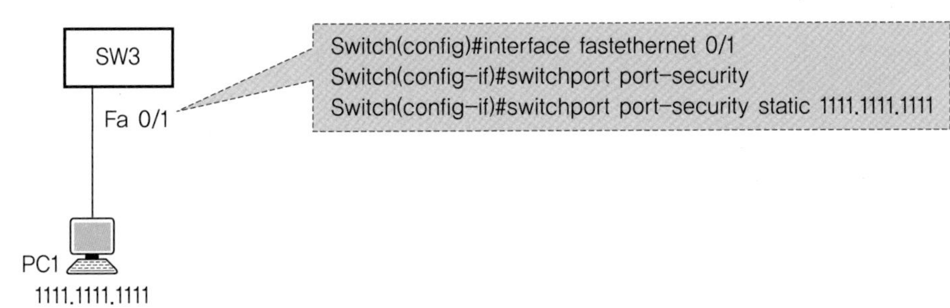
SW3
Fa 0/1
Switch(config)#interface fastethernet 0/1
Switch(config-if)#switchport port-security
Switch(config-if)#switchport port-security static 1111.1111.1111
PC1
1111.1111.1111

마지막으로 [그림 7-51]은 스위치 스택(Stack) 환경에서의 이더채널 구성인데 이를 멀티샤시(MultiChassis) 이더채널이라고 한다.

SW1, SW2, SW3와 같이 다수의 스위치를 1대로 묶는 방법이 스태킹이다. 1대가 되었으므로 Stack Master 역할을 하는 스위치에만 설정하면 된다. SW1/SW2/SW3를 연결하는 케이블은 특별한 Stack 포트를 이용해서 연결한다.

[그림 7-51] ▶ 멀티샤시 이더채널

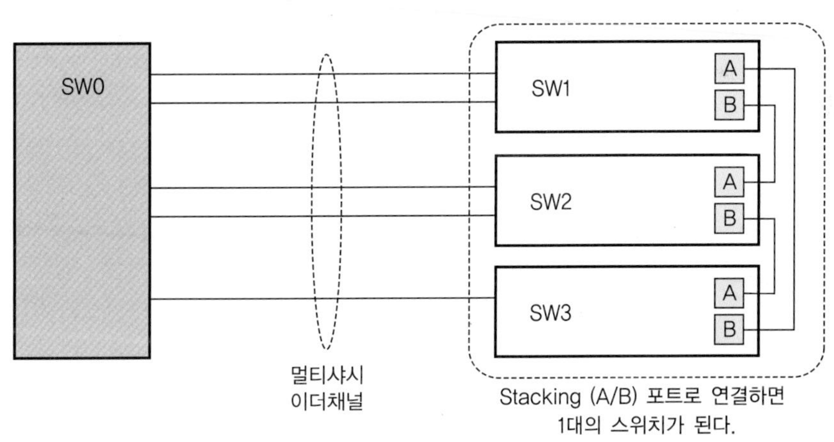
SW0
SW1
SW2
SW3
A
B
멀티샤시
이더채널
Stacking (A/B) 포트로 연결하면
1대의 스위치가 된다.

Lecture 10

HSRP, MHSRP

강의 키워드 HSRP 동작 원리, HSRP 설정, HSRP 타이머, MHSRP 원리와 설정, HSRP Preempt, HSRP 인터페이스 트래킹

HSRP(Hot Standby Router Protocol)는 어떤 필요성에서 나온 프로토콜일까? [그림 7-52]에서 PC1과 PC2는 디폴트 게이트웨이를 한 대만 설정할 수 있으므로 11.1.1.2를 디폴트 게이트웨이로 설정하면 R1 라우터가 죽었을 때, R2 라우터를 사용할 수 없고, 11.1.1.3를 디폴트 게이트웨이로 설정하면 R2 라우터가 죽었을 때, R1 라우터를 사용할 수 없다. HSRP는 이 문제를 해결하는 솔루션이다. [그림 7-52]는 MHSRP (Muitiple HSRP) 적용 예로 R1은 VLAN 10 그룹에 대한 액티브 라우터로, R2는 VLAN 20 그룹에 대한 액티브 라우터로 설정할 것을 요구하고 있다.

[그림 7-52] ▶ MHSRP

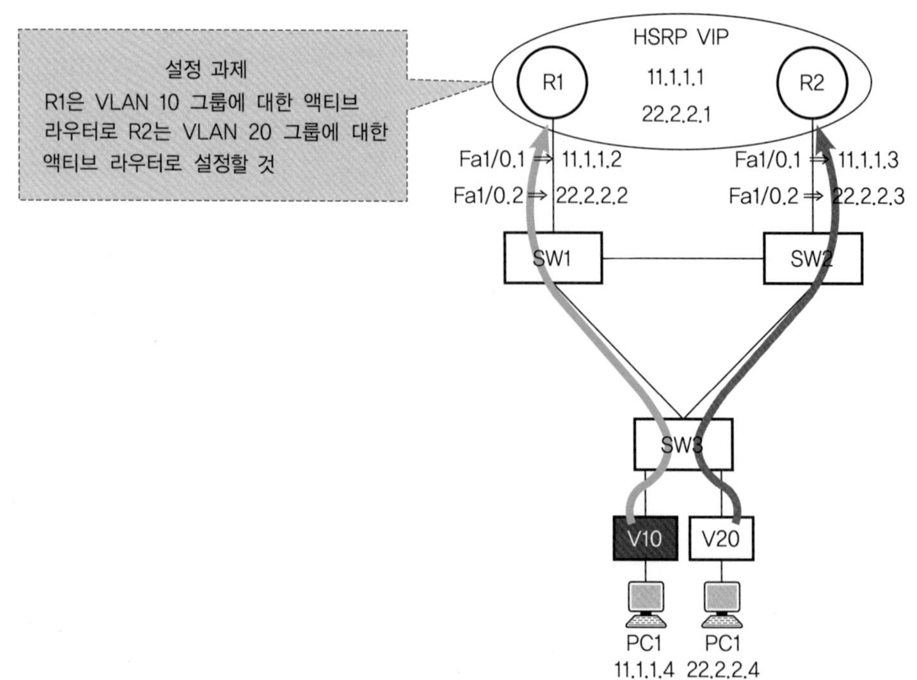

[표 7-37]을 보자. 'standby 10 ip 11.1.1.1'와 'standby 20 ip 22.2.2.1'은 2대의 라우터를 대표하는 VLAN별 가상 IP를 설정하는 명령이다. VLAN 10 그룹에서 R1에 'standby 10 priority 150'을 설정하고 R2에 'standby 10 priority 50'을 설정하여 R1을 Active 라우터로 만든다. VLAN 20 그룹에서 R1에 'standby 20 priority 50'을 설정하고 R2에 'standby 20 priority 150'을 설정하여 R2를 Active 라우터로 만든다. 'standby 10 preempt delay 10' 명령은 Active(R1) 라우터가 다운되면 Standby(R2) 라우터가 Active 라우터가 되는데 다시 원래의 Active(R1) 라우터가 살아나면 다시 Active 라우터가 되게 하는 명령이다. 이 명령이 없으면 다시 Active 라우터가 될 수 없다. 여기서 'delay 10' 옵션은 R1이 다시 살아났을 때, 10초의 유예 시간 이후에 Active 라우터가 되게 한다. 그 이유는 원래의 Active 라우터인 R1이 살아나도 라우팅 테이블을 아직 만들지 못했다면 라우팅을 할 수 없기 때문이다. 그럴 바에는 현재 R2가 라우팅을 하고 있으므로 'delay 10' 즉, 10초를 유예한 후 즉, R1이 라우팅 테이블을 완벽하게 만든 다음에 Active 라우터가 되게 하는 것이 가용성 차원에서 유리하다.

R1(config-subif)#standby 10 timers msec 250 msec 750 명령은 디폴트 Hello와 Hold 타이머인 3초와 10초를 각각 250 msec와 705 msec로 줄인다. Active 라우터 다운 시에 Standby 라우터가 Active 라우터가 되기 전에 Holdtime만큼 기다리는데 디폴트가 10초다. 즉, HSRP의 컨버전스 타임은 10초다. 이 시간을 줄이는 명령이다.

[표 7-37] ▶ Multiple HSRP 설정

라우터	명령어
R1	R1(config)#interface fastethernet 1/0.1 R1(config-subif)#encapsulation dot1q 10 R1(config-subif)#ip address 11.1.1.2 255.255.255.0 R1(config-subif)#standby 10 ip 11.1.1.1 R1(config-subif)#standby 10 priority 150 R1(config-subif)#standby 10 preempt delay 10 R1(config-subif)#standby 10 timers msec 250 msec 750 R1(config)#interface fastethernet 1/0.2 R1(config-subif)#encapsulation dot1q 20 R1(config-subif)#ip address 22.2.2.2 255.255.255.0 R1(config-subif)#standby 20 ip 22.2.2.1 R1(config-subif)#standby 20 priority 50 R1(config-subif)#standby 20 timers msec 250 msec 750
R2	R2(config)#interface fastethernet 1/0.1 R2(config-subif)#encapsulation dot1q 10 R2(config-subif)#ip address 11.1.1.3 255.255.255.0 R2(config-subif)#standby 10 ip 11.1.1.1

R2	R2(config-subif)#standby 10 priority 50 R1(config-subif)#standby 10 timers msec 250 msec 750 R2(config)#interface fastethernet 1/0.2 R2(config-subif)#encapsulation dot1q 20 R2(config-subif)#ip address 22.2.2.3 255.255.255.240 R2(config-subif)#standby 20 ip 22.2.2.1 R2(config-subif)#standby 20 priority 150 R2(config-subif)#standby 20 preempt delay 10 R1(config-subif)#standby 20 timers msec 250 msec 750

다음으로 인터페이스 트래킹(interface tracking)에 대해 알아보자. [그림 7-53]에서 R1이 Active 라우터다. R1이 다운되면, R2가 Active 라우터가 될 것이다. 그러나, R1의 Fa 0/0 인터페이스가 다운되면 어떻게 될까? Active 라우터가 다운된 것은 아니므로 [그림 7-53]의 [그림 B]의 경로와 같이 R1에 도착한 패킷은 R1에서 22.2.2.0 네트워크로 R0를 거쳐 직접 가는 베스트 루트가 다운되었으므로 R2를 거치는 세컨 베스트 루트로 패킷을 라우팅한다. 결국, [그림 B]에서 표시된 것처럼 갔다가 다시 돌아 나오는 불합리한 경로가 발생 한다. 이것을 해결하는 것이 인터페이스 트래킹이다.

[그림 7-53] ▶ 인터페이스 트래킹

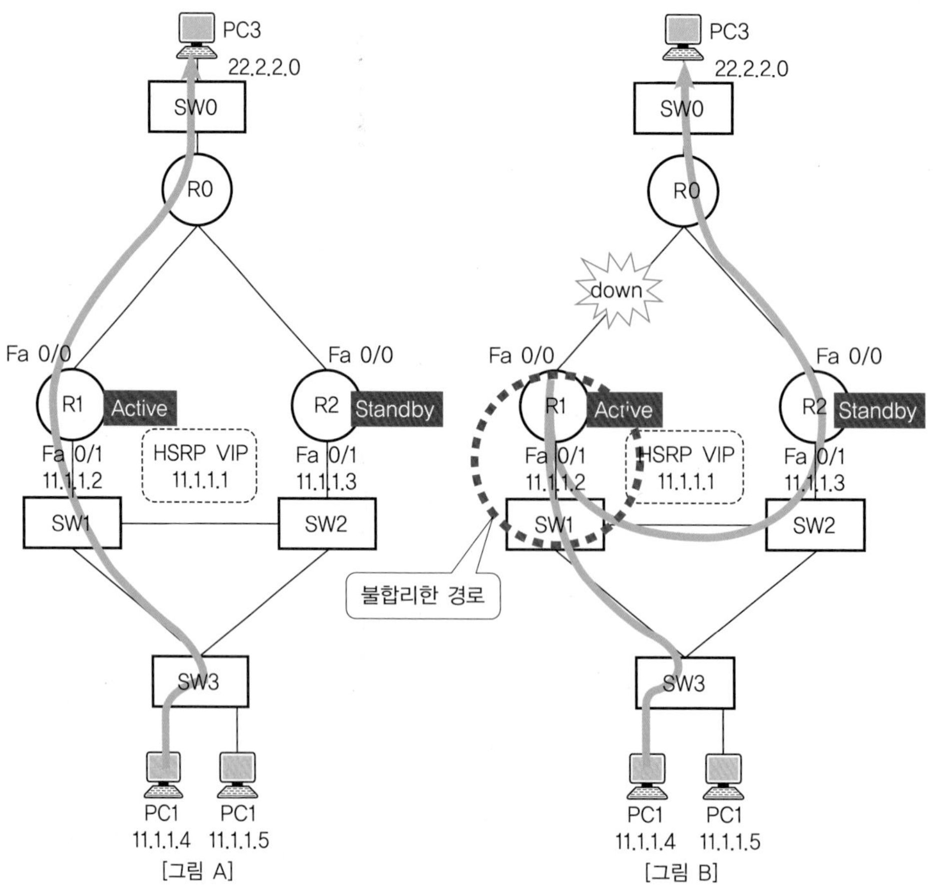

[표 7-38]과 같이 'standby 10 track fastethernet 0/0 60' 명령과 같이 인터페이스 트래킹을 구현하면, 액티브 라우터의 트래킹 대상이 되는 fastethernet 0/0 인터페이스가 다운되었을 때, 설정한 60만큼 자신의 프라이어리티를 낮추어 Active 라우터와 Standby 라우터의 위치가 바뀌게 된다.

[표 7-38] ▶

라우터	환경 설정(Configuration)
R1	R1(config)#interface fastethernet 0/1 R1(config-if)#standby 10 priority 150 R1(config-if)#standby 10 track fastethernet 0/0 60
R2	R2(config-if)#standby 10 priority 100

즉, [그림 7-54]와 같이 Active 라우터가 다운되지 않고 Active 라우터가 감시하는 대상 인터페이스가 다운되었을 때도 Active 라우터가 변경되어 경로를 합리화한다.

[그림 7-54] ▶ 인터페이스 트래킹에 의한 경로 변경

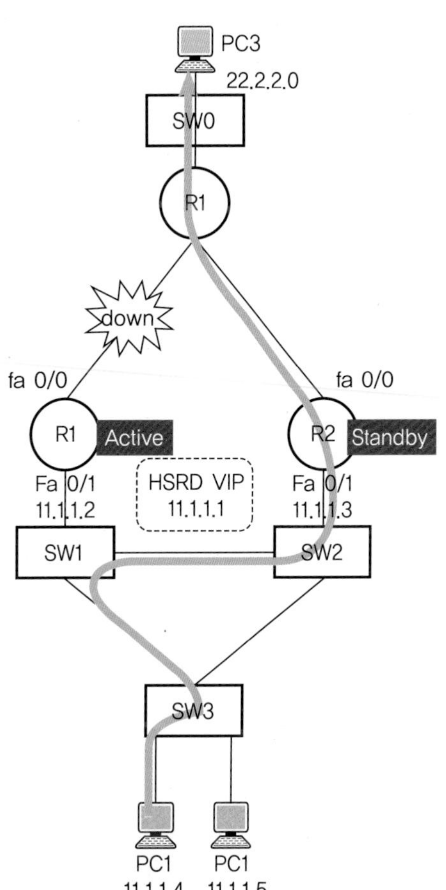

Lecture 11

VRRP, GLBP
(Virtual Router Redundancy Protocol)

강의 키워드 HSRP/VRRP/GLBP 비교, HSRP/VRRP의 약점과 GLBP, HSRP/VRRP/GLBP 타이머와 컨버전스 타임

HSRP가 시스코 프로토콜인데 반해, VRRP는 IETF 표준 RFC 2338에서 정의된 표준 프로토콜이다. VRRP의 동작과 구현은 HSRP 와 거의 비슷하다. 다만, [표 7-39]와 같이 용어와 패러미터에 약간의 차이가 있다.

[표 7-39] ▶ HSRP와 VRRP 비교

비교 항목	HSRP	VRRP	GLBP
표준/비표준	비표준(시스코)	표준	비표준 (시스코)
이름	Active/Standby 라우터	Master/Slave 라우터	AVG/Standby AVG
기본 Hello/Hold Time	3/10초	1/3초	3/10초
1초 미만 Hello/Hold Time	가능	가능	가능
Preempt 기능	가능	가능	가능
Interface tracking 기능	가능	가능	가능

[표 7-40]은 [그림 7-52]에서 VRRP를 설정한 예이다.

[표 7-40] 그룹별 VRRP 구현 예 (그림은 [7-52] 기준)

라우터	Configuration
R1	Router(config)#interface fastethernet 1/0.1 Router(config-subif)#encapsulation dot1q 10 Router(config-if)#ip address 1.1.1.2 255.0.0.0 Router(config-if)#vrrp 10 ip 1.1.1.1 Router(config-if)#vrrp 10 priority 100 Router(config-if)#vrrp 10 preempt delay 10 Router(config)#interface fastethernet 1/0.2 Router(config-subif)#encapsulation dot1q 20 Router(config-if)#ip address 2.1.1.2 255.0.0.0 Router(config-if)#vrrp 20 ip 2.1.1.1

	Router(config-if)#vrrp 2 priority 80
R2	Router(config)#interface fastethernet 1/0.1 Router(config-subif)#encapsulation dot1q 10 Router(config-if)#ip address 1.1.1.3 255.0.0.0 Router(config-if)#vrrp 10 ip 1.1.1.1 Router(config-if)#vrrp 10 priority 80 Router(config)#interface fastethernet 1/0.2 Router(config-subif)#encapsulation dot1q 20 Router(config-if)#ip address 2.1.1.3 255.0.0.0 Router(config-if)#vrrp 20 ip 2.1.1.1 Router(config-if)#vrrp 20 priority 100 Router(config-if)#vrrp 20 preempt delay 10

GLBP는 HSRP와 VRRP가 가진 다음과 같은 단점을 극복한다.

즉, HSRP와 VRRP가 한 네트워크에 포함된 두 대의 라우터를 동시에 사용하기 위해 그룹별로 나누기는 했지만, 각각의 그룹에서 발생하는 트래픽의 양이 같지는 않을 것이다. 만약, 그룹 1에서 발생하는 트래픽이 99%이고, 그룹 2에서 발생하는 트래픽이 1%에 불과하다면, 결국 그룹 1의 액티브 라우터에만 트래픽이 집중될 것이다.

GLBP는 이 문제를 어떻게 해결할까? [그림 7-55]를 보자. AVG(Active Virtual Gateway)는 프라이어리티가 가장 높은 라우터로서, HSRP 또는 VRRP의 액티브 라우터와 같이 ARP 리퀘스트에 대해서 버추얼 MAC 주소를 ARP 리플라이로 응답한다. GLBP의 가장 큰 특징은 HSRP/VRRP가 한 개의 버추얼 MAC 주소를 공유하는데 비해 GLBP는 AVG(Active Virtual Gateway)가 각기 다른 버추얼 MAC 주소를 라우터들에 할당한다는 것이다.

이후에, AVG가 ARP 리플라이를 보낼 때는 그룹 내 라우터의 버추얼 MAC 주소를 번갈아 알려준다. 따라서, 같은 그룹에 속한 PC/서버에서 발생한 트래픽이라 해도 각기 다른 라우터를 거칠 수 있게 한다. GLBP에서는 라우터를 AVF(Active Virtual Forwarder)라고 한다.

[그림 7-55] ▶
GLBP 동작

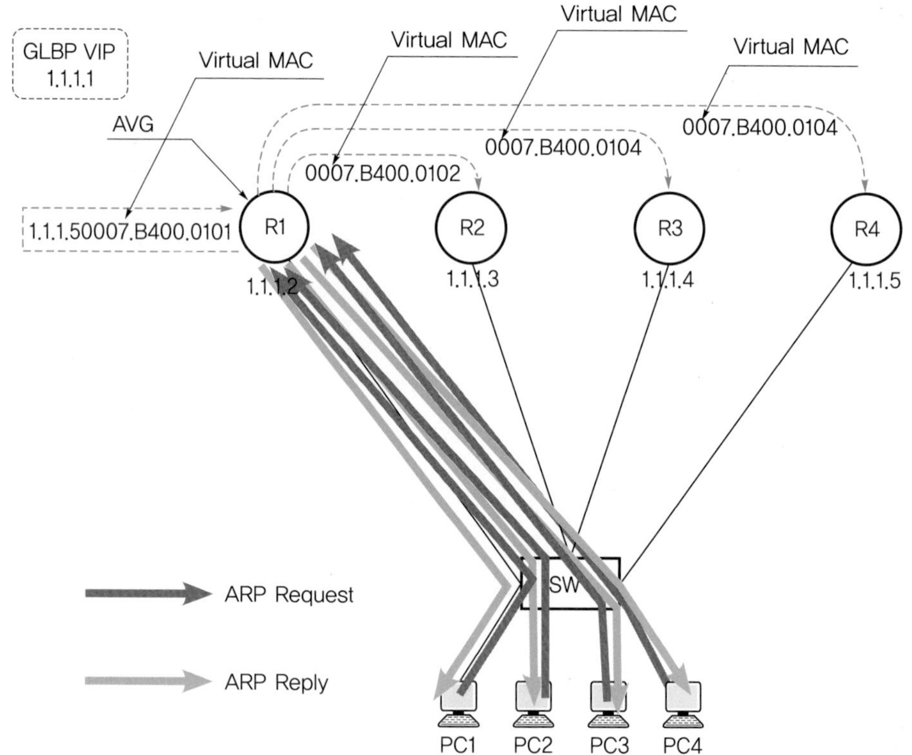

[표 7-41]은 GLBP의 구현 예다. GLBP를 구현하기 위해 'glbp 1 ip 1.1.1.1' 명령으로 버추얼 IP 주소를 구현한다. 이 IP 주소는 PC/서버들의 디폴트 게이트웨이가 된다. AVG가 되기 위해서는 다른 라우터들보다 프라이어리티가 높아야 한다. 'glbp 1 priority 150' 명령을 사용한다. AVG에서 라운드 로빈, 웨이티드, 호스트 기준의 로드밸런싱 방법을 설정한다. 'glbp 1 load-balancing(round-robin/weighted/host-dependent) 명령을 사용한다.

- 라운드 로빈(Round robin): 제일 간단한 로드밸런싱 방법으로 각각의 ARP 요청에 대해, AVF의 버추얼 MAC 주소를 순서대로 응답해주기 때문에 그룹 내의 모든 AVF 들은 공평하게 트래픽 양을 처리한다.
- 웨이티드(Weighted): AVF마다 다른 웨이트를 구현했을 때의 로드밸런싱 방법이다. AVF의 웨이트 비율에 따라, AVG가 버추얼 MAC 주소 응답 비율을 달리 한다. 결과적으로 웨이트 비율만큼 라우터를 거치게 된다.
- 호스트 기준(Host-dependent): 특정 PC/서버에게는 항상 특정 AVF의 버추얼 MAC 주소로 ARP 응답한다. 따라서, 특정 PC/서버는 항상 동일한 AVF를 사용하게 된다.

[표 7-41] ▶ GLBP 설정 예

라우터	명령어
R1	Roouter(config)#glbp 1 load-balancing round-robin Router(config)#interface fast 0/1 Router(config-if)#ip address 1.1.1.2 255.0.0.0 Router(config-if)#glbp 1 ip 1.1.1.1 Router(config-if)#glbp 1 priority 150 Router(config-if)#glbp 1 preempt
R2	Router(config)#glbp 1 load-balancing round-robin Router(config)#interface fast 0/1 Router(config-if)#ip address 1.1.1.2 255.0.0.0 Router(config-if)#glbp 1 ip 1.1.1.1 Router(config-if)#glbp 1 priority 140
R3	Router(config)#interface fast 0/1 Router(config-if)#ip address 1.1.1.4 255.0.0.0 Router(config-if)#glbp 1 ip 1.1.1.1 Router(config-if)#glbp 1 priority 40
R4	Router(config)#interface fast 0/1 Router(config-if)#ip address 1.1.1.5 255.0.0.0 Router(config-if)#glbp 1 ip 1.1.1.1 Router(config-if)#glbp 1 priority 40

GLBP 설정의 결과는 [그림 7-56]와 같다. 즉, 같은 네트워크(혹은 VLAN)에 속하는 PC들이 보낸 패킷들이라도 다른 라우터(AVF)를 통과하므로 라우터들 간 트래픽 로드는 정확하게 1/N로 분산되는 장점이 있다.

[그림 7-56] ▶ GLBP의 효과

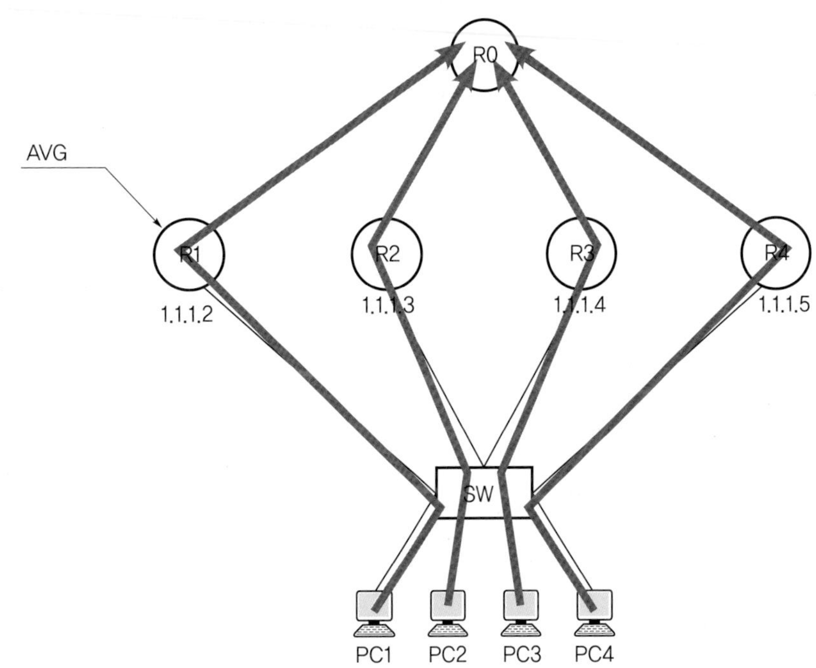

HSRP, VRRP, GLBP의 컨버전스 타임에 대해 논의해 보자. [표 7-42]는 HSRP, VRRP, GLBP의 디폴트 헬로 타이머와 홀드 타이머를 적용했을 때의 컨버전스 타임이다. 여기서 컨버전스 타임 측정은 액티브 라우터를 다운시켰을 때 통신이 재개되는데 걸리는 시간을 측정한 것이다. 헬로와 홀드 타이머의 디폴트 값은 HSRP/GLBP가 3초/10초이고 VRRP는 1초/3초이다. 예측대로 HSRP/GLBP는 약 10초, VRRP는 약 3초가 나온다.

[표 7-42] ▶ HSRP, VRRP, GLBP 컨버전스 타임

구분	HSRP	VRRP	GLBP
평균(초)	8.254	3.148	8.616
최소(초)	7.608	2.864	7.136
최대(초)	9.448	3.659	10.00
측정 횟수	20	20	20

[표 7-43]은 HSRP, VRRP, GLBP에서 헬로 타이머를 250ms로, 홀드 타이머를 750msec로 변경했을 때의 컨버전스 타임이다. 예측대로 약 750ms가 나온다. 이렇게 타이머를 줄이면 컨버전스 타임은 빨라지지만, 라우터의 CPU 등의 자원 소모는 증가한다.

[표 7-43] ▶ 250ms(헬로), 750ms(홀드 타이머) 적용 시의 컨버전스 타임

구분	HSRP	VRRP	GLBP
평균(초)	0.655	0.609	0.623
최소(초)	0.509	0.508	0.511
최대(초)	0.764	0.764	0.769
측정 횟수	20	20	20

Lecture 12

HSRP/VRRP/GLBP 대안

강의 키워드 HSRP/VRRP/GLBP의 대안 – 라우팅 프로토콜, 멀티샤시 이더채널

HSRP, VRRP, GLBP는 두 대의 라우터를 모두 활용하도록 하는 솔루션이다. HSRP, VRRP, GLBP를 돌리지 않고 두 대의 라우터를 모두 활용하는 방법은 없을까?

첫째, [그림 7-57]과 같이 액세스 계층에 라우터를 배치하고 라우팅 프로토콜을 설정한다. 그러면, R3의 라우팅 테이블에는 외부 네트워크(예를 들어, 33.3.3.0/24)에 대해 'via 11.1.1.1' 경로와 'via 22.2.2.1' 경로가 올라오고 트래픽은 로드 분산된다. 따라서 R1과 R2에 HSRP, VRRP, GLBP를 설정할 필요가 없다.

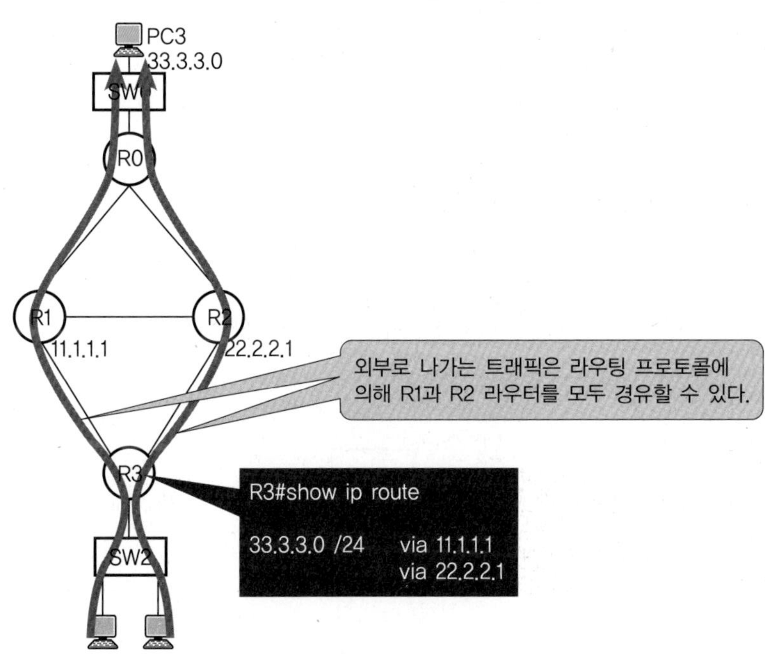

[그림 7-57] ▶ 액세스 계층에 라우터 배치

[그림 7-58]에서 R3의 왼쪽 ① 라우터나 ② 링크가 다운되면, 라우팅 테이블에서 즉시 삭제되므로 나머지 경로 ('via 22.2.2.1')를 통해 통신이 된다.

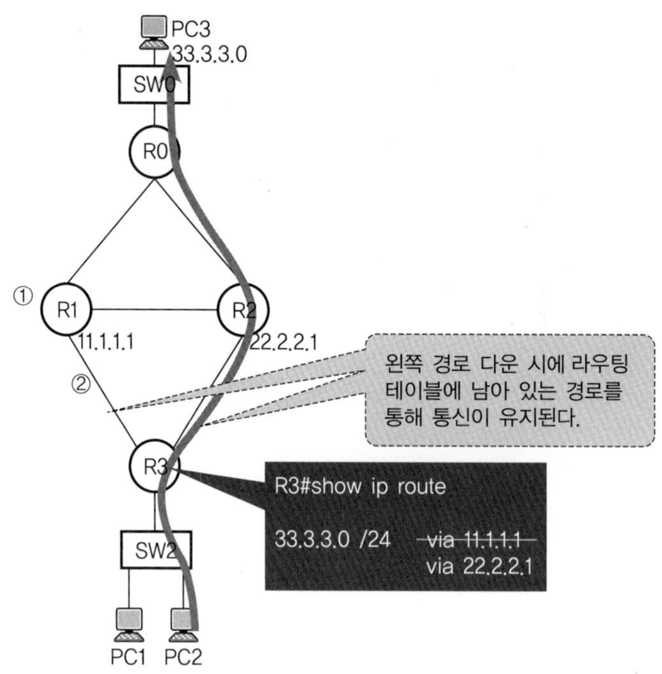

[그림 7-58] ▶ 라우터 다운 시의 동작

둘째, [그림 7-59]를 보자. 멀티샤시 이더채널은 2대의 멀티레이어 스위치를 1대로 만든다. 즉, 논리적으로 1대의 멀티레이어 스위치만 존재하므로 HSRP, VRRP,

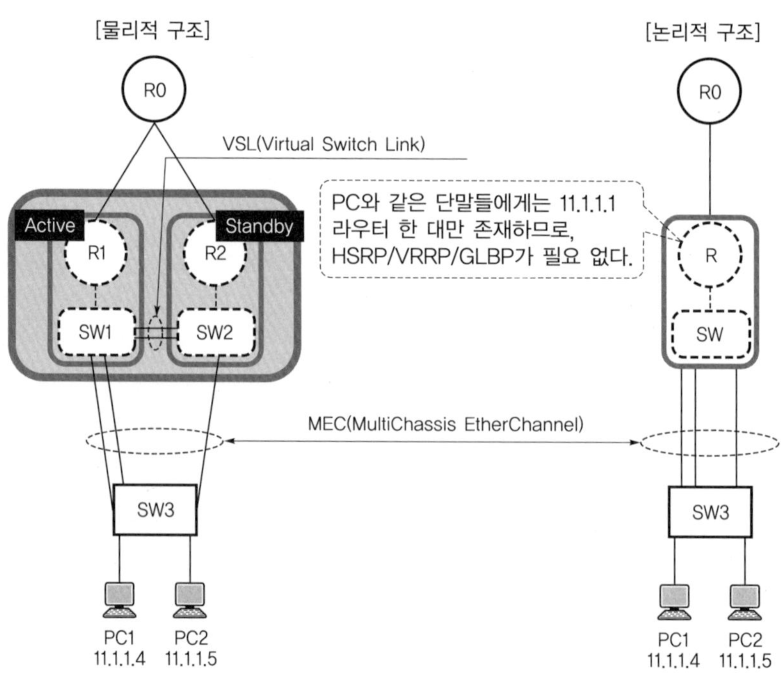

[그림 7-59] ▶ 멀티샤시 이더채널

GLBP가 필요 없다. 두 대의 멀티레이어 스위치들은 이더채널로 연결하고 VSL(Virtual Switch Link)이라 부른다. 1대의 액세스 계층 스위치와 2대의 디스트리뷰션 계층의 멀티레이어 스위치 간은 이더채널로 연결하여 트래픽 로드 분산과 백업을 제공한다. [그림 7-59]에서 논리적 구조를 보자. 두 대의 디스트리뷰션 계층 라우터들은 IP(11.1.1.1)를 공유하므로 PC와 같은 단말들에게는 한 대의 라우터만 보인다. 실제로는 한 대의 라우터가 라우팅을 하고 다운되면 남아있는 라우터가 라우팅을 한다. 멀티샤시 이더채널 솔루션은 시스코와 노텔이 제공하는 비표준 솔루션이다. 시스코에서는 VSS(Virtual Switching System)라 하고, 노텔에서는 Split Multilink Trunk(Split MLT)라 부른다.

Chapter 8

통합 LAN Lab

빌딩 A, 빌딩 B, 빌딩 C, 빌딩 D의 네가지 LAN 구축 사례를 비교 정리한다. LAN 프로토콜들을 종합적으로 복습하며, 멀티레이어 스위치가 적용된 실제 환경을 구축한다.

구분	강의 제목
이론 강의	Lecture 01. 스위치, 브릿지, 라우터, Layer 3 스위치 & 멀티레이어 스위치
	Lecture 02. 멀티레이어 스위치 설정 방법
연습 강의	Lecture 05. LAN Review
실습	Lecture 03. 통합 LAN I Lab 08
	Lecture 04. 통합 LAN II Lab 09

Lecture 01

스위치, 브릿지, 라우터, Layer 3 스위치 & 멀티레이어 스위치

강의 키워드 스위치, 브릿지, 라우터, Layer 3 스위치 비교, 라우터와 멀티레이어 스위치 비교

멀티레이어 스위치는 라우터보다 적은 수의 2계층 프로토콜과 인터페이스를 지원하여 비용이 다소 저렴하고, 포트를 Layer 2 혹은 Layer 3 포트로 자유롭게 구성할 수 있으며, 네트워크와 브로드캐스트 도메인 분할도 자유롭다. 따라서, WAN 프로토콜을 지원할 필요가 없는 디스트리뷰션 계층에는 라우터 대신 배치한다.

[그림 8-1] ▶ 라우터 vs 멀티레이어 스위치

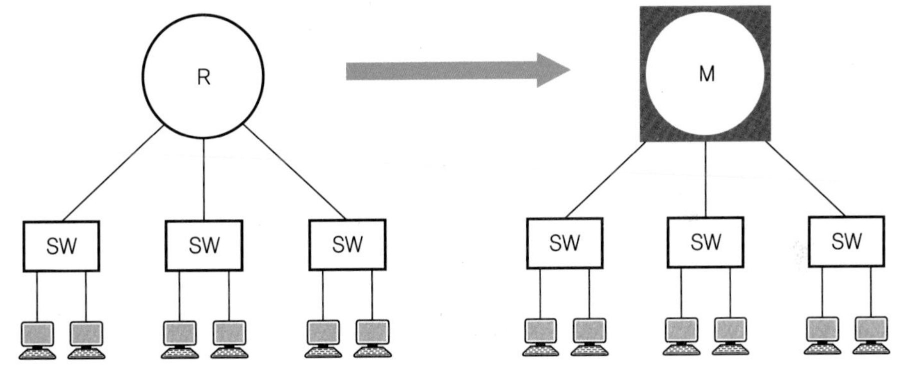

[표 8-1]을 보자. 라우터와 Layer 3 스위치는 Layer 3 장비로 소프트웨어 기반이냐, 하드웨어 기반이냐의 차이가 있다. 브릿지와 스위치도 Layer 2 장비로 소프트웨어 기반이냐, 하드웨어 기반이냐의 차이가 있다.

[표 8-1] ▶ 라우터, Layer 3 스위치, 브릿지, 스위치 비교

구분	소프트웨어 기반	하드웨어 기반
Layer 3	라우터	Layer 3 스위치
Layer 2	브릿지	스위치

라우터는 CPU 기반 즉, 소프트웨어 기반의 장비다. 즉, CPU라는 계산기를 가지고 소프트웨어만 변경하면 얼마든지 기능들을 변경 또는 추가할 수 있다. 라우터가 수행

하는 기능으로 라우팅 테이블 만들기, ARP(Address Resolution Protocol) 테이블 만들기, 라우팅, 미디어 트랜슬레이션(Media Translation), 필터링, NAT(Network Address Translation), 암호화, 인증, 무결성 확인, 터널링, 압축, NTP(Network Time Protocol) 서버, TFTP 서버, HTTP 서버 등을 들 수 있다.

라우터의 기능들 중 가장 빈번하게 일어나는 핵심 기능은 라우팅과 미디어 트랜슬레이션이다. 그러나, 다른 부수적인 기능들 때문에 인터럽트(Interrupt)가 일어나 지연이 유발된다.

반면, Layer 3 스위치는 ASIC 기반 즉, 하드웨어 기반의 장치다. 하드웨어 기반 장치라는 뜻은 특정 기능만 전문적으로 수행하는 하드웨어(ASIC)를 갖고 있어 기능 추가가 어려운 대신, 특정 기능만 수행하므로 방해(Interrupt)를 받지 않는다. Layer 3 스위치는 라우팅과 미디어 트랜슬레이션과 같은 핵심 기능만 수행하여 인터럽트 없이 라우팅 하여 라우팅 속도를 개선한다.

브릿지도 CPU 기반의 장치로 스위치가 수행할 수 없는 STP, VTP, 보안 기능, 스위칭 테이블 만들기 등의 복잡한 Layer 2 기능을 담당하고 Layer 2 스위치는 단순한 스위칭에 집중하여 스위칭 속도를 개선한다.

[표 8-2]를 보자. 라우터의 기능들 중, 필터링과 NAT 기능을 분리하여 전문적으로(하드웨어 기반으로) 수행하는 장치가 파이어월(Firewall)이다. 암호화, 인증, 무결성 확인, 터널링 기능을 분리한 전문 장치가 IPSec VPN 시스템이다. 라우터가 압축을 수행할 수 있지만, 소프트웨어 기반의 압축이라 압축하고 압축을 푸는 데 소요 시간이 많이 걸려 압축 효과를 살릴 수가 없다. 이에 대한 솔루션이 하드웨어 기반의 가속기다. Layer 3 스위치는 라우팅과 미디어 트랜슬레이션 기능을 하드웨어 기반으로 수행하는 장치다. Layer 3 스위치는 라우터와 달리 인터럽트에 의한 지연이 없으므로 라우팅 속도가 큰 폭으로 개선된다.

[표 8-2] ▶ 라우터와 하드웨어 기반의 장치들

라우터가 제공하는 기능들	라우터가 제공하는 기능을 하드웨어(ASIC) 기반으로 수행하는 장비
라우팅 테이블 만들기	-
ARP 테이블 만들기	-
라우팅	Layer 3 스위치
미디어 트랜슬레이션	
필터링+NAT	Firewall
암호화+인증+무결성 확인+터널링	IPSec VPN 장치
압축	가속기
NTP 서버, TFTP 서버, HTTP 서버 등 기타	-
DoS 차단, Virus 차단	IPS

Layer 3 스위치는 [그림 8-2]와 같이 라우팅 테이블과 ARP 테이블을 만들지 못하므로 라우터가 만든 라우팅 테이블과 ARP 테이블을 받아서 사용한다. 따라서, Layer 3 스위치는 라우터를 필요로 한다. 즉, 멀티레이어 스위치에는 [표 8-1]의 4대의 장비가 모두 들어 있다. 사실은 멀티레이어 스위치 뿐만 아니라 일반적인 라우터도 라우터와 Layer 3 스위치를 분리 구성하여 라우팅 속도를 개선한다. 따라서, Layer 3 스위칭 기술을 멀티레이어 스위치만의 장점이라고 할 수는 없다.

[그림 8-2] ▶ 레이어 3 스위치의 구성 요소와 테이블들

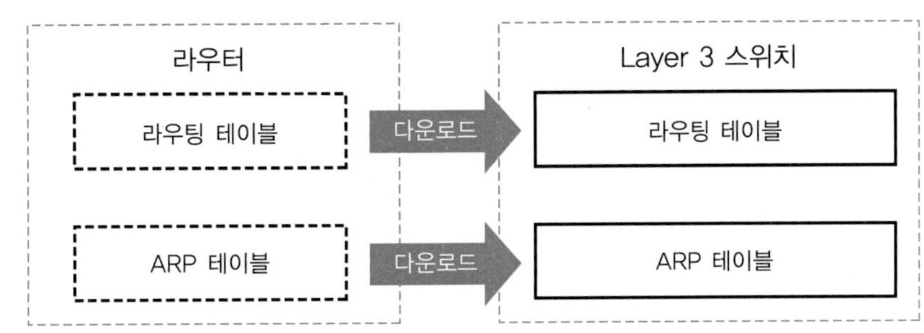

[표 8-3]을 보자. 라우터와 Layer 3 스위치의 차이가 정리되어 있다.

라우터는 3계층에서 IP 대신 사용할 수 있는 IPX, AppleTalk, Decnet, Vines, Apollo 등의 다양한 주소화 프로토콜들을 지원할 수 있지만, 멀티레이어 스위치는 IP, IPX 정도만 지원한다.

라우터는 상위 계층에서도 다양한 서비스들을 제공하지만, Layer 3 스위치는 극소수 기능만 제공한다.

[표 8-3] ▶ 라우터와 Layer 3 스위치

구분		라우터	Layer 3 스위치
OSI 7 계층 중		3계층 장비	3계층 장비
기능	3계층에서의 지원 프로토콜들	IP, IPX, AppleTalk, Decnet, Vines 등 모두	IP, IPX 정도
	기타 계층에서의 지원 프로토콜들	필터링, 암호화, 압축, 터널링, NAT, NTP 등등	필터링 정도
속도	구성 방식	소프트웨어기반(CPU+Software)	하드웨어(ASIC 칩)
	장비 통과 시간	약 200ms 이상	10ms 이하

멀티레이어 스위치는 Layer 3 스위칭 기술을 사용하여 라우팅 속도를 개선하고, Layer 2에서 이더넷 프로토콜만 지원하여 구입 비용이 다소 낮고, Layer 2 포트와 Layer 3 포트 구성이 자유롭고 편리하며, 네트워크와 브로드캐스트 도메인의 분할이 유연하여 WAN 프로토콜을 지원할 필요가 없는 디스트리뷰션 계층에 배치한다.

Lecture 02

멀티레이어 스위치 설정 방법

강의 키워드 Layer 2 또는 Layer 3 포트 설정, interface VLAN 10, IP routing

[표 8-4]는 멀티레이어 스위치의 포트를 Layer 2 포트와 Layer 3 포트로 설정하는 명령이다.

[표 8-4] ▶ Layer 2 혹은 3 포트 설정

구분	명령어
Layer 2 포트	Switch#configure terminal Switch(config)#interface fastethernet 0/0 Switch(config-if)#**switchport**
Layer 3 포트	Switch#configure terminal Switch(config)#interface fastethernet 0/0 Switch(config-if)#**no switchport**

[그림 8-3]의 예에서 멀티레이어 스위치 설정 방법을 익혀 보자. 빌딩 A는 지금까지 우리가 설정해온 구성이다. 즉, 멀티레이어 스위치의 논리적인 구성 형태로 멀티레이어 스위치 대신, R3 라우터와 SW3 스위치가 배치되어 있다. 빌딩 B에는 R3+SW3 대신, M1 멀티레이어 스위치가 배치되었다. M1 멀티레이어 스위치는 R3과 SW3의 기능을 모두 수행해야 한다. 그림에서 '----' 점선을 경계로 점선 위쪽의 포트들은 라우터 포트로 설정하고 점선 아랫쪽 포트들은 스위치 포트로 설정해야 한다.

[그림 8-3]에서 M1의 Fa 0/1과 Fa 0/2 포트를 Layer 3 포트로 설정하는 명령어가 'no switchport'다. 멀티레이어 스위치의 포트들은 no shutdown 상태가 디폴트다. 또한 라우팅 프로토콜 설정 전에 'ip routing'을 반드시 설정해야 한다. 이 명령어는 라우팅 기능을 켜는 명령이다.

[그림 8-3] ▶
멀티레이어 설정 사례

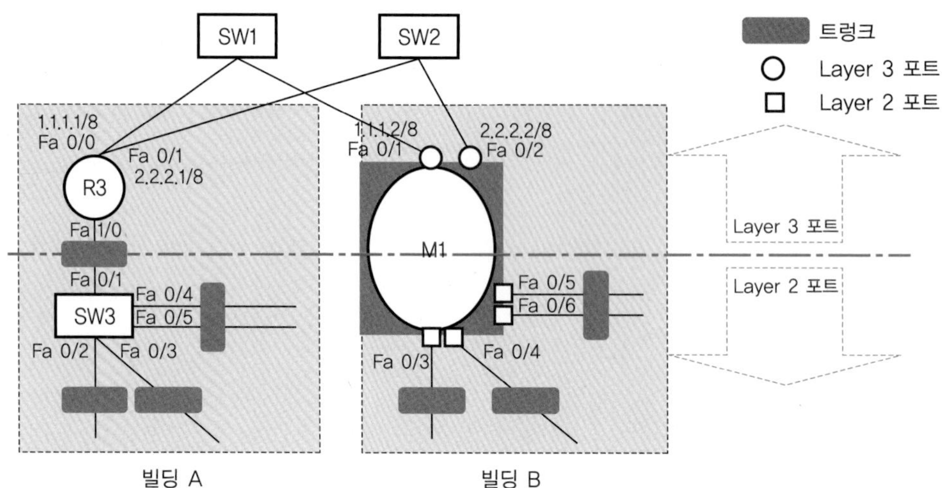

[표 8-5] ▶
R3 과 M1의 Layer 3 포트 설정 명령어

구분		명령어
R3	인터페이스 설정	Router#configure terminal Router(config)#interface fastethernet 0/0 Router(config-if)#no shutdown Router(config-if)#ip address 1.1.1.1 255.0.0.0 Router(config-if)#exit Router(config)# interface fastethernet 0/1 Router(config-if)#no shutdown Router(config-if)#ip address 2.2.2.1 255.0.0.0
	라우팅 프로토콜 설정	Router(config)#router eigrp 100 Router(config-router)#network 1.0.0.0 Router(config-router)#network 2.0.0.0
M1	인터페이스 설정	Switch#configure terminal Switch(config)#interface fastethernet 0/1 Switch(config-if)#no switchport Switch(config-if)#ip address 1.1.1.2 255.0.0.0 Switch(config-if)#exit Switch(config)# interface fastethernet 0/2 Switch(config-if)#no switchport Switch(config-if)#ip address 2.2.2.2 255.0.0.0
	라우팅 프로토콜 설정	Switch(config)#ip routing Switch(config)#router eigrp 100 Switch(config-router)#network 1.0.0.0 Switch(config-router)#network 2.0.0.0

[그림 8-3]에서 M1의 VLAN 설정은 SW3과 같이 VLAN을 선언하고, 포트를 액세스 모드 또는 트렁크 모드로 설정해야 한다. SW3은 2960 스위치로 트렁크에서 IEEE 802.1q 인캡슐레이션만 지원할 수 있고, 디폴트로 설정되어 있으므로 'switchport trunk encapsulation dot1q' 명령이 필요 없지만, 3560 스위치는 IEEE 802.1q와 ISL 프로토콜을 모두 지원하므로 구분하여 설정해주어야 한다.

[표 8-6] ▶ 멀티레이어 스위치의 Layer 2 포트 설정 명령어

구분		명령어
SW3	VLAN 선언	Switch#configure terminal Switch(config)#vlan 10 Switch(config-vlan)#vlan 20 Switch(config-vlan)#exit
	트렁크 설정	Switch(config)# interface range fastethernet 0/1-5 Switch(config-if)#switchport mode trunk
M1	VLAN 선언	Switch#configure terminal Switch(config)#vlan 10 Switch(config-vlan)#vlan 20 Switch(config-vlan)#exit
	트렁크 설정	Switch(config)# interface range fastethernet 0/3-6 Switch(config-if)#switchport trunk encapsulation dot1q Switch(config-if)#switchport mode trunk

라우터와 멀티레이어 스위치 설정의 마지막 차이점은 빌딩 A의 R3 라우터에서 Fa 1/0 구성 방식이다. R3의 Fa 1/0 인터페이스에는 VLAN 10에 속한 장치들과 통신을 위한 IP 주소(3.0.0.0 /8네트워크에 속한 주소)도 설정해야 하고, VLAN 20에 속한 장치들과 통신을 위한 IP 주소(4.0.0.0 /8네트워크에 속한 주소)도 설정해야 한다. Fa 1/0 인터페이스 하나뿐이므로 Fa 1/0.1과 Fa 1/0.2의 두 개의 서브 인터페이스로 나누어 각각 IP 주소 3.1.1.1과 4.1.1.1을 할당했다.

그런데, 빌딩 B의 M1 멀티레이어 스위치에는 Fa 1/0 인터페이스에 해당하는 물리 인터페이스가 존재하지 않는다. Layer 3 스위치와 Layer 2 스위치는 내부의 버스를 통해 연결되어 있다.

M1 멀티레이어 스위치에서 VLAN 10과 VLAN 20에 속하는 IP 주소를 할당하기 위해 interface vlan 10과 interface vlan 20의 가상 인터페이스를 설정한다. 각각의 가상 인터페이스에 IP 주소를 설정해야 한다.

[그림 8-4] ▶
R3 와 M1 설정 비교

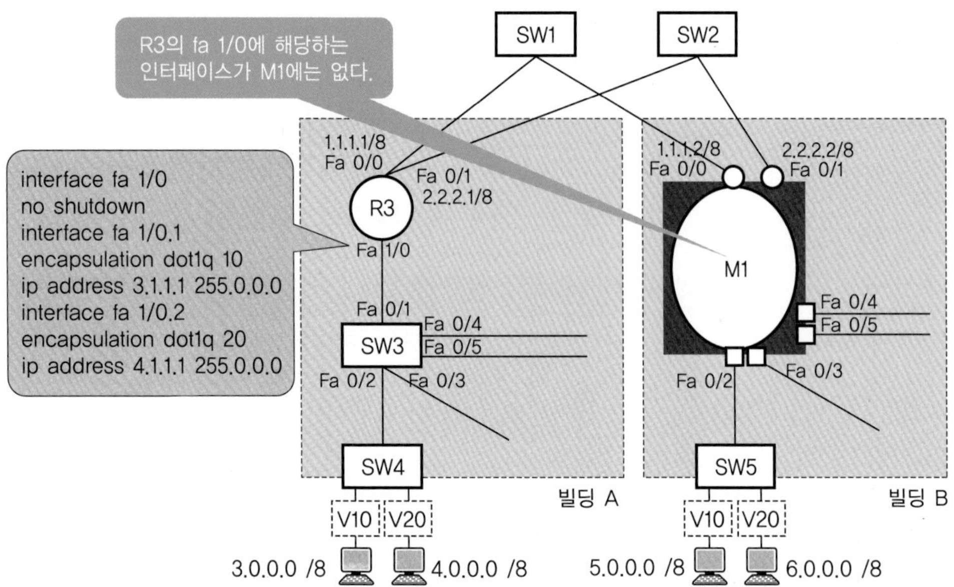

[그림 8-5] ▶
R3와 M1 설정 비교

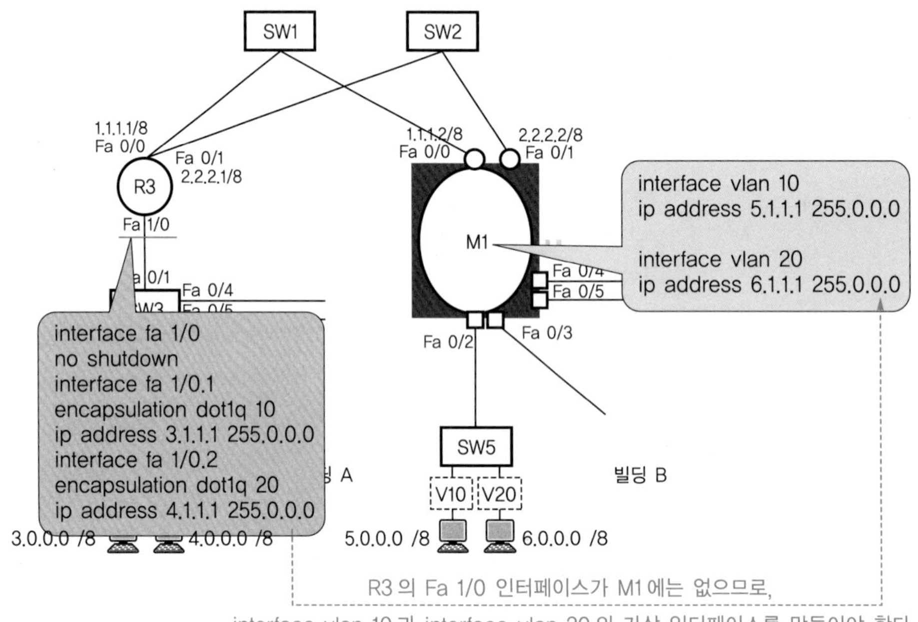

Lecture 03

통합 LAN I Lab 08

강의 키워드 멀티레이어 스위치, VLAN, PVST, VTP, 이더채널, HSRP, IP 주소, 라우팅 프로토콜 설정

Problem 1 [그림 8-6]과 같이 장비들을 연결하라.

- 스위치는 2960, 라우터는 2621XM, 멀티레이어 스위치는 3560을 사용할 것.

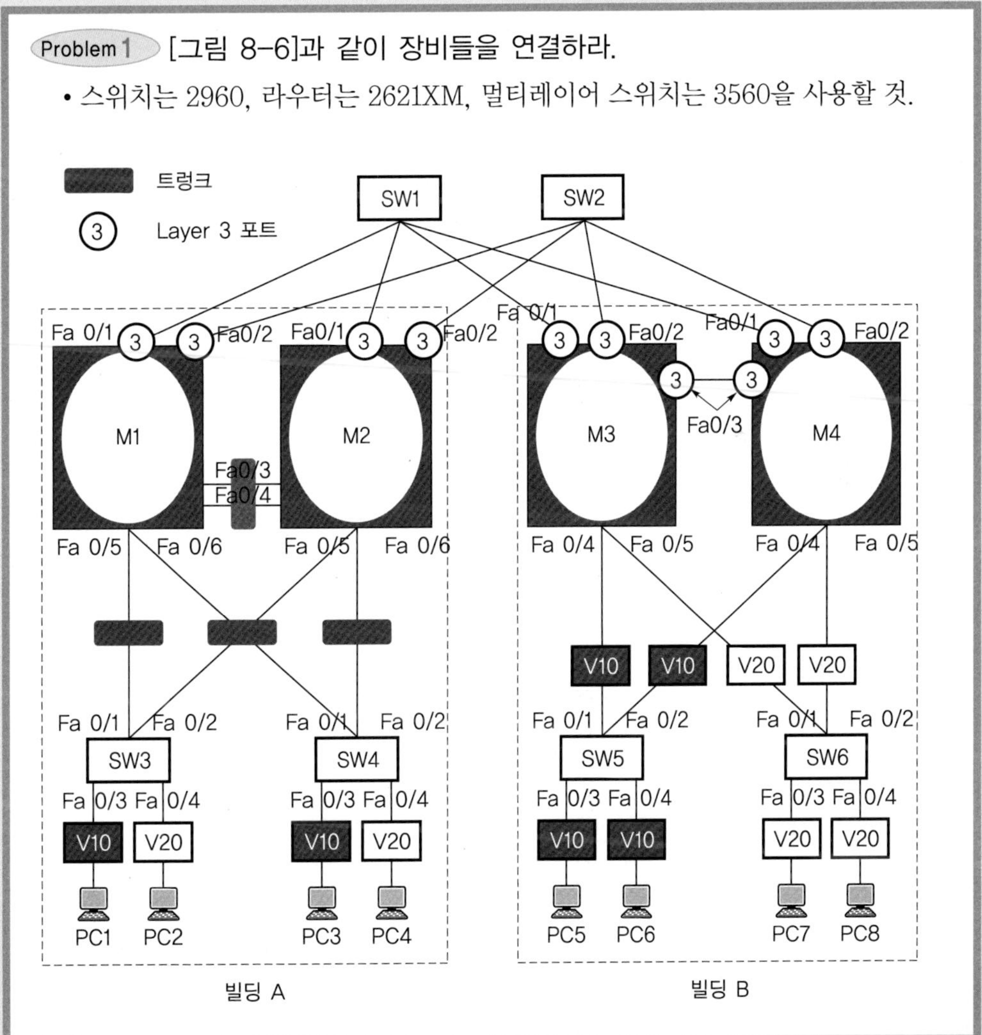

[그림 8-6] ▶ 네트워크 구성도

Problem 2 다음 조건으로 IP 할당하라.

- 11.1.1.0 /24로 IP 설계할 것.
- 모든 네트워크에는 12 호스트가 들어감.

Problem 3 [표 8-7]의 조건으로 빌딩 A의 장치들을 설정하라.

[표 8-7] ▶ 빌딩 A 설정 조건

구분	설정 조건
⓪ VLAN	빌딩 A는 End-to-End VLAN으로 설정해야 한다.
① VTP	- VTP 설정: (M1: VTP 서버, M2/SW3/SW4: VTP 클라이언트)
② STP	- RSTP/PVST 설정: switch(config)#spanning-tree mode rapid-pvst - PVST 설정: (M1: VLAN10, M2:VLAN20에 대한 루트 스위치로 설정)
③ EtherChannel	- M1-M2 간: 이더채널로 설정(프로토콜: LACP, Mode: Active)
④ HSRP	- HSRP(M1: VLAN10, M2: VLAN20에 대한 액티브라우터로 설정) - Preempt 설정할 것

Problem 4 [표 8-8]의 조건으로 빌딩 B의 장치들을 설정하라.

[표 8-8] ▶ 빌딩 B 설정 조건

구분	설정 조건
⓪ VLAN	빌딩 B는 Local VLAN으로 설정해야 한다.
① U 구조	빌딩 B에 M3/M4 사이 구간을 L3 링크로 설정하여 U 구조로하시오.
② HSRP	- HSRP(M3 : VLAN10, M4 : VLAN20에 대한 액티브라우터로 설정), - Preempt 설정할 것.

Problem 5 모든 라우터에서 다음과 같이 라우팅 프로토콜을 설정하라.

- 라우팅 프로토콜: EIGRP
- AS: 100
- show ip route 명령으로 확인할 것

Problem 6 모든 라우터와 PC에서 모든 IP로 핑이 성공함을 확인하라.

Lab 08 해설

Lab 08 에 대한 해설은 다음과 같다.

Problem 1 다음과 같이 장비들을 연결하라.

- 스위치는 2960, 라우터는 2621XM, 멀티레이어 스위치는 3560을 사용할 것.

설명 Chapter 1의 Lecture LAN 구축 기초 I Lab 01 을 참조할 것. 3560 멀티레이어 스위치의 포트를 Layer 3 포트로 설정하면 해당 포트의 케이블링은 라우터와 동일하다. Layer 2 포트로 설정하면 해당 포트의 케이블링은 스위치와 동일하다. 예를 들어, 라우터와 스위치를 연결할 때 Straight-Through 케이블을 연결하는 것처럼 Layer 3 포트와 스위치를 연결할 때도 Straight-Through 케이블을 사용한다. 한편, 요즘 출시되는 스위치들은 Straight-Through와 Crossover 케이블을 잘못 연결하면 스위치 포트에서 보정하는 기능이 제공되는데 3560이나 2960 스위치 모두 해당 기능을 제공한다.

Problem 2 다음 조건으로 IP를 할당하라.

- 11.1.1.0 /24로 IP 설계할 것.
- 모든 네트워크에는 12 호스트가 들어감.

설명 IP 설계와 할당 방법은 다음과 같다.

1 서브넷 마스크 결정

12 호스트를 포함하기 위해 2^4으로 호스트 칸 4칸이 필요하므로 IP 주소 전체 길이 32칸 중에 28칸은 네트워크 자리가 된다. 즉, 11111111.11111111.11111111. 11110000 서브넷 마스크는 십진수로 255.255.255.240이 된다.

[그림 8-7] ▶ 서브넷 마스크 결정

12 호스트를 포함하기 위해
12 호스트 ⊂ 2^4 (2의 4제곱) → 호스트칸 → 4칸

구분	네트워크	호스트
서브넷 마스크	11111111.11111111.11111111.1111	0000
	255.255.255.240	

2 IP 설계

IP 서브넷팅 결과는 [표 8-10]과 같다. Subnet ①의 IP 범위를 구하면 다음 서브넷들에서도 차례대로 '+15' 패턴을 적용하여 IP 설계를 한다.

[표 8-9] ▶ IP 서브넷팅 결과a

구분	네트워크	(Subnet)	호스트	IP 영역
Subnet Mask	11111111.11111111.11111111.	1111	0000	
Subnet ①	11.1.1. (십진수)	0000 (이진수)	0000– 1111	11.1.1.0~ 11.1.1.15
Subnet ②	11.1.1.	0001	0000– 1111	11.1.1.16~ 11.1.1.31
Subnet ③	11.1.1.	0010	0000– 1111	11.1.1.32~ 11.1.1.47
Subnet ④	11.1.1.	0011	0000– 1111	11.1.1.48~ 11.1.1.63
Subnet ⑤	11.1.1.	0100	0000– 1111	11.1.1.64~ 11.1.1.79
Subnet ⑥	11.1.1.	0101	0000– 1111	11.1.1.80~ 11.1.1.95
Subnet ⑦	11.1.1.	0110	0000– 1111	11.1.1.96~ 11.1.1.111

③ 네트워크 구분

IP를 할당하기 전에 네트워크를 구분해야 한다. 빌딩 A와 B는 물리적인 네트워크는 1개이지만, 2개의 VLAN으로 나뉘어 있으므로 네트워크는 각각 2개다. 즉, [그림 8-8]과 같이 네트워크 총 수는 7개다.

[그림 8-8] ▶ 네트워크 구분

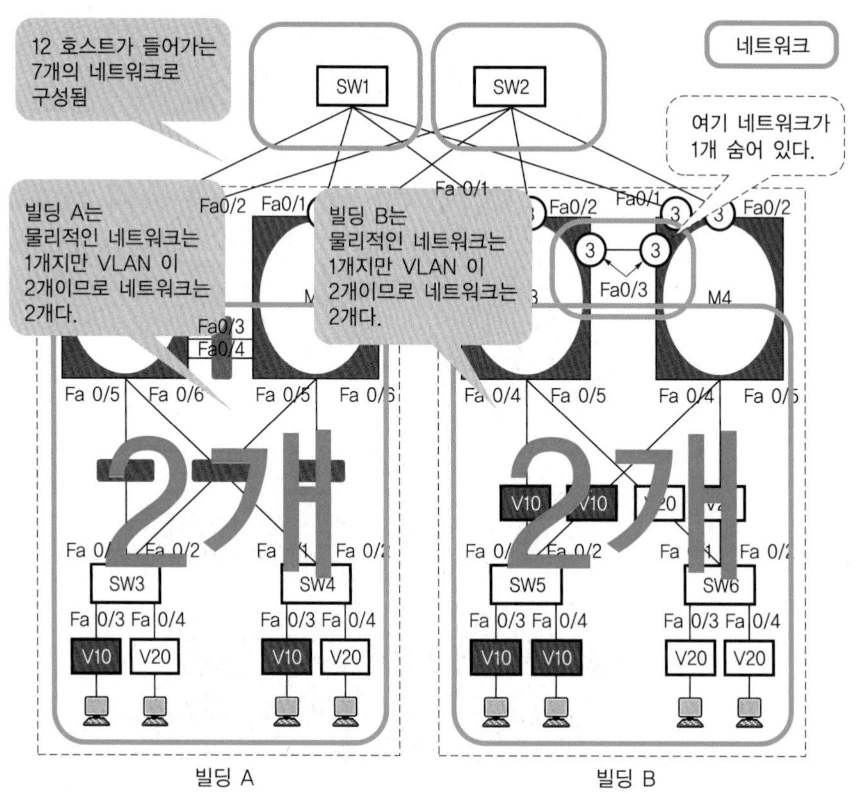

④ IP 할당

각 네트워크의 첫번째와 마지막 IP를 제외한 IP를 중복되지 않게 할당한다. 각 서브넷의 첫번째와 마지막 IP 주소는 할당하지 않는다. [그림 8-9]는 IP 할당 예다.

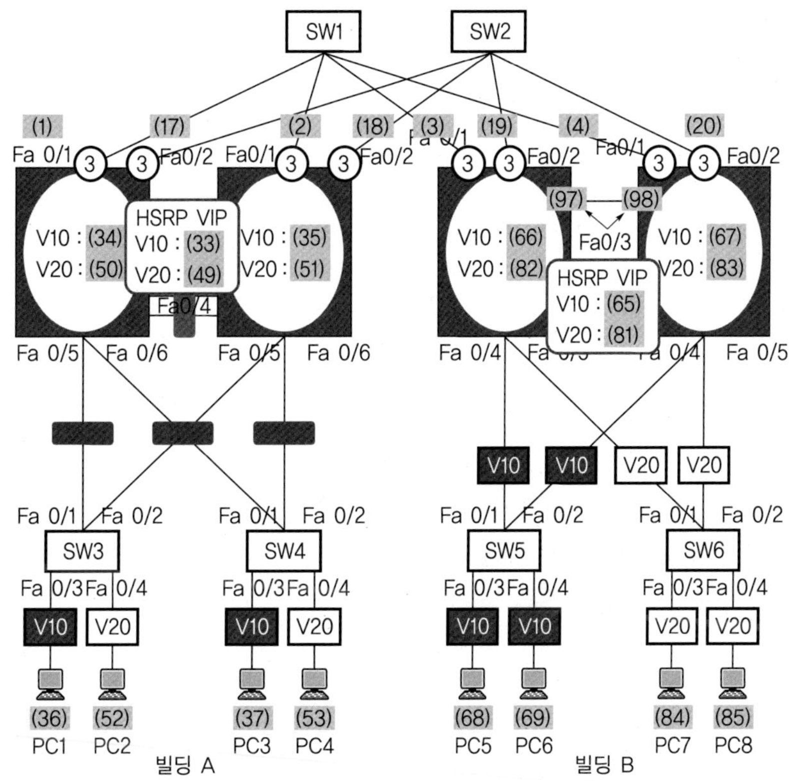

[그림 8-9] ▶ IP 할당

[표 8-10]은 각 라우터마다 [그림 8-9]의 IP 주소를 할당하는 명령이다.

[표 8-10] ▶ 라우터별 IP 설정 명령어

라우터	명령어
M1	Switch#configure terminal Switch(config)hostname M1 M1(config)#interface fastethernet 0/1 M1(config-if)#no switchport M1(config-if)#ip address 11.1.1.1 255.255.255.240 M1(config-if)#exit M1(config)#interface fastethernet 0/2 M1(config-if)#no switchport M1(config-if)#ip address 11.1.1.17 255.255.255.240 M1(config-if)#exit M1(config)#interface vlan 10 M1(config-if)#ip address 11.1.1.34 255.255.255.240 M1(config-if)#exit

	M1(config)#interface vlan 20 M1(config-if)#ip address 11.1.1.50 255.255.255.240 → HSRP 관련 설정은 이후에 다시 함.
M2	Switch#configure terminal Switch(config)hostname M2 M2(config)#interface fastethernet 0/1 M2(config-if)#no switchport M2(config-if)#ip address 11.1.1.2 255.255.255.240 M2(config-if)#exit M2(config)#interface fastethernet 0/2 M2(config-if)#no switchport M2(config-if)#ip address 11.1.1.18 255.255.255.240 M2(config-if)#exit M2(config)#interface vlan 10 M2(config-if)#ip address 11.1.1.35 255.255.255.240 M2(config-if)#exit M2(config)#interface vlan 20 M2(config-if)#ip address 11.1.1.51 255.255.255.240 → HSRP 관련 설정은 이후에 다시 함.
M3	Switch#configure terminal Switch(config)hostname M3 M3(config)#interface fastethernet 0/1 M3(config-if)#no switchport M3(config-if)#ip address 11.1.1.3 255.255.255.240 M3(config-if)#exit M3(config)#interface fastethernet 0/2 M3(config-if)#no switchport M3(config-if)#ip address 11.1.1.19 255.255.255.240 M3(config-if)#exit M3(config)#interface fastethernet 0/3 M3(config-if)#no switchport M3(config-if)#ip address 11.1.1.97 255.255.255.240 M3(config-if)#exit M3(config)#interface vlan 10 M3(config-if)#ip address 11.1.1.66 255.255.255.240 M3(config-if)#exit M3(config)#interface vlan 20 M3(config-if)#ip address 11.1.1.82 255.255.255.240 → HSRP 관련 설정은 이후에 다시 함.
M4	Switch#configure terminal Switch(config)hostname M4 M4(config)#interface fastethernet 0/1 M4(config-if)#no switchport M4(config-if)#ip address 11.1.1.4 255.255.255.240 M4(config-if)#exit M4(config)#interface fastethernet 0/2

M4	M4(config-if)#no switchport M4(config-if)#ip address 11.1.1.20 255.255.255.240 M4(config-if)#exit M3(config)#interface fastethernet 0/3 M3(config-if)#no switchport M3(config-if)#ip address 11.1.1.98 255.255.255.240 M3(config-if)#exit M4(config)#interface vlan 10 M4(config-if)#ip address 11.1.1.67 255.255.255.240 M4(config-if)#exit M4(config)#interface vlan 20 M4(config-if)#ip address 11.1.1.83 255.255.255.240 → HSRP 관련 설정은 이후에 다시 함.

PC에서 IP 설정 값은 [표 8-11]과 같다. Desktop → IP Configuration에서 다음 3항목(IP 주소, 서브넷 마스크, Default Gateway)을 설정한다.

[표 8-11] ▶ PC 설정

구분	IP 주소	서브넷 마스크	Default Gateway
PC1	11.1.1.36	255.255.255.240	11.1.1.33
PC2	11.1.1.52	255.255.255.240	11.1.1.49
PC3	11.1.1.37	255.255.255.240	11.1.1.33
PC4	11.1.1.53	255.255.255.240	11.1.1.49
PC5	11.1.1.68	255.255.255.240	11.1.1.65
PC6	11.1.1.69	255.255.255.240	11.1.1.65
PC7	11.1.1.84	255.255.255.240	11.1.1.81
PC8	11.1.1.85	255.255.255.240	11.1.1.81

Problem 3 다음 조건으로 빌딩 A의 장치들을 설정하라.

❶ VLAN: 빌딩 A는 End-to-End VLAN으로 설정해야 한다.

❷ VTP: VTP 설정: (M1: VTP 서버, M2/SW1/SW2: VTP 클라이언트)

설명 각 스위치의 VLAN 설정은 [표 8-13]과 같다.

[표 8-12] ▶ 스위치의 VLAN 설정

구분		명령어
M1	VTP	M1(config)#vtp mode server M1(config)#vtp domain test M1(config)#vlan 10 M1(config-vlan)#vlan 20
	액세스 링크 / 트렁크	M1(config)#interface range fastethernet 0/3-6 M1(config-if)#switchport trunk encapsulation dot1q M1(config-if)#switchport mode trunk
M2	VTP	M2(config)#vtp mode client
	액세스 링크 / 트렁크	M2(config)#interface range fastethernet 0/3-6 M2(config-if)#switchport trunk encapsulation dot1q M2(config-if)#switchport mode trunk
SW3	VTP	SW3(config)#vtp mode client
	액세스 링크 / 트렁크	SW3(config)#interface range fastethernet 0/1-2 SW3(config-if)#switchport mode trunk SW3(config-if)#interface fastethernet 0/3 SW3(config-if)#switchport access vlan 10 SW3(config-if)#exit SW3(config)#interface fastethernet 0/4 SW3(config-if)#switchport access vlan 20
SW4	VTP	SW4(config)#vtp mode client
	액세스 링크 / 트렁크	SW4(config)#interface range fastethernet 0/1-2 SW4(config-if)#switchport mode trunk SW4(config-if)#interface fastethernet 0/3 SW4(config-if)#switchport access vlan 10 SW4(config-if)#exit SW4(config)#interface fastethernet 0/4 SW4(config-if)#switchport access vlan 20

스위치에서 VLAN이 제대로 설정되었는지 확인하는 명령은 'show vlan'이다. 간편하게 VLAN 설정을 확인하기 위해 다음의 방법을 사용한다. 즉, 마우스를 스위치에 올려보라. 스위치 포트가 액세스 링크일 때는 소속 VLAN 번호를 확인할 수 있고, 트렁크일 때는 해당 포트에 '--'로 표시된다.

❸ STP

- RSTP/PVST 설정: `switch(config)#spanning-tree mode rapid-pvst`
- PVST 설정: (M1: VLAN10, M2: VLAN20에 대한 루트 스위치로 설정)

설명 각 스위치의 STP 설정은 [표 8-13]과 같다.

[표 8-13] ▶ STP 설정 명령어

구분		명령어
M1	RSTP/PVST 설정	M1(config)# spanning-tree mode rapid-pvst
	PVST 설정	M1(config)# spanning-tree vlan 10 priority 4096
M2	RSTP/PVST 설정	M1(config)# spanning-tree mode rapid-pvst
	PVST 설정	M2(config)# spanning-tree vlan 20 priority 4096
SW3	RSTP/PVST 설정	SW3(config)# spanning-tree mode rapid-pvst
SW4	RSTP/PVST 설정	SW4(config)# spanning-tree mode rapid-pvst

❹ EtherChannel

- M1-M2 간: 이더채널로 설정(프로토콜: LACP, Mode: Active)

설명 각 스위치의 이더채널 설정은 [표 8-14]와 같다.

[표 8-14] ▶ 이더채널 설정 명령어

구분	명령어
M1	M1(config)# interface range fastethernet 0/3-4 M1(config-if)# channel-protocol lacp M1(config-if)# channel-group 1 mode active
M2	M2(config)# interface range fastethernet 0/3-4 M2(config-if)# channel-protocol lacp M2(config-if)# channel-group 1 mode active

❺ HSRP

- HSRP(M1: VLAN10, M2: VLAN20에 대한 액티브라우터로 설정)
- Preempt 설정할 것.

설명 HSRP 설정은 [표 8-15]와 같다.

[표 8-15] ▶ HSRP 설정 명령어

구분	명령어
M1	M1(config)#interface vlan 10 M1(config-if)#ip address 11.1.1.34 255.255.255.240 M1(config-if)#standby 10 ip 11.1.1.33 M1(config-if)#standby 10 priority 150 M1(config-if)#standby 10 preempt M1(config)#interface vlan 20 M1(config-if)#ip address 11.1.1.50 255.255.255.240 M1(config-if)#standby 20 ip 11.1.1.49 M1(config-if)#standby 20 priority 50
M2	M2(config)#interface vlan 10 M2(config-if)#ip address 11.1.1.35 255.255.255.240 M2(config-if)#standby 10 ip 11.1.1.33

M2	M2(config-if)#standby 10 priority 50 M2(config)#interface vlan 20 M2(config-if)#ip address 11.1.1.51 255.255.255.240 M2(config-if)#standby 20 ip 11.1.1.49 M2(config-if)#standby 20 priority 150 M2(config-if)#standby 20 preempt

Problem 4 다음 조건으로 빌딩 B의 장치들을 설정하라.

❶ VLAN

빌딩 B는 Local VLAN으로 설정해야 한다.

❷ U 구조

빌딩 B에 M3/M4 사이 구간을 다음과 같이 L3 링크로 설정하여 U 구조로 하시오.

설명 각 스위치의 VLAN 설정은 [표 8-16]과 같다.

[표 8-16] ▶ 스위치의 VLAN 설정

구분		명령어
M3	VLAN 선언	M3(config)#vlan 10 M3(config-vlan)#vlan 20
	액세스 링크 / 트렁크	M3(config)#interface range fastethernet 0/4 M3(config-if)#switchport access vlan 10 M3(config-if)#interface range fastethernet 0/5 M3(config-if)#switchport access vlan 20
M4	VLAN 선언	M4(config)#vlan 10 M4(config-vlan)#vlan 20
	액세스 링크 / 트렁크	M4(config)#interface range fastethernet 0/4 M4(config-if)#switchport access vlan 10 M4(config-if)#interface range fastethernet 0/5 M4(config-if)#switchport access vlan 20
SW5	VLAN 선언	SW3(config)#vlan 10
	액세스 링크 / 트렁크	SW3(config)#interface range fastethernet 0/1-4 SW3(config-if)#switchport access vlan 10
SW6	VLAN 선언	SW4(config)#vlan 20
	액세스 링크 / 트렁크	SW4(config)#interface range fastethernet 0/1-4 SW4(config-if)#switchport access vlan 20

❸ HSRP

- HSRP(M3:VLAN10, M4:VLAN20에 대한 액티브라우터로 설정),
- Preempt 설정할 것.

설명 HSRP 설정은 [표 8-17]과 같다.

[표 8-17] ▶
HSRP 설정 명령어

구분	명령어
M3	M3(config)#interface vlan 10 M3(config-if)#ip address 11.1.1.66 255.255.255.240 M3(config-if)#standby 10 ip 11.1.1.65 M3(config-if)#standby 10 priority 150 M3(config-if)#standby 10 preempt M3(config)#interface vlan 20 M3(config-if)#ip address 11.1.1.82 255.255.255.240 M3(config-if)#standby 20 ip 11.1.1.81 M3(config-if)#standby 20 priority 50
M4	M4(config)#interface vlan 10 M4(config-if)#ip address 11.1.1.67 255.255.255.240 M4(config-if)#standby 10 ip 11.1.1.65 M4(config-if)#standby 10 priority 50 M4(config)#interface vlan 20 M4(config-if)#ip address 11.1.1.83 255.255.255.240 M4(config-if)#standby 20 ip 11.1.1.81 M4(config-if)#standby 20 priority 150 M4(config-if)#standby 20 preempt

Problem 5 모든 라우터에서 다음과 같이 라우팅 프로토콜을 설정하라.

- 라우팅 프로토콜: EIGRP
- AS번호: 100
- show ip route 명령으로 확인할 것.

설명 EIGRP 설정은 [표 8-18]과 같다.

[표 8-18] ▶
EIGRP 설정 명령어

라우터	명령어
M1	M1(config)#ip routing M1(config)#router eigrp 100 M1(config-router)#network 11.0.0.0
M2	M2(config)#ip routing M2(config)#router eigrp 100 M2(config-router)#network 11.0.0.0
M3	M3(config)#ip routing M3(config)#router eigrp 100 M3(config-router)#network 11.0.0.0
M4	M4(config)#ip routing M4(config)#router eigrp 100 M4(config-router)#network 11.0.0.0

Problem 6 모든 라우터와 PC에서 모든 IP로 핑이 성공함을 확인하라.

설명 실습이 끝나면 모든 라우터에 7개의 네트워크 정보들이 다 보여야 하고, 모든 3계층 이상의 장비에서 모든 IP로 Ping이 되어야 한다.

Lecture 04

통합 LAN II Lab 09

강의 키워드 멀티레이어 스위치, L3 포트 설정, 라우팅 프로토콜 설정

Problem 1 [그림 8-10]과 같이 장비들을 연결하라.

- 멀티레이어 스위치는 3560을 사용할 것.
- Lecture 03. Lab 08 통합 LAN I에 빌딩 C만 추가로 연결할 것.

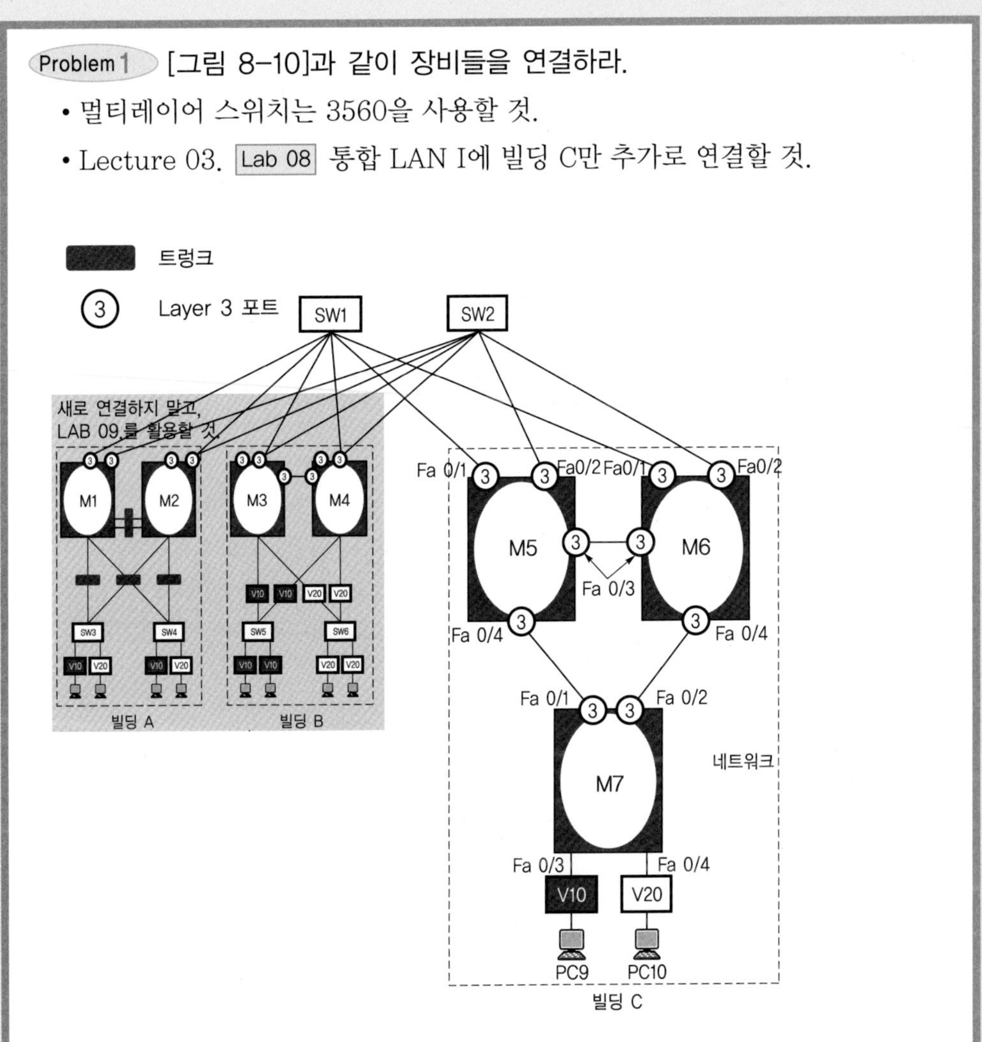

[그림 8-10] ▶ 네트워크 구성도

Problem 2 M7에서 PC 9와 PC 10이 연결된 포트는 각각 VLAN 10과 VLAN 20에 할당하라.

Problem 3 다음 조건으로 IP를 할당하라.

- M5-M6, M5-M7, M6-M7 간의 링크는 Layer3 포트로 설정할 것.
- M7에는 각각 VLAN 10과 VLAN 20 인터페이스를 생성하고, IP를 할당할 것.
- 11.1.1.0/24로 IP 설계할 것.
- 모든 네트워크에는 12 호스트가 들어감.

Problem 4 모든 라우터(M5~M7)에 EIGRP 라우팅 프로토콜을 설정하라.

Problem 5 모든 라우터와 PC에서 모든 IP로 핑이 성공함을 확인하라.

Lab 08 해설

Problem 1 다음과 같이 장비들을 연결하라.

- 멀티레이어 스위치는 3560을 사용할 것.
- Lecture 03. Lab 07. 통합 LAN I에 빌딩 C만 추가로 연결할 것.

설명 Chapter 1의 Lecture 05. LAN 구축 기초 I Lab 01을 참조할 것.

Problem 2 M7에서 PC 9와 PC 10이 연결된 포트는 각각 VLAN 10과 VLAN 20에 할당하라.

설명 M7의 VLAN 설정 명령은 [표 8-19]과 같다.

[표 8-19] ▶ VLAN 설정

구분		명령어
M7	VLAN 선언	M7(config)#vlan 10 M7(config-vlan)#vlan 20
	액세스 링크 /트렁크	M7(config)#interface range fastethernet 0/3 M7(config-if)#switchport access vlan 10 M7(config-if)#exit M7(config)#interface range fastethernet 0/4 M7(config-if)#switchport access vlan 20

Problem 3 다음 조건으로 IP를 할당하라.

- M5-M6, M5-M7, M6-M7 간의 링크는 Layer3 포트로 설정할 것.
- M7에는 각각 VLAN 10과 VLAN 20 인터페이스를 생성하고, IP를 할당할 것.
- 11.1.1.0 /24로 IP를 설계할 것.
- 모든 네트워크에는 12 호스트가 들어감.

설명 IP 설계와 할당 방법은 다음과 같다.

1 서브넷 마스크 결정

빌딩 A/B와 동일한 조건(네트워크별로 12 호스트 들어감)으로 '255.255.255.240' 서브넷 마스크를 사용한다.

2 IP 설계

Subnet ⑦은 빌딩 B의 마지막 서브넷이다. Subnet ⑧부터 '+15' 패턴을 적용하여 [표 8-20]과 같이 IP 설계한다.

[표 8-20] ▶ IP 서브넷팅 결과

구분	네트워크	(Subnet)	호스트	IP 영역
Subnet Mask	11111111.11111111.11111111.	1111	0000	
Subnet ⑦	11.1.1.	0110	0000–1111	11.1.1.96~11.1.1.111
Subnet ⑧	11.1.1.	0111	0000–1111	11.1.1.112~11.1.1.127
Subnet ⑨	11.1.1.	1000	0000–1111	11.1.1.128~11.1.1.143
Subnet ⑩	11.1.1.	1001	0000–1111	11.1.1.144~11.1.1.159
Subnet ⑪	11.1.1.	1010	0000–1111	11.1.1.160~11.1.1.175
Subnet ⑫	11.1.1.	1011	0000–1111	11.1.1.176~11.1.1.191

③ 네트워크 구분

[그림 8-11]과 같이 네트워크 구분된다. M7 밑에 VLAN 10과 VLAN 20, 두 개의 네트워크가 있다.

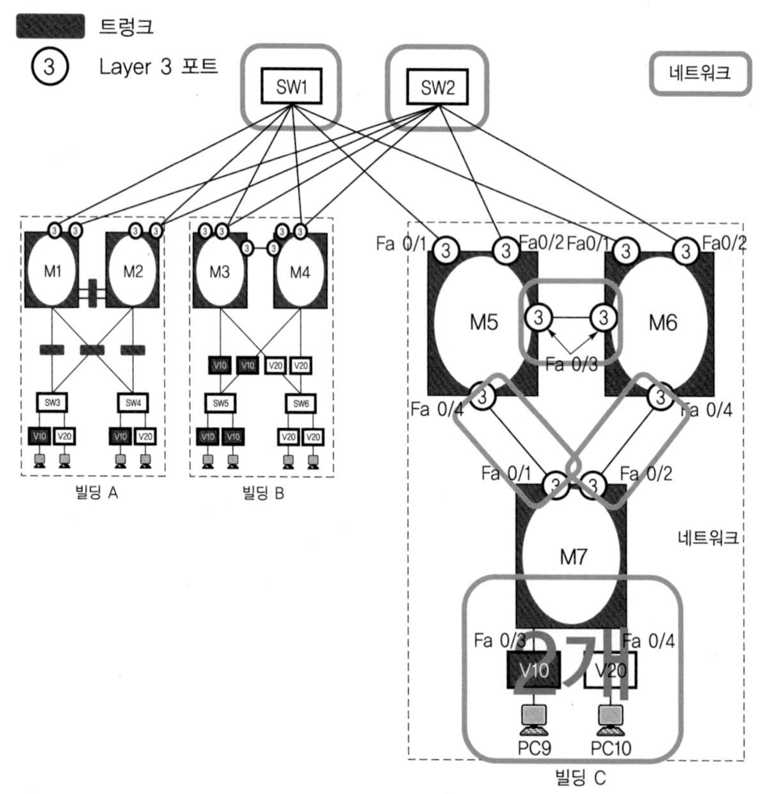

[그림 8-11] ▶ 네트워크 구분

④ IP 할당

각 네트워크의 첫 번째와 마지막 IP를 제외한 IP를 중복되지 않게 할당한다. 각 서브넷의 첫 번째와 마지막 IP 주소는 할당하지 않는다. [그림 8-12]는 IP 할당 예다.

[그림 8-12] ▶ IP 할당

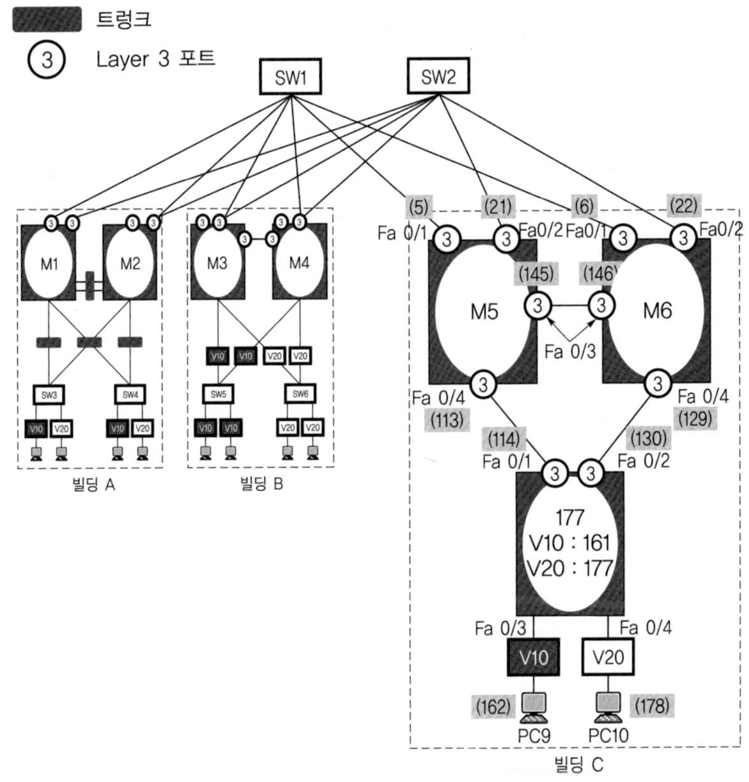

[표 8-21]은 각 라우터마다 [그림 8-12]의 IP 주소를 할당하는 명령이다.

[표 8-21] ▶ 라우터별 IP 설정 명령어

라우터	명령어
M5	Switch#configure terminal Switch(config)hostname M5 M5(config)#interface fastethernet 0/1 M5(config-if)#no switchport M5(config-if)#ip address 11.1.1.5 255.255.255.240 M5(config-if)#exit M5(config)#interface fastethernet 0/2 M5(config-if)#no switchport M5(config-if)#ip address 11.1.1.21 255.255.255.240 M5(config-if)#exit M5(config)#interface fastethernet 0/3 M5(config-if)#no switchport M5(config-if)#ip address 11.1.1.145 255.255.255.240 M5(config-if)#exit

M5	M5(config)#interface fastethernet 0/4 M5(config-if)#no switchport M5(config-if)#ip address 11.1.1.113 255.255.255.240
M6	Switch#configure terminal Switch(config)hostname M6 M6(config)#interface fastethernet 0/1 M6(config-if)#no switchport M6(config-if)#ip address 11.1.1.6 255.255.255.240 M6(config-if)#exit M6(config)#interface fastethernet 0/2 M6(config-if)#no switchport M6(config-if)#ip address 11.1.1.22 255.255.255.240 M6(config-if)#exit M6(config)#interface fastethernet 0/3 M6(config-if)#no switchport M6(config-if)#ip address 11.1.1.146 255.255.255.240 M6(config-if)#exit M6(config)#interface fastethernet 0/4 M6(config-if)#no switchport M6(config-if)#ip address 11.1.1.129 255.255.255.240
M7	Switch#configure terminal Switch(config)hostname M7 M7(config)#interface fastethernet 0/1 M7(config-if)#no switchport M7(config-if)#ip address 11.1.1.114 255.255.255.240 M7(config-if)#exit M7(config)#interface fastethernet 0/2 M7(config-if)#no switchport M7(config-if)#ip address 11.1.1.130 255.255.255.240 M7(config-if)#exit M7(config)#interface vlan 10 M7(config-if)#ip address 11.1.1.161 255.255.255.240 M7(config-if)#exit M7(config)#interface vlan 20 M7(config-if)#ip address 11.1.1.177 255.255.255.240

PC에서 IP 설정 값은 [표 8-22]와 같다. Desktop → IP Configuration에서 다음 3항목(IP 주소, 서브넷 마스크, Default Gateway)을 설정한다.

[표 8-22] ▶ PC 설정

구분	IP 주소	서브넷 마스크	Default Gateway
PC9	11.1.1.162	255.255.255.240	11.1.1.161
PC10	11.1.1.178	255.255.255.240	11.1.1.177

Problem 4 모든 라우터(M5~M7)에 EIGRP 라우팅 프로토콜을 설정하라.

설명 라우터들의 EIGRP 라우팅 프로토콜 설정은 [표 8-23]과 같다. 각각의 라우터의 라우팅 테이블에 8개의 네트워크 정보가 올라와야 한다.

[표 8-23] ▶ EIGRP 설정 명령어

라우터	명령어
M5	M5(config)#ip routing M5(config)#router eigrp 100 M5(config-router)#network 11.0.0.0
M6	M6(config)#ip routing M6(config)#router eigrp 100 M6(config-router)#network 11.0.0.0
M7	M7(config)#ip routing M7(config)#router eigrp 100 M7(config-router)#network 11.0.0.0

Problem 5 모든 라우터와 PC에서 모든 IP로 핑이 성공함을 확인하라.

설명 04번 실습까지 끝나면 모든 라우터에 12개의 네트워크 정보들이 다 보여야 하고, 모든 3계층 이상의 장비에서 모든 IP로 Ping이 되어야 한다.

Lecture 05

LAN Review

강의 키워드 빌딩 A, B, C, D 솔루션 비교, 멀티샤시 이더채널, 백그라운드 트래픽, 컨버전스 타임, 복구 방법, 로드 분산

[그림 8-13]은 지금까지 배운 LAN 구성 방식들을 한꺼번에 보여준다. 각 빌딩별로 설정해야 하는 프로토콜들을 구분하고, 해당 프로토콜들의 기능과 동작 원리를 정리해 보자, 또한, 해당 프로토콜과 관련한 Convergence 타임과 백그라운드 트래픽 이슈와 해결 방식을 정리하여 LAN 최적화 방법을 종합 정리한다. 대략적으로 빌딩 A가 가장 많은 프로토콜들이 적용되어 백그라운드 트래픽이 많이 유발되며 관리하기도 힘들다. 빌딩 C는 라우팅 프로토콜만 설정하고, 빌딩 D는 이더채널만 설정하여 간단하다. 각 빌딩별로 보다 자세히 알아보자.

[그림 8-13] ▶
LAN 구성

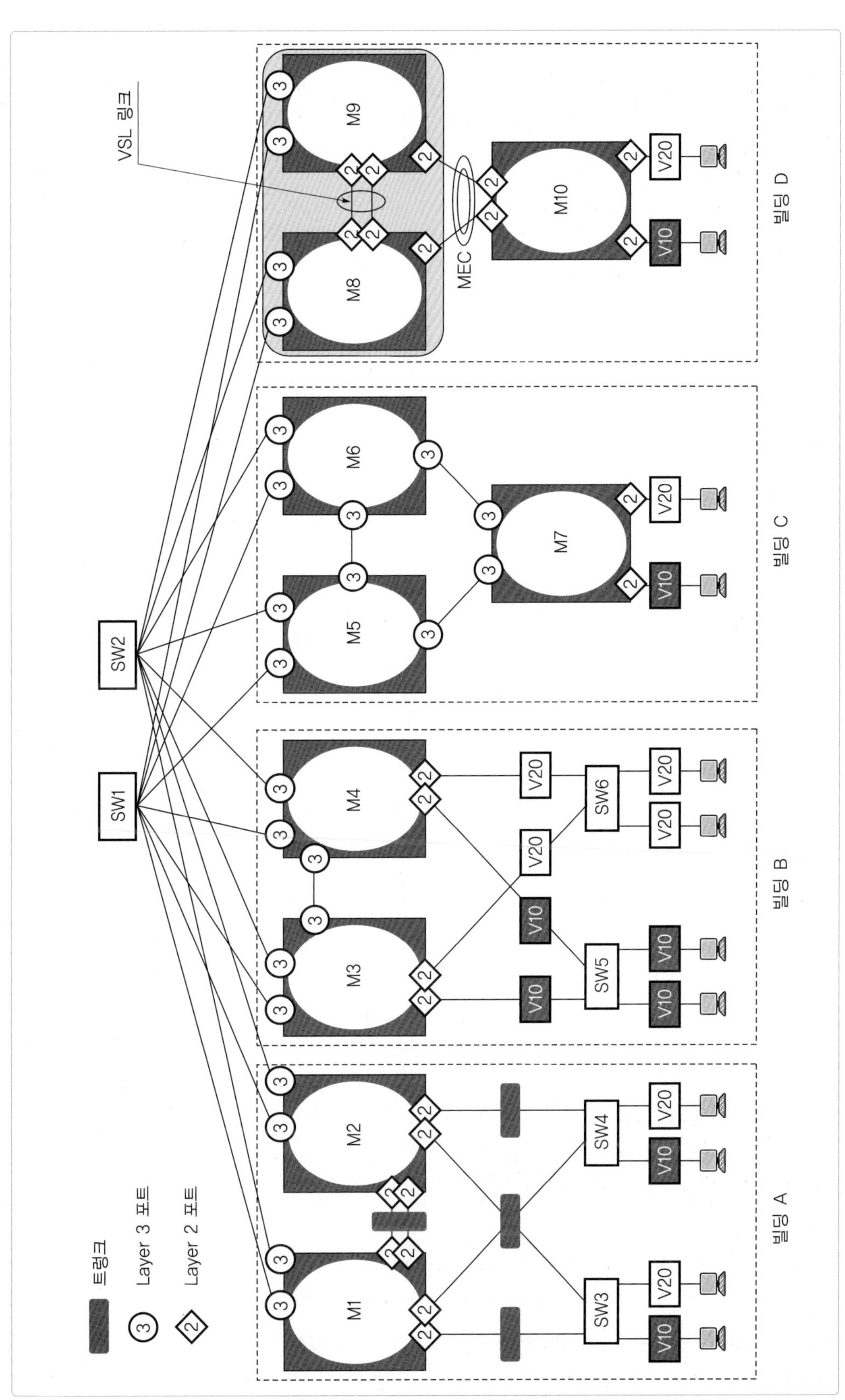
트렁크
Layer 3 포트
Layer 2 포트
VSL 링크
MEC
SW1
SW2
M1
M2
M3
M4
M5
M6
M7
M8
M9
M10
SW3
SW4
SW5
SW6
V10
V20
빌딩 A
빌딩 B
빌딩 C
빌딩 D

① 빌딩 A

[그림 8-14]의 빌딩 A에 적용된 프로토콜은 STP(PVST, RSTP), HSRP, VTP, End-to-End VLAN, 이더채널, EIGRP이다.

[그림 8-14] ▶ 빌딩 A 구성도

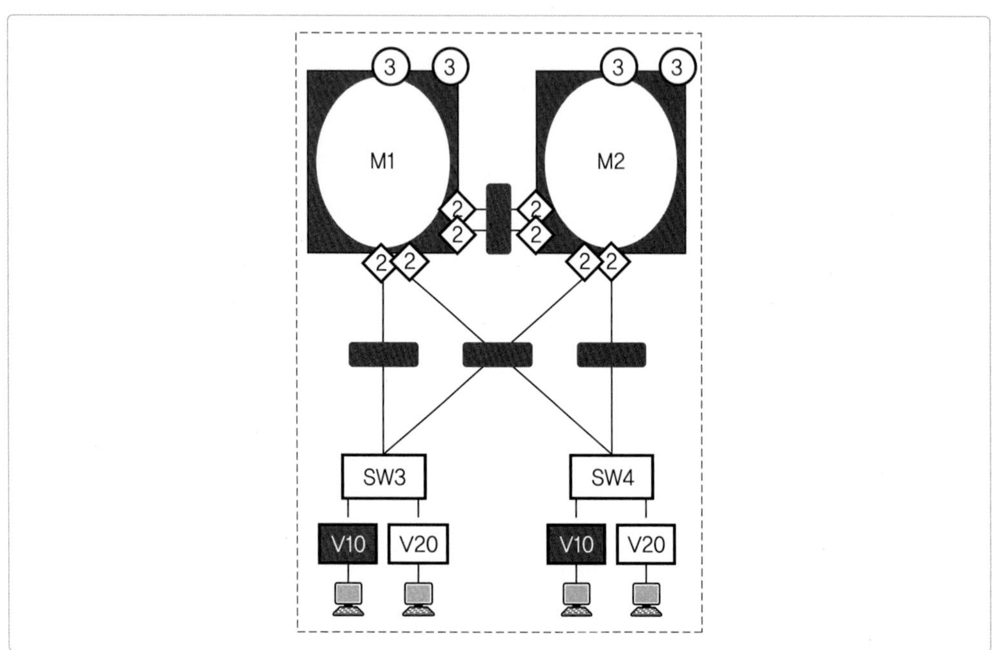

빌딩 A는 [그림 8-15]와 같이

① End-to-End VLAN이 적용되었다. 액세스 링크와 트렁크의 경계는 액세스 계층에서 발생한다. End-to-End VLAN이 적용되었으므로 ② VTP를 적용할 수 있다.

한편, End-to-End VLAN이 적용되었으므로 ③ U 구조는 적용하지 못한다. 따라서, ④ STP가 필요하다.

스위칭 룹이 일어나므로 ④ STP가 필요하며 VLAN별 로드 분산을 위해 ⑤ PVST(혹은 MST)를 적용했다. Convergence 타임 개선을 위해 ⑥ RSTP(Rapid STP)를 적용했다.

⑦ 디스트리뷰션 계층 라우터가 이중화되어 ⑧ HSRP(혹은 VRRP/GLBP)를 적용했다.

⑨ M1과 M2 간에 링크가 이중화되어 ⑩ 이더채널을 적용했다.

⑪ 디스트리뷰션 계층 라우터에는 라우터 간에 네트워크 정보 교환을 위해 ⑫ EIGRP 프로토콜을 적용했다.

[그림 8-15] ▶ 빌딩 A의 적용 프로토콜 들

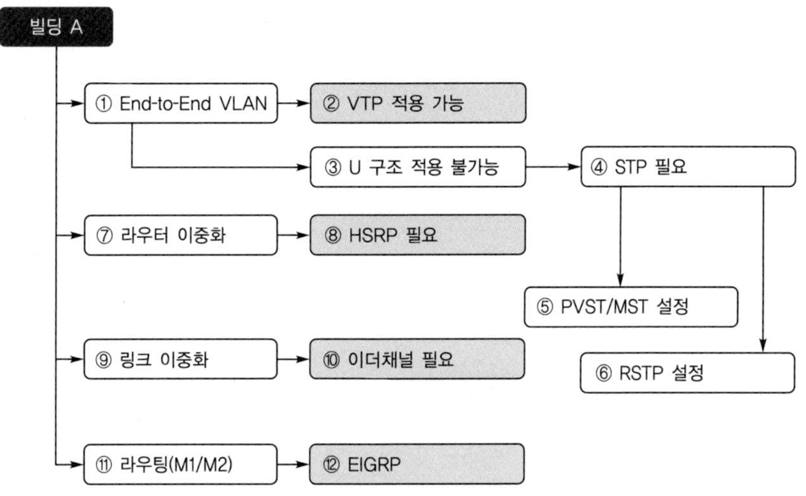

2 빌딩 B

[그림 8-16]의 빌딩 B에 적용된 프로토콜은 HSRP, Local VLAN, U 구조, EIGRP 이다.

[그림 8-16] ▶ 빌딩 B 구성도

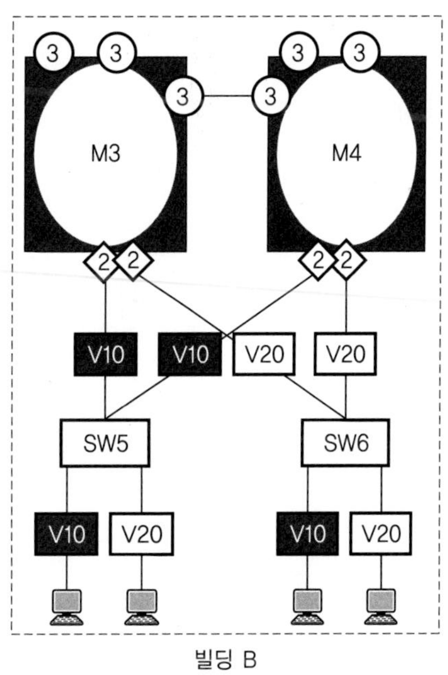

빌딩 B는 [그림 8-17]과 같이

① Local VLAN이 적용되었다. 액세스 링크와 트렁크의 경계는 디스트리뷰션 계층에서 발생한다. Local VLAN이 적용되었으므로 ② VTP를 적용할 수 없다. 한편, Local VLAN이 적용되었으므로 ③ U 구조를 적용한다. 따라서, ④ STP가 불필요하다. STP는 불필요하지만 휴먼 에러를 감안하여 이네이블시켜 두어야

한다.

⑤ 디스트리뷰션 계층 라우터가 이중화되어 ⑥ HSRP(혹은 VRRP/GLBP)를 적용했다.

⑦ 디스트리뷰션 계층 라우터에는 라우터 간에 네트워크 정보 교환을 위해 ⑧ EIGRP 프로토콜을 적용했다.

기타 빌딩 B에는 밴드위스가 부족한 구간에 이더채널을 추가로 설정 가능하다.

[그림 8-17] ▶ 빌딩 B의 적용 프로토콜들

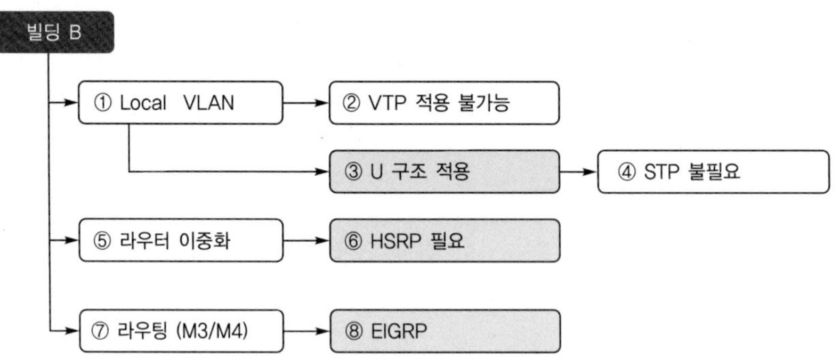

③ 빌딩 C

[그림 8-18]의 빌딩 C에 적용된 프로토콜은 EIGRP이다.

[그림 8-18] ▶ 빌딩 C 구성도

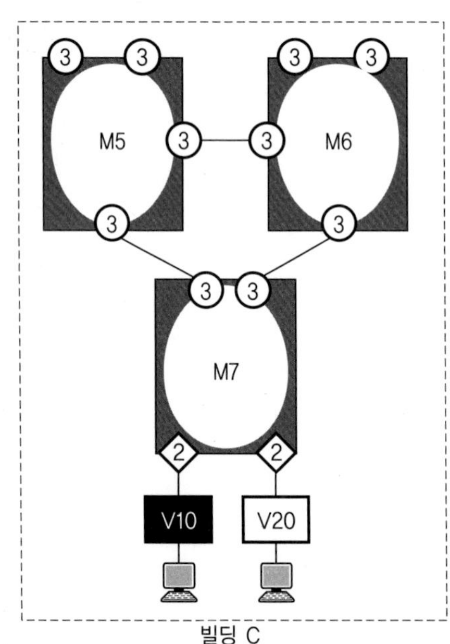

빌딩 C는 [그림 8-19]와 같이

① 스위칭 루프가 일어나지 않으므로 ② STP는 불필요하다.

③ 액세스 계층에도 라우터를 배치하여 ④ EIGRP 라우팅 프로토콜을 적용하였으므로, M7에서 출발한 트래픽은 M7의 라우팅을 통해 M5와 M6 경로들로 로드 분산되므로 따라서, ⑤ HSRP가 불필요하다.

⑥ 디스트리뷰션 계층 라우터에는 라우터 간에 네트워크 정보 교환을 위해 ⑦ EIGRP 프로토콜을 적용했다.

빌딩 C에는 밴드위스가 부족한 구간에 이더채널을 추가로 설정 가능하다.

[그림 8-19] ▶ 빌딩 C의 적용 프로토콜 들

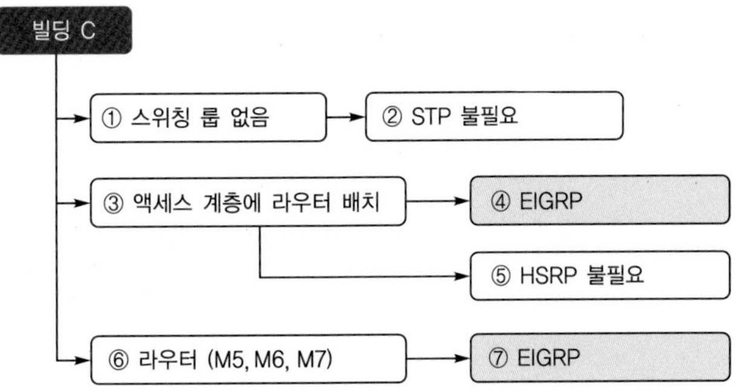

4 빌딩 D

[그림 8-20]의 빌딩 D에 적용된 프로토콜은 멀티샤시 이더채널, EIGRP이다.

[그림 8-20] ▶ 빌딩 D 구성도

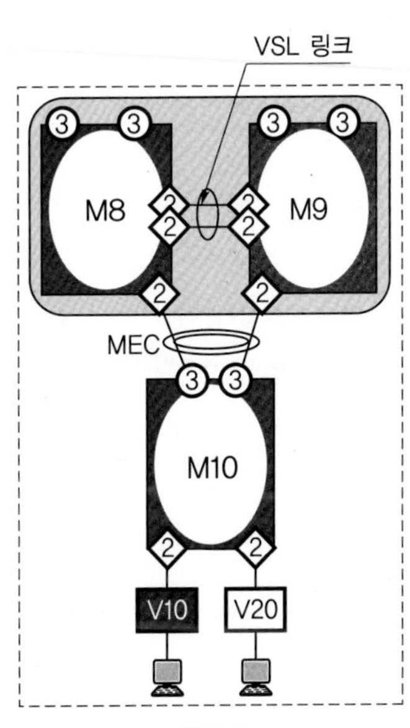

빌딩 D는 [그림 8-21]과 같이

① 스위칭 루프가 일어나지 않으므로 ② STP는 불필요하다.
③ 링크가 이중화되어 ④ 이더채널이 필요하다.
⑤ 멀티샤시 이더채널이 설정되면 M8과 M9가 논리적으로 한 장비가 되므로 ⑥ HSRP가 불필요하다.
⑤ M8/M9간에 멀티샤시 이더채널이 적용되어 논리적으로 1대의 장치가 되므로 ⑥ HSRP는 불필요하고, M10은 Layer 2 스위치로 ⑦ 라우팅 프로토콜을 설정하지 않는다.
⑧ 디스트리뷰션 계층 라우터에는 라우터 간에 네트워크 정보 교환을 위해 ⑨ EIGRP 프로토콜을 적용했다.

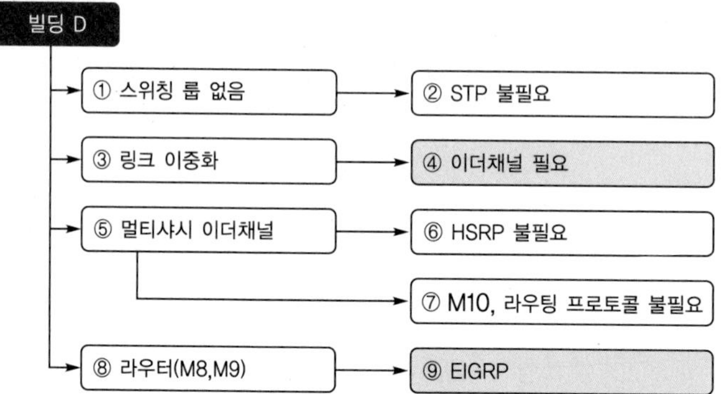

[그림 8-21] ▶ 빌딩 D의 적용 프로토콜들

마지막으로 [표 8-24]를 보고 LAN 구축 방식들을 비교해보자. 빌딩 A에서 트래픽 로드 분산은 VLAN별로 사용 경로를 달리하는 PVST 혹은 MST를 제공하고, 디스트리뷰션 계층의 라우팅 로드 분산 방법으로 HSRP를 사용한다. 스위치 연결 링크나 스위치 다운 시에 복구 프로토콜은 STP이고, 디스트리뷰션 계층의 라우터 다운 시의 복구 프로토콜은 HSRP다. 빌딩 A에서 복구 시, 컨버전스 타임은 STP의 경우, 최대 50초이고, RSTP를 사용하면 1초 이내로 줄어들 수 있다. HSRP의 경우, 약 10초이고, Hold timer를 변경하여 1초 이하로 줄일 수 있다.

빌딩 B에서 트래픽 로드 분산 메커니즘은 HSRP가 제공하고, 네트워크 백업 메커니즘도 HSRP가 제공한다. HSRP일 경우, 컨버전스 타임은 약 10초이고 1초 이하로 줄일 수 있다.

빌딩 C에서 트래픽 로드 분산 메커니즘은 라우팅 프로토콜이 제공하고, 네트워크나 장치 다운 시에 백업 메커니즘을 위해서도 사용된다. 라우팅 프로토콜의 경우 컨버전스 타임은 1초 이하다. Part 3에서 라우팅 프로토콜의 컨버전스에 대해 자세히 다루기로 한다.

빌딩 D에서 트래픽 로드 분산 메커니즘은 멀티섀시 이더채널이 제공하고, 링크 다운 시에 복구 기능도 멀티섀시 이더채널이 담당한다. 멀티섀시 이더채널의 컨버전스 타임은 1초 이하다.

[표 8-24] ▶ 빌딩 LAN 비교

구분	빌딩 A	빌딩 B	빌딩 C	빌딩 D
End-to-End VLAN	적용됨	-	불가능	가능
Local VLAN	-	적용됨	가능	가능
STP	필수적	필수적이지 않음	필수적이지 않음	필수적이지 않음
HSRP/VRRP/GLBP	필수적	필수적	필요 없음	필요 없음
라우팅 프로토콜	디스트리뷰션 계층만	디스트리뷰션 계층만	액세스 계층과 디스트리뷰션 계층 모두 설정	디스트리뷰션 계층만
트래픽 로드 분산 방법	PVST/MST & HSRP/VRRP/GLBP	HSRP/VRRP/GLBP	라우팅 프로토콜	멀티섀시 이더채널
백업 방법	STP & HSRP/VRRP/GLBP	HSRP/VRRP/GLBP	라우팅 프로토콜	멀티섀시 이더채널
컨버전스 타임	~50sec	~10sec	50~600msec	50~600msec

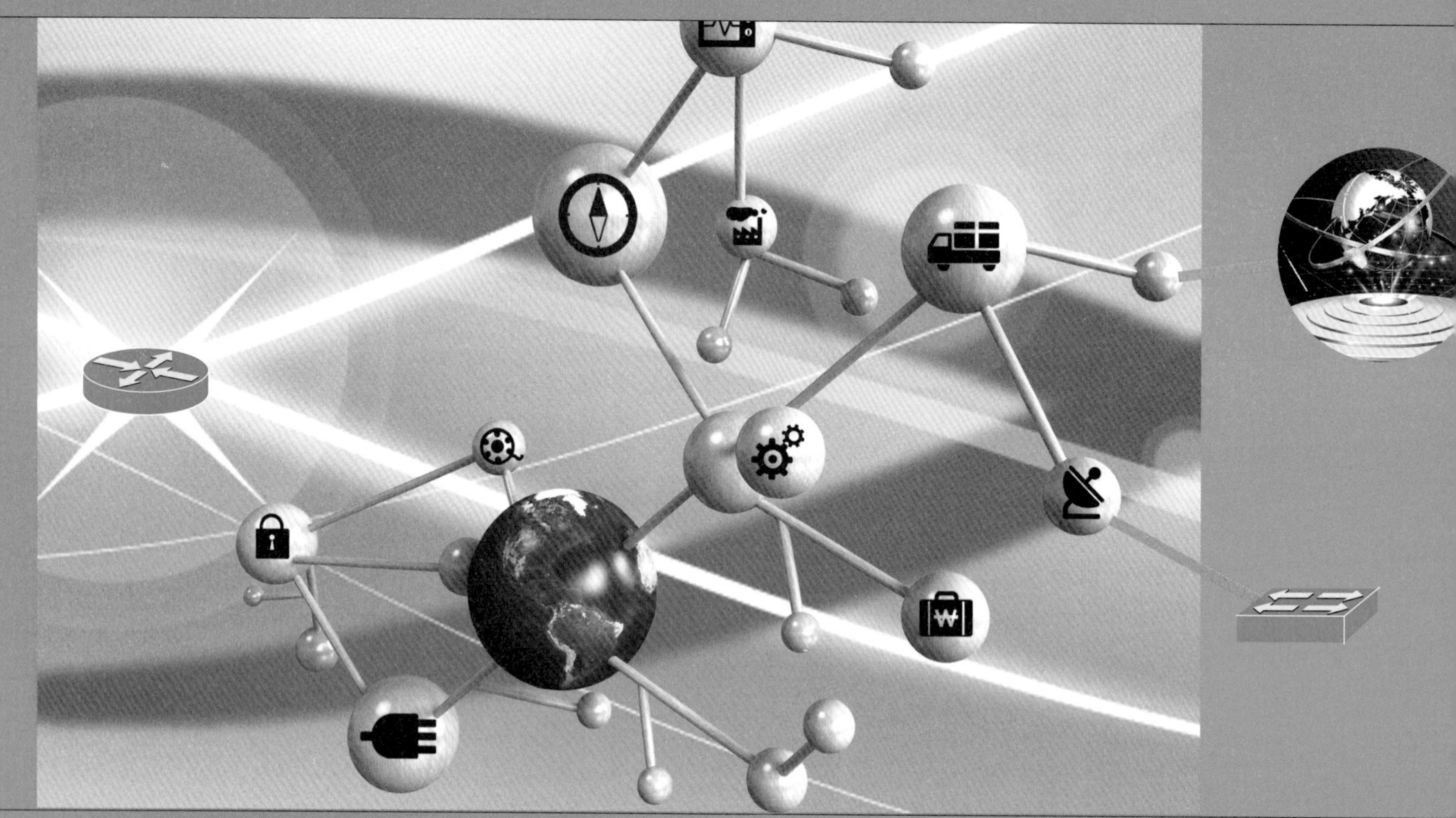

Part Ⅲ 라우팅

Part III에서는 IP관련 이슈와 해결책을 다루고, 스태틱 라우팅과 EIGRP, OSPF, IS-IS, BGP 등의 라우팅 프로토콜의 동작원리에 대해 다룬다. 그 밖에 라우팅 프로토콜 관련하여 컨버전스 타임 최소화 등의 최적화 이슈를 자세히 살펴볼 것이다.

Chapter 9

Static Routing

이 장은 IP 관련 두 가지 이슈와 극복 방안, Static 라우팅의 개념과 설정 방법, Static 라우팅과 Dynamic 라우팅의 차이에 대해서 학습한다. 또한 실제 현장에서 Static 라우팅와 Dynamic 라우팅을 어떤 구간에 설정하고, 이 때 생길 수 있는 이슈와 해결 방안을 학습한다.

구분	강의 제목
이론 강의	Lecture 01. IP 관련 문제와 해결 방안
	Lecture 02. 스태틱 라우팅(Static Routing)
연습 강의	Lecture 04. Static 라우팅과 Dynamic 라우팅 비교
실습	Lecture 03. Static 라우팅 Lab 10
	Lecture 05. Static & Dynamic 혼합 라우팅 Lab 11

Lecture 01

IP 관련 문제와 해결 방안

강의 키워드 IPv4 소진 문제와 IPv6/NAT/VLSM 솔루션, 긴 라우팅 테이블 문제와 Route Summarization 솔루션, VLSM을 활용한 IP 설계, Route Summarization 방법

[그림 9-1]을 보자. IP 주소와 관련하여 두 가지 과제가 있다. 첫째, IPv4 공인 주소가 소진되어 더 이상 할당할 주소가 남아 있지 않다는 것과 둘째, IPv4 주소가 대부분 할당되어 라우팅 테이블의 길이가 길어졌다는 것이다. 첫번째 문제에 대한 솔루션으로 128비트 길이의 IPv6를 적용하면 된다. 그러나, IPv6를 적용하기 위해서는 조직 내의 모든 단말, 네트워크 장치, 소프트웨어들이 IPv6를 지원해야 하는데 생각보다 많은 비용이 들 수 있다. 어렵게 IPv6로 이전했다 하더라도, IPv4 망과의 연동과정에서 지연과 오류가 발생할 수도 있다. IPv6로 이전을 저해하는 요인 중 하나는 NAT(Network Address Translation) 솔루션 때문이다. NAT는 회사 내부에서는 사설 IP를 사용하고, 패킷이 인터넷과 같은 공인 IP를 사용하는 네트워크로 나갈 때만 출발지 IP를 공인 IP로 변경하기 때문에 인터넷에 대한 동시 접속자 수만큼만 보유하면 되므로 필요한 공인 IP 수를 줄인다. 그러나, 사설 IP 수로도 감당하기 힘든 사물 인터넷이 대두되며 IPv6로의 전환 압력은 높아질 전망이다.

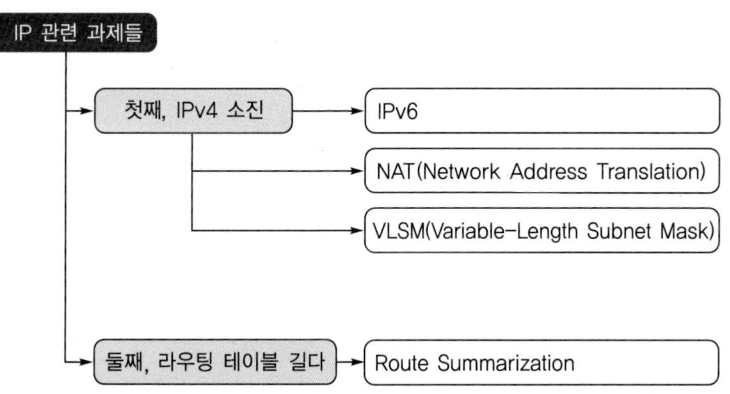

[그림 9-1] ▶ 라우팅 분류 II

IPv4 소진에 대한 솔루션 중 하나인 VLSM(Variable-Length Subnet Mask)에 대해 알아보자. VLSM에 반대되는 것은 FLSM(Fixed-Length Subnet Mask)이다. 지금까지 IP 설계 조건은 모든 네트워크들에 동일한 수의 호스트가 들어간다 가정하였다. 즉, 모든 네트워크들의 서브넷 마스크도 모두 동일하였다. 그러나, 실제로는 [그림 9-2]와 같이 네트워크마다 호스트 수들은 다를 수 있을 것이다. 이러한 경우, FLSM을 적용하여 IP 설계를 하면 호스트가 많은 네트워크의 서브넷 마스크를 호스트 수가 적은 네트워크에도 적용해야 할 것이다. 그렇게 되면 소수의 IP만 필요한 네트워크에도 다수의 IP를 포함할 수 있는 서브넷 마스크를 적용하게 되어 해당 네트워크에서 할당되지 않으면서 다른 네트워크에서도 할당할 수 없는 IP들이 발생한다. 즉, IP 주소의 낭비가 발생한다. 이 문제에 대한 솔루션이 바로 VLSM이다.

[그림 9-2] ▶ VLSM을 필요로 하는 환경

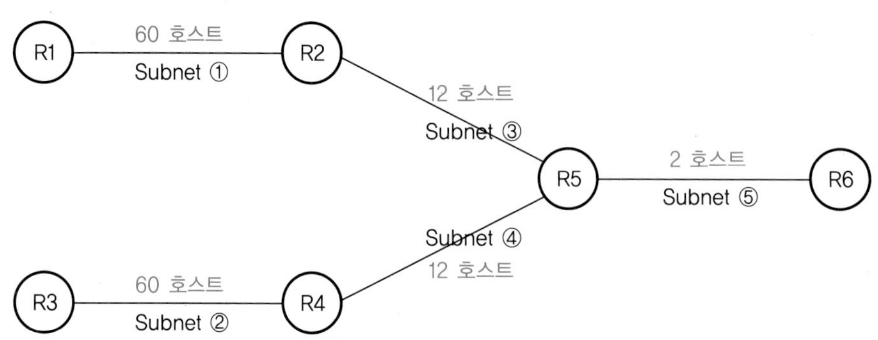

VLSM을 이용한 IP 설계와 할당 방법은 FLSM과 크게 다르지 않다. [그림 9-2]를 다시 보자. 60 호스트 네트워크가 2개, 12 호스트 네트워크가 2개, 2 호스트 네트워크가 1개 있다. 먼저 60 호스트 네트워크부터 IP를 할당해보자.

1 60 호스트가 들어가는 2개의 네트워크에 대한 IP 할당

[그림 9-3]을 보자. 60 호스트를 포함하기 위해 2^6(= 64)으로 호스트 칸 6칸이 필요하다. 따라서 서브넷 마스크는 이진수로 11111111.11111111.11111111.11000000, 십진수로 255.255.255.192가 된다.

[그림 9-3] ▶ 서브넷 마스크 결정

60 호스트를 포함하기 위해
60 호스트 ⊂ 2^6 (2의 6제곱)
호스트칸 → 6칸

구분	네트워크	호스트
서브넷 마스크	11111111.11111111.11111111.11	000000
	255.255.255.192	

[표 9-1]을 보자. Subnet ①의 IP 범위를 구하면 11.1.1.00 네트워크에서 가장 작은 IP는 호스트 자리 6칸이 이진수로 모두 '0'인 11.1.1.00000000부터 이진수로 모두 '1'인 11.1.1.00111111까지다. 십진수로 11.1.1.0~11.1.1.63 범위가 된다. Subnet ②는 Subnet ①의 다음 주소부터 '+63' 패턴을 적용하여 11.1.1.64~11.1.1.127 범위가 된다.

[표 9-1] ▶ IP 서브넷팅 결과

구분	네트워크	(Subnet)	호스트	IP 영역
Subnet Mask	11111111.11111111.11111111.	11	000000	
Subnet ①	11.1.1. (십진수)	00 (이진수)	000000- 111111	11.1.1.0~ 11.1.1.63
Subnet ②	11.1.1.	01	000000- 111111	11.1.1.64~ 11.1.1.127

② 30 호스트가 들어가는 2개의 네트워크에 대한 IP 할당

[그림 9-4]를 보자. 다음으로 30 호스트가 들어가는 네트워크의 IP 범위를 찾자. 30 호스트를 포함하기 위해 2^5(= 32)으로 호스트 칸 5칸이 필요하다. 따라서 서브넷 마스크는 이진수로 11111111.11111111.11111111.11100000, 십진수로 255.255. 255.224가 된다.

[그림 9-4] ▶ 서브넷 마스크 결정

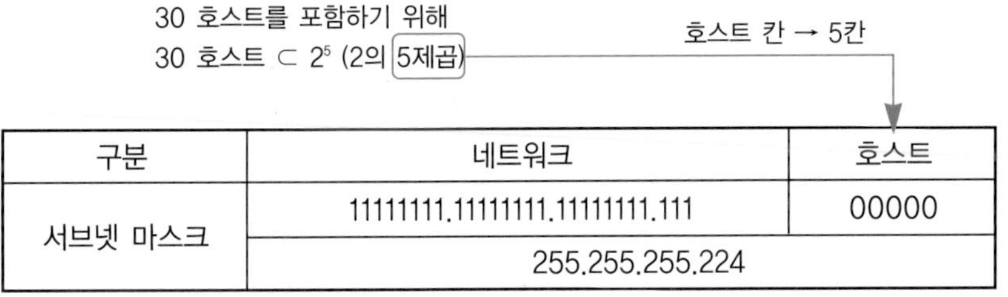

구분	네트워크	호스트
서브넷 마스크	11111111.11111111.11111111.111	00000
	255.255.255.224	

[표 9-2]에서 Subnet ③의 IP 범위를 구하면 Subnet ②에서 11.1.1.127까지 사용했으므로 그 다음 IP 주소부터 사용할 수 있다. 즉, 다음 IP 주소는 11.1.1.128이다. 11.1.1.128를 이진수로 바꾼 11.1.1.10000000을 [표 9-2]에서 검정색으로 표시된 부분에 네트워크와 호스트 경계를 지켜 입력하였다. 11.1.1.100 네트워크에서 가장 큰 IP는 호스트 칸이 모두 '1'인 수 11.1.1.10011111이므로 11.1.1.159가 된다.

Subnet ④는 Subnet ③의 다음 주소부터 '+31' 패턴을 적용하여 11.1.1.160~11.1.1.191 범위가 된다.

[표 9-2] ▶ IP 서브넷팅 결과

구분	네트워크	(Subnet)	호스트	IP 영역
Subnet Mask	11111111.11111111.11111111.	111	00000	
Subnet ③	11.1.1.	100	00000– 11111	11.1.1.128~ 11.1.1.159
Subnet ④	11.1.1.	101	00000– 111111	11.1.1.160~ 11.1.1.191

③ 2 호스트가 들어가는 네트워크에 대한 IP 할당

[그림 9-5]를 보자. 마지막으로 2 호스트가 들어가는 네트워크의 IP 영역을 찾자. 2 호스트를 포함하기 위해 2^2(= 4)으로 호스트 칸 2칸이 필요하다. 2 ^ 1은 2개의 IP가 나오지만, 첫 IP와 마지막 IP는 사용할 수 없기 때문에 IP가 부족하여 부적당하다. 따라서 서브넷 마스크는 이진수로 11111111.11111111.11111111.11111100 십진수로 255.255.255.252가 된다.

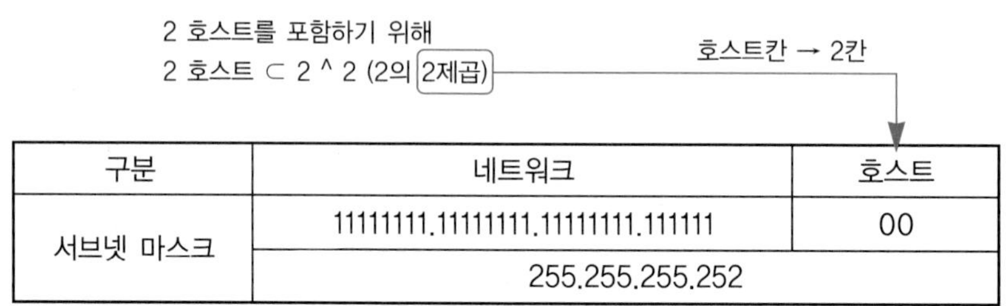

[그림 9-5] ▶ 서브넷 마스크 결정

[표 9-3]을 보자. Subnet ⑤의 IP 범위를 구하면 Subnet ④에서 11.1.1.191까지 사용했으므로 그 다음 IP 부터 사용할 수 있다. 즉, 다음 IP 주소는 11.1.1.192다. 11.1.1.192를 이진수로 바꾼 다음, [표 9-3]에서 검정색으로 표시된 부분에 11.1.1.11000000을 네트워크와 호스트 경계를 지켜 입력하였다. 11.1.1.110000 네트워크에서 가장 큰 IP는 호스트 칸이 모두 '1'인 수 11.1.1.11000011이므로 11.1.1.195가 된다.

[표 9-3] ▶ IP 서브넷팅 결과

구분	네트워크	(Subnet)	호스트	IP 영역
Subnet Mask	11111111.11111111.11111111.	111111	00	
Subnet ①	11.1.1.	110000	00– 11	11.1.1.192~ 11.1.1.195

지금까지 설계한 IP는 [그림 9-6]과 같이 할당하여 보았다.

[그림 9-6] ▶
IP 할당

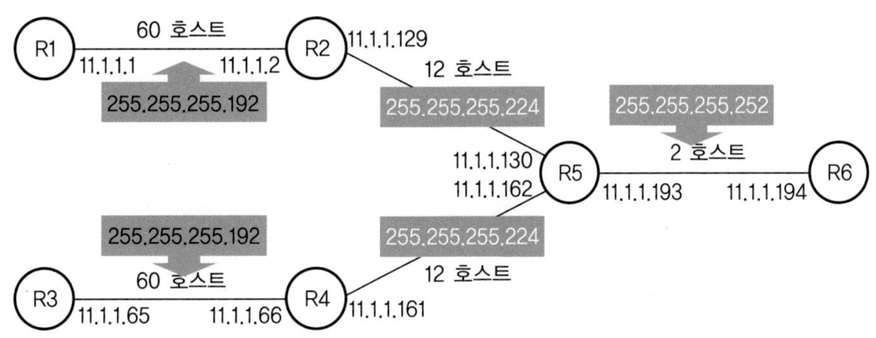

IPv4의 두 번째 문제인 '긴 라우팅 테이블'에 대한 해결책인 'Route Summarization'에 대해 알아보자. R1의 왼쪽에 11.1.0.0/24에서부터 11.1.255.0/24까지 256개의 네트워크들이 있다. R1은 R2에게 256개 정보를 모두 보내야 한다. 이 256개를 1개로 요약하는 방법은 없을까?

[그림 9-7] ▶
Route Summarization

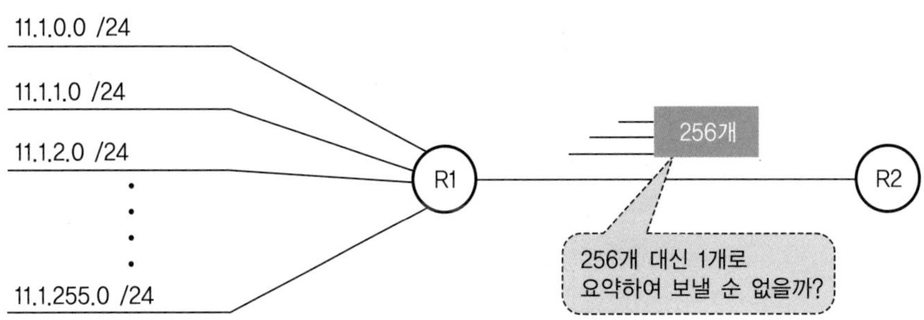

먼저, 요약할 대상이 되는 11.1.0.0 /24에서부터 11.1.255.0/24까지 256개의 네트워크들의 공통 범위를 찾기위해 [표 9-4]와 같이 이진수로 변환하였다. 256개의 네트워크 정보들은 '11.1' 까지가 동일하다. 그러므로 '11.1'로 시작하는 11.1.0.0~11.1.255.255까지의 IP 주소가 R1의 왼쪽에 있는 셈이다. 이 범위를 포함하는 네트워크 정보는 무엇일까? 바로 '11.1.0.0/16(11.1.0.0 255.255.0.0)'이다. [표 9-4]를 보자. 이렇게 Route Summarization 정보를 계산하는 방법은 간단하다. 요약할 네트워크 중에 호스트 자리가 이진수로 모두 '0'인 첫 번째 주소가 요약된 네트워크의 대표 주소가 되고, 서브넷 마스크는 동일한 부분이 요약 정보의 네트워크 칸이 되고, 다른 부분은 호스트 칸이 된다.

[표 9-4] ▶ Route Summarization 결과

구분	동일한 부분	다른 부분	요약 결과
11.1.0.0	00001011.00000001.	00000000.호스트 부분	11.1.0.0. [대표 주소]
11.1.1.0	00001011.00000001.	00000001.호스트 부분	
11.1.2.0	00001011.00000001.	00000010.호스트 부분	
중간 생략			
11.1.254.0	00001011.00000001.	11111110.호스트 부분	
11.1.255.0	00001011.00000001.	11111111.호스트 부분	
서브넷 마스크	11111111.11111111.	00000000.00000000	255.255.0..0

결과적으로 R1에서 Route Summarization을 하면, R2와 더불어 R2로 부터 라우팅 정보를 받는 모든 라우터들의 라우팅 테이블 길이를 256줄 대신 1줄로 만든다. 라우팅 테이블이 짧아지면 라우팅 테이블에서 패킷의 목적지를 찾는 속도가 개선된다. 즉, 라우팅 속도가 개선된다.

또 하나의 이점은 네트워크(예를 들어 11.1.1.0/24 네트워크)가 업/다운을 반복할 때, 업/다운 정보가 모든 라우터들에 반복 전달되어 밴드위스와 CPU를 소모시키는데 Route Summarization을 하면, 실제하는 11.1.1.0/24 네트워크 정보 대신 요약된 가짜 정보(11.1.0.0/16)만 보내기 때문에 이 가짜 정보는 죽을 수 없으므로 네트워크의 업/다운 정보를 반복 전달하지 않는다. 즉, 라우팅 테이블이 안정적으로 유지되며, 결과적으로 CPU와 밴드위스 소모를 줄인다.

두 번째 Route Summarization 연습은 11.1.0.0/24와 11.1.1.0/24 정보를 하나로 요약하는 것이다. [표 9-5]를 보자. 11.1.0.0/24와 11.1.1.0/24를 이진수로 변경하면 23칸까지 동일하다. 요약할 네트워크 중에 호스트 자리가 이진수로 모두 '0'인 첫 번째 네트워크 주소가 대표 주소가 되고, /23이 요약 정보의 서브넷 마스크가 된다. 즉, 11.1.0.0/23(11.1.0.0 255.255.254.0)이 네트워크 요약 정보다.

[표 9-5] ▶ Route Summarization 결과

구분	동일한 부분	다른 부분	요약 결과
11.1.0.0	00001011.00000001.0000000	0.호스트 부분	11.1.0.0. [대표 주소]
11.1.1.0	00001011.00000001.0000000	1.호스트 부분	
서브넷 마스크	11111111.11111111.1111111	0.00000000	255.255.254.0

세 번째 Route Summarization 연습은 11.1.0.0/24, 11.1.1.0/24, 11.1.2.0/24, 11.1.3.0/24 정보를 하나로 요약하는 것이다. 11.1.0.0/24, 11.1.1.0/24, 11.1.2.0/24, 11.1.3.0/24를 이진수로 변경하면 22칸까지 동일하다. 요약할 네트워크 중에 호스트 자리가 이진수로 모두 '0'인 첫 번째 네트워크 주소가 대표 주소가 되고, /22가 요약

정보의 서브넷 마스크가 된다. 즉, 11.1.0.0 /22(11.1.0.0 255.255.255.252가 네트워크 요약 정보가 된다.

[표 9-6] ▶ Route Summarization 결과

구분	동일한 부분	다른 부분	요약 결과
11.1.0.0	00001011.00000001.000000	00.호스트 부분	11.1.0.0. [대표 주소]
11.1.1.0	00001011.00000001.000000	01.호스트 부분	
11.1.2.0	00001011.00000001.000000	10.호스트 부분	
11.1.3.0	00001011.00000001.000000	11.호스트 부분	
서브넷 마스크	11111111.11111111.111111	00.00000000	255.255.252.0

[표 9-4], [표 9-5], [표 9-6]에서 계산된 Route Summarization 결과는 라우터에 설정해야 하며, 설정 명령은 라우팅 프로토콜마다 다르다. 설정 방법은 Chapter 10에서 다시 다룬다.

[그림 9-8]을 보자. Route Summarization은 수퍼네팅(Supernetting)이라고도 한다. Route Summarization은 네트워크 정보를 합치는 것으로 네트워크와 호스트의 경계가 왼쪽으로 이동한다. 한편, IP 설계를 서브네팅(Subnetting)이라 한다. IP 설계는 네트워크를 쪼개는 것으로 네트워크와 호스트의 경계가 오른쪽으로 이동한다.

[그림 9-8] ▶ 수퍼네팅과 서브네팅

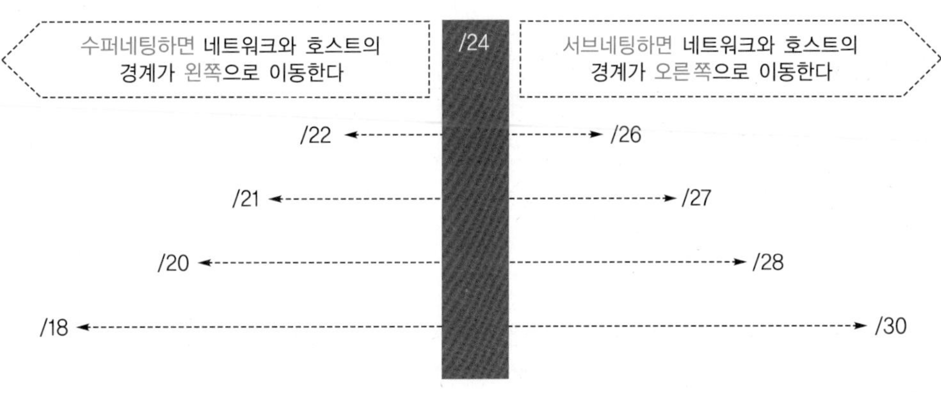

Lecture 02

Static 라우팅 개념

강의 키워드 Not Connected 네트워크와 Staitc 라우팅, Static 루트 설정, Default Static 루트

라우팅 테이블을 보는 명령은 'show ip route'다. 패킷의 목적지가 라우팅 테이블에 존재하지 않으면 해당 패킷은 버려진다. 라우팅 테이블에 올라오는 네트워크 정보는 [그림 9-9]와 같이 해당 라우터에 'Connected' 네트워크 정보와 'Not Connected' 네트워크 정보로 구분된다. 'Connected' 네트워크 정보는 라우터 인터페이스를 'no shutdown' 명령으로 살리고 IP 주소만 입력하면 라우팅 테이블에 올라온다.

[그림 9-9] ▶ 네트워크 정보의 구분

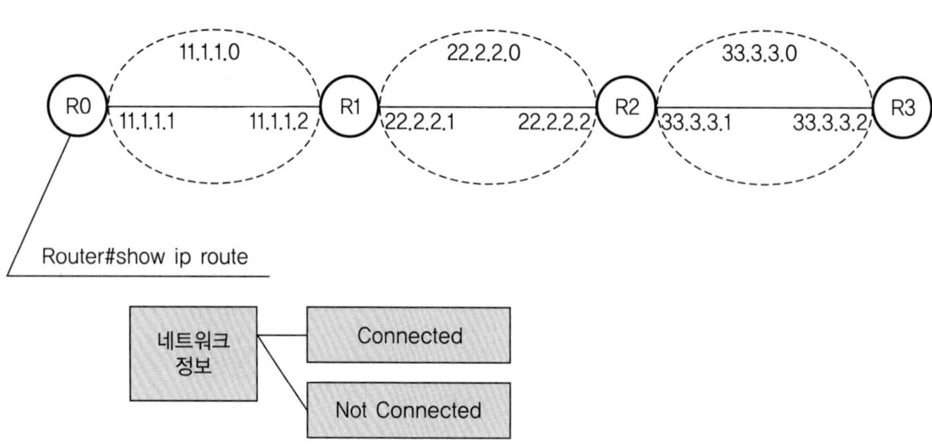

[표 9-7]은 [그림 9-9]의 R0, R1, R2, R3의 'Connected' 네트워크 정보와 'Not Connected' 네트워크 정보를 구분한 것이다.

[표 9-7] ▶ [그림 9-9]에서 라우터들의 Connected/Not Connected 네트워크

구분		
R0	Connected	11.1.1.0
	Not Connected	22.2.2.0
		33.0.0.0
R1	Connected	11.1.1.0
		22.2.2.0
	Not Connected	33.3.3.0
R2	Connected	22.2.2.0
		33.3.3.0
	Not Connected	11.1.1.0
R3	Connected	33.3.3.0
	Not Connected	11.1.1.0
		22.2.2.0

라우팅 테이블에 'Not Connected' 네트워크 정보가 올라오게 하는 방법은 [그림 9-10]과 같이 두 가지가 있다. 즉, 네트워크 관리자가 직접 Static 루트를 설정하는 방법과 라우팅 프로토콜을 설정하는 방법이다.

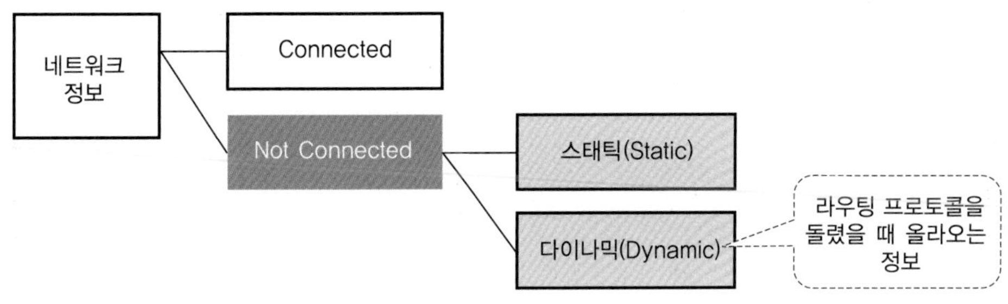

[그림 9-10] ▶ 'Not Connected' 네트워크 정보를 라우팅 테이블에 올라오게 하는 방법

라우팅 프로토콜을 설정하면 [그림 9-11]과 같이 라우터끼리 'Connected'된 네트워크 정보를 교환하여 라우팅 테이블을 만든다.

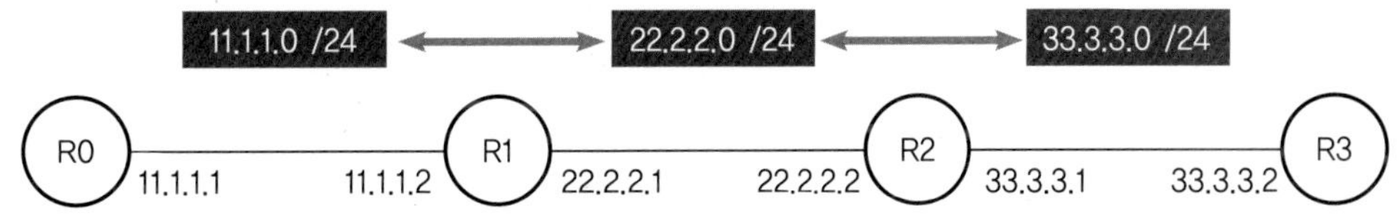

[그림 9-11] ▶ 'Not Connected' 네트워크 정보와 라우팅 프로토콜

라우팅 프로토콜을 돌렸을 때, R0의 라우팅 테이블인 [표 9-8]을 보자. 'via 11.1.1.2'는 '22.2.2.0/24'로 가기 위해 다음으로 거쳐야 할 라우터 주소(= Next hop)이면서, '22.2.2.0/24' 정보를 R0에게 보내준 라우터 주소(=Information source)다. 라우팅은 릴레이(Relay) 프로세스라고 한다. 릴레이 시합에서 바통을 다음 선수에게

전달하는 것처럼 패킷을 다음 라우터에게 전달하기 때문이다. 즉, 패킷을 목적지로 보낼 때, 다음 다음 라우터에 전달할 수는 없다. [표 9-8]에서도 33.3.3.0 /24 네트워크에 대해서도 다음 라우터 주소가 'via 22.2.2.2'가 아니라 'via 11.1.1.2'로 잡히는 것을 확인할 수 있다.

```
R0#show ip route
```

[표 9-8] ▶ [그림 9-10]의 R0의 라우팅 테이블

구분	네트워크 정보
Connected	11.1.1.0 /24 is directly connected
Not Connected	22.2.2.0 /24 via 11.1.1.2
	33.3.3.0 /24 via 11.1.1.2

이렇게 라우팅 프로토콜을 돌리면, 'Not Connected' 네트워크 정보가 올라온다. 또한, 네트워크의 업/다운 상황을 자동으로 반영하여 라우팅 테이블을 수정한다. 반면, Static 정보는 'Not Connected' 네트워크 정보를 네트워크 관리자가 직접 설정하는 방식이다. 설정 명령은 [그림 9-12]와 같은데 [표 9-8]에서 라우팅 프로토콜이 만든 정보와 같이 목적지 네트워크(대표 주소+서브넷 마스크)와 Next-hop 정보를 만들어 주어야 한다. Static 루트 설정은 [표 9-7]에서 'Not Connected' 네트워크 정보만 직접 설정하면 된다.

[그림 9-12] ▶ Static 루트 설정 명령어

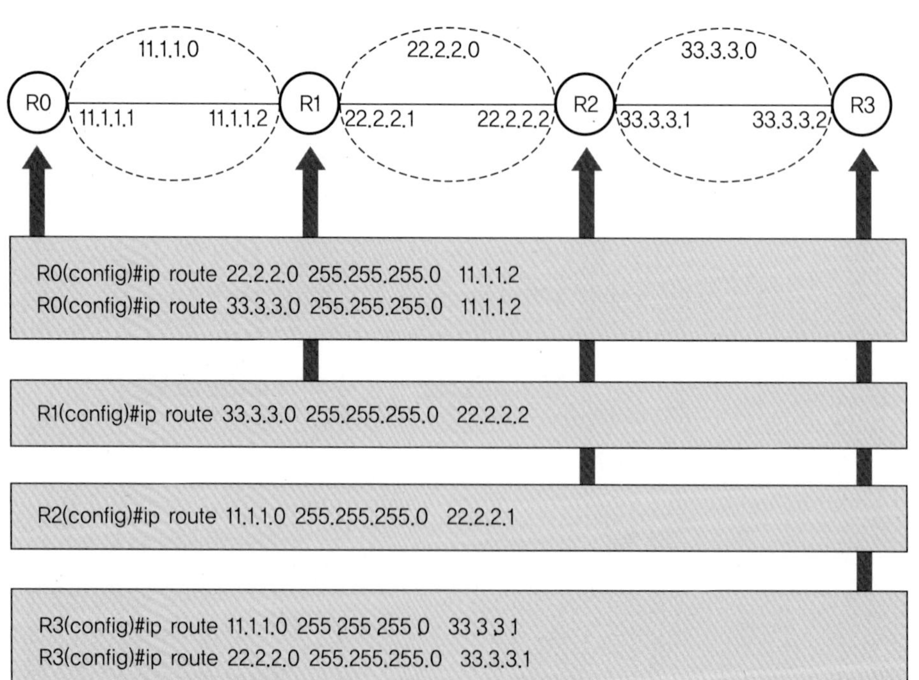

다음은 Default Static 루트에 대한 설명이다. [그림 9-13]에서 R1의 Static 루트 설정을 보면 'ip route 0.0.0.0 0.0.0.0 11.1.1..1'과 같다. '0.0.0.0 0.0.0.0' 표현은 모든 IP를 의미한다. 즉, 이와 같이 모든 목적지 네트워크를 포함하는 Static 루트를 Default Static 루트라고 한다. 인터넷에는 수십만 개의 네트워크들이 산재하므로 해당 네트워크들에 대한 Static 루트를 일일이 설정할 수가 없다. 따라서, 인터넷과 통신하기 위해서는 [그림 9-13]과 같이 우리 회사의 모든 라우터들에 Default Static 루트 설정이 반드시 필요하다.

[그림 9-13] ▶ 스태틱 루트만으로 라우팅 설정 사례

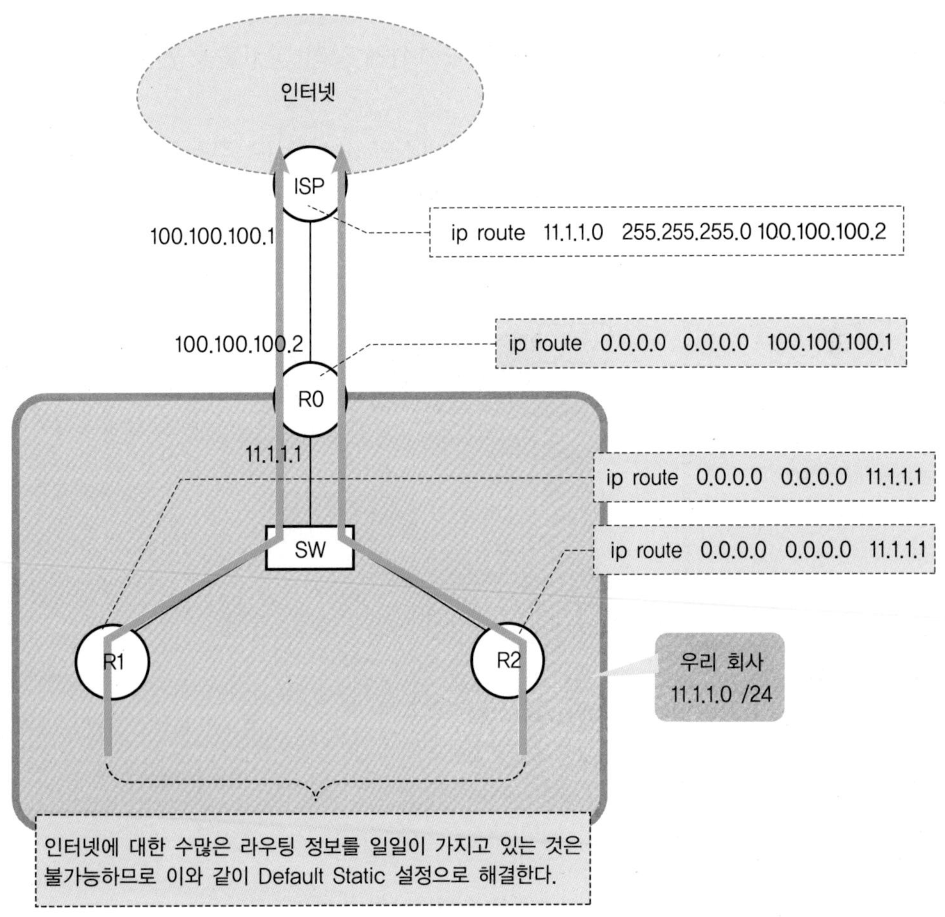

Lecture 03

Static 라우팅 Lab 10

강의 키워드 Static 루트 설정, Default Static 루트 설정

Problem 1 [그림 9-14]와 같이 장비들을 연결하라.

Problem 2 [그림 9-14]와 표시된 IP 주소를 할당하라(Subnet Mask는 [그림 9-14]와 같이 255.255. 255.0과 255.255.255.240의 2가지로 구분하여 할당할 것).

[그림 9-14] ▶ 실습 네트워크 구성

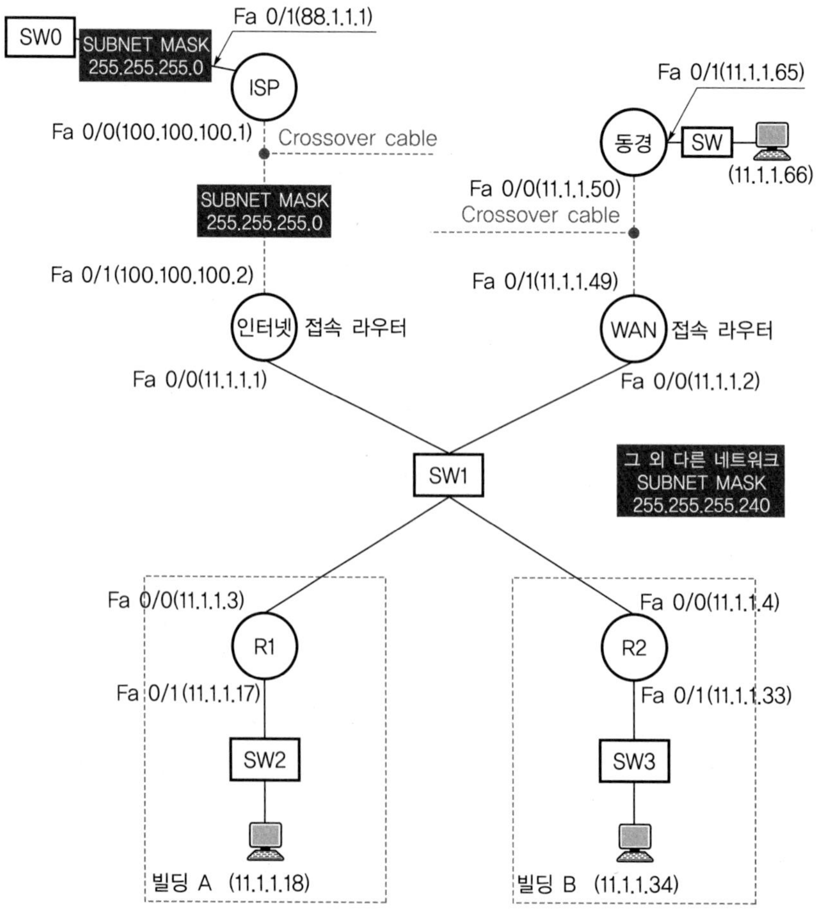

Problem 3 모든 라우터들에 Static 라우팅을 설정하라.

- 모든 라우터들의 라우팅 테이블이 적정한지 확인하라.
- 주의: 라우팅 프로토콜을 설정하면 안 됨.

Problem 4 모든 IP를 가진 장치에서 모든 IP로 핑이 되는지 확인하라.

Problem 1 [그림 9-14]와 같이 장비들을 연결하라.

설명 Chapter 1, Lecture 05. LAN 구축 기초 | Lab 01 을 참조할 것.

Problem 2 [그림 9-14]에 표시된 IP 주소를 할당하라.

[표 9-9]와 같다. [그림 9-14]에서 표시된 대로 Subnet Mask는 255.255.255.0과 255.255.255.240의 2가지로 구분하여 할당해야 한다.

[표 9-9] ▶ IP 설정 (라우터)

라우터	명령어
인터넷 접속 라우터	Router#config terminal Router(config)#interface fastethernet 0/0 Router(config-if)#no shutdown Router(config-if)#ip address 11.1.1.1 255.255.255.240 Router(config-if)#interface fastethernet 0/1 Router(config-if)#no shutdown Router(config-if)#ip address 100.100.100.2 255.255.255.0
R1	Router#config terminal Router(config)#interface fastethernet 0/0 Router(config-if)#no shutdown Router(config-if)#ip address 11.1.1.3 255.255.255.240 Router(config-if)#interface fastethernet 0/1 Router(config-if)#no shutdown Router(config-if)#ip address 11.1.1.17 255.255.255.240
R2	Router#config terminal Router(config)#interface fastethernet 0/0 Router(config-if)#no shutdown Router(config-if)#ip address 11.1.1.4 255.255.255.240 Router(config-if)#interface fastethernet 0/1 Router(config-if)#no shutdown Router(config-if)#ip address 11.1.1.33 255.255.255.240
WAN	Router#config terminal Router(config)#interface fastethernet 0/0 Router(config-if)#no shutdown Router(config-if)#ip address 11.1.1.2 255.255.255.240 Router(config-if)#interface fastethernet 0/1 Router(config-if)#no shutdown Router(config-if)#ip address 11.1.1.49 255.255.255.240
동경	Router#config terminal Router(config)#interface fastethernet 0/0 Router(config-if)#no shutdown Router(config-if)#ip address 11.1.1.50 255.255.255.240 Router(config-if)#interface fastethernet 0/1 Router(config-if)#no shutdown Router(config-if)#ip address 11.1.1.65 255.255.255.240

ISP	Router#config terminal Router(config)#interface fastethernet 0/0 Router(config-if)#no shutdown Router(config-if)#ip address 100.100.100.1 255.255.255.0 Router(config-if)#interface fastethernet 0/1 Router(config-if)#no shutdown Router(config-if)#ip address 88.1.1.1 255.255.255.0

PC들의 IP 설정은 [표 9-10]과 같다.

[표 9-10] ▶ IP 설정(PC)

PC	명령어
11.1.1.18 PC	IP Address : 11.1.1.18 Subnet Mask : 255.255.255.240 Default Gateway : 11.1.1.17
11.1.1.34 PC	IP Address : 11.1.1.34 Subnet Mask : 255.255.255.240 Default Gateway : 11.1.1.33
11.1.1.66 PC	IP Address : 11.1.1.66 Subnet Mask : 255.255.255.240 Default Gateway : 11.1.1.65

Problem 3 모든 라우터들에 Static 라우팅을 설정하라.

스태틱 루트를 설정하는 절차는 다음과 같다.

첫째, [그림 9-15]와 같이 각 네트워크의 대표 주소와 서브넷 마스크를 확인한다. 0.0.0.0 0.0.0.0'은 모든 IP를 포함하는 디폴트 스테틱 루트 설정에 사용한다.

[그림 9-15] ▶ 네트워크별 대표주소와 서브넷 마스크

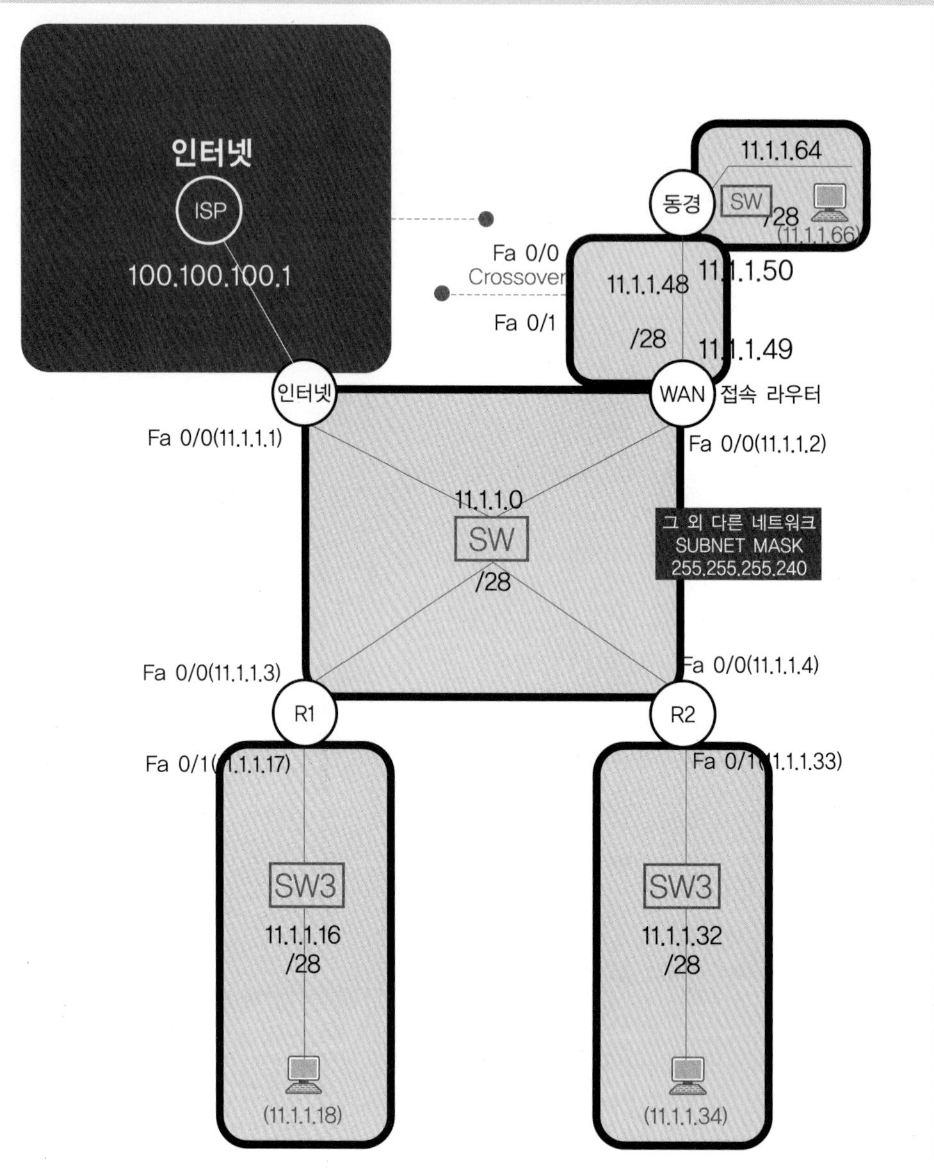

둘째, 각 라우터에 [표 9-11]과 같이 각 라우터의 'Not Connected' 네트워크만 Static 루트로 설정한다.

[표 9-11] ▶ 라우터별 Static 루트 설정

구분			Static 설정
R1	Connected	11.1.1.0 /28	설정하지 않음
		11.1.1.16 /28	
	Not Connected	11.1.1.32 /28	R1(config)#ip route 11.1.1.32 255.255.255.240 11.1.1.4
		11.1.1.48 /28	R1(config)#ip route 11.1.1.48 255.255.255.240 11.1.1.2
		11.1.1.64 /28	R1(config)#ip route 11.1.1.64 255.255.255.240 11.1.1.2
		인터넷	R1(config)#ip route 0.0.0.0 0.0.0.0 11.1.1.1
R2	Connected	11.1.1.0 /28	설정하지 않음
		11.1.1.32 /28	
	Not Connected	11.1.1.16 /28	R2(config)#ip route 11.1.1.16 255.255.255.240 11.1.1.3
		11.1.1.48 /28	R2(config)#ip route 11.1.1.48 255.255.255.240 11.1.1.2
		11.1.1.64 /28	R2(config)#ip route 11.1.1.64 255.255.255.240 11.1.1.2
		인터넷	R2(config)#ip route 0.0.0.0 0.0.0.0 11.1.1.1
WAN	Connected	11.1.1.0 /28	설정하지 않음
		11.1.1.48 /28	
	Not Connected	11.1.1.16 /28	WAN(config)#ip route 11.1.1.16 255.255.255.240 11.1.1.3
		11.1.1.32 /28	WAN(config)#ip route 11.1.1.32 255.255.255.240 11.1.1.4
		11.1.1.64 /28	WAN(config)#ip route 11.1.1.64 255.255.255.240 11.1.1.50
		인터넷	WAN(config)#ip route 0.0.0.0 0.0.0.0 11.1.1.1
동경	Connected	11.1.1.48 /28	설정하지 않음
		11.1.1.64 /28	
	Not Connected	11.1.1.0 /28	EAST(config)#ip route 0.0.0.0 0.0.0.0 11.1.1.49
		11.1.1.16 /28	
		11.1.1.32 /28	
		인터넷	
인터넷 접속	Connected	100.100.100.0 /24	설정하지 않음
		11.1.1.0 /28	
	Not Connected	11.1.1.16 /28	Internet(config)#ip route 11.1.1.16 255.255.255.240 11.1.1.3
		11.1.1.32 /28	Internet(config)#ip route 11.1.1.32 255.255.255.240 11.1.1.4
		11.1.1.48 /28	Internet(config)#ip route 11.1.1.48 255.255.255.240 11.1.1.2
		11.1.1.64 /28	Internet(config)#ip route 11.1.1.64 255.255.255.240 11.1.1.2
		인터넷	Internet(config)#ip route 0.0.0.0 0.0.0.0 100.100.100.1
ISP	Connected	100.100.100.0 /24	설정하지 않음
		88.1.1.0 /24	
	Not Connected	11.1.1.0 /28	ISP(config)#ip route 11.1.1.0 255.255.255.0 100.100.100.2
		11.1.1.16 /28	
		11.1.1.32 /28	
		11.1.1.48 /28	
		11.1.1.64 /28	

그런데 [표 9-11] 중에서 동경 라우터와 ISP 라우터의 Static 설정에 대해 다음과 같은 의문점이 들 수 있다.

먼저, 동경 라우터에 'Not Connected' 네트워크에 대해 [표 9-12]와 같이 11.1.1.0 /28, 11.1.1.16 /28, 11.1.1.32 /28, 0.0.0.0 /0에 대해 각각 설정하지 않고, 왜 [표 9-11]에서는 'ip route 0.0.0.0 0.0.0.0 11.1.1.49'의 한 줄로 설정했을까? 그 이유는 모든 'Not Connected' 된 목적지 네트워크의 다음 라우터 주소가 '11.1.1.49'로 동일하고, '0.0.0.0 0.0.0.0'는 모든 IP를 포함하기 때문이다.

[표 9-12] ▶ 동경 라우터의 다른 Static 라우팅 설정

동경	Not Connected	11.1.1.0 /28	EAST(config)#ip route 11.1.1.0 255.255.255.240 11.1.1.49
		11.1.1.16 /28	EAST(config)#ip route 11.1.1.16 255.255.255.240 11.1.1.49
		11.1.1.32 /28	EAST(config)#ip route 11.1.1.32 255.255.255.240 11.1.1.49
		인터넷	EAST(config)#ip route 0.0.0.0 0.0.0.0 11.1.1.49

다음, [표 9-11]에서 ISP 라우터의 설정을 보자. [표 9-13]과 같이 ISP 라우터에서 우리 회사에 속하는 5개의 네트워크들을 각각 설정하지 않고, 'ISP(config)# ip route 11.1.1.0 255.255.255.0 100.100.100.2'와 같이 한 줄로 설정했다. '11.1.1.0 255.255.255.0' 표현은 '11.1.1'까지가 네트워크 자리이기 때문에 '11.1.1' 네트워크에 속하는 '11.1.1.0~11.1.1.255'까지의 IP 주소 범위를 모두 포함하는 표현이다. 즉, 다섯 줄로 설정하는 것보다, 한 줄로 표현할 수 있다면 라우팅 테이블을 짧게 하여 라우팅 속도를 향상시킨다.

[표 9-13] ▶ 동경 라우터의 다른 Static 라우팅 설정

ISP	Not Connected	11.1.1.0 /28	ISP(config)#ip route 11.1.1.0 255.255.255.240 100.100.100.2
		11.1.1.16 /28	ISP(config)#ip route 11.1.1.16 255.255.255.240 100.100.100.2
		11.1.1.32 /28	ISP(config)#ip route 11.1.1.32 255.255.255.240 100.100.100.2
		11.1.1.48 /28	ISP(config)#ip route 11.1.1.48 255.255.255.240 100.100.100.2
		11.1.1.64 /28	ISP(config)#ip route 11.1.1.64 255.255.255.240 100.100.100.2

Static 라우팅 설정 후에, 각 라우터의 라우팅 테이블은 [표 9-14]와 같다. Static 정보는 'S'로 표시된다.

[표 9-14] ▶ Static 라우팅 설정 후의 라우팅 테이블

라우터	라우팅 테이블
인터넷 접속 라우터	Router#show ip route 11.0.0.0/28 is variably subnetted, 5 subnets, 2 masks C 11.1.1.0 is directly connected, FastEthernet0/0 S 11.1.1.16 [1/0] via 11.1.1.3 S 11.1.1.32 [1/0] via 11.1.1.4 S 11.1.1.48 [1/0] via 11.1.1.2 S 11.1.1.64 [1/0] via 11.1.1.2 100.0.0.0/24 is subnetted, 1 subnets C 100.100.100.0 is directly connected, FastEthernet0/1 S* 0.0.0.0/0 [1/0] via 100.100.100.1
RI	Router#show ip route 11.0.0.0/28 is subnetted, 5 subnets C 11.1.1.0 is directly connected, FastEthernet0/0 C 11.1.1.16 is directly connected, FastEthernet0/1 S 11.1.1.32 [1/0] via 11.1.1.4 S 11.1.1.48 [1/0] via 11.1.1.2 S 11.1.1.64 [1/0] via 11.1.1.2 S* 0.0.0.0/0 [1/0] via 11.1.1.1
R2	Router#show ip route 11.0.0.0/28 is subnetted, 5 subnets C 11.1.1.0 is directly connected, FastEthernet0/0 S 11.1.1.16 [1/0] via 11.1.1.3 C 11.1.1.32 is directly connected, FastEthernet0/1 S 11.1.1.48 [1/0] via 11.1.1.2 S 11.1.1.64 [1/0] via 11.1.1.2 S* 0.0.0.0/0 [1/0] via 11.1.1.1
WAN	Router#show ip route 11.0.0.0/28 is subnetted, 5 subnets C 11.1.1.0 is directly connected, FastEthernet0/0 S 11.1.1.16 [1/0] via 11.1.1.3 S 11.1.1.32 [1/0] via 11.1.1.4 C 11.1.1.48 is directly connected, FastEthernet0/1 S 11.1.1.64 [1/0] via 11.1.1.50 S* 0.0.0.0/0 [1/0] via 11.1.1.1
동경	Router#sh ip route 11.0.0.0/28 is subnetted, 2 subnets C 11.1.1.48 is directly connected, FastEthernet0/0 C 11.1.1.64 is directly connected, FastEthernet0/1 S* 0.0.0.0/0 [1/0] via 11.1.1.49
ISP	Router#show ip route

ISP	11.0.0.0/24 is subnetted, 1 subnets S 11.1.1.0 [1/0] via 100.100.100.2 88.0.0.0/24 is subnetted, 1 subnets C 88.1.1.0 is directly connected, FastEthernet0/1 100.0.0.0/24 is subnetted, 1 subnets C 100.100.100.0 is directly connected, FastEthernet0/0

Problem 4 모든 IP를 가진 장치에서 모든 IP로 핑이 되는지 확인하라.

설명 PC에서도 핑 테스트를 하되, 핑 테스트 방법은 Chapter 1. 'Lecture 05. LAN 구축 기초 I Lab 01'을 참조한다.

Lecture 04

Static 라우팅과 Dynamic 라우팅 비교

싱글 커넥션과 Static 라우팅, 멀티플 커넥션과 Dynamic 라우팅

Static 라우팅과 Dynamic 라우팅을 적용하는 경우를 비교해보자. 결론부터 정리하면 일반적으로 싱글 커넥션이면 Static 라우팅을 설정하고, 멀티플 커넥션이면 Dynamic 라우팅을 적용한다. 즉, [그림 9-16]에서 서울 본사 내부에서 WAN 라우터와 M1 라우터 간의 경로는 멀티플 커넥션이다. 이 경우, Dynamic 라우팅, 즉 라우팅 프로토콜을 설정한다. 그러나, EAST 라우터와 WAN 라우터 간의 연결은 싱글 커넥션으로 이 경우는 Static 루트를 설정한다.

[그림 9-16] ▶ Static vs Dynamic 라우팅

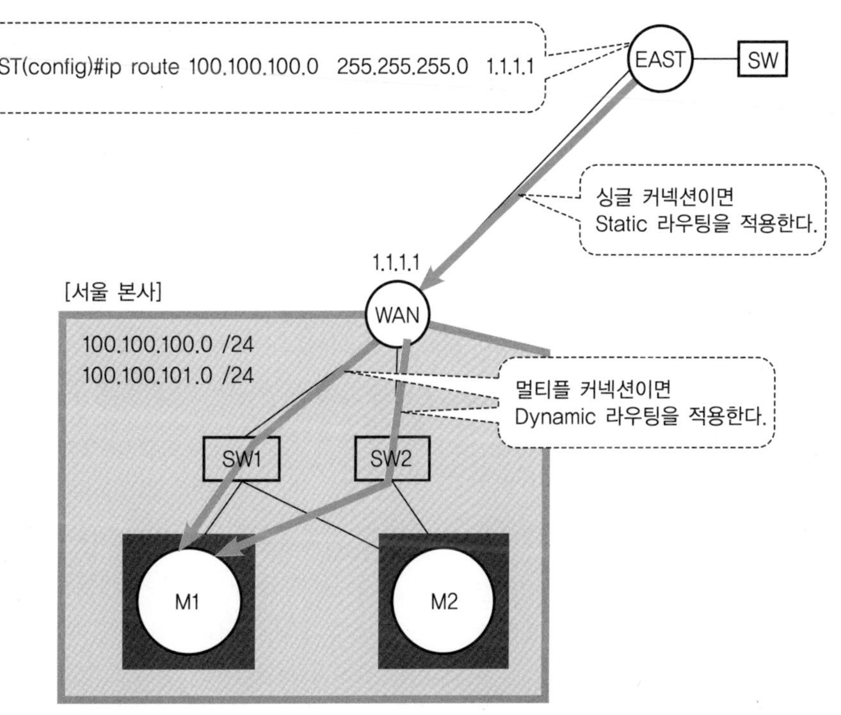

그렇다면, 싱글 커넥션일 경우 Static 라우팅을, 멀티플 커넥션일 경우 Dynamic 라우팅을 적용하는 이유는 무엇일까? [그림 9-17]을 보자. EAST 라우터에서 100.100.100.0/24 네트워크에 대해 2개의 경로들(즉, 멀티플 커넥션)이 존재한다. 이 경우 Dynamic 라우팅을 적용하면, ①과 같이 링크가 다운되면 EAST 라우터의 라우팅 테이블에서 ②와 같이 'via 2.2.2.1' 경로가 즉시 삭제된다. 그러므로 100.100.100.0/24 네트워크를 향하는 패킷은 ③ 'via 1.1.1.1' 경로만을 선택할 수 있게 된다.

[그림 9-17] ▶ 멀티플 커넥션 환경에서 Dynamic 라우팅의 적용

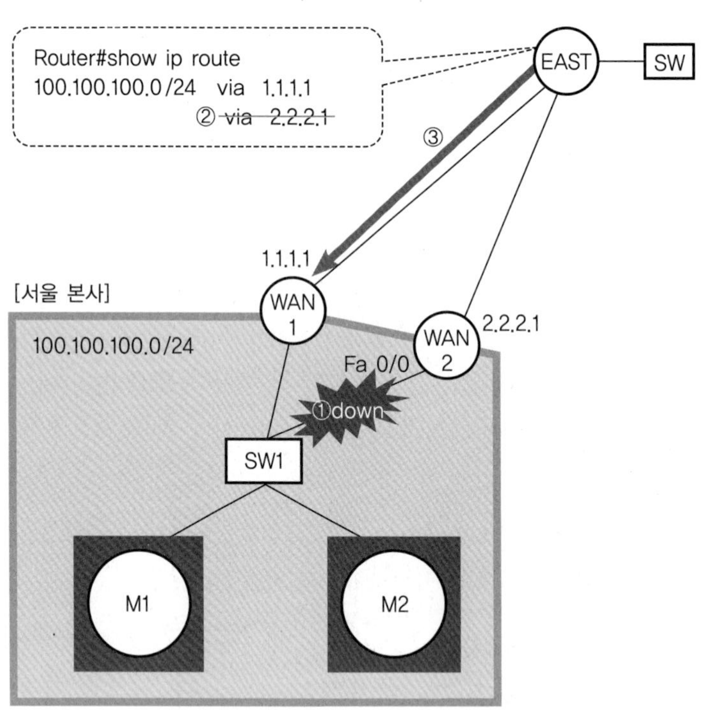

[그림 9-18]은 동일한 환경에서 Static 라우팅을 적용한 경우다. ① WAN2 라우터의 Fa 0/0 인터페이스가 다운돼도 EAST 라우터는 해당 사실을 알 수 없으므로 100.100.100.0/24 네트워크를 향하는 패킷을 ② WAN1 라우터와 ③ WAN2 라우터에게 보낸다.

WAN2 라우터에 도착한 패킷은 인터페이스가 다운되어 100.100.100.0 네트워크 정보도 라우팅 테이블에서 삭제되어 패킷은 모두 폐기된다. 즉, WAN2 라우터로 보내진 50%의 트래픽은 모두 폐기된다. 이것은 네트워크의 변화를 EAST 라우터의 라우팅 테이블에 반영하지 못하기 때문이다. 따라서, 이 문제를 해결하기 위해 멀티플 커넥션 환경에서는 라우팅 프로토콜 즉, Dynamic 라우팅을 적용한다.

[그림 9-18] ▶
멀티플 커넥션 환경에서
Static 라우팅의 적용

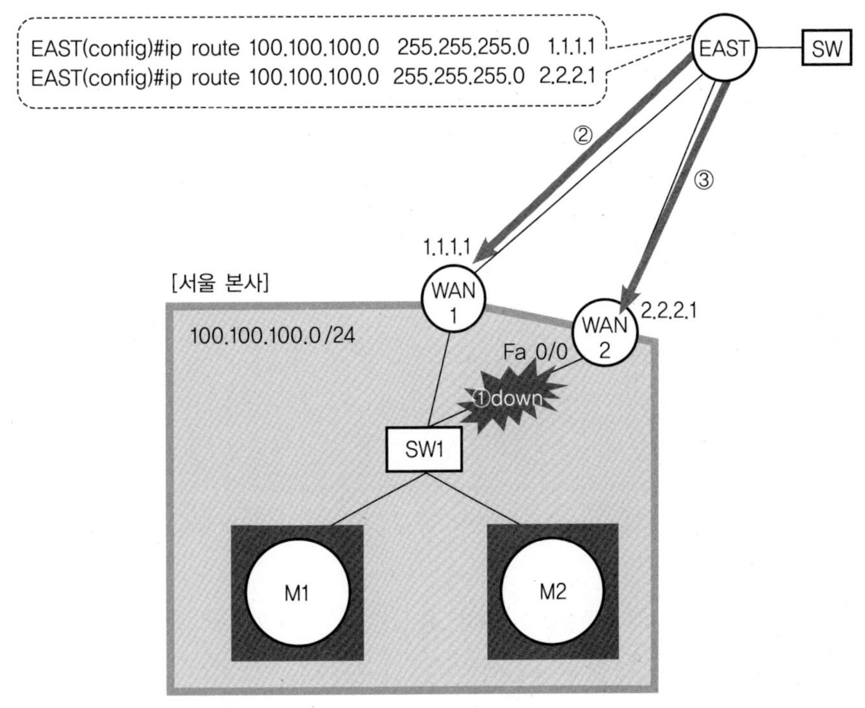

반대로 [그림 9-19]와 같은 싱글 커넥션 환경에서는 Static 라우팅을 적용한다.

① 링크가 다운되었다 하더라도, ② 스태틱 루트가 지시하는 대로 WAN1 라우터에게 패킷을 보낸다. 이 점이 나쁘기는 하지만, 우회할 다른 경로가 없어 라우팅 테이블을 수정할 여지가 없는 환경에서는 라우팅 프로토콜을 적용하면 네트워크 정보를 배포하여 보안에 나쁘고, CPU와 밴드위스도 소모하게 된다.

[그림 9-19] ▶
싱글 커넥션 환경에서
Static 라우팅의 적용

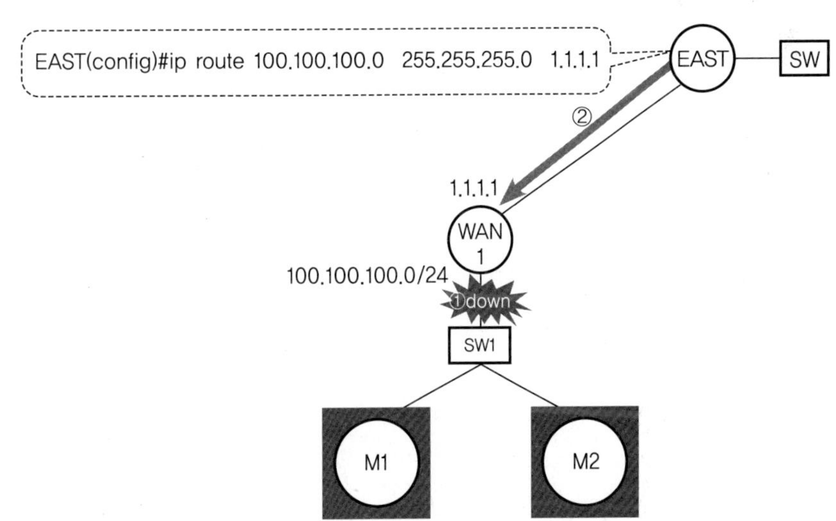

Lecture 05

Static & Dynamic 혼합 라우팅 Lab 11

EIGRP, OSPF 라우팅 프로토콜 설정, Redistribution 설정, Static 루트 보완 설정 (11.1.1.48 /24 네트워크에 대한 Static 루트 설정, 디폴트 Static 루트 설정)

Problem 1 [그림 9-20]과 같이 장비들을 연결하라.

Problem 2 [그림 9-20]에 표시된 IP 주소를 할당하라(Subnet Mask는 255.255.255.0과 255.255.255.255.240의 2가지로 구분하여 할당할 것).

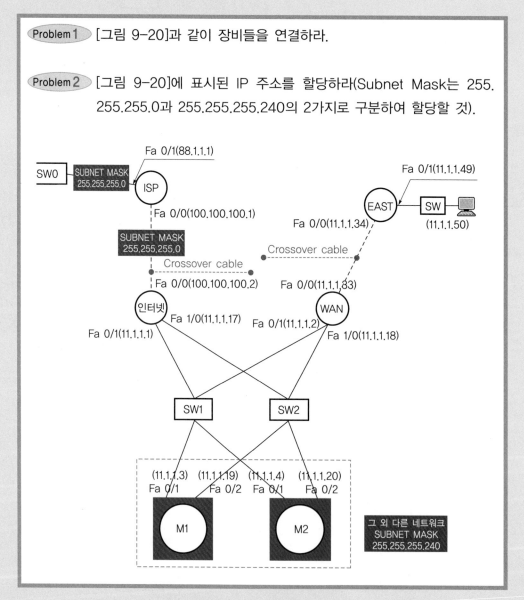

[그림 9-20] ▶ 실습 네트워크 구성

SW0
SUBNET MASK 255.255.255.0
Fa 0/1(88.1.1.1)
ISP
Fa 0/0(100.100.100.1)
SUBNET MASK 255.255.255.0
Crossover cable
Fa 0/0(100.100.100.2)
인터넷
Fa 1/0(11.1.1.17)
Fa 0/1(11.1.1.1)
Fa 0/1(11.1.1.49)
EAST
SW
(11.1.1.50)
Fa 0/0(11.1.1.34)
Crossover cable
Fa 0/0(11.1.1.33)
WAN
Fa 0/1(11.1.1.2)
Fa 1/0(11.1.1.18)
SW1
SW2
(11.1.1.3) Fa 0/1
(11.1.1.19) Fa 0/2
(11.1.1.4) Fa 0/1
(11.1.1.20) Fa 0/2
M1
M2
그 외 다른 네트워크 SUBNET MASK 255.255.255.240

Problem 3 [그림 9-21]과 다음 조건과 같이 라우팅을 적용하라.

- 서울 본사에 속하는 인터넷, WAN, M1, M2 라우터들에는 EIGRP 100을 설정해야 함.
- 멀티레이어 스위치에서 'ip routing' 명령을 빠트리지 말 것.
- ISP와 EAST 라우터에서는 Static 루트만 설정해야 함.
- 인터넷, WAN, M1, M2 라우터에서도 인터넷 (0.0.0.0/0)과 동경 (11.1.1.48/28) 네트워크에 대한 Static 루트를 보완 설정해야 함.

[그림 9-21] ▶ 라우팅 설정

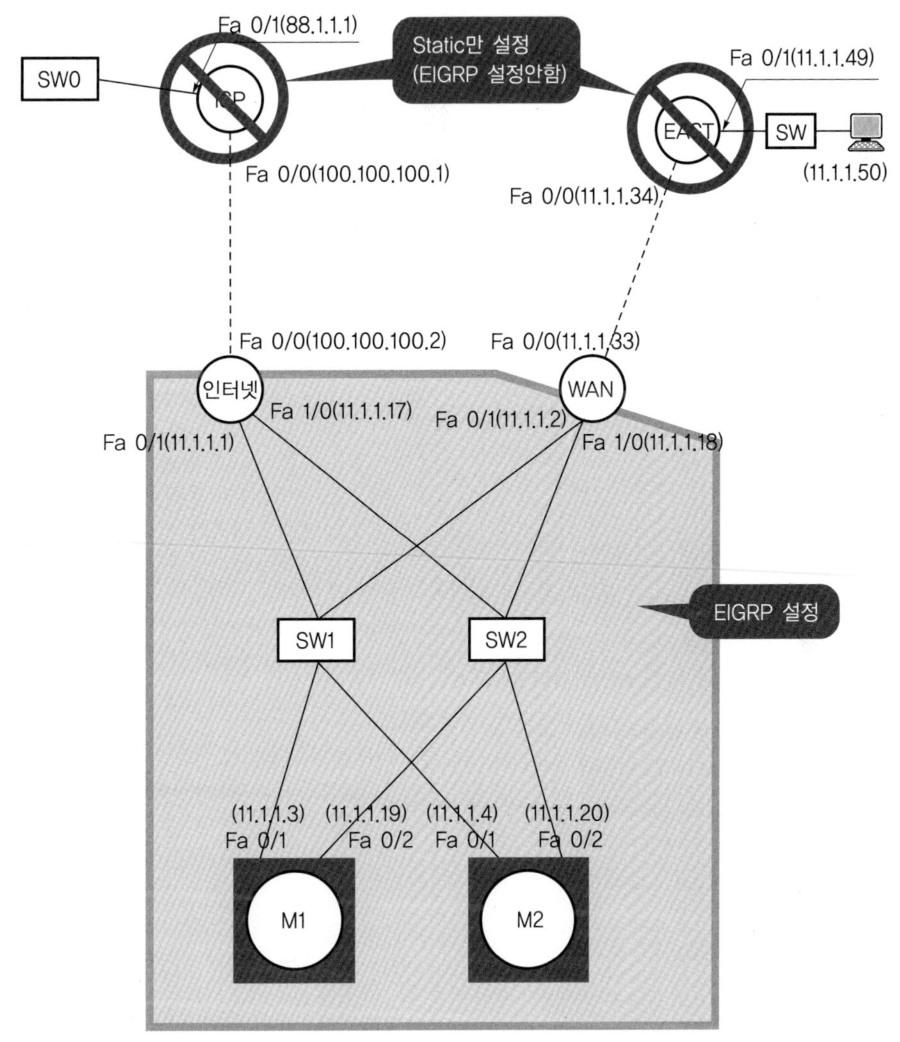

Problem 4 모든 IP 설정 장비에서 모든 IP 주소로 핑이 되는지 확인하라.

Problem 1 [그림 9-20]과 같이 장비들을 연결하라.

설명 Chapter 1, Lecture 05. LAN 구축 기초 I Lab 01 을 참조할 것.

Problem 2 [그림 9-20]에 표시된 IP 주소를 할당하라.

라우터의 IP 설정은 [표 9-15]와 같다. [그림 9-21]대로 Subnet Mask는 255.255.255.0과 255.255.255.240의 2가지로 구분하여 할당해야 한다.

[표 9-15] ▶ IP 설정(라우터)

라우터	설정
INTNET (인터넷 접속 라우터)	Router#config terminal Router(config)#hostname Internet Internet(config)#interface fastethernet 0/0 Internet(config-if)#no shutdown Internet(config-if)#ip address 100.100.100.2 255.255.255.0 Internet(config-if)#interface fastethernet 0/1 Internet(config-if)#no shutdown Internet(config-if)#ip address 11.1.1.1 255.255.255.240 Internet(config-if)#interface fastethernet 1/0 Internet(config-if)#no shutdown Internet(config-if)#ip address 11.1.1.17 255.255.255.240
M1	Router#config terminal Router(config)#hostname M1 M1(config)#interface fastethernet 0/1 M1(config)#no switchport M1(config-if)#ip address 11.1.1.3 255.255.255.240 M1(config-if)#interface fastethernet 0/2 M1(config-if)#no switchport M1(config-if)#ip address 11.1.1.19 255.255.255.240
M2	Router#config terminal Router(config)#hostname M2 M2(config)#interface fastethernet 0/1 M2(config)#no switchport M2(config-if)#ip address 11.1.1.4 255.255.255.240 M2(config-if)#interface fastethernet 0/2 M2(config-if)#no switchport M2(config-if)#ip address 11.1.1.20 255.255.255.240
WAN	Router#config terminal Router(config)#hostname WAN WAN(config)#interface fastethernet 0/1 WAN(config-if)#no shutdown WAN(config-if)#ip address 11.1.1.2 255.255.255.240 WAN(config-if)#interface fastethernet 1/0 WAN(config-if)#no shutdown WAN(config-if)#ip address 11.1.1.18 255.255.255.240 WAN(config-if)#interface fastethernet 0/0

	WAN(config-if)#no shutdown WAN(config-if)#ip address 11.1.1.33 255.255.255.240
EAST	Router#config terminal Router(config)#hostname EAST EAST(config)#interface fastethernet 0/0 EAST(config-if)#no shutdown EAST(config-if)#ip address 11.1.1.34 255.255.255.240 EAST(config-if)#interface fastethernet 0/1 EAST(config-if)#no shutdown EAST(config-if)#ip address 11.1.1.49 255.255.255.240
ISP	Router#config terminal Router(config)#hostname ISP ISP(config)#interface fastethernet 0/0 ISP(config-if)#no shutdown ISP(config-if)#ip address 100.100.100.1 255.255.255.0 ISP(config-if)#interface fastethernet 0/1 ISP(config-if)#no shutdown ISP(config-if)#ip address 88.1.1.1 255.255.255.0

PC들의 IP 설정은 [표 9-16]과 같다.

[표 9-16] ▶ IP 설정(PC)

PC	설정
11.1.1.50 PC	IP Address : 11.1.1.50 Subnet Mask : 255.255.255.240 Default Gateway : 11.1.1.49

Problem 3 [그림 9-21]과 다음 조건과 같이 라우팅을 적용하라.

- 서울 본사에 속하는 인터넷, WAN, M1, M2 라우터들에는 EIGRP 100을 설정해야 함.
- 멀티레이어 스위치에서 'ip routing' 명령을 빠뜨리지 말 것.

EIGRP 라우팅 프로토콜 설정 명령은 [표 9-17]과 같다.

[표 9-17] ▶ EIGRP 라우팅 프로토콜 설정

라우터	설정
ISP	설정하지 않음(싱글 커넥션으로 대신, Static 설정함).
EAST	설정하지 않음(싱글 커넥션으로 대신, Static 설정함).
INTNET	Internet#configure terminal Internet(config)#router eigrp 100 Internet(config-router)#network 11.0.0.0
WAN	WAN#configure terminal WAN(config)#router eigrp 100 WAN(config-router)#network 11.0.0.0
M1	M1#configure terminal M1(config)#ip routing M1(config)#router eigrp 100 M1(config-router)#network 11.0.0.0
M2	M2#configure terminal M2(config)#ip routing M2(config)#router eigrp 100 M2(config-router)#network 11.0.0.0

- ISP와 EAST 라우터에서는 Static 루트만 설정해야 함.
- 인터넷, WAN, M1, M2 라우터에서도 Static 루트를 보완 설정해야 함.

① EAST 라우터

EAST 라우터는 Static 루트만 설정해야 한다. EAST 라우터에서는 모든 네트워크 들에 대해 경로가 'via 11.1.1.33'으로 유일하므로 [표 9-18]과 같이 설정한다.

② ISP(Intrnet Service Provider) 라우터

ISP 라우터는 우리 회사 라우터가 아니다. KT 등의 ISP 소속 라우터다. ISP 라우터와 인터넷(인터넷 접속 라우터)라우터 간에는 싱글 커넥션이기 때문에 Static 라우팅을 적용했다. ISP 라우터에서는 [표 9-18]과 같이 우리 회사 내의 모든 네트워크 정보들을 요약하는 정보인 '11.1.1.0 255.255.255.0'과 같이 Static 라우팅을 설정했다. '11.1.1.0 255.255.255.0' 표현에는 11.1.1.0~11.1.1.255까지의 우리 회사의 모든 네트워크 주소들을 포함한다.

[표 9-18] ▶ EAST & ISP 라우터의 Static 라우팅 설정

구분	설정
EAST	EAST(config)#ip route 0.0.0.0 0.0.0.0 11.1.1.33
ISP	ISP(config)#ip route 11.1.1.0 255.255.255.0 100.100.100.2

③ 인터넷, WAN, M1, M2 라우터의 인터넷에 대한 Static 라우팅 설정

인터넷, WAN, M1, M2 라우터에서는 인터넷을 향하는 패킷은 [그림 9-22]의 경로를 따라 이동해야 한다. 인터넷, WAN, M1, M2 라우터는 수없이 많은 인터넷 상의 모든 네트워크 정보를 개별적으로 보유하는 대신 디폴트 Static 루트를 설정한다.

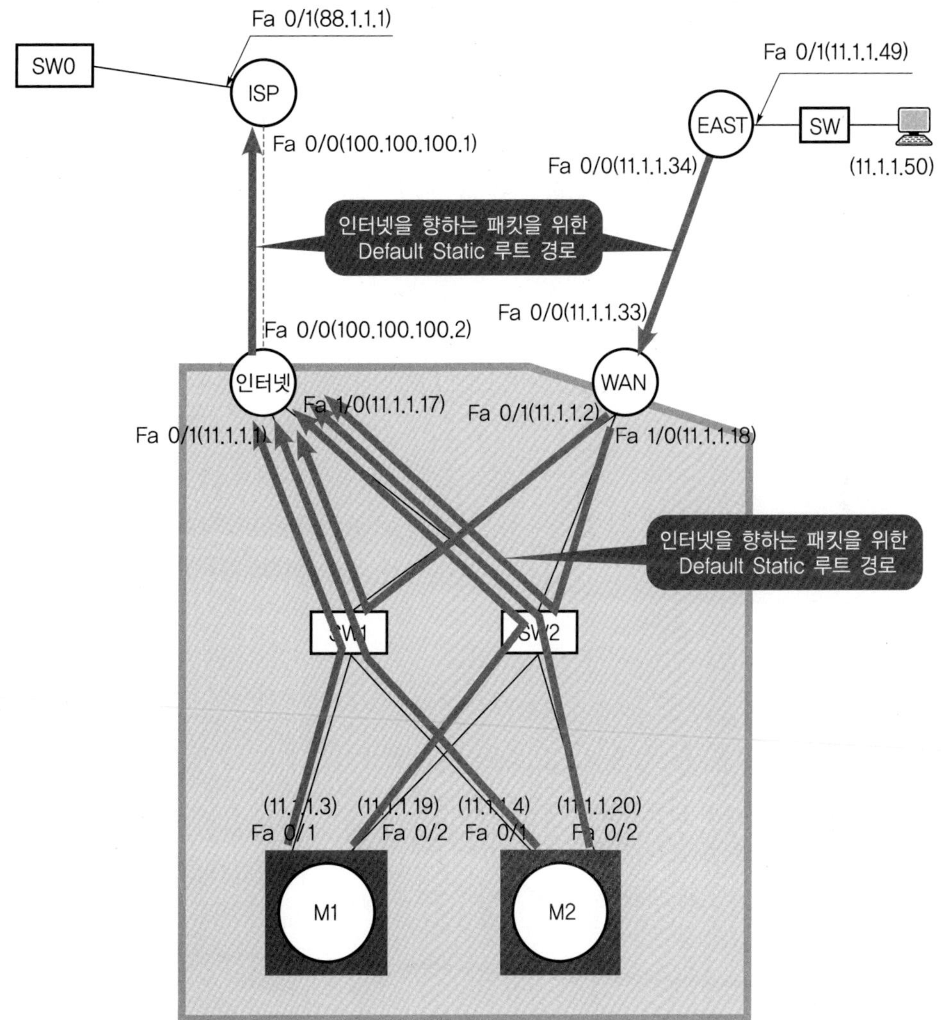

[그림 9-22] ▶ 인터넷을 향하는 패킷의 이동 경로

인터넷, WAN, M1, M2 라우터의 디폴트 Static 루트 설정 명령은 [표 9-19]와 같다. '0.0.0.0 0.0.0.0' 표현은 모든 IP를 포함한다. East 라우터는 [표 9-18]에서 이미 설정하였다.

[표 9-19] ▶ 디폴트 Static 루트 설정

구분	설정
INTNET	INTNET(config)#ip route 0.0.0.0 0.0.0.0 100.100.100.1
WAN	WAN(config)#ip route 0.0.0.0 0.0.0.0 11.1.1.1 WAN(config)#ip route 0.0.0.0 0.0.0.0 11.1.1.17
M1	M1(config)#ip route 0.0.0.0 0.0.0.0 11.1.1.1 M1(config)#ip route 0.0.0.0 0.0.0.0 11.1.1.17
M2	M2(config)#ip route 0.0.0.0 0.0.0.0 11.1.1.1 M2(config)#ip route 0.0.0.0 0.0.0.0 11.1.1.17

④ 인터넷, WAN, M1, M2 라우터의 동경 (11.1.1.48/28) 네트워크에 대한 Static 라우팅 설정

[그림 9-23]을 보자. WAN 라우터는 EIGRP를 적용하기 때문에 WAN 라우터에 연결된 네트워크 즉, 11.1.1.32 /28 네트워크 정보까지는 다른 EIGRP를 돌리는 라우터들인 인터넷, M1, M2 라우터에게 전달된다. 그러나, EAST 라우터가 EIGRP를 돌리지 않으므로 EAST 라우터에 연결된 11.1.1.48 /28 네트워크 정보를 WAN 라우터가 받지 못하므로 WAN 라우터는 11.1.1.48 /28 네트워크 정보를 Static 루트로 보완 설정해야 한다. WAN 라우터가 11.1.1.48 /28 네트워크 정보를 받지 못했다면, 당연히 인터넷, M1, M2 라우터도 11.1.1.48 /28 네트워크 정보를 받지 못한다.

[그림 9-23] ▶ 11.1.1.48 /24에 대한 Static 루트 경로

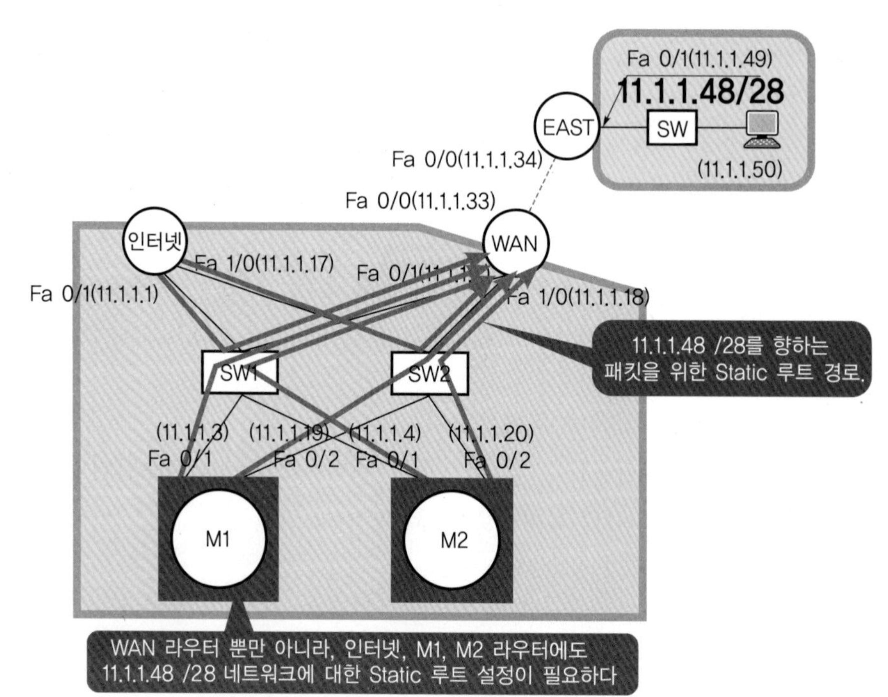

따라서, 인터넷, M1, M2 라우터에도 [표 9-20]과 같이 11.1.1.48/28 네트워크에 대한 Static 루트를 설정해야 한다.

[표 9-20] ▶ 11.1.1.48/28 네트워크에 대한 Static 루트 설정

구분	설정
INTNET	INTNET(config)#ip route 11.1.1.48 255.255.255.240 11.1.1.2 INTNET(config)#ip route 11.1.1.48 255.255.255.240 11.1.1.18
WAN	WAN(config)#ip route 11.1.1.48 255.255.255.240 11.1.1.34
M1	M1(config)#ip route 11.1.1.48 255.255.255.240 11.1.1.2 M1(config)#ip route 11.1.1.48 255.255.255.240 11.1.1.18
M2	M2(config)#ip route 11.1.1.48 255.255.255.240 11.1.1.2 M2(config)#ip route 11.1.1.48 255.255.255.240 11.1.1.18

모든 라우터의 EIGRP와 Static 라우팅을 적정하게 설정한 후의 각 라우터의 라우팅 테이블은 [표 9-21]과 같다. 라우팅 테이블을 보면 Static 정보는 'S'로 구분되어 올라온다.

[표 9-21] ▶ 라우팅 테이블

라우터	라우팅 테이블
인터넷	Internet#show ip route 11.0.0.0/28 is subnetted, 4 subnets C 11.1.1.0 is directly connected, FastEthernet0/1 C 11.1.1.16 is directly connected, FastEthernet1/0 D 11.1.1.32 [90/30720] via 11.1.1.2, 00:05:14, FastEthernet0/1 [90/30720] via 11.1.1.18, 00:05:14, FastEthernet1/0 S 11.1.1.48 [1/0] via 11.1.1.2 [1/0] via 11.1.1.18 100.0.0.0/24 is subnetted, 1 subnets C 100.100.100.0 is directly connected, FastEthernet0/0 S* 0.0.0.0/0 [1/0] via 100.100.100.1
M1	M1#show ip route 11.0.0.0/28 is subnetted, 4 subnets C 11.1.1.0 is directly connected, FastEthernet0/1 C 11.1.1.16 is directly connected, FastEthernet0/2 D 11.1.1.32 [90/30720] via 11.1.1.2, 00:07:23, FastEthernet0/1 [90/30720] via 11.1.1.18, 00:07:23, FastEthernet0/2 S 11.1.1.48 [1/0] via 11.1.1.2 [1/0] via 11.1.1.18 S* 0.0.0.0/0 [1/0] via 11.1.1.1 [1/0] via 11.1.1.17
M2	M2#show ip route 11.0.0.0/28 is subnetted, 4 subnets

M2	C 11.1.1.0 is directly connected, FastEthernet0/1 C 11.1.1.16 is directly connected, FastEthernet0/2 D 11.1.1.32 [90/30720] via 11.1.1.2, 00:07:46, FastEthernet0/1 [90/30720] via 11.1.1.18, 00:07:46, FastEthernet0/2 S 11.1.1.48 [1/0] via 11.1.1.2 [1/0] via 11.1.1.18 S* 0.0.0.0/0 [1/0] via 11.1.1.1 [1/0] via 11.1.1.17
WAN	WAN#show ip route 11.0.0.0/28 is subnetted, 4 subnets C 11.1.1.0 is directly connected, FastEthernet0/1 C 11.1.1.16 is directly connected, FastEthernet1/0 C 11.1.1.32 is directly connected, FastEthernet0/0 S 11.1.1.48 [1/0] via 11.1.1.34 S* 0.0.0.0/0 [1/0] via 11.1.1.1 [1/0] via 11.1.1.17
동경	EAST#show ip route 11.0.0.0/28 is subnetted, 2 subnets C 11.1.1.32 is directly connected, FastEthernet0/0 C 11.1.1.48 is directly connected, FastEthernet0/1 S* 0.0.0.0/0 [1/0] via 11.1.1.33
ISP	ISP#show ip route 11.0.0.0/24 is subnetted, 1 subnets S 11.1.1.0 [1/0] via 100.100.100.2 88.0.0.0/24 is subnetted, 1 subnets C 88.1.1.0 is directly connected, FastEthernet0/1 100.0.0.0/24 is subnetted, 1 subnets C 100.100.100.0 is directly connected, FastEthernet0/0

Problem 4 모든 IP 설정 장비에서 모든 IP 주소로 핑이 되는지 확인하라.

설명 PC에서도 핑 테스트를 하되, 핑 테스트 방법은 Chapter 1, 'Lecture 05. LAN 구축 기초 I Lab 01'을 참조한다.

Chapter 

10

Dynamic Routing Ⅰ

라우팅 프로토콜들을 다양한 기준으로 분류해본다. 각 라우팅 프로토콜들의 동작 원리와 특징을 학습하고 실습을 통해 배운 내용을 확인한다.

구분	강의 제목
이론 강의	Lecture 01. 라우팅 프로토콜들 I
	Lecture 02. 라우팅 프로토콜들 II
	Lecture 03. OSPF
	Lecture 04. Integrated IS-IS
	Lecture 05. EIGRP
연습 강의	-
실습	Lecture 06. EIGRP & OSPF Lab 12
	Lecture 07. 통합 라우팅 실습 Lab 13

Lecture 01

라우팅 프로토콜들 I

강의 키워드 IGP와 EGP 비교, 디스턴스 벡터/링크 스테이트/하이브리드 라우팅 프로토콜 비교, 네이버 테이블, 토폴로지 테이블, 라우팅 알고리즘

라우터에서 라우팅 테이블을 보는 명령은 'show ip route'다. 라우팅 테이블에는 라우터가 가진 네트워크 정보가 올라오는데, 이 네트워크 정보는 해당 라우터에 'Connected'된 네트워크 정보와 'Non Connected'된 네트워크 정보로 구분한다. 'Connected'된 네트워크 정보는 라우터 인터페이스를 살리고, IP 주소만 입력하면 올라오는 정보지만, 'Not Connected'된 네트워크 정보는 올라오지 않는다.

'Not Connected'된 네트워크 정보가 올라오게 하는 방법이 두 가지다. 즉, 스테이틱 루트를 설정하거나, 아니면 라우팅 프로토콜을 설정해야 한다.

라우팅 프로토콜은 [그림 10-1]과 같이 나뉜다. 즉, 라우팅 프로토콜은 AS 간에 사용하는 EGP(Exterior Gateway Protocol) 계열과 AS 내에서만 사용하는 IGP(Interior Gateway Protocol) 계열로 나뉜다. AS(Autonomous System)는 하나의 관리 영역에 속하는 전체 네트워크를 말한다. 예를 들어, LG 등의 ISP(Internet Service Provider)도 하나의 AS이고, ISP의 고객도 하나의 AS다. 각각의 AS는 AS 번호를 가지는데, IP 주소와 같이 IANA(Internet assigned numbers authority)에서 중복되지 않게 할당하고 관리한다.

[그림 10-1] ▶
라우팅 분류 I

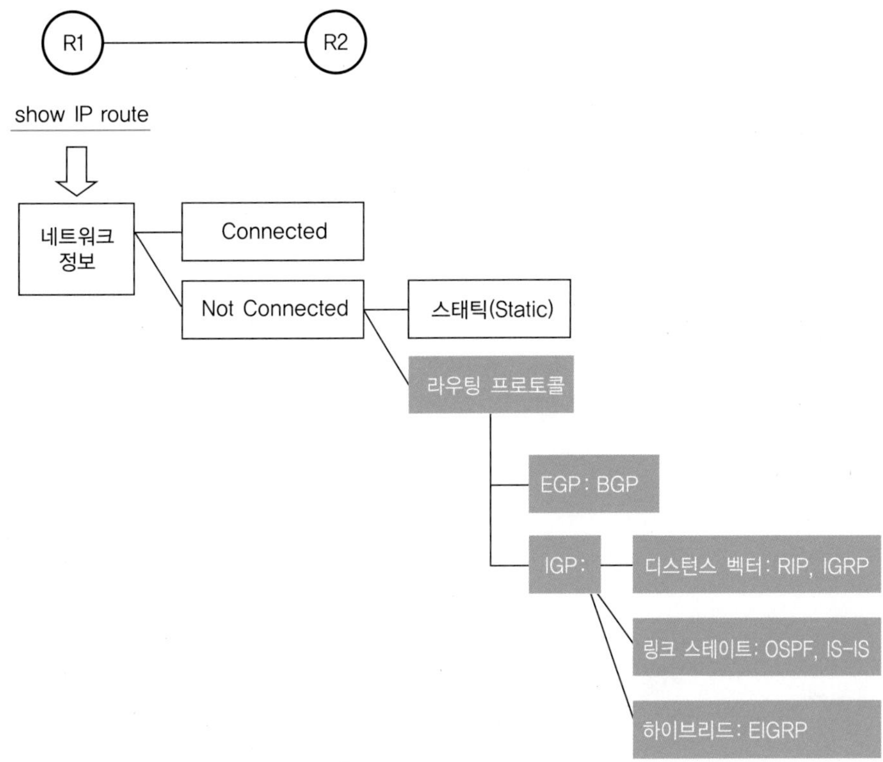

IGP 계열에 속하는 라우팅 프로토콜들은 디스턴스 벡터(Distance Vector) 그룹, 링크 스테이트(Link State) 그룹과 하이브리드(Hybrid) 그룹으로 나뉜다. 디스턴스 벡터 그룹에는 RIP와 IGRP가 속하고, 링크 스테이트에는 OSPF와 IS-IS가 속하고, 하이브리드 그룹에는 EIGRP가 속한다.

여기서 디스턴스 벡터, 링크 스테이트, 하이브리드 그룹의 특성을 비교해보자.

첫째, [표 10-1]과 같이 구별된다. 즉, 디스턴스 벡터 그룹은 라우팅 업데이트는 주정뱅이 방식이다. 주정뱅이는 정보를 어떻게 전달할까? 즉, 자신이 아는 모든 것을 반복하여 전달한다.

라우터가 아는 모든 것은 라우팅 테이블에 들어 있다. 즉, RIP는 30초 주기, IGRP는 90초 주기로 라우팅 테이블 전체를 이웃 라우터에게 전달한다. 디스턴스 벡터 그룹은 이미 전달한 정보를 주기적으로 반복 전달하므로 밴드위스 소모량이 많다는 단점이 있다. 이에 비해 링크 스테이트 그룹은 라우팅 업데이트 방식이 속보 아나운서와 같다. 즉, 링크 업 또는 다운 등의 변화가 일어나자마자 변화가 발생한 네트워크 정보만 전달한다. 변화된 네트워크 정보를 변화가 일어났을 때만 전달하므로 밴드위스 소모량은 적다.

둘째, 디스턴스 벡터 계열은 라우팅 알고리즘이 간단한 편이다. 라우팅 알고리즘은 각각의 네트워크에 대한 메트릭을 기준으로 베스트 루트를 선정하여 라우팅 테이블을 만든다. 즉, 라우팅 테이블을 만드는 것이 라우팅 알고리즘이다. 디스턴스 벡터 계열은 라우팅 알고리즘이 간단하므로 CPU 소모량이 적다. 이에 반해 링크 스테이트 계열은 라우팅 알고리즘이 복잡하여 CPU 소모량이 많다.

마지막으로 하이브리드 계열은 디스턴스 벡터와 링크 스테이트 계열, 양자의 장점을 살려 만들었다. 즉, 라우팅 업데이트 방식은 링크 스테이트 계열과 같이 속보 아나운서 방식으로 밴드위스 소모량이 적은 편이며, 라우팅 알고리즘은 디스턴스 벡터 계열의 알고리즘을 적용하여 CPU 소모량은 적은 편이다. 대신 EIGRP는 IGRP와 더불어 비표준(시스코) 프로토콜이란 약점을 가진다. 비표준 프로토콜은 시스코 제품만 구입해야 한다는 측면에서 구축 비용을 증가시킬 뿐 아니라 향후 확장 시에도 제약 조건이 되는 등 리스크를 높인다.

[표 10-1] ▶ IGP 계열 비교

그룹	밴드위스	CPU	표준/비표준
디스턴스 벡터	많이 소모	적게 소모	RIP는 표준, IGRP는 비표준
링크 스테이트	적게 소모	많이 소모	표준
하이브리드	적게 소모	적게 소모	비표준

셋째, 라우팅 프로토콜들은 [그림 10-2]와 같이 라우팅 테이블을 만드는 방식이 다르다. 즉, 디스턴스 벡터 계열은 라우팅 테이블만 만드는데 비해 링크 스테이트, 하이브리드 계열과 BGP는 라우팅 테이블을 만들기 전에 토폴로지 테이블을 만들어야 하고, 토폴로지 테이블을 만들기 전에 네이버 테이블을 만들어야 한다.

[그림 10-2] ▶ 라우팅 테이블을 만드는 방식

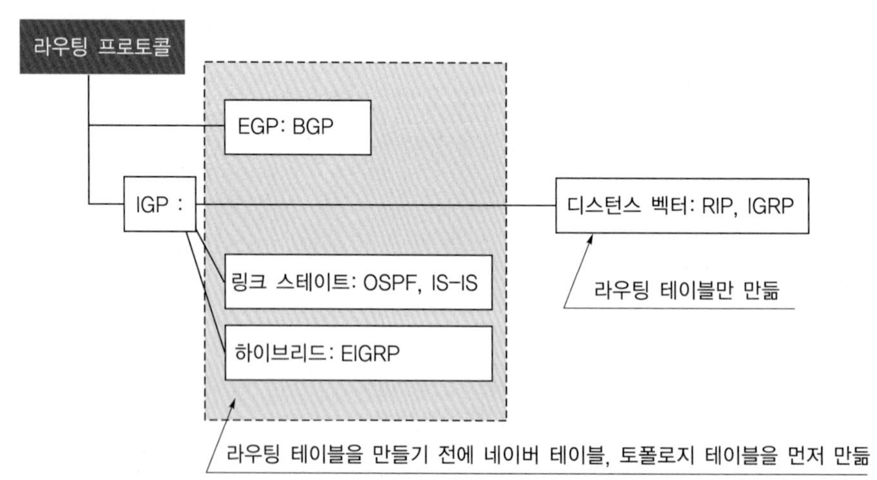

디스턴스 벡터 계열의 라우팅 프로토콜은 라우팅 테이블만 만든다. 직접 연결된 이웃 라우터가 보낸 라우팅 테이블을 기초로 자신의 라우팅 테이블을 만드는데, 매우 간단하다. 디스턴스 벡터 계열의 RIP 라우팅 프로토콜이 사용하는 메트릭인 Hop은 목적지 네트워크까지 거치는 라우터 수다. [그림 10-3]에서 R1은 11.1.1.0 네트워크가 직접 연결되어 있으므로 Hop은 '0'이다. R2와 R3은 받은 네트워크 정보의 Hop 수에 '+1'을 하여 자신의 라우팅 테이블을 만든다. 그래서, 디스턴스 벡터 라우팅 알고리즘을 '+1' 알고리즘이라 하기도 하고, 이러한 라우팅 알고리즘의 단순성 때문에 CPU 소모량이 매우 적다.

[그림 10-3] ▶ 디스턴스 벡터 계열의 라우팅 테이블 만들기

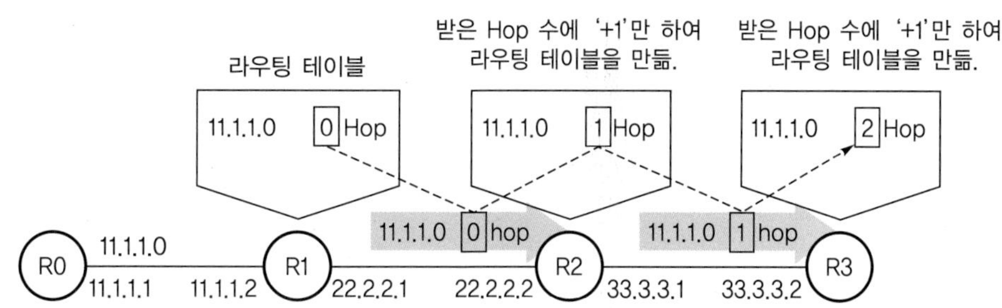

이에 반해 링크 스테이트, 하이브리드, BGP는 [그림 10-4]와 같이 네이버 테이블, 토폴로지 테이블(또는 링크 스테이트 데이터베이스), 라우팅 테이블을 순서대로 만든다.

첫째, 네이버 테이블을 만든다. 네이버 테이블을 만드는 패킷이 Hello 패킷이다. Hello 패킷에는 라우팅 프로토콜 관련 설정 정보가 들어간다. 예를 들어, OSPF는 Area ID, Hello/Dead 인터벌, IS-IS는 시스템 ID 길이, EIGRP는 AS 번호, BGP는 네이버 IP와 AS 번호가 Hello 패킷에 포함되는데 이웃 라우터와 일치해야 네이버 관계가 성립된다. 즉, 네이버 테이블을 만들 수 있다.

둘째, 토폴로지 테이블을 만든다. 네이버 테이블에 올라온 즉, 네이버 자격을 획득한 라우터들과 Update 패킷을 교환하여 토폴로지 테이블을 만든다. Update 패킷에는 네트워크 대표 주소, 서브넷 마스크, 메트릭(Metric) 등이 들어간다. 그런데 토폴로지 테이블에는 각각의 네트워크에 대한 모든 경로들이 올라온다. 즉, 베스트 루트 외의 다른 경로 정보도 올라오는데 이 토폴로지 테이블의 정보의 형태가 링크 스테이트 계열과 디스턴스 벡터 계열(하이브리드와 BGP도 여기에 속함) 알고리즘에 따라 달라지며, 이것 때문에 CPU 소모량에 차이가 난다.

셋째, 라우팅 테이블을 만든다. 토폴로지 테이블을 만든 후에 각각의 목적지 네트워

크에 대해 메트릭을 비교하여 베스트 루트를 찾는다.

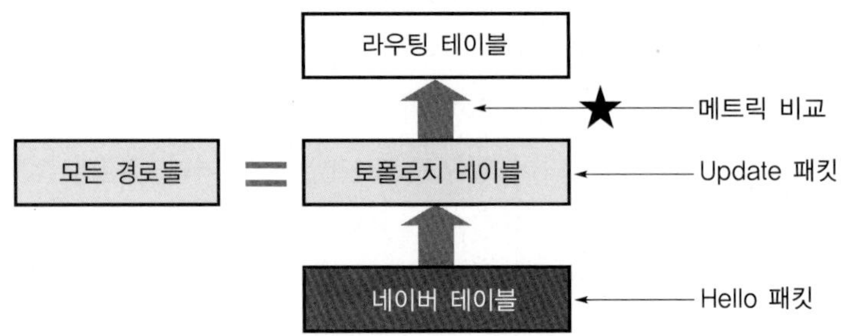

[그림 10-4] ▶ 라우팅 테이블을 만드는 과정

[표 10-2]는 라우팅 프로토콜별, 네이버 테이블, 토폴로지 테이블, 라우팅 테이블을 확인하는 명령들이다.

[표 10-2] ▶ 네이버, 토폴로지, 라우팅 테이블을 보는 명령들

구분	네이버 테이블	토폴로지 테이블	라우팅 테이블
OSPF	show ip ospf neighbors	show ip ospf database	show ip route
IS-IS	show isis neighbors	show isis database	
EIGRP	show ip eigrp neighbors	show ip eigrp topology	
BGP	show ip bgp neighbors	show ip bgp	

Lecture 02

라우팅 프로토콜들 II

강의 키워드 클래스풀과 클래스리스 라우팅 프로토콜 비교, 클래스풀 라우팅 프로토콜의 IP 할당 조건

라우팅 프로토콜은 앞서 설명한대로 EGP와 IGP로 구분하지만, [그림 10-5]와 같이 클래스풀(Classful)과 클래스리스(Classless)로 구분할 수도 있다. 클래스풀 라우팅 프로토콜들은 라우팅 업데이트 시에 반드시 포함되어야 할 정보들 즉, 네트워크 대표 주소, 서브넷 마스크, 메트릭 중에서 서브넷 마스크를 포함하지 않는다. 클래스리스 라우팅 프로토콜들은 서브넷 마스크 정보를 포함하여 전달한다. 이것이 클래스풀과 클래스리스 라우팅 프로토콜을 구분하는 기준이다.

[그림 10-5] ▶ 라우팅 분류 II

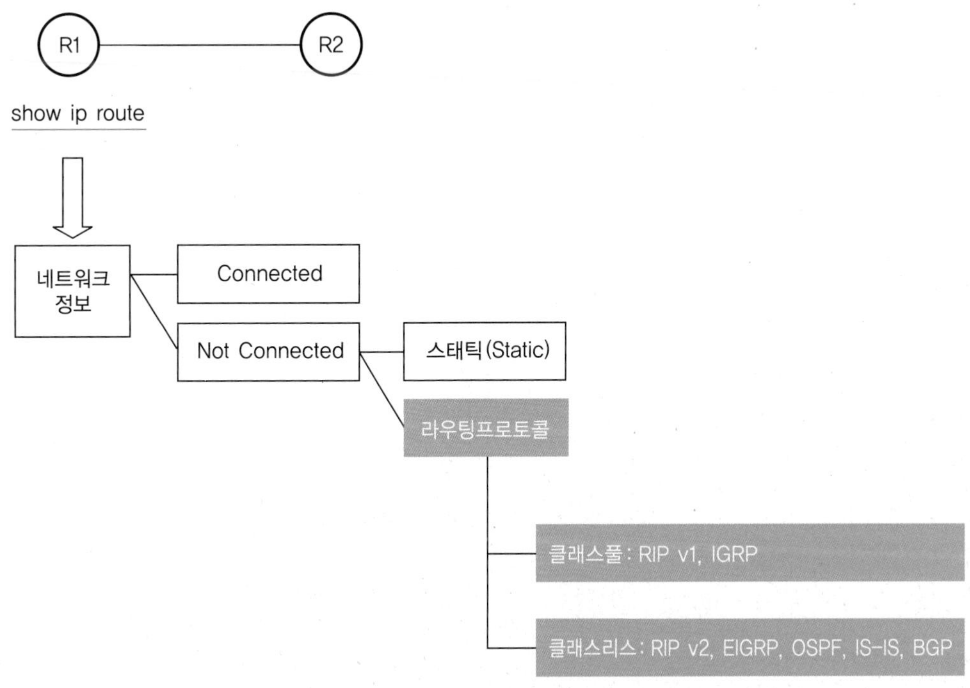

클래스풀 라우팅 프로토콜은 라우팅 테이블을 구성하는 필수 정보인 서브넷 마스크를 전달하지 않는다. 즉, [그림 10-6]에서 R1이 R2에게 '11.1.0.0 /16'정보를 보낼 때 서브넷 마스크인 '/16'을 보내지 않는다. 클래스풀 라우팅 프로토콜의 서브넷 마스크 추측 방법은 다음의 두가지가 있다.

① 전달되는 네트워크와 전달하는 네트워크가 같은 경우

첫째, [그림 10-6]과 같이 (전달되는 네트워크와 전달하는 네트워크가) 같은 경우: 즉, R2는 전달되는 네트워크(①) 정보와 R2가 가진 전달하는 네트워크(②)가 같은 네트워크에 속할 때다.

[그림 10-6] ▶ 클래스풀 라우팅 프로토콜의 서브넷 마스크 추측 방법 I

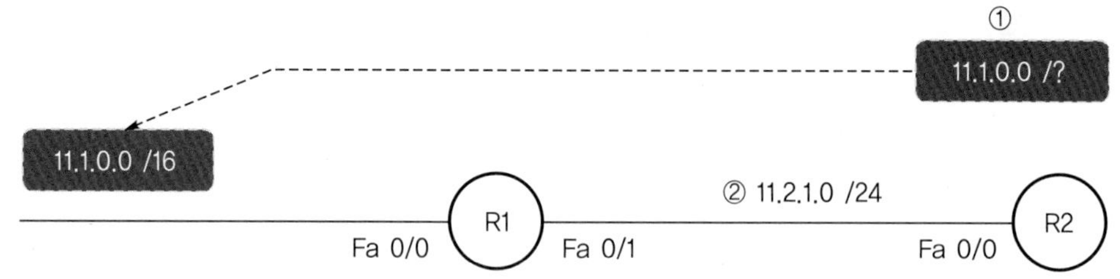

같은 네트워크인지 판단할 때, 비교할 네트워크 정보가 어떤 클래스에 속하는지를 알아야 한다. [표 10-3]에서 '11' IP는 A 클래스에 속하므로 첫째 칸만 동일하면 이 추측 방법이 적용된다. B 클래스에 속하면 둘째 칸까지 동일해야하고, C 클래스에 속하면 셋째 칸까지 동일해야 이 추측 방법이 적용된다.

[표 10-3] ▶ IP Class

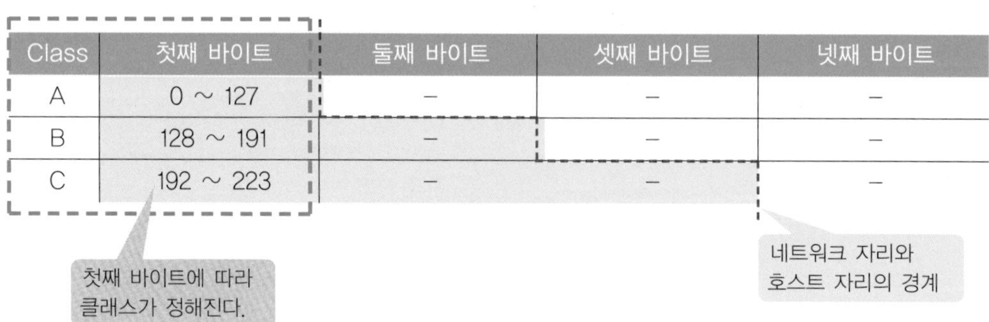

Class	첫째 바이트	둘째 바이트	셋째 바이트	넷째 바이트
A	0 ~ 127	–	–	–
B	128 ~ 191	–	–	–
C	192 ~ 223	–	–	–

[그림 10-6]에서 ① 전달되는 네트워크 정보(11.1.0.0/16)와 R2가 가진 즉, ② 전달하는 네트워크(11.2.1.0/24)가 같은 네트워크에 속한다면 R2는 R2에 설정된 서브넷 마스크를 적용하려 한다. 그럴 경우 잘못된 정보가 올라올 수 있는데, 다음과 같은 대책이 있다. 즉, R1 이 11.1.0.0 /16 정보를 보내기 전에 전달하는 네트워크(여기서는 R1의 Fa 0/1) 즉, 11.2.1.0/24와 전달되는 네트워크 정보(11.1.0.0/16)가 같은 네트워크에 속하고 서브넷 마스크가 다르면 네트워크 정보를 보내지 않고, 서브넷 마스크가 같으

면 네트워크 정보를 보낸다. 결론적으로 클래스풀 라우팅 프로토콜을 적용하려면 네트워크들의 서브넷 마스크가 동일해야 네트워크 정보를 교환할 수 있다. 즉, 반드시 FLSM(Fixed-Length Subnet Mask) 방식으로 IP를 설계해야 한다. VLSM(Variable-Length Subnet Mask) 방식을 지원하지 않기 때문에 IP 낭비가 발생할 수 있고, 따라서 클래스풀 라우팅 프로토콜들은 IP 주소가 소진된 현 상황을 고려할 때, 공인 IP를 적용하는 네트워크에서는 적용하지 않는다.

② 전달되는 네트워크와 전달하는 네트워크가 다른 경우

둘째, [그림 10-7]과 같이(전달되는 네트워크와 전달하는 네트워크가) 다른 경우: 즉, R2는 전달되는 네트워크(① 혹은 ③) 정보와 R2가 가진 전달하는 네트워크(② 혹은 ④)가 다른 네트워크에 속할 때다.

[그림 10-7] ▶ 클래스풀 라우팅 프로토콜의 서브넷 마스크 추측 방법 II

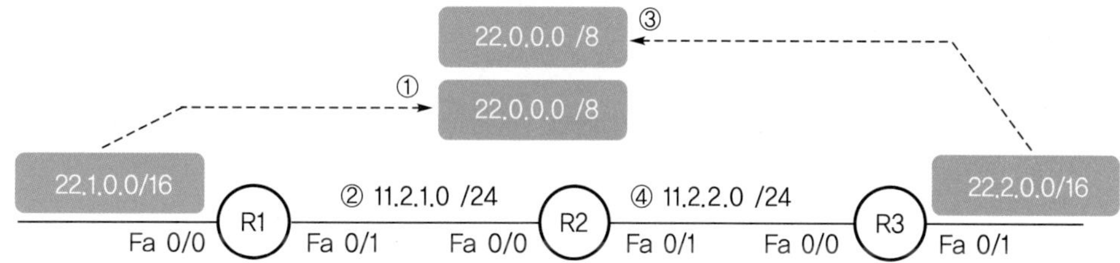

이 경우는 R1과 R3는 무조건 네트워크 정보를 보내는데, 서브넷 마스크를 포함하지 않기 때문에 디폴트 서브넷 마스크를 적용하여 22.0.0.0 /8 정보가 라우팅 테이블에 올라온다. 그런데, R2는 R1과 R3으로부터 동일한 22.0.0.0 /8 정보를 수신하게 된다. 이 때 메트릭을 비교하여 베스트 루트만 라우팅 테이블에 올라올 것이다. 이 경우, R2가 베스트 루트로 R1 경로를 선택하면 R2는 22.1.0.0 /16 네트워크와는 통신이 가능하지만, 22.2.0.0 /16 네트워크와는 통신이 불가능하게 된다.

반대로 R2가 베스트 루트로 R3 경로를 선택하면 R2는 22.2.0.0 /16 네트워크와는 통신이 가능하지만, 22.1.0.0 /16 네트워크와는 통신이 불가능하게 된다. 만약, R1 경로와 R3 경로의 메트릭이 동일하여 둘다 라우팅 테이블에 올라온다면, R2에서는 22.1.0.0 /16과 22.2.0.0 /16 네트워크와 정확하게 50%의 트래픽만 통신이 가능할 것이다.

[그림 10-7]의 두 번째 환경은 IP를 불연속하게 할당한 경우다. 즉, '22-11-11-22'와 같이 불연속하게 배치하였다. 대신, '11-11-22-22'와 같이 연속되게 IP 를 할당하면 라우팅에 아무 문제가 없다. 앞서 설명한 상황에 따라 라우팅이 되었다 안 되었다 하는 문제를 해결할 수 있다.

결론은 클래스풀 라우팅 프로토콜을 적용해도 좋다. 그러나, 완벽한 라우팅을 위해서는 다음 두 가지 조건을 반드시 지켜야 한다. 즉, 첫째, FLSM 방식으로 IP를 설계하고, 둘째, 연속되게 IP를 할당해야 한다. 클래스리스 라우팅 프로토콜들은 라우팅 업데이트 시, 서브넷 마스크를 포함하므로 추측할 필요가 없고, 올바른 추측을 위한 조건도 없다. 즉, FLSM이나 VLSM 환경 모두 지원하고, IP를 연속되게 할당해도 좋고, 불연속하게 할당해도 좋다.

Lecture 03

OSPF

강의 키워드 OSPF 패킷 종류, Hello와 네이버 테이블, LSA와 토폴로지 테이블, Area 분할, Route Summarization, Stub Area

OSPF(open shortest path first)에 대해 자세히 알아보자. OSPF는 라우팅 테이블을 만들기 전에 링크 스테이트 데이터베이스(토폴로지 테이블)를 만들고, 링크 스테이트 데이터베이스를 만들기 전에 네이버 테이블을 만든다.

[그림 10-8]을 보자. 제일 먼저 Hello 패킷을 교환하여 네이버 테이블을 만든다. Hello 패킷에서 Area ID, Hello/Dead 인터벌, Stub Area 설정 여부, 패스워드의 4가지가 일치하는지 체크한다. 4가지가 일치하면 네이버 테이블이 만들어진다.

Hello 패킷이 네이버 테이블을 만든 다음 DBD(Database Description)를 교환한다. DBD는 네트워크 정보의 내용이 아니라 표지에 해당하는데 라우터 ID, 정보의 최신성 번호(sequence number)를 포함한다. DBD를 수신하면 라우터 ID를 보고 라우팅 정보(LSU(Link State Update))를 보낸 적이 있는 라우터인지 판단한다. 또한, 라우팅 정보를 보낸 적이 있다면, sequence number를 보고 수신한 적이 있는 정보인지를 판단한다. sequence number는 정보가 얼마나 새로운가를 표시한다. DBD를 보낸 라우터가 수신한 적이 없는 네트워크 정보를 가졌다고 판단하면, LSR(Link State Request)을 보내 라우팅 정보를 전달하는 LSU(Link State Update)를 요청한다. LSU를 교환하면 링크 스테이트 데이터베이스가 만들어진다. LSAck는 LSU에 대한 수신 확인 패킷이다. 링크 스테이트 데이터베이스에는 각 네트워크에 대한 모든 경로들 즉, 지도 수준의 정보가 올라온다. 링크 스테이트 데이터베이스를 만든 후 메트릭을 비교하여 각 목적지 네트워크에 대한 베스트 루트를 계산한다. 베스트 루트만 라우팅 테이블에 올라간다.

[그림 10-8] ▶
OSPF 패킷이 교환되는 순서

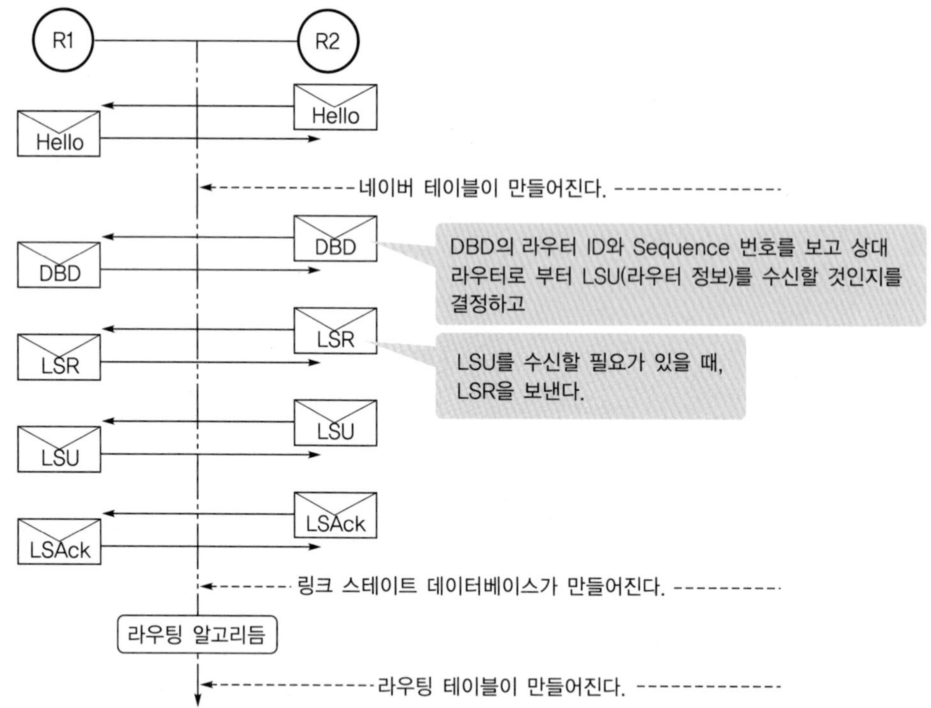
R1
R2
Hello
Hello
네이버 테이블이 만들어진다.
DBD
DBD
DBD의 라우터 ID와 Sequence 번호를 보고 상대 라우터로 부터 LSU(라우터 정보)를 수신할 것인지를 결정하고
LSR
LSR
LSU를 수신할 필요가 있을 때, LSR을 보낸다.
LSU
LSU
LSAck
LSAck
링크 스테이트 데이터베이스가 만들어진다.
라우팅 알고리듬
라우팅 테이블이 만들어진다.

[그림 10-9]는 OSPF의 네이버 테이블이다. 네이버 라우터의 ID와 Dead 인터벌, 어떤 인터페이스에 연결되어 있는지 등의 정보를 확인 가능하다. Hello 패킷은 네이버 테이블을 만든 이후에도 주기적으로 전달되어 네이버 라우터가 살아있는지 확인하여 네이버 라우터가 전달한 네트워크 정보가 유효한지 검증한다.

즉, Dead 인터벌은 디폴트로 40초에서 시작하여 카운트다운 되는데 0초가 될 때까지 10초 주기인 Hello 패킷이 도착하지 않으면 네이버 라우터가 다운되었다고 판단하고 해당 네이버 라우터를 통해 도착할 수 있는 목적지 네트워크 정보를 링크 스테이트 데이터베이스와 라우팅 테이블에서 삭제한다. 즉, Hello 인터벌과 Dead 인터벌은 정보의 유효성을 판단하는 타이머로 사용된다. Hello 패킷이 도착하면 Dead 타임은 다시 40초에서 시작한다.

[그림 10-9] ▶
OSPF 네이버 테이블

```
Router#show ip ospf neighbor

Neighbor ID   Pri   State          Dead Time   Address     Interface
6.1.1.1        1    FULL/DR        00:00:29    2.1.1.2     FastEthernet0/0
1.1.1.1        1    FULL/BDR       00:00:15    1.1.1.1     FastEthernet0/1
```

링크 스테이트 데이터베이스의 관리 대상인 '링크'는 라우터의 인터페이스를 말한다. 링크 스테이트 데이터베이스에는 각 라우터들이 어떤 링크들끼리 어떤 코스트로 연결되었는지에 대한 정보를 가진다. 즉, 링크 스테이트 데이터베이스를 만들었다는 것은 지도를 그렸다는 것과 같은 의미를 가진다. 지도를 가졌다는 것은 각각의 목적지에 대한 모든 경로 정보들을 가졌음을 뜻한다.

라우터들이 링크 스테이트 데이터베이스를 만들기 위해 교환하는 것이 LSA(Link State Advertisement)다. 다수의 LSA 정보를 묶어 보내는 것을 LSU라 한다. [표 10-4]는 LSA에 포함된 내용이다. 즉, LSA를 보낸 라우터의 ID, 해당 라우터에 연결된 네트워크 타입, 라우터에 연결된 네트워크와 서브넷 마스크, 코스트(메트릭), Sequence number, LSA의 Age 등을 포함한다. 라우터 ID는 지도 상에서 라우터를 구분하는 라우터의 주민등록번호라 할 수 있다. 라우터가 가진 IP 주소들 중에서 가장 높은 IP가 라우터 ID가 되는데, 'router-id' 명령을 통해 다른 IP를 사용할 수도 있으며 라우터 간에 절대 중복되어선 안 된다.

[표 10-4] ▶ Area 내 전달되는 LSA 내용

구성 내용	설명
Advertising Router	LSA를 보낸 라우터의 ID
라우터에 연결된 네트워크의 타입	Point-to-Point, Transit, Stub, 버추얼 링크 중 어떤 네트워크에 연결된 링크인지 구분함
네트워크/서브넷 마스크	네트워크와 서브넷마스크
Cost	링크 코스트(메트릭)
Sequence number	정보가 얼마나 새로운 가를 표시하는 번호
Age	정보의 수명, LSA Age가 지나면 링크 스테이트 데이터베이스에서 삭제됨.

[표 10-4]에서 네트워크 타입에 대해서 좀 더 자세히 알아보자. 네트워크 타입은 Point-to-Point 네트워크, Transit 네트워크, Stub 네트워크, 버추얼 링크인지를 구분하는 필드이다. [그림 10-10]을 보자. Point-to-Point 링크는 전용 회선과 같이 두 대의 라우터가 존재하는 네트워크에 연결된 인터페이스다. Transit 네트워크에 연결된 링크는 다수의 라우터 들이 연결된 LAN 네트워크에 연결된 인터페이스다. Stub 네트워크에 연결된 링크는 다른 라우터 들이 포함되지 않은 LAN 네트워크에 연결된 인터페이스다. 버추얼 링크는 이후에 설명하기로 한다.

[그림 10-10] ▶ 네트워크 타입

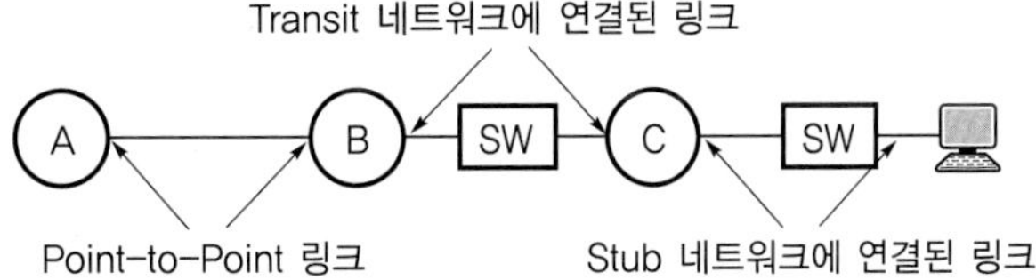

지금부터 OSPF가 링크 스테이트 데이트베이스를 만드는 과정을 알아보자. 다음 예는 Area 내부에서 1.1.3.1 라우터가 LSA를 수신하여 링크 스테이트 데이터베이스를 만드는 과정이다.

첫째, [표 10-5]는 다른 라우터들에게 보내기 위해 1.1.3.1 라우터가 생성한 1.1.3.1 라우터에 연결된 링크에 대한 LSA 정보다.

[표 10-5] ▶ 1.1.3.1 라우터가 생성한 LSA

구분	LSA 정보
From 1.1.3.1	Transit 네트워크: 1.1.0.0 /24 네트워크(Cost = 1)를 통해 1.1.2.1 라우터에 연결됨 Transit 네트워크: 1.1.3.0 /24 네트워크(Cost = 1)를 통해 2.1.0.1 라우터에 연결됨

[그림 10-11]은 1.1.3.1 라우터가 [표 10-5]를 기반으로 최초로 만든 링크 스테이트 데이터베이스다.

[그림 10-11] ▶ 1.1.3.1 라우터의 링크 스테이트 데이터베이스 I

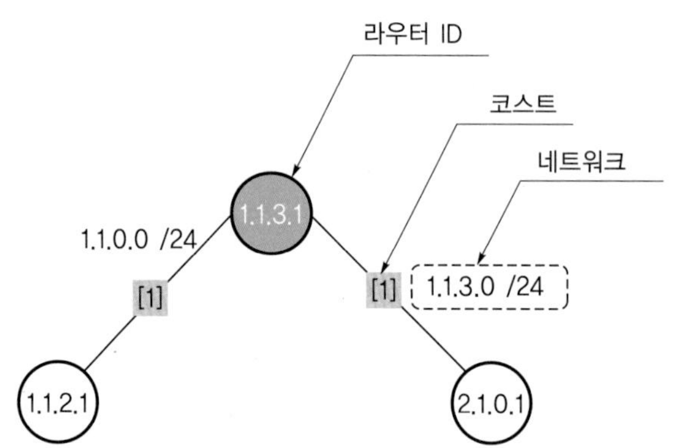

둘째, [표 10-6]은 1.1.2.1 라우터가 보낸 LSA다.

[표 10-6] ▶ 1.1.2.1 라우터가 보낸 LSA

구분	LSA 정보
From 1.1.2.1	Transit 네트워크: 1.1.0.0 /24 네트워크(Cost = 1)를 통해 1.1.3.1 라우터에 연결됨 Transit 네트워크: 1.1.2.0 /24 네트워크(Cost = 1)를 통해 1.1.5.1 라우터에 연결됨 Stub 네트워크: 1.1.1.0 /24(Cost = 1) 을 가짐

[그림 10-12]는 1.1.2.1 라우터가 보낸 LSA를 기반으로 확장 시킨 1.1.3.1 라우터의 링크 스테이트 데이터베이스(지도)다.

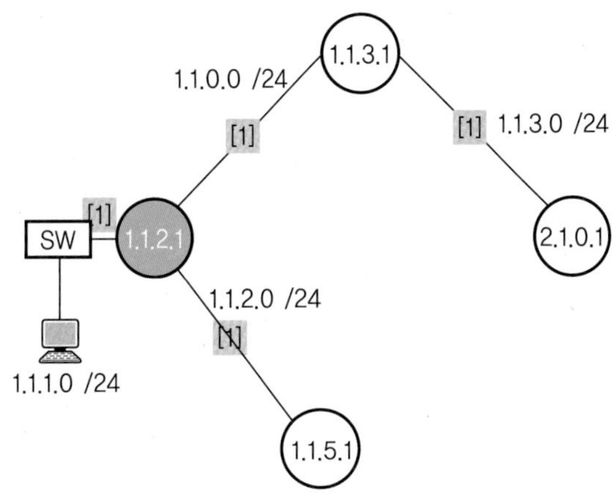

[그림 10-12] ▶ 1.1.2.1 라우터가 보낸 LSA를 반영한 링크 스테이트 데이터베이스 II

셋째, [표 10-7]은 1.1.5.1 라우터가 보낸 LSA다.

[표 10-7] ▶ 1.1.5.1 라우터가 보낸 LSA

구분	LSA 정보
From 1.1.5.1	Transit 네트워크: 1.1.2.0 /24 네트워크(Cost = 1)를 통해 1.1.2.1 라우터에 연결됨 Transit 네트워크: 1.1.4.0 /24 네트워크(Cos t= 10)를 통해 2.1.0.1 라우터에 연결됨 Stub 네트워크: 1.1.5.0 /24(Cos t= 1) 을 가짐

[그림 10-13]은 1.1.5.1 라우터가 보낸 LSA를 기반으로 확장시킨 1.1.3.1 라우터의 링크 스테이트 데이터베이스 즉, 지도다.

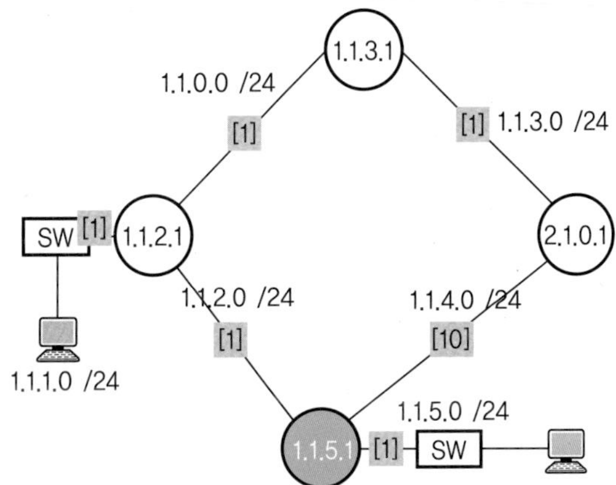

[그림 10-13] ▶ 1.1.5.1 라우터가 보낸 LSA를 반영한 링크 스테이트 데이터베이스 III

넷째, [표 10-8]은 2.1.0.1 라우터가 보낸 LSA다.

[표 10-8] ▶ 2.1.0.1 라우터가 보낸 LSA

구분	LSA 정보
From 2.1.0.1	Transit 네트워크: 2.1.0.0 /24 네트워크(Cost = 1)를 통해 2.1.3.1 라우터에 연결됨 Transit 네트워크: 1.1.3.0 /24 네트워크(Cost = 1)를 통해 1.1.3.1 라우터에 연결됨 Transit 네트워크: 1.1.4.0 /24 네트워크(Cos = 10)를 통해 1.1.5.1 라우터에 연결됨

[그림 10-14]는 2.1.0.1 라우터가 보낸 LSA를 기반으로 확장시킨 1.1.3.1 라우터의 링크 스테이트 데이터베이스 즉, 지도다.

[그림 10-14] ▶ 2.1.0.1 라우터가 보낸 LSA를 반영한 링크 스테이트 데이터베이스 Ⅳ

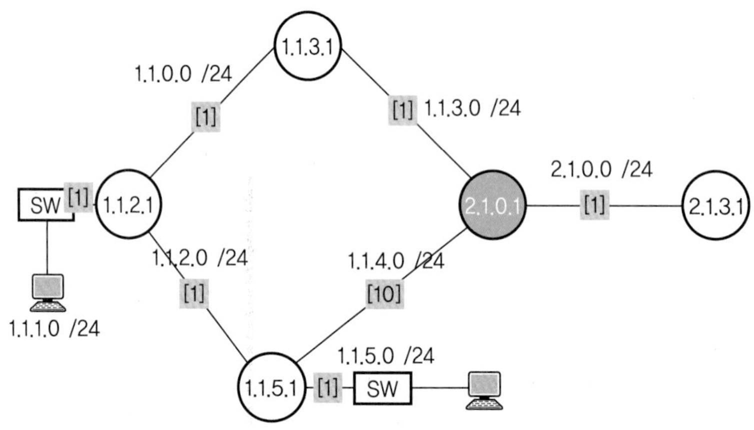

다섯째, [표 10-9]는 2.1.3.1 라우터가 보낸 LSA다.

[표 10-9] ▶ 2.1.3.1 라우터가 보낸 LSA

구분	LSA 정보
From 2.1.3.1	Transit 네트워크: 2.1.0.0 /24 네트워크(Cost = 1)를 통해 2.1.0.1 라우터에 연결됨 Transit 네트워크: 2.1.1.0 /24 네트워크(Cost = 1)를 통해 2.1.2.1 라우터에 연결됨 Transit 네트워크: 2.1.3.0 /24 네트워크(Cost = 10)를 통해 2.1.4.1 라우터에 연결됨

[그림 10-15]는 2.1.3.1 라우터가 보낸 LSA로 확장시킨 1.1.3.1 라우터의 링크 스테이트 데이터베이스 즉, 지도다.

[그림 10-15] ▶ 2.1.3.1 라우터가 보낸 LSA를 반영한 링크 스테이트 데이터베이스 V

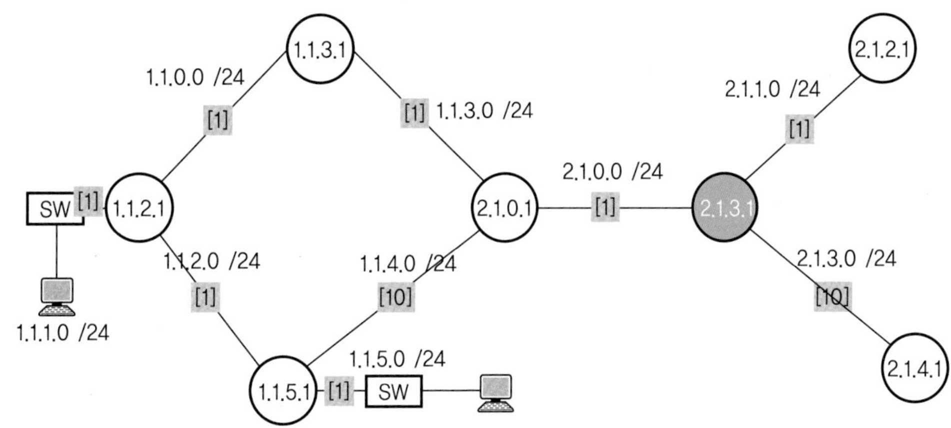

여섯째, [표 10-10]은 2.1.2.1 라우터가 보낸 LSA다.

[표 10-10] ▶ 2.1.2.1 라우터가 보낸 LSA

구분	LSA 정보
From 2.1.2.1	Transit 네트워크: 2.1.1.0 /24 네트워크(Cos t = 1)를 통해 2.1.3.1 라우터에 연결됨 Stub 네트워크: 2.1.2.0 /24(Cost = 1)을 가짐

[그림 10-16]은 2.1.2.1 라우터가 보낸 LSA로 확장시킨 1.1.3.1 라우터의 링크 스테이트 데이터베이스다.

[그림 10-16] ▶ 2.1.2.1 라우터가 보낸 LSA를 반영한 링크 스테이트 데이터베이스 VI

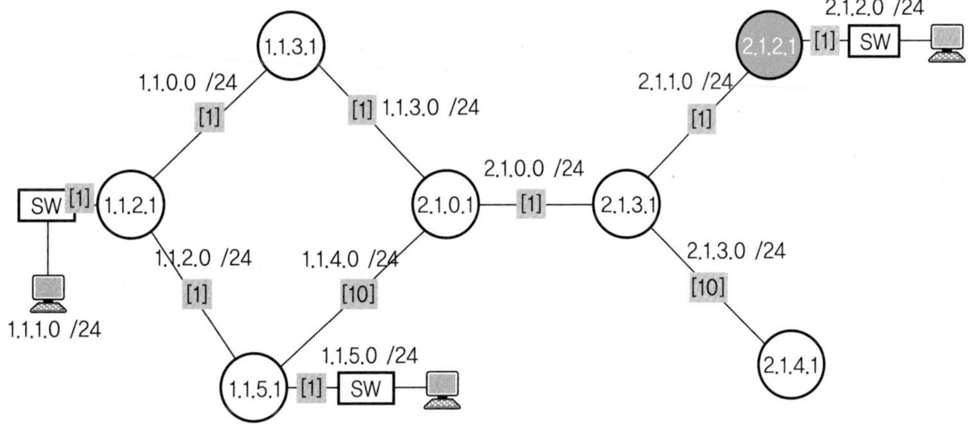

일곱째, [표 10-11]은 2.1.4.1 라우터가 보낸 LSA다.

[표 10-11] ▶ 2.1.4.1 라우터가 보낸 LSA

구분	LSA 정보
From 2.1.4.1	Transit 네트워크: 2.1.3.0 /24 네트워크(Cost = 10)를 통해 2.1.3.1 라우터에 연결됨 Stub 네트워크: 2.1.4.0 /24(Cost = 1)을 가짐

[그림 10-17]은 2.1.4.1 라우터가 보낸 LSA로 확장시킨 1.1.3.1 라우터의 링크 스테이트 데이터베이스다. 1.1.3.1 라우터 외의 다른 라우터들도 동일한 과정을 거쳐 링크 스테이트 베이스를 만든다. 모든 라우터들은 동일한 링크 스테이트 데이터베이스를 만든다. 즉, 내가 가진 서울시 지도와 여러분이 가진 서울시 지도가 다를 수 없기 때문이다.

[그림 10-17] ▶ 2.1.4.1 라우터가 보낸 LSA를 반영한 링크 스테이트 데이터베이스 Ⅶ

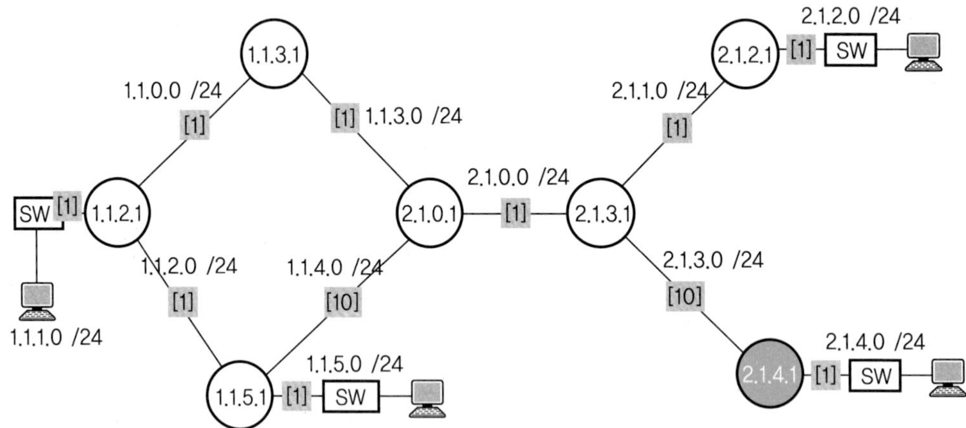

링크 스테이트 데이터베이스를 만든 다음, OSPF의 Dijkstra 알고리즘은 목적지까지의 누적 코스트(cost)를 비교하여 베스트 루트를 찾는다. 코스트는 ($=10^8$/Bandwidth)로 계산하는 OSPF의 메트릭이다. 밴드위스에 의해 코스트는 자동으로 계산되지만, [표 10-12]의 명령을 통해 변경할 수 있다.

[표 10-12] ▶ 링크 Cost 설정

구분	LSA 정보
코스트 설정	Router(config)#interface fastethernet 0/0 Router(config-if)#ip ospf cost 50

OSPF는 Dijkstra 알고리즘에 의해 목적지에 대한 베스트를 선정하는데, 여기서 목적지란 각 라우터의 ID(라우터 노드)를 말한다. 가장 많은 오해를 하는 것이 이 부분이기도 하다. 그 이유는 라우터 ID가 아니라, 각 목적지 네트워크에 대한 베스트 루트를 찾는 디스턴스 벡터 라우팅 프로토콜의 알고리즘과 헷갈리기 때문이다.

즉, [그림 10-18]에서 1.1.3.1 라우터의 예를 들어, 1.1.3.1 라우터가 만든 링크 스테이트 데이터베이스를 재료로 1.1.3.1 라우터 자신을 원점으로 각각의 라우터 ID에 대해 누적 코스트를 비교하여 베스트 루트를 선정한다. 굵게 표시된 선이 1.1.3.1 라우터가 선택한 베스트 루트로 베스트 루트만이 라우팅 테이블에 올라간다. 한편, 베스트 루트가 두 개면, 어떻게 될까? 두 개 모두 라우팅 테이블에 올라오고 트래픽은 로드 분산된다. 최대 여섯 개의 경로까지 올라갈 수 있다.

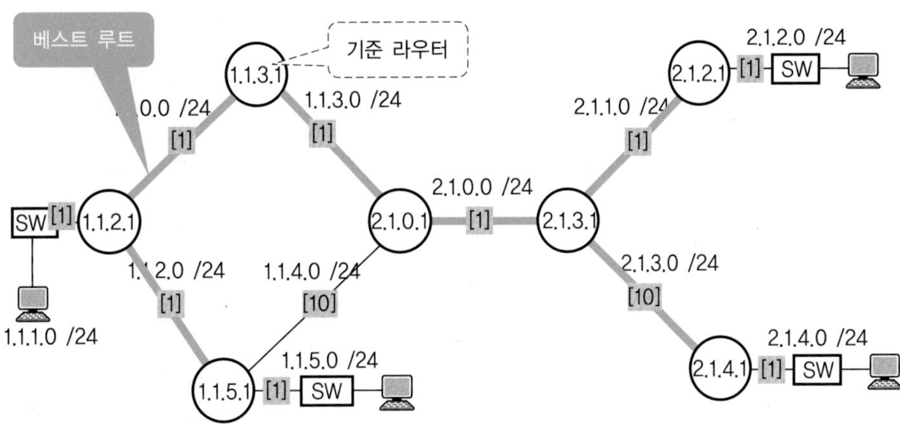

[그림 10-18] ▶ Dijkstra 알고리즘이 찾은 베스트 루트

Link State 계열에 속하는 OSPF와 IS-IS 라우팅 프로토콜은 모든 라우터들은 다양하고 복잡한 LSA 교환으로 동일한 링크 스테이트 데이터베이스를 만들어야 하고 또한, 복잡한 라우팅 알고리즘 때문에 CPU 소모량이 많은 편이다. 이 문제를 해결하기 위해 OSPF와 IS-IS는 [그림 10-19]와 같이 AS(Autonomous System, 네트워크 전체)를 여러 개의 Area 로 분할한다. Area 내부에서 링크 스테이트 데이터베이스를 만들기 위해 교환하는 LSA를 LSA Type 1과 2라고 한다.

Area로 분할하면 Area 간에는 링크의 상태를 설명하는 복잡한 LSA(Type 1과 2)를 사용하지 않는다. 대신, 네트워크/서브넷 마스크, 코스트, Advertised 라우터 ID 등만을 포함하는 LSA Type 3을 교환한다. LSA Type 3에는 어떤 라우터끼리 어떤 종류의 네트워크로 연결되었는지에 대한 정보를 포함하지 않으므로 지도를 그릴 수 없다. 또한, LSA Type 3은 Area 경계 라우터인 ABR(Area Border Router)이 생성하기 때문에 LSA 정보 중에서 Advetised 라우터 ID는 ABR의 ID가 된다. 즉, 링크 스테이트 데이터베이스에 다른 Area에 속하는 네트워크들은 ABR에 직접 연결된 네트워크들인 것처럼 기록되는 셈이다.

[그림 10-19]에서 1.1.2.1 라우터는 Area 33에 속하는 2.1.1.0 /24 정보를 Advertised 라우터 ID 2.1.0.1과 3.1.0.1로부터 받는다. 마치 Area 33의 2.1.1.0 /24 네트워크가 2.1.0.1 라우터와 3.1.0.1 라우터에 연결된 네트워크로 받아들여진다.

[그림 10-19] ▶
Area간 라우팅

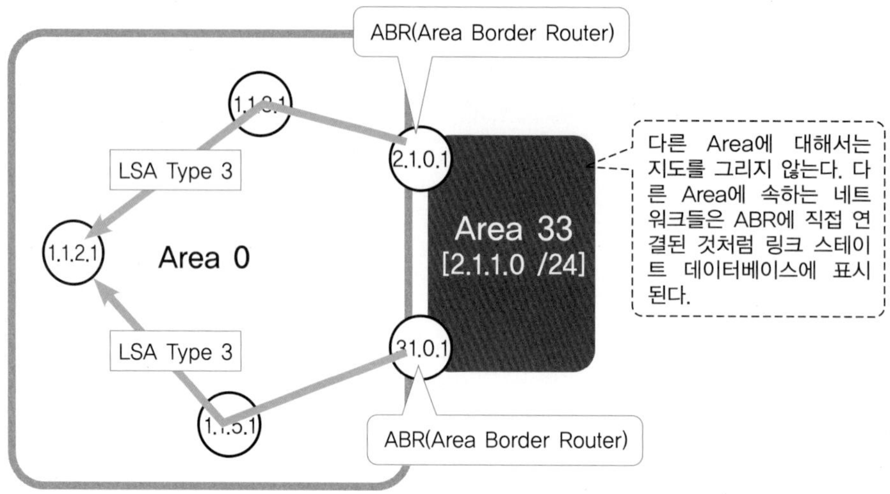

[그림 10-20]의 라우터들에 OSPF 설정을 해보자. OSPF에서 Area는 백본 Area와 일반 Area로 구분하는데, 모든 일반 Area는 반드시 백본 Area와 연결되어 있어야 한다. 백본 Area 번호는 반드시 Area 0를 사용해야 한다.

[그림 10-20] ▶
OSPF 설정 시나리오

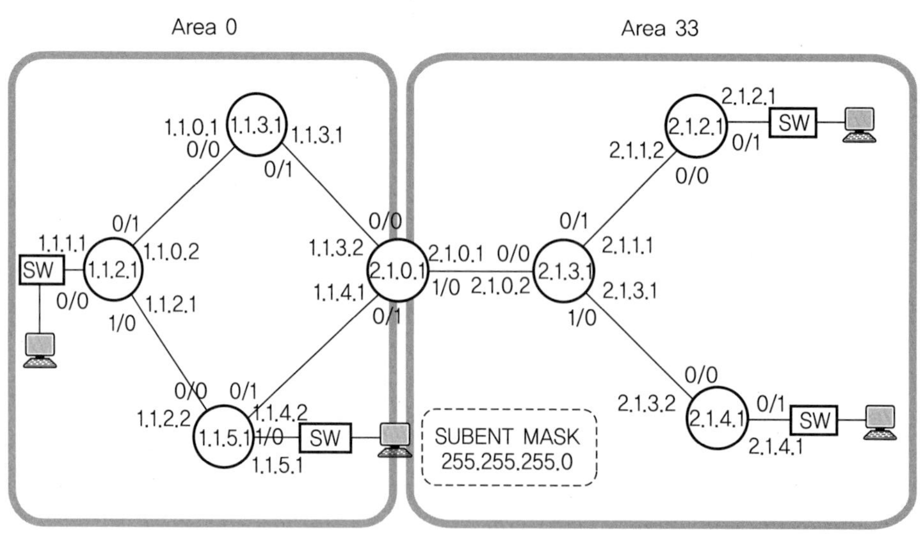

Area로 분할하면 네트워크마다 소속 Area가 달라진다. [그림 10-20]의 1.1.3.1 라우터의 OSPF 설정은 [표 10-13]과 같다. network 1.1.0.1 0.0.0.0 Area 0에서 '0.0.0.0'은 와일드카드 마스크(wildcard mask)다.

[표 10-13] ▶ OSPF 설정 I

라우터	명령어
1.1.3.1	1.1.3.1 (config)#router ospf 100 1.1.3.1 (config-router)#network 1.1.0.1 0.0.0.0 Area 0 1.1.3.1 (config-router)#network 1.1.3.1 0.0.0.0 Area 0

[표 10-14]를 보자. 와일드카드 마스크는 이진수로 '0'이 겹치는 자리는 'must match' 즉, 반드시 일치해야 하는 자리를 의미하고, 이진수로 '1'이 겹치는 자리는 'don't care' 즉, 상관없는 자리를 의미한다. '0'이 겹치는 자리는 호스트 자리를, '1'이 겹치는 자리는 네트워크 자리를 의미하는 서브넷 마스크와 아무런 관련이 없다. 즉, network 1.1.0.1 0.0.0.0 Area 0에서 '0.0.0.0' 와일드카드 마스크는 '모든 자리가 정확하게 일치해야 함'을 의미한다. 즉, 라우터가 가진 네트워크 중에서 '정확하게 1.1.0.1 IP 주소를 가진 네트워크가 Area 0에 속함'을 의미한다. 마찬가지로, '정확하게 1.1.3.1 IP 주소를 가진 네트워크가 Area 0에 속함을 뜻한다.

[표 10-14] ▶ 와일드카드 마스크 의미

라우터	명령어
와일드카드 마스크 [이진수]	의미
0	Must match
1	Don't care

와일드카드 마스크에 대해 좀 더 알아보자. [그림 10-20]에서 1.1.3.1 라우터에 연결된 1.1.0.1과 1.1.3.1 IP가 할당된 두 네트워크들이 모두 Area 0에 속한다. 이것은 다음과 같이 설정할 수도 있다. 즉, 'network 1.1.0.0 0.0.255.255 Area 0'에서 와일드카드 마스크가 '0.0.255.255'이므로 '0.0' 이 겹치는 두 자리만 일치하면 되므로 1.1.3.1 라우터에 연결된 네트워크 중에서 '1' 1'로 시작하는 IP를 가진 네트워크는 Area 0에 속하므로 1.1.0.1과 1.1.3.1 IP 주소를 가진 네트워크가 모두 Area 0에 속하게 된다. 즉, [표 10-15]와 같이 한 줄로 설정할 수 있다.

[표 10-15] ▶ OSPF 설정 II

라우터	명령어
1.1.3.1	1.1.3.1 (config)#router ospf 100 1.1.3.1 (config-router)#network 1.1.0.0 0.0.255.255 Area 0

[그림 10-20]의 각 라우터에 대한 OSPF 설정은 [표 10-16]과 같다. 1.1.3.1, 1.1.5.1, 2.1.0.1과 2.1.3.1 라우터는 와일드카드 마스크를 조정하여 한 줄로 설정하였다.

[표 10-16] ▶ [그림 10-20]의 각 라우터에 대한 OSPF 설정

라우터	명령어
1.1.3.1	1.1.3.1 (config)#interface fastethernet 0/0 1.1.3.1 (config-if)#no shutdown 1.1.3.1 (config-if)#ip address 1.1.0.1 255.255.255.0 1.1.3.1 (config-if)#interface fastethernet 0/1 1.1.3.1 (config-if)#no shutdown 1.1.3.1 (config-if)#ip address 1.1.3.1 255.255.255.0 1.1.3.1 (config)#router ospf 100 1.1.3.1 (config-router)#network 1.1.0.0 0.0.255.255 Area 0
1.1.2.1	1.1.2.1 (config)#interface fastethernet 0/0 1.1.2.1 (config-if)#no shutdown 1.1.2.1 (config-if)#ip address 1.1.1.1 255.255.255.0 1.1.2.1 (config-if)#interface fastethernet 0/1 1.1.2.1 (config-if)#no shutdown 1.1.2.1 (config-if)#ip address 1.1.0.2 255.255.255.0 1.1.2.1 (config-if)#interface fastethernet 1/0 1.1.2.1 (config-if)#no shutdown 1.1.2.1 (config-if)#ip address 1.1.2.1 255.255.255.0 1.1.2.1 (config)#router ospf 100 1.1.2.1 (config-router)#network 1.1.0.2 0.0.0.0 Area 0 1.1.2.1 (config-router)#network 1.1.1.1 0.0.0.0 Area 0 1.1.2.1 (config-router)#network 1.1.2.1 0.0.0.0 Area 0
1.1.5.1	1.1.5.1 (config)#interface fastethernet 0/0 1.1.5.1 (config-if)#no shutdown 1.1.5.1 (config-if)#ip address 1.1.2.2 255.255.255.0 1.1.5.1 (config-if)#interface fastethernet 0/1 1.1.5.1 (config-if)#no shutdown 1.1.5.1 (config-if)#ip address 1.1.4.2 255.255.255.0 1.1.5.1 (config-if)#interface fastethernet 1/0 1.1.5.1 (config-if)#no shutdown 1.1.5.1 (config-if)#ip address 1.1.5.1 255.255.255.0 1.1.3.1 (config)#router ospf 100 1.1.3.1 (config-router)#network 1.1.0.0 0.0.255.255 Area 0
2.1.0.1	2.1.0.1 (config)#interface fastethernet 0/0 2.1.0.1 (config-if)#no shutdown 2.1.0.1 (config-if)#ip address 1.1.3.2 255.255.255.0 2.1.0.1 (config-if)#interface fastethernet 0/1 2.1.0.1 (config-if)#no shutdown 2.1.0.1 (config-if)#ip address 1.1.4.1 255.255.255.0 2.1.0.1 (config-if)#interface fastethernet 1/0 2.1.0.1 (config-if)#no shutdown 2.1.0.1 (config-if)#ip address 2.1.0.1 255.255.255.0

	2.1.0.1 (config)#router ospf 100 2.1.0.1 (config-router)#network 1.1.0.0 0.0.255.255 Area 0 2.1.0.1 (config-router)#network 2.1.0.1 0.0.0.0 Area 33
2.1.3.1	2.1.3.1 (config-if)#interface fastethernet 0/0 2.1.3.1 (config-if)#no shutdown 2.1.3.1 (config-if)#ip address 2.1.0.2 255.255.255.0 2.1.3.1 (config-if)#interface fastethernet 0/1 2.1.3.1 (config-if)#no shutdown 2.1.3.1 (config-if)#ip address 2.1.1.1 255.255.255.0 2.1.3.1 (config-if)#interface fastethernet 1/0 2.1.3.1 (config-if)#no shutdown 2.1.3.1 (config-if)#ip address 2.1.3.1 255.255.255.0 2.1.3.1 (config)#router ospf 100 2.1.3.1 (config-router)#network 2.1.0.0 0.0.255.255 Area 33
2.1.2.1	2.1.2.1 (config)#interface fastethernet 0/0 2.1.2.1 (config-if)#no shutdown 2.1.2.1 (config-if)#ip address 2.1.1.2 255.255.255.0 2.1.2.1 (config-if)#interface fastethernet 0/1 2.1.2.1 (config-if)#no shutdown 2.1.2.1 (config-if)#ip address 2.1.2.1 255.255.255.0 2.1.2.1 (config)#router ospf 100 2.1.2.1 (config-router)#network 2.1.1.2 0.0.0.0 Area 33 2.1.2.1 (config-router)#network 2.1.2.1 0.0.0.0 Area 33
2.1.4.1	2.1.4.1 (config)#interface fastethernet 0/0 2.1.4.1 (config-if)#no shutdown 2.1.4.1 (config-if)#ip address 2.1.3.2 255.255.255.0 2.1.4.1 (config-if)#interface fastethernet 0/1 2.1.4.1 (config-if)#no shutdown 2.1.4.1 (config-if)#ip address 2.1.4.1 255.255.255.0 2.1.4.1 (config)#router ospf 100 2.1.4.1 (config-router)#network 2.1.3.2 0.0.0.0 Area 33 2.1.4.1 (config-router)#network 2.1.4.1 0.0.0.0 Area 33

OSPF 설정 이후의 각 라우터의 라우팅 테이블은 [표 10-17]과 같다. 다른 Area에서 넘어온 정보는 O IA(Inter Area)로 표시되고, 같은 Area 내의 정보는 O로 표시된다.

[표 10-17] ▶ OSPF 설정 후의 라우팅 테이블

<table>
<tr><th>라우터</th><th>명령어</th></tr>
<tr><td>1.1.3.1</td><td>Router#show ip route
Gateway of last resort is not set

1.0.0.0/24 is subnetted, 6 subnets
C 1.1.0.0 is directly connected, FastEthernet0/0
O 1.1.1.0 [110/2] via 1.1.0.2, 00:18:21, FastEthernet0/0
O 1.1.2.0 [110/2] via 1.1.0.2, 00:17:33, FastEthernet0/0
C 1.1.3.0 is directly connected, FastEthernet0/1
O 1.1.4.0 [110/2] via 1.1.3.2, 00:16:41, FastEthernet0/1
O 1.1.5.0 [110/3] via 1.1.0.2, 00:16:41, FastEthernet0/0
2.0.0.0/24 is subnetted, 5 subnets
O IA 2.1.0.0 [110/2] via 1.1.3.2, 00:16:31, FastEthernet0/1
O IA 2.1.1.0 [110/3] via 1.1.3.2, 00:15:51, FastEthernet0/1
O IA 2.1.2.0 [110/4] via 1.1.3.2, 00:14:41, FastEthernet0/1
O IA 2.1.3.0 [110/12] via 1.1.3.2, 00:07:06, FastEthernet0/1
O IA 2.1.4.0 [110/13] via 1.1.3.2, 00:07:06, FastEthernet0/1</td></tr>
<tr><td>1.1.2.1</td><td>Router#show ip route
Gateway of last resort is not set

1.0.0.0/24 is subnetted, 6 subnets
C 1.1.0.0 is directly connected, FastEthernet0/1
C 1.1.1.0 is directly connected, FastEthernet0/0
C 1.1.2.0 is directly connected, FastEthernet1/0
O 1.1.3.0 [110/2] via 1.1.0.1, 00:11:27, FastEthernet0/1
O 1.1.4.0 [110/2] via 1.1.2.2, 00:02:43, FastEthernet1/0
O 1.1.5.0 [110/2] via 1.1.2.2, 00:12:19, FastEthernet1/0
2.0.0.0/24 is subnetted, 5 subnets
O IA 2.1.0.0 [110/3] via 1.1.0.1, 00:02:43, FastEthernet0/1
O IA 2.1.1.0 [110/4] via 1.1.0.1, 00:02:43, FastEthernet0/1
O IA 2.1.2.0 [110/5] via 1.1.0.1, 00:02:43, FastEthernet0/1
O IA 2.1.3.0 [110/13] via 1.1.0.1, 00:01:52, FastEthernet0/1
O IA 2.1.4.0 [110/14] via 1.1.0.1, 00:01:52, FastEthernet0/1</td></tr>
<tr><td>1.1.5.1</td><td>Router#show ip route
Gateway of last resort is not set

1.0.0.0/24 is subnetted, 6 subnets
O 1.1.0.0 [110/2] via 1.1.2.1, 00:18:46, FastEthernet0/0
O 1.1.1.0 [110/2] via 1.1.2.1, 00:18:46, FastEthernet0/0
C 1.1.2.0 is directly connected, FastEthernet0/0
O 1.1.3.0 [110/3] via 1.1.2.1, 00:09:09, FastEthernet0/0
C 1.1.4.0 is directly connected, FastEthernet0/1
C 1.1.5.0 is directly connected, FastEthernet1/0
2.0.0.0/24 is subnetted, 5 subnets
O IA 2.1.0.0 [110/4] via 1.1.2.1, 00:09:09, FastEthernet0/0
O IA 2.1.1.0 [110/5] via 1.1.2.1, 00:09:09, FastEthernet0/0
O IA 2.1.2.0 [110/6] via 1.1.2.1, 00:09:09, FastEthernet0/0
O IA 2.1.3.0 [110/14] via 1.1.2.1, 00:08:18, FastEthernet0/0
O IA 2.1.4.0 [110/15] via 1.1.2.1, 00:08:18, FastEthernet0/0</td></tr>
</table>

2.1.0.1	Router#show ip route
	Gateway of last resort is not set
	
	     1.0.0.0/24 is subnetted, 6 subnets
	O 1.1.0.0 [110/2] via 1.1.3.1, 00:18:35, FastEthernet0/0
	O 1.1.1.0 [110/3] via 1.1.3.1, 00:18:35, FastEthernet0/0
	O 1.1.2.0 [110/3] via 1.1.3.1, 00:19:16, FastEthernet0/0
	C 1.1.3.0 is directly connected, FastEthernet0/0
	C 1.1.4.0 is directly connected, FastEthernet0/1
	O 1.1.5.0 [110/4] via 1.1.3.1, 00:19:16, FastEthernet0/0
	     2.0.0.0/24 is subnetted, 5 subnets
	C 2.1.0.0 is directly connected, FastEthernet1/0
	O 2.1.1.0 [110/2] via 2.1.0.2, 00:16:43, FastEthernet1/0
	O 2.1.2.0 [110/3] via 2.1.0.2, 00:16:43, FastEthernet1/0
	O 2.1.3.0 [110/11] via 2.1.0.2, 00:09:08, FastEthernet1/0
	O 2.1.4.0 [110/12] via 2.1.0.2, 00:09:08, FastEthernet1/0

2.1.3.1	Router#show ip route
	Gateway of last resort is not set
	
	     1.0.0.0/24 is subnetted, 6 subnets
	O IA 1.1.0.0 [110/3] via 2.1.0.1, 00:19:04, FastEthernet0/0
	O IA 1.1.1.0 [110/4] via 2.1.0.1, 00:19:04, FastEthernet0/0
	O IA 1.1.2.0 [110/4] via 2.1.0.1, 00:19:04, FastEthernet0/0
	O IA 1.1.3.0 [110/2] via 2.1.0.1, 00:19:04, FastEthernet0/0
	O IA 1.1.4.0 [110/12] via 2.1.0.1, 00:19:04, FastEthernet0/0
	O IA 1.1.5.0 [110/5] via 2.1.0.1, 00:19:04, FastEthernet0/0
	     2.0.0.0/24 is subnetted, 5 subnets
	C 2.1.0.0 is directly connected, FastEthernet0/0
	C 2.1.1.0 is directly connected, FastEthernet0/1
	O 2.1.2.0 [110/2] via 2.1.1.2, 00:17:46, FastEthernet0/1
	C 2.1.3.0 is directly connected, FastEthernet1/0
	O 2.1.4.0 [110/11] via 2.1.3.2, 00:10:06, FastEthernet1/0

2.1.2.1	Router#show ip route
	Gateway of last resort is not set
	
	     1.0.0.0/24 is subnetted, 6 subnets
	O IA 1.1.0.0 [110/4] via 2.1.1.1, 00:18:21, FastEthernet0/0
	O IA 1.1.1.0 [110/5] via 2.1.1.1, 00:18:21, FastEthernet0/0
	O IA 1.1.2.0 [110/5] via 2.1.1.1, 00:18:21, FastEthernet0/0
	O IA 1.1.3.0 [110/3] via 2.1.1.1, 00:18:21, FastEthernet0/0
	O IA 1.1.4.0 [110/12] via 2.1.1.1, 00:18:21, FastEthernet0/0
	O IA 1.1.5.0 [110/6] via 2.1.1.1, 00:18:21, FastEthernet0/0
	     2.0.0.0/24 is subnetted, 5 subnets
	O 2.1.0.0 [110/2] via 2.1.1.1, 00:18:21, FastEthernet0/0
	C 2.1.1.0 is directly connected, FastEthernet0/0
	C 2.1.2.0 is directly connected, FastEthernet0/1
	O 2.1.3.0 [110/11] via 2.1.1.1, 00:10:41, FastEthernet0/0
	O 2.1.4.0 [110/12] via 2.1.1.1, 00:10:41, FastEthernet0/0

2.1.4.1	Router#show ip route Gateway of last resort is not set 1.0.0.0/24 is subnetted, 6 subnets O IA 1.1.0.0 [110/13] via 2.1.3.1, 00:18:21, FastEthernet0/0 O IA 1.1.1.0 [110/14] via 2.1.3.1, 00:18:21, FastEthernet0/0 O IA 1.1.2.0 [110/14] via 2.1.3.1, 00:18:21, FastEthernet0/0 O IA 1.1.3.0 [110/12] via 2.1.3.1, 00:18:21, FastEthernet0/0 O IA 1.1.4.0 [110/21] via 2.1.3.1, 00:18:21, FastEthernet0/0 O IA 1.1.5.0 [110/15] via 2.1.3.1, 00:18:21, FastEthernet0/0 2.0.0.0/24 is subnetted, 5 subnets O 2.1.0.0 [110/11] via 2.1.3.1, 00:18:21, FastEthernet0/0 O 2.1.1.0 [110/11] via 2.1.3.1, 00:18:21, FastEthernet0/0 O 2.1.2.0 [110/12] via 2.1.3.1, 00:18:21, FastEthernet0/0 C 2.1.3.0 is directly connected, FastEthernet0/0 C 2.1.4.0 is directly connected, FastEthernet0/1

Area로 분할하면 Area 내부의 각각의 라우터들은 자신에게 연결된 링크 정보를 전달하기 위해 LSA Type 1 또는 2를 보내는데 Area 내부의 모든 라우터들에게 전달된다. 이 과정을 Flooding이라고 한다. Flooding을 통해 Area 내부의 모든 라우터들은 동일한 링크 스테이트 데이터베이스(지도)를 만든다. 이 과정에서 CPU와 밴드위스를 비교적 많이 소모한다. 반면에 Area 외부에 대해서는 지도를 그리지 않는다. 대신, 네트워크와 서브넷 마스크, 베스트 루트의 메트릭 정보만을 교환한다. 즉, 링크 스테이트 라우팅 프로토콜은 Area 내부의 각각의 라우터들이 보낸 LSA들을 모두 처리해야 하지만, 다른 Area에 속한 네트워크에 대해서는 ABR이 보낸 정보만으로 토폴로지 테이블을 만든다. 이것은 마치 디스턴스 벡터 라우팅 프로토콜이 이웃 라우터가 보낸 라우팅 업데이트만 처리하면 되는 것과 같다.

Area로 분할하면 만들어야 하는 지도(토폴로지 테이블)의 크기를 줄여 CPU와 밴드위스 소모량을 개선할 수 있다. 그러나, Area로 분할해도 Area 간에 전달되는 라우터가 보유해야 하는 네트워크 정보량과 라우팅 테이블의 길이는 전혀 줄어들지 않는다. 이 문제에 대한 솔루션이 Route Summarization과 Stub Area이다.

① 루트 서머리제이션과 Stub Area

첫째, 루트 서머리제이션(Route Summarization)부터 보자.

[그림 10-21]에서 Area 0에 1.1.0.0 /24, 1.1.1.0 /24, 1.1.2.0 /24, 1.1.3.0 /24, 1.1.4.0 /24, 1.1.5.0 /24의 6개의 네트워크들이 존재하고, Area 33에 2.1.0.0 /24, 2.1.1.0 /24, 2.1.2.0 /24, 2.1.3.0 /24, 2.1.4.0 /24의 5개의 네트워크들이 존재한다.

그러므로, [그림 10-29]의 각 라우터는 11개의 네트워크 정보들을 가질 것이다.

[그림 10-21] ▶ Route Summarization

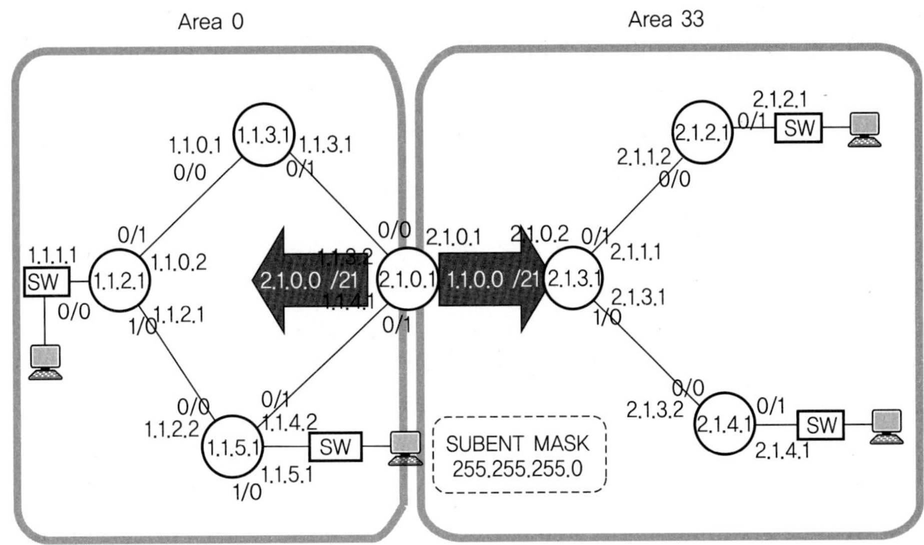

그러나, [표 10-18]과 같이 ABR 라우터에서 Route Summarization을 설정하면 다른 Area에 대한 정보는 1개로 요약되어 라우팅 테이블에 올라올 것이다. OSPF에서 Area 간의 Route Summarization은 ABR에서만 설정 가능하다.

[표 10-18] ▶ Route Summarization 설정

구분	명령어
2.1.0.1	Router(config)#router ospf 100 Router(config-router)#Area 0 range 1.1.0.0 255.255.248.0 Router(config-router)#Area 33 range 2.1.0.0 255.255.248.0

[표 10-18] Route Summarization의 요약 정보는 [표 10-19]와 같은 원리로 계산되었다. 먼저 Area 0의 1.1.0.0 /24, 1.1.1.0 /24, 1.1.2.0 /24, 1.1.3.0 /24, 1.1.4.0 /24, 1.1.5.0 /24 네트워크 정보를 하나로 요약해보자. 1.1.0.0 /24, 1.1.1.0 /24, 1.1.2.0 /24, 1.1.3.0 /24, 1.1.4.0 /24, 1.1.5.0 /24를 이진수로 바꾸면 [표 10-19]와 같이 21칸까지 동일하다.

요약할 네트워크 중에 호스트 자리가 이진수로 모두 '0'인 첫 번째 네트워크, 1.1.0.0이 대표 주소가 되고, /21이 요약 정보의 서브넷 마스크가 된다. 즉, 1.1.0.0 /21에 요약 정보가 된다.

[표 10-19] ▶ Area 0 네트워크들에 대한 Route Summarization

구분	같은 부분	다른 부분	요약 결과
1.1.0.0	00000001.00000001.00000	000.호스트 부분	1.1.0.0. [대표 주소]
1.1.1.0	00000001.00000001.00000	001.호스트 부분	
1.1.2.0	00000001.00000001.00000	010.호스트 부분	
1.1.3.0	00000001.00000001.00000	011.호스트 부분	
1.1.4.0	00000001.00000001.00000	100.호스트 부분	
1.1.5.0	00000001.00000001.00000	101.호스트 부분	
서브넷 마스크	11111111.11111111.11111	000.00000000	255.255.248.0

다음으로 Area 33의 2.1.0.0 /24, 2.1.1.0 /24, 2.1.2.0 /24, 2.1.3.0 /24, 2.1.4.0 /24 네트워크 정보를 요약하자. 2.1.0.0 /24, 2.1.1.0 /24, 2.1.2.0 /24, 2.1.3.0 /24, 2.1.4.0 /24를 이진수로 변경하면 [표 10-20]과 같이 21칸까지 동일하다. 요약할 네트워크 중에 호스트 자리가 이진수로 모두 '0'인 첫 번째 네트워크, 2.1.0.0이 대표 주소가 되고, /21이 요약 정보의 서브넷 마스크가 된다. 즉, 2.1.0.0 /21이 요약 정보가 된다.

[표 10-20] ▶ Area 33 네트워크들에 대한 Route Summarization

구분	같은 부분	다른 부분	요약 결과
2.1.0.0	00000010.00000001.00000	000.호스트 부분	2.1.0.0. [대표 주소]
2.1.1.0	00000010.00000001.00000	001.호스트 부분	
2.1.2.0	00000010.00000001.00000	010.호스트 부분	
2.1.3.0	00000010.00000001.00000	011.호스트 부분	
2.1.4.0	00000010.00000001.00000	100.호스트 부분	
서브넷 마스크	11111111.11111111.11111	000.00000000	255.255.248.0

ABR에서 Route Summarization을 하면 다른 Area의 네트워크 정보가 요약되어 올라옴을 [표 10-21]에서 확인할 수 있다. 다만, ABR인 2.1.0.1 라우터는 Route Summarization을 설정한 라우터로 모든 네트워크 정보들이 보인다.

[표 10-21] ▶ Route Summarization 설정 후의 라우팅 테이블

라우터	라우팅 테이블
1.1.3.1	Router#show ip route Gateway of last resort is not set 1.0.0.0/24 is subnetted, 6 subnets C 1.1.0.0 is directly connected, FastEthernet0/0 O 1.1.1.0 [110/2] via 1.1.0.2, 00:41:46, FastEthernet0/0 O 1.1.2.0 [110/2] via 1.1.0.2, 00:41:46, FastEthernet0/0 C 1.1.3.0 is directly connected, FastEthernet0/1 O 1.1.4.0 [110/2] via 1.1.3.2, 00:41:46, FastEthernet0/1 O 1.1.5.0 [110/3] via 1.1.0.2, 00:41:46, FastEthernet0/0

	[110/3] via 1.1.3.2, 00:41:46, FastEthernet0/1 2.0.0.0/21 is subnetted, 1 subnets O IA 2.1.0.0 [110/2] via 1.1.3.2, 00:00:07, FastEthernet0/1	요약정보
1.1.2.1	Router#show ip route Gateway of last resort is not set 1.0.0.0/24 is subnetted, 6 subnets C 1.1.0.0 is directly connected, FastEthernet0/1 C 1.1.1.0 is directly connected, FastEthernet0/0 C 1.1.2.0 is directly connected, FastEthernet1/0 O 1.1.3.0 [110/2] via 1.1.0.1, 00:05:44, FastEthernet0/1 O 1.1.4.0 [110/2] via 1.1.2.2, 00:05:44, FastEthernet1/0 O 1.1.5.0 [110/2] via 1.1.2.2, 00:42:17, FastEthernet1/0 2.0.0.0/21 is subnetted, 1 subnets O IA 2.1.0.0 [110/3] via 1.1.0.1, 00:00:39, FastEthernet0/1	
1.1.5.1	Router#show ip route Gateway of last resort is not set 1.0.0.0/24 is subnetted, 6 subnets O 1.1.0.0 [110/2] via 1.1.2.1, 00:42:45, FastEthernet0/0 O 1.1.1.0 [110/2] via 1.1.2.1, 00:42:45, FastEthernet0/0 C 1.1.2.0 is directly connected, FastEthernet0/0 O 1.1.3.0 [110/3] via 1.1.2.1, 00:42:45, FastEthernet0/0 C 1.1.4.0 is directly connected, FastEthernet0/1 C 1.1.5.0 is directly connected, FastEthernet1/0 2.0.0.0/21 is subnetted, 1 subnets O IA 2.1.0.0 [110/4] via 1.1.2.1, 00:01:07, FastEthernet0/0	
2.1.0.1	Router#show ip route Gateway of last resort is not set 1.0.0.0/24 is subnetted, 6 subnets O 1.1.0.0 [110/2] via 1.1.3.1, 00:40:03, FastEthernet0/0 O 1.1.1.0 [110/3] via 1.1.3.1, 00:40:03, FastEthernet0/0 O 1.1.2.0 [110/4] via 1.1.3.1, 00:40:03, FastEthernet0/0 C 1.1.3.0 is directly connected, FastEthernet0/0 C 1.1.4.0 is directly connected, FastEthernet0/1 O 1.1.5.0 [110/2] via 1.1.4.2, 00:40:03, FastEthernet0/1 2.0.0.0/24 is subnetted, 5 subnets C 2.1.0.0 is directly connected, FastEthernet1/0 O 2.1.1.0 [110/2] via 2.1.0.2, 00:39:58, FastEthernet1/0 O 2.1.2.0 [110/3] via 2.1.0.2, 00:39:58, FastEthernet1/0 O 2.1.3.0 [110/11] via 2.1.0.2, 00:39:58, FastEthernet1/0 O 2.1.4.0 [110/12] via 2.1.0.2, 00:39:58, FastEthernet1/0	
2.1.3.1	Router#show ip route Gateway of last resort is not set 1.0.0.0/21 is subnetted, 1 subnets O IA 1.1.0.0 [110/2] via 2.1.0.1, 00:00:55, FastEthernet0/0	

2.1.3.1	2.0.0.0/24 is subnetted, 5 subnets C 2.1.0.0 is directly connected, FastEthernet0/0 C 2.1.1.0 is directly connected, FastEthernet0/1 O 2.1.2.0 [110/2] via 2.1.1.2, 00:00:55, FastEthernet0/1 C 2.1.3.0 is directly connected, FastEthernet1/0 O 2.1.4.0 [110/11] via 2.1.3.2, 00:00:55, FastEthernet1/0
2.1.2.1	Router#show ip route Gateway of last resort is not set 1.0.0.0/21 is subnetted, 1 subnets O IA 1.1.0.0 [110/3] via 2.1.1.1, 00:01:11, FastEthernet0/0 2.0.0.0/24 is subnetted, 5 subnets O 2.1.0.0 [110/2] via 2.1.1.1, 00:01:41, FastEthernet0/0 C 2.1.1.0 is directly connected, FastEthernet0/0 C 2.1.2.0 is directly connected, FastEthernet0/1 O 2.1.3.0 [110/11] via 2.1.1.1, 00:01:41, FastEthernet0/0 O 2.1.4.0 [110/12] via 2.1.1.1, 00:01:41, FastEthernet0/0
2.1.4.1	Router#show ip route Gateway of last resort is not set 1.0.0.0/21 is subnetted, 1 subnets O IA 1.1.0.0 [110/12] via 2.1.3.1, 00:01:39, FastEthernet0/0 2.0.0.0/24 is subnetted, 5 subnets O 2.1.0.0 [110/11] via 2.1.3.1, 00:06:16, FastEthernet0/0 O 2.1.1.0 [110/11] via 2.1.3.1, 00:06:16, FastEthernet0/0 O 2.1.2.0 [110/12] via 2.1.3.1, 00:06:16, FastEthernet0/0 C 2.1.3.0 is directly connected, FastEthernet0/0 C 2.1.4.0 is directly connected, FastEthernet0/1

Route Summarization을 적용하려면, IP 설계와 할당 단계에서부터 Route Summarization을 할 수 있도록 IP를 연속되도록 할당해야 한다.

② Totally stubby Area 솔루션

둘째, Totally Stubby Area 솔루션을 알아 보자. [그림 10-22]를 보자. 즉, Area 33을 'Totally Stubby Area'로 설정하면 ABR은 Area 33의 외부 네트워크 정보를 차단한다. 그 대신 ABR은 0.0.0.0 /0의 디폴트 정보를 생성하여 Area 33의 내부 라우터들에게 보낸다. 0.0.0.0 /0의 디폴트 정보는 모든 IP를 포함하는 정보이므로 디폴트 정보를 가진 라우터는 패킷을 버릴 수 없다. 따라서, 구체적인 네트워크 정보가 없다면 Area 외부의 네트워크 정보를 가지고 있는 ABR 라우터에게 패킷은 보내진다. 결론적으로 Totally Stubby Area를 설정하면 외부의 다수의 정보 대신, 디폴트 정보 하나만 유입되어 라우팅 테이블의 크기를 줄인다. 단, 백본 Area는 Stub Area로 설정하지 못한다.

[그림 10-22] ▶ Totally Stubby Area

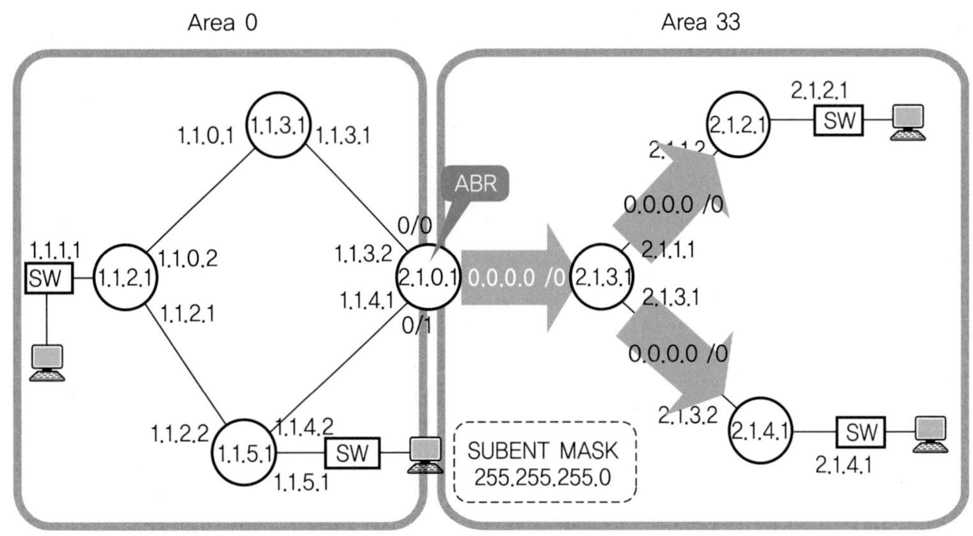

[표 10-16]에 Totally Stubby Area 설정을 위해 [표 10-22] 명령어를 추가한다. ABR(Area Border Router)인 2.1.0.1 라우터에서 'no-summary' 옵션이 추가된다.

[표 10-22] ▶ Totally Stubby Area 설정

구분	명령어
2.1.0.1	2.1.0.1 (config)#router ospf 100 2.1.0.1 (config-router)#Area 33 stub no-summary
2.1.2.1	2.1.2.1 (config)#router ospf 100 2.1.2.1 (config-router)#Area 33 stub
2.1.3.1	2.1.3.1 (config)#router ospf 100 2.1.3.1 (config-router)#Area 33 stub
2.1.4.1	2.1.4.1 (config)#router ospf 100 2.1.4.1 (config-router)#Area 33 stub

Totally Stubby Area를 설정하면 다른 Area의 정보인 O IA 정보가 구체적으로 올라오는 대신 O*IA 정보가 올라옴을 [표 10-23]에서 확인할 수 있다.

[표 10-23] ▶ Totally Stubby Area 설정 후의 라우팅 테이블

<table>
<tr><th>라우터</th><th>라우팅 테이블</th></tr>
<tr><td>2.1.0.1</td><td>Router#show ip route
Gateway of last resort is not set

1.0.0.0/24 is subnetted, 6 subnets
O 1.1.0.0 [110/2] via 1.1.3.1, 00:40:03, FastEthernet0/0
O 1.1.1.0 [110/3] via 1.1.3.1, 00:40:03, FastEthernet0/0
O 1.1.2.0 [110/4] via 1.1.3.1, 00:40:03, FastEthernet0/0
C 1.1.3.0 is directly connected, FastEthernet0/1
C 1.1.4.0 is directly connected, FastEthernet0/0
O 1.1.5.0 [110/2] via 1.1.4.2, 00:40:03, FastEthernet0/0
2.0.0.0/24 is subnetted, 5 subnets
C 2.1.0.0 is directly connected, FastEthernet1/0
O 2.1.1.0 [110/2] via 2.1.0.2, 00:39:58, FastEthernet1/0
O 2.1.2.0 [110/3] via 2.1.0.2, 00:39:58, FastEthernet1/0
O 2.1.3.0 [110/11] via 2.1.0.2, 00:39:58, FastEthernet1/0
O 2.1.4.0 [110/12] via 2.1.0.2, 00:39:58, FastEthernet1/0</td></tr>
<tr><td>2.1.3.1</td><td>Router#show ip route
Gateway of last resort is 2.1.0.1 to network 0.0.0.0

2.0.0.0/24 is subnetted, 5 subnets
C 2.1.0.0 is directly connected, FastEthernet0/0
C 2.1.1.0 is directly connected, FastEthernet0/1
O 2.1.2.0 [110/2] via 2.1.1.2, 00:38:40, FastEthernet0/1
C 2.1.3.0 is directly connected, FastEthernet1/0
O 2.1.4.0 [110/11] via 2.1.3.2, 00:38:40, FastEthernet1/0
O*IA 0.0.0.0/0 [110/2] via 2.1.0.1, 00:38:40, FastEthernet0/0</td></tr>
<tr><td>2.1.2.1</td><td>Router#show ip route
Gateway of last resort is 2.1.1.1 to network 0.0.0.0

2.0.0.0/24 is subnetted, 5 subnets
O 2.1.0.0 [110/2] via 2.1.1.1, 00:39:22, FastEthernet0/0
C 2.1.1.0 is directly connected, FastEthernet0/0
C 2.1.2.0 is directly connected, FastEthernet0/1
O 2.1.3.0 [110/11] via 2.1.1.1, 00:39:22, FastEthernet0/0
O 2.1.4.0 [110/12] via 2.1.1.1, 00:39:22, FastEthernet0/0
O*IA 0.0.0.0/0 [110/3] via 2.1.1.1, 00:39:22, FastEthernet0/0</td></tr>
<tr><td>2.1.4.1</td><td>Router#show ip route
Gateway of last resort is 2.1.3.1 to network 0.0.0.0

2.0.0.0/24 is subnetted, 5 subnets
O 2.1.0.0 [110/11] via 2.1.3.1, 00:29:38, FastEthernet0/0
O 2.1.1.0 [110/11] via 2.1.3.1, 00:29:38, FastEthernet0/0
O 2.1.2.0 [110/12] via 2.1.3.1, 00:29:38, FastEthernet0/0
C 2.1.3.0 is directly connected, FastEthernet0/0
C 2.1.4.0 is directly connected, FastEthernet0/1
O*IA 0.0.0.0/0 [110/12] via 2.1.3.1, 00:39:22, FastEthernet0/0</td></tr>
</table>

Lecture 04

Integrated IS-IS

강의 키워드 IS-IS 개요, Hello와 네이버 테이블, LSP와 토폴로지 테이블, NSAP 주소, L1 또는L2 서킷의 구분, Route Summarization, Stub Area 등의 최적화 솔루션, OSPF와 비교

IS-IS 프로토콜은 원래 1980년 후반에 디지털이큅먼트 사에서 개발하였고, ISO(International Standards Organization)에 의해 표준화되었다. 원래는 IP가 아니라 CLNP(Connectionless Network Protocol)만 지원하는 라우팅 프로토콜이었으나, RFC 1195 를 통해 IP 지원을 정의했다.

IS-IS 패킷 교환 순서는 [그림 10-23]과 같은데 OSPF와 유사하다. Hello 패킷을

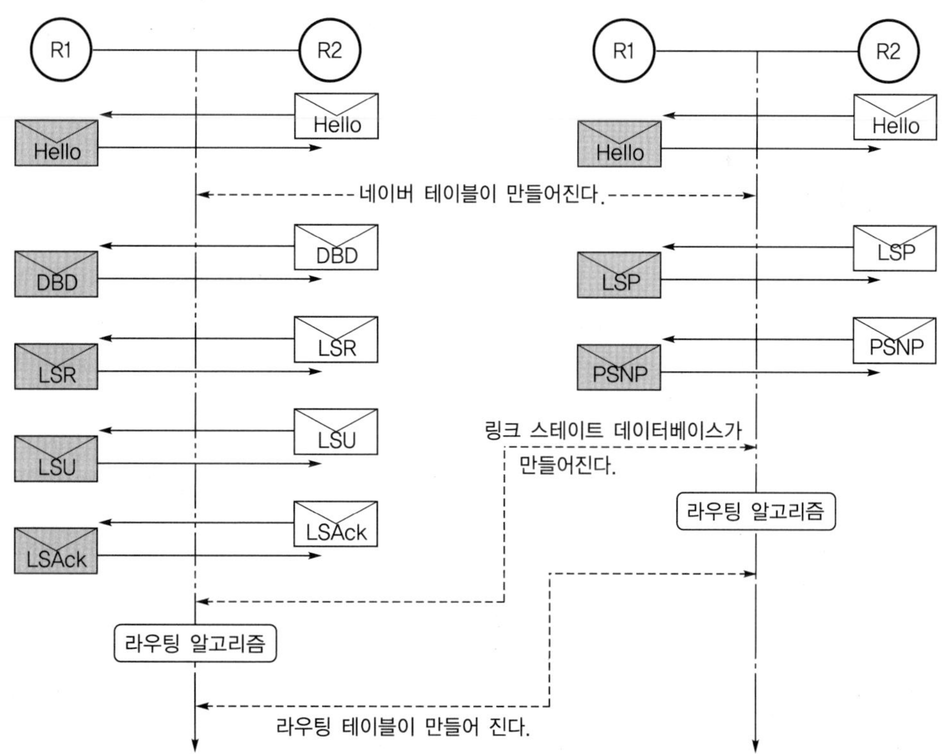

[그림 10-23] ▶ IS-IS 패킷이 교환되는 순서(OSPF와 비교)

통해 네이버 테이블을 만든다. 네이버 테이블을 만든 다음 라우팅 정보인 LSP(Link State PDU)를 즉시 교환한다. LSP는 OSPF의 LSU에 해당한다. PSNP(Partial sequence number PDU)는 OSPF 의 LSAck에 해당한다. 링크 스테이트 데이터베이스를 만든 후, 다익스트라 알고리즘이 누적 코스트를 비교하여 각 목적지에 대한 베스트 루트를 계산하고 베스트 루트만 라우팅 테이블에 올리는데 그 주요 과정은 OSPF보다 간단함을 확인할 수 있다.

링크 스테이트 데이터베이스에는 라우터 ID, 네트워크/서브넷 마스크, 코스트, Lifetime(정보의 수명) 등이 올라온다. 라우터 ID는 지도에서 각 라우터를 구분하는 라우터의 주민등록번호다. IS-IS는 라우터 ID로 IP 주소 대신 NSAP 주소를 사용한다. NSAP 주소는 [그림 10-24]와 같이 Area 주소, 시스템 ID, NSEL(N-selector) 필드로 나뉜다. 시스템 ID는 라우터들을 구분하기 위한 자리이고, NSEL 필드는 서비스 종류를 표시하는 필드로 라우터의 경우 '00'을 사용한다.

[그림 10-24] ▶ NSAP 주소

다양한 길이	6바이트	1바이트
Area ID	시스템 ID	NSEL
(예) 49.0001	1111.1111.1111	00

IS-IS는 링크 스테이트 데이터베이스에서 라우터를 구분하기 위한 라우터 ID로 NSAP 주소를 사용한다. 라우터 ID로 사용하기 때문에 라우터별로 1개의 NSAP만 설정한다. [그림 10-25]는 NSAP 주소 설정 예이다. R1, R2, R3, R4의 NSAP의 Area ID 부분은 '49.0001'로 설정되었다. R5, R6, R7는 Area 49.0002에 속한다. 시스템 ID 자리는 AS 내부에서 모두 상이하게 설정한다.

[그림 10-25] ▶ NSAP 주소 설정

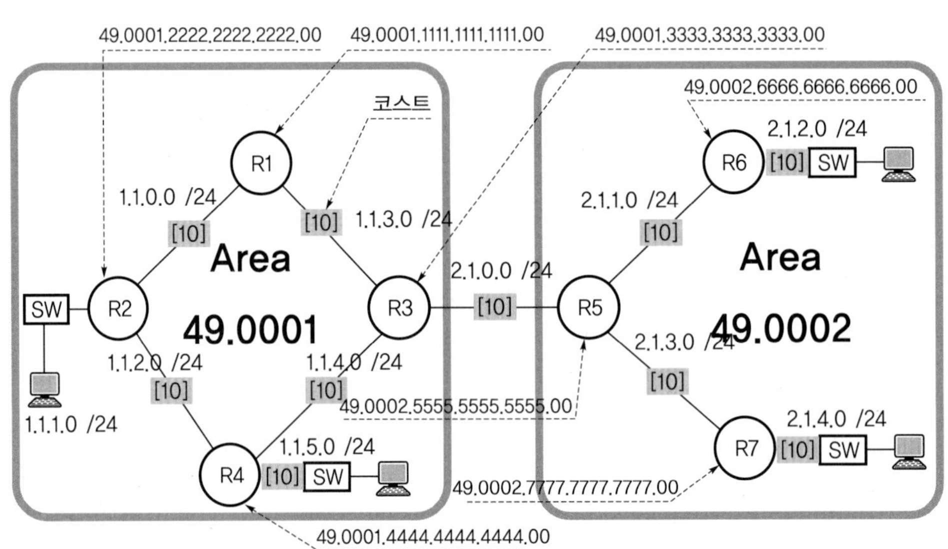

Hello 패킷에 들어가는 정보들 중 시스템 ID 길이, 서킷 타입, 인증 패스워드가 일치해야 네이버가 될 수 있다.

[그림 10-26]은 IS-IS 네이버 테이블 사례다. 'Show isis neighbors' 명령을 사용해도 된다. SNPA는 2계층 주소이다. PPP는 전용회선의 2계층 프로토콜로 전용회선은 내부에 스위치가 없는 Point-to-Point 네트워크이므로 2계층 주소가 없다. Holdtime은 네이버 라우터가 다운되었다고 판단하기 전에 Hello 패킷을 기다리는 시간이다.

[그림 10-26] ▶ IS-IS 네이버 테이블 예

```
Router#show clns neighbors

System Id        SNPA             Interface  State  Holdtime  Type  Protocol
1921.6800.2002   *PPP*            Se0/0      Up     25        L2    IS-IS
1921.6800.1005   00e0.1492.2c00   Fa0/1      Up     9         L1    IS-IS
```

IS-IS도 메트릭으로 코스트를 사용하는데, 디폴트 코스트 값은 '10'이다. 밴드위스와 관계 없이 일률적으로 '10'이 적용되는데 [표 10-24] 명령으로 수정할 수 있다. 코스트는 narrow 스타일일 경우 1~63 범위에서, wide 스타일일 경우 1~1023 범위에서 설정할 수 있다.

[표 10-24] ▶ 코스트 설정

구분	명령어
코스트 설정	Router(config)#interface fastethernet 0/0 Router(config-if)#isis metric 50
wide 스타일	Router(config)#router isis Router(config-if)#metric-style wide
narrow 스타일	Router(config)#router isis Router(config-if)#metric-style narrow

[그림 10-27]을 보자. 49.0001, 49.0002, 49.0003의 3개 Area로 분할되었다. Area로 분할하면 라우터를 연결하는 서킷들은 [그림 10-27]에 표시된 대로 Level 1, Level 2, Level 1/2 서킷으로 구분된다.

[그림 10-27] ▶
IS-IS 토폴로지 사례

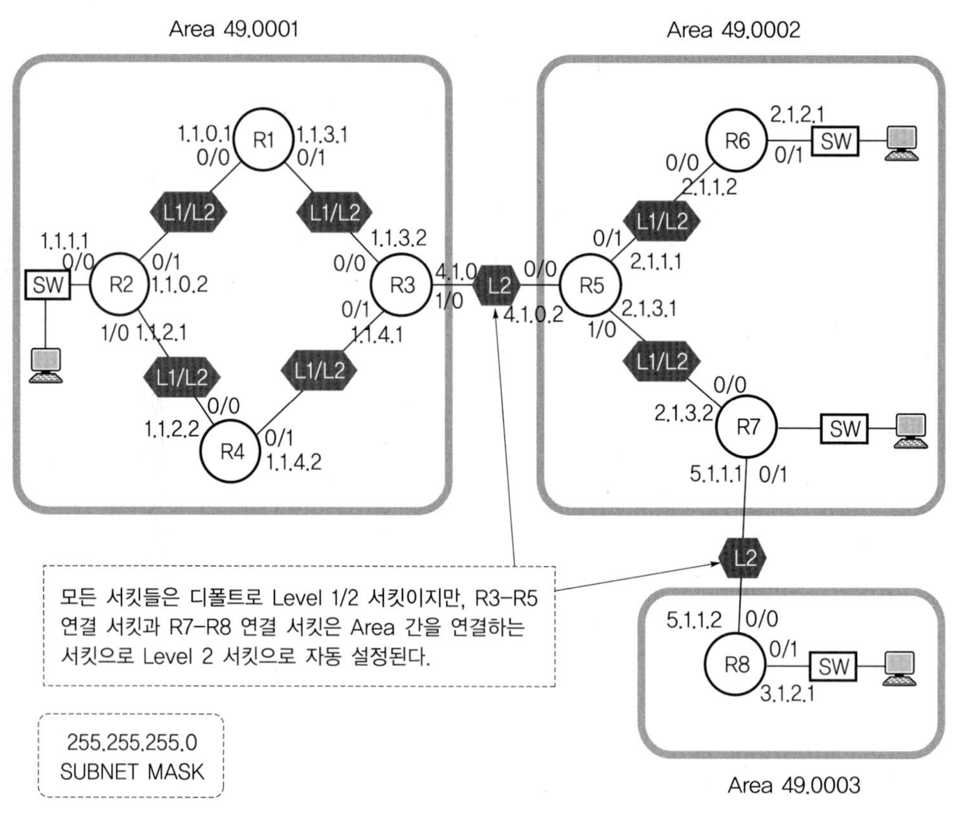

즉, [표 10-25]와 같이 Level 1 서킷은 같은 Area에 속하는 라우터를 연결하는 서킷이고, Levle 2 서킷은 다른 Area에 속하는 라우터를 연결하는 서킷이고, Level 1/2 서킷은 같은 Area에 속하는 라우터를 연결하는 또다른 방식이다. 같은 Area에 속하는 라우터들을 Level 1/2 서킷으로 설정하면 Area 내부 정보뿐만 아니라, Area 외부의 정보들까지 라우터들에게 전달되는 반면, Level 1 서킷으로 설정하면 Area 내부 정보는 교환되지만 Area 외부의 정보는 차단된다. Area 외부 정보가 차단되는 대신에 Area 경계 라우터로부터 디폴트 정보가 Area 내부 라우터들에게 보내진다.

[표 10-25] ▶
IS-IS 서킷

서킷 구분	정의
Level 1	Area 내부 정보(LSP Level 1)만 전달하는 서킷
Level 2	Area 외부 정보(LSP Level 2)만 전달하는 서킷
Level 1/2	Area 내부 정보(LSP Level 1)와 외부 정보(LSP Level 2) 모두를 전달하는 서킷

IS-IS 환경은 서킷뿐만 아니라 라우터 레벨도 구분한다. [표 10-26]과 같이 L1(Level 1) 라우터, L2(Level 2) 라우터, L1/L2(Level 1/Level 2) 라우터로 구분한다. L1 라우터는 Level 1 서킷만 가지는 라우터이므로 라우터가 소속한 Area 내의 네트워크 정보만 교환할 수 있다. [그림 10-27]에서는 L1 라우터가 존재하지 않는다.

L2 라우터는 Level 2 서킷만 가지는 라우터이므로 Area 외부의 네트워크 정보만 송수신한다. L1/L2 라우터는 Level 1과 Level 2 서킷을 동시에 가지거나, Level 1/2 서킷을 가지는 라우터로 Area 내부와 Area 외부의 정보를 모두 교환할 수 있다.

즉, Level 2 라우터와 Level 2 서킷들이 끊김 없이 연결되어야 Area간 라우팅 정보 교환이 가능하다. 즉, OSPF 환경에서 Area 간을 연결하는 백본 라우터와 같은 역할을 수행한다.

[표 10-26] ▶ IS-IS 라우터

구분	설명	[그림 10-27]에서 라우터 그림
L1 라우터	자신이 속한 Area에 대한 정보만 가지고 있는 라우터를 말하며, L1 서킷만 가진다.	없음
L2 라우터	다른 Area에 있는 L2라우터나 L1/L2라우터와 L2 서킷만 가진다.	R8
L1/L2 라우터	Area 내부와 외부의 라우팅을 위해 L1/L2 서킷을 가진다.	R1, R2, R3, R4, R5, R6, R7

[그림 10-28]로 IS-IS 서킷과 라우터 연결에 대한 연습을 더 해보자. ①~⑤번 서킷 구성과 같이 두 라우터가 같은 Area에 속하면 두 라우터가 공통적으로 지원하는 레벨의 서킷이 된다. ⑥~⑧번 구성은 두 라우터가 다른 Area에 속하기 때문에 반드시 Level 2 서킷이 필요하다. 그러나, ⑥번 구성에서는 왼쪽 라우터가 Level 2를 지원하지 않으므로 Level 2 서킷 구성에 실패했다. ⑦번과 ⑧번 구성은 두 라우터 모두 Level 2를 지원

[그림 10-28] ▶ IS-IS 서킷 구성 예

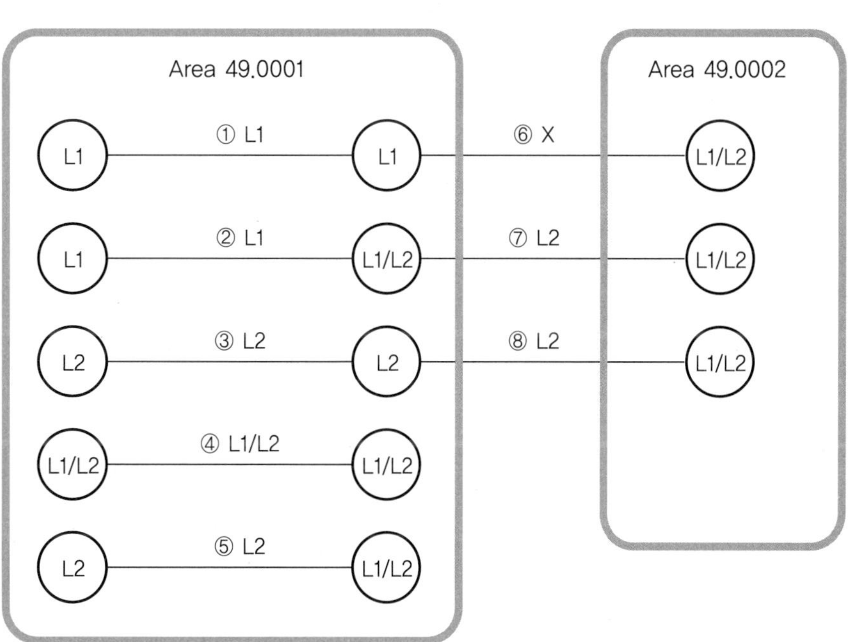

하므로 Level 2 서킷이 구성된다. ⑦번 구성과 같이 Area가 다른 두 라우터가 Level 1을 지원한다 하더라도 Area 간에는 Level 1 서킷이 구성되지는 않는다.

IS-IS 설정 시에 인터페이스별로 서킷 타입을 지정하지 않았을때, 두 라우터가 같은 Area에 속하면 두 라우터를 연결하는 서킷은 기본적으로 Level 1/2 서킷으로 설정되며, 두 라우터가 다른 Area에 속하면 자동으로 Level 2 서킷으로 설정된다.

Hello, CSNP, PSNP, LSP와 같은 IS-IS 패킷들은 모두 Level 1과 Level 2 패킷으로 나뉜다. Level 1 서킷을 통해 Level 1 Hello 패킷을 교환하여 네이버 테이블을 만들고, Level 1 CSNP, Level 1 PSNP, Level 1 LSP를 교환하여 Level 1 링크 스테이트 데이터베이스를 만든다. 마찬가지로, Level 2 서킷을 통해 Level 2 Hello 패킷을 교환하여 네이버 테이블을 만들고, Level 2 CSNP, Level 2 PSNP, Level 2 LSP를 교환하여 Level 2 링크 스테이트 데이터베이스를 만든다. L1/L2 서킷을 통해서는 Level 1과 Level 2 패킷 교환을 통해 Level 1과 Level 2의 링크 스테이트 데이터베이스가 독립적으로 만들어진다.

주기적으로 교환되는 CSNP(Complete sequence number PDU-Packet Data Unit)는 네트워크 정보의 표지로 System(라우터) ID, Sequence number(정보의 최신성 번호), 남은 Lifetime(정보의 남은 수명) 등을 포함한다. CSNP를 수신 후, 수신할 필요가 있는 새로운 정보를 CSNP를 보낸 라우터가 보유했다고 판단하면 PSNP(Partial sequence number PDU)를 보내 링크 스테이트 데이터베이스의 재료가 되는 LSP를 요청한다.

링크 스테이트 정보를 실어나르는 LSP에는 [표 10-27]의 정보들이 포함된다. LSP를 교환하여 링크 스테이트 데이터베이스를 만드는 과정은 OSPF와 유사하다. 다만 Level 1과 Level 2 링크 스테이트 데이터베이스가 별도로 만들어진다.

[표 10-27] ▶ LSP 내용

구성 내용	설명
시스템 ID	LSA를 보낸 라우터의 ID
네트워크 /서브넷 마스크	인터페이스의 IP 주소와 서브넷 마스크
Cost	링크 코스트(메트릭)
Sequence number	정보가 얼마나 새로운가를 표시하는 번호
Lifetime	정보의 수명, Lifetime이 지나면, 링크 스테이트 데이터베이스에서 삭제됨

IS-IS도 Level 1과 Level 2의 링크 스테이트 데이터베이스를 만든 다음, 다익스트라(Dijkstra, 최단 경로) 알고리즘을 통해 누적 코스트를 비교하여 베스트 루트를 찾는다. 이 베스트 루트만 라우팅 테이블에 올라온다. [그림 10-29]에 대한 IS-IS 설정을 해 보자. 각 라우터별 설정 명령어는 [표 10-28]과 같다.

[그림 10-29] ▶
IS-IS 설정 환경 I

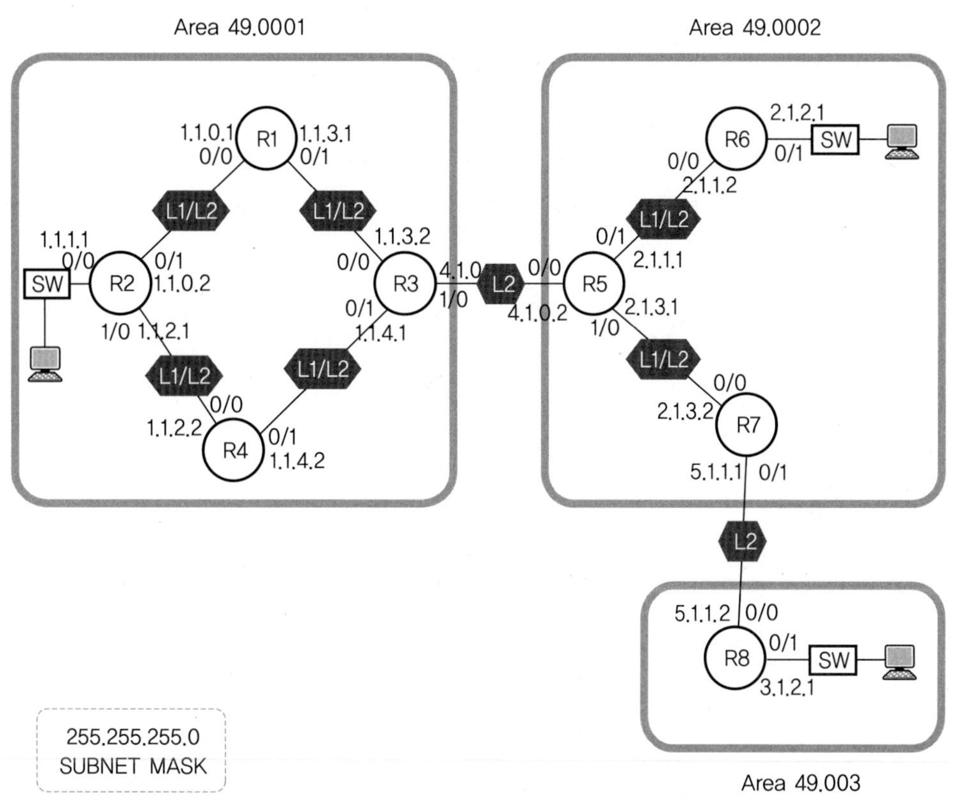

[표 10-28]을 보자. IS-IS는 인터페이스에 'ip router isis' 명령으로 IS-IS 라우팅 프로토콜 영역임을 표시한다. 라우팅 프로토콜의 영역 설정은 다음 두 가지 의미를 갖는다. 첫째, 영역에 포함된 네트워크 정보를 다른 라우터에게 전달한다는 것과 둘째, 영역에 포함된 인터페이스를 통해 IS-IS의 Hello, PSNP, CSNP, LSP를 교환하여 네이버 테이블과 토폴로지 테이블을 만들겠다는 것이다. 'passive-interface fastethernet 0/0' 명령을 입력하면 해당 인터페이스 밖으로는 IS-IS 패킷들을 보내지 않는다. 이 명령이 설정된 인터페이스를 보면 PC들이 연결된 즉, 라우팅 정보를 교환할 라우터가 존재하지 않은 인터페이스임을 확인할 수 있다.

[표 10-28] ▶ IS-IS 설정 I

Area	라우터	명령어
49.0001	R1	R1#configure terminal R1(config)#router isis R1(config-router)# net 49.0001.1111.1111.1111.00 R1(config-router)#exit R1(config)#interface fastethernet 0/0 R1(config-if)#ip address 1.1.0.1 255.255.255.0 R1(config-if)#ip router isis R1(config-if)#interface fastethernet 0/1 R1(config-if)#ip address 1.1.3.1 255.255.255.0 R1(config-if)#ip router isis
	R2	R2#configure terminal R2(config)#router isis R2(config-router)# net 49.0001.2222.2222.2222.00 R2(config-router)#passive-interface fastethernet 0/0 R2(config-router)#exit R2(config)#interface fastethernet 0/0 R2(config-if)#ip address 1.1.1.1 255.255.255.0 R2(config-if)#ip router isis R2(config-if)#interface fastethernet 0/1 R2(config-if)#ip address 1.1.0.2 255.255.255.0 R2(config-if)#ip router isis R2(config-if)#interface fastethernet 1/0 R2(config-if)#ip address 1.1.2.1 255.255.255.0 R2(config-if)#ip router isis
	R3	R3#configure terminal R3(config)#router isis R3(config-router)# net 49.0001.3333.3333.3333.00 R3(config-router)#exit R3(config)#interface fastethernet 0/0 R3(config-if)#ip address 1.1.3.2 255.255.255.0 R3(config-if)#ip router isis R3(config)#interface fastethernet 0/1 R3(config-if)#ip address 1.1.4.1 255.255.255.0 R3(config-if)#ip router isis R3(config-if)#interface fastethernet 1/0 R3(config-if)#ip address 4.1.0.1 255.255.255.0 R3(config-if)#ip router isis
	R4	R4#configure terminal R4(config)#router isis R4(config-router)# net 49.0001.4444.4444.4444.00 R4(config-router)#exit R4(config)#interface fastethernet 0/0 R4(config-if)#ip address 1.1.2.2 255.255.255.0 R4(config-if)#ip router isis R4(config-if)#interface fastethernet 0/1

		R4(config-if)#ip address 1.1.4.2 255.255.255.0 R4(config-if)#ip router isis
49.0002	R5	R5#configure terminal R5(config)#router isis R5(config-router)# net 49.0002.5555.5555.5555.00 R5(config-router)#exit R5(config)#interface fastethernet 0/0 R5(config-if)#ip address 4.1.0.2 255.255.255.0 R5(config-if)#ip router isis R5(config-if)#interface fastethernet 0/1 R5(config-if)#ip address 2.1.1.1 255.255.255.0 R5(config-if)#ip router isis R5(config-if)#interface fastethernet 1/0 R5(config-if)#ip address 2.1.3.1 255.255.255.0 R5(config-if)#ip router isis
	R6	R6#configure terminal R6(config)#router isis R6(config-router)# net 49.0002.6666.6666.6666.00 R6(config-router)#passive-interface fastethernet 0/1 R6(config-router)#exit R6(config)#interface fastethernet 0/0 R6(config-if)#ip address 2.1.1.2 255.255.255.0 R6(config-if)#ip router isis R6(config-if)#interface fastethernet 0/1 R6(config-if)#ip address 2.1.2.1 255.255.255.0 R6(config-if)#ip router isis
	R7	R7#configure terminal R7(config)#router isis R7(config-router)# net 49.0002.7777.7777.7777.00 R7(config-router)#exit R7(config)#interface fastethernet 0/0 R7(config-if)#ip address 2.1.3.2 255.255.255.0 R7(config-if)#ip router isis R7(config-if)#interface fastethernet 0/1 R7(config-if)#ip address 5.1.1.1 255.255.255.0 R7(config-if)#ip router isis
49.0003	R8	R8#configure terminal R8(config)#router isis R8(config-router)# net 49.0003.8888.8888.8888.00 R8(config-router)#passive-interface fastethernet 0/1 R8(config-router)#exit R8(config)#interface fastethernet 0/0 R8(config-if)#ip address 5.1.1.2 255.255.255.0 R8(config-if)#ip router isis R8(config-if)#interface fastethernet 0/1 R8(config-if)#ip address 3.1.2.1 255.255.255.0 R8(config-if)#ip router isis

[표 10-29] ▶
라우팅 테이블 I

라우터	라우팅 테이블
R1 (Area 내부정보: i L1 1.1.4.0) (Area 외부정보: i L2 3.1.2.0)	R1#show ip route Gateway of last resort is not set 1.0.0.0/24 is subnetted, 5 subnets C 1.1.0.0 is directly connected, FastEthernet0/0 i L1 1.1.1.0 [115/20] via 1.1.0.2, FastEthernet0/0 i L1 1.1.2.0 [115/20] via 1.1.0.2, FastEthernet0/0 C 1.1.3.0 is directly connected, FastEthernet0/1 i L1 1.1.4.0 [115/20] via 1.1.3.2, FastEthernet0/1 2.0.0.0/24 is subnetted, 3 subnets i L2 2.1.1.0 [115/30] via 1.1.3.2, FastEthernet0/1 i L2 2.1.2.0 [115/40] via 1.1.3.2, FastEthernet0/1 i L2 2.1.3.0 [115/30] via 1.1.3.2, FastEthernet0/1 3.0.0.0/24 is subnetted, 1 subnets i L2 3.1.2.0 [115/50] via 1.1.3.2, FastEthernet0/1 4.0.0.0/24 is subnetted, 1 subnets i L1 4.1.0.0 [115/20] via 1.1.3.2, FastEthernet0/1 5.0.0.0/24 is subnetted, 1 subnets i L2 5.1.1.0 [115/40] via 1.1.3.2, FastEthernet0/1
R2	R2#show ip route Gateway of last resort is not set 1.0.0.0/24 is subnetted, 5 subnets C 1.1.0.0 is directly connected, FastEthernet0/1 C 1.1.1.0 is directly connected, FastEthernet0/0 C 1.1.2.0 is directly connected, FastEthernet1/0 i L1 1.1.3.0 [115/20] via 1.1.0.1, FastEthernet0/1 i L1 1.1.4.0 [115/20] via 1.1.2.2, FastEthernet1/0 2.0.0.0/24 is subnetted, 3 subnets i L2 2.1.1.0 [115/40] via 1.1.0.1, FastEthernet0/1 [115/40] via 1.1.2.2, FastEthernet1/0 i L2 2.1.2.0 [115/50] via 1.1.0.1, FastEthernet0/1 [115/50] via 1.1.2.2, FastEthernet1/0 i L2 2.1.3.0 [115/40] via 1.1.0.1, FastEthernet0/1 [115/40] via 1.1.2.2, FastEthernet1/0 3.0.0.0/24 is subnetted, 1 subnets i L2 3.1.2.0 [115/60] via 1.1.0.1, FastEthernet0/1 [115/60] via 1.1.2.2, FastEthernet1/0 4.0.0.0/24 is subnetted, 1 subnets i L1 4.1.0.0 [115/30] via 1.1.0.1, FastEthernet0/1 [115/30] via 1.1.2.2, FastEthernet1/0 5.0.0.0/24 is subnetted, 1 subnets i L2 5.1.1.0 [115/50] via 1.1.0.1, FastEthernet0/1 [115/50] via 1.1.2.2, FastEthernet1/0
R3	R3#show ip route Gateway of last resort is not set 1.0.0.0/24 is subnetted, 5 subnets

R3	i L1 1.1.0.0 [115/20] via 1.1.3.1, FastEthernet0/0 i L1 1.1.1.0 [115/30] via 1.1.3.1, FastEthernet0/0 [115/30] via 1.1.4.2, FastEthernet0/1 i L1 1.1.2.0 [115/20] via 1.1.4.2, FastEthernet0/1 C 1.1.3.0 is directly connected, FastEthernet0/0 C 1.1.4.0 is directly connected, FastEthernet0/1 2.0.0.0/24 is subnetted, 3 subnets i L2 2.1.1.0 [115/20] via 4.1.0.2, FastEthernet1/0 i L2 2.1.2.0 [115/30] via 4.1.0.2, FastEthernet1/0 i L2 2.1.3.0 [115/20] via 4.1.0.2, FastEthernet1/0 3.0.0.0/24 is subnetted, 1 subnets i L2 3.1.2.0 [115/40] via 4.1.0.2, FastEthernet1/0 4.0.0.0/24 is subnetted, 1 subnets C 4.1.0.0 is directly connected, FastEthernet1/0 5.0.0.0/24 is subnetted, 1 subnets i L2 5.1.1.0 [115/30] via 4.1.0.2, FastEthernet1/0
R4	R4#show ip route Gateway of last resort is not set 1.0.0.0/24 is subnetted, 5 subnets i L1 1.1.0.0 [115/20] via 1.1.2.1, FastEthernet0/0 i L1 1.1.1.0 [115/20] via 1.1.2.1, FastEthernet0/0 C 1.1.2.0 is directly connected, FastEthernet0/0 i L1 1.1.3.0 [115/20] via 1.1.4.1, FastEthernet0/1 C 1.1.4.0 is directly connected, FastEthernet0/1 2.0.0.0/24 is subnetted, 3 subnets i L2 2.1.1.0 [115/30] via 1.1.4.1, FastEthernet0/1 i L2 2.1.2.0 [115/40] via 1.1.4.1, FastEthernet0/1 i L2 2.1.3.0 [115/30] via 1.1.4.1, FastEthernet0/1 3.0.0.0/24 is subnetted, 1 subnets i L2 3.1.2.0 [115/50] via 1.1.4.1, FastEthernet0/1 4.0.0.0/24 is subnetted, 1 subnets i L1 4.1.0.0 [115/20] via 1.1.4.1, FastEthernet0/1 5.0.0.0/24 is subnetted, 1 subnets i L2 5.1.1.0 [115/40] via 1.1.4.1, FastEthernet0/1
R5	R5#show ip route Gateway of last resort is not set 1.0.0.0/24 is subnetted, 5 subnets i L2 1.1.0.0 [115/30] via 4.1.0.1, FastEthernet0/0 i L2 1.1.1.0 [115/40] via 4.1.0.1, FastEthernet0/0 i L2 1.1.2.0 [115/30] via 4.1.0.1, FastEthernet0/0 i L2 1.1.3.0 [115/20] via 4.1.0.1, FastEthernet0/0 i L2 1.1.4.0 [115/20] via 4.1.0.1, FastEthernet0/0 2.0.0.0/24 is subnetted, 3 subnets C 2.1.1.0 is directly connected, FastEthernet0/1 i L1 2.1.2.0 [115/20] via 2.1.1.2, FastEthernet0/1 C 2.1.3.0 is directly connected, FastEthernet1/0 3.0.0.0/24 is subnetted, 1 subnets

R5	i L2 3.1.2.0 [115/30] via 2.1.3.2, FastEthernet1/0 4.0.0.0/24 is subnetted, 1 subnets C 4.1.0.0 is directly connected, FastEthernet0/0 5.0.0.0/24 is subnetted, 1 subnets i L1 5.1.1.0 [115/20] via 2.1.3.2, FastEthernet1/0
R6	R6#show ip route Gateway of last resort is not set 1.0.0.0/24 is subnetted, 5 subnets i L2 1.1.0.0 [115/40] via 2.1.1.1, FastEthernet0/0 i L2 1.1.1.0 [115/50] via 2.1.1.1, FastEthernet0/0 i L2 1.1.2.0 [115/40] via 2.1.1.1, FastEthernet0/0 i L2 1.1.3.0 [115/30] via 2.1.1.1, FastEthernet0/0 i L2 1.1.4.0 [115/30] via 2.1.1.1, FastEthernet0/0 2.0.0.0/24 is subnetted, 3 subnets C 2.1.1.0 is directly connected, FastEthernet0/0 C 2.1.2.0 is directly connected, FastEthernet0/1 i L1 2.1.3.0 [115/20] via 2.1.1.1, FastEthernet0/0 3.0.0.0/24 is subnetted, 1 subnets i L2 3.1.2.0 [115/40] via 2.1.1.1, FastEthernet0/0 4.0.0.0/24 is subnetted, 1 subnets C 4.1.0.0 [115/20] via 2.1.1.1, FastEthernet0/0 5.0.0.0/24 is subnetted, 1 subnets i L1 5.1.1.0 [115/30] via 2.1.1.1, FastEthernet0/0
R7	R7#show ip route Gateway of last resort is not set 1.0.0.0/24 is subnetted, 5 subnets i L2 1.1.0.0 [115/40] via 2.1.3.1, FastEthernet0/0 i L2 1.1.1.0 [115/50] via 2.1.3.1, FastEthernet0/0 i L2 1.1.2.0 [115/40] via 2.1.3.1, FastEthernet0/0 i L2 1.1.3.0 [115/30] via 2.1.3.1, FastEthernet0/0 i L2 1.1.4.0 [115/30] via 2.1.3.1, FastEthernet0/0 2.0.0.0/24 is subnetted, 3 subnets i L1 2.1.1.0 [115/20] via 2.1.3.1, FastEthernet0/0 i L1 2.1.2.0 [115/30] via 2.1.3.1, FastEthernet0/0 C 2.1.3.0 is directly connected, FastEthernet0/0 3.0.0.0/24 is subnetted, 1 subnets i L2 3.1.2.0 [115/20] via 5.1.1.2, FastEthernet0/1 4.0.0.0/24 is subnetted, 1 subnets i L1 4.1.0.0 [115/20] via 2.1.3.1, FastEthernet0/0 5.0.0.0/24 is subnetted, 1 subnets C 5.1.1.0 is directly connected, FastEthernet0/1
R8	R8#show ip route Gateway of last resort is not set 1.0.0.0/24 is subnetted, 5 subnets i L2 1.1.0.0 [115/50] via 5.1.1.1, FastEthernet0/0 i L2 1.1.1.0 [115/60] via 5.1.1.1, FastEthernet0/0

R8	i L2 1.1.2.0 [115/50] via 5.1.1.1, FastEthernet0/0 i L2 1.1.3.0 [115/40] via 5.1.1.1, FastEthernet0/0 i L2 1.1.4.0 [115/40] via 5.1.1.1, FastEthernet0/0 2.0.0.0/24 is subnetted, 3 subnets i L2 2.1.1.0 [115/30] via 5.1.1.1, FastEthernet0/0 i L2 2.1.2.0 [115/40] via 5.1.1.1, FastEthernet0/0 i L2 2.1.3.0 [115/20] via 5.1.1.1, FastEthernet0/0 3.0.0.0/24 is subnetted, 1 subnets C 3.1.2.0 is directly connected, FastEthernet0/1 4.0.0.0/24 is subnetted, 1 subnets i L2 4.1.0.0 [115/30] via 5.1.1.1, FastEthernet0/0 5.0.0.0/24 is subnetted, 1 subnets C 5.1.1.0 is directly connected, FastEthernet0/0

OSPF처럼, IS-IS도 Area로 분할하면 토폴로지 테이블의 정보량은 줄어든다. 그러나, 모든 네트워크에 대한 베스트 루트가 올라오는 라우팅 테이블의 사이즈는 전혀 줄어들지 않는다. 루트 서머라이제이션과 스텁 Area를 적용하면 전달되는 라우팅 업데이트 수와 라우팅 테이블의 사이즈를 줄여 라우팅 속도를 향상시킬 수 있다. 라우팅 테이블의 사이즈를 줄이기 위한 솔루션은 IS-IS와 OSPF가 동일하다.

❶ Area 간의 라우팅 정보 교환을 위해 R3-R5-R7-R8을 연결하는 링크는 Level 2 서킷으로 설정한다.

❷ R3 라우터에서 Area 49.0001 내부의 라우터에는 Area 외부 네트워크 정보를 들여보내는 대신 디폴트 정보를 들여보내도록 설정한다. R5 라우터에서 Area 내부의 R6 라우터에는 Area 외부 정보를 들여보내는 대신 디폴트 정보를 들여보내도록 설정한다.

❸ R3 라우터에서 Area 49.0001 내부의 5개의 네트워크(1.1.0.0, 1.1.1.0, 1.1.2.0, 1.1.3.0, 1.1.4.0 /24)들은 Route Summarization하여 R5에게 보내도록 설정한다.

[그림 10-30] ▶
IS-IS 설정 조건(설명)

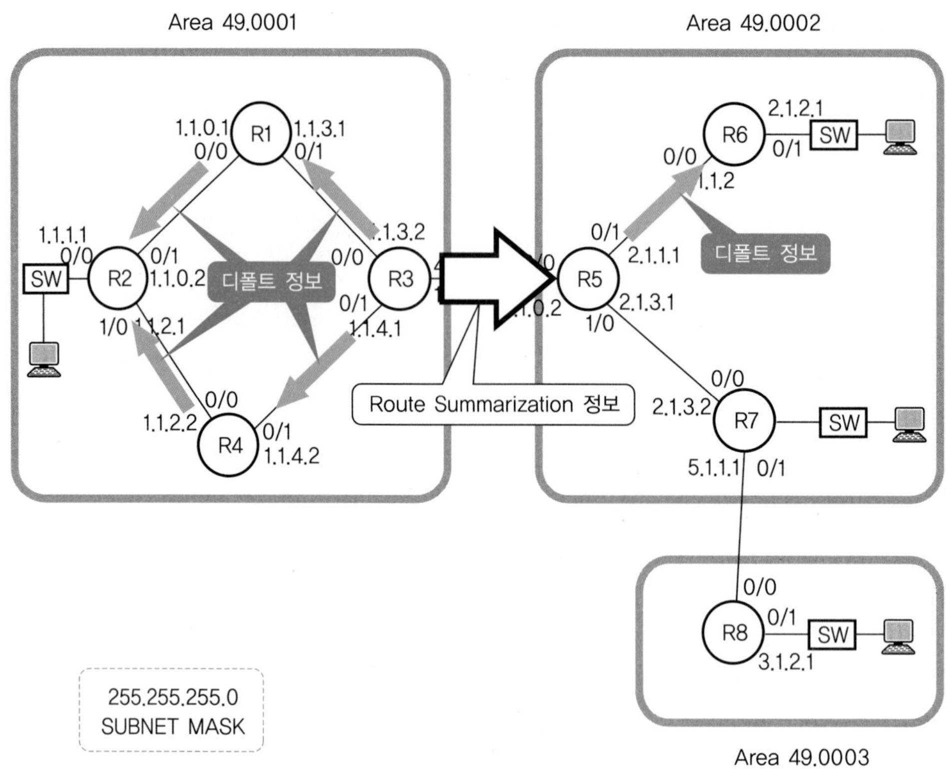

상기의 3가지 조건에 대한 설정 방법은 다음과 같다.

❶번 조건을 위해 R3- R5, R5-R7, R7-R8을 연결하는 링크는 Area 간의 네트워크 정보 교환을 위해 [그림 10-31]과 같이 Level 2 서킷으로 설정한다. 다만, R5와 R7은 두 라우터 모두 Area 49.0002에 속하므로, Area 내부의 네트워크 정보도 전달해야 하므로 R5-R7 연결 링크는 Level 1/2 서킷으로 설정한다.

❷번 조건을 위해 Area 49.0001 내부의 모든 링크들을 Level 1 서킷으로 설정하고, 또한, R5-R6 연결 링크도 Level 1 서킷으로 설정한다.

❸번 조건을 위해 5개의 네트워크 정보를 요약하는 명령은 [표 10-30]과 같다. level-2 옵션은 L2 서킷으로 보내지는 정보를 요약한다. 그 외, 'level-1' 옵션은 L1 서킷으로 보내지는 정보를 요약한다. Route Summarization 계산 방법은 앞서 OSPF의 경우와 동일하다.

[그림 10-31] ▶
IS-IS 설정 환경 II

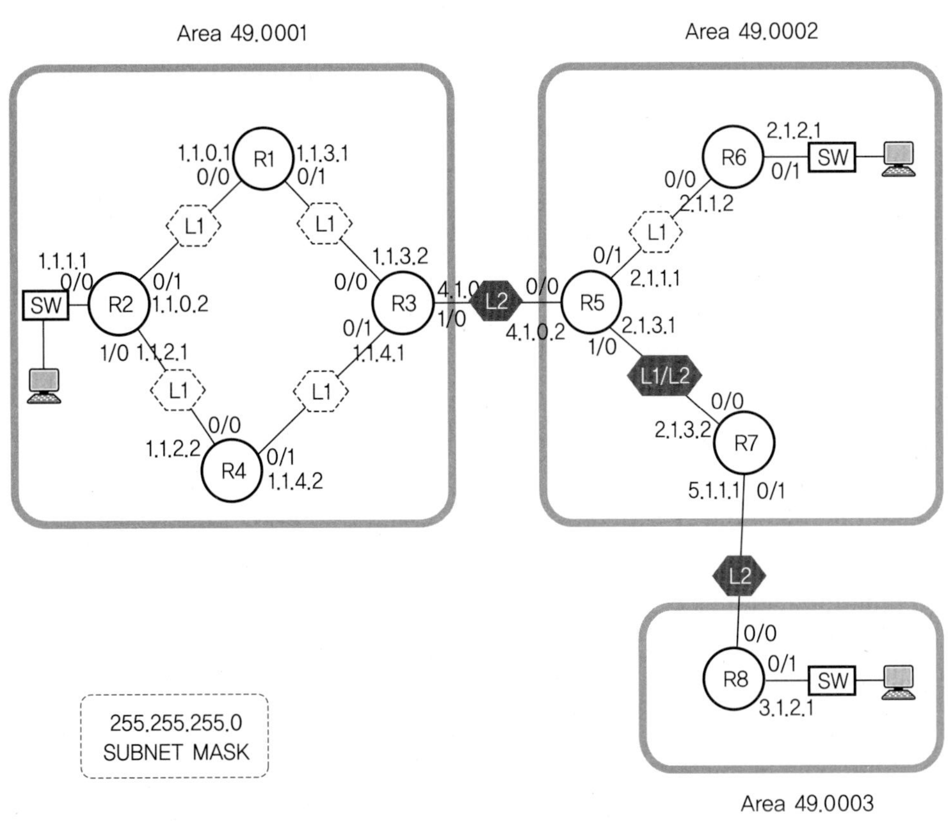

[표 10-30] ▶
Route Summarization 설정

구분	명령어
R3	Router(config)#router isis Router(config-router)#summary-address 1.1.0.0 255.255.248.0 level-2

앞서 제시한 IS-IS 3가지 설정 조건을 충족시키는 각 라우터별 명령어는 [표 10-31]과 같다. IP 주소 설정은 생략하였다.

[표 10-31] ▶
IS-IS 설정 II

라우터	명령어
R1	R1#configure terminal R1(config)#router isis R1(config-router)# net 49.0001.1111.1111.1111.00 R1(config-router)#exit R1(config)#interface fastethernet 0/0 R1(config-if)#ip router isis R1(config-if)#isis circuit-type level-1 R1(config-if)#interface fastethernet 0/1 R1(config-if)#ip router isis R1(config-if)#isis circuit-type level-1

R2	R2#configure terminal R2(config)#router isis R2(config-router)# net 49.0001.2222.2222.2222.00 R2(config-router)#passive-interface fastethernet 0/0 R2(config-router)#exit R2(config)#interface fastethernet 0/0 R2(config-if)#ip router isis R2(config)#interface fastethernet 0/1 R2(config-if)#ip router isis R2(config-if)#isis circuit-type level-1 R2(config-if)#interface fastethernet 0/1 R2(config-if)#ip router isis R2(config-if)#isis circuit-type level-1
R3	R3#configure terminal R3(config)#router isis R3(config-router)# net 49.0001.3333.3333.3333.00 R3(config-router)#summary-address 1.1.0.0 255.255.248.0 level-2 R3(config-router)#exit R3(config)#interface fastethernet 0/0 R3(config-if)#ip router isis R3(config-if)#isis circuit-type level-1 R3(config-if)#interface fastethernet 0/1 R3(config-if)#ip router isis R3(config-if)#isis circuit-type level-1 R3(config-if)#interface fastethernet 1/0 R3(config-if)#ip router isis R3(config-if)#isis circuit-type level-2-only
R4	R4#configure terminal R4(config)#router isis R4(config-router)# net 49.0001.4444.4444.4444.00 R4(config-router)#exit R4(config)#interface fastethernet 0/0 R4(config-if)#ip router isis R4(config-if)#isis circuit-type level-1 R4(config-if)#interface fastethernet 0/1 R4(config-if)#ip router isis R4(config-if)#isis circuit-type level-1

R5	R5#configure terminal R5(config)#router isis R5(config-router)# net 49.0002.5555.5555.5555.00 R5(config-router)#exit R5(config)#interface fastethernet 0/0 R5(config-if)#ip router isis R5(config-if)#isis circuit-type level-2-only R5(config-if)#interface fastethernet 0/1 R5(config-if)#ip router isis R5(config-if)#isis circuit-type level-1 R5(config-if)#interface fastethernet 1/0 R5(config-if)#ip router isis R5(config-if)#isis circuit-type level-1-2
R6	R6#configure terminal R6(config)#router isis R6(config-router)# net 49.0002.6666.6666.6666.00 R6(config-router)#passive-interface fastethernet 0/1 R6(config-router)#exit R6(config)#interface fastethernet 0/0 R6(config-if)#ip router isis R5(config-if)#isis circuit-type level-1 R6(config-if)#interface fastethernet 0/1 R6(config-if)#ip router isis
R7	R7#configure terminal R7(config)#router isis R7(config-router)# net 49.0002.7777.7777.7777.00 R7(config-router)#exit R7(config)#interface fastethernet 0/0 R7(config-if)#ip router isis R7(config-if)#isis circuit-type level-1-2 R7(config-if)#interface fastethernet 0/1 R7(config-if)#ip router isis R7(config-if)#isis circuit-type level-2-only
R8	R8#configure terminal R8(config)#router isis R8(config-router)# net 49.0003.8888.8888.8888.00 R8(config-router)#passive-interface fastethernet 0/1 R8(config-router)#exit R8(config)#interface fastethernet 0/0

R8	R8(config-if)#ip router isis R7(config-if)#isis circuit-type level-2-only R8(config-if)#interface fastethernet 0/1 R8(config-if)#ip router isis

IS-IS 3가지 설정 조건을 충족시키는 각 라우터별 설정 후의 라우팅 테이블은 [표 10-32]와 같다. Area의 내부 라우터인 R1, R2, R4, R6에서는 Area 외부 정보 대신, 디폴트 정보(i*L1 0.0.0.0/0 [115/10] via X.X.X.X, FastEthernet0/X)만이 수신됨을 확인할 수 있다. 또한, R5, R7, R8에서는 49.0001 Area의 요약 정보(1.0.0.0/21 is subnetted, 1 subnets, i L2 1.1.0.0 [115/20] via X.X.X.X, FastEthernet0/X)만 수신됨을 확인할 수 있다.

[표 10-32] ▶ 라우팅 테이블 II

라우터	라우팅 테이블
R1	Router#show ip route Gateway of last resort is 1.1.1.2 to network 0.0.0.0 1.0.0.0/24 is subnetted, 5 subnets C 1.1.0.0 is directly connected, FastEthernet0/0 i L1 1.1.1.0 [115/20] via 1.1.0.2, FastEthernet0/0 i L1 1.1.2.0 [115/20] via 1.1.0.2, FastEthernet0/0 C 1.1.3.0 is directly connected, FastEthernet0/1 i L1 1.1.4.0 [115/20] via 1.1.3.2, FastEthernet0/1 4.0.0.0/24 is subnetted, 1 subnets i L1 4.1.0.0 [115/20] via 1.1.3.2, FastEthernet0/1 i*L1 0.0.0.0/0 [115/20] via 1.1.3.2, FastEthernet0/1 (R3가 보낸 디폴트 정보) Router#show ip route
R2	Gateway of last resort is 1.1.1.2 to network 0.0.0.0 1.0.0.0/24 is subnetted, 5 subnets C 1.1.0.0 is directly connected, FastEthernet0/1 C 1.1.1.0 is directly connected, FastEthernet0/0 C 1.1.2.0 is directly connected, FastEthernet1/0 i L1 1.1.3.0 [115/20] via 1.1.0.1, FastEthernet0/1 i L1 1.1.4.0 [115/20] via 1.1.2.2, FastEthernet1/0 4.0.0.0/24 is subnetted, 1 subnets i L1 4.1.0.0 [115/30] via 1.1.0.1, FastEthernet0/1 [115/30] via 1.1.2.2, FastEthernet1/0 i*L1 0.0.0.0/0 [115/30] via 1.1.0.1, FastEthernet0/1 [115/30] via 1.1.2.2, FastEthernet1/0 (R3가 보낸 디폴트 정보)

R3	Router#show ip route Gateway of last resort is not set 1.0.0.0/24 is subnetted, 6 subnets i su 1.1.0.0 /27 [115/10] via 0.0.0.0, Null0 i L1 1.1.0.0 [115/20] via 1.1.3.1, FastEthernet0/0 i L1 1.1.1.0 [115/30] via 1.1.3.1, FastEthernet0/0 [115/30] via 1.1.4.2, FastEthernet0/1 i L1 1.1.2.0 [115/20] via 1.1.4.2, FastEthernet0/1 C 1.1.3.0 is directly connected, FastEthernet0/0 C 1.1.4.0 is directly connected, FastEthernet0/1 2.0.0.0/24 is subnetted, 3 subnets i L2 2.1.1.0 [115/20] via 4.1.0.2, FastEthernet1/0 i L2 2.1.2.0 [115/30] via 4.1.0.2, FastEthernet1/0 i L2 2.1.3.0 [115/20] via 4.1.0.2, FastEthernet1/0 3.0.0.0/24 is subnetted, 1 subnets i L2 3.1.2.0 [115/40] via 4.1.0.2, FastEthernet1/0 4.0.0.0/24 is subnetted, 1 subnets C 4.1.0.0 is directly connected, FastEthernet1/0 5.0.0.0/24 is subnetted, 1 subnets i L2 5.1.1.0 [115/30] via 4.1.0.2, FastEthernet1/0 (R3에서 요약한 정보)
R4	Router#show ip route Gateway of last resort is 1.1.1.2 to network 0.0.0.0 1.0.0.0/24 is subnetted, 5 subnets i L1 1.1.0.0 [115/20] via 1.1.2.1, FastEthernet0/0 i L1 1.1.1.0 [115/20] via 1.1.2.1, FastEthernet0/0 C 1.1.2.0 is directly connected, FastEthernet0/0 i L1 1.1.3.0 [115/20] via 1.1.4.1, FastEthernet0/1 C 1.1.4.0 is directly connected, FastEthernet0/1 4.0.0.0/24 is subnetted, 1 subnets i L1 4.1.0.0 [115/20] via 1.1.4.1, FastEthernet0/1 i*L1 0.0.0.0/0 [115/20] via 1.1.4.1, FastEthernet0/1 (R3가 보낸 디폴트 정보)
R5	Router#show ip route Gateway of last resort is not set 1.0.0.0/21 is subnetted, 1 subnets i L2 1.1.0.0 [115/20] via 4.1.0.1, FastEthernet0/0 (R3에서 요약한 정보) 2.0.0.0/24 is subnetted, 3 subnets C 2.1.1.0 is directly connected, FastEthernet0/1 i L1 2.1.2.0 [115/20] via 2.1.1.2, FastEthernet0/1 C 2.1.3.0 is directly connected, FastEthernet1/0 3.0.0.0/24 is subnetted, 1 subnets i L2 3.1.2.0 [115/30] via 2.1.3.2, FastEthernet1/0 4.0.0.0/24 is subnetted, 1 subnets C 4.1.0.0 is directly connected, FastEthernet0/0 5.0.0.0/24 is subnetted, 1 subnets i L1 5.1.1.0 [115/20] via 2.1.3.2, FastEthernet1/0

R6	Router#show ip route Gateway of last resort is 1.1.1.2 to network 0.0.0.0 2.0.0.0/24 is subnetted, 3 subnets C 2.1.1.0 is directly connected, FastEthernet0/0 C 2.1.2.0 is directly connected, FastEthernet0/1 i L1 2.1.3.0 [115/20] via 2.1.1.1, FastEthernet0/0 4.0.0.0/24 is subnetted, 1 subnets i L1 4.1.0.0 [115/20] via 2.1.1.1, FastEthernet0/0 5.0.0.0/24 is subnetted, 1 subnets i L1 5.1.1.0 [115/30] via 2.1.1.1, FastEthernet0/0 i*L1 0.0.0.0/0 [115/10] via 2.1.1.1, FastEthernet0/0 (R5가 보낸 디폴트 정보)
R7	Router#show ip route Gateway of last resort is not set 1.0.0.0/21 is subnetted, 1 subnets i L2 1.1.0.0 [115/30] via 2.1.3.1, FastEthernet0/0 (R3에서 요약한 정보) 2.0.0.0/24 is subnetted, 3 subnets i L1 2.1.1.0 [115/20] via 2.1.3.1, FastEthernet0/0 i L1 2.1.2.0 [115/30] via 2.1.3.1, FastEthernet0/0 C 2.1.3.0 is directly connected, FastEthernet0/0 3.0.0.0/24 is subnetted, 1 subnets i L2 3.1.2.0 [115/20] via 5.1.1.2, FastEthernet0/1 4.0.0.0/24 is subnetted, 1 subnets i L1 4.1.0.0 [115/20] via 2.1.3.1, FastEthernet0/0 5.0.0.0/24 is subnetted, 1 subnets C 5.1.1.0 is directly connected, FastEthernet0/1
R8	Router#show ip route Gateway of last resort is not set 1.0.0.0/21 is subnetted, 1 subnets i L2 1.1.0.0 [115/40] via 5.1.1.1, FastEthernet0/0 (R3에서 요약한 정보) 2.0.0.0/24 is subnetted, 3 subnets i L2 2.1.1.0 [115/30] via 5.1.1.1, FastEthernet0/0 i L2 2.1.2.0 [115/40] via 5.1.1.1, FastEthernet0/0 i L2 2.1.3.0 [115/20] via 5.1.1.1, FastEthernet0/0 3.0.0.0/24 is subnetted, 1 subnets C 3.1.2.0 is directly connected, FastEthernet0/1 4.0.0.0/24 is subnetted, 1 subnets i L2 4.1.0.0 [115/30] via 5.1.1.1, FastEthernet0/0 5.0.0.0/24 is subnetted, 1 subnets C 5.1.1.0 is directly connected, FastEthernet0/0

일반적으로 IS-IS가 컨버전스 타임이 빠르고, CPU 등의 자원 소모가 효율적이어서 보다 대규모의 네트워크에 적용할 수 있다고 한다. 마지막으로 IS-IS와 OSPF의 차이점을 설명하고 이번 강의를 마치자.

① 백본 Area

IS-IS는 OSPF처럼 백본 Area가 별도로 존재하지 않는다. L1/L2 또는 L2라우터의 연결이 백본 Area를 대신한다. OSPF 환경에서 일반 Area들은 백본 Area에 물리적으로 연결되어 있어야 한다. 그런데 [그림 10-32]에서 넓어진 Area 22에 속하는 라우터들의 CPU 부하를 줄이기 위해 Area 22를 Area 22와 Area 33으로 분할하였다. 그러나, Area 33은 백본 Area인 Area 0으로 직접 연결되지 못하여 Area 간에 라우팅 정보를 교환하지 못한다. 이를 해결하기 위해 R2와 R3 사이에 버추얼 링크(virtual link)를 설정할 수는 있지만, 버추얼 링크를 설정한 라우터에서 CPU 부하 증가로 권장하는 디자인이 아니다. 따라서, Area의 범위를 재설계해야 한다.

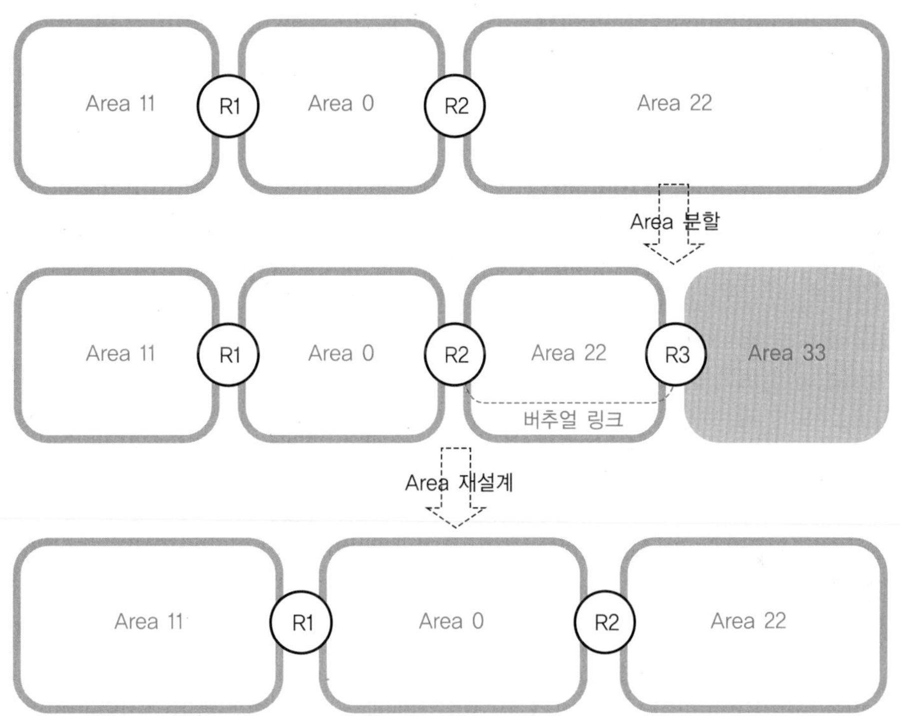

[그림 10-32] ▶ OSPF Area 디자인

IS-IS는 백본 Area가 없다. 따라서, IS-IS는 [그림 10-33]과 같이 Level 2 서킷이 연속하여 배치하면 되므로 Area 분할이 용이하여 확장성이 뛰어나다.

[그림 10-33] ▶ IS-IS Area 디자인

② Area 경계

Integrated IS-IS도 링크 스테이트 계열로 LSP Flooding과 복잡한 알고리즘으로 인한 CPU 소모량을 줄이기 위한 솔루션으로 Area로 분할한다. 그런데, OSPF와 차이가 있다. 즉, [그림 10-34]와 같이 OSPF는 Area와 Area의 경계가 라우터이지만, IS-IS는 선이다. OSPF Area의 경계는 R3 과 R5 라우터다. 그러면 R3와 R5 라우터는 두 Area에 동시에 속하므로, 두 Area들에 대한 2장의 지도를 그려야 한다. 따라서, Area로 나누었지만 R3과 R5 라우터의 CPU 부하는 여전히 높은 편이다. IS-IS의 경계는 R3과 R5 라우터 사이의 선이다. 그러므로 어떤 라우터도 두 Area에 동시에 속하는 라우터가 없다. 따라서 다른 라우터들보다 부하가 올라가는 라우터는 없다. IS-IS의 장점 중 하나다.

[그림 10-34] ▶ IS-IS의 Area 경계

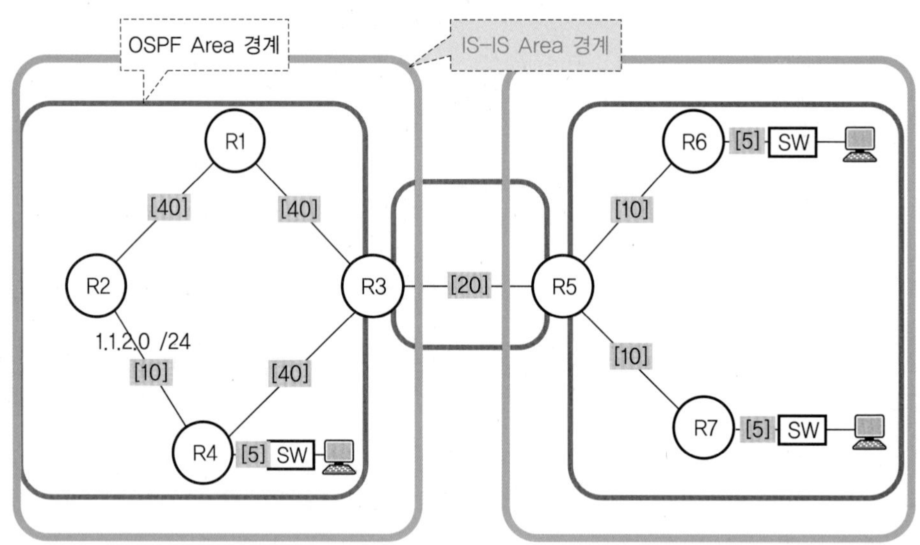

③ LSA & LSP 타입

OSPF는 LSA Type이 1~15까지 매우 세분화되어 있지만, IS-IS는 LSP Type 1 또는 2로 단순하여 링크 스테이트 데이터베이스를 만들고 관리할 때 보다 적은 자원을 소모한다. 이를 설명하기 위해 OSPF의 라우터와 LSA 타입을 구분해보자.

❶ [그림 10-35]에서 R5는 OSPF와 EIGRP의 라우팅 프로토콜의 경계에 위치하는데 이런 라우터를 ASBR(Autonomous System Border Router)이라 한다. ASBR은 상이한 두 라우팅 프로토콜 간에 업데이트 정보에 대한 변환을 해야 하는데 이를 Redistribution이라 한다. 즉, ASBR은 OSPF 외부로부터 Redistribution된 정보를 생성시키는데 이 정보를 LSA Type 5라 한다.

❷ [그림 10-35]에서 R2는 Area의 경계에 위치하는데 이런 라우터를 ABR(Area

Border Router)이라고 한다. ABR은 다른 Area에 대한 네트워크/서브넷 마스크 정보를 생성시키는데 이를 LSA Type 3이라 한다. LSA Type 3 정보는 지도를 만들만한 정보가 아니라 디스턴스 벡터 라우팅 프로토콜과 같이 그저 자신이 가진 네트워크/서브넷 마스크/베스트 메트릭 정보만 포함할 뿐이다.

❸ LSA Type 4는 LSA Type 5의 생성자인 ASBR의 Router ID의 위치 정보로 이 역시 ABR이 생성시킨다. Area 내부의 라우터들에게 ASBR에 가기 위해서 어떤 ABR을 거쳐야 하는지 알려준다.

❹ 다수의 장치들인 연결된 LAN 네트워크([그림 10-35]에서는 2.2.2.0 /24)에는 DR(Designated Router)이라고 하는 네트워크를 대표하는 라우터가 있다. 네트워크 내부에서 프라이오리티를 먼저 비교하고 동일한 경우는 라우터 ID가 높은 라우터가 DR이 된다. 라우터 프라이오리티는 'ip ospf priority 5' 명령으로 설정 가능한데 디폴트 값은 '1'이다. 그림을 보자. 예를 들어 R3에 연결된 1.1.1.0 /24 네트워크가 다운되면 제일 먼저 R3이 DR에게 LSA를 보내는데 이것이 LSA Type 1이다. 즉, LSA Type 1은 모든 라우터들이 생성시킬 수 있다. LSA Type 1을 받은 DR은 SW1에 연결된 다른 라우터들에게 네트워크 정보를 보내는데 이것이 LSA Type 2다. LAN 네트워크에서 DR을 둠으로써 모든 라우터들은 DR로부터만 새로운 네트워크 정보를 받는다. DR이 있다면 2단계(R3→DR, DR→다른 라우터들)의 LSA 교환으로 정보가 전달된다.

[그림 10-35] ▶ 에서 SW1 이 포함된 LAN 네트워크에서는

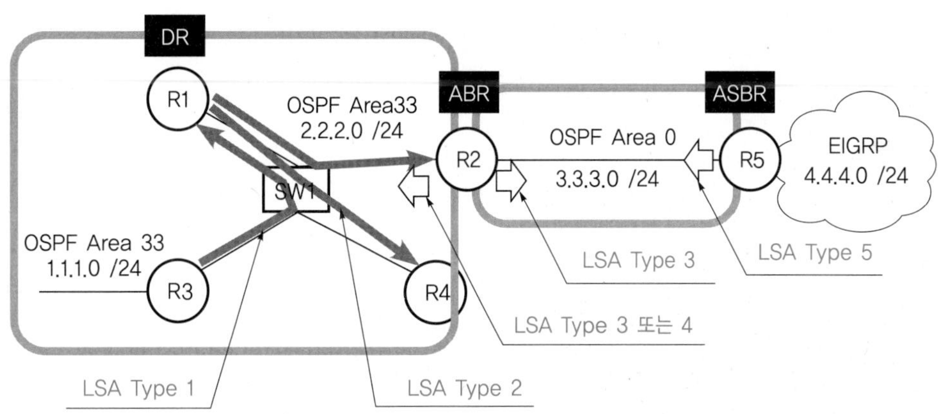

OSPF는 링크 스테이트 데이터베이스를 LSA Type별로 정보를 구성하기 때문에 복잡하고 CPU 등의 자원 소모량이 늘 수 있다. 그러나, IS-IS는 Area 내부 정보는 LSP Type 1로, Area 외부 정보는 LSP Type 2로 전달하기 때문에 링크 스테이트 데이터베이스의 구성이 보다 간단하다.

④ Finite State Machine

Finite State Machine 체계를 살펴 보자.

[표 10-33]에서 처럼 초기에 네이버 테이블과 링크 스테이트 데이터베이스를 만드는 과정을 보자.

OSPF는 링크 스테이트 데이터베이스를 만들기까지의 과정이 Down 상태 → Init 상태 → Two-way 상태 → Exstart 상태 → Exchange 상태 → Loading 상태 → Full 상태의 복잡한 Finite State Machine 체계를 가진다. 그에 반해 IS-IS는 LAN 네트워크에서 Down 상태 → Initialinzing 상태 → Up 상태의 3단계(Point-to-Point 네트워크에서는 2단계)만 거칠 뿐이다.

[표 10-33] ▶ OSPF의 Finite State Machine

OSPF	설명	IS-IS의 비교
Down	이웃 라우터로부터 Hello 패킷을 수신하지 못한 상태	Down
Init	이웃 라우터로부터 Hello 패킷을 수신한 상태	Initializing
Two-way	이웃 라우터가 보낸 Hello 패킷에 자신의 ID가 보이는 상태	Up
Exstart	Master/Slaver를 선정하는데 Master가 DBD를 먼저 보냄	해당 과정 없음
Exchange	DBD를 교환함	해당 과정 없음
Loading	LSR을 보냄	해당 과정 없음
Full	LSA를 보냄	LSP를 교환함

⑤ IP 네트워크 정보

IS-IS에서 IP 네트워크 정보는 SPF Tree에 Leaf 노드로 취급한다. 즉, 네트워크 정보를 라우터와 라우터를 연결하는 주요 경로(가지)로 인식하지 않기 때문에 네트워크 다운 시에 STP Tree에서 해당 네트워크 정보를 삭제할 뿐이다. 이러한 루트 계산에는 모든 경로들에 대해 SPF Tree를 새로 계산하는 Full SPF 계산이 필요하지 않다. 즉, Partial SPF Tree 계산만 필요로 한다. 반면, OSPF의 경우 네트워크 다운은 주요 경로의 다운으로 인식하므로 Full SPF 계산을 필요로 한다. 다만 다른 Area에서 넘어오는 네트워크 다운 정보일 경우는 Partial SPF 계산을 한다. 따라서 CPU 소모량을 줄이기 위해서는 OSPF는 IS-IS에 비해 Area의 크기를 작게 할 수밖에 없다.

Lecture 05

EIGRP 라우팅 프로토콜

강의 키워드 EIGRP 개요, Hello와 네이버 테이블, Update와 토폴로지 테이블, Successor와 Feasible Successor, Route Summarization,

EIGRP 패킷 교환 순서는 [그림 10-36]과 같다. Hello 패킷을 통해 네이버 테이블을 만든다. Hello 패킷에서 AS 번호, K 값, 패스워드의 3가지가 일치해야 네이버가 될 수 있다.

네이버 테이블을 만든 다음 즉시, Update를 교환하여 토폴로지 테이블을 만든다. EIGRP에서는 Update를 교환하기 전에 DBD(OSPF의 경우), CSNP(IS-IS의 경우) 패킷을 통해 수신할 필요가 있는 정보인지 확인하는 과정이 생략된다. 토폴로지 테이블이 만들어지고 나면, 라우팅 알고리즘이 돌아가서 메트릭을 비교하여 각 목적지 네트워크에 대한 베스트 루트를 계산하고 베스트 루트만 라우팅 테이블에 올라간다. [그림 10-31]에서 보는 바와 같이 토폴로지 테이블을 만드는 과정이 간결할 뿐 아니라, Hello 패킷을 통해 네이버 테이블을 만드는 과정도 보다 간단하다. EIGRP는 메트릭으로 Bandwidth, Delay, Reliability, Load, MTU, 이 5가지의 값을 일정 공식에 입력하여 나온 복합 값을 사용한다. 이 결과 값을 계산할 때 5가지 메트릭에 곱해주는 K 상수가 있는데 K1은 Bandwidth, K3는 Delay, K2는 Reliability, K4는 Load, K5는 MTU의 상수다. 그런데, K 상수의 디폴트 값은 K1과 K3는 '1'이고, K2, K4, K5는 '0'이다. 즉, 평소에는 Bandwidth와 Delay만 보며, 계산 공식은 Bandwidth+Delay 값을 복합 메트릭으로 사용한다. 이 계산 공식의 Bandwidth는 목적지 네트워크까지의 최저 Bandwidth가, Delay는 누적 Delay가 계산 공식에 입력된다.

[그림 10-36] ▶ EIGRP 패킷이 교환되는 순서

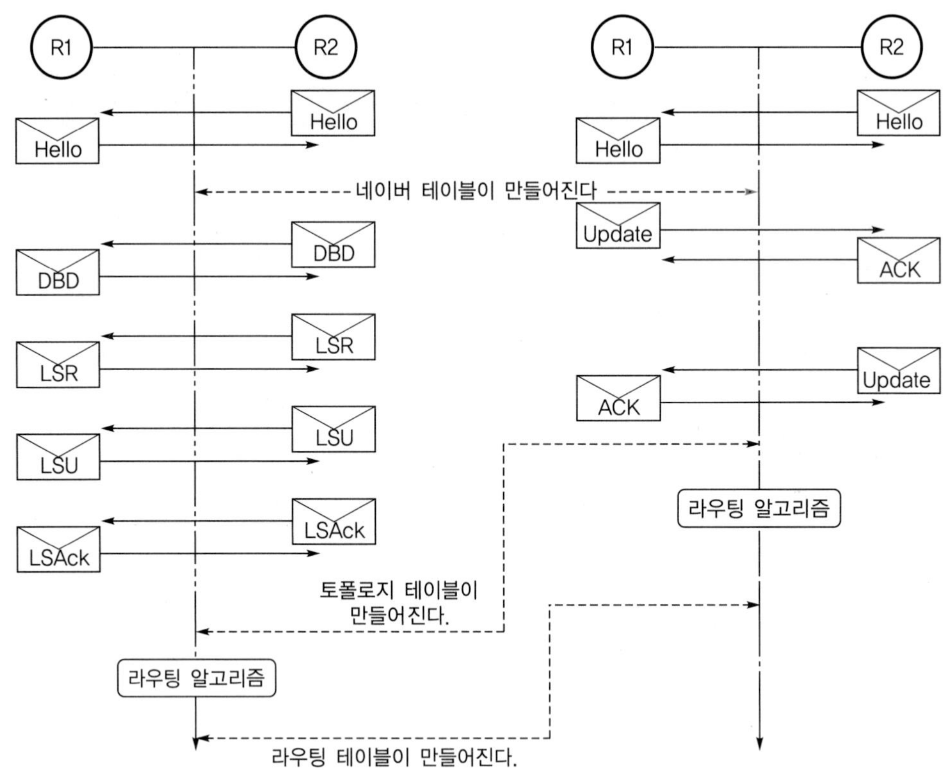

OSPF와 IS-IS 환경에서는 링크가 다운되면 라우터들간의 Update 패킷을 교환하여 토폴로지 테이블을 새로 만든다. 그 다음, Dijkstra 알고리즘이 베스트 루트를 선정하여 라우팅 테이블도 새로 만든다. 이에 반해, EIGRP는 베스트 루트 다운 시에 즉시 사용할 수 있는 세컨드 베스트 루트를 토폴로지 테이블에 보유할 수 있어 컨버전스 절차가 좀 더 신속하다. OSPF와 IS-IS는 링크스테이트 데이터베이스에 망의 변경상항을 반영한 다음에야 베스트 루트를 선정한다.

EIGRP의 베스트 루트 계산은 DUAL(Diffusing Update Algorithm)이 수행한다. DUAL은 라우터들끼리 교환한 Update 패킷으로 토폴로지 테이블을 만들되, 라우팅 룹을 유발할 가능성이 있는 경로들은 토폴로지 테이블에서 제외한다. 즉, OSPF와 IS-IS와 같이 모든 경로들이 토폴로지 테이블에 올라오지 않는다. 이것은 컨버전스 타임에서 큰 차이를 제공한다.

즉, OSPF와 IS-IS는 링크 다운 시에 링크 다운 정보를 모든 라우터들이 공유한 다음, 각 라우터들은 Dijkstra 알고리즘을 돌려 베스트 루트를 다시 찾아낸다. 이에 반해, EIGRP는 Feasible Successor라고 불리는 세컨드 베스트 루트가 토폴로지 테이블에 존재하느냐 존재하지 않느냐에 따라 컨버전스 타임에 차이가 있다. 즉, 베스트 루트 다운 시에 세컨드 베스트 루트가 있다면 즉시 사용할 수 있으므로 컨버전스 타임이

줄어든다. 그러나, 세컨드 베스트 루트가 토폴로지 테이블에 없다면 모든 이웃 라우터에게 Query 패킷을 보내 대안 경로가 있는지 묻고 이에 대한 응답인 Reply가 도착하고 도착한 모든 Reply를 비교하여 베스트 루트를 찾아내야 하므로 컨버전스 타임은 길어진다. 길어지는 컨버전스 타임은 네트워크의 복잡도에 비례한다.

[그림 10-37]을 통해 EIGRP의 토폴로지 테이블을 만드는 과정을 구체적으로 들여다 보자.

[그림 10-37] ▶ 토폴로지 테이블

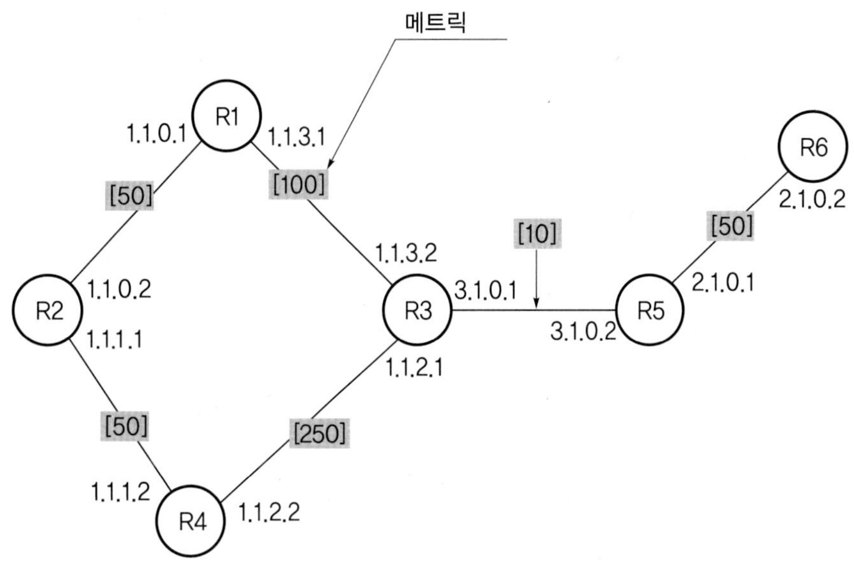

[표 10-34]로 먼저 EIGRP 용어를 정리하자. Feasible Distance는 목적지 네트워크까지의 총 거리다. Advertised Distance는 이웃 라우터의 목적지 네트워크까지의 총 거리다. Successor는 베스트 루트이고 Feasible Successor는 세컨드 베스트 루트다.

[표 10-34]는 R2의 토폴로지 테이블로 2.1.0.0 /24와 3.1.0.0 /24 네트워크에 대한 정보를 보여준다. 여기서는 2.1.0.0 /24 네트워크를 중심으로 설명할 것이다. 2.1.0.0 /24에 대해 Successor는 'via R1' 경로로 Feasible Distance는 '160'이다. Advertised Distance는 R1이 보내준 R1의 총 거리로 '110'이다. 차선의 경로는 'via R4' 경로로 Feasible Distance는 '310'이다. Advertised Distance는 R4가 알려준 R4의 총 거리로 '260'이다. 그런데, 'via R4' 경로는 세컨드 베스트 루트인 'Feasible Successor'가 될 수는 없다. Feasible Successor가 되기 위해서는 'via R4' 경로의 Advertised Distance가 Successor인 'via R1' 경로의 Feasible Distance 보다 작아야 한다. 즉, 동일해도 안 된다.

3.1.0.0 /24에 대해서도 같은 이유로 Feasible Successor가 존재할 수 없다.

[표 10-34] ▶ R2의 토폴로지 테이블

목적지 네트워크	경로	Feasible Distance	Advertised Distance	베스트 루트
2.1.0.0 /24	via R1	160	110	Successor
	via R4	310	260	Feasible Successor 아님
3.1.0.0 /24	via R1	150	100	Successor
	via R4	300	250	Feasible Successor 아님

[표 10-35]는 R4의 토폴로지 테이블이다. 2.1.0.0 /24에 대해 Successor는 'via R2' 경로로 Feasible Distance는 '210'이다. Advertised Distance는 R2가 보내준 R2의 총 거리로 '160'이다. 차선의 경로는 'via R3' 경로로 Feasible Distance는 '260'이다. Advertised Distance는 R3의 총 거리로 '10'이다. 여기서 R2와 다른 것은 차선의 'via R3' 경로가 세컨드 베스트 루트인 'Feasible Successor'가 될 수 있다는 것이다. 왜냐하면, Feasible Successor가 되기 위해서는 'via R3' 경로의 Advertised Distance (10)가 Successor인 'via R2' 경로의 Feasible Distance (210)보다 작기 때문이다. 3.1.0.0 /24에 대해서도 같은 이유로 Feasible Successor가 존재하게 된다.

[표 10-35] ▶ R4의 토폴로지 테이블

목적지 네트워크	경로	Feasible Distance	Advertised Distance	베스트 루트
2.1.0.0 /24	via R2	210	160	Successor
	via R3	260	10	Feasible Successor
3.1.0.0 /24	via R2	200	150	Successor
	via R3	250	0	Feasible Successor

[그림 10-38]을 보자. 결과적으로 ① R2와 R4는 2.1.0.0 /24 네트워크에 대해 빨강 화살표로 표시한 경로를 베스트 루트로 사용하고 있다. ② 한편, R4는 'via R3' 경로를 Feasible Successor로 인정하지만, ③ R2는 'via R4' 경로를 Feasible Successor로 인정하지 않고 있다.

이 때, [그림 10-39]와 같이 (a) 링크가 다운되면 R2는 2.1.0.0 /24와 3.1.0.0 /24에 대해 Successor를 잃어버린 상황이다. 이 상황에서도 R2는 'via R4' 경로를 Feasible Successor로 선택하지 않았기 때문에 2.1.0.0 /24와 3.1.0.0 /24를 향하는 패킷을 R4에게 보내지 않는다. 만약, 보낸다면 이 패킷은 R4가 2.1.0.0 /24와 3.1.0.0 /24에 대해 'via R2'를 Successor로 정했기 때문에 R2와 R4 사이에서 패킷 루프를 일으킨다.

[그림 10-38] ▶
EIGRP의 Feasible Successor 선정 조건

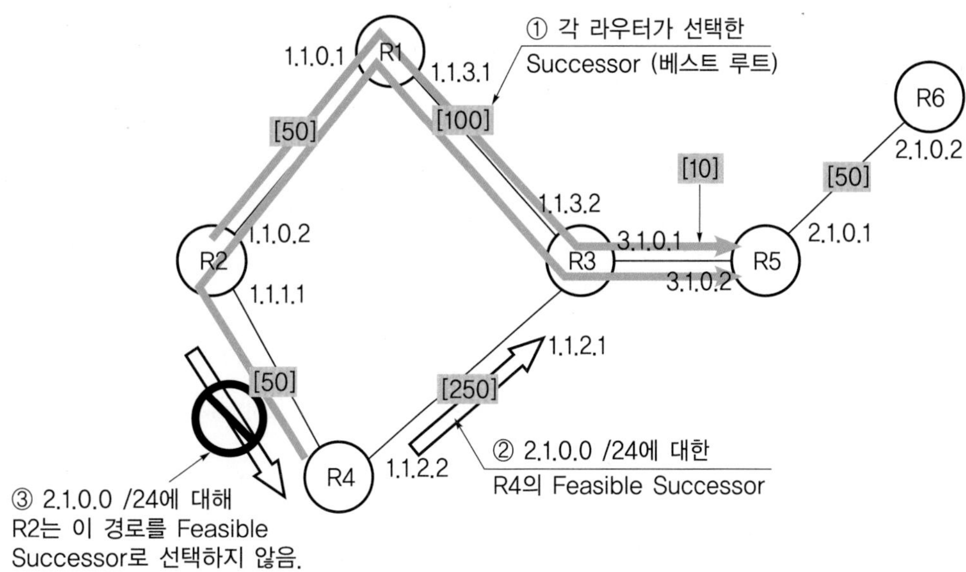

[그림 10-39] ▶
링크 다운 시의 라우팅 컨버전스 과정

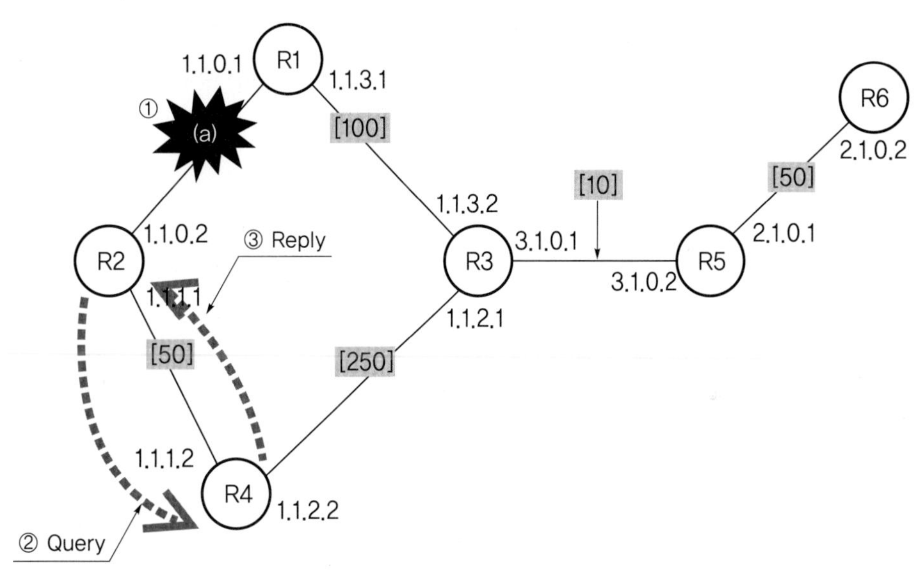

이 때, R2와 R4의 라우팅 컨버전스 과정은 [표 10-36]과 같다.

[표 10-36] ▶ 링크 다운 시의 라우팅 컨버전스 과정

순서	설명	소요 시간
①	(a) 링크가 다운되면,	-
②	R2는 Feasible Successor를 갖지 못했으므로 연결된 모든 라우터(R4)에게 Query를 보낸다. R4는 2.1.0.0 /24와 3.1.0.0 /24에 대한 Query를 Successor로부터 수신하면 Successor인 'via R2' 경로를 토폴로지 테이블에서 즉시 삭제한다. Feasible Successor인 'via R3' 경로를 Successor로 선택하고 라우팅 테이블을 수정한다.	즉시
③	다음으로 '2.1.0.0 /24 via R4'와 '3.1.0.0 /24 via R4' 경로를 Reply 패킷으로 R2에게 보낸다. R2는 R4가 보낸 Reply 패킷을 받아 자신의 토폴로지 테이블과 라우팅 테이블을 수정한다.	즉시

[표 10-36]에서 라우팅 컨버전스 과정은 R2와 R4에 차이가 있다. 즉, R2는 'via R4'라는 대안 경로가 있음에도 베스트 루트 다운 시에 즉시 사용하지 않지만, R4는 'via R3'라는 대안 경로를 베스트 루트 다운을 감지한 후에 즉시 사용한다. 이것이 바로 라우팅 루프를 피하기 위해서 EIGRP가 Feasible Successor(즉, 세컨드 베스트 루트)에 대한 자격 조건을 갖는 이유다.

이를 보다 명확하게 설명하기 위해, Feasible Successor에 대한 조건이 없다고 가정해보자. 그렇다면 [표 10-34]는 다음[표 10-37]로 바뀐다. 즉, R4의 토폴로지 테이블에서 [표 10-34]의 2.1.0.0/24 via R4 경로와 3.1.0.0/24 via R4 경로는 이제는 Feasible Successor가 되었다.

[표 10-37] ▶ R2의 토폴로지 테이블

목적지 네트워크	경로	Feasible Distance	Advertised Distance	베스트 루트
2.1.0.0 /24	via R1	160	110	Successor
	via R4	310	260	Feasible Successo로 가정해봄.
3.1.0.0 /24	via R1	150	100	Successor
	via R4	300	250	Feasible Successo로 가정해봄.

R2의 토폴로지 테이블이 [표 10-37]로 바뀌면, [그림 10-40]에서 (a) 링크 다운 시에 [표 10-38]의 과정을 거친다. 즉, 패킷 루프가 발생한다.

[그림 10-40] ▶
라우팅 루프

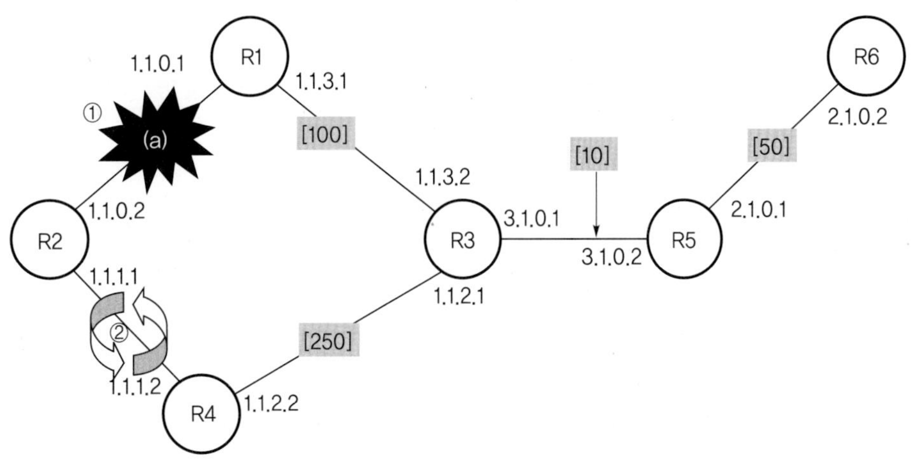

[표 10-38] ▶
라우팅 루프가 발생하는 과정

순서	설명	소요 시간
①	(a) 링크가 다운되면, R2는 Feasible Successor가 된 'via R4' 경로로 트래픽을 라우팅할 것이다.	즉시
②	(a) 링크 다운 소식을 듣기 전에 R4는 'via R2' 경로를 Successor라고 생각하기 때문에 2.1.0.0 /24 네트워크를 향하는 패킷은 R2와 R4 사이에 패킷 룹이 일어나게 된다.	–

EIGRP 알고리즘의 DUAL(Diffusing Update Algorithm)은 OSPF와 IS-IS의 복잡한 알고리즘처럼 라우터끼리 어떤 코스트로 연결되었는지에 대한 지도에 해당하는 정보를 만들지 않는다. 따라서 지도를 만들기 위해 각각의 라우터는 다른 모든 라우터가 보낸 LSA를 수신할 필요도 없고, 이 문제를 해결하기 위한 Area 분할과 같은 솔루션도 없다. [그림 10-41]에서 EIGRP 설정을 해보자.

[그림 10-41] ▶
EIGRP 설정 I

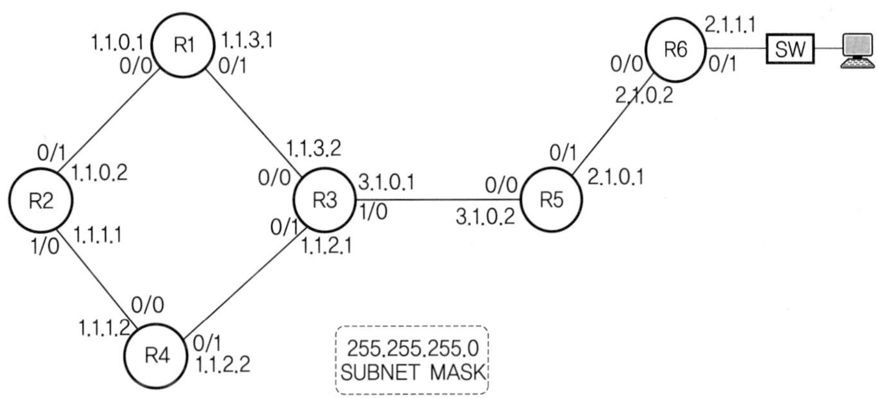

[그림 10-41]에 대한 EIGRP 설정 명령은 [표 10-39]와 같다.

R5의 설정을 보면 'network 3.1.0.2 0.0.0.0'으로 되어 있다. 여기서 '0.0.0.0'은 와일드카드 마스크다. EIGRP도 OSPF처럼 와일드카드 마스크를 이용하여 라우팅 영

역을 정확하게 설정할 수 있다.

[표 10-39] ▶ EIGRP 설정 I

라우터	명령어
R1	R1#configure terminal R1(config)#router eigrp 100 R1(config-router)#network 1.0.0.0 R1(config-router)#exit R1(config)#interface fastethernet 0/0 R1(config-if)#no shutdown R1(config-if)#ip address 1.1.0.1 255.255.255.0 R1(config-if)#interface fastethernet 0/1 R1(config-if)#no shutdown R1(config-if)#ip address 1.1.3.1 255.255.255.0
R2	R2#configure terminal R2(config)#router eigrp 100 R2(config-router)#network 1.0.0.0 R2(config-router)#exit R2(config)#interface fastethernet 0/1 R2(config-if)#no shutdown R2(config-if)#ip address 1.1.0.2 255.255.255.0 R2(config-if)#interface fastethernet 1/0 R2(config-if)#no shutdown R2(config-if)#ip address 1.1.1.1 255.255.255.0
R3	R3#configure terminal R3(config)#router eigrp 100 R3(config-router)#network 1.0.0.0 R3(config-router)#network 3.0.0.0 R3(config-router)#exit R3(config)#interface fastethernet 0/0 R3(config-if)#no shutdown R3(config-if)#ip address 1.1.3.2 255.255.255.0 R3(config-if)#interface fastethernet 0/1 R3(config-if)#no shutdown R3(config-if)#ip address 1.1.2.1 255.255.255.0 R3(config-if)#interface fastethernet 1/0 R3(config-if)#no shutdown R3(config-if)#ip address 3.1.0.1 255.255.255.0
R4	R4#configure terminal R4(config)#router eigrp 100 R4(config-router)#network 1.0.0.0 R4(config-router)#exit R4(config)#interface fastethernet 0/0 R4(config-if)#no shutdown R4(config-if)#ip address 1.1.1.2 255.255.255.0 R4(config-if)#interface fastethernet 0/1

R4	R4(config-if)#no shutdown R4(config-if)#ip address 1.1.2.2 255.255.255.0
R5	R5#configure terminal R5(config)#router eigrp 100 R5(config-router)#network 3.1.0.2 0.0.0.0 R5(config-router)#network 2.1.0.1 0.0.0.0 R5(config-router)#exit R5(config)#interface fastethernet 0/0 R5(config-if)#no shutdown R5(config-if)#ip address 3.1.0.2 255.255.255.0 R5(config-if)#interface fastethernet 0/1 R5(config-if)#no shutdown R5(config-if)#ip address 2.1.0.1 255.255.255.0
R6	R6#configure terminal R6(config)#router eigrp 100 R6(config-router)#network 2.1.0.2 0.0.0.0 R6(config-router)#network 2.1.1.1 0.0.0.0 R6(config-router)#exit R6(config)#interface fastethernet 0/0 R6(config-if)#no shutdown R6(config-if)#ip address 2.1.0.2 255.255.255.0 R6(config-if)#interface fastethernet 0/1 R6(config-if)#no shutdown R6(config-if)#ip address 2.1.1.1 255.255.255.0

[표 10-39]와 같이 EIGRP를 설정하면 각 라우터는 [표 10-40]과 같은 라우팅 테이블을 가진다. 그런데, R1의 라우팅 테이블에서 2.0.0.0 /8과 3.0.0.0 /8 네트워크 정보를 보자. 이 정보들은 원래 2.1.0.0 /24와 3.1.0.0 /24 네트워크다. 이것은 EIGRP 라우팅 프로토콜의 Auto Summary 기능 때문인데 OSPF와 IS-IS는 지원하지 않는다.

[표 10-40] ▶ 라우팅 테이블 I

라우터	라우팅 테이블
R1	Router#show ip route Gateway of last resort is not set 1.0.0.0/24 is subnetted, 4 subnets C 1.1.0.0 is directly connected, FastEthernet0/0 D 1.1.1.0 [90/30720] via 1.1.0.2, 00:02:29, FastEthernet0/0 D 1.1.2.0 [90/30720] via 1.1.3.2, 00:06:46, FastEthernet0/1 C 1.1.3.0 is directly connected, FastEthernet0/1 D 2.0.0.0/8 [90/263680] via 1.1.3.2, 00:04:29, FastEthernet0/1 D 3.0.0.0/8 [90/30720] via 1.1.3.2, 00:06:44, FastEthernet0/1 (Auto Summary된 정보)
R2	Router#show ip route Gateway of last resort is not set 1.0.0.0/24 is subnetted, 4 subnets

R2	C 1.1.0.0 is directly connected, FastEthernet0/1 C 1.1.1.0 is directly connected, FastEthernet1/0 D 1.1.2.0 [90/30720] via 1.1.1.2, 00:00:01, FastEthernet1/0 D 1.1.3.0 [90/30720] via 1.1.0.1, 00:00:01, FastEthernet0/1 D 2.0.0.0/8 [90/266240] via 1.1.1.2, 00:00:01, FastEthernet1/0 [90/266240] via 1.1.0.1, 00:00:01, FastEthernet0/1 D 3.0.0.0/8 [90/33280] via 1.1.1.2, 00:00:01, FastEthernet1/0 [90/33280] via 1.1.0.1, 00:00:01, FastEthernet0/1
R3	Router#show ip route Gateway of last resort is not set 1.0.0.0/8 is variably subnetted, 5 subnets, 2 masks D 1.0.0.0/8 is a summary, 00:07:41, Null0 D 1.1.0.0/24 [90/30720] via 1.1.3.1, 00:04:25, FastEthernet0/0 D 1.1.1.0/24 [90/30720] via 1.1.2.2, 00:03:26, FastEthernet0/1 C 1.1.2.0/24 is directly connected, FastEthernet0/1 C 1.1.3.0/24 is directly connected, FastEthernet0/0 D 2.0.0.0/8 [90/261120] via 3.1.0.2, 00:05:26, FastEthernet1/0 3.0.0.0/8 is variably subnetted, 2 subnets, 2 masks D 3.0.0.0/8 is a summary, 00:07:41, Null0 C 3.1.0.0/24 is directly connected, FastEthernet1/0
R4	Router#show ip route Gateway of last resort is not set 1.0.0.0/24 is subnetted, 4 subnets D 1.1.0.0 [90/30720] via 1.1.1.1, 00:03:06, FastEthernet0/0 C 1.1.1.0 is directly connected, FastEthernet0/0 C 1.1.2.0 is directly connected, FastEthernet0/1 D 1.1.3.0 [90/30720] via 1.1.2.1, 00:00:06, FastEthernet0/1 D 2.0.0.0/8 [90/263680] via 1.1.2.1, 00:00:06, FastEthernet0/1 D 3.0.0.0/8 [90/30720] via 1.1.2.1, 00:00:06, FastEthernet0/1
R5	Router#show ip route Gateway of last resort is not set D 1.0.0.0/8 [90/30720] via 3.1.0.1, 00:08:15, FastEthernet0/0 2.0.0.0/8 is variably subnetted, 2 subnets, 2 masks D 2.0.0.0/8 is a summary, 00:06:48, Null0 C 2.1.0.0/24 is directly connected, FastEthernet0/1 D 2.1.1.0 [90/30720] via 2.1.0.2, 00:01:02, FastEthernet0/1 3.0.0.0/8 is variably subnetted, 2 subnets, 2 masks D 3.0.0.0/8 is a summary, 00:06:48, Null0 C 3.1.0.0/24 is directly connected, FastEthernet0/0
R6	Router#show ip route Gateway of last resort is not set D 1.0.0.0/8 [90/33280] via 2.1.0.1, 00:07:21, FastEthernet0/0 2.0.0.0/24 is subnetted, 2 subnets C 2.1.0.0 is directly connected, FastEthernet0/0 C 2.1.1.0 is directly connected, FastEthernet 0/1 D 3.0.0.0/8 [90/30720] via 2.1.0.1, 00:07:21, FastEthernet0/0

Auto Summary된 정보

EIGRP는 OSPF와 IS-IS가 제공하지 않는 Auto Summary 기능을 제공하는데 [표 10-41]과 같이 동작한다.

[표 10-41] ▶ EIGRP Auto Summary

Where	네트워크 경계에서
How	디폴트 서브넷 마스크로

첫째, Where: 네트워크 경계인지를 판단할 때 [표 10-42]의 IP 클래스 구분표가 기준이 된다. [그림 10-42]에서 R3은 1.1.2.0 또는 1.1.3.0 네트워크와 3.1.0.0 네트워크의 경계에 있다. R5는 3.1.0.0 네트워크와 2.1.0.0 네트워크의 경계에 있다. 1.1.2.0, 1.1.3.0, 2.1.0.0, 3.1.0.0 네트워크들은 A 클래스에 속하므로 라우터가 네트워크들의 경계인지 판단하기 위해 첫 번째 바이트만 비교한다. 한편, R1은 1.1.0.0 네트워크와 1.1.3.0 네트워크 사이에 존재하므로 첫째 바이트가 동일하므로 네트워크의 경계가 아니다. 만약, B 클래스 IP일 경우는 디폴트 네트워크 자리가 둘째 바이트까지이므로 둘째 칸까지 상이해야 네트워크의 경계가 된다. C 클래스 IP일 경우는 기본적인 네트워크 자리가 셋째 칸까지이므로 셋째 칸까지 모두 상이해야 네트워크의 경계가 된다.

둘째, How: Route Summarization을 하면 네트워크와 호스트의 경계가 왼쪽으로 이동한다. 현재 모든 네트워크들은 '/24' 서브넷 마스크를 적용하고 있는데, EIGRP Auto Summary는 [표 10-42]의 디폴트 서브넷 마스크 길이를 적용한다. 즉, 1.1.0.0 /24, 2.1.0.0 /24, 3.1.0.0 /24 등의 네트워크 정보는 [표 10-40]과 같이 각각 디폴트 서브넷 마스크가 적용되어 1.0.0.0 /8, 2.0.0.0 /8, 3.0.0.0 /8로 올라온다. Class B 네트워크 정보는 모두 '/16'으로 올라오고 Class C 네트워크 정보는 모두 /24'로 올라온다.

[표 10-42] ▶ IP Class

Class	첫 째 바이트
A	0 ~ 127
B	128 ~ 191
C	192 ~ 223

디폴트 서브넷 마스크
255.0.0.0
255.255.0.0
255.255.255.0

EIGRP도 라우팅 테이블 길이를 줄이기 위해 Route Summarization을 설정한다. [그림 10-42]의 EIGRP 환경에서 다음과 같이 설정해보자.

- 먼저, Area 경계 라우터에서 Auto Summary 기능을 끈다.
- 다음으로 적정하게 수동 Route Summarization을 설정한다.

[그림 10-42] ▶ EIGRP 설정 II

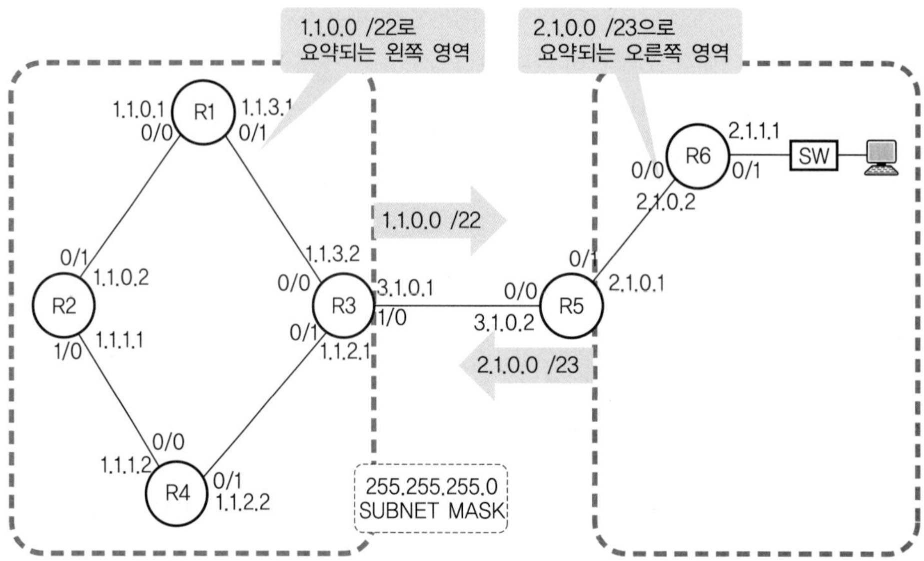

EIGRP는 공식적으로 Area를 사용하지 않지만 IP 설계와 할당 단계에서 IP를 연속하게 배치하여 Route Summarization의 단위가 되는 가상의 Area를 가정한다. [그림 10-42]에서는 1.1.0.0 /22로 요약되는 왼쪽 영역과 2.1.0.0 /23으로 요약되는 오른쪽 영역으로 구분된다.

[표 10-43]에서 'no auto-summary' 명령은 Auto Summary를 끄는 명령이다. 'ip summary-address eigrp 100 1.1.0.0 255.255.252.0'의 수동 Route Summarization 명령에서 '100'은 'router eigrp 100'의 '100'과 마찬가지로 AS 번호다.

[표 10-43] ▶ EIGRP Route Summarization

라우터	명령어

R3	Router#configure terminal
	Router(config)#router eigrp 100
	Router(config-rotuer)#no auto-summary (Auto Summary를 끄는 명령)
	
	Router(config)#interface fastethernet 1/0
	Router(config-if)#ip summary-address eigrp 100 1.1.0.0 255.255.252.0 (왼쪽 영역 주소를 수동 요약하는 명령)

R5	Router#configure terminal
	Router(config)#router eigrp 100
	Router(config-rotuer)#no auto-summary
	
	Router(config)#interface fastethernet 0/0
	Router(config-if)#ip summary-address eigrp 100 2.1.0.0 255.255.254.0 (오른쪽 영역 주소를 수동 요약하는 명령)

왼쪽 영역의 1.1.0.0 /24, 1.1.1.0 /24, 1.1.2.0 /24, 1.1.3.0 /24 정보를 하나로 요약해보자. 이 네트워크들을 이진수로 변경하면 22칸까지 동일하다. 요약할 네트워크 중에 호스트 자리가 이진수로 모두 '0'인 첫 번째 네트워크, 1.1.0.0이 대표 주소가 되고, /22가 요약 정보의 서브넷 마스크가 된다. 즉, 1.1.0.0 /22가 요약 정보가 된다.

[표 10-44] ▶ 왼쪽 영역의 Route Summarization

구분	같은 부분	다른 부분	요약 결과
1.1.0.0	00000001.00000001.000000	00.00000000	1.1.0.0. [대표 주소]
1.1.1.0	00000001.00000001.000000	01.00000000	
1.1.2.0	00000001.00000001.000000	10.00000000	
1.1.3.0	00000001.00000001.000000	11.00000000	
서브넷 마스크	11111111.11111111.111111	00.00000000	255.255.252.0

다음으로 오른쪽 영역의 2.1.0.0 /24, 2.1.1.0 /24 정보를 요약해보자. 이진수로 변경하면 23칸까지 동일하므로 요약할 네트워크 중에 호스트 자리가 이진수로 모두 '0'인 첫 번째 네트워크, 2.1.0.0이 대표 주소가 되고, /23이 요약 정보의 서브넷 마스크가 된다. 즉, 2.1.0.0 /23이 요약 정보가 된다.

[표 10-45] ▶ 오른쪽 영역의 Route Summarization

구분	같은 부분	다른 부분	요약 결과
2.1.0.0	00000010.00000010.000000	0.00000000	2.1.0.0. [대표 주소]
2.1.1.0	00000010.00000010.000000	1.00000000	
서브넷 마스크	11111111.11111111.1111111	0.00000000	255.255.254.0

[표 10-43]의 Route Summarization을 설정하면 [표 10-46]과 같이 요약된 정보가 올라옴을 확인할 수 있다.

[표 10-46] ▶ 라우팅 테이블 II

라우터	명령어
R1	Router#show ip route Gateway of last resort is not set 1.0.0.0/24 is subnetted, 4 subnets C 1.1.0.0 is directly connected, FastEthernet0/0 D 1.1.1.0 [90/30720] via 1.1.0.2, 00:10:57, FastEthernet0/0 D 1.1.2.0 [90/30720] via 1.1.3.2, 00:01:43, FastEthernet0/1 C 1.1.3.0 is directly connected, FastEthernet0/1 2.0.0.0/23 is subnetted, 1 subnets D 2.1.0.0 [90/263680] via 1.1.3.2, 00:01:33, FastEthernet0/1 3.0.0.0/24 is subnetted, 1 subnets D 3.1.0.0 [90/30720] via 1.1.3.2, 00:01:43, FastEthernet0/1 요약된 정보

R2	Router#show ip route Gateway of last resort is not set 1.0.0.0/24 is subnetted, 4 subnets C 1.1.0.0 is directly connected, FastEthernet0/1 C 1.1.1.0 is directly connected, FastEthernet1/0 D 1.1.2.0 [90/30720] via 1.1.1.2, 00:14:45, FastEthernet1/0 D 1.1.3.0 [90/30720] via 1.1.0.1, 00:14:45, FastEthernet0/1 2.0.0.0/23 is subnetted, 1 subnets D 2.1.0.0 [90/266240] via 1.1.0.1, 00:05:22, FastEthernet0/1 [90/266240] via 1.1.1.2, 00:00:16, FastEthernet1/0 3.0.0.0/24 is subnetted, 1 subnets D 3.1.0.0 [90/33280] via 1.1.0.1, 00:05:31, FastEthernet0/1 [90/33280] via 1.1.1.2, 00:00:16, FastEthernet1/0 (요약된 정보)
R3	Router#show ip route Gateway of last resort is not set 1.0.0.0/8 is variably subnetted, 5 subnets, 2 masks D 1.1.0.0/22 is a summary, 00:05:52, Null0 D 1.1.0.0/24 [90/30720] via 1.1.3.1, 00:05:52, FastEthernet0/0 D 1.1.1.0/24 [90/30720] via 1.1.2.2, 00:05:52, FastEthernet0/1 C 1.1.2.0/24 is directly connected, FastEthernet0/1 C 1.1.3.0/24 is directly connected, FastEthernet0/0 2.0.0.0/23 is subnetted, 1 subnets D 2.1.0.0 [90/261120] via 3.1.0.2, 00:05:42, FastEthernet1/0 3.0.0.0/24 is subnetted, 1 subnets C 3.1.0.0 is directly connected, FastEthernet1/0 (요약된 정보)
R4	Router#show ip route Gateway of last resort is not set 1.0.0.0/24 is subnetted, 4 subnets D 1.1.0.0 [90/30720] via 1.1.1.1, 00:15:26, FastEthernet0/0 C 1.1.1.0 is directly connected, FastEthernet0/0 C 1.1.2.0 is directly connected, FastEthernet0/1 D 1.1.3.0 [90/30720] via 1.1.2.1, 00:00:01, FastEthernet0/1 2.0.0.0/23 is subnetted, 1 subnets D 2.1.0.0 [90/263680] via 1.1.2.1, 00:00:01, FastEthernet0/1 3.0.0.0/24 is subnetted, 1 subnets D 3.1.0.0 [90/30720] via 1.1.2.1, 00:00:01, FastEthernet0/1 (요약된 정보)
R5	Router#show ip route Gateway of last resort is not set (요약된 정보) 1.0.0.0/22 is subnetted, 1 subnets D 1.1.0.0 [90/30720] via 3.1.0.1, 00:06:20, FastEthernet0/0 2.0.0.0/8 is variably subnetted, 3 subnets, 2 masks D 2.1.0.0/23 is a summary, 00:06:19, Null0 C 2.1.0.0/24 is directly connected, FastEthernet0/1 D 2.1.1.0/24 [90/261120] via 2.1.0.2, 00:06:19, FastEthernet0/1 3.0.0.0/24 is subnetted, 1 subnets

	C 3.1.0.0 is directly connected, FastEthernet0/0
R6	Router#show ip route Gateway of last resort is not set 요약된 정보 1.0.0.0/22 is subnetted, 1 subnets D 1.1.0.0 [90/33280] via 2.1.0.1, 00:06:43, FastEthernet0/0 2.0.0.0/24 is subnetted, 2 subnets C 2.1.0.0 is directly connected, FastEthernet0/0 C 2.1.1.0 is directly connected, FastEthernet0/1 3.0.0.0/24 is subnetted, 1 subnets D 3.1.0.0 [90/30720] via 2.1.0.1, 00:03:44, FastEthernet0/0

Lecture 06

EIGRP & OSPF Lab 12

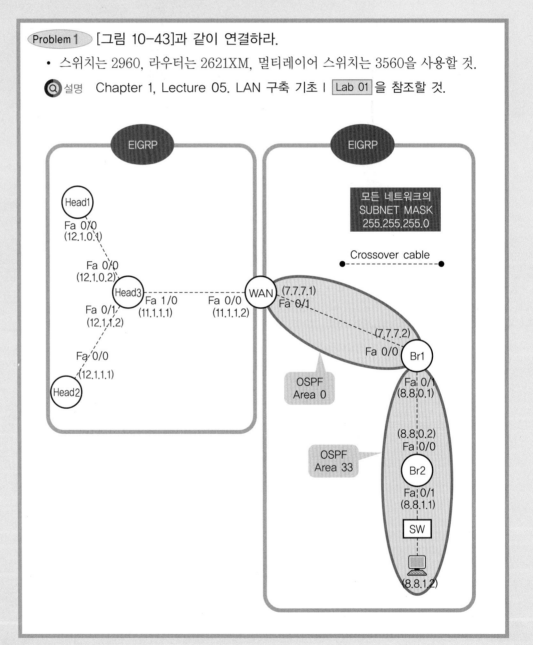

강의 키워드 EIGRP & OSPF 라우팅 프로토콜 설정, EIGRP와 OSPF 간의 Redistribution 설정, EIGRP Route Summariztion 설정

Problem 1 [그림 10-43]과 같이 연결하라.

- 스위치는 2960, 라우터는 2621XM, 멀티레이어 스위치는 3560을 사용할 것.

설명 Chapter 1, Lecture 05. LAN 구축 기초 I Lab 01 을 참조할 것.

[그림 10-43] ▶ EIGRP & OSPF 혼합 환경

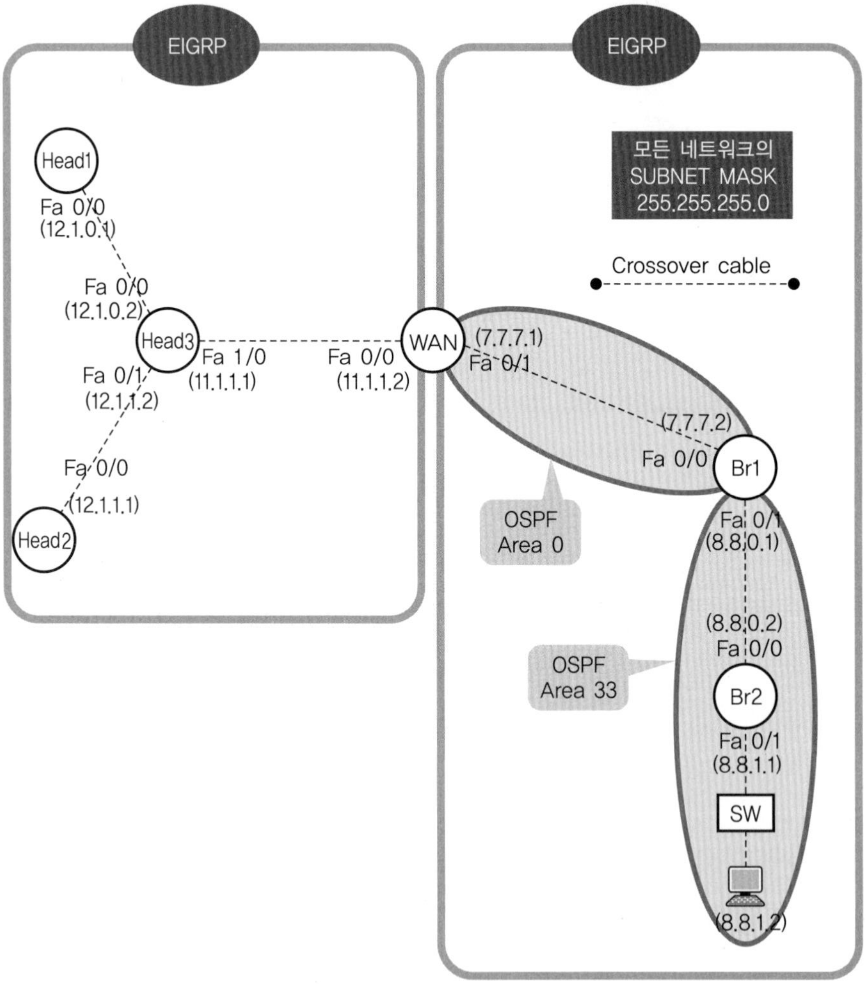

Problem 2 [그림 10-43]의 IP를 할당하라. 모든 네트워크들의 서브넷 마스크는 255.255.255.0이다.

Problem 3 [그림 10-43]과 같이 EIGRP와 OSPF 라우팅 프로토콜을 설정하라.

설명 OSPF Area 33의 두 네트워크인 8.8.0.0/24와 8.8.1.0/24를 다음 명령으로 Br1 라우터에서 Route Summarization 하시오.

[설정 예]

```
Br1(config)#router ospf 100
Br1(config-router)#area 33 range 8.8.0.0 255.255.254.0
```

설명 WAN 라우터에는 다음 명령을 참조하여 OSPF와 EIGRP 간에 Redistribution을 설정하라.

```
WAN(config)#router eigrp 100
WAN(config-router)#network 11.1.1.2  0.0.0.0
WAN(config-router)#redistribute ospf 100 metric 10000 1000 255
1 1500
WAN(config)#router ospf 100
WAN(config-router)#network 7.7.7.1 0.0.0.0 Area 0
WAN(config-router)#redistribute eigrp 100 metric  50  subnet
```

Problem 4 [EIGRP Route Summarization] Head3 라우터에서 다음 조건대로 Route Summarization을 설정하라.

[표 10-47] ▶ Route Summarization 조건

Lab 순서	Route Summarization 설정 [본사C 라우터에서]	확인 [Wan 라우터에서]
1	EIGRP의 'auto-summary'는 디폴트 설정임.	12.0.0.0 /8가 보임.
2	Head3 라우터에서 아래와 같이 EIGRP 의 'auto-summary' 기능을 끔 (config)#router eigrp 100 (config-router)#no auto-summary	12.1.0.0 /24 12.1.1.0 /24 둘 다 올라와야 함.
3	EIGRP 의 수동 루트 서머라이제이션 설정 (config)#int fa 1/0 (config-if)#ip summary-address eigrp 100 12.1.0.0 255.255.254.0	12.1.0.0 /23 으로 올라와야 함

(Route Summarization 설정은 Head3 라우터에서 하고, 라우팅 테이블 확인은 WAN 라우터에서 한다.)

Lab 12 해설

Problem 1 [그림 10-43]과 같이 연결하라.

설명 Chapter 1의 Lecture 05, LAN 구축 기초 | Lab 01 참조.

Problem 2 [그림 10-43]의 IP를 할당하라. 모든 네트워크들의 서브넷 마스크는 255.255.255.0이다.

설명 각 라우터마다 [표 10-48]과 같이 IP 주소를 할당한다.

[표 10-48] ▶ 라우터별 IP 설정 명령어

라우터	명령어
Head1	Router#configure terminal Router(config)hostname HEAD1 HEAD1(config)#interface fastethernet 0/0 HEAD1(config-if)#no shutdown HEAD1(config-if)#ip address 12.1.0.1 255.255.255.0
Head2	Router#configure terminal Router(config)hostname HEAD2 HEAD2(config)#interface fastethernet 0/0 HEAD2(config-if)#no shutdown HEAD2(config-if)#ip address 12.1.1.1 255.255.255.0
Head3	Router#configure terminal Router(config)hostname HEAD3 HEAD3(config)#interface fastethernet 0/0 HEAD3(config-if)#no shutdown HEAD3(config-if)#ip address 12.1.0.2 255.255.255.0 HEAD3(config-if)#interface fastethernet 0/1 HEAD3(config-if)#no shutdown HEAD3(config-if)#ip address 12.1.1.2 255.255.255.0 HEAD3(config-if)#interface fastethernet 1/0 HEAD3(config-if)#no shutdown HEAD3(config-if)#ip address 11.1.1.1 255.255.255.0
WAN	Router#configure terminal Router(config)hostname WAN WAN(config)#interface fastethernet 0/0 WAN(config-if)#no shutdown WAN(config-if)#ip address 11.1.1.2 255.255.255.0 WAN(config-if)#interface fastethernet 0/1 WAN(config-if)#no shutdown WAN(config-if)#ip address 7.7.7.1 255.255.255.0
Br1	Router#configure terminal Router(config)hostname Br1 Br1(config)#interface fastethernet 0/0 Br1(config-if)#no shutdown Br1(config-if)#ip address 7.7.7.2 255.255.255.0

	Br1(config-if)#interface fastethernet 0/1 Br1(config-if)#no shutdown Br1(config-if)#ip address 8.8.0.1 255.255.255.0
Br2	Router#configure terminal Router(config)hostname Br2 Br2(config)#interface fastethernet 0/0 Br2(config-if)#no shutdown Br2(config-if)#ip address 8.8.0.2 255.255.255.0 Br2(config-if)#interface fastethernet 0/1 Br2(config-if)#no shutdown Br2(config-if)#ip address 8.8.1.1 255.255.255.0

Problem 3 [그림 10-43]과 같이 EIGRP와 OSPF 라우팅 프로토콜을 설정하라.

- WAN 라우터에는 다음 명령을 참조하여 OSPF와 EIGRP 간에 Redistribution을 설정하라.

설명 라우팅 설정은 [표 10-49]와 같다. WAN 라우터에서 Redistribution 설정시의 metric은 라우팅 프로토콜 마다 다르기 때문에 sead metric을 설정해준다.

[표 10-49] ▶ 라우팅 설정

라우터	명령어
HEAD1	HEAD1(config)#router eigrp 100 HEAD1(config-router)#network 12.0.0.0
HEAD2	HEAD2(config)#router eigrp 100 HEAD2(config-router)#network 12.0.0.0
HEAD3	HEAD3(config)#router eigrp 100 HEAD3(config-router)#network 11.0.0.0 HEAD3(config-router)#network 12.0.0.0
WAN	WAN(config)#router eigrp 100 WAN(config-router)#network 11.1.1.2 0.0.0.0 WAN(config-router)#redistribute ospf 100 metric 10000 1000 255 1 1500 WAN(config)#router ospf 100 WAN(config-router)#network 7.7.7.1 0.0.0.0 Area 0 WAN(config-router)#redistribute eigrp 100 metric 50 subnet

Br1	Br1(config)#router ospf 100
	Br1(config-router)#network 7.7.7.2 0.0.0.0 Area 0
	Br1(config-router)#network 8.8.0.1 0.0.0.0 Area 33
	Br1(config-router)#Area 33 range 8.8.0.0 255.255.254.0 (수동 요약 명령)

Br2	Br2(config)#router ospf 100 Br2(config-router)#network 8.8.0.0 0.0.255.255 Area 33

[표 10-49] 라우팅 프로토콜 설정 이후의 각 라우터의 라우팅 테이블은 [표 10-50]과 같다. OSPF에서 EIGRP로 리디스트리뷰션된 정보는 'D EX'로 보이고, EIGRP에서 OSPF로 리디스트리뷰션된 정보는 'O E2'로 보인다. OSPF에서 다른 AREA에서 넘어온 정보는 'O IA'로 보인다.

[표 10-50] ▶ 라우팅 테이블

라우터	라우팅 테이블
HEAD1	Router#sh ip route Codes: C - connected, S - static, I - IGRP, R - RIP, M - mobile, B - BGP Gateway of last resort is not set 7.0.0.0/24 is subnetted, 1 subnets D EX 7.7.7.0 [170/517120] via 12.1.0.2, 00:04:27, FastEthernet0/0 8.0.0.0/23 is subnetted, 2 subnets D EX 8.8.0.0 [170/517120] via 12.1.0.2, 00:03:02, FastEthernet0/0 D 11.0.0.0/8 [90/30720] via 12.1.0.2, 00:05:56, FastEthernet0/0 12.0.0.0/24 is subnetted, 2 subnets C 12.1.0.0 is directly connected, FastEthernet0/0 D 12.1.1.0 [90/30720] via 12.1.0.2, 00:06:10, FastEthernet0/0 (OSPF에서 수동 요약된 정보)
HEAD2	Router#sh ip route Gateway of last resort is not set 7.0.0.0/24 is subnetted, 1 subnets D EX 7.7.7.0 [170/517120] via 12.1.1.2, 00:04:45, FastEthernet0/0 8.0.0.0/23 is subnetted, 2 subnets D EX 8.8.0.0 [170/517120] via 12.1.1.2, 00:03:20, FastEthernet0/0 D 11.0.0.0/8 [90/30720] via 12.1.1.2, 00:06:14, FastEthernet0/0 12.0.0.0/24 is subnetted, 2 subnets D 12.1.0.0 [90/30720] via 12.1.1.2, 00:06:28, FastEthernet0/0 C 12.1.1.0 is directly connected, FastEthernet0/0
HEAD3	Router#sh ip route Gateway of last resort is not set 7.0.0.0/24 is subnetted, 1 subnets D EX 7.7.7.0 [170/514560] via 11.1.1.2, 00:03:45, FastEthernet1/0 8.0.0.0/23 is subnetted, 2 subnets D EX 8.8.0.0 [170/514560] via 11.1.1.2, 00:02:20, FastEthernet1/0 11.0.0.0/8 is variably subnetted, 2 subnets, 2 masks D 11.0.0.0/8 is a summary, 00:05:14, Null0 C 11.1.1.0/24 is directly connected, FastEthernet1/0 12.0.0.0/8 is variably subnetted, 3 subnets, 2 masks D 12.0.0.0/8 is a summary, 00:05:14, Null0 C 12.1.0.0/24 is directly connected, FastEthernet0/0 C 12.1.1.0/24 is directly connected, FastEthernet0/1

WAN	Router#sh ip route Gateway of last resort is not set 7.0.0.0/24 is subnetted, 1 subnets C 7.7.7.0 is directly connected, FastEthernet0/1 8.0.0.0/23 is subnetted, 2 subnets O IA 8.8.0.0 [110/2] via 7.7.7.2, 00:01:16, FastEthernet0/1 11.0.0.0/24 is subnetted, 1 subnets C 11.1.1.0 is directly connected, FastEthernet0/0 D 12.0.0.0/8 [90/30720] via 11.1.1.1, 00:03:40, FastEthernet0/0
Br1	Router#sh ip route Gateway of last resort is not set 7.0.0.0/24 is subnetted, 1 subnets C 7.7.7.0 is directly connected, FastEthernet0/0 8.0.0.0/24 is subnetted, 2 subnets C 8.8.0.0 is directly connected, FastEthernet0/1 O 8.8.1.1 [10/2] ia8.8.0.2 00:00:02 FastEthernet0/1 11.0.0.0/24 is subnetted, 1 subnets O E2 11.1.1.0 [110/20] via 7.7.7.1, 00:00:43, FastEthernet0/0 O E2 12.0.0.0/8 [110/20] via 7.7.7.1, 00:00:43, FastEthernet0/0
Br2	Router#sh ip route Gateway of last resort is not set 7.0.0.0/24 is subnetted, 1 subnets O IA 7.7.7.0 [110/2] via 8.8.0.1, 00:03:46, FastEthernet0/0 8.0.0.0/24 is subnetted, 2 subnets C 8.8.0.0 is directly connected, FastEthernet0/0 C 8.8.1.0 is directly connected, FastEthernet0/1 11.0.0.0/24 is subnetted, 1 subnets O E2 11.1.1.0 [110/20] via 8.8.0.1, 00:03:46, FastEthernet0/0 O E2 12.0.0.0/8 [110/20] via 8.8.0.1, 00:03:46, FastEthernet0/0

Problem 4 [EIGRP Route Summarization] Head3 라우터에서 다음 조건대로 Route Summarization을 설정하라. [표 10-51]과 같이 'auto-summary'가 끄지 않았을 때는 다른 라우터 즉, WAN 라우터에서 12.0.0.0 /8로 보임을 확인할 수 있다.

[표 10-51] ▶ auto-summary

Lab	auto-summary
설정	EIGRP의 'auto-summary'는 디폴트 설정으로 'show running-config' 명령을 통해 이미 입력되어 있음을 확인할 수 있다.
확인	WAN#sh ip route Gateway of last resort is not set 7.0.0.0/24 is subnetted, 1 subnets C 7.7.7.0 is directly connected, FastEthernet0/1 8.0.0.0/23 is subnetted, 2 subnets O IA 8.8.0.0 [110/2] via 7.7.7.2, 00:01:16, FastEthernet0/1 11.0.0.0/24 is subnetted, 1 subnets C 11.1.1.0 is directly connected, FastEthernet0/0 D 12.0.0.0/8 [90/30720] via 11.1.1.1, 00:03:40, FastEthernet0/0 자동 요약된 정보

Head3 라우터에서 [표 10-52]와 같이 'auto-summary'를 끄면 WAN 라우터에서 12.1.0.0 /24와 12.1.1.0 /24로 분리되어 보임을 확인할 수 있다.

[표 10-52] ▶ no auto-summary

Lab	auto-summary
설정	HEAD3(config)#router eigrp 100 HEAD3(config-router)#no auto-summary
확인	WAN#sh ip route Gateway of last resort is not set 7.0.0.0/24 is subnetted, 1 subnets C 7.7.7.0 is directly connected, FastEthernet0/1 8.0.0.0/24 is subnetted, 2 subnets O IA 8.8.0.0 [110/2] via 7.7.7.2, 00:09:13, FastEthernet0/1 O IA 8.8.1.0 [110/3] via 7.7.7.2, 00:08:32, FastEthernet0/1 11.0.0.0/24 is subnetted, 1 subnets C 11.1.1.0 is directly connected, FastEthernet0/0 12.0.0.0/24 is subnetted, 1 subnets D 12.1.0.0 [90/30720] via 11.1.1.1, 00:00:03, FastEthernet0/0 D 12.1.1.0 [90/30720] via 11.1.1.1, 00:00:03, FastEthernet0/0 요약되지 않은 정보

Head3에서 [표 10-53]과 같이 12.1.0.0 /24와 12.1.1.0 /24의 두 네트워크를 수동 Route Summarization하면, WAN 라우터에서 12.1.0.0 /23으로 보임을 확인할 수 있다.

[표 10-53] ▶
EIGRP Route
Summarization

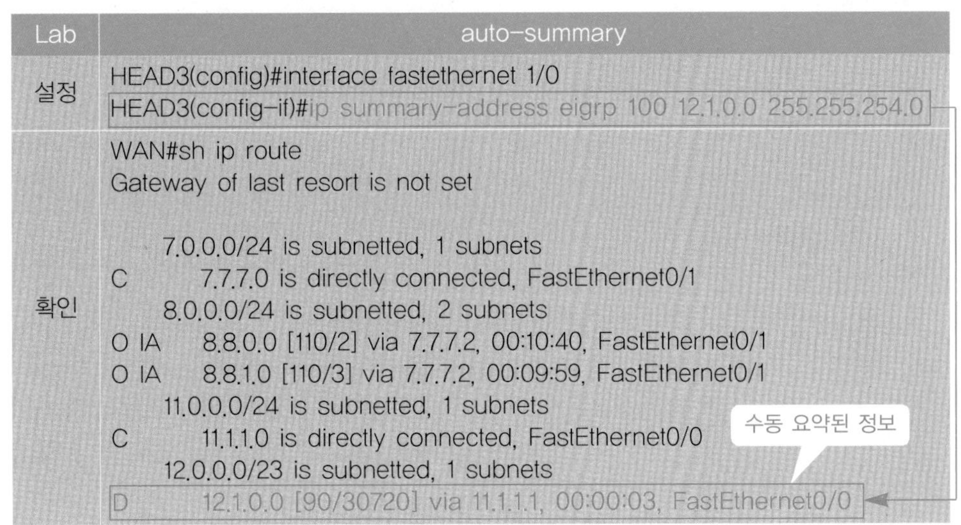

Lab	auto-summary
설정	HEAD3(config)#interface fastethernet 1/0 HEAD3(config-if)#ip summary-address eigrp 100 12.1.0.0 255.255.254.0
확인	WAN#sh ip route Gateway of last resort is not set 7.0.0.0/24 is subnetted, 1 subnets C 7.7.7.0 is directly connected, FastEthernet0/1 8.0.0.0/24 is subnetted, 2 subnets O IA 8.8.0.0 [110/2] via 7.7.7.2, 00:10:40, FastEthernet0/1 O IA 8.8.1.0 [110/3] via 7.7.7.2, 00:09:59, FastEthernet0/1 11.0.0.0/24 is subnetted, 1 subnets C 11.1.1.0 is directly connected, FastEthernet0/0 12.0.0.0/23 is subnetted, 1 subnets D 12.1.0.0 [90/30720] via 11.1.1.1, 00:00:03, FastEthernet0/0

Lecture 07

통합 라우팅 실습 Lab 13

강의 키워드 EIGRP&OSPF 라우팅 프로토콜 설정, EIGRP와 OSPF 간의 Redistribution 설정, OSPF Route Summariztion 설정, OSPF Stub Area 설정, Static 루트로 보완 설정

Problem 1 [그림 10-44]와 같이 장비들을 연결하라(스위치는 2960, 라우터는 2621XM, 멀티레이어 스위치는 3560을 사용할 것).

Problem 2 [그림 10-44]의 IP와 서브넷 마스크을 할당하라(네트워크별 서브넷 마스크가 다르므로 주의할 것).

[그림 10-44] ▶ 네트워크 구성도

SW2
ISP
Fa 0/1(88.1.1.1 /24)
Fa 0/0(100.100.100.1)
SUBNET MASK 255.255.255.0
Fa 0/0(100.100.100.2)
인터넷
Fa 0/1 (11.1.1.1)
Fa 1/0 (11.1.1.17)
동경
Fa 0/1(11.1.1.49)
SW
PC2 (11.1.1.50)
Fa 0/0(11.1.1.34)
Fa 0/0(11.1.1.33)
WAN 2
Fa 0/1 (11.1.1.2)
Fa 1/0 (11.1.1.18)
SUBNET MASK 255.255.255.0
WAN 4
(11.1.1.5) Fa 0/1
Fa 1/0 (11.1.1.21)
(7.7.7.1) Fa 0/0
(7.7.7.2) Fa 0/0
BR1
Fa 0/1 (8.8.0.1)
SUBNET MASK 255.255.255.0
Fa 0/0 (8.8.0.2)
BR2
Fa 0/1 (8.8.1.1)
SUBNET MASK 255.255.255.0
SW2
PC1 8.8.1.2
SW1
SW2
(11.1.1.3) Fa 0/1
(11.1.1.19) Fa 0/2
(11.1.1.4) Fa 0/1
(11.1.1.20) Fa 0/2
M1
M2
그 외 다른 네트워크 SUBNET MASK 255.255.255.240

Problem 3 [그림 10-45]와 같이 OSPF, EIGRP, Static 루트를 설정하라.

- OSPF와 EIGRP를 설정하고, WAN4 라우터에서 Redistribution을 설정할 것.
- 동경 라우터에서는 디폴트 스테이틱 루트만 설정할 것(EIGRP나 OSPF를 설정하면 안 됨).
- Area 33의 8.8.0.0 /24와 8.8.1.0 /24 정보가 다른 라우터에서 1개의 정보로 보이도록 Route Summarization 하라.
- Area 33을 Totall Stubby Area로 설정하라.
- OSPF나 EIGRP를 돌리는 모든 라우터에 동경(11.1.1.48 /28)과 인터넷에 대한 Static 루트를 설정해야 함

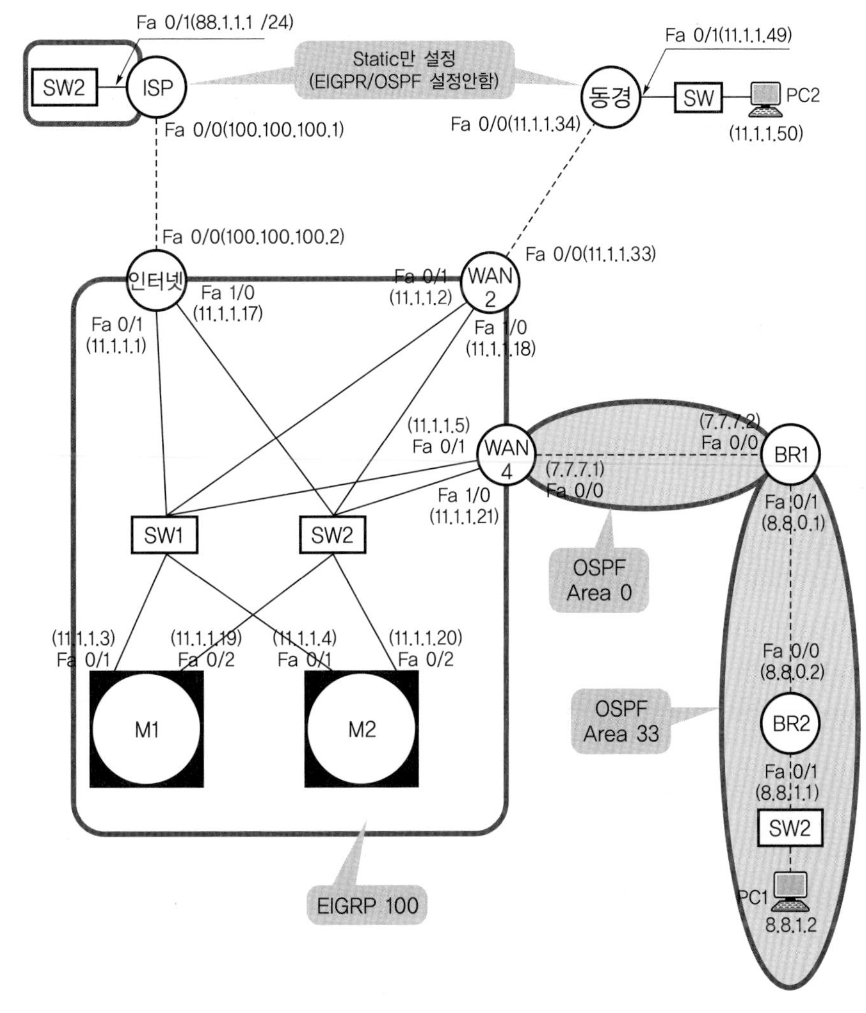

[그림 10-45] ▶ 라우팅 설정 조건

Problem 4 모든 라우터와 PC에서 모든 IP로 핑이 성공함을 확인하라.

Lab 13 해설

Problem 1 [그림 10-44]와 같이 장비들을 연결하라.

설명 Chapter 1의 Lecture 05. LAN 구축 기초 | Lab 01 을 참조할 것

Problem 2 [그림 10-44]의 IP와 서브넷 마스크대로 할당하라.

각 라우터마다 [표 10-54]와 같이 IP 주소를 할당한다.

[표 10-54] ▶ IP 설정

라우터	명령어
ISP	ISP(config)#interface fastethernet 0/1 ISP(config-if)#no shutdown ISP(config-if)#ip address 88.1.1.1 255.255.255.0 ISP(config-if)#exit ISP(config)#interface fastethernet 0/0 ISP(config-if)#no shutdown ISP(config-if)#ip address 100.100.100.1 255.255.255.0
인터넷	INTNET(config)#interface fastethernet 0/0 INTNET(config-if)#no shutdown INTNET(config-if)#ip address 100.100.100.2 255.255.255.0 INTNET(config-if)#exit INTNET(config)#interface fastethernet 0/1 INTNET(config-if)#no shutdown INTNET(config-if)#ip address 11.1.1.1 255.255.255.240 INTNET(config-if)#exit INTNET(config)#interface fastethernet 1/0 INTNET(config-if)#no shutdown INTNET(config-if)#ip address 11.1.1.17 255.255.255.240
WAN2	WAN2(config)#interface fastethernet 0/0 WAN2(config-if)#no shutdown WAN2(config-if)#ip address 11.1.1.33 255.255.255.240 WAN2(config-if)#exit WAN2(config)#interface fastethernet 0/1 WAN2(config-if)#no shutdown WAN2(config-if)#ip address 11.1.1.2 255.255.255.240 WAN2(config-if)#exit WAN2(config)#interface fastethernet 1/0 WAN2(config-if)#no shutdown WAN2(config-if)#ip address 11.1.1.18 255.255.255.240
WAN4	WAN4(config)#interface fastethernet 0/0 WAN4(config-if)#no shutdown WAN4(config-if)#ip address 7.7.7.1 255.255.255.0 WAN4(config-if)#exit WAN4(config)#interface fastethernet 0/1 WAN4(config-if)#no shutdown

WAN4	WAN4(config-if)#ip address 11.1.1.5 255.255.255.240 WAN4(config-if)#exit WAN4(config)#interface fastethernet 1/0 WAN4(config-if)#no shutdown WAN4(config-if)#ip address 11.1.1.21 255.255.255.240
동경	EAST(config)#interface fastethernet 0/0 EAST(config-if)#no shutdown EAST(config-if)#ip address 11.1.1.34 255.255.255.240 EAST(config-if)#exit EAST(config)#interface fastethernet 0/1 EAST(config-if)#no shutdown EAST(config-if)#ip address 11.1.1.49 255.255.255.240
BR1	BR1(config)#interface fastethernet 0/0 BR1(config-if)#no shutdown BR1(config-if)#ip address 7.7.7.2 255.255.255.0 BR1(config-if)#exit BR1(config)#interface fastethernet 0/1 BR1(config-if)#no shutdown BR1(config-if)#ip address 8.8.0.1 255.255.255.0
BR2	BR2(config)#interface fastethernet 0/0 BR2(config-if)#no shutdown BR2(config-if)#ip address 8.8.0.2 255.255.255.0 BR2(config-if)#exit BR2(config)#interface fastethernet 0/1 BR2(config-if)#no shutdown BR2(config-if)#ip address 8.8.1.1 255.255.255.0
M1	M1(config)#interface fastethernet 0/1 M1(config-if)#no switchport M1(config-if)#ip address 11.1.1.3 255.255.255.240 M1(config-if)#exit M1(config)#interface fastethernet 0/2 M1(config-if)#no switchport M1(config-if)#ip address 11.1.1.19 255.255.255.240
M2	M2(config)#interface fastethernet 0/1 M2(config-if)#no switchport M2(config-if)#ip address 11.1.1.4 255.255.255.240 M2(config-if)#exit M2(config)#interface fastethernet 0/2 M2(config-if)#no switchport M2(config-if)#ip address 11.1.1.20 255.255.255.240

PC에서 IP 설정은 [표 10-55]와 같다. Desktop → IP Configuration에서 다음 3항목(IP 주소, 서브넷 마스크, Default Gateway)을 설정한다.

[표 10-55] ▶ PC 설정

구분	IP 주소	서브넷 마스크	Default Gateway
PC1	8.8.1.2	255.255.255.0	8.8.1.1
PC2	11.1.1.50	255.255.255.240	11.1.1.49

Problem 3 [그림 10-45]와 같이 OSPF, EIGRP, Static 루트를 설정하라.

- OSPF와 EIGRP를 설정하고, WAN4 라우터에서 Redistribution을 설정할 것.
- 동경 라우터에서는 디폴트 스태틱 루트만 설정할 것(EIGRP나 OSPF를 설정하면 안 됨).
- OSPF나 EIGRP를 돌리는 모든 라우터에 동경 네트워크와 인터넷에 대한 Static 루트를 설정이 필요함.

[표 10-56]과 같이 각 라우터에 라우팅 프로토콜과 스태틱 라우팅을 설정한다. EIGRP 또는 OSPF를 설정하고 WAN4 라우터에서 리디스트리뷰션을 설정하면 EIGRP를 돌리는 라우터와 OSPF를 돌리는 라우터 간에 네트워크 정보가 교환되기 때문에 모든 통신이 가능하다. 그러나, EIGRP 또는 OSPF를 돌리는 라우터의 라우팅 테이블에 올라오지 않는 네트워크 정보가 2개가 있다. 즉, EIGRP 또는 OSPF를 돌리지 않는 동경 라우터에 연결된 11.1.1.48 /28과 ISP 라우터에 연결된 수십만 개의 인터넷에 속하는 네트워크 정보는 올라올 수 없다. 이를 보완하기 위해 [표 10-56]과 같이 11.1.1.48 /28와 0.0.0.0 /0 네트워크(인터넷) 정보를 Static 루트로 보완 설정해야 한다.

[표 10-56] ▶ 라우팅 프로토콜과 Static 루트 설정

구분	명령어
인터넷	INTNET(config)#ip route 11.1.1.48 255.255.255.240 11.1.1.2 INTNET(config)#ip route 11.1.1.48 255.255.255.240 11.1.1.18 INTNET(config)#ip route 0.0.0.0 0.0.0.0 100.100.100.1 INTNET(config)#router eigrp 100 INTNET(config-router)#network 11.0.0.0
WAN2	INTNET(config)#ip route 11.1.1.48 255.255.255.240 11.1.1.34 INTNET(config)#ip route 0.0.0.0 0.0.0.0 11.1.1.1 INTNET(config)#ip route 0.0.0.0 0.0.0.0 11.1.1.17 INTNET(config)#router eigrp 100 INTNET(config-router)#network 11.0.0.0
WAN4	WAN4(config)# ip route 11.1.1.48 255.255.255.240 11.1.1.2 WAN4(config)# ip route 11.1.1.48 255.255.255.240 11.1.1.18 WAN4(config)# ip route 0.0.0.0 0.0.0.0 11.1.1.1 WAN4(config)# ip route 0.0.0.0 0.0.0.0 11.1.1.17

WAN4	WAN4(config)# router eigrp 100 WAN4(config- router)#network 11.1.1.5 0.0.0.0 WAN4(config- router)#network 11.1.1.21 0.0.0.0 WAN4(config- router)#redistribute ospf 100 metric 10000 1000 255 1 1500 WAN4(config)# router ospf 100 WAN4(config- router)#network 7.7.7.1 0.0.0.0 area 0 WAN4(config- router)#redistribute eigrp 100 metric 50 subnet
동경	[EIGRP나 OSPF 설정하면 안됨] EAST(config)# ip route 0.0.0.0 0.0.0.0 11.1.1.33
BR1	BR1(config)# ip route 0.0.0.0 0.0.0.0 7.7.7.1 BR1(config)# router ospf 100 BR1(config-router)# network 7.7.7.2 0.0.0.0 area 0 BR1(config-router)# network 8.8.0.1 0.0.0.0 area 33
BR2	BR2(config)# ip route 0.0.0.0 0.0.0.0 8.8.0.1 BR2(config)# router ospf 100 BR2(config-router)# network 8.8.0.0 0.0.255.255 area 33
M1	M1(config)#ip routing M1(config)#ip route 11.1.1.48 255.255.255.240 11.1.1.2 M1(config)#ip route 11.1.1.48 255.255.255.240 11.1.1.18 M1(config)#ip route 0.0.0.0 0.0.0.0 11.1.1.1 M1(config)#ip route 0.0.0.0 0.0.0.0 11.1.1.17 M1(config)#router eigrp 100 M1(config-router)#network 11.0.0.0
M2	M2(config)#ip routing M2(config)#ip route 11.1.1.48 255.255.255.240 11.1.1.2 M2(config)#ip route 11.1.1.48 255.255.255.240 11.1.1.18 M2(config)#ip route 0.0.0.0 0.0.0.0 11.1.1.1 M2(config)#ip route 0.0.0.0 0.0.0.0 11.1.1.17 M2(config)#router eigrp 100 M2(config-router)#network 11.0.0.0
ISP	ISP(config)#ip route 11.1.1.0 255.255.255.0 100.100.100.2 ISP(config)#ip route 7.7.7.0 255.255.255.0 100.100.100.2 ISP(config)#ip route 8.8.0.0 255.255.254.0 100.100.100.2

- Area 33의 8.8.1.0 /24와 8.8.1.0 /24 정보가 다른 라우터에서 1개의 정보로 보이도록 Route Summarization하라.

[표 10-57]과 같이 Br1에서 8.8.1.0 /24와 8.8.1.0 /24의 두 네트워크를 8.8.1.0 /23으로 Route Summarization하면 WAN4 라우터에서 8.8.0.0 /23으로 보임을 확인할 수 있다.

[표 10-57] ▶ OSPF Route Summarization

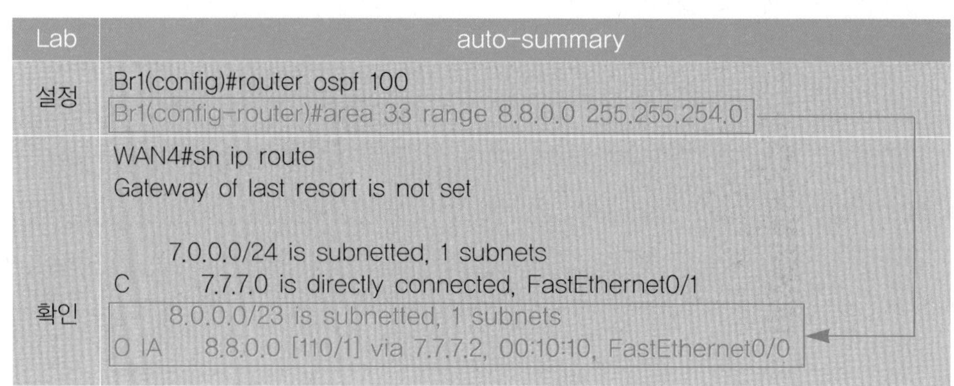

Lab	auto-summary
설정	Br1(config)#router ospf 100 Br1(config-router)#area 33 range 8.8.0.0 255.255.254.0
확인	WAN4#sh ip route Gateway of last resort is not set 7.0.0.0/24 is subnetted, 1 subnets C 7.7.7.0 is directly connected, FastEthernet0/1 8.0.0.0/23 is subnetted, 1 subnets O IA 8.8.0.0 [110/1] via 7.7.7.2, 00:10:10, FastEthernet0/0

• Area 33을 Totall Stubby Area로 설정하라.

[표 10-58]과 같이 Area 33을 Totally Stubby Area로 설정하면 Br2 라우터에서 Area 외부에서 넘어오는 모든 네트워크 정보들이 Br1에서 차단되는 대신 0.0.0.0 /0가 올라옴을 확인할 수 있다.

[표 10-58] ▶ Totally Stubby Area

Lab	auto-summary
설정	Br1(config)#router ospf 100 Br1(config-router)#area 33 stub no-summary
	Br2(config)#router ospf 100 Br2(config-router)#area 33 stub
확인	BR2#show ip route Gateway of last resort is 8.8.0.1 to network 0.0.0.0 8.0.0.0/24 is subnetted, 2 subnets C 8.8.0.0 is directly connected, FastEthernet0/0 C 8.8.1.0 is directly connected, FastEthernet0/1 O*IA 0.0.0.0/0 [110/2] via 8.8.0.1, 00:01:02, FastEthernet0/0 (BR1이 보낸 디폴트 정보)

라우팅 프로토콜, Static 루트, 리디스트리뷰션, Route Summarization, Totally Stubby Area를 설정하고 난 후의 각 라우터의 라우팅 테이블은 [표 10-59]와 같다.

[표 10-59] ▶ 라우팅 테이블

라우터	명령어
ISP	ISP#show ip route Gateway of last resort is 0.0.0.0 to network 0.0.0.0 7.0.0.0/24 is subnetted, 1 subnets S 7.7.7.0 [1/0] via 100.100.100.2, 00:11:35 8.0.0.0/23 is subnetted, 1 subnets S 8.8.0.0 [1/0] via 100.100.100.2, 00:11:35 11.0.0.0/24 is subnetted, 1 subnets S 11.1.1.0 [1/0] via 100.100.100.2, 00:11:35 88.0.0.0/24 is subnetted, 1 subnets C 88.1.1.0 is directly connected, FastEthernet0/1 100.0.0.0/24 is subnetted, 1 subnets C 100.100.100.0 is directly connected, FastEthernet0/0
인터넷	INTNET#show ip route Gateway of last resort is 100.100.100.1 to network 0.0.0.0 7.0.0.0/24 is subnetted, 1 subnets D EX 7.7.7.0 [170/2588160] via 11.1.1.5, 00:09:33, FastEthernet0/1 [170/2588160] via 11.1.1.21, 00:09:32, FastEthernet1/0 8.0.0.0/23 is subnetted, 1 subnets D EX 8.8.0.0 [170/2588160] via 11.1.1.21, 00:02:44, FastEthernet1/0 [170/2588160] via 11.1.1.5, 00:02:44, FastEthernet0/1 11.0.0.0/8 is variably subnetted, 4 subnets, 2 masks C 11.1.1.0/28 is directly connected, FastEthernet0/1 C 11.1.1.16/28 is directly connected, FastEthernet1/0 D 11.1.1.32/28 [90/30720] via 11.1.1.2, 00:10:32, FastEthernet0/1 [90/30720] via 11.1.1.18, 00:10:32, FastEthernet1/0 S 11.1.1.48/28 [1/0] via 11.1.1.2 [1/0] via 11.1.1.18 100.0.0.0/24 is subnetted, 1 subnets C 100.100.100.0 is directly connected, FastEthernet0/0 S* 0.0.0.0/0 [1/0] via 100.100.100.1
WAN2	WAN2#show ip route Gateway of last resort is 11.1.1.17 to network 0.0.0.0 7.0.0.0/24 is subnetted, 1 subnets D EX 7.7.7.0 [170/2588160] via 11.1.1.5, 00:09:33, FastEthernet0/1 [170/2588160] via 11.1.1.21, 00:09:32, FastEthernet1/0 8.0.0.0/23 is subnetted, 1 subnets D EX 8.8.0.0 [170/2588160] via 11.1.1.21, 00:02:44, FastEthernet1/0 [170/2588160] via 11.1.1.5, 00:02:44, FastEthernet0/1 11.0.0.0/28 is subnetted, 4 subnets C 11.1.1.0 is directly connected, FastEthernet0/1 C 11.1.1.16 is directly connected, FastEthernet1/0 C 11.1.1.32 is directly connected, FastEthernet0/0

	S 11.1.1.48 [1/0] via 11.1.1.34 S* 0.0.0.0/0 [1/0] via 11.1.1.17 [1/0] via 11.1.1.1
WAN4	WAN4#show ip route Gateway of last resort is 11.1.1.1 to network 0.0.0.0 7.0.0.0/24 is subnetted, 1 subnets C 7.7.7.0 is directly connected, FastEthernet0/0 8.0.0.0/23 is subnetted, 1 subnets O IA 8.8.0.0 [110/3] via 7.7.7.2, 00:02:01, FastEthernet0/0 11.0.0.0/28 is subnetted, 4 subnets C 11.1.1.0 is directly connected, FastEthernet0/1 C 11.1.1.16 is directly connected, FastEthernet1/0 D 11.1.1.32 [90/30720] via 11.1.1.2, 00:08:50, FastEthernet0/1 [90/30720] via 11.1.1.18, 00:08:49, FastEthernet1/0 S 11.1.1.48 [1/0] via 11.1.1.2 [1/0] via 11.1.1.18 S* 0.0.0.0/0 [1/0] via 11.1.1.1 [1/0] via 11.1.1.17
동경	EAST#show ip route Gateway of last resort is 11.1.1.33 to network 0.0.0.0 11.0.0.0/28 is subnetted, 2 subnets C 11.1.1.32 is directly connected, FastEthernet0/0 C 11.1.1.48 is directly connected, FastEthernet0/1 S* 0.0.0.0/0 [1/0] via 11.1.1.33
BR1	BR1#show ip route Gateway of last resort is 7.7.7.1 to network 0.0.0.0 7.0.0.0/24 is subnetted, 1 subnets C 7.7.7.0 is directly connected, FastEthernet0/0 8.0.0.0/24 is subnetted, 2 subnets C 8.8.0.0 is directly connected, FastEthernet0/1 O 8.8.1.0 [110/2] via 8.8.0.2, 00:01:44, FastEthernet0/1 11.0.0.0/28 is subnetted, 3 subnets O E2 11.1.1.0 [110/50] via 7.7.7.1, 00:08:11, FastEthernet0/0 O E2 11.1.1.16 [110/50] via 7.7.7.1, 00:08:11, FastEthernet0/0 O E2 11.1.1.32 [110/50] via 7.7.7.1, 00:08:11, FastEthernet0/0 S* 0.0.0.0/0 [1/0] via 7.7.7.1
BR2	BR2#show ip route Gateway of last resort is 8.8.0.1 to network 0.0.0.0 8.0.0.0/24 is subnetted, 2 subnets C 8.8.0.0 is directly connected, FastEthernet0/0 C 8.8.1.0 is directly connected, FastEthernet0/1 O*IA 0.0.0.0/0 [110/2] via 8.8.0.1, 00:01:02, FastEthernet0/0

M1	M1#show ip route Gateway of last resort is 11.1.1.1 to network 0.0.0.0 7.0.0.0/24 is subnetted, 1 subnets D EX 7.7.7.0 [170/2588160] via 11.1.1.5, 00:11:31, FastEthernet0/1 [170/2588160] via 11.1.1.21, 00:11:30, FastEthernet0/2 8.0.0.0/23 is subnetted, 1 subnets D EX 8.8.0.0 [170/2588160] via 11.1.1.5, 00:04:41, FastEthernet0/1 [170/2588160] via 11.1.1.21, 00:04:41, FastEthernet0/2 11.0.0.0/28 is subnetted, 4 subnets C 11.1.1.0 is directly connected, FastEthernet0/1 C 11.1.1.16 is directly connected, FastEthernet0/2 D 11.1.1.32 [90/30720] via 11.1.1.2, 00:11:31, FastEthernet0/1 [90/30720] via 11.1.1.18, 00:11:30, FastEthernet0/2 S 11.1.1.48 [1/0] via 11.1.1.2 [1/0] via 11.1.1.18 S* 0.0.0.0/0 [1/0] via 11.1.1.1 [1/0] via 11.1.1.17
M2	M2#show ip route Gateway of last resort is 11.1.1.1 to network 0.0.0.0 7.0.0.0/24 is subnetted, 1 subnets D EX 7.7.7.0 [170/2588160] via 11.1.1.5, 00:12:05, FastEthernet0/1 [170/2588160] via 11.1.1.21, 00:12:05, FastEthernet0/2 8.0.0.0/23 is subnetted, 1 subnets D EX 8.8.0.0 [170/2588160] via 11.1.1.21, 00:05:16, FastEthernet0/2 [170/2588160] via 11.1.1.5, 00:05:16, FastEthernet0/1 11.0.0.0/28 is subnetted, 4 subnets C 11.1.1.0 is directly connected, FastEthernet0/1 C 11.1.1.16 is directly connected, FastEthernet0/2 D 11.1.1.32 [90/30720] via 11.1.1.2, 00:12:05, FastEthernet0/1 [90/30720] via 11.1.1.18, 00:12:05, FastEthernet0/2 S 11.1.1.48 [1/0] via 11.1.1.2 [1/0] via 11.1.1.18 S* 0.0.0.0/0 [1/0] via 11.1.1.1 [1/0] via 11.1.1.17

Problem 5 모든 라우터와 PC에서 모든 IP로 핑이 성공함을 확인하라.

설명 PC에서도 핑 테스트를 하되, 핑 테스트 방법은 'Chapter 1의 Lecture 05. LAN 구축 기초 I Lab 01'을 참조한다.

Chapter 11

Dynamic Routing II

각 라우팅 프로토콜에 대한 최적화 구축하는 방법들을 다룬다. 네트워크에서 최적화 목표는 백그라운드 트래픽과 컨버전스 타임을 최소화하는 것을 포함한다. 또한, AS(Autonomous System) 간에 적용하는 BGP 라우팅 로토콜의 개념, 설정 방법, 동작 원리에 대해 학습한다.

구분	강의 제목
연습 강의	Lecture 01. 백그라운드 트래픽 최소화
	Lecture 02. RIP 컨버전스 최소화
	Lecture 03. OSPF 컨버전스 최소화
	Lecture 04. IS-IS 컨버전스 최소화
이론 강의	Lecture 05. EIGRP 컨버전스 최소화
	Lecture 06. AS와 BGP 개념
	Lecture 07. BGP 설정
	Lecture 08. BGP 라우팅 & 필터링
실습 강의	Lecture 09. BGP, OSPF, RIP 라우팅 Lab 13

Lecture 01

백그라운드 트래픽 최소화

강의 키워드 Dynamic 라우팅과 Static 라우팅 비교, Area 분할과 토폴로지 테이블, Route Summarization, Stub Area

백그라운드 트래픽을 최소화하여 CPU, 메모리, 밴드위스와 같은 네트워크 자원의 장비를 막는 것이 네트워크 최적화를 위해 중요하다. 백그라운드 트래픽을 줄이기 위해서는 뚜렷한 목적이 없는 프로토콜을 삭제하고 비교적 적은 양의 백그라운드 트래픽을 유발하는 프로토콜을 선택하고, 프로토콜을 적용했으면 타이머 등의 파라미터를 조정해야 한다. 또한, 백그라운드 트래픽은 해커에게는 공격을 위한 자료가 되므로 보안에도 해가 된다.

① 스태틱 루트와 백그라운드 트래픽 최소화

[그림 11-1]을 보자. 'show ip route' 명령으로 라우터의 네트워크 정보를 본다. 이 정보는 해당 라우터에 'Connected된 네트워크 정보'와 'Connected되지 않은 네트워크 정보'로 나뉜다. 'Connected된 네트워크 정보'는 'no shutdown' 명령으로 인터페이스를 살리고 IP 주소만 설정하면 라우팅 테이블에 올라온다. 그러나, 'Connected되지 않은 네트워크 정보'는 스태틱 루트 설정 또는 라우팅 프로토콜을 돌려야 라우팅 테이블에 올라온다. 스태틱 루트는 사람이 직접 입력한 경로이고, 다이나믹 루트는 라우팅 프로토콜을 설정했을 때 라우터끼리 서로 교환한 네트워크 정보다.

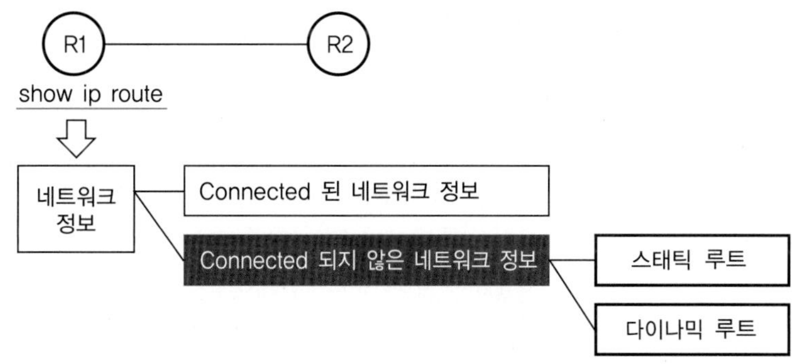

[그림 11-1] ▶ 스태틱과 다이나믹 루트

그럼, 어떤 경우에 스태틱 루트와 다이나믹 루트를 적용할까? 일반적으로 싱글 커넥션일 때는 스태틱 루트를 적용하고, 멀티플 커넥션일 때는 라우팅 프로토콜을 적용한다. [그림 11-2]를 보자. 동경 라우터와 서울 본사의 연결이 멀티플 커넥션일 때, 스태틱 루트를 적용하면 ①번과 ②번 링크 사이에서 로드 분산할 것이다. 지금까지는 아무 문제가 없다. 그러나, 여기서 (a) 링크가 다운되었다고 가정해 보자. 동경 라우터는 네트워크의 변화를 알 수 없으므로 스태틱 루트에서 설정한 대로 계속 로드 분산할 것이다. 그러나, WAN2 라우터에 도착한 패킷은 (a) 링크가 다운되었기 때문에 100.100.100.0 /24 네트워크를 비롯하여 (a) 링크를 통해 갈 수 있는 모든 네트워크 정보 들이 라우팅 테이블에서 삭제된 상황이므로, WAN2 라우터에 도착한 모든 패킷들은 폐기된다. 이때, 라우팅 프로토콜을 적용하면 (a) 링크의 다운 소식을 알게 된 동경 라우터는 ①번 링크만 사용한다.

한편, 특정 링크가 다운된다 하더라도 다른 대안 경로가 없는 싱글 커넥션 상황에서는 스태틱 루트를 설정한다. 싱글 커넥션 환경에서 라우팅 프로토콜을 설정한다면 라우팅 업데이트와 같은 백그라운드 트래픽 때문에 밴드위스, CPU의 네트워크 자원만 소모시키고, 네트워크 정보의 노출로 보안에도 나쁘다.

[그림 11-2] ▶ 멀티플 커넥션

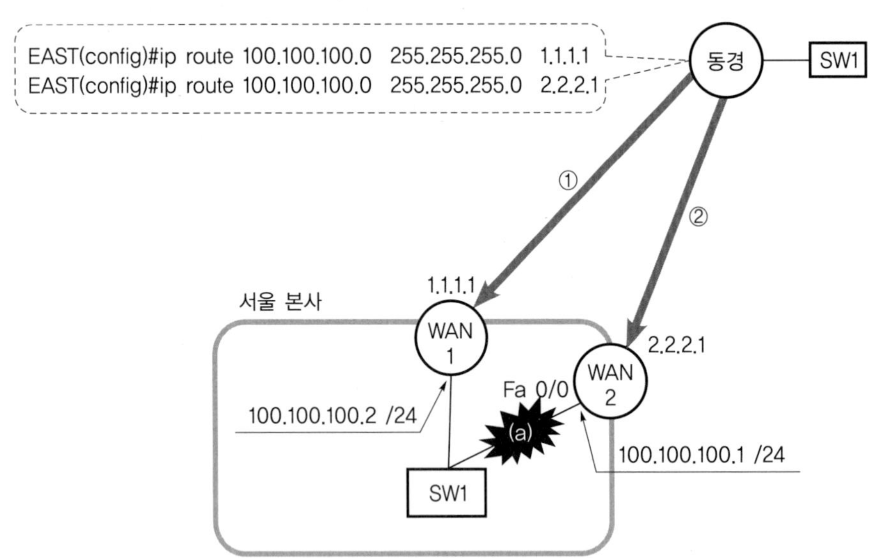

② OSPF의 백그라운드 트래픽 최소화

[그림 11-3]을 통해 OSPF의 백그라운드 트래픽 최소화에 대해 정리해보자. OSPF는 Hello 패킷으로 Area ID, Hello/Dead 인터벌을 적정하게 설정하였는지 확인하고 동일하게 설정하였으면 네이버 테이블을 만든다. 네이버 라우터끼리 LSU를 교환하여 링크 스테이트 데이터베이스를 만든다. 링크 스테이트 데이터베이스는 라우터들이 어

떤 코스트 값을 가진 링크로 연결되었는지와 같이 마치 지도와 같은 정보를 가진다. 링크 스테이트 데이터베이스를 만든 다음(지도를 그린 다음) 알고리즘을 돌려 자신(라우터)을 원점으로 각 목적지 네트워크에 대한 베스트 루트를 선정한다. 이 베스트 루트만 라우팅 테이블에 올라온다. OSPF는 링크 스테이트 데이터베이스를 만드는 과정에서 각각의 라우터가 생성한 LSA가 모든 라우터들에 전달되는 플러딩(Flooding) 과정이 필요하기 때문에 CPU 소모량이 많다. 이를 해결하기 위해 다음과 같은 방법들을 사용한다.

❶ Area 나누기: AS를 다수의 Area로 나누면 다른 Area에 대해서는 지도 수준의 정보를 만들지 않는다. 즉, 다른 Area에 속하는 네트워크들은 지도상에서 ABR에 연결된 것으로 인식한다. 달리 말하면 Area 간에는 모든 라우터가 아니라 이웃 라우터가 보낸 업데이트만 처리하면 되는 디스턴스 벡터 라우팅 프로토콜처럼 ABR이 보낸 정보만 처리하면 된다. 즉, Area로 나누면 지도 수준의 정보를 만들기 위한 LSA 플러딩 범위가 줄어들고, SPF(Shortest Path First) 알고리즘에 의해 다른 Area에 속하는 네트워크는 가지가 아니라 잎사귀에 해당하는 정보로 Full SPF 계산을 요구하지 않는다. Full SPF와 Partial SPF의 차이에 대해 알아 보자. [그림 11-3]에서 R3 입장에서 설명하기로 한다. SPF가 알고리즘을 돌려 만든 베스트 루트인 SPT(Shortest Path Tree)가 굵은 선으로 표시되었다. R3 입장에서 Area 33에 속하는 1.1.2.0 /24~1.1.5.0 /24 네트워크 정보는 SPT에서 잎사귀(leaf) 정보에 속한다. 즉, 네트워크의① 업/다운 시에 SPT의 형태를 바꾸는 Full SPF를 필요로 하지 않는다. 대신, 가지 끝의 잎사귀를 뗐다 붙였다 하듯이 해당 네트워크 정보를 추가 또는 삭제만 하면 되므로 Partial SPF만을 필요로 한다. 즉, Area로 나누는 것만으로도 CPU 소모를 줄인다.

[그림 11-3] ▶ Partial SPF

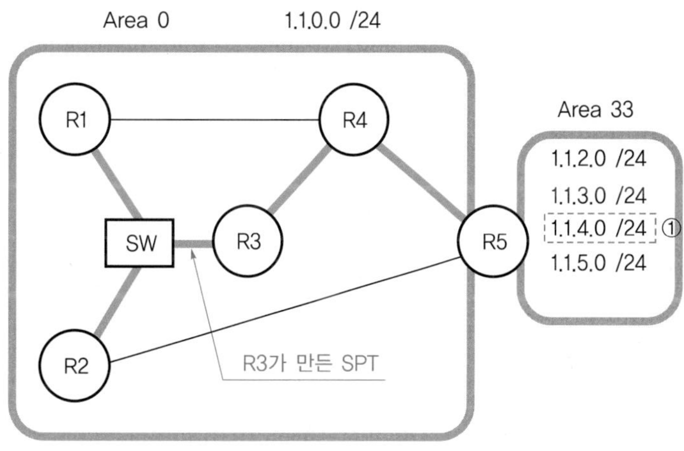

[그림 11-4]를 보자. 반면, Area 내부의 정보가 변화되면 SPT의 형태가 변경되어야 하므로 Full SPF를 필요로 한다. 즉, Area 분할을 통해 SPF로 인한 CPU 소모량을 줄인다. [그림 11-4]에서는 ②번 경로가 새로운 SPT에 반영되었다.

[그림 11-4] ▶
Full SPF

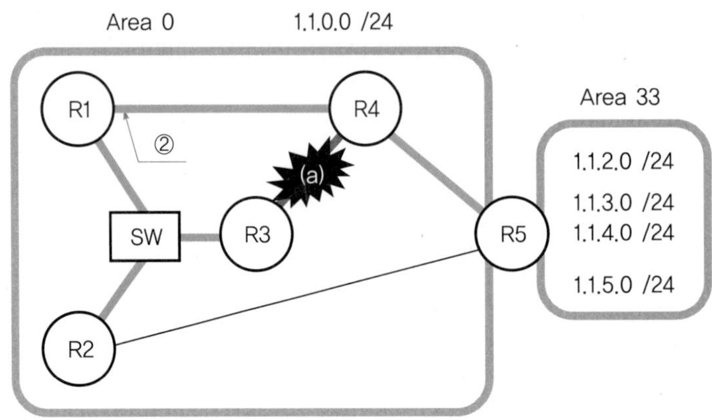

❷ **라우팅 테이블 줄이기** : 그런데, Area로 나누어도 라우팅 테이블은 조금도 줄어들지 않는다. 이 문제를 해결하는 솔루션이 [그림 11-5]의 Route Summarization과 Stub Area다. 즉, R2, R3와 같이 ABR에서 Route Summarization을 설정한다. Route Summarization을 적용하기 위해서는 Route Summarization을 할 수 있도록 각 Area별로 IP 주소를 연속되게 할당해야 한다. 또한, [그림 11-5]에서 Area 33을 Totally Stubby Area로 설정하면 Area 외부의 정보가 ABR(R3)에서 차단되고 대신, 디폴트 정보가 생성되어 Area 33 내부의 모든 라우터들에 전달된다. 참고로 백본 Area 0은 Stub Area로 설정할 수 없다.

[그림 11-5] ▶
OSPF의 백그라운드 트래픽 최소화

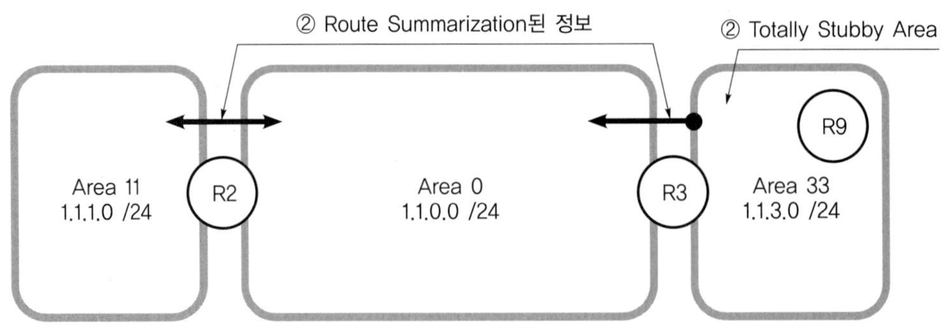

③ IS-IS의 백그라운드 트래픽 최소화

[그림 11-5-1]을 통해 IS-IS의 백그라운드 트래픽 최소화에 대해 정리해보자. IS-IS도 Hello 패킷으로 서킷 타입, 시스템 ID 길이 등을 적정하게 설정하였는지 확인하고 네이버 테이블(neighbor table)을 만든다. 네이버 라우터끼리 LSP를 교환하여 링크 스테이트 데이터베이스를 만든다. 링크 스테이트 데이터베이스는 라우터들이 무슨 코

스트를 가진 어떤 네트워크들이 연결되었는지와 같이 마치 지도와 같은 정보를 가지는데, 링크 스테이트 데이터베이스는 Level 1과 Level 2로 독립적으로 만든다. 링크 스테이트 데이터베이스를 만든 다음 메트릭을 비교하여 각 목적지 네트워크에 대한 베스트 루트를 정한다. 이 베스트 루트만 라우팅 테이블에 반영한다.

IS-IS는 링크 스테이트 데이터베이스를 만드는 과정에서 각각의 라우터가 생성한 Level 1과 2의 LSP가 해당 레벨의 모든 라우터들에게 전달되는 Flooding 과정이 일어나기 때문에 CPU 소모량이 많다. 이를 해결하기 위해 다음과 같은 방법들을 사용한다.

❶ **Area 나누기**: IS-IS는 Area 내에서만 전달되는 Level 1 LSP를 통해 Area 내부에 대한 지도(Level 1 링크 스테이트 데이터베이스)를 만든다. Area 간에는 (OSPF의 ABR이 보내는 LSA3처럼) Level 2 LSP를 교환하여 Level 2 링크 스테이트 데이터베이스를 만든다. Area 내부의 라우터는 다른 Area에 대한 정보를 가질 필요가 없으므로 Level 1 LSP의 Flooding 범위를 좁히고, 링크 스테이트 데이터베이스 정보가 줄어 SPF 알고리즘에 의한 CPU 소모를 줄인다. OSPF와 동일하다. OSPF 와의 차이는 Area의 경계가 라우터가 아니라 선에서 발생하기 때문에 어떤 라우터도 2개의 Level 1 링크 스테이트 데이터베이스 지도를 만들지 않는다는 점이다.

❷ **라우팅 테이블 줄이기**: Area로 나누어도 라우팅 테이블의 길이는 조금도 줄어들지 않는다. 이 문제를 해결하기 위한 솔루션이 Route Summarization과 Stub Area로 OSPF와 동일하다. [그림 11-5-1]에서 Area의 경계 역할을 하는 라우터가 L1/L2(OSPF의 ABR에 해당) 라우터이다. Route Summarization을 설정하면 Area 간에 이동하는 정보를 축약할 수 있다. 또한 Area 49.0003을 보자. L1/L2 라우터와 L1 라우터는 Level 1 서킷만 가지기 때문에 L1/L2 라우터는 Level 2 LSP(Area 외부 정보)를 차단하는 대신 디폴트 정보를 보낸다. OSPF의 Totally Stubby Area와 동일한 솔루션이다.

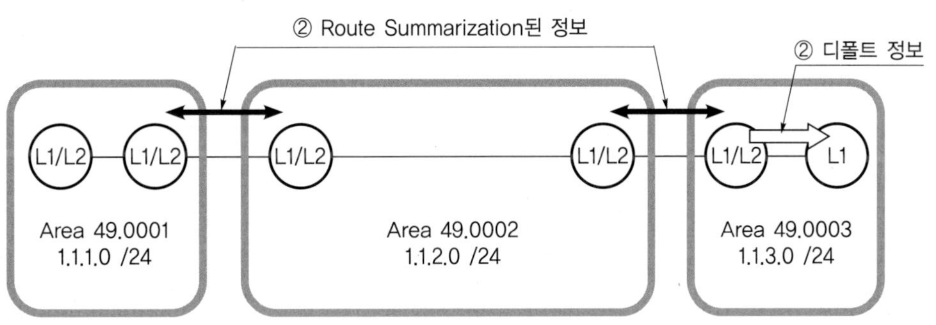

[그림 11-5-1] ▶ IS-IS의 백그라운드 트래픽 최소화

④ EIGRP 백그라운드 트래픽 최소화

[그림 11-5-2]를 통해 EIGRP의 백그라운드 트래픽 최소화에 대해 알아보자. EIGRP도 Hello 패킷으로 AS 번호, K 값 등이 동일하게 설정하였는지 확인하고 네이버 테이블을 만든다. 네이버 라우터끼리 Update를 교환하여 토폴로지 테이블을 만든다. 그런데 EIGRP는 토폴로지 테이블을 만들기 전에 알고리즘을 돌려 각 목적지에 대한 베스트 루트와 세컨드 베스트 루트를 정한다. 토폴로지 테이블 상의 베스트 루트만 라우팅 테이블에 올린다.

EIGRP는 토폴로지 테이블에서 링크 업/다운 등의 토폴로지 변화시에 OSPF나 IS-IS처럼 Flooding이나 알고리즘을 돌리지 않고 즉시 사용할 수 있는 Feasible Successor(세컨드 베스트 루트)를 두어 IS-IS나 OSPF 보다 컨버전스 절차가 간단하고 빠르다. 또한, CPU와 밴드위스 소모량이 많은 Flooding을 하지 않고, 알고리즘이 비교적 단순하여 Area로 분할 할 필요가 없다.

그런데, EIGRP에서 라우팅 테이블을 줄이는 솔루션은 필요하다. 이를 위해 [그림 11-7]과 같이 가상의 그룹을 구성하고 그룹 간에는 Route Summarization을 설정하도록 한다.

[그림 11-5-2] ▶ EIGRP의 백그라운드 트래픽 최소화

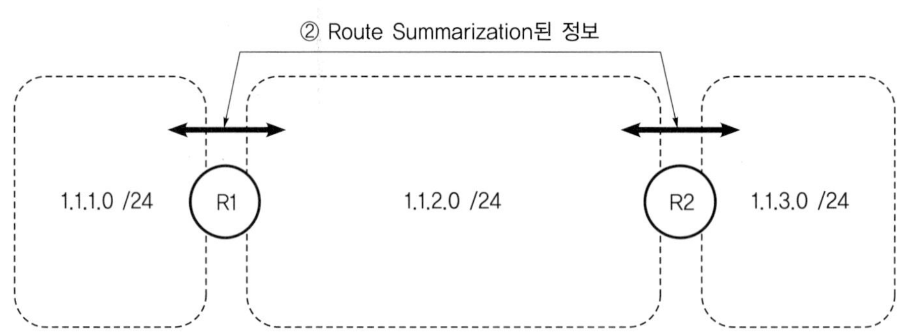

⑤ 기타 백그라운드 트래픽 최소화 방법

OSPF, IS-IS는 속보 아나운서 방식의 라우팅 업데이트를 하지만, 또한 주기적으로 라우팅 정보(LSA 또는 LSP)를 교환하여 자신의 링크 스테이트 데이터베이스에 대한 유효성을 검증한다. [그림 11-6]은 OSPF의 링크 스테이트 데이터베이스다. 각각의 LSA 정보마다, 600, 1,246, 148초 등의 Age를 볼 수 있다. 이 LSA의 Age가 '0'이 되면 해당 LSA를 삭제한다.

[그림 11-6] ▶ OSPF의 LSA Age

```
Router#show ip ospf database
            OSPF Router with ID (1.1.1.111) (Process ID 100)
                Router Link States (Area 0)

Link ID       ADV Router     Age       Seq#            Checksum    Link count
1.1.1.111     10.0.0.111     600       0x8000023A      0x0092B3       1
1.1.1.112     10.0.0.112     1246      0x80000234      0x009CAC       1
1.1.1.113     10.0.0.113     148       0x8000022C      0x004399       3
1.1.1.114     10.0.0.120     152       0x80000240      0x0046CB       1
```

따라서, LSA 정보가 링크 스테이트 데이터베이스에서 지워지지 않도록 주기적으로 갱신한다. [표 11-1]에서 'timers lsa refresh 4,800' 명령은 LSA 갱신 주기를 4,800초로 설정하는 명령이다. 이 주기를 늘릴수록 백그라운드 트래픽에 속하는 LSA의 양을 줄인다.

[표 11-1] ▶ OSPF의 Refresh 타이머 설정 명령

설정	설명
Router(config)#router ospf 100 Router(config-router)#timers lsa refresh 2700	LSA Refresh 타이머를 조정하여 LSA Refresh 주기를 조정한다.

IS-IS도 마찬가지다. [그림 11-7]은 IS-IS의 링크 스테이트 데이터베이스다. 각각의 LSP 정보마다 960, 648, 1,188초 등의 Holdtime을 볼 수 있다. 이 LSP의 Holdtime이 OSPF의 Age에 해당한다. LSP Holdtime의 디폴트 값은 1,200초(20분)인데, Count UP 타이머로 1,200초가 되면 LSP는 링크 스테이트 데이터베이스에서 지워진다.

[그림 11-7] ▶ IS-IS의 LSP Holdtime

```
Router# show isis database

IS-IS Level-1 Link State Database:
LSPID              LSP Seq Num     LSP Checksum    LSP Holdtime    ATT/P/OL
router-8.00-00       0x0000006E      0xFF1A            960           0/0/0
router-6.00-00     * 0x0000006D      0xDD58            648           0/0/0
router-6.01-00     * 0x00000069      0x6DCB            1188          0/0/0
router-2.00-00       0x0000006D      0x59DE            589           0/0/0
```

IS-IS도 LSP가 링크 스테이트 데이터베이스에서 지워지지 않도록 주기적으로 갱신한다. [표 11-2]에서 'max-lsp-lifetime 65000' 명령으로 최대 수명을(OSPF Age에 해당)을 변경하고, 'lsp-refresh-interval 60000' 명령으로 LSP Refresh 주기를 변경한다. Refresh 주기는 최대수명보다 짧게 설정한다. 또한, IS-IS는 CSNP 패킷을 주기적으로 교환하여 라우터들이 일치하는 링크 스테이트 데이터베이스를 유

지하는지 확인한다. CSNP는 정보의 표지로 OSPF의 DBD에 해당하는 정보로 CSNP는 LSP ID, LSP Age, Sequence 번호 등을 포함한다. CSNP를 수신한 라우터는 자신의 정보와 이웃 라우터의 정보가 동일한지 비교하고 수신할 필요가 있는 새로운 정보를 이웃 라우터가 가졌다고 판단하면 PSNP(OSPF의 LSR에 해당)를 보내 LSP를 요청한다. LAN 환경에서 CSNP 교환 주기는 10초인데, 'isis csnp interval' 명령을 통해 CSNP 교환 주기를 수정한다.

[표 11-2] ▶ IS-IS의 타이머 설정 명령

설정	설명
Router(config)#router isis Router(config-router)#max-lsp-lifetime 65000 Router(config)#lsp-refresh-interval 60000	LSA Refresh 인터벌을 조정하여 LSP Refresh 주기를 조정한다(단위는 초).
Router(config)#interface fastethernet 0/0 Router(config-if)#isis csnp-interval 20	CSNP 교환 주기를 수정한다.

EIGRP는 Refresh 타이머에 해당하는 메커니즘을 갖지 않는다.

Lecture 02

RIP 컨버전스 최소화

강의 키워드 Update 타이머, Invalid 타이머, Holddown 타이머, 시나리오별 컨버전스 타임, 타이머 조정

RIP이 사용하는 타이머 종류와 디폴트 값은 [표 11-3]과 같다. 이 타이머들이 RIP 컨버전스와 관련이 있다. Update 타이머는 라우팅 업데이트 주기다. RIP은 30초 마다 라우팅 테이블을 주기적으로 보낸다. 라우터의 Update 타이머는 디폴트 Update 타이머(30초)에서 0~5초를 더하거나 뺀 25~35초 범위에서 랜덤하게 변화한다. 이것은 라우터마다 업데이트 시간을 달리하여 링크의 과부하를 막기 위한 것이다. Invalid 타이머는 180초, Holddown 타이머는 180초, Flush 타이머는 240초가 디폴트 값이다.

[표 11-3] ▶ RIP 디폴트 타이머

타이머	30초	30초	30초	30초	30초	30초	30초	30초	30초	30초	30초	30초
Update	30초	30초	30초	30초	30초	30초	30초	30초	30초	30초	30초	30초
Invalid	180초											
Holddown							180초					
Flush	240초											

[표 11-4]는 RIP 타이머에 대한 정의다.

[표 11-4] ▶ RIP 타이머 정의

구분	설명
Update 타이머	라우팅 업데이트 주기.
Invalid 타이머	라우팅 테이블에 있던 베스트 루트 정보가 Invalid 타이머 동안 수신되지 않으면 네트워크 다운으로 판단한다.
Holddown 타이머	Invalid 타이머 종료 이후에 시작한다. 수신하거나 보유한 네트워크 정보가 베스트 루트의 메트릭보다 동일하거나 우수한 정보가 아닐 때는 Holddown 타이머가 만료되기 전에는 라우팅 테이블에 반영하지 않는다.
Flush 타이머	라우팅 테이블에서 삭제하기 전의 대기 시간.

RIP 타이머들에 대해 자세히 알아보자.

Invalid 타이머는 RIP이 가진 네트워크 정보가 쓸만한 정보인지 점검하기 위한 수단이다. 즉, Invalid 타이머 내에 반복 수신되지 않으면 해당 네트워크 정보는 'Invalid' 정보로 표시한다. Flush 타이머가 만료되기 전에는 즉, Invalid 타이머와 Holddown 타이머 동안에는 해당 네트워크 정보가 라우팅 테이블에 남아 있으므로 남아 있는 라우팅 테이블의 정보를 따라 라우팅한다.

Holddown 타이머는 원래 주기적인 라우팅 업데이트를 하는 디스턴스 백터 라우팅 프로토콜이 라우팅 루프(loop) 문제를 해결하기 위한 솔루션이다. 라우팅 루프란 네트워크 다운 시에 느린 컨버전스로 인해 다운된 네트워크에 대한 정보를 라우터 들이 보유하여 다운된 네트워크를 향하는 패킷이 라우터 사이에서 순환하고 다운된 네트워크에 대한 메트릭은 (라우터들 간의 끊임없는 다운된 네트워크에 대한 정보의 교환으로) 계속 상승하는 현상이다. Holddown 타이머는 다운된 네트워크에 대한 메트릭이 상승하면 즉 나빠지면 라우팅 룹으로 간주하고 Holddown 타이머 동안 기존 라우팅 정보를 유지하여 패킷 룹을 방지한다. 그 외에, 라우팅 룹을 해결하기 위한 솔루션으로 다운된 네트워크에 대한 정보를 명시하는 Route Poison(다운된 네트워크 정보)을 모든 라우터에 즉시 전파하여 다운된 네트워크 정보를 보유하는 시간을 단축시키는 Triggered Update, 네트워크 정보 전달 시에 해당 네트워크에 연결된 가까운 라우터에서 보다 먼 라우터 쪽으로만 전달하고 반대 방향의 정보를 무시하여 라우팅 정보가 돌지 못하도록 하는 Split Horizon 솔루션 등이 있다.

Flush 타이머 내에도 라우팅 테이블의 네트워크 정보가 반복 수신되지 않으면 라우팅 테이블에서 해당 정보를 삭제한다. Flush 타이머는 Holddown 타이머에 우선하므로 Flush 타이머가 종료되면 Holddown 타이머도 종료된다.

이제 다양한 실제 환경에서 RIP의 컨버전스 절차를 확인해보자.

1 CASE 1

[그림 11-8]을 보자. 1.1.1.0 /24 네트워크 다운 시의 R1, R2, R3 라우터의 컨버전스 절차는 [표 11-5]와 같다. 이 경우, 컨버전스 과정에 관여하는 것은 Holddown 타이머와 Flush 타이머다. 즉, 1.1.1.0 /24의 Down 정보가 R2와 R3에 반영되는 데 약 240초가 소요된다.

[그림 11-8] ▶ RIP 컨버전스 시나리오 I

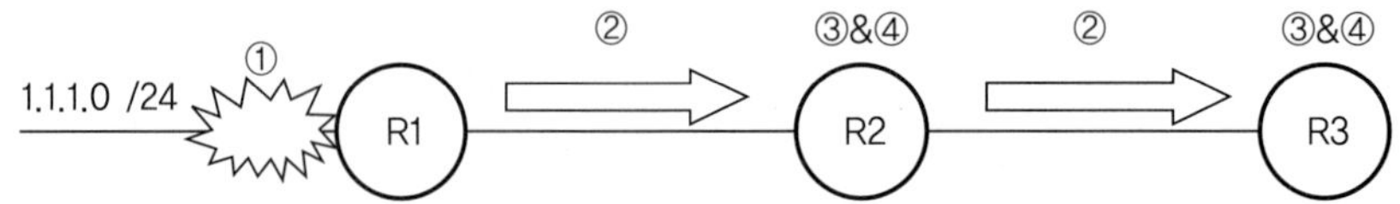

[표 11-5] ▶ RIP 컨버전스 절차 I

순서	설명	소요 시간
⓪	R2가 R1으로부터 업데이트 패킷을 받으면 Update와 Flush 타이머가 시작한다.	-
①	R1은 1.1.1.0 /24 네트워크가 다운되면 1.1.1.0 /24 네트워크 다운 정보(1.1.1.0/24 via 0.0.0.0 in 16 hops (inaccessible))를 보낸다.	-
②	R2는 네트워크 정보를(네트워크 다운 정보이긴 하지만) 수신했으므로 Invalid 타이머(180초)를 적용하지 않는다. 즉, 나쁜 메트릭(16bop)의 정보를 수신했으므로 Holddown 타이머를 시작한다. Invalid 타이머는 네트워크 정보가 아예 수신되지 않을 때 적용한다.	-
③	R2와 R3은 네트워크 다운 정보를 받으면 Holddown 타이머를 시작한다. Holddown 상태에 있을 때, 라우팅 테이블에 '1.1.1.0 /24 is possibly down'이라고 표시되고 R2는 Flush 타이머가 만료될 때까지 다른 라우터 즉, R3에게 1.1.1.0 /24 네트워크가 다운되었음(메트릭=16으로)을 알린다. Invalid와 Holddown 타이머 내에 있을 때는 1.1.1.0 /24 네트워크에 대한 정보가 라우팅 테이블에 남아 있으므로 계속 다운된 네트워크에 대해 라우팅을 한다.	약 180초
④	R2와 R3는 Flush 타이머(240초)가 종료되면 1.1.1.0 /24 네트워크 정보를 라우팅 테이블에서 삭제한다.	약 60초

2 CASE 2

[그림 11-9]는 코어 계층이 생략되어 각 빌딩끼리 디스트리뷰션 라우터끼리 직접 연결한 구성이다. (a) 링크 다운 시의 R1, R2, R3 라우터의 컨버전스 절차는 [표 11-6]과 같다. 이 경우, 컨버전스 과정에 관여하는 것은 Update 타이머다. R2로부터 3.3.3.0 /24 네트워크 정보를 포함하는 Update를 수신할 때까지 즉, 최대 30초까지 PC1과 PC3 간의 트래픽의 100%가 유실된다.

[그림 11-9] ▶ RIP 컨버전스 시나리오 II

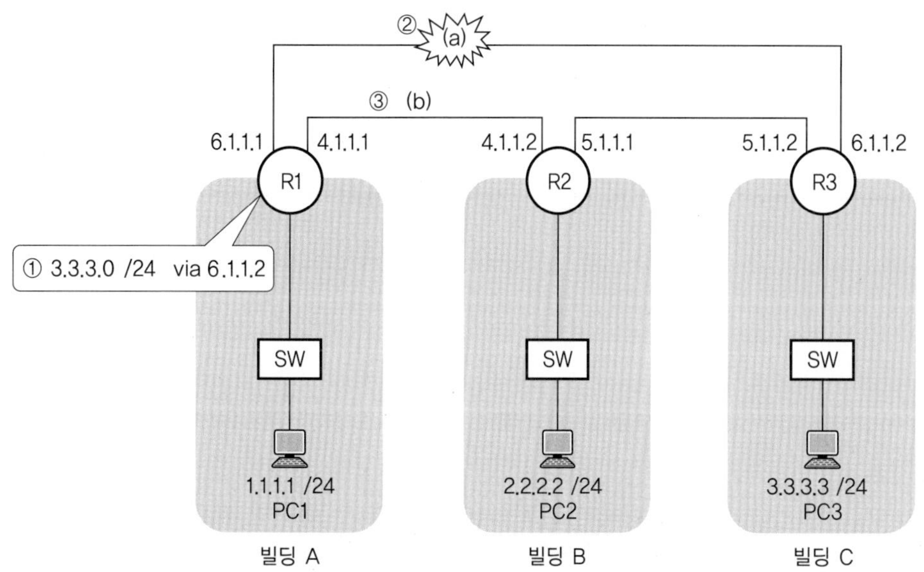

[표 11-6] ▶ RIP 컨버전스 절차 II

순서	설명	소요 시간
①	R1에서 빌딩 C의 3.3.3.0 /24 네트워크에 대한 베스트 루트는 6.1.1.2 라우터를 거치는 (a) 경로다(RIP는 hop(라우터 수)을 metric으로 사용한다).	-
②	(a) 경로가 다운되면, R1 입장에서는 직접 연결된 인터페이스가 다운되었기 때문에 3.3.3.0 네트워크에 대한 경로의 유효성을 판단하거나 라우팅 테이블에서 (a) 경로를 삭제하기 위해 Invalid 타이머와 Flsuh 타이머를 기다릴 필요가 없다. 즉, 즉시 베스트 루트가 삭제된다.	-
③	베스트 루트가 다운되었으므로 세컨드 베스트 루트인 (b) 경로가 라우팅 테이블에 올라와야 한다. R1이 세컨드 베스트 루트를 별도로 유지하지 않으므로 R2가 주기적인 업데이트를 보내주는 싯점에 새로운 베스트 루트가 라우팅 테이블에 만들어진다. RIP의 업데이트 주기가 30초이므로 최대 30초까지 걸릴 수 있다.	최대 약 30초 (update 주기)

③ CASE 3

[그림 11-10]은 코어 계층이 이중화된 구성이다. R1과 R2에는 Packet by Packet 로드밸런싱이 설정되었다고 가정하면, PC1과 PC2 간의 트래픽은 (a)~(d)의 모든 링크들을 거친다. Packet by Packet 로드밸런싱과 Destination by Destination 로드밸런싱에 대한 자세한 내용은 Chapter 6에서 다루었다.

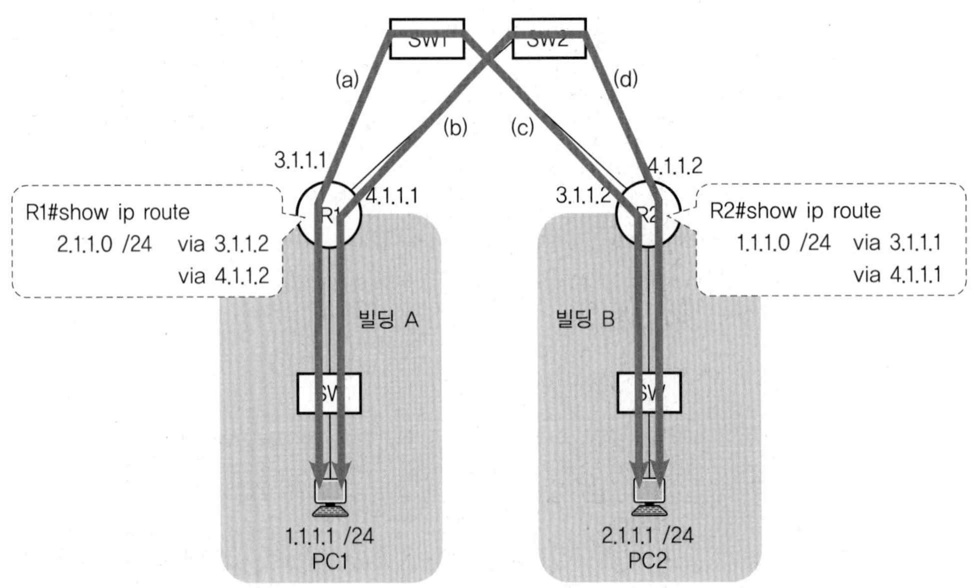

[그림 11-10] ▶ Packet by Packet 로드밸런싱

[그림 11-11]에서 (d) 링크 다운 시의 R1, R2 라우터의 컨버전스 절차는 [표 11-7]과 같다. 이 경우, 컨버전스 과정에 관여하는 것은 Invalid 타이머다. Invalid 타이머 동안, 다운된 경로(via 4.1.1.2)가 라우팅 테이블에 남아 있기 때문에 PC1과 PC2 간의 트래픽의 50%가 유실된다.

[그림 11-11] ▶
RIP 컨버전스
시나리오 Ⅲ

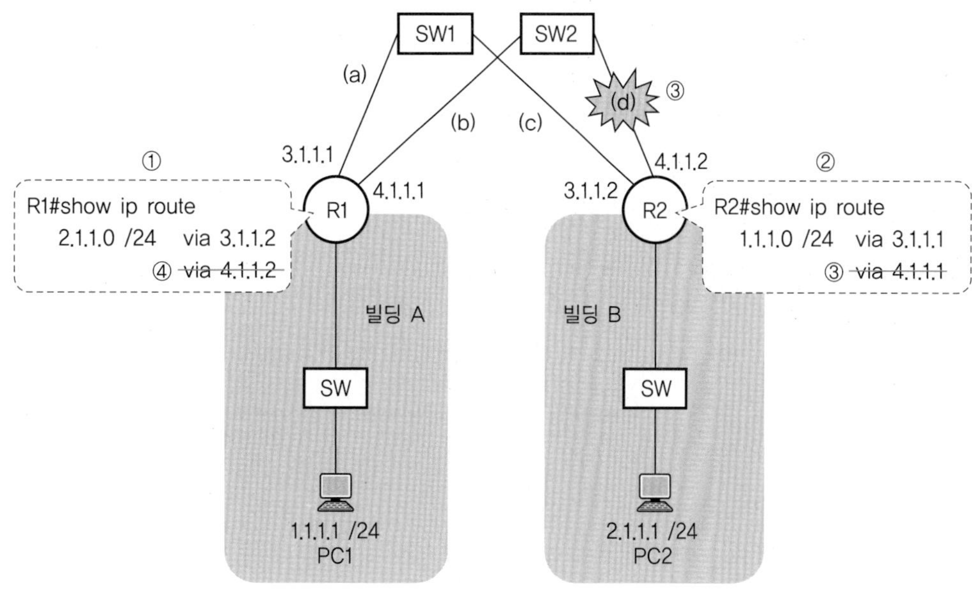

[표 11-7] ▶
RIP 컨버전스 절차 Ⅲ

순서	설명	소요 시간
①	R1에서 빌딩 B의 2.1.1.0 /24 네트워크에 대한 경로로 'via 3.1.1.2' 경로와 'via 4.1.1.2' 경로 사이에서 로드 분산할 것이다.	–
②	R2에서 빌딩A의 1.1.1.0 /24 네트워크에 대한 경로로 'via 3.1.1.1' 경로와 'via 4.1.1.1' 경로 사이에서 로드 분산할 것이다.	–
③	(d) 링크가 다운되면, 직접 연결된 링크가 다운되었으므로 R2의 라우팅 테이블에서는 즉시 삭제하고 RIP 영역에 속하는 모든 인터페이스로 4.1.1.0 /24 네트워크 다운 정보를 보낸다.	–
④	(d) 링크가 다운되어도 R1은 직접 연결된 네트워크가 아니므로 'via 4.1.1.2' 경로가 라우팅 테이블에 계속 남아 있다. R2 로 부터 (b) 링크를 통해 2.1.1.0 /24 네트워크 정보를 Invalid 타이머 내에 받지 못하면, '2.1.1.0 /24 via 4.1.1.2' 정보는 Invalid 정보로 표시한다. Holddown 타이머가 시작하는 조건은 현재의 라우팅 테이블 상의 메트릭 보다 나쁜 경로 정보가 수신되거나 아예 어떤 경로 정보도 수신되지 못하는 경우다. 이 경우, 대안이 되는 'via 3.1.1.2' 경로가 있으므로 Holddown 타이머를 거치지 않고 Invalid 정보로 표시된 'via 4.1.1.2' 정보는 삭제된다.	약 180초 (Invalid 타이머)

여기서 짚고 넘어 갈 중요한 것이 있다. Invalid 타이머, Holddown 타이머, Flush 타이머는 네트워크 다운 시에 사용되는 타이머이다. 다운된 네트워크의 메트릭은 16으로 표시하여 전달한다. 항상 라우팅 테이블의 네트워크 정보보다 메트릭이 우수하거나 동일한 정보가 수신되면 라우팅 테이블에 즉시 반영된다. [그림 11-12]은 보유한 네트워크 정보가 다시 수신되지 않았을 때의 타이머 적용 예다. ①과 ② 기간에는 라우팅 테이블 상의 네트워크 정보의 메트릭보다 우수하거나 동일한 정보가 존재하거나 수신하면 라우팅 테이블에 즉시 반영된다. ③ 기간은 Holddown 타이머가 종료되었기 때

문에 새로운 모든 경로들이 라우팅 테이블에 반영된다. Holddown 타이머는 시스코에서만 정의된 타이머다. 만약, Invalid 타이머가 종료되고 Holddown 타이머가 없다면 Flush 타이머가 종료되기 전에 인식되는 모든 경로들은 라우팅 테이블에 즉시 올라온다.

[그림 11-12] ▶ RIP 타이머와 라우팅 테이블 업데이트

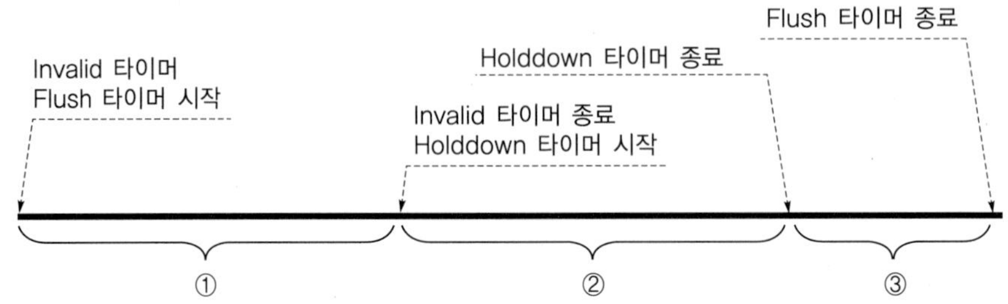

이러한 RIP의 긴 컨버전스 타임 문제를 해결하기 위해서 [표 11-8]과 같이 RIP 타이머 값을 줄일 수 있다.

[표 11-8] ▶ RIP 타이머 수정

명령어	설명
Router(config)#router eigrp 100 Router(config-router)#network 10.0.0.0 Router(config-router)# timers basic 5 30 30 40 1	5 : Update 타이머 (0-4294967295) 30 : Invalid 타이머 (1-4294967295) 35 : Holddown 타이머 (0-4294967295) 40 : Flush 타이머(1-4294967295)

Lecture 03

OSPF 컨버전스 최소화

강의 키워드 Hello 인터벌, Dead 인터벌, SPF schedule delay, Holdtime(SPF 계산 간격), 시나리오별 컨버전스 타임, 컨버전스 타임 개선 방법(타이머 조정, BFD)

OSPF 타이머는 [표 11-9]와 같다. Hello 패킷은 OSPF 설정의 적정성을 확인하고 네이버 테이블을 만든다. 네이버 테이블을 만든 다음에는 네이버 라우터가 살아 있는지 확인하여 네이버 라우터가 보내준 다시 말해 네이버(이웃, neighbor) 라우터를 통과해 갈 수 있는 네트워크 정보들의 유효성을 체크하는 수단이 된다.

Hello 인터벌은 Hello 패킷을 교환하는 주기이고, Dead 인터벌은 네이버(이웃, neighbor) 라우터가 다운되었다고 판단하기 전에 기다리는 시간이다. LAN과 Point-to-Point 네트워크는 디폴트 Hello 인터벌은 10초, 디폴트 Dead 인터벌은 40초다. NBMA(Non-Broadcast MultiAccess, 예: Frame Relay) 네트워크에서는 디폴트 Hello 인터벌은 30초이고, 디폴트 Dead 인터벌은 120초다.

SPF schedule delay는 토폴로지 변화를 알리는 새로운 LSA(LSA(Link State Advertisement)를 수신했을 때 토폴로지 테이블에 반영하고 SPF 계산 전에 기다리는 시간이다. Hold time between two SPFs는 SPF 계산 사이의 최소 간격이다. SPF schedule delay와 Hold time between two SPFs의 목적은 갑작스런 CPU 부하로 인해 라우터가 다운되는 것을 방지하기 위한 것이지만, 라우터의 성능이 개선된 지금, Convergence 타임만 길어지게 하는 부작용만 유발하는 경향이 있다.

[표 11-9] ▶ OSPF 디폴트 타이머

구분	10초	10초	10초	10초	10초	10초	10초	10초
Hello 인터벌	10초	10초	10초	10초	10초	10초	10초	10초
Dead 인터벌	40초				40초			
			☆ 새로운 LSA 수신					
SPF schedule delay			5					
Hold time between two SPFs				10초				

다양한 실제 환경에서 OSPF 의 컨버전스 절차를 공부해보자.

1 CASE 1

[그림 11-13]을 보자. (a) 링크 다운 시의 R2, R3의 컨버전스 절차는 [표 11-10]과 같다. 이 경우, 컨버전스 목표는 R2와 R3의 라우팅 테이블에서 1.1.1.0 /24 네트워크 정보가 삭제되는 것이다. 이 과정에 관여하는 타이머가 Dead 인터벌(40초)과 SPF delay(5초)이므로 컨버전스 타임을 개선하기 위해서 Dead 인터벌과 SPF delay를 줄이면 된다.

[그림 11-13] ▶ OSPF 컨버전스 시나리오 Ⅰ

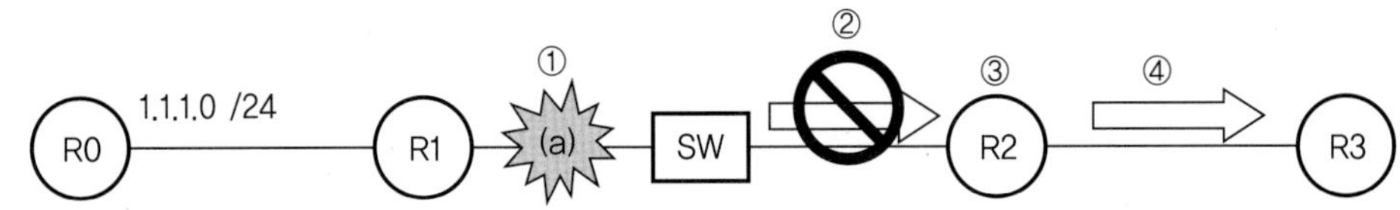

[표 11-10] ▶ OSPF 컨버전스 절차 Ⅰ-1

순서	설명	소요 시간
①	(a) 링크가 다운되면, R2는 직접 연결된 링크가 아니므로 이를 인지하지 못한다.	-
②	R2는 R1으로부터 Hello를 받지 못한다.	-
③	R2는 R1으로부터 Dead 인터벌 동안 Hello를 받지 못하면 R2는 R3에게 LSA(링크 다운)를 보내고 SPF delay(5초) 이후에 알고리즘을 돌려 라우팅 테이블에 반영된다.	(R2) 약 40초 +약 5초
④	R2로 부터 LSA(링크 다운)를 받은 R3은 SPF delay(5초) 이후에 알고리즘을 돌려 라우팅 테이블에서 1.1.1.0/24 정보가 삭제된다.	(R3) 약 40초 +약 5초

[그림 11-13]에서 (a) 링크가 다시 살아났을 때의 컨버전스 절차는 [표 11-11]과 같다. 이 경우, 컨버전스 목표는

(a) 링크 업 이후에 R0와 R3 간에 통신이 되는 데 걸리는 시간이다. 이 경우, 네이버 테이블을 새로 만드는 데 걸리는 수 초를 포함하여 컨버전스 타임은 SPF Delay(5초) 이상이다.

[표 11-11] ▶ OSPF 컨버전스 절차 Ⅰ-2

순서	설명	소요 시간
①	(a) 링크가 업이 되면 Hello를 교환하여 네이버 테이블을 만든다.	수 초
②	R1은 R2에게 LSA(링크 업)를 보낸다.	-
③	R2는 LSA를 수신하면 SPF Delay(5초) 이후에 라우팅 테이블에 반영한다.	약 5초
④	R3도 LSA를 수신하면 SPF Delay(5초) 이후에 라우팅 테이블에 반영한다.	약 5초

② CASE 2

[그림 11-14]를 보자. (a) 링크 다운 시의 R1, R3의 컨버전스 과정은 [표 11-12]와 같다. 결과적으로 PC1과 PC3 사이의 통신 도중, (a) 링크가 다운되었을 때, 약 5초 동안 트래픽의 100%가 유실된다. 컨버전스 타임을 개선하기 위해서는 지연의 원인이 되는 SPF Delay(5초)를 줄여야 한다.

[그림 11-14] ▶ OSPF 컨버전스 시나리오 II

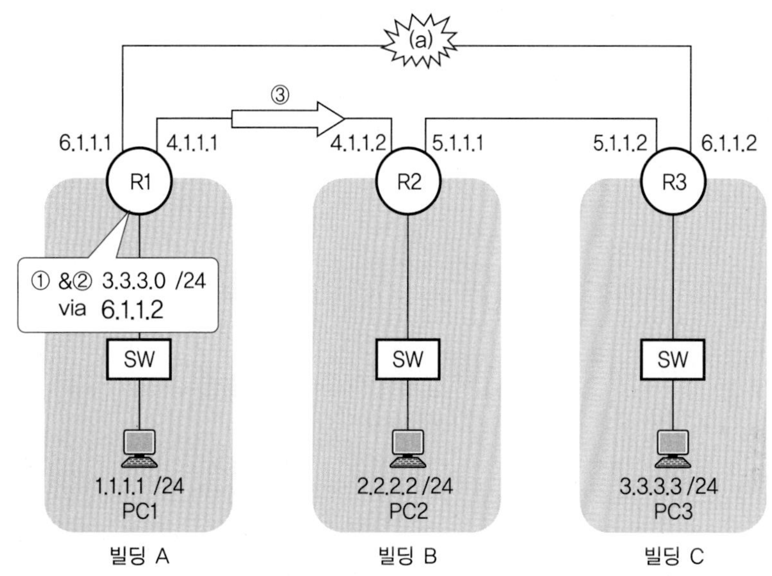

[표 11-12] ▶ OSPF 컨버전스 절차 II

순서	설명	소요 시간
①	R1에서 빌딩 C의 3.3.3.0/24 네트워크에 대한 베스트 루트는 6.1.1.2 라우터를 거치는 (a) 경로다.	-
②	(a) 경로가 다운되면, R1 입장에서는 직접 연결된 인터페이스가 다운되었기 때문에 Dead 인터벌을 기다리지 않고, '3.3.3.0 /24 via 6.1.1.2' 경로는 즉시 삭제된다. 다음 R1은 (a) 링크다운 정보를 R2에게 보내고 SPF Delay 이후에 SPF를 돌려 '3.3.3.0/24 VIA 4.1.1.2' 정보를 라우팅 테이블에 반영한다.	5초
③	R1은 LSA((a) 링크 다운)를 R2에게 보내고, SPF Delay 이후에 SPF를 돌려 '3.3.3.0 /24 via 4.1.1.2' 경로를 베스트 루트로 선정하고 라우팅 테이블에 반영한다. R3도 동일하다. (a) 링크 다운 정보(Link ID 6.1.1.1, metric = 16777215(inaccessble))를 R2에게 보내고, SPF Delay 이후에 SPF를 돌려 '1.1.1.0/24 via 5.1.1.1' 경로를 베스트 루트로 선정하고 라우팅 테이블에 반영한다.	5초

③ CASE 3

[그림 11-15]를 보자. R1과 R2에는 모든 경로 간에 트래픽이 균등하게 분산되는 Packet by Packet 로드밸런싱이 설정되었다고 가정하자. 그러면, PC1과 PC2 간의 트래픽은 (a)~(d)의 모든 링크들을 거친다. (d) 링크 다운 시의 R1, R2의 컨버전스 절차는 [표 11-13]과 같다. 결과적으로 PC1과 PC2 간의 트래픽은 (d) 링크 다운 시의 약 5초 이상의 시간 동안 50%의 트래픽이 유실된다. 컨버전스 타임을 개선하기 위해서는 지연의 원인이 되는 SPF Delay를 줄여야 한다.

[그림 11-15] ▶ OSPF 컨버전스 시나리오 Ⅲ

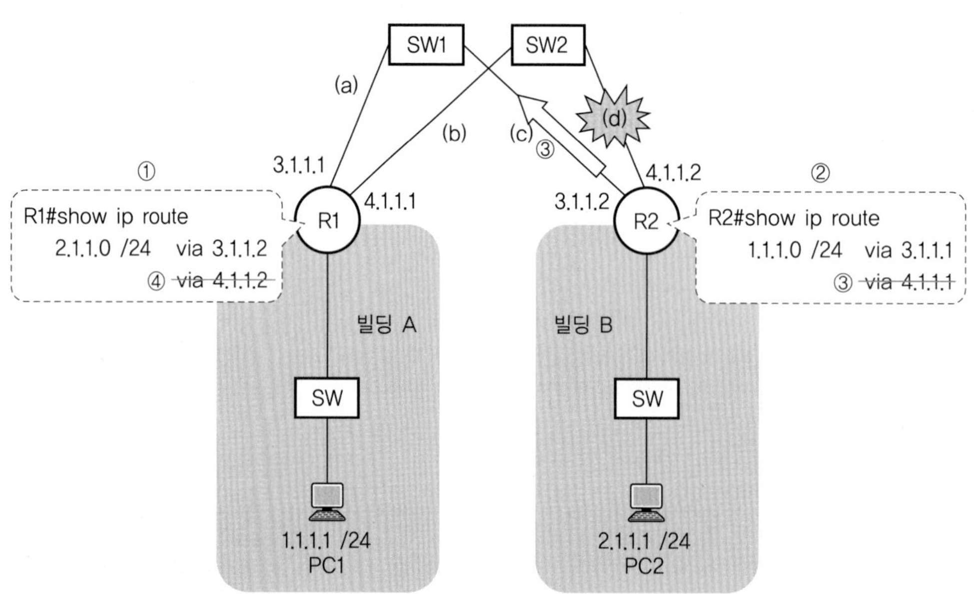

[표 11-13] ▶ OSPF 컨버전스 절차 Ⅲ

순서	설명	소요 시간
①	R1에서 빌딩 B의 2.1.1.0 /24 네트워크에 대한 경로로 'via 3.1.1.2' 경로와 'via 4.1.1.2' 경로 사이에서 로드 분산할 것이다.	-
②	R2에서 빌딩 A의 1.1.1.0 /24 네트워크에 대한 경로로 'via 3.1.1.1' 경로와 'via 4.1.1.1' 경로 사이에서 로드 분산할 것이다.	-
③	R2는 (d) 링크가 다운되면, LSA를 수신하여 얻은 정보가 아니라 직접 연결된 링크가 다운되었으므로 라우팅 테이블에서는 즉시 삭제한다. 그 다음, 4.1.1.2 링크 다운 정보를 LSA로 보낸다. 링크 다운 정보 최대 메트릭인 16777215 값으로 표현된다.	-
④	4.1.1.2 링크 다운 메시지를 LSA로 받으면 토폴로지 테이블에 반영하고 SPF Delay 이후에 알고리즘을 돌려 라우팅 테이블을 다시 만든다.	5초

④ CASE 4

[그림 11-16]은 코어 계층 뿐만 아니라 디스트리뷰션 계층도 이중화한 구성이다. 모든 라우터에는 Packet by Packet 로드밸런싱이 설정되었다고 가정하면, PC1과 PC2 간의 트래픽은 모든 링크들을 거친다.

[그림 11-16] ▶ OSPF 컨버전스 시나리오 Ⅳ

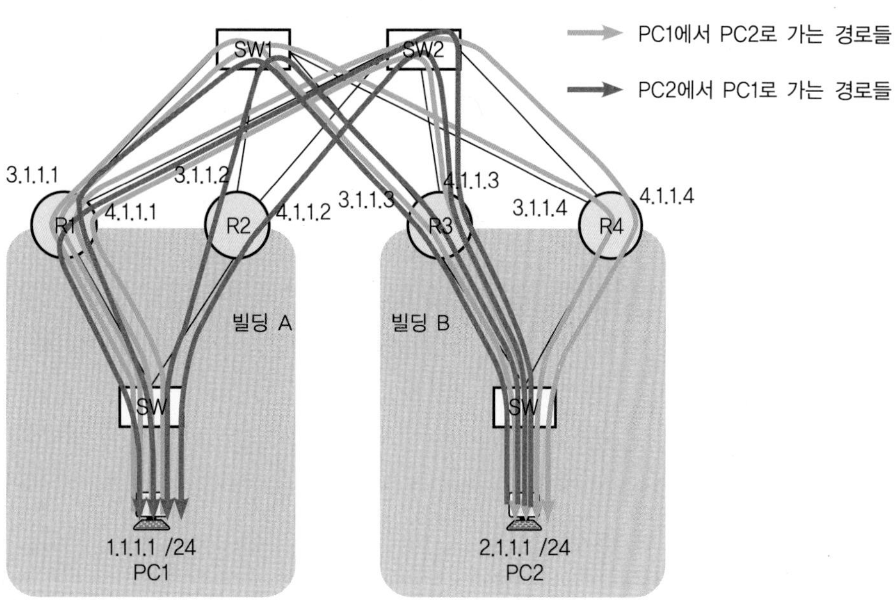

R4 다운 시의 컨버전스 절차는 [표 11-14]와 같다. 결과적으로 PC1과 PC2 간의 트래픽은 R4 다운 시에 약 40초의 시간(Dead 인터벌) 동안 50%의 트래픽이 유실된다. 컨버전스 타임을 개선하기 위해 지연의 원인이 되는 Dead 인터벌을 줄여야 한다.

[그림 11-16-1] ▶ OSPF 컨버전스 시나리오 IV

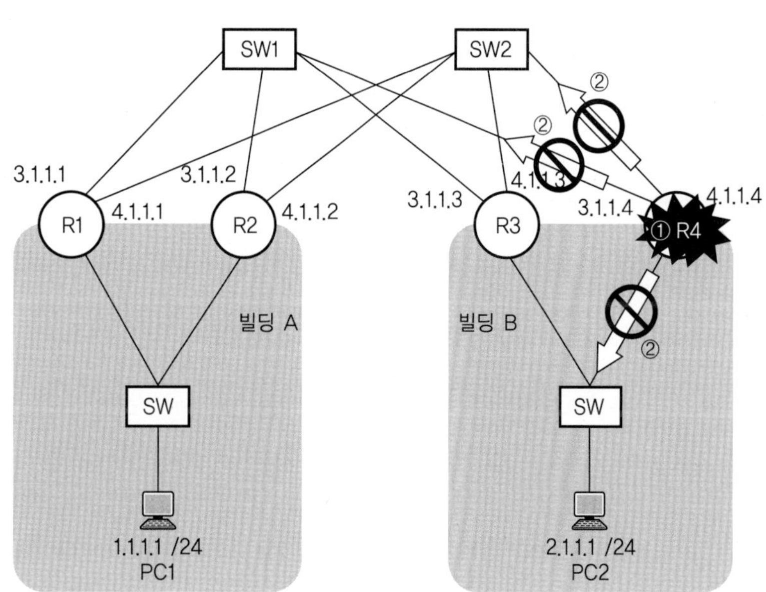

[표 11-14] ▶ OSPF 컨버전스 절차 Ⅳ

순서	설명	소요 시간
①	R4가 다운되면 R1, R2, R3는 R4로부터 Hello를 받지 못한다.	-
②	R1, R2, R3는 R4부터 Dead 인터벌(최대 40초) 동안 Hello를 받지 못하면 R4로부터 수신한 2.1.1.0 /24 정보를 라우팅 테이블에서 삭제한다.	약 40초

지금부터 OSPF 환경에서 컨버전스 타임을 줄이는 솔루션들에 대해 알아보자.

첫째 솔루션은 CASE 1~4에서 모두 적용하는 방식으로 컨버전스 타임을 결정하는 타이머를 줄여주는 것이다. 각 CASE별로 컨버전스 타임과 관련 타이머들을 [표 11-15]와 같이 정리할 수 있다.

[표 11-15] ▶ CASE 1~4 컨버전스 타임과 관련 타이머들

구분	컨버전스 타임	관련 타이머들
CASE 1	약 45초	Dead 인터벌+SPF Delay
CASE 2	약 5초	SPF Delay
CASE 3	약 5초	SPF Delay
CASE 4	약 40초	Dead 인터벌

[표 11-16]과 OSPF 타이머를 변경하는 명령이다. Hello 인터벌만 설정한다면 Dead 인터벌은 Hello 인터벌의 4배수로 자동 설정된다. 'ip ospf dead-interval minimal hello-multiplier <3-20>' 명령은 Dead 인터벌을 최소값인 1초로 설정하는 동시에 Hello 인터벌은 1초 내에 3~20개의 패킷을 교환하도록 설정한다.

[표 11-16] ▶ OSPF 타이머 변경 Ⅰ

명령어	설명
Router(config)#interface fastethernet 0/0 Router(config-if)#ip ospf hello-interval 10 10Router(config-if)#ip ospf dead-interval 40	10초: hello-interval(1~65535초 범위에서 설정 가능) 40초: Dead-interval(1~65535초 범위에서 설정 가능)
Router(config-if)#ip ospf dead-interval minimal hello-multiplier 〈3-20〉	Dead 인터벌을 1초로 설정하고 1초 내에 3~20개의 Hello 패킷을 교환.

SPF schedule delay의 디폴트 값은 5초(시스코일 경우)이고, Hold time between two SPFs는 10초인데 제조사마다 상이하다. [표 11-17]은 SPF schedule delay와 Hold time between two SPFs을 비롯하여 Throttle 기능을 설정하는 예이다. 100ms은 SPF schedule delay로 새로운 LSA가 도착하면 SPF를 돌리기 전의 대기 시간이다. Minimum Hold time between two SPFs을 200ms으로 설정하였는데 200ms 내에 새로운 LSA를 수신하면 Holdtime을 2배로 확대한다. 다음 Holdtime인 400ms 내에 LSA를 수신하면 Holdtime은 800ms로 확대한다. 그러나, Maximum wait time between two SPFs이 800ms이므로 더 이상 확대하지는 못한다. OSPF

Throttle의 목적은 링크 업/다운의 반복으로 인한 CPU의 과다 소모를 방지하기 위한 것이다.

[표 11-17] ▶ OSPF 타이머 변경 II

명령어	설명
Router(config)#router ospf 100 Router(config-router)#network 1.1.1.1 0.0.0.0 area 0 Router(config-router)# timers throttle spf 100 200 800	100ms: SPF schedule delay 200ms: Minimum Hold time between two SPFs 800ms: Maximum wait time between two SPFs

[그림 11-16-2]를 보자. ①은 SPF schedule delay로 [표 11-17]에서는 100ms이다. ②는 Minimum Hold time between two SPFs으로 SPF 계산 사이의 최소 간격이다. 200ms으로 설정하였는데 200ms 내에 새로운 LSA를 수신하였으므로 ③과 같이 2배로 확대한 400ms이 되었다. 400ms 내에도 LSA를 수신하였으므로 ④와 같이 Holdtime은 800ms로 확대한다. 수신한 LSA의 수는 상관없다. 그러나, ④와 ⑤ 기간(즉, 2×800ms) 동안에는 아무런 이벤트가 없다면 Holdtime은 원래의 200ms으로 복귀한다.

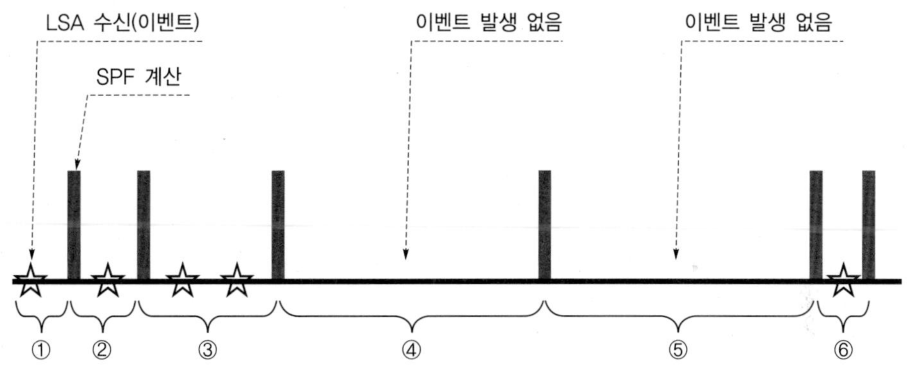

[그림 11-16-2] ▶ SPF Throttle

[표 11-18]과 같이 'show ip ospf' 명령으로 SPF Throttle의 설정값 ① SPF schedule delay, ②는 Minimum Hold time between two SPFs, ③ Maximum wait time between two SPFs을 확인할 수 있다. 또한 ④에서는 SPF 알고리즘의 실행 횟수를 확인할 수 있는데 과도하게 많은 횟수가 보이는지 점검 가능하다.

[표 11-18] ▶
OSPF 타이머 확인

명령어	설명

Router#show ip ospf
 Routing Process "ospf 100" with ID 1.1.1.3
 Start time: 00:00:30.416, Time elapsed: 00:33:20.280
 Supports only single TOS(TOS0) routes
 Supports opaque LSA
 Supports Link-local Signaling (LLS)
 Supports area transit capability
 Router is not originating router-LSAs with maximum metric
① Initial SPF schedule delay 5000 msecs
② Minimum hold time between two consecutive SPFs 10000 msecs
③ Maximum wait time between two consecutive SPFs 10000 msecs
 Incremental-SPF disabled
Minimum LSA interval 5 secs
 Minimum LSA arrival 1000 msecs
LSA group pacing timer 240 secs
Interface flood pacing timer 33 msecs
 Retransmission pacing timer 66 msecs
 Number of external LSA 0. Checksum Sum 0x000000
 Number of opaque AS LSA 0. Checksum Sum 0x000000
 Number of DCbitless external and opaque AS LSA 0
 Number of DoNotAge external and opaque AS LSA 0
 Number of areas in this router is 1. 1 normal 0 stub 0 nssa
 Number of areas transit capable is 0
 External flood list length 0
 IETF NSF helper support enabled
 Cisco NSF helper support enabled
  Area BACKBONE(0)
   Number of interfaces in this area is 1
   Area has no authentication
   SPF algorithm last executed 00:19:43.476 ago
④ SPF algorithm executed 17 times
   Area ranges are
   Number of LSA 5. Checksum Sum 0x02B079
   Number of opaque link LSA 0. Checksum Sum 0x000000
   Number of DCbitless LSA 0
   Number of indication LSA 0
   Number of DoNotAge LSA 0
   Flood list length 0	

SPF generation 타이머는 LAS를 보낼 때 적용하는데 SPF Throttle과 유사한 방식으로 설정 가능하다. 여기서는 생략한다. 타이머들을 줄이면 컨버전스 타임은 개선되지만, 라우팅 테이블의 변동이 잦아지고 CPU 부하는 올라갈 것이다.

둘째 솔루션은 BFD(Bidirectional Forwarding Detection)다.

[그림 11-17]에서 R1과 R2 사이의 SW1은 (a) 링크 다운 시에 해당 사실을 R1에 알릴 수 없다. 이때 OSPF는 Hello 패킷과 Dead 인터벌을 사용한다. VoIP와 같이 지연없이 전달되어야 하는 트래픽들은 보다 신속한 컨버전스 타임을 요구한다. 이를 해결하기 위해 Dead 인터벌을 줄이지만 1초까지만 줄일 수 있다. BFD는 링크 다운을 milliseconds 또는 microseconds 단위로 감지할 수 있도록 한다. 즉, BFD 컨트롤 패킷을 수신하지 못하면 BFD는 OSPF에게 알리고 OSPF는 네이버 관계를 끊고 라우팅 테이블에도 반영한다. R1은 R2의 기대하는 BFD 피킷 수신주기를 자신의 기대하는 BFD 패킷전송 주기와 비교하고 두 값 중에서 보다 높은 값을 선택하여 BFD 패킷의 전송주기로 선택한다. BFD는 OSPF, EIGRP, BGP, HSRP, MPLS LDP와 같은 프로토콜을 지원할 수 있다.

[그림 11-17] ▶
BFD 동작 원리

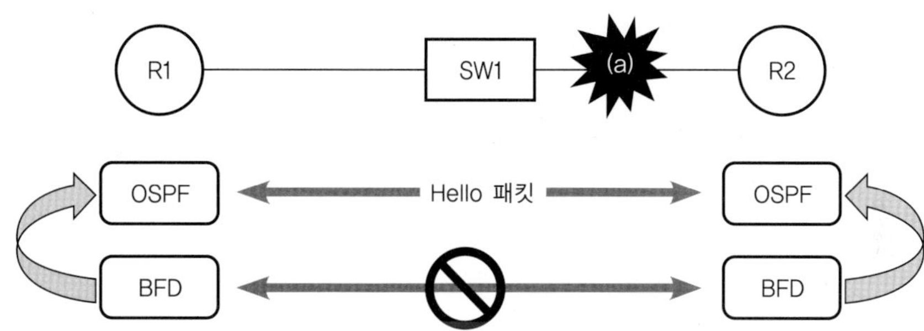

설정 명령은 [표 11-19]와 같다. 'bfd interval 50 min rx 50 multiplier' 명령을 보자. 'interval 50'은 라우터가 희망하는 BFD 패킷의 전송 주기다. 'min_rx 50'는 라우터가 기대하는 BFD 패킷의 수신 주기다. 'multiplier 3'은 라우터가 이웃 라우터가 다운되었다고 판단하기 전에 기다리는 BFD 패킷 수를 가리킨다.

[표 11-19] ▶
BFD 설정

구분	명령어	설명
R1	R1(config)#router ospf 100 R1(config-router)# bfd all-interfaces R1(config-router)# exit R1(config-if)#interface fastethernet 0/1 R1(config-if)#ip address 1.1.1.1 255.255.255.0 R1(config-if)#bfd interval 50 min_rx 50 multiplier 3	• interval: 기대하는 BFD 패킷 전송 주기(milliseconds) • min_rx: 기대하는 BFD 패킷 수신 주기(milliseconds) • multiplier: 이웃 라우터 다운으로 판단 전에 기다리는 연속 BFD 패킷 수 [설정 범위] • bfd interval: 50~999msec • min_rx: 1~999msec • multiplier: 3~50회
R2	R2(config)#router ospf 100 R2(config-router)# bfd all-interfaces R2(config-router)# exit R2(config-if)#interface fastethernet 0/1 R2(config-if)#ip address 1.1.1.1 255.255.255.0 R2(config-if)#bfd interval 50 min_rx 50 multiplier 3	

셋째 솔루션은 Dead 인터벌이 문제가 되는 CASE 1과 CASE 4에 대한 해결 방안이다. 코어 계층에 스위치 대신 라우터를 배치한다. 모든 라우터에는 Packet by Packet 로드밸런싱이 설정되었다 가정하면, PC1과 PC2 간의 트래픽은 모든 링크들을 거친다.

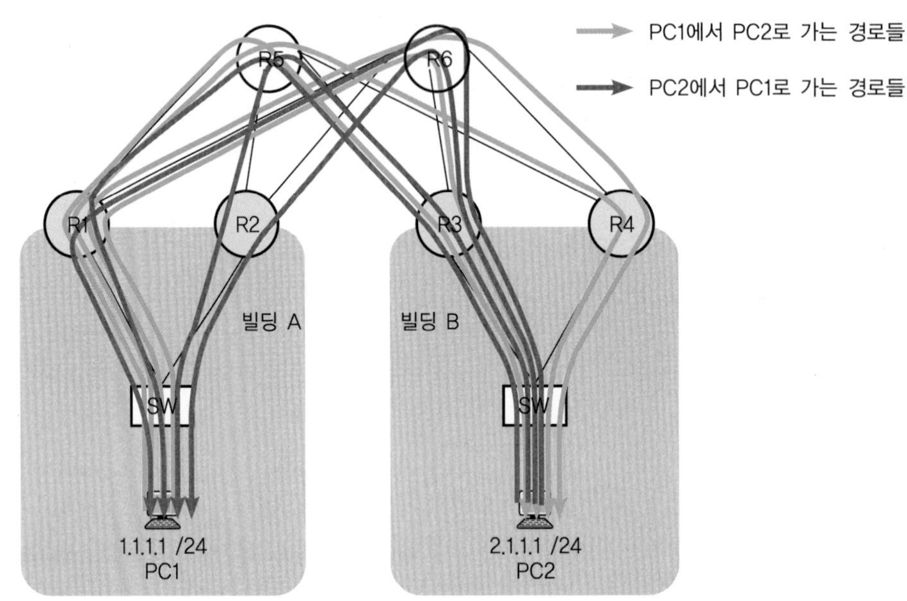

[그림 11-18] ▶ OSPF 컨버전스 시나리오 V

R4 다운 시의 컨버전스 절차는 [표 11-20]과 같다. 결과적으로 R4 다운 시 대략 5초 동안 50%의 트래픽이 유실된다. 이를 해결하기 위해서 SPF Delay도 줄여야 한다.

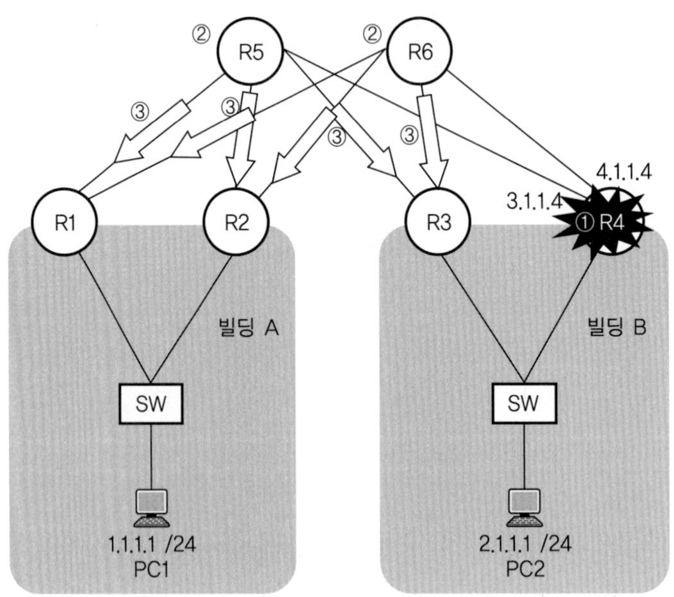

[그림 11-19] ▶ OSPF 컨버전스 시나리오 V

[표 11-20] ▶ OSPF 컨버전스 절차 V

순서	설명	소요 시간
①	R4가 다운되면	-
②	R5와 R6은 연결된 링크 다운을 감지하고 토폴로지 테이블과 라우팅 테이블에 즉시 반영한다. 예를 들어, '2.1.1.0 /24 via 3.1.1.4' 경로와 '2.1.1.0 /24 via 4.1.1.4' 경로는 라우팅 테이블에서 즉시 삭제된다.	-
③	R5와 R6은 링크 다운을 LSA로 알린다.	-
④	R1, R2, R3는 SPF Delay 이후에 알고리듬을 돌려 라우팅 테이블을 새로 만든다.	약 5초

Lecture 04

IS-IS 컨버전스 최소화

강의 키워드 Hello 인터벌 Hold down 타이머, SPF delay, SPF Hold time(SPF 계산 간격), 시나리오별 컨버전스 타임, 컨버전스 타임 개선 방법(타이머 조정, BFD 등)

IS-IS 타이머는 [표 11-21]과 같다. Hello 패킷은 서킷 레벨, 시스템 ID 길이, 패스워드 등이 일치하는 라우터를 찾아 네이버 테이블을 만든다. 이후에, 네이버(이웃) 라우터와 Hello 패킷을 3초 주기로 교환하여 네이버 라우터가 살아있는지 확인한다. Hold down 타이머인 9초 내에 Hello 패킷이 도착하지 않으면 네이버 라우터가 다운되었다고 판단한다. 이러한 메커니즘은 OSPF와 동일하다. 3초/9초 주기는 LAN 환경에서의 디폴트 타이머이고, LAN이 아닌 네트워크에서는 10초/30초 주기를 디폴트로 사용한다.

SPF Delay는 토폴로지 변화를 알리는 새로운 LSP를 수신했을 때 알고리즘을 돌리기 전에 기다리는 시간이다. SPF Hold time은 SPF 계산 사이의 최소 간격이다. SPF Delay와 SPF Hold time의 목적은 갑작스런 CPU 부하로 인한 라우터 다운을 방지하는 것이다.

[표 11-21] ▶ IS-IS 타이머들

구분	3초	3초	3초	3초	3초	3초	3초	3초
Hello 인터벌	3초	3초	3초	3초	3초	3초	3초	3초
Hold down 타이머		9초			9초			
					☆ 새로운 LSA 수신			
SPF Delay					5.5			
SPF Hold time						5.5		

다양한 실제 환경에서 IS-IS의 컨버전스 절차를 확인해보자. OSPF와 동일한 CASE들을 비교할 것이며 컨버전스 절차도 거의 비슷하다.

① CASE 1

[그림 11-20]을 보자. (a) 링크 다운 시의 R2, R3의 컨버전스 절차는 [표 11-22]와 같다. 이 경우, 컨버전스 목표는 R2와 R3의 라우팅 테이블에서 1.1.1.0 /24 네트워크 정보가 삭제되는 것이다. 이 과정에 관여하는 타이머가 Hold down 타이머(9초)와 SPF delay(5.5초)다. 컨버전스 타임을 개선하기 위해서 Hold down 타이머와 SPF delay를 줄여야 한다.

[그림 11-20] ▶ IS-IS 컨버전스 시나리오 I

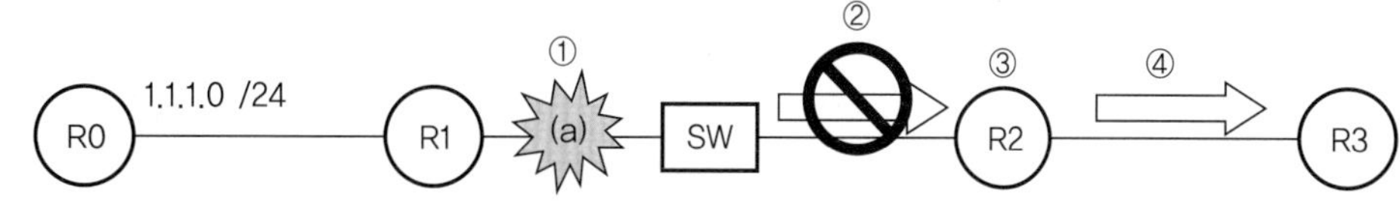

[표 11-22] ▶ IS-IS 컨버전스 절차 I-1

순서	설명	소요 시간
①	(a) 링크가 다운되면	-
②	R2는 R1으로부터 Hello를 받지 못한다.	-
③	R2는 R1으로부터 Hold down 타이머 동안 Hello를 받지 못하면 R2는 R3에게 LSP(링크 다운)를 보내고 SPF Delay(5초) 이후에 라우팅 테이블에 반영한다.	(R2) 약 9초+ 약 5.5초
④	R2로부터 LSP(링크다운)를 받은 R3은 SPF Delay(5초) 이후에 라우팅 테이블에서 1.1.1.0 /24 정보가 삭제된다.	(R3) 약 9초+ 약 5.5초

[그림 11-20]에서 (a) 링크가 다시 살아났을 때의 컨버전스 절차는 [표 11-23]과 같다. 이 경우, 컨버전스 목표는 (a) 링크 업 이후에 R0와 R3 간에 통신이 개시되는 데 걸리는 시간이다. 이 경우, 네이버 테이블을 새로 만드는 데 걸리는 수 초를 포함하여 컨버전스 타임은 SPF Delay(5.5초) 이상이다.

[표 11-23] ▶ IS-IS 컨버전스 절차 I-2

순서	설명	소요 시간
①	(a) 링크가 업이 되면 Hello를 교환하여 네이버 테이블을 만든다.	수 초
②	R1은 R2에게 LSA(링크 업)를 보낸다.	-
③	R2는 R1으로부터 LSP(1.1.1.0 /24 네트워크 정보)를 수신하면 R3에게 해당 LSP를 보내고 SPF Delay(5.5초) 이후에 SPF 알고리듬을 돌려 라우팅 테이블에 반영한다.	약 5.5초
④	R3도 LSP를 수신하면 SPF Delay(5.5초) 이후에 라우팅 테이블에 반영한다.	약 5.5초

② CASE 2

[그림 11-21]은 코어 계층이 생략된 구성이다. (a) 링크 다운 시의 R1, R3의 컨버전스 과정은 [표 11-24]와 같다. 결과적으로 PC1과 PC3 사이의 통신 도중, (a) 링크가 다운되었을 때, 약 5.5초 동안 트래픽의 100%가 유실된다. 컨버전스 타임을 개선하기 위해서는 지연의 원인이 되는 SPF Delay(5.5초)를 줄여야 한다.

[그림 11-21] ▶ IS-IS 컨버전스 시나리오 II

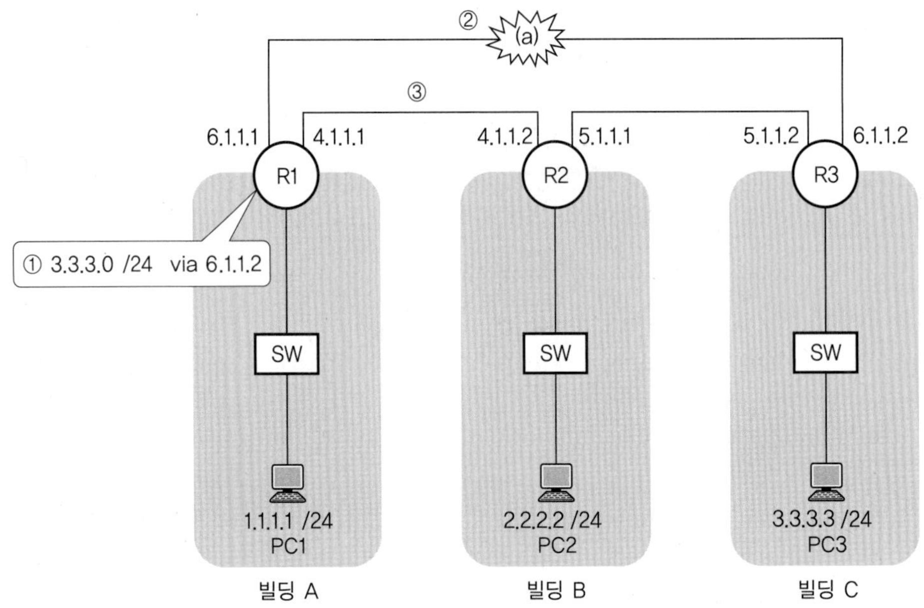

[표 11-24] ▶ IS-IS 컨버전스 절차 II

순서	설명	소요 시간
①	R1에서 빌딩C의 3.3.3.0 /24 네트워크에 대한 베스트 루트는 6.1.1.2 라우터를 거치는 (a) 경로다.	–
②	(a) 경로가 다운되면, R1 입장에서는 직접 연결된 인터페이스가 다운되었기 때문에 Hold down 타이머를 기다리지 않고, '3.3.3.0 /24 via 6.1.1.2' 경로는 즉시 삭제된다.	–
③	R1은 (a) 링크 다운 정보를 R2에게 보내고, SPF Delay 이후에 SPF를 돌려 '3.3.3.0 /24 via 4.1.1.2' 경로를 베스트 루트로 선정하고 라우팅 테이블에 반영한다. R3도 동일하다. (a) 링크 다운 정보(Link ID 6.1.1.1, metric = 16777215(inaccessble))를 R2에게 보내고, SPF Delay 이후에 SPF 계산 후, '1.1.1.0 /24 via 5.1.1.1' 경로를 베스트 루트로 선정하고 라우팅 테이블에 반영한다.	약 5.5초

③ CASE 3

[그림 11-22]은 코어 계층을 이중화한 구성이다. R1과 R2에는 모든 경로 ((a)~ (d)) 간에 트래픽이 균등하게 분산되는 Packet by Packet 로드밸런싱이 설정되었다고 가정하자. (d) 링크 다운 시의 R1, R2의 컨버전스 절차는 [표 11-25]와 같다. 결과적으로 PC1과 PC2 간의 트래픽은 (d) 링크 다운 시의 약 5.5초의 시간 동안 50%의 트래픽이 유실된다. 컨버전스 타임을 개선하기 위해서는 지연의 원인이 되는 SPF Delay를 줄인다.

[그림 11-22] ▶ IS-IS 컨버전스 시나리오 Ⅲ

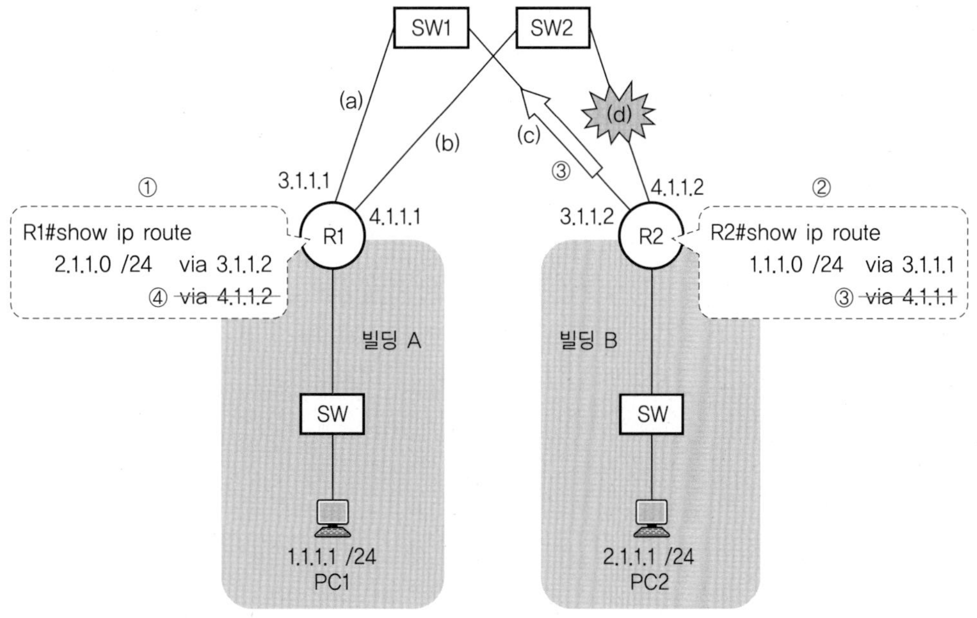

[표 11-25] ▶ IS-IS 컨버전스 절차 Ⅲ

순서	설명	소요 시간
①	R1에서 빌딩 B의 2.1.1.0 /24 네트워크에 대한 경로로 'via 3.1.1.2' 경로와 'via 4.1.1.2' 경로 사이에서 로드 분산할 것이다.	-
②	R2에서 빌딩 A의 1.1.1.0 /24 네트워크에 대한 경로로 'via 3.1.1.1' 경로와 'via 4.1.1.1' 경로 사이에서 로드 분산할 것이다.	-
③	R2는 (d) 링크가 다운되면, LSP 수신하여 얻은 정보가 아니라 직접 연결된 링크가 다운되었으므로 라우팅 테이블에서는 즉시 삭제한다. 그 다음, 4.1.1.2 링크 다운 정보를 LSP로 보낸다. 링크 다운 정보 최대 메트릭인 16777215 값으로 표현된다.	-
④	4.1.1.2 링크 다운 메시지를 LSP로 받으면 토폴로지 테이블에 반영하고 SPF Delay 이후에 알고리듬을 돌려 라우팅 테이블을 다시 만든다.	약 5.5초

④ CASE 4

[그림 11-23]은 코어 계층 뿐만 아니라 디스트리뷰션 계층도 이중화한 구성이다. 모든 라우터에는 Packet by Packet 로드밸런싱이 설정되었다 가정하면, PC1과 PC2 간의 트래픽은 모든 링크들 간에 로드 분산 한다. R4 다운 시의 컨버전스 절차는 [표 11-26]과 같다. 결과적으로 PC1과 PC2 간의 트래픽은 R4 다운 시에 약 9초의 시간(Hold down 타이머) 동안 50%의 트래픽이 유실된다. 컨버전스 타임을 개선하기 위해 지연의 원인이 되는 Hold down 타이머를 줄여야 한다.

[그림 11-23] ▶ IS-IS 컨버전스 시나리오 IV

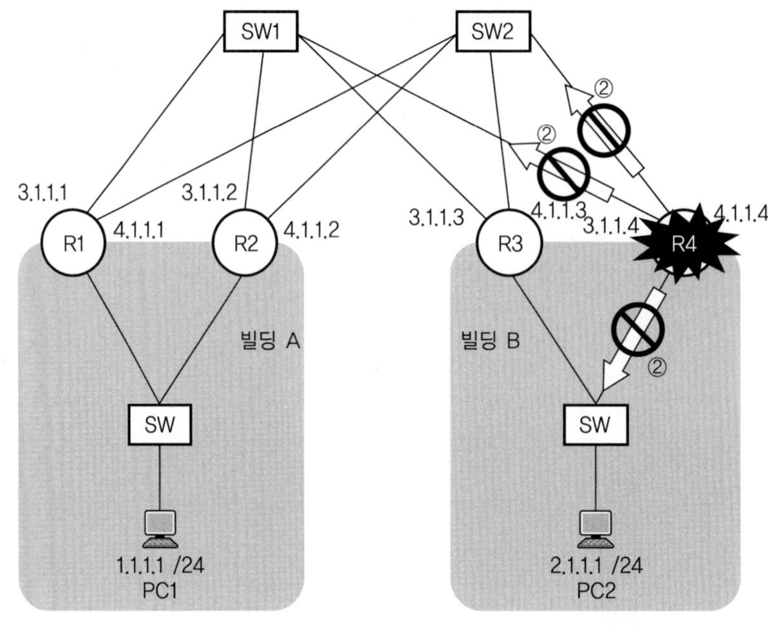

[표 11-26] IS-IS 컨버전스 절차 IV

순서	설명	소요 시간
①	R4가 다운되면 R1, R2, R3 는 R4로부터 Hello를 받지 못한다.	-
②	R1, R2, R3는 R4부터 Hold down 타이머(9초) 동안 Hello를 받지 못하면 R4로부터 수신한 2.1.1.0 /24 정보를 라우팅 테이블에서 삭제한다.	9초

지금부터, IS-IS 환경에서 컨버전스 타임을 줄이는 솔루션들에 대해 알아보자.

첫째 솔루션은 CASE 1~4에서 모두 적용 하는 방식으로 컨버전스 타임을 결정하는 타이머를 줄여주는 것이다. 각 CASE별로 컨버전스 타임과 관련 타이머들을 [표 11-27]과 같이 정리할 수 있다.

[표 11-27] ▶ CASE 1~4 컨버전스 타임과 관련 타이머들

구분	IS-IS	
	컨버전스 타임	관련 타이머 들
CASE 1	약(9초+5.5초)	Hold down 타이머 +SPF delay
CASE 2	약 5.5초	SPF Delay
CASE 3	약 5.5초	SPF Delay
CASE 4	약 9 초	Hold down 타이머

[표 11-28]은 IS-IS 타이머를 변경하는 명령이다. Hello 인터벌만 설정한다면 Hold down 타이머는 Hello 인터벌의 3배수로 자동 설정된다.

[표 11-28] ▶ IS-IS 타이머 변경 I

명령어	설명
Router(config)#interface fastethernet 0/0 Router(config-if)#ip is-is hello-interval 1 Router(config-if)#ip is-is hello-multiplier 3	1초 : hello-interval 3 : Hold down 타이머를 Hello 타이머의 3배로 설정함.

SPF-initial-wait의 디폴트 값은 5.5초이고, SPF-second-wait의 디폴트 값은 5.5초다. [표 11-29]는 SPF Throttle 기능을 설정하는 예다. SPF-initial-wait는 새로운 LSP가 도착하면 SPF 계산 전 대기 시간이다. SPF-second-wait은 2번째 SPF를 돌리기 전에 기다리는 시간으로, 3번째 SPF를 돌리기 전에 기다리는 시간은 2초(= SPF-second - wait × 2)이고 4번째 SPF를 돌리기 전에 기다리는 시간은 4초(= 3번째 기다리는 시간×2)가 된다. 다음 SPF를 돌리는 시간은 8초이고 그 다음 SPF를 돌리는 시간들은 모두 10초다. SPF-max-wait를 10초로 설정했기 때문이다. IS-IS Throttle의 목적은 링크 업/다운의 반복 등으로 인한 CPU의 과다 소모를 방지하기 위한 것이다.

[표 11-29] ▶ IS-IS 타이머 변경 II

명령어	설명
Router(config)#router is-is Router(config-router)#net 49.0001.1111.1111.1111.00 Router(config-router)#spf-interval 10 100 1000	• 10초(SPF-max-wait): SPF 계산 사이의 최대 간격(1~120 사이에 설정 가능) • 100ms(SPF-initial-wait): 토폴로지 변경 이후에 최초 SPF 계산 전에 기다리는 시간. (1~120,000ms 사이에 설정 가능) • 1,000ms(SPF-second-wait): 첫 SPF 계산과 두번째 SPF 계산 사이익 간격(1~120,000 ms 사이에 설정 가능)

둘째 솔루션은 BFD(Bidirectional Forwarding Detection)이다.

BFD는 OSPF, IS-IS, EIGRP 등의 다양한 프로토콜을 지원한다. 그 개념과 동작 원리는 앞서 설명하였다. IS-IS BFD 설정 명령은 [표 11-30]과 같다. 'bfd interval 50 min rx 50 multiplier 3' 명령을 보자. 'interval 50'은 라우터가 희망하는 BFD 패킷의 전송 주기다. 'min_rx 50'는 라우터가 기대하는 BFD 패킷의 수신 주기다. 'multiplier 3'은 라우터가 이웃 라우터가 다운되었다고 판단하기 전에 기다리는 BFD 패킷 수를 가리킨다.

[표 11-30] ▶ IS-IS BFD 설정

구분	명령어	설명
R1	R1(config)#router isis R1(config-router)# net 49.0001.1720.1600.1001.00 R1(config-router)# bfd all-interfaces R1(config-router)# exit R1(config-if)#interface fastethernet 0/1 R1(config-if)#ip address 1.1.1.1 255.255.255.0 R1(config-if)#ip router isis R1(config-if)#bfd interval 50 min_rx 50 multiplier 3	• interval: 기대하는 BFD 패킷 전송 주기(milliseconds) • min_rx: 기대하는 BFD 패킷 수신 주기(milliseconds) • multiplier: 이웃 라우터 다운으로 판단 전에 기다리는 연속 BFD 패킷 수 [설정 범위] bfd interval(50-999)min_rx(1-999)multiplier(3-50)
R2	R2(config)#router isis R2(config-router)# net 49.0001.1720.1600.2002.00 R2(config-router)# bfd all-interfaces R2(config-router)# exit R2(config-if)#interface fastethernet 0/1 R2(config-if)#ip address 1.1.1.2 255.255.255.0 R2(config-if)#ip router isis R2(config-if)#bfd interval 50 min_rx 50 multiplier 3	

셋째 솔루션은 Hold down 타이머가 문제가 되는 CASE 1과 CASE 4에 대한 해결 방안이다. 즉 [그림 11-24]와 같이 코어 계층에 스위치 대신 라우터를 배치한다. R4 다운 시의 컨버전스 절차는 [표 11-31]과 같다. 결과적으로 R4 다운 시 대략 5.5초 동안 50%의 트래픽이 유실된다. 이를 해결하기 위해서 SPF Delay도 줄여야 한다.

[그림 11-24] ▶ IS-IS 컨버전스 시나리오 V

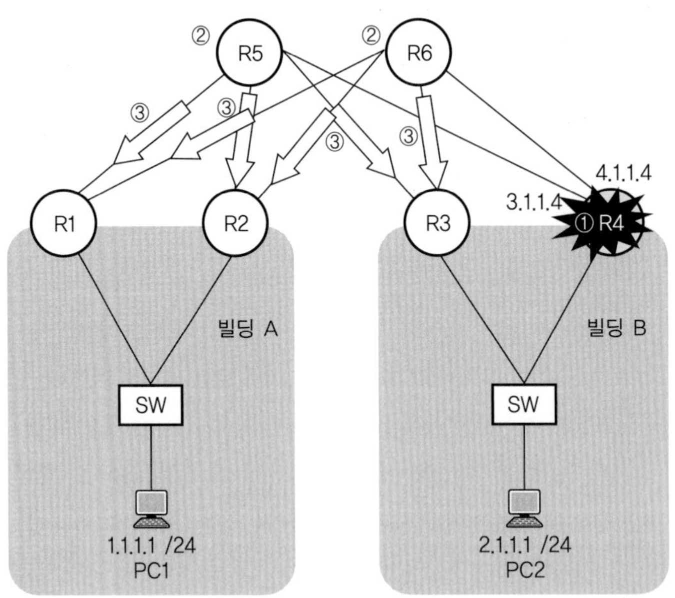

[표 11-31] ▶ IS-IS 컨버전스 절차 V

순서	설명	소요 시간
①	R4가 다운되면	-
②	R5와 R6은 연결된 링크 다운을 감지하고 토폴로지 테이블과 라우팅 테이블에 즉시 반영한다. 예를 들어, '2.1.1.0 /24 via 3.1.1.4' 경로와 '2.1.1.0 /24 via 4.1.1.4' 경로는 라우팅 테이블에서 즉시 삭제된다.	-
③	R5와 R6은 링크 다운을 LSP로 R1,R2,R3에게 알린다.	-
④	R1, R2, R3는 SPF Delay 이후에 알고리즘을 돌려 라우팅 테이블을 새로 만든다.	약 5.5초

Lecture 05

EIGRP 컨버전스 최소화

강의 키워드 Hello 인터벌Hold down 타이머, 시나리오별 컨버전스 타임, 컨버전스 타임 개선 방법(타이머 조정, BFD 등)

EIGRP 타이머는 [표 11-32]와 같다. Hello 패킷은 K값과 AS 번호를 비교하여 일치하는 라우터들을 찾아 네이버 테이블을 만든다. 그 이후에도 Hello 패킷은 네이버(이웃) 테이블에 보이는 라우터들과 5초 주기로 교환하여 네이버 라우터가 살아 있는지 확인한다. Hold down 타이머인 15초 내에 Hello 패킷이 도착하지 않으면 네이버 라우터가 다운되었다고 판단한다. 이러한 메커니즘은 OSPF, IS-IS와 동일하다.

[표 11-32] ▶ EIGRP 타이머들

구분	5초	5초	5초	5초	5초	5초
Hello 인터벌	5초	5초	5초	5초	5초	5초
Hold Down 타이머	15초			15초		

5초/15초 주기는 LAN 환경에서의 디폴트 타이머이고, T1 이하의 전용회선이나 NBMA(Non-Broadcast MultiAccess, 예를 들어 ATM) 네트워크에서 디폴트 타이머는 60초/180초다.

[표 11-33] ▶ Hello 타이머와 Hold down 타이머

구분	설명	디폴트 값
Hello 타이머	Hello 주기	5초 (LAN)
Holddown 타이머	Hold down 타이머 내에 Hello 패킷이 도착하지 않으면 이웃 라우터가 다운되었다고 판단하고 이웃 라우터가 준 네트워크 정보를 라우팅 테이블에서 삭제한다.	15초 (LAN)

같은 CASE들에서 EIGRP의 컨버전스 절차를 OSPF, IS-IS와 비교해보자.

① CASE 1

[그림 11-25]를 보자. (a) 링크 다운 시의 R2, R3의 컨버전스 절차는 [표 11-34]와 같다. 이 경우, 컨버전스 목표는 R2와 R3의 라우팅 테이블에서 1.1.1.0 /24 네트워크 정보가 삭제되는 것이다. 이 과정에 관여하는 타이머가 Holddown 타이머(15초)다. 컨버전스 타임을 개선하기 위해서 Holddown 타이머(15초)를 줄여야 한다.

[그림 11-25] ▶ EIGRP 컨버전스 시나리오 I

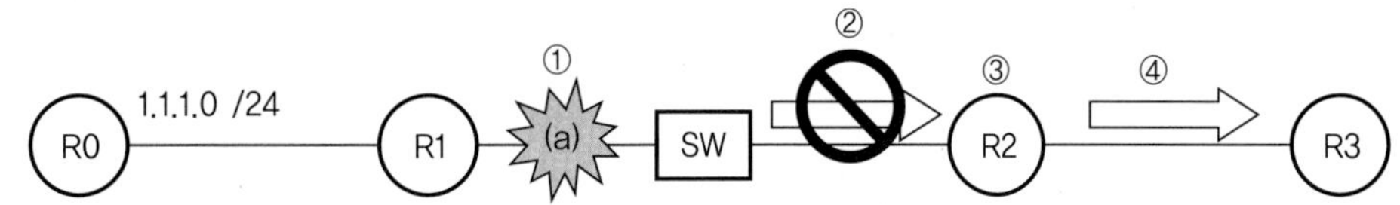

[표 11-34] ▶ EIGRP 컨버전스 절차 I-1

순서	설명	소요 시간
①	(a) 링크가 다운되면	–
②	R2는 R1으로부터 Hello를 받지 못한다.	–
③	R2는 R1으로부터 Holddown 타이머 동안 Hello를 받지 못하면 R1으로부터 수신한 1.1.1.0 /24 정보를 라우팅 테이블에서 삭제한다.	(R2) 15초(Holddown 타이머)
④	R2는 R3에게 즉시, Update(네트워크 다운)를 보낸다.	(R3) 15초

[그림 11-25]에서 (a) 링크가 다시 살아나면 다시 네이버 테이블과 라우팅 테이블을 만들어야 한다. 이 때의 컨버전스 타임은 [표 11-35]와 같다. 이 경우의 컨버전스 타임을 결정하는 타이머는 없다. 즉, 거의 즉시 컨버전스된다.

[표 11-35] ▶ EIGRP 컨버전스 절차 I-2

순서	설명	소요 시간
①	(a) 링크가 업이 되면 Hello를 교환하여 네이버 테이블을 만든다.	–
②	R1은 R2에게 Update (1.1.1.0 /24 네트워크 정보)를 보낸다.	
③	R2는 Update를 수신하면 R3에게 전달하고 라우팅 테이블에 반영한다.	–

② CASE 2

[그림 11-26]은 코어 계층이 생략된 구성이다. (a) 링크 다운 시의 R1, R3의 컨버전스 과정은 [표 11-36]과 같다. 결과적으로 PC1과 PC3이 통신 도중, (a) 링크가 다운되었을 때, 컨버전스 타임과 관련된 타이머가 없다. 따라서 컨버전스 타임은 Query, Reply, Update 패킷을 교환하고 라우팅 테이블을 업데이트 하는 시간이 소요된다.

[그림 11-26] ▶ EIGRP 컨버전스 시나리오 II

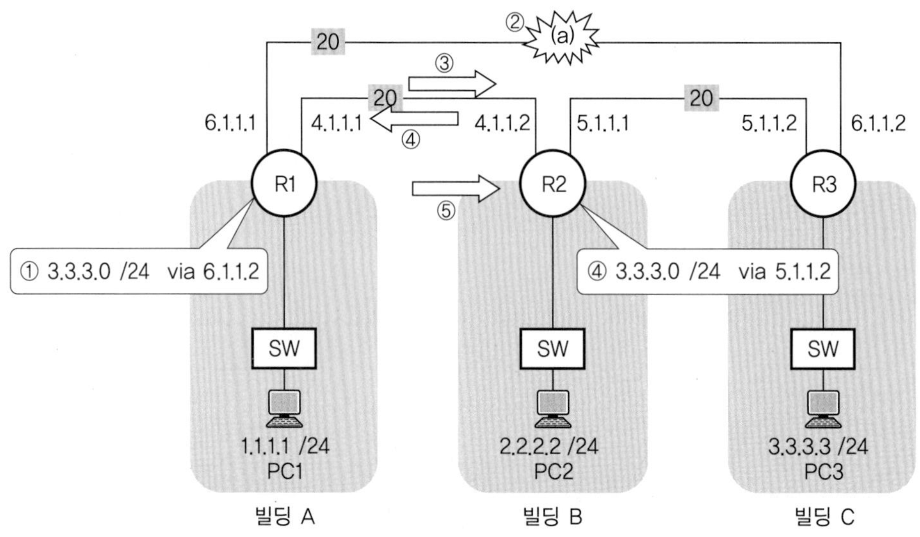

[표 11-36] ▶ EIGRP 컨버전스 절차 II

순서	설명	소요 시간
①	R1에서 빌딩 C의 3.3.3.0 /24 네트워크에 대한 베스트 루트는 6.1.1.2 라우터를 거치는 경로다. Successor(베스트 루트)의 FD(Feasible Distance)는 20으로 가장 좋다.	-
②	②번 경로가 다운되면, R1 입장에서는 직접 연결된 인터페이스가 다운되었기 때문에 즉시 베스트 루트가 삭제된다. R1은 Feassible Successor가 있는지 찾는데 [표 11-39]와 같이 Feasible Successor에 해당하는 경로가 없기 때문에	-
③	R1은 직접 연결된 모든 라우터, 여기서는 R2에게 Query 패킷을 보낸다.	-
④	R2는 '3.3.3.0 /24 via 5.1.1.2' 경로를 베스트 루트로 가지고 있으므로 이 네트워크 정보를 Reply 패킷으로 R1에게 응답한다. R1은 3.3.3.0/24 via 4.1.1.2 정보를 라우팅 테이블에 반영한다.	-
⑤	R1은 6.1.1.0 /24 네트워크의 메트릭이 Inaccessible(4694967295)로 바뀌었으므로 Update 패킷을 R2에게 보낸다.	-

'via R2' 경로가 Feasible Successor가 되기 위해서는 [표 11-37]에서 ㉮값이 ㉯값보다 작아야 한다.

[표 11-37] ▶ R1의 3.3.3.0 /24 네트워크에 대한 토폴로지 테이블

목적지 네트워크	경로	Feasible Distance	Advertised Distance	베스트 루트
3.3.3.0 /24	via R3	㉯20	0	Successor
	via R2	40	㉮20	FS 조건에 해당하지 않음

3 CASE 3

[그림 11-27]은 코어 계층이 이중화된 구성이다. R1과 R2에는 Packet by Packet 로드밸런싱이 설정되었다고 가정해보자. 그러면, PC1과 PC2 간의 트래픽은 (a) ~(d)의 모든 링크들을 거칠 것이다. (a) 네트워크 다운 시에 PC1과 PC2 사이의 트래픽은 약 15초 동안 50%가 유실된다.

[그림 11-27] ▶ EIGRP 컨버전스 시나리오 Ⅲ

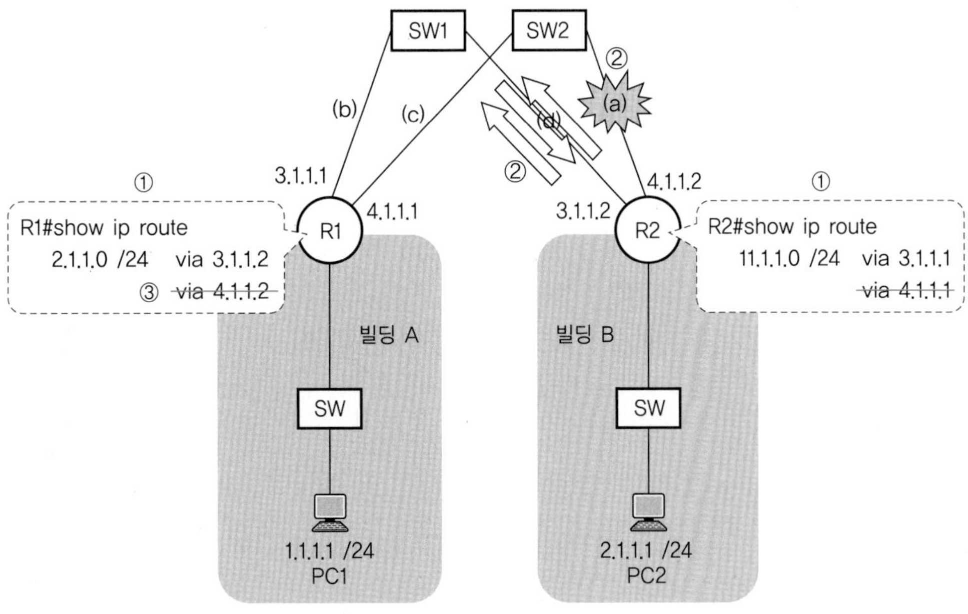

[표 11-38] ▶ EIGRP 컨버전스 절차 Ⅲ

순서	설명	소요 시간
①	R1에서 빌딩B의 2.1.1.0 /24 네트워크에 대한 경로로 'via 3.1.1.2' 경로와 'via 4.1.1.2' 경로 사이에서 로드 분산할 것이다. R2에서 빌딩 A의 1.1.1.0 /24 네트워크에 대한 경로로 'via 3.1.1.1' 경로와 'via 4.1.1.1' 경로 사이에서 로드분산할 것이다.	-
②	R2 입장에서는 (a) 네트워크가 다운되면, 직접 연결된 링크가 다운되었으므로 R2의 라우팅 테이블에서는 즉시 삭제한다. 다운된 (a) 네트워크(4.1.1.0 /24)에 대한 대안 경로가 있는지 Query 패킷을 보내고 R1으로 부터 대안 경로에 대한 정보를 Reply로 수신한다. 또한, 4.1.1.0 /24 네트워크 다운 정보를 Update 패킷으로 R1에게 보낸다.	-
③	(a) 네트워크가 다운되면, R1은 직접 연결된 네트워크가 아니므로 'via 4.1.1.2' 경로가 라우팅 테이블에 계속 남아 있다. 4.1.1.2 라우터로 부터 Holddown 타이머 내에 Hello를 받지 못하면, R2와의 네이버 관계가 다운되었다고 판단하고 '2.1.1.0 /24 via 4.1.1.2'를 라우팅 테이블에서 삭제한다.	(Holddown 타이머) 15초

④ CASE 4

[그림 11-28]은 코어 계층 뿐만 아니라 디스트리뷰션 계층도 이중화한 구성이다. 모든 라우터에는 Packet by Packet 로드밸런싱이 설정되었다 가정하면, PC1과 PC2 간의 트래픽은 모든 링크들 간에 로드 분산 한다. R4 다운 시의 컨버전스 절차는 [표 11-39]와 같다. 결과적으로 PC1 과 PC2 간의 트래픽은 R4 다운 시에 약 15초의 시간 동안 50%의 트래픽이 유실된다. 컨버전스 타임을 개선하기 위해 지연의 원인이 되는 Holddown 타이머를 줄여야 한다.

[그림 11-28] ▶ EIGRP 컨버전스 시나리오 Ⅳ

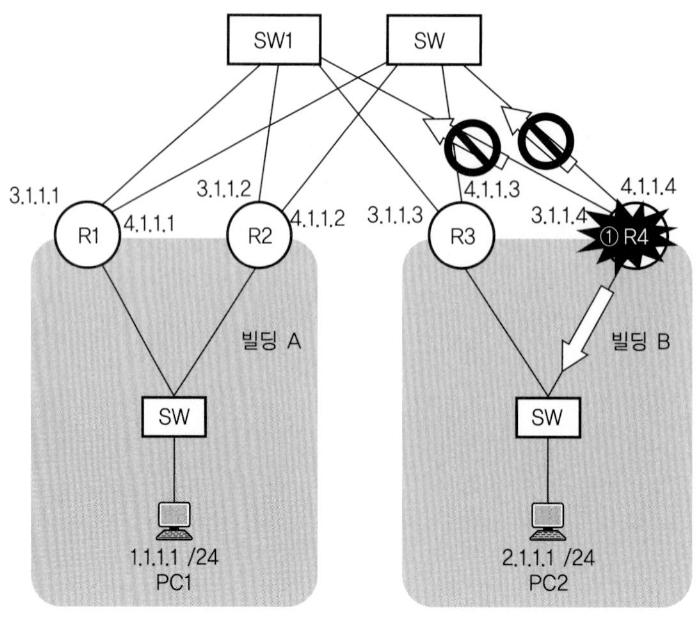

[표 11-39] ▶ EIGRP 컨버전스 절차 Ⅲ

순서	설명	소요 시간
①	R4가 다운되면 R1, R2, R3는 R4로부터 Hello를 받지 못한다.	–
②	R1, R2, R3는 R4부터 Hold down 타이머(15초) 동안 Hello를 받지 못하면 R4로부터 수신한 2.1.1.0 /24 정보를 라우팅 테이블에서 삭제한다.	(Holddown 타이머) 15초

지금부터, EIGRP 환경에서 컨버전스 타임을 줄이는 솔루션들에 대해 알아보자. 이 문제를 해결하기 위한 솔루션은 OSPF, IS-SI와 동일하다.

첫째 솔루션은 CASE1~4에서 모두 적용하는 방식으로 컨버전스 타임을 결정하는 타이머를 줄여주는 것이다. 각 CASE별로 컨버전스 타임과 관련 타이머들을 [표 11-40]과 같이 정리할 수 있다.

[표 11-40] ▶ CASE 1~4 컨버전스 타임과 관련 타이머들

구분	IS-IS	
	컨버전스 타임	관련 타이머
CASE 1	약 15초	Hold down
CASE 2	–	–
CASE 3	–	Hold down
CASE 4	약 15초	Hold down

[표 11-41]은 EIGRP 타이머를 변경하는 명령이다. Hello 인터벌만 설정한다면 Hold down 타이머는 Hello 인터벌의 3배수로 자동 설정된다.

[표 11-41] ▶
IS-IS 타이머 변경 I

명령어	설명
Router(config)#interface fastethernet 0/0 Router(config-if)# ip hello-interval eigrp 100 1 Router(config-if)# ip hold-time eigrp 100 3	1초 : hello-interval 3초 : Holddown 타이머 100 : AS 번호

둘째 솔루션은 BFD(Bidirectional Forwarding Detection)다.

BFD는 OSPF, IS-IS, EIGRP 등의 다양한 프로토콜을 지원한다. 그 개념과 동작 원리는 앞서 설명하였다. IS-IS BFD 설정 명령은 [표 11-42]와 같다. 'bfd interval 50 min rx 50 multiplier' 명령을 보자. 'interval 50'은 라우터가 희망하는 BFD 패킷의 전송 주기다. 'min_rx 50'는 라우터가 기대하는 BFD 패킷의 수신 주기다. 'multiplier 3'은 라우터가 이웃 라우터가 다운되었다고 판단하기 전에 기다리는 BFD 패킷 수를 가리킨다.

[표 11-42] ▶
EIGRP BFD 설정

구분	명령어	설명
R1	R1(config)#router eigrp 100 R1(config-router)# network 1.0.0.0 R1(config-router)# exit R1(config-if)#interface fastethernet 0/1 R1(config-if)#ip address 1.1.1.1 255.255.255.0 R1(config-if)#bfd interval 50 min_rx 50 multiplier 3	interval: 기대하는 BFD 패킷 전송 주기(milliseconds) min_rx : 기대하는 BFD 패킷 수신 주기 (milliseconds) multiplier : 이웃 라우터 다운으로 판단 전에 기다리는 연속 BFD 패킷 수 [설정 범위] bfd interval<50-999>min_rx<1-999>multiplier<3-50>
R2	R2(config)#router eigrp 100 R2(config-router)# network 1.0.0.0 R2(config-router)# bfd all-interfaces R2(config-router)# exit R2(config-if)#interface fastethernet 0/1 R2(config-if)#ip address 1.1.1.2 255.255.255.0 R2(config-if)#bfd interval 50 min_rx 50 multiplier 3	

셋째 솔루션은 Hold down 타이머가 문제가 되는 CASE1, CASE3, CASE4에 대한 해결 방안이다. 즉 [그림 11-29]와 같이 코어 계층에 스위치 대신 라우터를 배치한다. R4 다운 시의 컨버전스 절차는 [표 11-43]과 같다. 결과적으로 R4 다운 시에 지연의 원인이 되는 타이머가 없으므로 즉시 convergence 된다.

[그림 11-29] ▶
EIGRP 컨버전스 시나리오 V

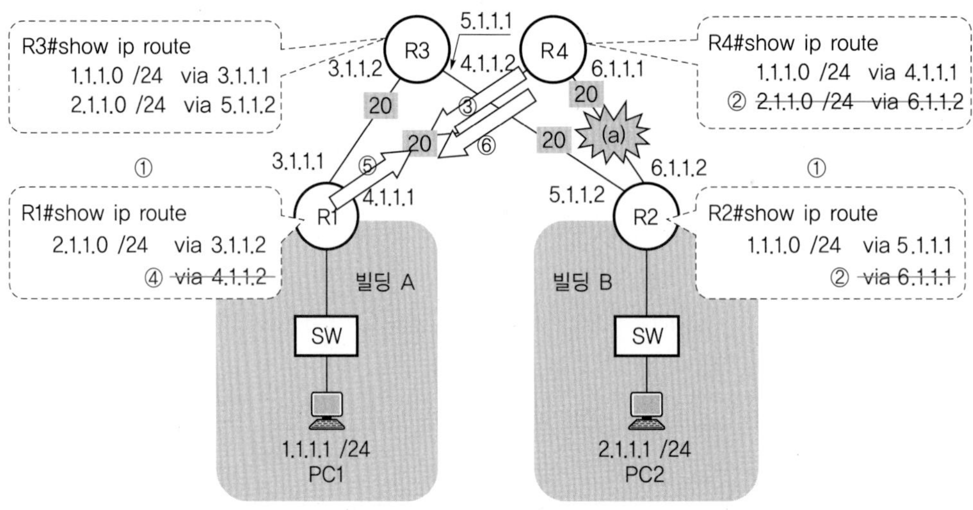

[표 11-43] ▶
EIGRP 컨버전스 절차 Ⅳ

순서	설명	소요 시간
①	R1에서 빌딩 B의 2.1.1.0 /24 네트워크에 대한 경로로 'via 3.1.1.2' 경로와 'via 4.1.1.2' 경로 사이에서 로드 분산할 것이다. R2에서 빌딩A의 1.1.1.0 /24 네트워크에 대한 경로로 'via 5.1.1.1' 경로와 'via 6.1.1.1' 경로 사이에서 로드 분산할 것이다.	-
②	R2와 R4는 (a) 링크가 다운되면, 직접 연결된 링크가 다운되었으므로 해당 네트워크를 토폴로지 테이블과 라우팅 테이블에서 즉시 삭제한다. 또한, (a) 링크를 통과해야 도달할 수 있는 목적지 네트워크들에 대해 Feasible Successor가 있는지 토폴로지 테이블에서 찾아 라우팅 테이블에 반영한다.	-
③	R4의 토폴로지 테이블에 2.1.1.0 /24 네트워크에 대한 ([표 11-46] 참조할 것) Feasible Successor가 없기 때문에 R1에게 Query 패킷을 보낸다.	-
④	R1은 2.1.1.0 /24 네트워크에 대한 Query가 R4에서 도착했으므로 '2.1.1.0 /24 via 4.1.1.2' 경로를 토폴로지 테이블과 라우팅 테이블에서 삭제한다.	-
⑤	R1은 2.1.1.0 /24 네트워크에 대한 다른 경로('via 3.1.1.2')를 가지고 있으므로 Reply 패킷으로 대안 경로 정보를 R4에게 보낸다. R4는 Reply패킷을 받아 토폴로지 테이블과 라우팅 테이블에 반영한다.	-
⑥	R4는 6.1.1.0 /24 네트워크에 대한 메트릭이 inaccessble(429456725)로 변경되었으므로 6.1.1.0 /24(inaccessible) 정보를 R1에게 보낸다.	-

R4에서 2.1.1.0 /24에 대해 Feasible Successor 조건에 해당하는 경로가 없다. 'via R1' 경로가 FS(백업루트)가 되기 위해서는 ㉮ 값이 ㉯ 값보다 작아야 한다.

[표 11-44] ▶
R4의 2.1.1.0 /24 네트워크에 대한 토폴로지 테이블

목적지 네트워크	경로	Feasible Distance	Advertised Distance	베스트 루트
2.1.1.0 /24	via R2	㉯20	0	Successor
	via R1	60	㉮40	FS 조건에 해당하지 않음

EIGRP에서 컨버전스 타임이 길어지는 원인으로 Query 패킷을 든다. Query는 특정 네트워크에 대한 Successor(베스트 루트)가 다운되고 토폴로지 테이블에 대안 경

로(FS)가 없을 때 보내지는데, 대안 경로를 가진 라우터를 만날 때까지 여행한다. 이 상태를 Active 상태라고 한다. 이 Query 패킷에 대한 응답인 Reply 패킷이 3분 내에 도착하지 않으면 Reply를 보내지 않은 라우터와 네이버 관계를 끊고 다시 맺는다. Reply를 기다리는 3분 동안은 라우팅 테이블이 완벽하지 못한 상태이기 때문에 Query 패킷의 이동 범위가 넓으면 결국 컨버전스 타임을 길게 하는 원인이 된다. Query 패킷의 이동 범위를 제한하는 방법은 두 가지가 있다. 즉, [그림 11-30]과 같이 Route Summarization과 Stub 라우터 설정이다.

첫째, Route Summarizaiton을 설정하면 실제 정보가 아닌 요약 정보를 가진 라우터(R6)에 Query가 도착하면 Reply(네트워크 다운)로 응답하고, Query 패킷은 더 이상 전파되지 않는다.

둘째, Stub 환경을 구성할 수 있다. [그림 11-30]의 R8을 Stub 라우터로 설정하면 Stub 라우터에게는 Query 패킷을 보내지 않는다. Stub 라우터는 EIGRP Hello 패킷에서 자신이 Stub 라우터임을 표시한다.

[그림 11-30] ▶ EIGRP의 백그라운드 트래픽 최소화

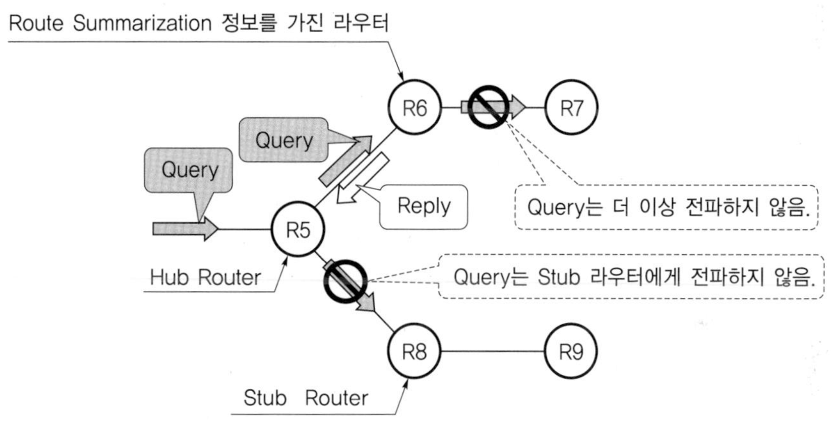

Stub 라우터를 설정하면, Stub 라우터는 Connected된 네트워크 정보와 Route Summarizaiton된 네트워크 정보만 Hub 라우터인 R5에게 보낸다. 즉, 모든 네트워크 정보를 전달하지 않음으로써, CPU, 밴드위스, 메모리 등의 네트워크 자원을 절약하고, Query의 이동 범위를 제한하여 컨버전스 타임을 줄인다. EIGRP Stub 라우터를 설정하는 방법은 [표 11-45]와 같다.

[표 11-45] ▶ EIGRP Stub 설정

명령어	설명
R8(config)#router eigrp 1 R8(config-router)#network 10.0.0.0 R8(config-router)#eigrp stub	'eigrp stub'를 설정하면 Stub 라우터는 디폴트 정보만 수신하며 Hub 라우터에게는 'Connected된 네트워크 정보'와 'Route Summarization'된 정보만 전달한다.

Lecture 06

AS와 BGP 개념

강의 키워드 EGP, ISP AS, ISP의 고객 AS, BGP의 대안(Static 라우팅), 멀티플 커넥션과 BGP

라우팅 프로토콜들은 IGP(Interior Gateway Protocol)와 EGP(Exterior Gateway Protocol)로 구분한다. IGP는 AS(Autonomous System) 내부에서 적용하고, EGP는 AS 간에 적용한다. AS마다 각기 다른 IGP를 사용하기 때문에 AS 간에 적용할 공통된 라우팅 프로토콜이 필요하기 때문에 정의되었다.

또한, BGP는 TCP로 라우팅 업데이트 등의 BGP 패킷들을 교환한다. TCP를 이용하는 FTP(File Transfer Protocol)가 파일 서버와 클라이언트가 같은 네트워크에 있든 다른 네트워크에 있든 위치에 관계 없이 파일을 다운로드할 수 있듯이 BGP도 TCP를 사용하기 때문에 네이버 라우터가 직접 연결돼 있건, 직접 연결되지 않건 상관없다. 이에 반해, IGP 계열의 모든 라우팅 프로토콜은 직접 연결된 라우터끼리만 라우팅 업데이트 패킷을 교환할 수 있다. [그림 11-31]을 보자. R1과 R3 라우터는 직접 연결돼있지 않지만 BGP 라우팅 업데이트 패킷의 교환이 가능하다.

[그림 11-31] ▶ AS와 BGP

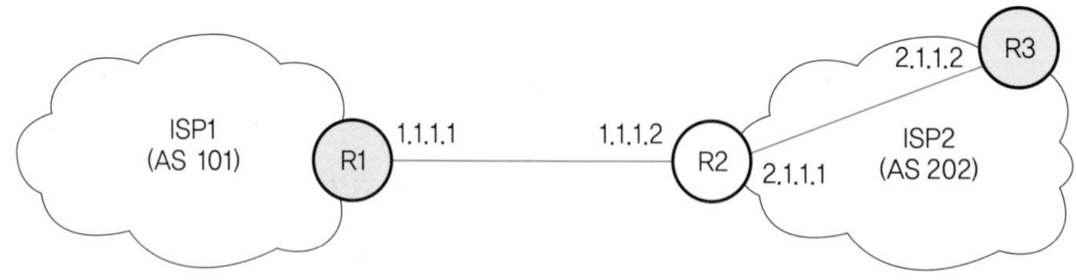

[표 11-46]은 [그림 11-31]의 R1과 R3에 대한 BGP 설정이다. BGP 라우터는 BGP 정보를 교환할 네이버 라우터가 어디에 위치할지 알 수 없으므로 BGP 설정 시에 'neighbor 2.1.1.2 remote-as 202'와 같이 네이버 라우터의 주소를 설정해야 한다. 'remote-as' 번호는 상대편 AS 번호이다,

BGP가 사용하는 AS 번호는 IGP에서 처럼 아무 번호나 사용해서는 안 된다.

IANA(Internet Assigned Numbers Authority)가 AS 번호를 할당한다. AS 번호는 16비트 길이로, 1~65535 범위를 가진다.

[표 11-46] ▶ BGP 설정

구분	명령어
R1	R1(config)#router bgp 101 R1(config-router)#neighbor 2.1.1.2 remote-as 202
R3	R3(config)#router bgp 202 R3(config-router)#neighbor 1.1.1.1 remote-as 101

[그림 11-32]와 같이 AS들이 연결된 것이 인터넷이다. ISP(Internet Service Provider) AS들은 서로 직접 혹은 간접적으로 연결되어 있고, 고객 AS들은 ISP AS에 연결되어 있다. [그림 11-32]를 보면, 고객 AS들은 AS 102와 같이 보통 인터넷 접속 라우터(INTNET)만 BGP를 돌린다.

우리 회사에서 INTNET 라우터(인터넷 접속 라우터)에서 BGP를 돌리는 목적은 우리 회사 네트워크 정보를 전 세계에 BGP Update로 알리고, 또한 전 세계의 네트워크 정보를 BGP Update로 받는 데 있다. 고객 AS 102의 내부 라우터에 속하는 R1 라우터는 전 세계의 BGP 정보를 받는 대신 디폴트 스태틱 루트(ip route 0.0.0.0 0.0.0.0 1.1.1.1)만 설정한다. R1 라우터에서 BGP를 돌려 전 세계 네트워크 정보를 받을 수는

[그림 11-32] ▶ 인터넷과 BGP

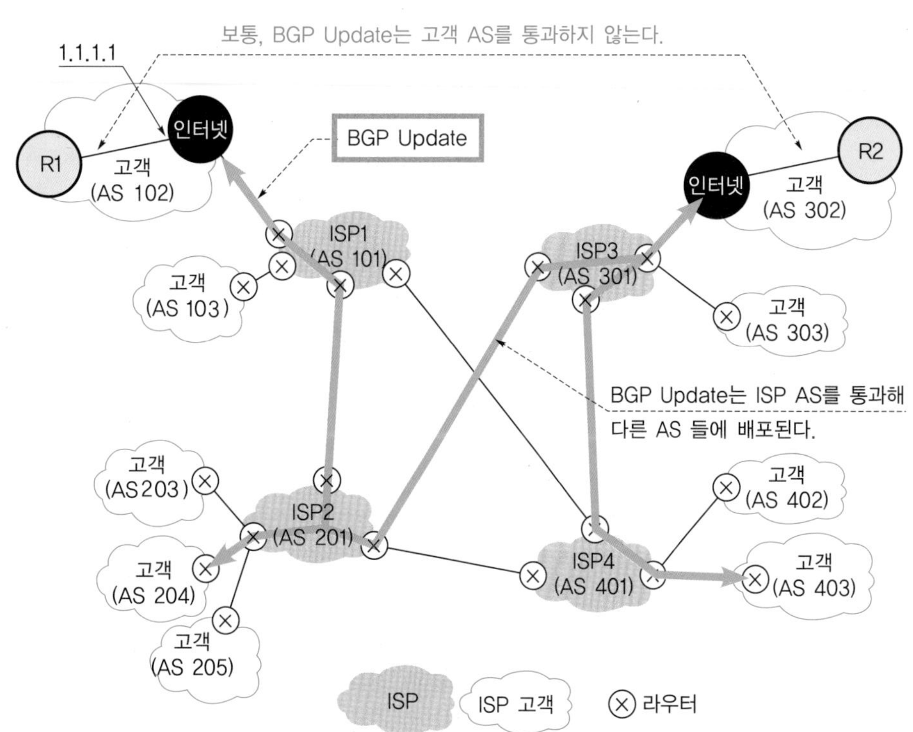

있지만, 수십만 개의 네트워크 정보 때문에 라우팅 테이블만 길어지게 한다.

이에 반해 ISP의 모든 라우터들은 BGP를 돌려서 모든 BGP Update를 통과시켜 AS들 간에 네트워크 정보를 교환하도록 하여 인터넷 연결이 가능하게 한다.

즉, AS는 [표 11-47]과 같이 Tansit AS와 Stub AS로 구분한다. BGP Update가 AS를 통과하는 ISP AS가 Transit AS에 속하고, AS를 통과하지 않는 고객 AS가 Stub AS에 속한다.

[표 11-47] ▶ Transit AS와 Stub AS

구분	설명
Transit AS (= ISP AS)	AS 간의 BGP Update 교환을 위해, BGP Update가 AS를 통과하게 해야 하므로 모든 라우터가 BGP를 돌려야 한다.
Stub AS (= 고객 AS)	보통, 인터넷 접속 라우터만 BGP를 돌리므로 BGP Update가 AS를 통과하지 않는다.

BGP는 AS 간에 적용하는 라우팅 프로토콜이다. AS 간에 적용할 수 있는 다른 라우팅 방법은 없을까? 바로 Static 라우팅이다. 그럼, 언제 BGP를 돌리고, 언제 스태틱 루트를 설정할까? 앞서 'Chapter 9'에 설명한 바와 같이 일반적으로 네트워크에 변화가 일어나도 라우팅 테이블을 바꿀 필요가 없는 싱글 커넥션일 때 스태틱 루트를 적용하고, 네트워크 변화 시 라우팅 테이블의 변화가 필요한 멀티플 커넥션일 때는 BGP를 적용한다.

[그림 11-33] ▶ 싱글 커넥션과 Static 라우팅

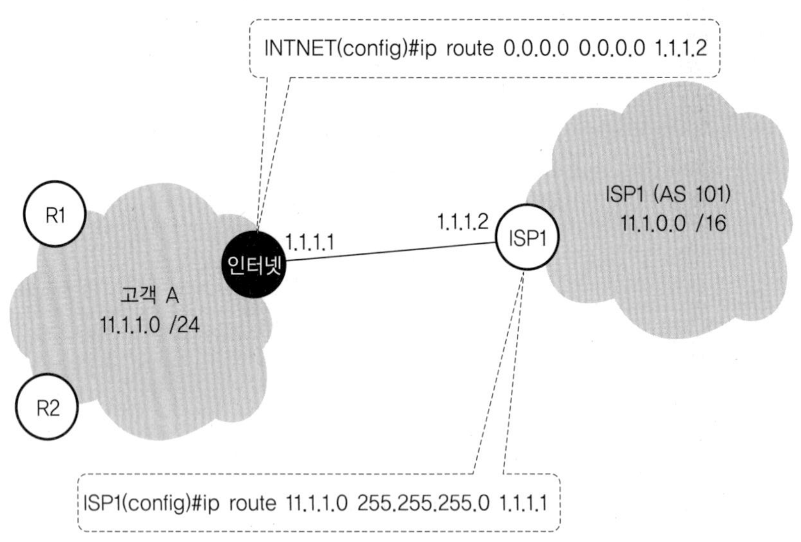

[그림 11-34]에는 [그림 11-33]이 포함되어 있다. ① 고객은 ISP1(11.1.0.0/16)에 속하는 IP 영역(11.1.1.0/24)을 할당받았다. 고객 AS는 BGP를 돌리지 않는다. ② ISP1이 11.1.0.0 /16 정보를 BGP Update로 다른 ISP들([그림 11-34]에서는 ISP3에게 보낸다. ③ 그러므로, 전 세계에서 고객 AS(11.1.1.0 /24 네트워크)를 향하는 패킷은 우선

ISP1을 거쳐야 한다.

[그림 11-34] ▶ BGP Update의 시작 지점

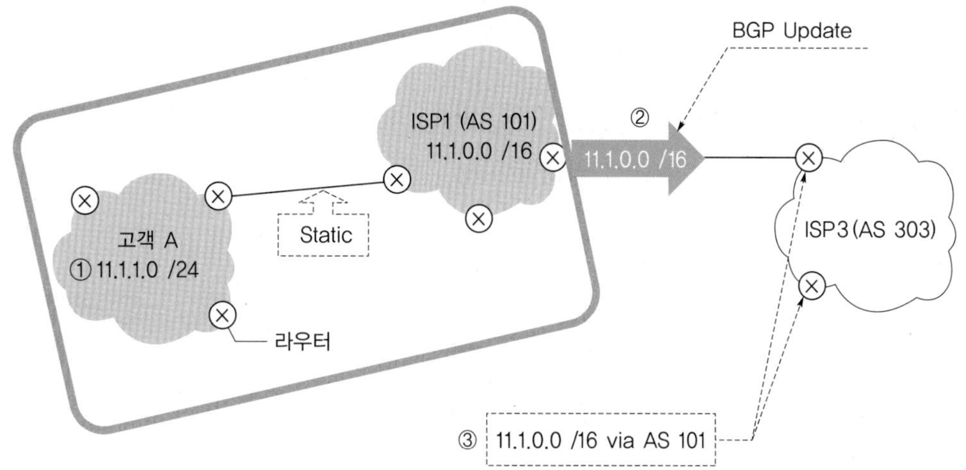

[그림 11-35]는 인터넷 접속을 ① 이중화하였지만 ② Static 루트를 설정하였다. 이 Static 루트를 통해 인터넷을 향하는 트래픽은 분산 가능하다. 그러나, ③ ISP1은 자신의 AS에 속하는 11.1.0.0 /16 네트워크 정보만 ISP3에게 BGP로 내보내고, ④ ISP2 도 자신의 AS에 속하는 22.2.0.0 /16 네트워크 정보만 ISP3에게 BGP로 내보내기 때문에 제 삼자인 ISP3는 고객 A의 네트워크인 11.1.1.0 /24 네트워크를 향하는 경로는 ④ 'via AS101' 만 인식하게 된다. 결국, 'via AS101' 경로가 다운되었을 때 'via AS202' 경로를 활용하지 못한다. 즉, 인터넷에서 고객 A로 들어오는 트래픽은 이중화의 혜택을 누리지 못한다.

[그림 11-35] ▶ 멀티플 커넥션과 Static 라우팅

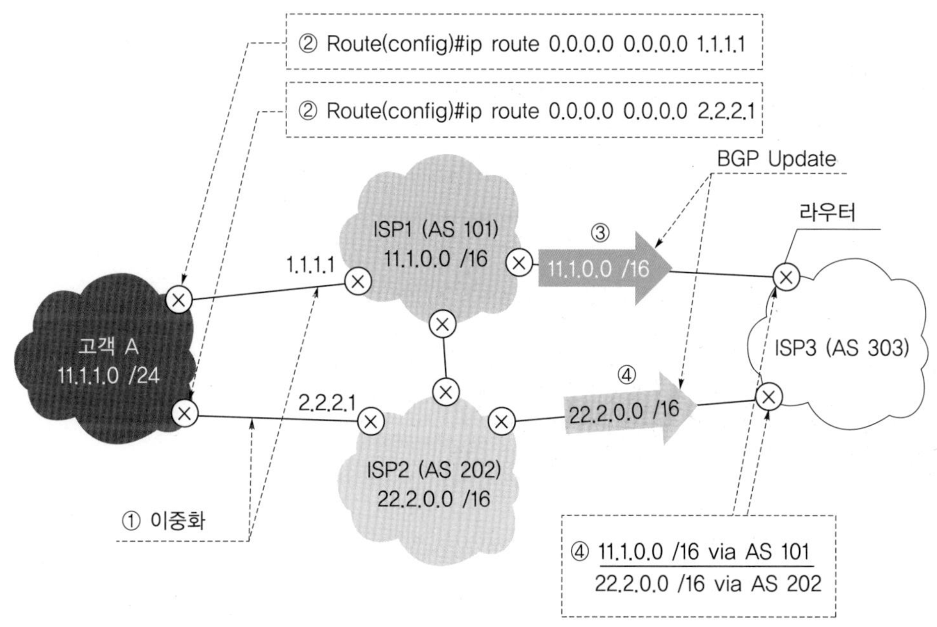

이 문제를 해결하기 위해 고객 A는 BGP를 운용해야 한다. 즉, [그림 11-36]을 보자. 고객 A는 BGP를 돌리기 위해 AS 707을 할당받았다. ① 고객 A의 BGP 네트워크 정보(11.1.1.0 /24)는 고객 A의 인터넷 접속 라우터에서 출발한다. 이 BGP Update는 ISP1과 ISP2를 통과하여 ISP3에 도착하므로 ISP3의 라우팅 테이블에는 ③과 같이 11.1.1.0/24(고객 A) 네트워크에 대해 'via 101' 경로와 'vial 202' 경로가 모두 올라오기 때문에 두 경로를 모두 활용 가능하다.

[그림 11-36] ▶ 멀티플 커넥션과 BGP

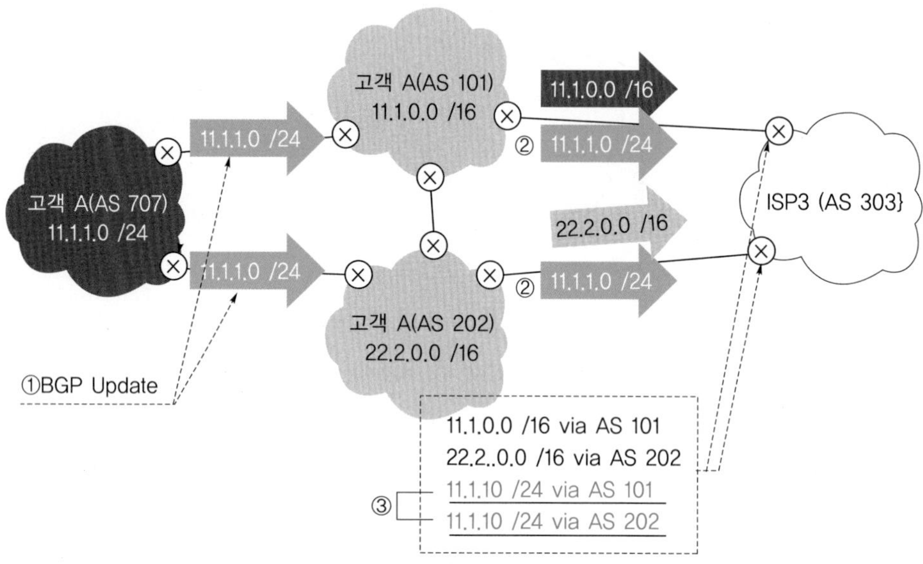

Lecture 07

BGP 설정

강의 키워드 BGP 정보 보내기(network mask, redistribute) Route Summarization 방법, BGP 정보 받기(디폴트 정보)

BGP를 운용하는 이유는 고객 A의 네트워크 정보를 전 세계에 알리고, 전 세계의 네트워크 정보를 수신하는 데 있다. 이번 강의에서는 BGP로 AS의 네트워크 정보를 알리고, 다른 AS의 네트워크 정보를 받는 방법에 대해 설명한다. [그림 11-37] 환경에서 인터넷 접속 라우터는 BGP를 설정할 유일한 라우터다.

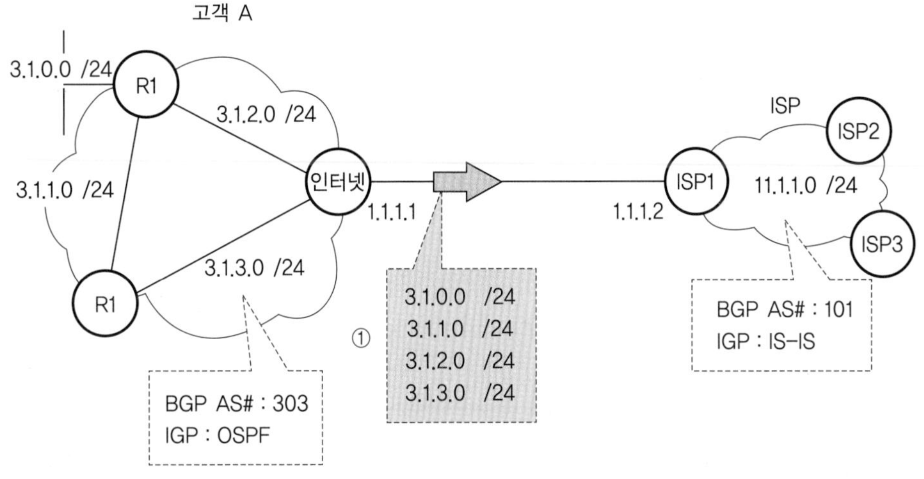

[그림 11-37] ▶ BGP 정보 보내기

1 AS의 네트워크 정보 알리기

첫째, 고객 A에는 3.1.0.0 /24, 3.1.1.0 /24, 3.1.2.0 /24, 3.1.3.0 /24의 4개의 네트워크들이 존재한다. 네트워크의 범위만 지정하면 되는 IGP와 달리, BGP는 [표 11-48]과 같이 'network 3.1.0.0 mask 255.255.255.0'과 같이 전달할 네트워크를 등록시킨다. 이 때, 네트워크 대표 주소(3.1.0.0)와 서브넷 마스크(255.255.255.0)는 라우팅 테이블에 올라온 그대로 등록해야 한다. [표 11-50]에서 ISP1의 라우팅 테이블에

BGP 정보로 올라옴을 확인할 수 있다.

[표 11-48] ▶ BGP 설정과 확인 I

구분	명령어
INTNET	INTNET(config)#router bgp 303 INTNET(config-router)#neighbor 1.1.1.2 remote-as 101 INTNET(config-router)# network 3.1.0.0 mask 255.255.255.0 INTNET(config-router)# network 3.1.1.0 mask 255.255.255.0 INTNET(config-router)# network 3.1.2.0 mask 255.255.255.0 INTNET(config-router)# network 3.1.3.0 mask 255.255.255.0 INTNET(config)#router ospf 303 INTNET(config)#network 3.1.0.0 0.0.255.255 area 0
ISP1	ISP1#show ip route Gateway of last resort is not set 1.0.0.0/24 is subnetted, 1 subnets C 1.1.1.0 is directly connected, FastEthernet0/0 3.0.0.0/24 is subnetted, 4 subnets B 3.1.3.0 [20/0] via 1.1.1.1, 00:00:32 B 3.1.2.0 [20/0] via 1.1.1.1, 00:00:32 B 3.1.1.0 [20/0] via 1.1.1.1, 00:00:32 B 3.1.0.0 [20/0] via 1.1.1.1, 00:00:32

둘째, [표 11-49]와 같이 'redistribute ospf 303'과 같이 리디스트리뷰션을 설정한다. [표 11-49]에서 ISP1 라우터에 라우팅 테이블에서 BGP 정보를 확인할 수 있다.

[표 11-49] ▶ BGP 설정과 확인 II

구분	명령어
INTNET	INTNET(config)#router bgp 303 INTNET(config-router)#neighbor 1.1.1.2 remote-as 101 INTNET(config-router)# redistribute ospf 303 INTNET(config)#router ospf 303 INTNET(config)#network 3.1.0.0 0.0.255.255 area 0
ISP1	ISP1#show ip route Gateway of last resort is not set 1.0.0.0/24 is subnetted, 1 subnets C 1.1.1.0 is directly connected, FastEthernet0/0 3.0.0.0/24 is subnetted, 4 subnets B 3.1.3.0 [20/0] via 1.1.1.1, 00:00:32 B 3.1.2.0 [20/0] via 1.1.1.1, 00:00:32 B 3.1.1.0 [20/0] via 1.1.1.1, 00:00:32 B 3.1.0.0 [20/0] via 1.1.1.1, 00:00:32

수많은 네트워크 정보들을 교환해야 하는 AS 경계에서 Route Summarization은 필수적인 것이다. 3.1.0.0 /24, 3.1.1.0 /24, 3.1.2.0 /24, 3.1.3.0 /24의 4개의 네트워크들은 ②와 같이 3.1.0.0 /22로 요약하여 보내야 한다. 다음 방법들은 Route Summarization을 적용한 방법이다.

[그림 11-38] ▶ BGP 요약 정보 보내기

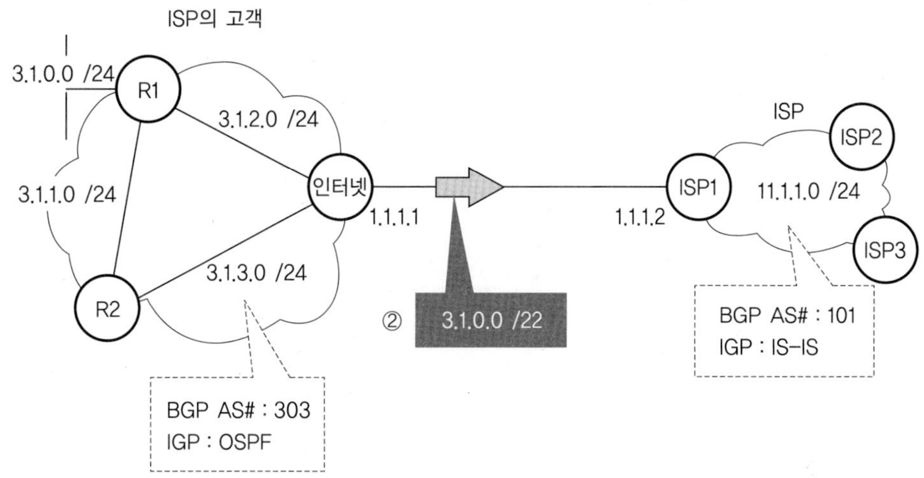

셋째, [표 11-50]과 같이 ① 'aggregate-address 3.1.0.0 255.255.252.0 summary-only' 명령으로 4개의 네트워크 정보를 요약한다. ISP1 라우터에서는 ②와 같이 하나로 요약된 정보를 볼 수 있다.

[표 11-50] ▶ BGP 요약 설정과 확인 I

구분	명령어
INTNET	INTNET(config)#router bgp 303 INTNET(config-router)#neighbor 1.1.1.2 remote-as 101 INTNET(config-router)# network 3.1.0.0 mask 255.255.255.0 INTNET(config-router)# network 3.1.1.0 mask 255.255.255.0 INTNET(config-router)# network 3.1.2.0 mask 255.255.255.0 INTNET(config-router)# network 3.1.3.0 mask 255.255.255.0 ① INTNET(config-router)# aggregate-address 3.1.0.0 255.255.252.0 summary-only INTNET(config)#router ospf 303 INTNET(config)#network 3.1.0.0 0.0.255.255 area 0
ISP1	ISP1#show ip route ② Gateway of last resort is not set 1.0.0.0/24 is subnetted, 1 subnets C 1.1.1.0 is directly connected, FastEthernet0/0 3.0.0.0/22 is subnetted, 4 subnets B 3.1.0.0 [20/0] via 1.1.1.1, 00:00:32

[표 11-51]에서 'network 3.1.0.0 mask 255.255.252.0'은 4개의 네트워크 정보를 요약한 표현이지만, 라우팅 테이블에 올라온 정보일 때만 BGP Update로 전달된다. '3.1.0.0 255.255.252.0' 정보가 라우팅 테이블에 올라오게 하기 위해 Static 루트 설정 표현(즉, 'ip route 3.1.0.0 255.255.252.0 null 0')을 빌린다. 'null 0'는 가상 인터페이스다.

[표 11-51] ▶ BGP 요약 설정과 확인 Ⅱ

구분	명령어
INTNET	INTNET(config)# ip route 3.1.0.0 255.255.252.0 null 0 INTNET(config)#router bgp 303 INTNET(config-router)#neighbor 1.1.1.2 remote-as 101 INTNET(config-router)# network 3.1.0.0 mask 255.255.252.0 INTNET(config)#router ospf 303 INTNET(config)#network 3.1.0.0 0.0.255.255 area 0
ISP1	ISP1#show ip route Gateway of last resort is not set 1.0.0.0/24 is subnetted, 1 subnets C 1.1.1.0 is directly connected, FastEthernet0/0 3.0.0.0/22 is subnetted, 4 subnets B 3.1.0.0 [20/0] via 1.1.1.1, 00:00:32

다섯째, 자동 Route Summarization 방식이다. [표 11-52]를 보자. 'redistribute ospf 303'과 'auto-summary' 명령은 클래스풀하게 요약한다. 즉, 클래스 A에 속하는 정보는 '/8'로 요약되고, 클래스 B에 속하는 정보는 '/16'으로 요약되고, 클래스 C에 속하는 정보는 '/24'로 요약된다.

[표 11-52] ▶ BGP 요약 설정과 확인 Ⅲ

구분	명령어
INTNET	INTNET(config)#router bgp 303 INTNET(config-router)#neighbor 1.1.1.2 remote-as 101 INTNET(config-router)# redistribute ospf 303 INTNET(config-router)# auto-summary INTNET(config)#router ospf 303 INTNET(config)#network 3.1.0.0 0.0.255.255 area 0
ISP1	ISP1#show ip route Gateway of last resort is not set 1.0.0.0/24 is subnetted, 1 subnets C 1.1.1.0 is directly connected, FastEthernet0/0 B 3.1.0.0 /8 [20/0] via 1.1.1.1, 00:00:32

② 다른 AS의 네트워크 정보 받기

[그림 11-39]를 보자. BGP 정보를 어떻게 보낼 것인가는 보내는 라우터인 ISP1이 결정한다. 필요하다면, ISP와 협의하여 국내 정보 등 특정 네트워크 정보만 수신할 수도 있다. 일반적인 경우, BGP 디폴트 정보만 수신하여 다수의 라우팅 Update로 인한 자원의 낭비를 줄인다.

[그림 11-39] ▶ BGP 정보 받기

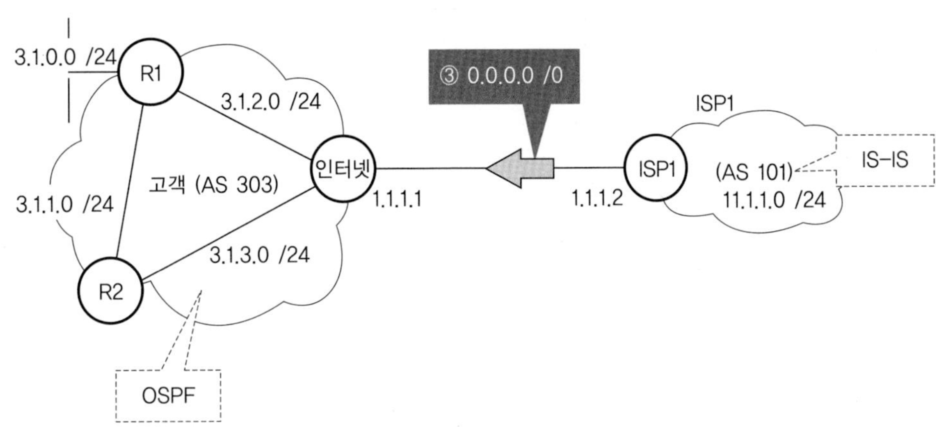

ISP1으로부터 BGP 디폴트 정보만 수신하는 경우, ISP1 라우터에서 'neighbor 1.1.1.1 default-originate' 명령을 적용한다. INTNET 라우터에서 'B* 0.0.0.0/0'의 디폴트 정보가 수신되었음을 확인할 수 있다.

[표 11-53] ▶ BGP 디폴트 루트 설정과 확인

구분	명령어
ISP1	ISP1(config)#router bgp 101 ISP1(config-router)#neighbor 1.1.1.1 remote-as 303 ISP1(config-router)# neighbor 1.1.1.1 default-originate ISP1(config)#router isis ISP1(config)#net 49.0001.1111.1111.1111.00
INTNET	INTNET#show ip route Gateway of last resort is 1.1.1.2 to network 0.0.0.0 3.0.0.0/24 is subnetted, 4 subnets C 3.1.2.0 is directly connected, Loopback3 C 3.1.3.0 is directly connected, Loopback2 O 3.1.1.0 [110/2] via 3.1.2.1 00:05:23, FastEthernet 0/0 via 3.1.2.1 00:27:30, FastEthernet 0/1 B* 0.0.0.0/0 [20/0] via 1.1.1.2, 00:00:08

Lecture 08

BGP 라우팅 & 필터링

강의 키워드 Open과 네이버 테이블, BGP 타이머, AS Path 경로 길이, show ip bgp, BGP 필터링

BGP의 메시지 종류들은 [표 11-54]와 같다. Open 메시지는 라우터 ID, Hold time(이웃 라우터가 살아있다 판단할 수 있는 최대 시간으로 이웃 라우터가 구현한 시간과 자신이 구현한 시간 중 보다 짧은 것이 선택됨)이 들어간다. Keepalive 메시지가 이웃 라우터가 도달 가능한지를 판단하기 위해 교환한다. Update 메시지는 네트워크 정보와 메트릭(BGP에서는 Path attribute라 함)이 들어간다. Notification 메시지는 에러 발생 시 에러 코드를 포함한다.

[표 11-54] ▶ BGP 메시지들

구분	설명
Open	BGP 이웃과의 세션 설정을 위한 메시지로 네이버 테이블을 만듦.
Keepalive	BGP 이웃과 주기적으로 교환하여 네이버의 상태를 확인함.
Update	네트워크 정보와 Path attribute(메트릭)을 포함하는 라우팅 정보.
Notification	에러 발생 시 보냄.

디폴트로 BGP는 네이버 라우터와 Keepalive 메시지를 60초 마다 교환한다. Hold timer는 네이버 라우터가 Keepalive를 네이버 라우터가 다운되었다고 판단하기 전에 기다리는 시간으로 디폴트 타이머는 180초다. 이 타이머 들은 [표 11-55]의 명령을 통해 변경 가능하다.

[표 11-55] ▶ BGP 타이머 설정

구분	설명
Router(config)#router bgp 1 Router(config-router)#timers bgp 1 3	• 1: keepalive (0~65,535초) • 3 hold timer (0~65,535초)

BGP가 베스트 루트를 선정하는 기준은 무엇일까?

BGP 라우팅 정보가 AS들을 통과하면서 자신이 거친 AS 번호를 순서대로 가져오는 것으로 통과한 AS의 수가 적은 길을 선택한다. [그림 11-40]에서 AS 1에서 AS 6으로 간다면 AS 경로 길이가 가장 짧은 AS 1 → AS 3 → AS 6의 루트를 선택할 것이다.

[그림 11-40] ▶ AS 경로 길이의 비교에 의한 경로 선택

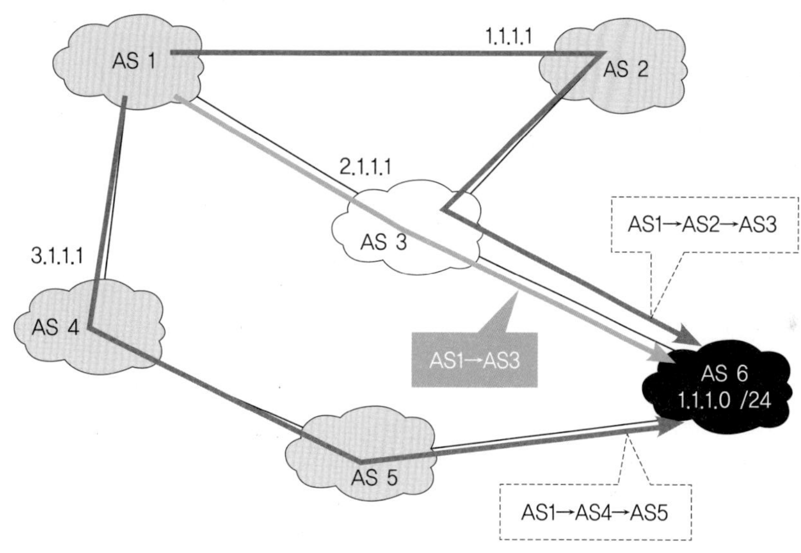

[그림 11-40]에서 AS1에서 1.1.1.0/ 24(AS6) 네트워크에 대해 AS 경로 길이가 가장 짧은 AS 경로, 'AS3 → AS6 경로가 베스트 루트로 선정되어 라우팅 테이블에 올라간다.

[표 11-56] ▶ BGP 라우팅 테이블

구분	AS1 라우터의 BGP & 라우팅 테이블
AS1 라우터의 BGP 테이블	ISP3#show ip bgp BGP table version is 2, local router ID is 3.1.1.2 Status codes: s suppressed, d damped, h history, * valid, > best, i - internal, r RIB-failure, S Stale Origin codes: i - IGP, e - EGP, ? - incomplete Network　　Next Hop　　Metric LocPrf Weight　Path *> 1.1.1.0/24　　2.1.1.1　　0　　0　3 6 i * 1.1.1.0/24　　3.1.1.1　　0　　0　4 5 6 i * 1.1.1.0/24　　1.1.1.1　　0　　0　2 3 6 i
AS1의 라우팅 테이블	ISP3#show ip route Gateway of last resort is not set 1.0.0.0/24 is subnetted, 1 subnets C　2.1.1.0 is directly connected, FastEthernet0/0 C　3.1.1.0 is directly connected, FastEthernet0/1 C　3.1.1.0 is directly connected, FastEthernet0/2 1.0.0.0/24 is subnetted, 4 subnets B　1.1.1.0 [20/0] via 2.1.1.1, 00:00:32

⊙ AS path 경로 길이가 가장 짧은 것이 ⊙ 베스트 루트로 라우팅 테이블에 올라온다.

다음으로, BGP 필터링의 개념과 필요성에 대해 알아보자. [그림 11-41]의 모든 라우터들에 BGP가 설정되었다면 ISP1, ISP2, 우리 회사의 네트워크 정보를 라우터들은 공유할 것이다.

[그림 11-41] ▶ BGP 필터링의 필요성

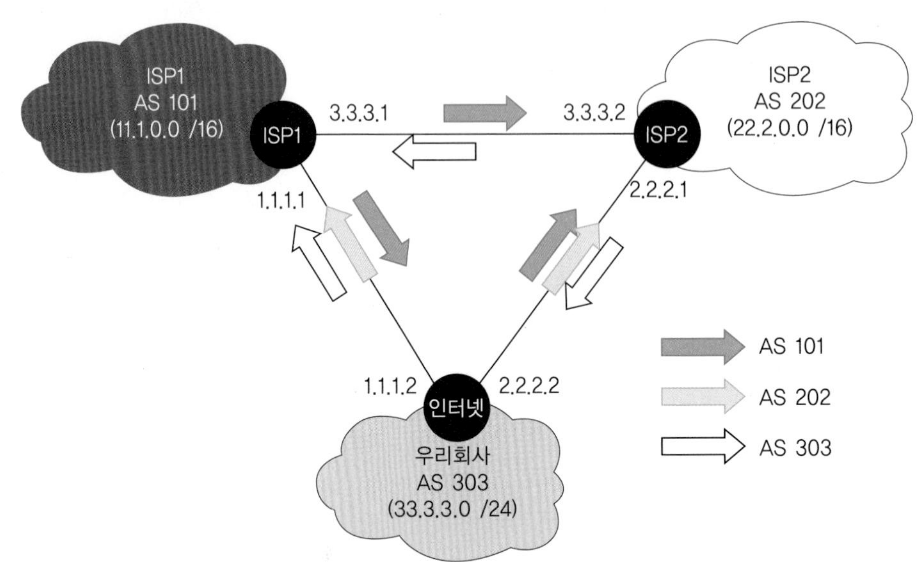

그러면 ISP1 라우터는 ISP2에 속하는 22.2.0.0 /16 네트워크 정보에 대해 가장 적은 AS를 거치는 'via 3.3.3.2 경로를 베스트 루트를 선정할 것이다. 즉, ISP1과 ISP2는 직접 연결된 3.3.3.0 /24 네트워크를 통해 트래픽을 교환할 것이다.

[표 11-57] ▶ ISP1의 BGP 테이블

구분	BGP 테이블
ISP1	ISP1#show ip bgp BGP table version is 2, local router ID is 3.1.1.2 Status codes: s suppressed, d damped, h history, * valid, > best, i - internal, r RIB-failure, S Stale Origin codes: i - IGP, e - EGP, ? - incomplete Network　　Next Hop　　Metric LocPrf Weight　Path *> 22.2.0.0/16　　3.3.3.2　　0　　0　　202 i *　22.2.0.0/16　　1.1.1.2　　0　　0　　303 202 i (베스트 루트)

그러나, ISP1과 ISP2를 연결하는 ① 베스트 루트가 다운되면 어떻게 될까? 우리 회사를 경유하는 ② 세컨드 베스트 루트를 통해 트래픽을 교환하게 된다. 이 경로에 대한 요금은 우리 회사가 지불한 것이므로 ISP 간의 트래픽은 절대 경유하게 해서는 안 된다.

[그림 11-42] ▶ BGP 필터링의 필요성

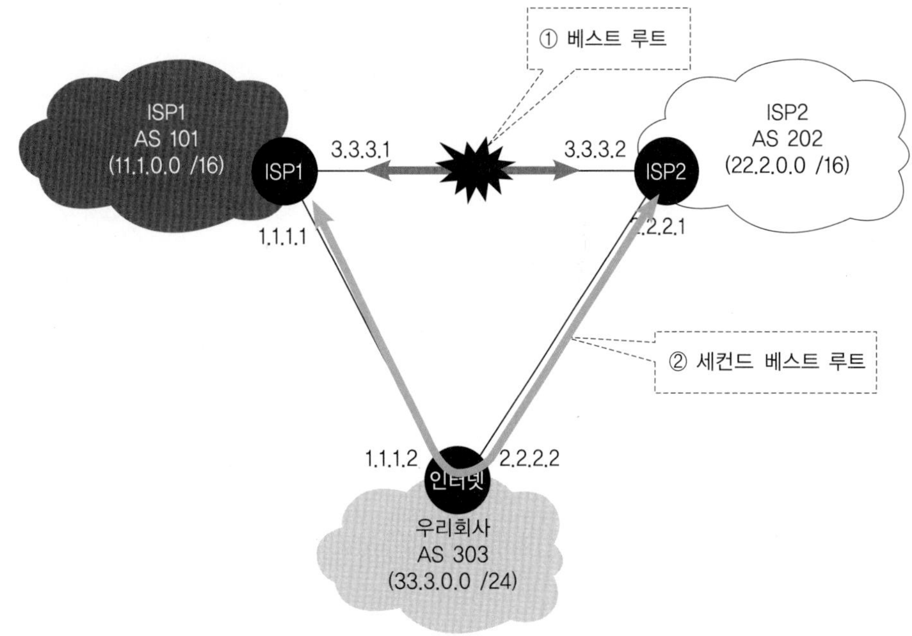

이 문제를 해결하는 구현은 [표 11-58]과 같다. 즉, 'ip as-path access-list 1 permit ^$'에서 '^$' 표현은 '우리 AS 정보만'을 의미한다. 이 필터가 'neighbor 1.1.1.1 filter-list 1 out'과 'neighbor 2.2.2.1 filter-list 1 out' 명령으로 1.1.1.1과 2.2.2.1 네이버 라우터에게 BGP 정보를 보낼 때 걸려 있다.

[표 11-58] ▶ BGP 필터링 설정

구분	명령어
INTNET	INTNET(config)#router bgp 303 INTNET(config-router)#neighbor 1.1.1.1 remote-as 101 INTNET(config-router)# neighbor 1.1.1.1 filter-list 1 out INTNET(config-router)#neighbor 2.2.2.1 remote-as 202 INTNET(config-router)# neighbor 2.2.2.1 filter-list 1 out INTNET(config)# ip as-path access-list 1 permit ^$

즉, [그림 11-43]과 같이 ISP1과 ISP2에게 BGP Update를 보낼 때 AS 303에 속하는 네트워크 정보만 보냄으로써 ISP 간의 트래픽이 우리 회사를 경유하지 않도록 한다.

[그림 11-43] ▶
BGP 필터링 결과

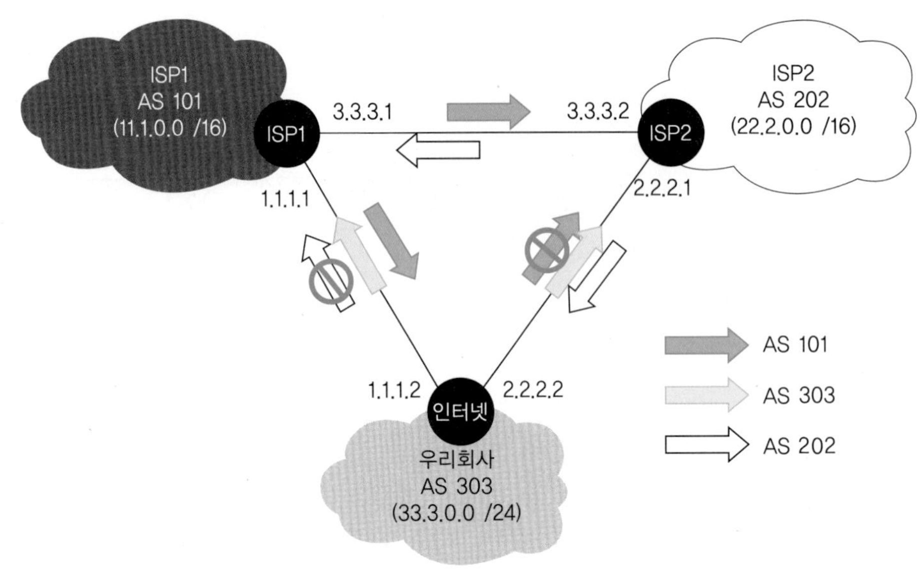

[표 11-58]의 BGP 필터링을 설정한 후, ISP1 라우터에서 우리 회사(AS 303)를 경유하는 AS202에 속하는 네트워크 정보는 보이지 않음을 [표 11-59]에서 확인할 수 있다.

[표 11-59] ▶
BGP 필터링 후의
ISP1의 BGP 테이블

구분	BGP 테이블
ISP1	ISP1#show ip bgp BGP table version is 2, local router ID is 3.1.1.2 Status codes: s suppressed, d damped, h history, * valid, > best, i - internal, r RIB-failure, S Stale Origin codes: i - IGP, e - EGP, ? - incomplete Network Next Hop Metric LocPrf Weight Path *> 22.2.0.0/16 3.3.3.2 0 0 202 i

Lecture 09

BGP, OSPF, RIP 라우팅 Lab 14

강의 키워드 BGP 설정, OSPF 설정, RIP 설정, 디폴트 Static 루트 설정

Problem 1 [그림 11-44]와 같이 장비들을 연결하라.

Problem 2 [그림 11-44]의 IP와 서브넷 마스크대로 할당하라.

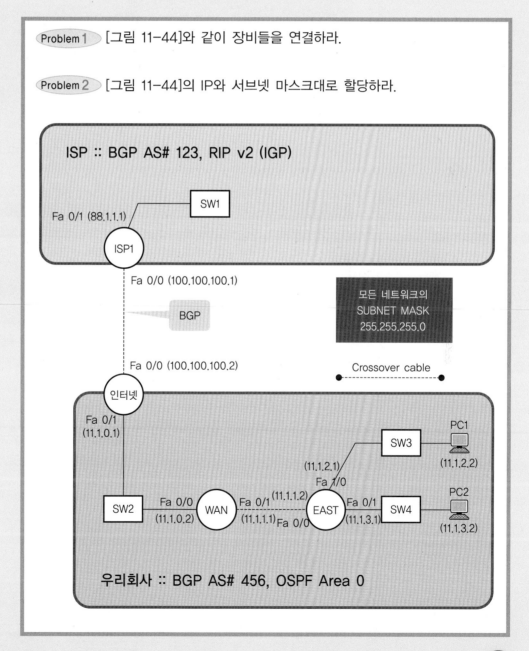

[그림 11-44] ▶ 네트워크 구성도

ISP :: BGP AS# 123, RIP v2 (IGP)

SW1

Fa 0/1 (88.1.1.1)

ISP1

Fa 0/0 (100.100.100.1)

BGP

모든 네트워크의
SUBNET MASK
255.255.255.0

Fa 0/0 (100.100.100.2)

Crossover cable

인터넷

Fa 0/1
(11.1.0.1)

SW3 PC1 (11.1.2.2)

(11.1.2.1)
Fa 1/0

SW2 Fa 0/0 (11.1.0.2) WAN Fa 0/1 (11.1.1.1) (11.1.1.2) Fa 0/0 EAST Fa 0/1 (11.1.3.1) SW4 PC2 (11.1.3.2)

우리회사 :: BGP AS# 456, OSPF Area 0

Problem 3 다음과 같이 BGP를 설정하라.

- ISP의 AS#는 123, IGP는 RIP version2 적용
- 우리 회사의 AS#는 456, IGP는 OSPF 적용
- ISP에서는 [표 11-60] 명령으로 BGP 디폴트 정보를 우리 회사에 보낼 것.

[표 11-60] ▶ BGP 디폴트 스태틱 생성

구분	명령어
ISP	ISP1(config)#ip route 0.0.0.0 0.0.0.0 null 0 ISP1(config)#router bgp 123 ISP1(config-router)#neighbor 100.100.100.2 remote-as 456 ISP1(config-router)#redistribute static ISP1(config-router)#router rip ISP1(config-router)#version 2 ISP1(config-router)#network 88.0.0.0

- INTNET 라우터에서는 [표 11-61]과 같이 Route Summarization하여 BGP AS# 456의 정보를 ISP로 보낼 것.

[표 11-61] ▶ BGP Route Summarization 설정

구분	명령어
INTNET	INTNET(config)#ip route 11.1.0.0 255.255.252.0 null 0 INTNET(config)#router bgp 456 INTNET(config-router)#neighbor 100.100.100.1 remote-as 123 INTNET(config-router)#network 11.1.0.0 mask 255.255.252.0

Problem 4 모든 라우터와 PC에서 모든 IP로 핑이 성공함을 확인하라.

Problem 1 [그림 11-43]과 같이 장비들을 연결하라.

스위치는 2960, 라우터는 2621XM, 멀티레이어 스위치는 3560을 사용할 것.

설명 Chapter 1의 Lecture 05. LAN 구축 기초 I Lab 01을 참조할 것.

Problem 2 [그림 11-44]의 IP와 서브넷 마스크대로 할당하라.

[표 11-62]는 각 라우터마다 [그림 11-44]의 IP 주소를 할당하는 명령이다.

[표 11-62] ▶ 라우터별 IP 설정 명령어

구분	명령어
ISP1	ISP1(config)#interface fastethernet 0/1 ISP1(config-if)#no shutdown ISP1(config-if)#ip address 88.1.1.1 255.255.255.0 ISP1(config-if)#exit ISP1(config)#interface fastethernet 0/0 ISP1(config-if)#no shutdown ISP1(config-if)#ip address 100.100.100.1 255.255.255.0
INTNET	INTNET(config)#interface fastethernet 0/0 INTNET(config-if)#no shutdown INTNET(config-if)#ip address 100.100.100.2 255.255.255.0 INTNET(config-if)#exit INTNET(config)#interface fastethernet 0/1 INTNET(config-if)#no shutdown INTNET(config-if)#ip address 11.1.0.1 255.255.255.0
WAN	WAN(config)#interface fastethernet 0/0 WAN(config-if)#no shutdown WAN(config-if)#ip address 11.1.0.2 255.255.255.0 WAN(config-if)#exit WAN(config)#interface fastethernet 0/1 WAN(config-if)#no shutdown WAN(config-if)#ip address 11.1.1.1 255.255.255.0
EAST	EAST(config)#interface fastethernet 0/0 EAST(config-if)#no shutdown EAST(config-if)#ip address 11.1.1.2 255.255.255.0 EAST(config-if)#exit EAST(config)#interface fastethernet 1/0 EAST(config-if)#no shutdown EAST(config-if)#ip address 11.1.2.1 255.255.255.0 EAST(config-if)#interface fastethernet 0/1 EAST(config-if)#no shutdown EAST(config-if)#ip address 11.1.3.1 255.255.255.0

PC에서 IP 설정 값은 [표 11-63]과 같다. Desktop → IP Configuration에서 다음 3항목(IP 주소, 서브넷 마스크, Default Gateway)을 설정한다.

[표 11-63] ▶ PC 설정

구분	IP 주소	서브넷 마스크	Default Gateway
PC1	11.1.2.2	255.255.255.0	11.1.2.1
PC2	11.1.3.2	255.255.255.0	11.1.3.1

Problem 3 다음과 같이 BGP를 설정하라.

- ISP의 AS#는 123, IGP는 RIP version2 적용
- 우리 회사의 AS#는 456, IGP는 OSPF 적용
- ISP에서는 다음 명령으로 BGP 디폴트 정보를 우리 회사에 보낼 것.

[표 11-64] ▶ ISP 라우팅 설정

구분	명령어
ISP	ISP(config)#ip route 0.0.0.0 0.0.0.0 null 0 ISP(config)#router bgp 123 ISP(config-router)#neighbor 100.100.100.2 remote-as 456 ISP(config-router)#redistribute static ISP(config-router)#router rip ISP(config-router)#version 2 ISP(config-router)#network 88.0.0.0

- INTNET 라우터에서는 Route Summarization하여 BGP AS# 456의 정보를 ISP로 보낼 것.

[표 11-65] ▶ 라우팅 설정

구분	명령어
INTNET	INTNET(config)#ip route 11.1.0.0 255.255.252.0 null 0 INTNET(config)#router bgp 456 INTNET(config-router)#neighbor 100.100.100.1 remote-as 123 INTNET(config-router)#network 11.1.0.0 mask 255.255.252.0

[표 11-66] ▶ 라우팅 설정

구분	명령어
WAN	WAN(config)#ip route 0.0.0.0 0.0.0.0 11.1.0.1 WAN(config)#route ospf 100 WAN(config)#network 11.1.0.0 0.0.255.255 area 0
	EAST(config)#ip route 0.0.0.0 0.0.0.0 11.1.1.1 EAST(config)#route ospf 100 EAST(config)#network 11.1.0.0 0.0.255.255 area 0

라우팅 테이블은 다음과 같다.

[표 11-67] ▶ 라우팅 테이블

구분	명령어
ISP1	ISP1#sh ip route Gateway of last resort is 0.0.0.0 to network 0.0.0.0 11.0.0.0/22 is subnetted, 1 subnets B 11.1.0.0 [20/0] via 100.100.100.2, 00:09:49 88.0.0.0/24 is subnetted, 1 subnets C 88.1.1.0 is directly connected, FastEthernet0/1 100.0.0.0/24 is subnetted, 1 subnets C 100.100.100.0 is directly connected, FastEthernet0/0 S* 0.0.0.0/0 is directly connected, Null0
INTNET	INTNET#sh ip route Gateway of last resort is 100.100.100.1 to network 0.0.0.0 * 0.0.0.0/32 is subnetted, 1 subnets B* 0.0.0.0 [20/0] via 100.100.100.1, 00:07:17 11.0.0.0/8 is variably subnetted, 5 subnets, 2 masks S 11.1.0.0/22 is directly connected, Null0 C 11.1.0.0/24 is directly connected, FastEthernet0/1 O 11.1.1.0/24 [110/2] via 11.1.0.2, 00:00:17, FastEthernet0/1 O 11.1.2.0/24 [110/3] via 11.1.0.2, 00:00:17, FastEthernet0/1 O 11.1.3.0/24 [110/3] via 11.1.0.2, 00:00:17, FastEthernet0/1 100.0.0.0/24 is subnetted, 1 subnets C 100.100.100.0 is directly connected, FastEthernet0/0
WAN	WAN#sh ip route Gateway of last resort is 11.1.0.1 to network 0.0.0.0 11.0.0.0/24 is subnetted, 4 subnets C 11.1.0.0 is directly connected, FastEthernet0/0 C 11.1.1.0 is directly connected, FastEthernet0/1 O 11.1.2.0 [110/2] via 11.1.1.2, 00:01:21, FastEthernet0/1 O 11.1.3.0 [110/2] via 11.1.1.2, 00:01:21, FastEthernet0/1 S* 0.0.0.0/0 [1/0] via 11.1.0.1
EAST	EAST#sh ip route Gateway of last resort is 11.1.1.1 to network 0.0.0.0 11.0.0.0/24 is subnetted, 4 subnets O 11.1.0.0 [110/2] via 11.1.1.1, 00:02:26, FastEthernet0/0 C 11.1.1.0 is directly connected, FastEthernet0/0 C 11.1.2.0 is directly connected, FastEthernet1/0 C 11.1.3.0 is directly connected, FastEthernet0/1 S* 0.0.0.0/0 [1/0] via 11.1.1.1

Problem 4 모든 라우터와 PC에서 모든 IP로 핑이 성공함을 확인하라.

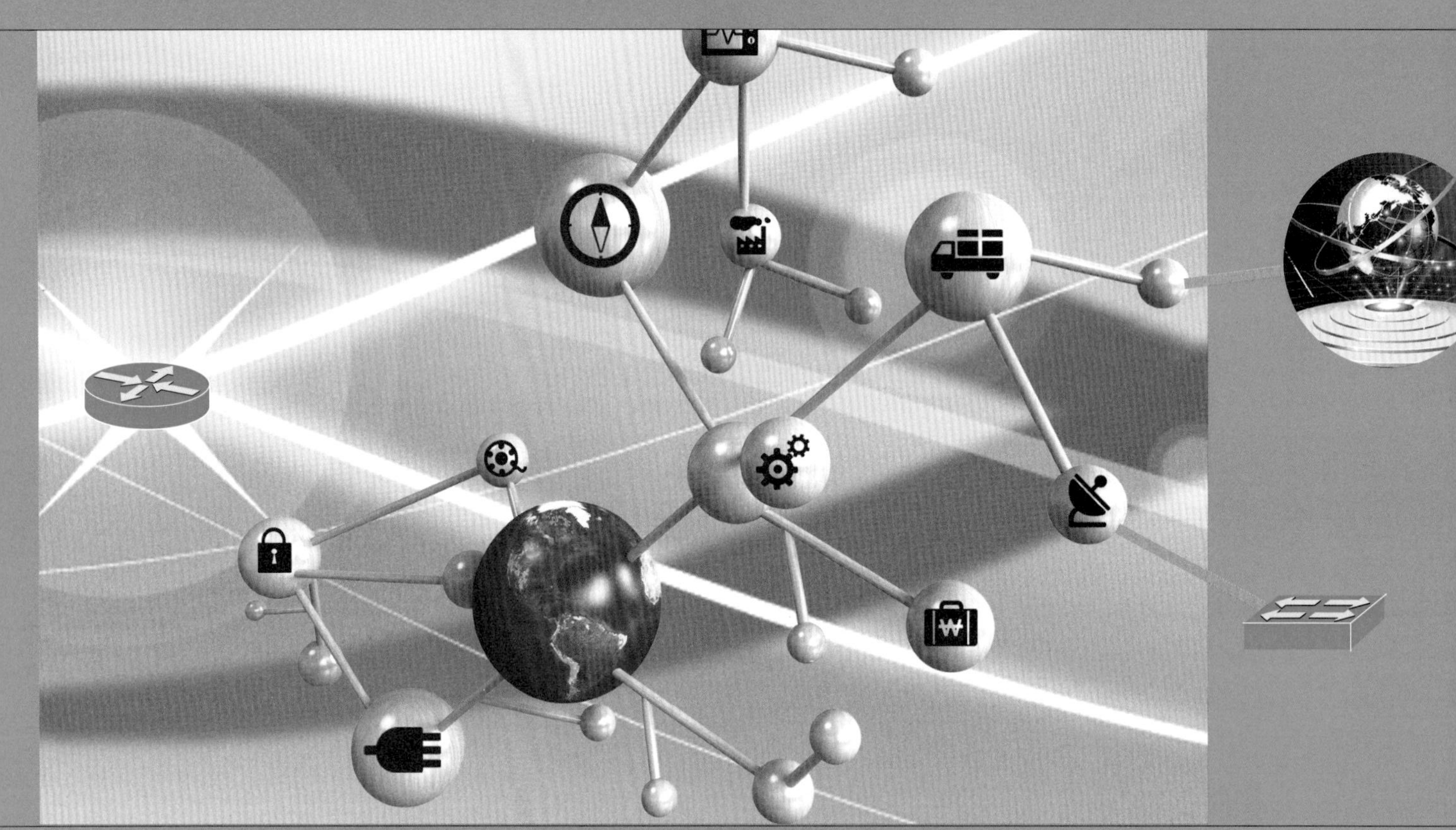

Part Ⅳ 최종 리뷰

Part Ⅳ는 LAN 및 네트워크 구조 이해 및 설계 방법, LAN 프로토콜들, 라우팅 관련 내용을 다시 복습 정리한다. 또한, 통합 실습을 통해 가장 명쾌하고 효과적인 방법으로 지금까지 배운 모든 내용들을 종합적으로 복습한다.

Chapter

통합 리뷰 & 실습

LAN 솔루션과 토폴로지 설계 방법을 리뷰해본다. 또한, 지금까지 배운 LAN, 라우팅, 토폴로지 구성 등 모든 항목들을 아우르는 실습을 통해 배운 것을 통합적으로 정리한다. 이번 강의의 반복 학습을 통해 얽히고설킨 네트워크 지식들을 정리할 수 있다.

구분	강의 제목
연습 강의	Lecture 01. 네트워크 설계 리뷰
	Lecture 02. LAN 최적화 리뷰
실습 강의	Lecture 03. 통합 실습 {Lab 15}

Lecture 01

네트워크 설계 리뷰

강의 키워드 네트워크 토폴로지 설계, OSPF Area 설계, 사설 IP 할당

Problem 1 다음 설계 조건에 따라 네트워크 토폴로지를 그려라.

[설계 조건]

■ 건물 구성

- Sky View: 7층
- Ferry Terminal: 5층
- Aeroplaza: 10층
- Hotel Nikko: 15층
- Passenger Terminal : 4층

Sky View
Ferry Terminal
Aeroplaza
Passenger Terminal Building
Hotel Nikko Kansai Airport

■ 액세스 계층

- 100 포트 보유 스위치 구매 예정.
- 층별 단말 수는 80대
- 단 Passenger Terminal의 층별 단말 수는 450대로 층별로 5대씩 배치 예정 (스위치 1대당 90대의 단말 연결함)

■ 디스트리뷰션 계층

- Aeroplaza와 Passenger Terminal만 이중화 함.
- 이중화된 디스트리뷰션 계층 라우터들은 가용성을 위해 서로 연결함.

■ 코어 계층: 이중화함.

■ 기타

- Passenger Terminal은 하나의 층을 하나의 건물(스위칭 블록)로 간주하고 구성할 것.
- WAN 접속 라우터와 인터넷 접속 라우터도 배치할 것.

Problem 2 OSPF 각 스위칭 블록 별로 Area를 분할하라.
(스위칭 블록 = 액세스 계층 + 디스트리뷰션 계층)

Problem 3 사설 IP 10.0.0.0 /8을 활용하되, 스위칭 블록별로 관리 용이하게 할당하라.

종합 해설

Problem 1 다음 설계 조건에 따라 네트워크 토폴로지를 그려라.

설명

- [그림 12-1]과 같다.
- Passenger Terminal은 각 층에 450대의 단말이 있고, 다른 건물들은 각 층에 90대의 단말이 있다. 100포트짜리 액세스 스위치를 구입하므로 각 층별로 Passenger Terminal은 5대를 배치하고, 다른 모든 건물들은 1대만 배치함.
- Passenger Terminal과 Aeroplaza는 디스트리뷰션 계층을 이중화하였다.
- Passenger Terminal은 각 층을 하나의 건물(스위칭 블록)로 간주하여 구성하였다.
- 코어 계층을 이중화하였다.

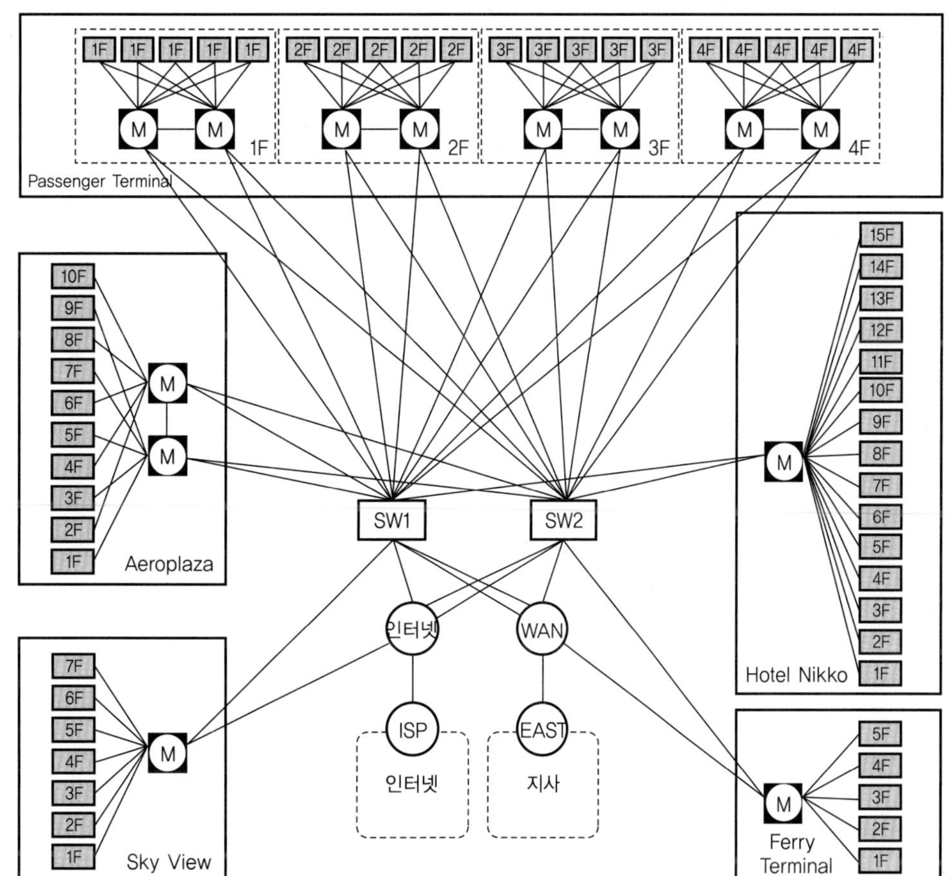

[그림 12-1] ▶ 네트워크 구성도(결과)

Problem 2 OSPF: 각 스위칭 블록별로 Area를 분할하라.

설명

액세스 계층과 디스트리뷰션 계층을 합해 스위칭 블록이라 한다. [그림 12-2]와 같이 스위칭 블록별로 Area를 구분하고, 적정하게 Area 번호를 할당하였다. Area 0은 백본

Area다. 일반 Area들은 백본 Area에 직접 연결되어야 한다.

Problem 3 사설 IP 10.0.0.0 /8을 활용하되, 스위칭 블록별로 관리 용이하게 할당하라.

설명

IP 주소는 10으로 시작하는 사설 IP를 할당하되, 10,x.x.x에서 두 번째 칸은 Area 번호를 사용하고, 세 번째 칸은 층 번호를 사용하여 IP 관리를 용이하게 하였다.

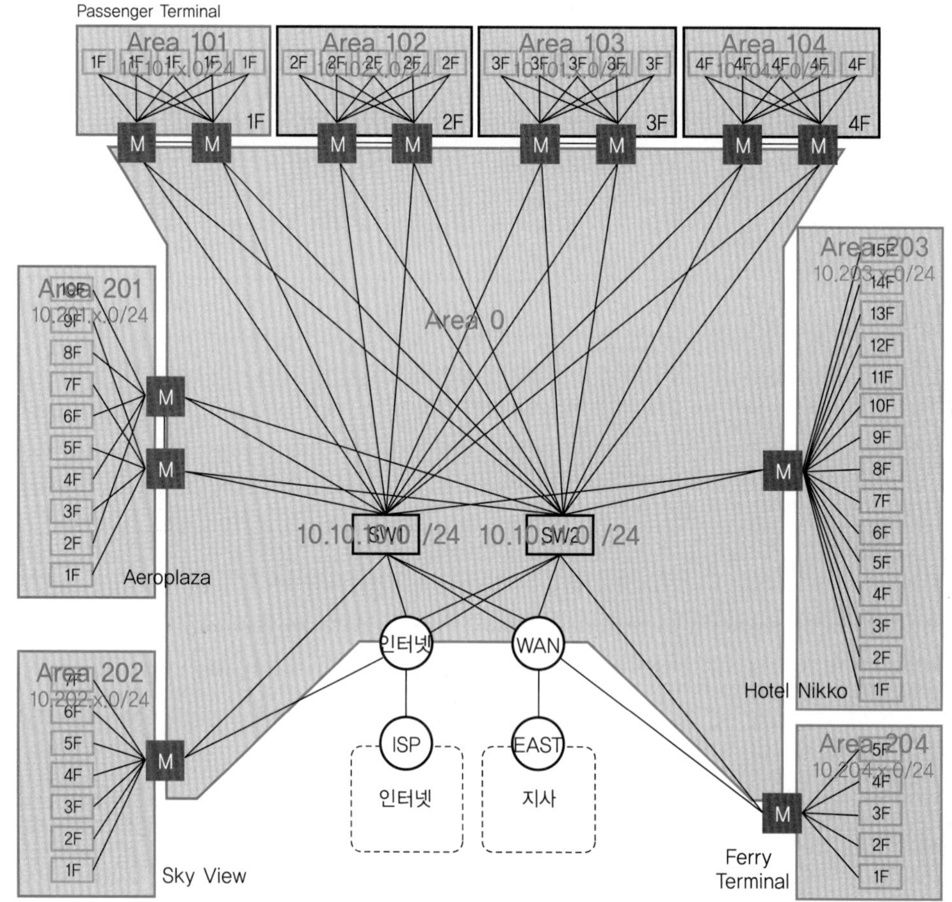

[그림 12-2] ▶ OSPF Area 설계 및 IP 할당

Lecture 02

LAN 최적화 리뷰

강의 키워드 End-to-End VLAN vs Local VLAN 비교, MST, RSTP, PAgP/LACP, 이더채널, 빌딩별 컨버전스 타임과 적용 솔루션 비교

Problem 1 프로토콜을 적용하면 기본적으로 발생할 수 있는 문제는?

Problem 2 Local VLAN과 End-to-End VLAN을 비교하라.

[표 12-1] ▶ Local VLAN vs. End-to-End

구분	End-to-End VLAN	Local VLAN
브로드캐스트 도메인 좁힘	Yes	Yes
보안	Yes	Yes
QoS(Qulaity of Service)		
관리 용이성		
U 구조	No	Yes
VTP		

Problem 3 STP의 다음 문제를 해결하는 표준 프로토콜은?

[표 12-2] ▶ STP 문제와 해결

문제	표준 STP 프로토콜
한 링크를 사용 못하는 문제	
최대 50초의 컨버전스 타임	

Problem 4 이더채널의 다음 문제에 대한 해결 방법은?

[표 12-3] ▶ 이더채널 문제와 해결

문제	대응책
링크 다운 시에도 8Gbps 유지해야 함	
스위치 사이에 리피터가 있어 링크 다운을 감지하기 위한 Keepalive 메커니즘이 필요함	

[표 12-4] ▶
로드 분산 문제와 해결

[표 12-5] ▶
빌딩 비교

Problem 5 다음의 로드 분산 문제를 해결하는 솔루션은?

문제	대응책
이더채널 로드밸런싱이 src-ip 방식으로 설정했을 때 로드밸런싱 안 됨	
VRRP/HSRP를 적용하니, VLAN 간 트래픽이 8:2로 라우터 간에 불균형	

Problem 6 각 빌딩별 특징을 서술하라.

구분	빌딩 A	빌딩 B	빌딩 C	빌딩 D
적용 프로토콜	STP/HSRP/VTP	HSRP	라우팅 프로토콜	Etherchannel
Network Recovery 프로토콜	STP & HSRP			
로드밸런싱 담당 프로토콜	PVST/MST & HSRP			
컨버전스 타임 범위	900 msec -50초	-10초	50-600 msec	50-600msec

[그림 12-3] ▶
빌딩별 구성

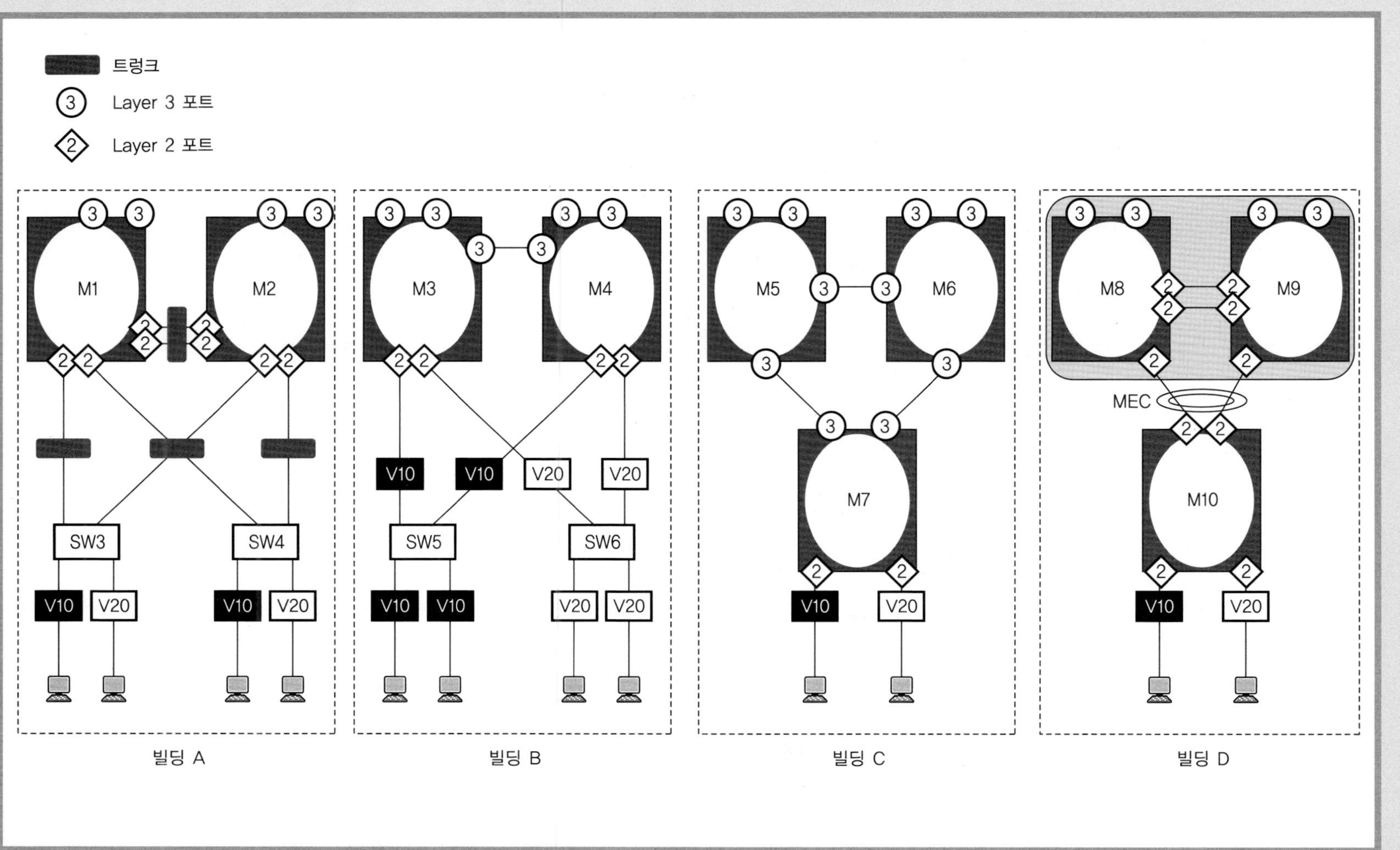
트렁크
Layer 3 포트
Layer 2 포트
M1
M2
M3
M4
M5
M6
M7
M8
M9
M10
MEC
SW3
SW4
SW5
SW6
V10
V20
빌딩 A
빌딩 B
빌딩 C
빌딩 D

종합 해설

Problem 1 프로토콜을 적용하면 기본적으로 발생할 수 있는 문제는?

Q 설명

네트워크 설계 및 구축 시의 기준으로 비용, 가용성, 성능, 보안, 관리용이성이 있다. 프로토콜을 적용하면, 모든 시스템들이 해당 프로토콜을 지원해야 하므로 비용이 추가될 수 있다. 또한, 프로토콜을 적용하면 오동작이나 고장으로 가용성을 해칠 수 있다. 성능과 관련하여 프로토콜이 발생시키는 백그라운드 트래픽으로 CPU, 메모리, 밴드위스 자원을 소모하여 나쁜 영향을 준다. 또한, 프로토콜은 다양한 정보를 배포하여 보안에도 좋지 못하며, 프로토콜이 제대로 동작할 수 있도록 신경써야 하므로 관리용이성도 나빠진다. 즉, 프로토콜은 필수적인 것들만으로 구성하는 것이 좋다.

Problem 2 Local VLAN과 End-to-End VLAN을 비교하라.

[표 12-6] ▶ Local VLAN vs End-to-End VLAN

구분	End-to-End VLAN	Local VLAN
① 브로드캐스트 도메인 좁힘	Yes	Yes
② 보안	Yes	Yes
③ QoS(Qulaity of Service)	Yes	No
④ 관리 용이성	No	Yes
⑤ U 구조	No	Yes
⑥ VTP	Yes	No

❶ 브로드캐스트 도메인 좁힘

End-to-End VLAN이나 Local VLAN 모두 브로드캐스트를 차단하여 브로드캐스트 도메인을 좁힌다. 다만, End-to-End VLAN은 장소에 상관없이, Local VLAN은 장소에 따라 브로드캐스트 도메인을 나눈다.

❷ 보안

브로드캐스트 도메인이 나뉘면, 브로드캐스트 패킷을 통한 통신이 불가능하며 브로드캐스트를 통한 다양한 공격으로부터 보호받을 수 있으므로 보안성이 제공된다.

❸ QoS(Quality of Service)

End-to-End VLAN은 [그림 12-4]와 같이 단말들이 장소에 관계 없이 같은 네트워크에 소속된다. 같은 네트워크에 속하는 장비들은 라우터를 경유하지 않는 통신이 가능하므로 Response Time이 개선된다. 뿐만 아니라, End-to-End VLAN에서 스위치 간은 ISL 또는 802.1q에서 정의하는 네 번째 옷을 입할 수 있는 트렁크로 연결된다. 이 네 번째 옷에는 프레임의 priority를 표시하여 스위치 통과 시 우선 처리하여 지연을 최소화할 수 있는 QoS(Quality of Service)도 적용할 수 있다.

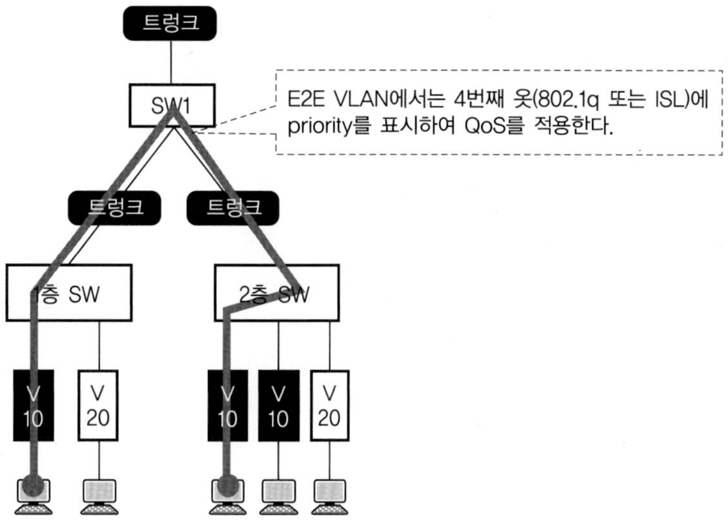

[그림 12-4] ▶ End-to-End VLAN과 Response time

❹ 관리용이성

End-to-End VLAN은 (장소에 상관 없이) 트래픽이 빈번한 장치끼리 같은 VLAN에 묶고, QoS를 적용하여 Response time을 개선하지만, 장치들이 추가되고 멸실될 때 이동 상황을 추적하여 지속적으로 VLAN 설정을 수정해야 하므로 관리용이성은 좋지 않다. 더우기 라우팅 성능이 우수하고 밴드위스가 비교적 넓은 LAN에서는 성능 개선 효과는 미미하다. 이에 반해 Local VLAN은 장소에 따라 VLAN을 나누는 방식으로 한번 VLAN을 설정했다 하면 변경하지 않는다. 즉, End-to-End VLAN은 성능 개선 효과는 미미하고 관리용이성은 많이 나빠지기 때문에 특별한 경우가 아니고는 잘 사용하지 않는다. 여기서 특별한 경우란, 장소에 상관 없이 보안 기능을 적용하는 경우를 말한다.

❺ U 구조

U 구조는 디스트리뷰션 계층의 스위치끼리 연결하는 것이 아니라 라우터끼리 연결하여 STP를 돌리지 않고 스위칭 루프를 해결한다. 그러나, [그림 12-5]와 같이 End-to-End VLAN은 디스트리뷰션 계층 스위치 간의 연결을 끊어도 '∞'자 모양의 스위칭 루프가 발생한다. 즉, End-to-End VLAN은 U 구조를 적용할 수 없다. 그에 반해 Local VLAN은 스위치 간의 연결이 액세스 링크로 스위칭 루프가 발생하지 않기 때문에 U 구조를 적용할 수 있다.

[그림 12-5] ▶
U 구조

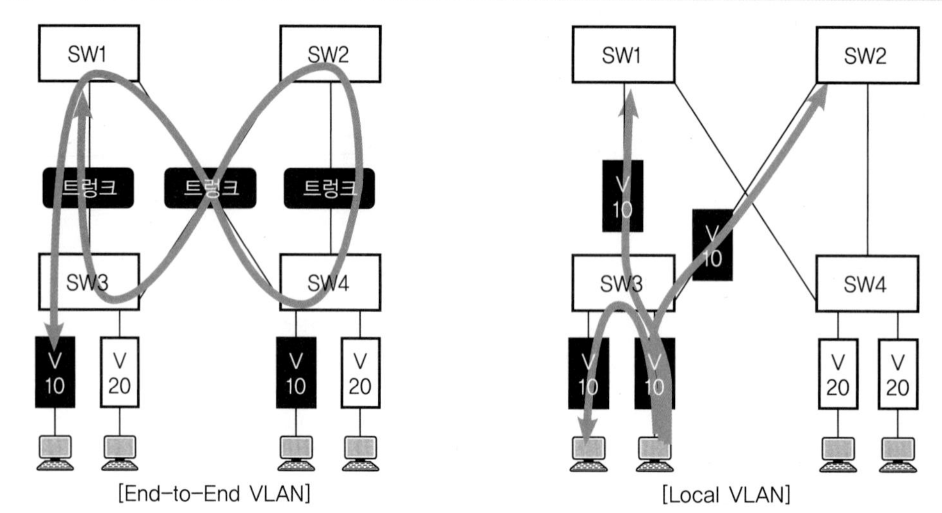

❻ VTP(VLAN Trunking Protocol)

VTP는 스위치끼리 선언된 VLAN 정보를 전달하여 VLAN 선언을 자동화하는 프로토콜이다. 그러나, 스위치 간의 링크는 반드시 트렁크가 되어야 한다. 따라서, [그림 12-6]과 같이 스위치 간의 모든 링크들이 트렁크인 End-to-End VLAN에서는 적용할 수 있지만, 스위치 간의 모든 링크들이 트렁크가 아닌 Local VLAN에는 적용할 수 없다.

[그림 12-6] ▶
VTP

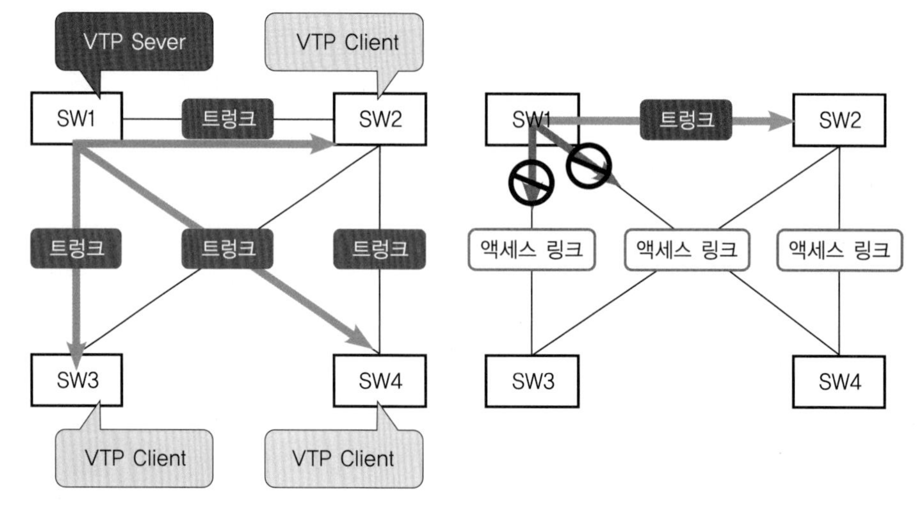

[표 12-7] ▶ MST & RSTP

Problem 3 STP의 다음 문제를 해결하는 표준 프로토콜은?

문제	표준 STP 프로토콜
① 한 링크를 사용 못하는 문제	MST
② 최대 50초의 컨버전스 타임	RSTP

❶ 한 링크를 사용 못하는 문제

MST나 PVST는 VLAN별로 Root 스위치를 분리하여 VLAN 별로 로드를 분산시킨다. PVST는 시스코 프로토콜이고 MST(IEEE 802.1s)는 표준이다.

[그림 12-7] ▶ MST

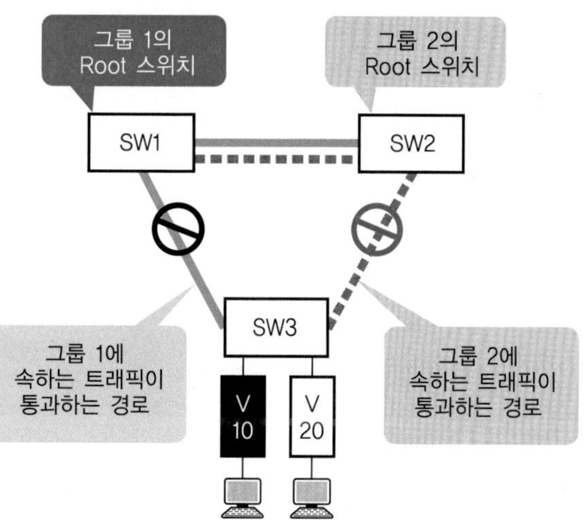

❷ 최대 50초의 컨버전스 타임

STP는 블로킹 포트가 링크 다운 등의 토폴로지 변경 시에 포워딩 상태가 될 때까지 최대 50초를 기다릴 수 있다. 대기 이유는 각 스위치들이 STP 재계산하는 여유를 주고 스위칭 테이블을 새로 만들어야 하기 때문이다. 이에 반해 RSTP는 기본적으로 Max Age나 Forward Delay와 같은 타이머를 사용하지 않는다.

[그림 12-8] ▶ STP

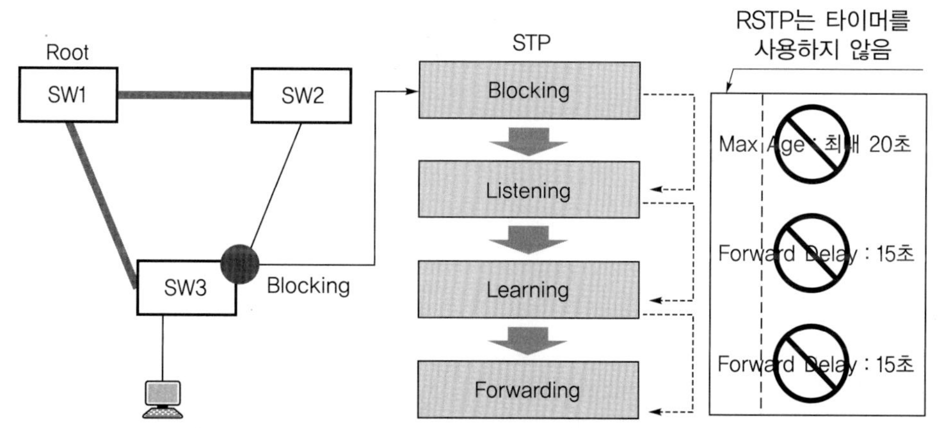

RSTP는 다운된 링크에 연결된 스위치의 블로킹 포트를 즉시 포워딩 상태로 만든다. 링크 다운 시에는 스위칭 룹이 발생하지 않을 뿐만 아니라, 다운된 링크에 연결된 SW3의 블로킹 포트가 포워딩 포트가 변경되는 것 말고는 다른 스위치의 모든 포트들의 역할이나 상태에 변화가 없기 때문이다. 이외에 블로킹 포트를 포워딩 포트로 만든 SW3은 다른 스위치들에게 Topology Change BPDU를 보낸 스위칭 테이블을 삭제하게 한다. 스위칭 테이블이 비어도 스위치들은 플러딩을 하기 때문에 통신에는 아무 문제가 없다. RSRP는 STP의 타이머(Max Age와 Forward delay)를 사용하지 않기 때문에 컨버전스 타임을 줄일 수 있다.

[그림 12-9] ▶ RSTP

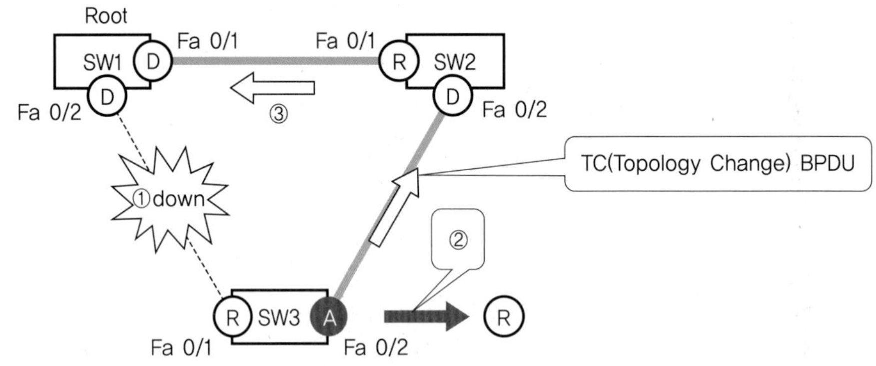

Problem 4 이더채널의 다음 문제에 대한 해결 방법은?

[표 12-8] ▶ Port priority & PAgP/LACP

문제	대응책
① 링크 다운 시에도 8Gbps를 유지해야 함	Port priority
② 스위치 사이에 리피터가 있어 링크 다운을 감지하기 위한 Keepalive 메커니즘이 필요함.	PAgP나 LACP를 적용함.

❶ 링크 다운 시에도 8Gbps 유지해야 함

[그림 12-10]에서 LACP는 port priority가 낮은 링크들부터 8개까지 이더채널로 묶는다. 이미 묶인 한 링크가 다운되면 다음 port priority가 높은 port가 이더채널에 묶여서 지속적으로 밴드위스를 유지할 수 있다.

[그림 12-10] ▶ Port priority

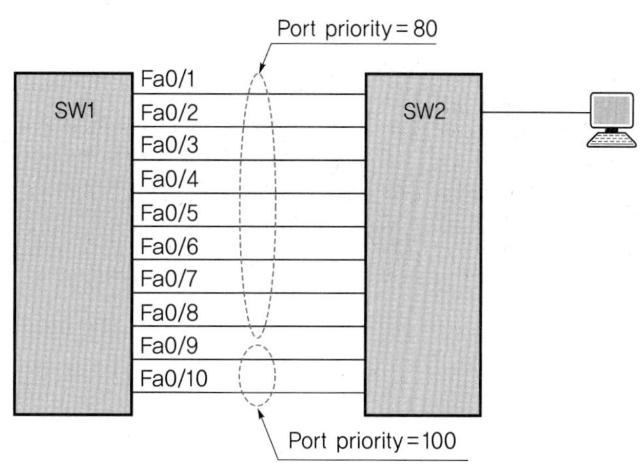

❷ 스위치 사이에 리피터가 있어 링크 다운을 감지하기 위한 Keepalive 메커니즘이 필요함.

[그림 12-11]에서 SW1과 SW2 사이에 Repeater(증폭 장치)나 Media Converter (광/UTP 케이블 변환 장치) 등의 1계층 장비가 배치되었다. ㉮ 링크가 다운되면 SW1은 해당 링크를 통해 더이상 LACP나 PAgP 메시지를 수신하지 못해 해당 링크를 사용할 수 없음을 인식하고 해당 링크를 이더채널에서 제외시킨다. 이러한 상황에서 LACP나 PAgP를 적용하지 않으면 SW1은 해당 링크의 상태를 모르므로 계속적으로 해당 링크로 프레임을 보내게 된다.

[그림 12-11] ▶ PAgP/LACP Keepalive

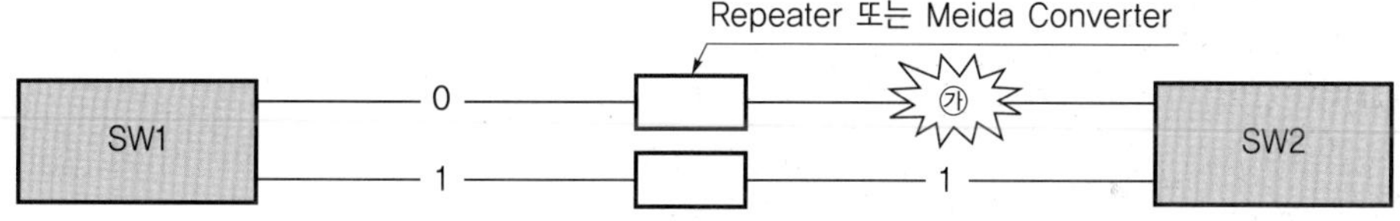

Problem 5 다음의 로드 분산 문제를 해결하는 솔루션은?

[표 12-9] ▶ src-dst-ip & GLBP

문제	대응책
① 이더채널 로드밸런싱이 src-ip 방식으로 설정했을 때 로드밸런싱 안 됨	src-dst-ip 또는 src-dst mac 또는 src-dst-port
② VRRP/HSRP를 적용하니, VLAN간 트래픽이 8 : 2로 라우터 간에 불균형	GLBP

❶ 이더채널 로드밸런싱이 src-ip 방식으로 설정했을 때 로드밸런싱 안됨

① SW1에 연결된 장치가 PC1(1.1.1.1) 뿐인데, 로드밸런싱 방식을 'src-ip'로 하면 어떤 일이 일어날까? ② src-ip 끝자리가 '001'인 패킷만 유입되어 '1'번 링크만 사용함 ③ '1'번 포트만 '깜박깜박' 한다면 '1'번 포트로만 프레임이 지나간다는 것을 의미하므로 로드 분산 방식을 바꿔야 한다.

[그림 12-12] ▶
src-dst-ip 로드 분산

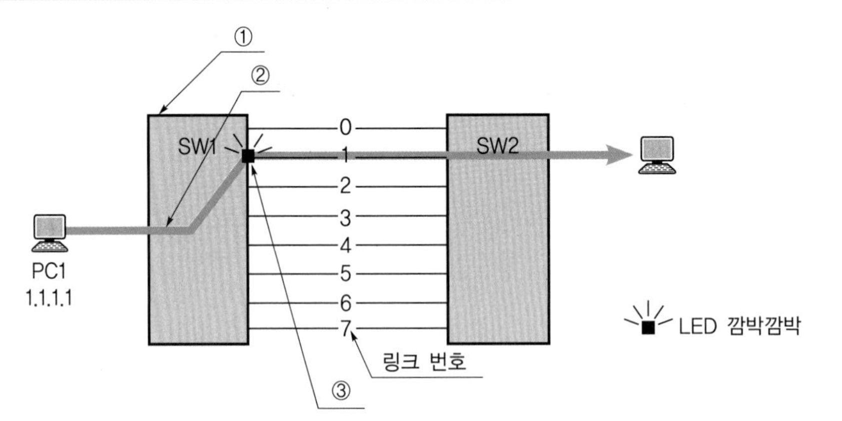

❷ VRRP/HSRP를 적용하니, VLAN간 트래픽이 8:2로 라우터 간의 불균형

GLBP의 가장 큰 특징이 HSRP와 VRRP의 버추얼 MAC 주소는 1개뿐인데 반해 GLBP는 라우터마다 다른 버추얼 MAC 주소를 가진다는 점인데, AVG가 라우터들에게 버추얼 MAC 주소를 할당한다. AVG가 같은 VLAN에 속하는 PC들로 부터 ARP Request를 받으면 한 번은 0007.B400.0101로 응답하고, 한 번은 0007.B400.0102로 응답하고, 한 번은 0007.B400.0103으로 응답하고, 한 번은 0007.B400.0104로 버추얼 MAC 주소를 번갈아 ARP Reply로 보낸다.

[그림 12-13] ▶
GLBP 동작

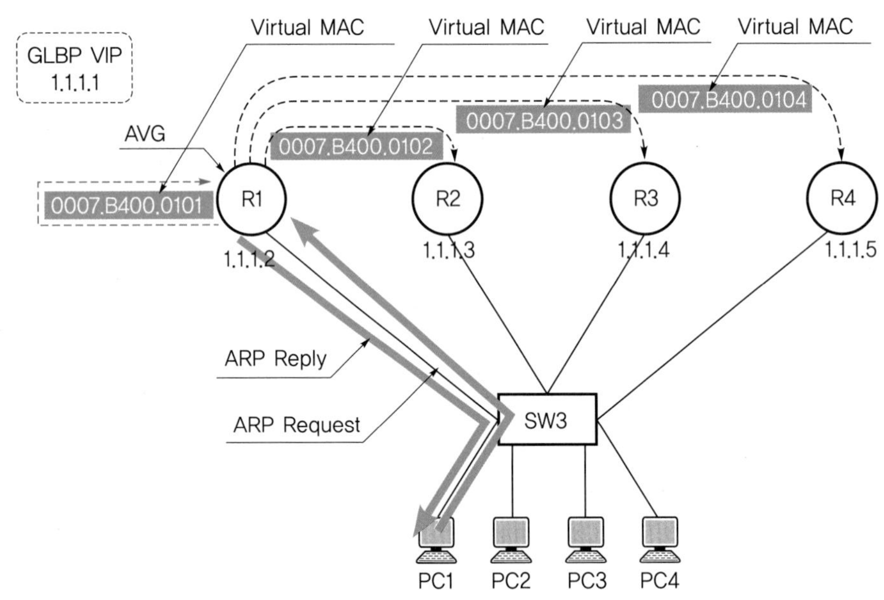

결국, [그림 12-14]와 같이 같은 그룹(VLAN)에 속한 PC/서버들이 동일한 라우터 주소(1.1.1.1)를 디폴트 게이트웨이로 설정해도 버추얼 MAC 주소가 다르기 때문에 각기 다른 라우터를 거쳐 나가기 때문에 같은 네트워크에서 출발한 트래픽이라도 RO~R4 사이에 1/4로 분산된다.

[그림 12-14] ▶ GLBP와 로드 분산

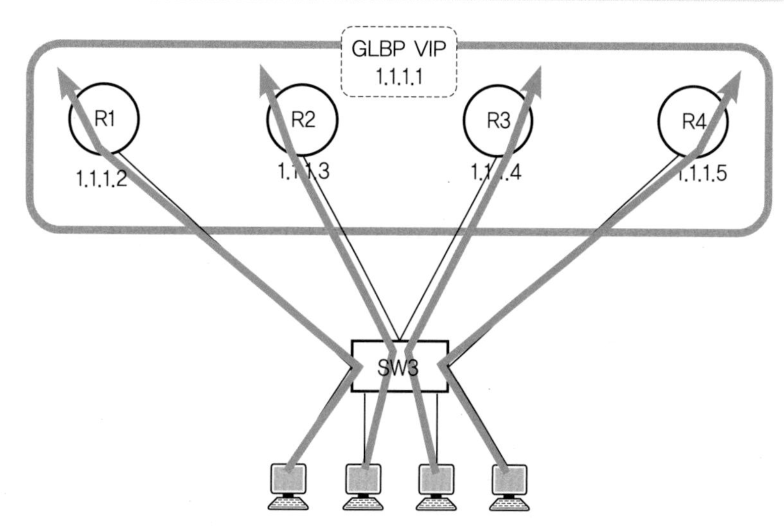

Problem 6 각 빌딩별 특징을 서술하라.

[표 12-10] ▶ 빌딩별 솔루션 비교

구분	빌딩 A	빌딩 B	빌딩 C	빌딩 D
적용 프로토콜	STP/HSRP/VTP	HSRP	라우팅 프로토콜	Etherchannel
Network Recovery 프로토콜	STP & HSRP	HSRP	라우팅 프로토콜	Etherchannel
로드밸런싱 담당 프로토콜	PVST/MST & HSRP	HSRP	라우팅 프로토콜	Etherchannel
컨버전스 타임 범위	900msec-50초	-10초	50-600msec	50-600msec

[그림 12-15] ▶ 빌딩 A의 구성도

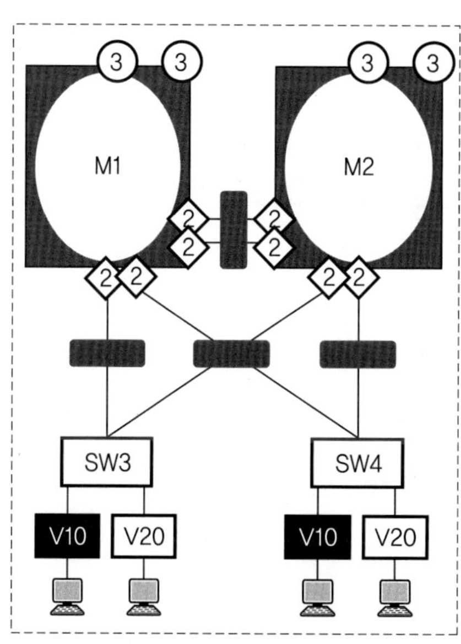

1 첫째, 빌딩 A

[그림 12-15]의 빌딩 A에 적용된 프로토콜은 STP(PVST, RSTP), HSRP, VTP, End-to-End VLAN, 이더채널, EIGRP이다.

빌딩 A는 [그림 12-16]과 같이 ① End-to-End VLAN이 적용되었다. 액세스 링크와 트렁크의 경계는 액세스 계층에서 발생한다. End-to-End VLAN이 적용되었으므로 ② VTP를 적용할 수 있다.

① 한편, End-to-End VLAN이 적용

되었으므로 ③ U 구조는 적용하지 못한다. 따라서, ④ STP가 필요하다.

스위칭 룹이 일어나므로 ④ STP가 필요하며 VLAN별 로드 분산을 위해 ⑤ PVST(혹은 MST)를 적용했다.Convergence 타임 개선을 위해 ⑥ RSTP(Rapid STP)를 적용했다.

⑦ 디스트리뷰션 계층 라우터가 이중화되어 ⑧ HSRP(혹은 VRRP/GLBP)를 적용했다.

⑨ M1과 M2 간에 링크가 이중화되어 ⑩ 이더채널을 적용했다.

⑪ 디스트리뷰션 계층 라우터에는 라우터 간에 네트워크 정보 교환을 위해 ⑫ EIGRP 프로토콜을 적용했다.

[그림 12-16] ▶ 빌딩 A의 적용 프로토콜들

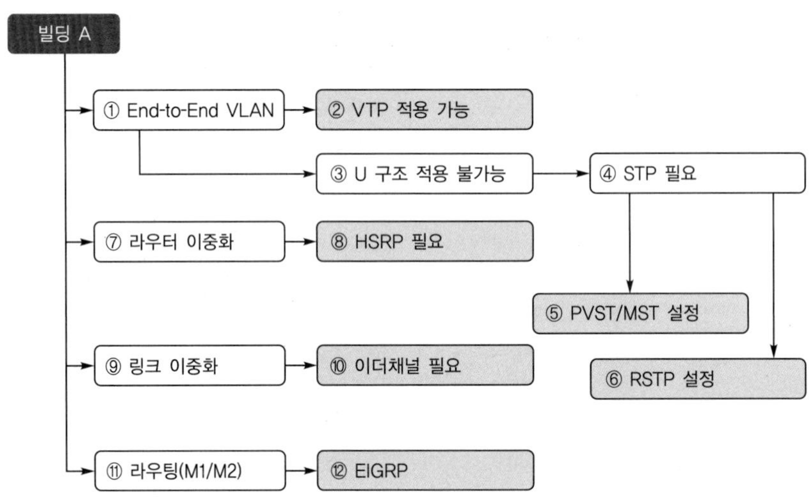

2 빌딩 B

[그림 12-17] ▶ 빌딩 B의 구성도

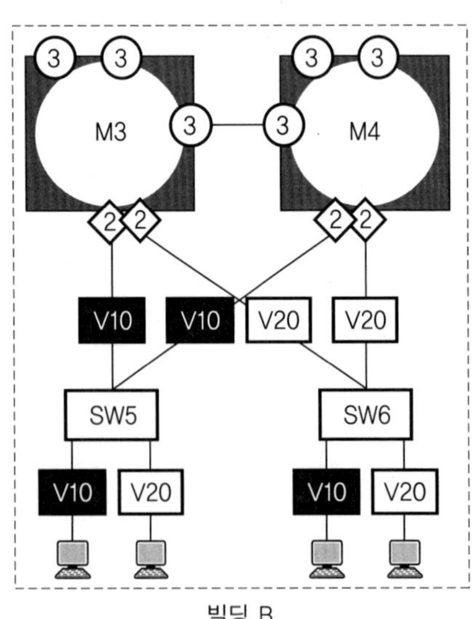

[그림 12-17]의 빌딩 B에 적용된 프로토콜은 HSRP, Local VLAN, U 구조, EIGRP이다.

빌딩 A는 [그림 12-18]과 같이 ① Local VLAN이 적용되었다. 액세스 링크와 트렁크의 경계는 디스트리뷰션 계층에서 발생한다. Local VLAN이 적용되었으므로 ② VTP를 적용할 수 없다.

① 한편, Local VLAN이 적용되었으므로 ③ U 구조를 적용한다. 따라서, ④ STP가 불필요하다. STP는 불필요하지

만 휴먼 에러를 감안하여 이네이블시켜 두어야 한다.

⑤ 디스트리뷰션 계층 라우터가 이중화되어 ⑥ HSRP(혹은 VRRP/GLBP)를 적용했다.

⑦ 디스트리뷰션 계층 라우터에는 라우터 간에 네트워크 정보 교환을 위해 ⑧ EIGRP 프로토콜을 적용했다.

기타, 빌딩 B에는 밴드위스가 부족한 구간에 이더채널을 추가로 설정 가능하다.

[그림 12-18] ▶ 빌딩 B의 적용 프로토콜들

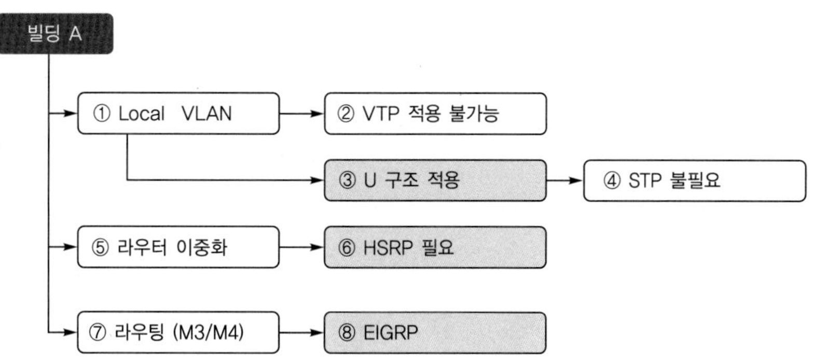

3 빌딩 C

[그림 12-19]의 빌딩 C에 적용된 프로토콜은 EIGRP이다.

빌딩 C 는 [그림 12-20]과 같이 ① 스위칭 루프가 일어나지 않으므로 ② STP는 불필요하다.

③ 액세스 계층에도 라우터를 배치하여 ④ EIGRP 라우팅 프로토콜을 적용하였으므로, M7에서 출발한 트래픽은 M7의 라우팅을 통해 M5와 M6 경로들로 로드 분산된다. 따라서, ⑤ HSRP가 불필요하다.

[그림 12-19] ▶ 빌딩 C 구성도

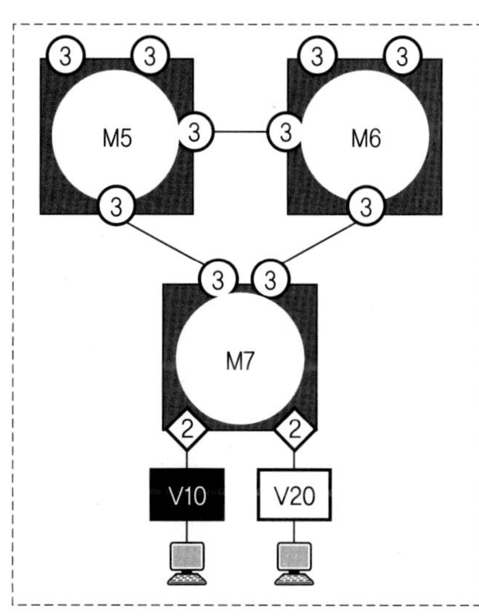

빌딩 C

⑥ M5, M6, M7 라우터에는 라우터 간에 네트워크 정보 교환을 위해 ⑦ EIGRP 프로토콜을 적용했다.

기타, 빌딩 C에는 밴드위스가 부족한 구간에 이더채널을 추가로 설정 가능하다.

[그림 12-20] ▶ 빌딩 C의 적용 프로토콜들

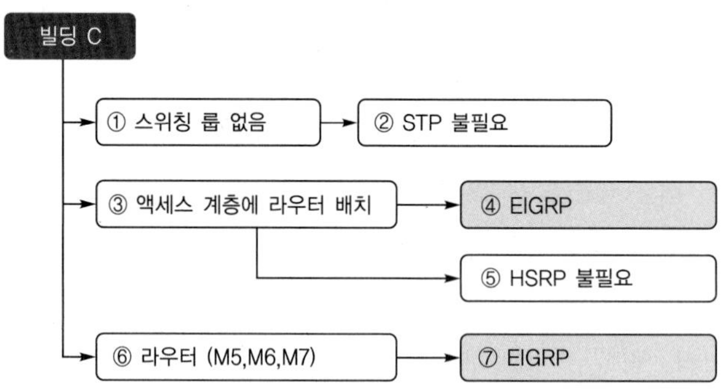

④ 빌딩 D

[그림 12-21]의 빌딩 D에 적용된 프로토콜은 이더채널, EIGRP이다.

빌딩 D는 [그림 12-22]와 같이 ① 이더채널로 묶여 스위칭 루프가 일어나지 않으므로 ② STP는 불필요하다.

[그림 12-21] ▶ 빌딩 D 구성도

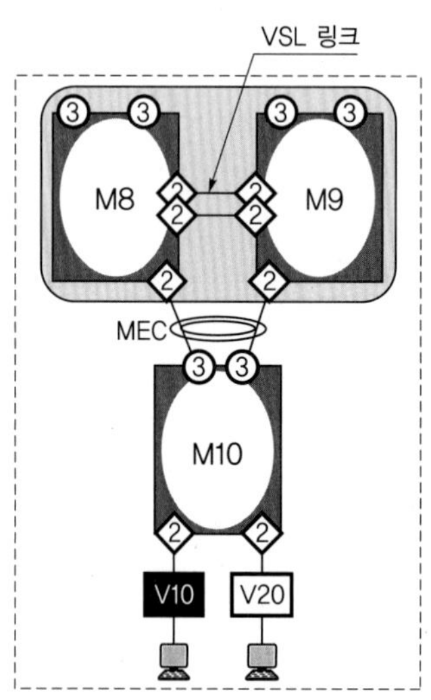

③ 링크가 이중화되어 ④ 이더채널을 적용하였다.

⑤ 멀티샤시 이더채널이 설정되면 M8과 M9가 논리적으로 한 장비가 되므로 ⑥ HSRP가 불필요하다.

⑤ M10과 M8/M9 간에 멀티샤시 이더채널이 적용되므로 M10에는 ⑦ 라우팅 프로토콜이 불필요하다.

⑧ 디스트리뷰션 계층 라우터에는 라우터 간에 네트워크 정보 교환을 위해 ⑨ EIGRP 프로토콜을 적용했다.

[그림 12-22] ▶ 빌딩 D의 적용 프로토콜들

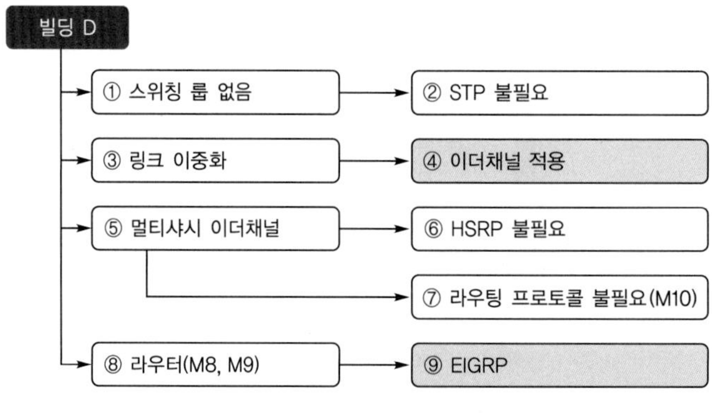

Lecture 03

통합 실습 Lab 15

강의 키워드 End-to-End VLAN 설정, Local VLAN 설정, PVST, RSTP, 이더채널, HSRP, EIGRP, OSPF, Static 라우팅, 리디스트리뷰션, 이중화, Route Summarization, Stub Area, VLSM 등

Problem 1 [그림 12-23]과 같이 장비들을 연결하라.

- 스위치는 2960, 라우터는 2621XM, 멀티레이어 스위치는 3560을 사용할 것.

Problem 2 다음과 같이 빌딩 A를 구축하라.

❶ 솔루션들

[표 12-11] ▶ 빌딩 A 설정 조건

구분	설정 조건
• VLAN	빌딩 A는 End-to-End VLAN으로 설정해야 한다.
① VTP	- VTP 설정: (M1: VTP 서버, M2/SW3/SW4: VTP 클라이언트)
② STP	- RSTP/PVST 설정: switch(config)#spanning-tree mode rapid-pvst - PVST 설정: (M1: VLAN10, M2:VLAN20에 대한 루트 스위치로 설정)
③ 이더채널	- M1-M2 간: 이더채널로 설정(프로토콜: LACP, Mode: Active)
④ HSRP	- HSRP(M1: VLAN10, M2: VLAN20에 대한 액티브라우터로 설정) - Preempt 설정할 것

❷ IP 할당

- [그림 12-23]대로 IP 설정하되, 서브넷 마스크는 [그림 12-24]와 같이 255.255.255.240와 255.255.255.248을 구분할 것.
- HSRP VIP: VLAN 10 11.1.1.33, VLAN 20: 11.1.1.41

❸ 라우팅

- 빌딩 A는 OSPF AREA 101에 속한다[그림 12-26] 참조.
- M1과 M2 스위치는 AREA 0과 AREA 101의 ABR(Area Border Router)임.
- 빌딩 A의 11.1.1.32 /29와 11.1.1.40 /29를 ABR에서 Route Summarization하라.
- M1과 M2에는 디폴트 스테이틱 루트와 Br1 네트워크(11.1.120/29)에 대한 스태틱 루트를 설정해야 함..

Problem 3 다음과 같이 빌딩 B를 구축하라.

❶ 솔루션들

[표 12-12] ▶ 빌딩 B 설정 조건

구분	설정 조건
① VLAN	빌딩 B는 Local VLAN으로 설정해야 한다.
② U 구조	빌딩 B에 M3/M4 사이 구간을 다음과 같이 L3 링크로 설정하여 U 구조로 하시오
③ HSRP	- HSRP(M3:VLAN10, M4:VLAN20에 대한 액티브라우터로 설정) - Preempt 설정할 것

❷ IP 할당

- [그림 12-23]대로 IP 설정하되, 서브넷 마스크는 [그림 12-24]와 같이 255.255.255.240과 255.255.255.248을 구분할 것.
- HSRP VIP: VLAN 10 11.1.1.49, VLAN 20: 11.1.1.57

❸ 라우팅

- 빌딩 B는 OSPF AREA 102에 속한다[그림 12-26] 참조.
- M3과 M4 스위치는 AREA 0과 AREA 102의 ABR(Area Border Router)임,
- M3과 M4에는 INTNET 라우터 방향으로 디폴트 스태틱 루트를 설정해야 함.
- Br1 네트워크(11.1.1.120/29)에 대한 스태틱 루트도 설정해야 함.

[표 12-13] ▶ 빌딩 C 설정 조건

Problem 4 다음과 같이 빌딩 C를 구축하라.

❶ 솔루션들

구분	설정 조건
① Layer 3 설정	M5-M6, M5-M7, M6-M7 간의 링크는 Layer 3 포트로 설정할 것.
② VLAN	M7에는 각각 VLAN 10과 VLAN 20 인터페이스를 생성하고, IP를 할당할 것.

❷ IP 할당

- [그림 12-23]대로 IP 설정하되, 서브넷 마스크는 [그림 12-24]와 같이 255.255.255.240 와 255.255.255.248을 구분할 것.

❸ 라우팅

- 빌딩 C는 OSPF Area 103에 속한다[그림 12-26] 참조.
- M5과 M6 스위치는 Area 0과 Area 103의 ABR(Area Border Router)임.
- M5과 M6에는 INTNET 라우터 방향으로 디폴트 스태틱 루트를 설정해야 함.
- Br1 네트워크에 대한 스태틱 루트도 설정해야 함.
- OSPF Area 103은 Totally Stubby Area로 설정하여 M7에는 디폴트 정보만 보이게 하라.

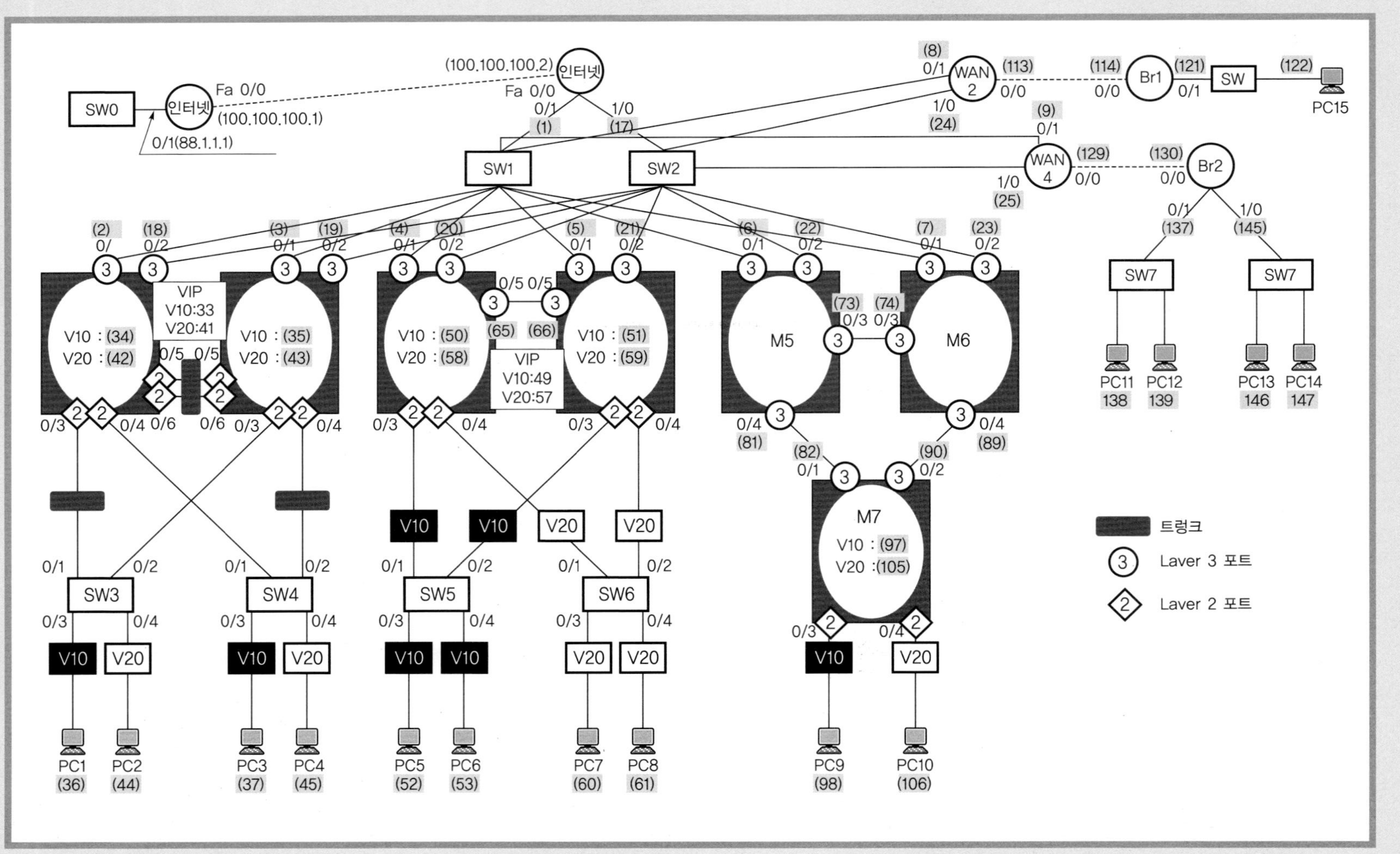

[그림 12-23] ▶ 네트워크 구성도

[그림 12-24] ▶
서브넷 마스크

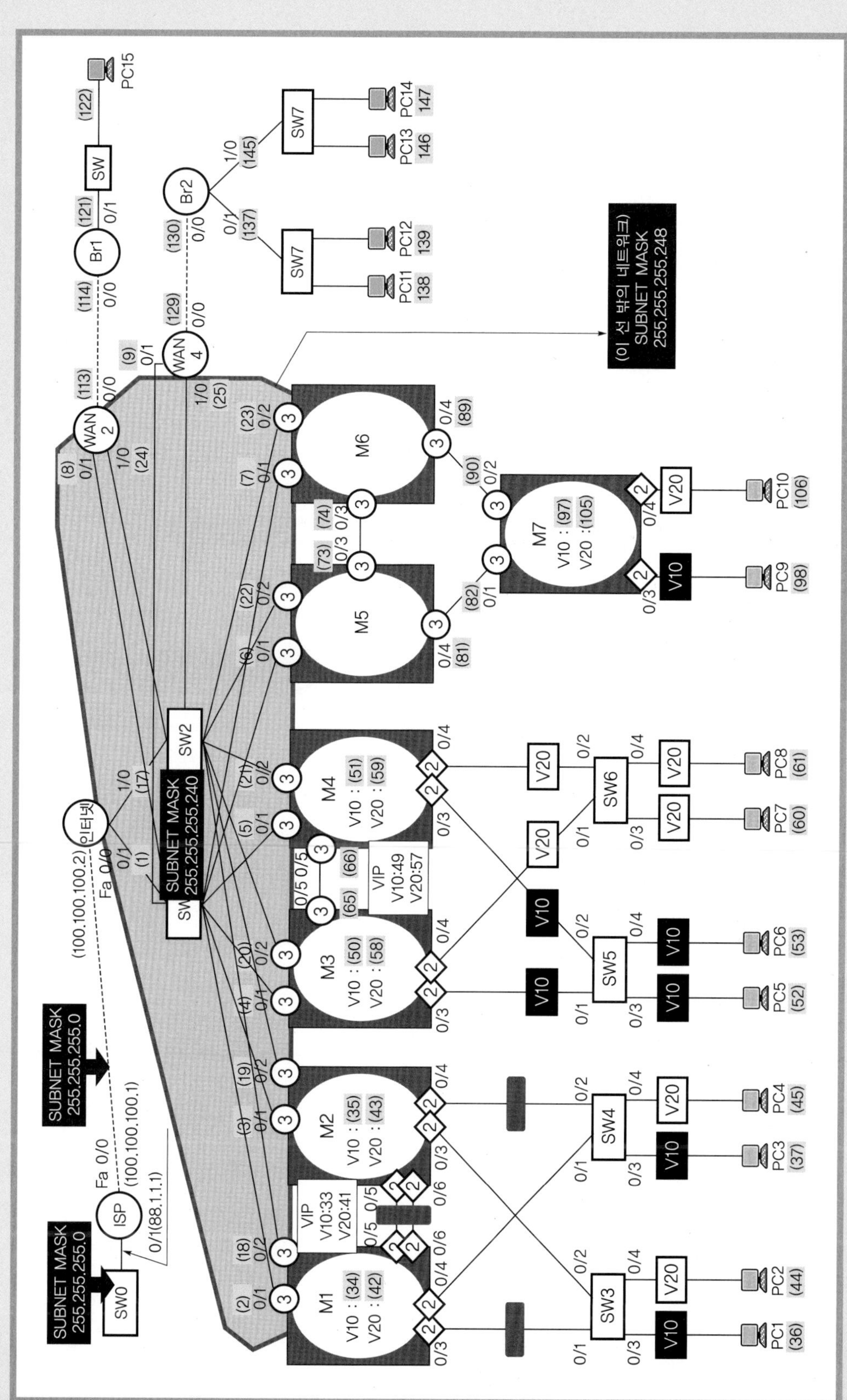

Problem 5 (빌딩 A, 빌딩 B, 빌딩 C를 제외한 다른 장치들에도) IP를 할당하되, 서브넷 마스크를 주의하라. 255.255.255.0, 255.255.255.240, 255.255.255.248의 세 종류로 구성된다[그림 12-24 참조].

Problem 6 [그림 12-25]와 같이 BGP를 설정하라.

- ISP의 AS#는 123, IGP는 RIP version2 적용.
- ISP의 고객 AS#는 456 적용.
- ISP에서는 고객에게 BGP 디폴트 정보를 보낼 것.
- 고객 인터넷 접속라우터에서는 11.1.1.0 /24 정보로 요약하여 BGP로 보낼 것.

[그림 12-25] ▶ BGP 설정

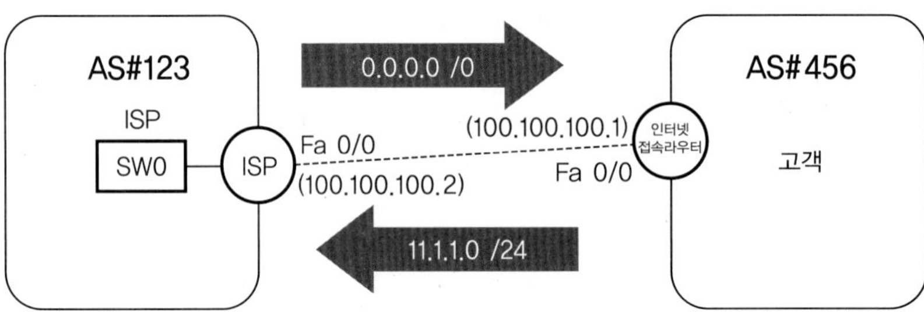

Problem 7 INTNET, WAN2, WAN4, Br1, Br2 라우터에는 다음과 같이 OSPF, EIGRP, Static 루트를 설정하라.

- OSPF와 EIGRP를 [그림 12-26]대로 설정하고, WAN4 라우터에서 Redistribution을 설정할 것.
- Br1 라우터에서는 디폴트 스태틱 루트만 설정할 것(EIGRP나 OSPF를 설정하면 안 됨).
- OSPF와 EIGRP를 설정한 모든 라우터에 인터넷과 Br1 사이트에 대한 스태틱 루트와 인터넷에 대한 디폴트 스태틱 루트를 설정해야 함.

Problem 8 모든 라우터와 PC에서 모든 IP로 핑이 성공함을 확인하라.

[그림 12-26] ▶ 라우팅 프로토콜 설정 조건

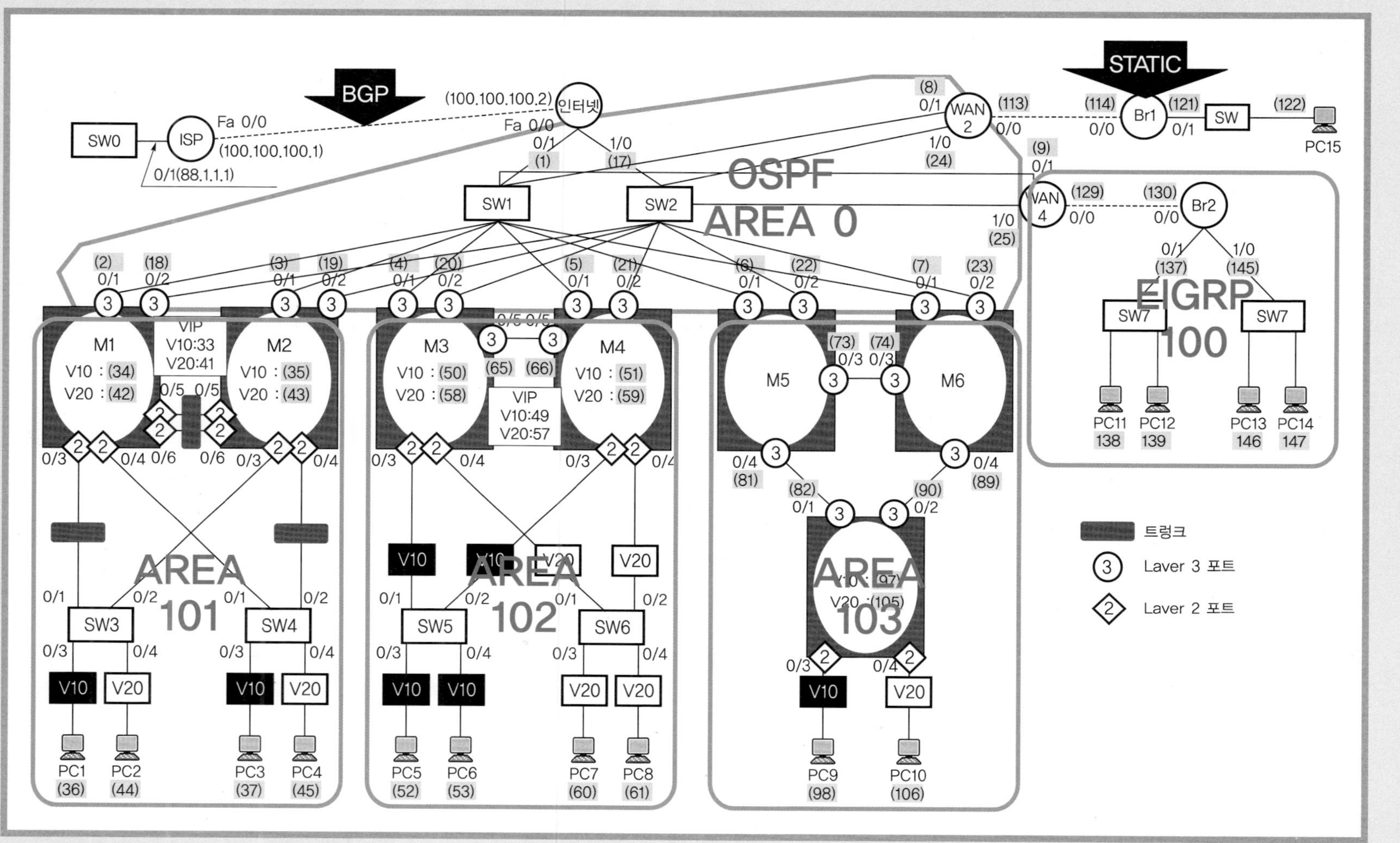

Lab 15 해설

Problem 1 [그림 12-23]과 같이 장비들을 연결하라.

설명 생략

Problem 2 다음과 같이 빌딩 A를 구축하라.

❶ 솔루션들

[표 12-14] ▶ 빌딩 A 설정 조건

구분	설정 조건
① VLAN	빌딩 A는 End-to-End VLAN으로 설정해야 한다.
② VTP	- VTP 설정: (M1: VTP 서버, M2/SW3/SW4: VTP 클라이언트)
③ STP	- RSTP/PVST 설정: switch(config)#spanning-tree mode rapid-pvst - PVST 설정: (M1: VLAN10, M2:VLAN20에 대한 루트 스위치로 설정)
④ 이더채널	- M1-M2 간: 이더채널로 설정 (프로토콜: LACP, Mode: Active)
⑤ HSRP	- HSRP(M1: VLAN10, M2: VLAN20에 대한 액티브 라우터로 설정) - Preempt 설정할 것

① VLAN: 빌딩 A는 End-to-End VLAN으로 설정해야 한다.

② VTP: VTP 설정: (M1: VTP 서버, M2/SW1/SW2: VTP 클라이언트)

설명 각 스위치의 VLAN 설정은 [표 12-15]와 같다.

[표 12-15] ▶ 스위치의 VLAN 설정

구분		명령어
M1	VTP	M1(config)#vtp mode server M1(config)#vtp domain test M1(config)#vlan 10 M1(config-vlan)#vlan 20
	액세스 링크 /트렁크	M1(config)#interface range fastethernet 0/3-6 M1(config-if)#switchport trunk encapsulation dot1q M1(config-if)#switchport mode trunk
M2	VTP	M2(config)#vtp mode client
	액세스 링크 /트렁크	M2(config)#interface range fastethernet 0/3-6 M2(config-if)#switchport trunk encapsulation dot1q M2(config-if)#switchport mode trunk
SW3	VTP	SW3(config)#vtp mode client
	액세스 링크 /트렁크	SW3(config)#interface range fastethernet 0/1-2 SW3(config-if)#switchport mode trunk SW3(config)#interface range fastethernet 0/3 SW3(config-if)#switchport access vlan 10 SW3(config-if)#exit SW3(config)#interface range fastethernet 0/4 SW3(config-if)#switchport access vlan 20

SW4	VTP	SW4(config)#vtp mode client
	액세스 링크 /트렁크	SW4(config)#interface range fastethernet 0/1-2 SW4(config-if)#switchport mode trunk SW4(config)#interface range fastethernet 0/3 SW4(config-if)#switchport access vlan 10 SW4(config-if)#exit SW4(config)#interface range fastethernet 0/4 SW4(config-if)#switchport access vlan 20

스위치에서 VLAN이 제대로 설정되었는지 확인하는 명령은 'show vlan'이다. 간편하게 VLAN 설정을 확인하기 위해 다음의 방법을 사용한다. 즉, 패킷 트레이서 창에서 마우스를 스위치에 올려보라. 스위치 포트가 액세스 링크일 때는 소속 VLAN 번호를 확인할 수 있고, 트렁크일 때는 해당 포트에 '--'로 표시된다.

③ STP

- RSTP/PVST 설정: switch(config)#spanning-tree mode rapid-pvst
- PVST 설정: (M1: VLAN10, M2: VLAN20에 대한 루트 스위치로 설정)

설명 각 스위치의 STP 설정은 [표 12-16]과 같다.

[표 12-16] ▶ STP 설정

구분		명령어
M1	RSTP/PVST 설정	M1(config)# spanning-tree mode rapid-pvst
	PVST 설정	M1(config)# spanning-tree vlan 10 priority 4096
M2	RSTP/PVST 설정	M1(config)# spanning-tree mode rapid-pvst
	PVST 설정	M2(config)# spanning-tree vlan 20 priority 4096
SW3	RSTP/PVST 설정	SW3(config)# spanning-tree mode rapid-pvst
SW4	RSTP/PVST 설정	SW4(config)# spanning-tree mode rapid-pvst

④ 이더채널: M1-M2 간을 이더채널로 설정(프로토콜: LACP, Mode: Active)

설명 각 스위치의 이더채널 설정은 [표 12-16]과 같다.

[표 12-17] ▶ 이더채널 설정

구분	명령어
M1	M1(config)# interface range fastethernet 0/5-6 M1(config-if)# channel-protocol lacp M1(config-if)# channel-group 1 mode active
M2	M2(config)# interface range fastethernet 0/5-6 M2(config-if)# channel-protocol lacp M2(config-if)# channel-group 1 mode active

⑤ HSRP

- HSRP(M1: VLAN10, M2: VLAN20에 대한 액티브 라우터로 설정)
- Preempt 설정할 것

설명 HSRP 설정은 [표 12-18]과 같다.

[표 12-18] ▶ HSRP 설정

구분	명령어
M1	M1(config)#interface vlan 10 M1(config-if)#ip address 11.1.1.34 255.255.255.248 M1(config-if)#standby 10 ip 11.1.1.33 M1(config-if)#standby 10 priority 150 M1(config-if)#standby 10 preempt M1(config)#interface vlan 20 M1(config-if)#ip address 11.1.1.42 255.255.255.248 M1(config-if)#standby 20 ip 11.1.1.41 M1(config-if)#standby 20 priority 50
M2	M2(config)#interface vlan 10 M2(config-if)#ip address 11.1.1.35 255.255.255.248 M2(config-if)#standby 10 ip 11.1.1.33 M2(config-if)#standby 10 priority 50 M2(config)#interface vlan 20 M2(config-if)#ip address 11.1.1.43 255.255.255.248 M2(config-if)#standby 20 ip 11.1.1.41 M2(config-if)#standby 20 priority 150 M2(config-if)#standby 20 preempt

❷ IP 할당

- [그림 12-23]대로 IP를 설정하되, 서브넷 마스크는 [그림 12-24]와 같이 255.255.255.240와 255.255.255.248을 구분할 것.
- HSRP VIP: VLAN 10 11.1.1.33, VLAN 20: 11.1.1.41

설명 빌딩 A에서 IP 설정은 [표 12-19]와 같다.

[표 12-19] ▶
IP 설정

라우터	명령어
M1	M1(config)#interface fastethernet 0/1 M1(config-if)#no switchport M1(config-if)#ip address 11.1.1.2 255.255.255.240 M1(config-if)#exit M1(config)#interface fastethernet 0/2 M1(config-if)#no switchport M1(config-if)#ip address 11.1.1.18 255.255.255.240 M1(config-if)#exit M1(config)#interface vlan 10 M1(config-if)#ip address 11.1.1.34 255.255.255.248 M1(config-if)#exit M1(config)#interface vlan 20 M1(config-if)#ip address 11.1.1.42 255.255.255.248
M2	M2(config)#interface fastethernet 0/1 M2(config-if)#no switchport M2(config-if)#ip address 11.1.1.3 255.255.255.240 M2(config-if)#exit M2(config)#interface fastethernet 0/2 M2(config-if)#no switchport M2(config-if)#ip address 11.1.1.19 255.255.255.240 M2(config-if)#exit M2(config)#interface vlan 10 M2(config-if)#ip address 11.1.1.35 255.255.255.248 M2(config-if)#exit M2(config)#interface vlan 20 M2(config-if)#ip address 11.1.1.43 255.255.255.248

PC에서 IP 설정 값은 [표 12-20]과 같다. Desktop → IP Configuration에서 다음 3항목(IP 주소, 서브넷 마스크, Default Gateway)을 설정한다.

[표 12-20] ▶
PC 설정

구분	IP 주소	서브넷 마스크	Default Gateway
PC1	11.1.1.36	255.255.255.248	11.1.1.33
PC2	11.1.1.44	255.255.255.248	11.1.1.41
PC3	11.1.1.37	255.255.255.248	11.1.1.33
PC4	11.1.1.45	255.255.255.248	11.1.1.41

③ 라우팅

- 빌딩 A는 OSPF Area 101에 속한다.
- M1과 M2 스위치는 AREA 0과 AREA 101의 ABR(Area Border Router)임.
- 빌딩 A의 11.1.1.32/29와 11.1.1.40/29를 ABR에서 Route Summarization하라.
- M1과 M2에는 INTNET 라우터 방향으로 디폴트 스태틱 루트를 설정해야 함.
- Br1 네트워크에 대한 스태틱 루트도 설정해야 함.

설명 빌딩 A에서 라우팅 설정은 [표 12-21]과 같다.

[표 12-21] ▶ OSPF & Static 루트 설정, Route Summarization 설정

라우터	명령어
M1	M1(config)#ip routing M1(config)#ip route 11.1.1.120 255.255.255.248 11.1.1.8 M1(config)#ip route 11.1.1.120 255.255.255.248 11.1.1.24 M1(config)#ip route 0.0.0.0 0.0.0.0 11.1.1.1 M1(config)#ip route 0.0.0.0 0.0.0.0 11.1.1.17 M1(config)#router ospf 100 M1(config-router)#network 11.1.1.2 0.0.0.0 area 0 M1(config-router)#network 11.1.1.18 0.0.0.0 area 0 M1(config-router)#network 11.1.1.34 0.0.0.0 area 101 M1(config-router)#network 11.1.1.42 0.0.0.0 area 101 M1(config-router)#area 101 range 11.1.32.0 255.255.240
M2	M2(config)#ip routing M2(config)#ip route 11.1.1.120 255.255.255.248 11.1.1.8 M2(config)#ip route 11.1.1.120 255.255.255.248 11.1.1.24 M2(config)#ip route 0.0.0.0 0.0.0.0 11.1.1.1 M2(config)#ip route 0.0.0.0 0.0.0.0 11.1.1.17 M2(config)#router ospf 100 M2(config-router)#network 11.1.1.3 0.0.0.0 area 0 M2(config-router)#network 11.1.1.19 0.0.0.0 area 0 M2(config-router)#network 11.1.1.35 0.0.0.0 area 101 M2(config-router)#network 11.1.1.43 0.0.0.0 area 101 M2(config-router)#area 101 range 11.1.32.0 255.255.240.0

11.1.1.32 /29와 11.1.1.40 /29 정보에 대한 Route Summarization 계산 결과는 [표 12-22]와 같이 11.1.32.0 /20로 계산되었다.

[표 12-22] ▶ Route Summarization 결과

구분	같은 부분	다른 부분	요약 결과
11.1.32.0 /29	00001011.00000001.0010	0000.00000000	11.1.32.0. [대표 주소]
11.1.40.0 /29	00001011.00000001.0010	1000.00000000	
서브넷 마스크	11111111.11111111.1111	0000.00000000	255.255.240.0

Problem 3 다음과 같이 빌딩 B를 구축하라.

❶ 솔루션들

[표 12-23] ▶ 빌딩 B 설정 조건

구분	설정 조건
① VLAN	빌딩 B는 Local VLAN으로 설정해야 한다.
② U 구조	빌딩 B에 M3/M4 사이 구간을 다음과 같이 L3 링크로 설정하여 U 구조로 하시오.
③ HSRP	- HSRP(M3:VLAN10, M4:VLAN20에 대한 액티브 라우터로 설정), - Preempt 설정할 것

① VLAN: 빌딩 B는 Local VLAN으로 설정해야 한다.

② U 구조: 빌딩 B에 M3/M4 사이 구간을 다음과 같이 L3 링크로 설정하여 U 구조로 하시오. [표 12-26]을 참조할 것.

설명 각 스위치의 VLAN 설정은 [표 12-24]와 같다. U구조는 해당 포트(M3/ M4의 Fa 0/3)를 'no switchport'로 Layer 3 포트로 설정하고 IP 주소를 할당하면 된다. 'B. IP 할당'에서 설정한다.

[표 12-24] ▶ 스위치의 VLAN 설정

구분		명령어
M3	VLAN 선언	M3(config)#vlan 10 M3(config-vlan)#vlan 20
	액세스 링크 /트렁크	M3(config)#interface range fastethernet 0/3 M3(config-if)#switchport access vlan 10 M3(config-if)#interface range fastethernet 0/4 M3(config-if)#switchport access vlan 20
M4	VLAN 선언	M4(config)#vlan 10 M4(config-vlan)#vlan 20
	액세스 링크 /트렁크	M4(config)#interface range fastethernet 0/3 M4(config-if)#switchport access vlan 10 M4(config-if)#interface range fastethernet 0/4 M4(config-if)#switchport access vlan 20
SW5	VLAN 선언	SW3(config)#vlan 10
	액세스 링크 /트렁크	SW3(config)#interface range fastethernet 0/1-4 SW3(config-if)#switchport access vlan 10
SW6	VLAN 선언	SW4(config)#vlan 20
	액세스 링크 /트렁크	SW4(config)#interface range fastethernet 0/1-4 SW4(config-if)#switchport access vlan 20

③ HSRP

- HSRP(M3: VLAN10, M4:VLAN20에 대한 액티브 라우터로 설정)
- Preempt 설정할 것.

설명 HSRP 설정은 [표 12-25]와 같다.

[표 12-25] ▶ HSRP 설정 명령어

구분	명령어
M3	M3(config)#interface vlan 10 M3(config-if)#ip address 11.1.1.50 255.255.255.248 M3(config-if)#standby 10 ip 11.1.1.49 M3(config-if)#standby 10 priority 150 M3(config-if)#standby 10 preempt M3(config)#interface vlan 20 M3(config-if)#ip address 11.1.1.58 255.255.255.248 M3(config-if)#standby 20 ip 11.1.1.57 M3(config-if)#standby 20 priority 50
M4	M4(config)#interface vlan 10 M4(config-if)#ip address 11.1.1.51 255.255.255.248 M4(config-if)#standby 10 ip 11.1.1.49 M4(config-if)#standby 10 priority 50 M4(config)#interface vlan 20 M4(config-if)#ip address 11.1.1.59 255.255.255.240 M4(config-if)#standby 20 ip 11.1.1.57 M4(config-if)#standby 20 priority 150 M4(config-if)#standby 20 preempt

❷ IP 할당

- [그림 12-23]대로 IP 설정하되, 서브넷 마스크는 [그림 12-24]와 같이 255.255.255.240과 255.255.255.248을 구분할 것.
- HSRP VIP: VLAN 10 11.1.1.49, VLAN 20: 11.1.1.57

설명 IP 설정은 [표 12-26]과 같다.

[표 12-26] ▶ HSRP 설정

라우터	명령어
M3	M3(config)#interface fastethernet 0/1 M3(config-if)#no switchport M3(config-if)#ip address 11.1.1.4 255.255.255.240 M3(config-if)#exit M3(config)#interface fastethernet 0/2 M3(config-if)#no switchport M3(config-if)#ip address 11.1.1.20 255.255.255.240 M3(config-if)#exit M3(config)#interface fastethernet 0/5 M3(config-if)#no switchport M3(config-if)#ip address 11.1.1.65 255.255.255.248 — U구조

	M3(config-if)#exit M3(config)#interface vlan 10 M3(config-if)#ip address 11.1.1.50 255.255.255.248 M3(config-if)#exit M3(config)#interface vlan 20 M3(config-if)#ip address 11.1.1.58 255.255.255.248
M4	M4(config)#interface fastethernet 0/1 M4(config-if)#no switchport M4(config-if)#ip address 11.1.1.5 255.255.255.240 M4(config-if)#exit M4(config)#interface fastethernet 0/2 M4(config-if)#no switchport M4(config-if)#ip address 11.1.1.21 255.255.255.240 M4(config-if)#exit M3(config)#interface fastethernet 0/5 M3(config-if)#no switchport M3(config-if)#ip address 11.1.1.66 255.255.255.248 —— U구조 M3(config-if)#exit M4(config)#interface vlan 10 M4(config-if)#ip address 11.1.1.51 255.255.255.248 M4(config-if)#exit M4(config)#interface vlan 20 M4(config-if)#ip address 11.1.1.59 255.255.255.248

PC에서 IP 설정 값은 [표 12-27]과 같다. Desktop → IP Configuration에서 다음 3항목(IP 주소, 서브넷 마스크, Default Gateway)을 설정한다.

[표 12-27] ▶ PC 설정

구분	IP 주소	서브넷 마스크	Default Gateway
PC5	11.1.1.52	255.255.255.248	11.1.1.49
PC6	11.1.1.53	255.255.255.248	11.1.1.49
PC7	11.1.1.60	255.255.255.248	11.1.1.57
PC8	11.1.1.61	255.255.255.248	11.1.1.57

❸ 라우팅

- 빌딩 B는 OSPF Area 102에 속한다.
- M3과 M4 스위치는 Area 0과 Area 102의 ABR(Area Border Router)임.
- M3과 M4에는 INTNET 라우터 방향으로 디폴트 스태틱 루트를 설정해야 함.
- Br1 네트워크에 대한 스태틱 루트도 설정해야 함.

설명 빌딩 B에서 라우팅 설정은 [표 12-28]과 같다.

[표 12-28] ▶ OSPF & Static 루트 설정

구분	명령어
M3	M3(config)#ip routing M3(config)#ip route 11.1.1.120 255.255.255.248 11.1.1.8 M3(config)#ip route 11.1.1.120 255.255.255.248 11.1.1.24 M3(config)#ip route 0.0.0.0 0.0.0.0 11.1.1.1 M3(config)#ip route 0.0.0.0 0.0.0.0 11.1.1.17 M3(config)#router ospf 100 M3(config-router)#network 11.1.1.4 0.0.0.0 area 0 M3(config-router)#network 11.1.1.20 0.0.0.0 area 0 M3(config-router)#network 11.1.1.50 0.0.0.0 area 102 M3(config-router)#network 11.1.1.58 0.0.0.0 area 102 M3(config-router)#network 11.1.1.65 0.0.0.0 area 102
M4	M4(config)#ip routing M4(config)#ip route 11.1.1.120 255.255.255.248 11.1.1.8 M4(config)#ip route 11.1.1.120 255.255.255.248 11.1.1.24 M4(config)#ip route 0.0.0.0 0.0.0.0 11.1.1.1 M4(config)#ip route 0.0.0.0 0.0.0.0 11.1.1.17 M4(config)#router ospf 100 M4(config-router)#network 11.1.1.5 0.0.0.0 area 0 M4(config-router)#network 11.1.1.21 0.0.0.0 area 0 M4(config-router)#network 11.1.1.51 0.0.0.0 area 102 M4(config-router)#network 11.1.1.59 0.0.0.0 area 102 M4(config-router)#network 11.1.1.66 0.0.0.0 area 102

Problem 4 다음과 같이 빌딩 C를 구축하라.

❶ 솔루션들

[표 12-29] ▶ 빌딩 B 설정 조건

구분	설정 조건
① Layer 3 설정	M5-M6, M5-M7, M6-M7 간의 링크는 Layer3 포트로 설정할 것.
② VLAN	M7에는 각각 VLAN 10과 VLAN 20 인터페이스를 생성하고, IP를 할당할 것.

설명

① Layer 3 설정: [표 12-30]과 같이 'no switchport' 명령으로 Layer 3 포트로 설정한다. IP 설정은 'B. IP 할당'에서 설명한다.

[표 12-30] ▶
Layout 3 포트 설정

구분	명령어
M5	M5(config)#interface fastethernet 0/3 M5(config-if)#no switchport M5(config)#interface fastethernet 0/4 M5(config-if)#no switchport
M6	M6(config)#interface fastethernet 0/3 M6(config-if)#no switchport M6(config)#interface fastethernet 0/4 M6(config-if)#no switchport
M7	M7(config)#interface fastethernet 0/1 M7(config-if)#no switchport M7(config)#interface fastethernet 0/2 M7(config-if)#no switchport

② M7의 VLAN 설정은 [표 12-31]과 같다. IP 설정은 '4.2. IP 할당의 [표 12-32]'에서 설명한다.

[표 12-31] ▶
M7의 VLAN 설정

구분		명령어
M7	VLAN 선언	M7(config)#vlan 10 M7(config-vlan)#vlan 20
	액세스 링크 /트렁크	M7(config)#interface fastethernet 0/3 M7(config-if)#switchport access vlan 10 M7(config-if)#exit M7(config)#interface fastethernet 0/4 M7(config-if)#switchport access vlan 20

❷ IP 할당

- [그림 12-23]대로 IP 설정하되, 서브넷 마스크는 [그림 12-24]와 같이 255.255.255.240과 255.255.255.248을 구분할 것.

설명 빌딩 B에서 IP 할당은 [표 12-32]와 같다.

[표 12-32] ▶
라우터 별 IP 설정

구분	명령어
M5	M5(config)#interface fastethernet 0/1 M5(config-if)#no switchport M5(config-if)#ip address 11.1.1.6 255.255.255.240 M5(config-if)#exit M5(config)#interface fastethernet 0/2 M5(config-if)#no switchport M5(config-if)#ip address 11.1.1.22 255.255.255.240 M5(config-if)#exit M5(config)#interface fastethernet 0/3

M6	M5(config-if)#no switchport M5(config-if)#ip address 11.1.1.73 255.255.255.248 M5(config-if)#exit M5(config)#interface fastethernet 0/4 M5(config-if)#no switchport M5(config-if)#ip address 11.1.1.81 255.255.255.248
M6	M6(config)#interface fastethernet 0/1 M6(config-if)#no switchport M6(config-if)#ip address 11.1.1.7 255.255.255.240 M6(config-if)#exit M6(config)#interface fastethernet 0/2 M6(config-if)#no switchport M6(config-if)#ip address 11.1.1.23 255.255.255.240 M6(config-if)#exit M6(config)#interface fastethernet 0/3 M6(config-if)#no switchport M6(config-if)#ip address 11.1.1.74 255.255.255.248 M6(config-if)#exit M6(config)#interface fastethernet 0/4 M6(config-if)#no switchport M6(config-if)#ip address 11.1.1.89 255.255.255.248
M7	Switch#configure terminal Switch(config)hostname M7 M7(config)#interface fastethernet 0/1 M7(config-if)#no switchport M7(config-if)#ip address 11.1.1.82 255.255.255.248 M7(config-if)#exit M7(config)#interface fastethernet 0/2 M7(config-if)#no switchport M7(config-if)#ip address 11.1.1.90 255.255.255.248 M7(config-if)#exit M7(config)#interface vlan 10 M7(config-if)#ip address 11.1.1.97 255.255.255.248 M7(config-if)#exit M7(config)#interface vlan 20 M7(config-if)#ip address 11.1.1.105 255.255.255.248

PC에서 IP 설정 값은 [표 12-33]과 같다. Desktop → IP Configuration에서 다음 3항목(IP 주소, 서브넷 마스크, Default Gateway)을 설정한다.

P[표 12-33] ▶ PC 설정

구분	IP 주소	서브넷 마스크	Default Gateway
PC9	11.1.1.98	255.255.255.248	11.1.1.97
PC10	11.1.1.106	255.255.255.248	11.1.1.105

❸ 라우팅

- 빌딩 C는 OSPF AREA 103에 속한다.
- M5과 M6 스위치는 AREA 0과 AREA 103의 ABR(Area Border Router)임.
- M5, M6, M7에는 INTNET 라우터 방향으로 디폴트 스태틱 루트를 설정해야 함.
- Br1 네트워크에 대한 스태틱 루트도 설정해야 함.

설명 빌딩 C에서 라우팅 설정은 [표 12-34]와 같다.

[표 12-34] ▶ OSPF & Static 루트 설정

구분	명령어
M5	M5(config)#ip routing M5(config)#ip route 11.1.1.120 255.255.255.248 11.1.1.8 M5(config)#ip route 11.1.1.120 255.255.255.248 11.1.1.24 M5(config)#ip route 0.0.0.0 0.0.0.0 11.1.1.1 M5(config)#ip route 0.0.0.0 0.0.0.0 11.1.1.17 M5(config)#router ospf 100 M5(config-router)#network 11.1.1.6 0.0.0.0 area 0 M5(config-router)#network 11.1.1.22 0.0.0.0 area 0 M5(config-router)#network 11.1.1.73 0.0.0.0 area 103 M5(config-router)#network 11.1.1.81 0.0.0.0 area 103
M6	M6(config)#ip routing M6(config)#ip route 11.1.1.120 255.255.255.248 11.1.1.8 M6(config)#ip route 11.1.1.120 255.255.255.248 11.1.1.24 M6(config)#ip route 0.0.0.0 0.0.0.0 11.1.1.1 M6(config)#ip route 0.0.0.0 0.0.0.0 11.1.1.17 M6(config)#router ospf 100 M6(config-router)#network 11.1.1.7 0.0.0.0 area 0 M6(config-router)#network 11.1.1.23 0.0.0.0 area 0 M6(config-router)#network 11.1.1.74 0.0.0.0 area 103 M6(config-router)#network 11.1.1.89 0.0.0.0 area 103
M7	M7(config)#ip routing M7(config)#ip route 0.0.0.0 0.0.0.0 11.1.1.81 M7(config)#ip route 0.0.0.0 0.0.0.0 11.1.1.89 M7(config)#router ospf 100 M7(config-router)#network 11.1.1.82 0.0.0.0 area 103 M7(config-router)#network 11.1.1.90 0.0.0.0 area 103 M7(config-router)#network 11.1.1.97 0.0.0.0 area 103 M7(config-router)#network 11.1.1.105 0.0.0.0 area 103

• OSPF AREA 103은 Totally Stubby AREA로 설정하여 M7에는 디폴트 정보만 보이게 하라.

설명 ABR에는 'no-summary' 옵션을 추가한다.

[표 12-35] ▶ Totally Stubby Area 설정

구분	명령어
M5	M5(config)#router ospf 100 M5(config-router)#area 103 stub no-summary
M6	M5(config)#router ospf 100 M5(config-router)#area 103 stub no-summary
M7	M5(config)#router ospf 100 M5(config-router)#area 103 stub

Problem 5 (빌딩 A, 빌딩 B, 빌딩 C를 제외한 다른 장치들에도) IP를 할당하되, 서브넷 마스크를 주의하라.

설명 서브넷 마스크는 255.255.255.0, 255.255.255.240, 255.255.255.248의 세 종류로 주의해서 할당한다.

[표 12-36] ▶ IP 할당

라우터	명령어
ISP	ISP(config)#interface fastethernet 0/1 ISP(config-if)#no shutdown ISP(config-if)#ip address 88.1.1.1 255.255.255.0 ISP(config-if)#exit ISP(config)#interface fastethernet 0/0 ISP(config-if)#no shutdown ISP(config-if)#ip address 100.100.100.1 255.255.255.0
INTNET	INTNET(config)#interface fastethernet 0/0 INTNET(config-if)#no shutdown INTNET(config-if)#ip address 100.100.100.2 255.255.255.0 INTNET(config-if)#exit INTNET(config)#interface fastethernet 0/1 INTNET(config-if)#no shutdown INTNET(config-if)#ip address 11.1.1.1 255.255.255.240 INTNET(config-if)#exit INTNET(config)#interface fastethernet 1/0 INTNET(config-if)#no shutdown INTNET(config-if)#ip address 11.1.1.17 255.255.255.240
WAN2	WAN2(config)#interface fastethernet 0/0 WAN2(config-if)#no shutdown WAN2(config-if)#ip address 11.1.1.113 255.255.255.248 WAN2(config-if)#exit WAN2(config)#interface fastethernet 0/1

WAN2	WAN2(config-if)#no shutdown WAN2(config-if)#ip address 11.1.1.8 255.255.255.240 WAN2(config-if)#exit WAN2(config)#interface fastethernet 1/0 WAN2(config-if)#no shutdown WAN2(config-if)#ip address 11.1.1.24 255.255.255.240
WAN4	WAN4(config)#interface fastethernet 0/0 WAN4(config-if)#no shutdown WAN4(config-if)#ip address 11.1.1.129 255.255.255.248 WAN4(config-if)#exit WAN4(config)#interface fastethernet 0/1 WAN4(config-if)#no shutdown WAN4(config-if)#ip address 11.1.1.9 255.255.255.240 WAN4(config-if)#exit WAN4(config)#interface fastethernet 1/0 WAN4(config-if)#no shutdown WAN4(config-if)#ip address 11.1.1.25 255.255.255.240
Br1	Br1(config)#interface fastethernet 0/0 Br1(config-if)#no shutdown Br1(config-if)#ip address 11.1.1.114 255.255.255.248 Br1(config-if)#exit Br1(config)#interface fastethernet 0/1 Br1(config-if)#no shutdown Br1(config-if)#ip address 11.1.1.121 255.255.255.248
Br2	Br1(config)#interface fastethernet 0/0 Br1(config-if)#no shutdown Br1(config-if)#ip address 11.1.1.130 255.255.255.248 Br1(config-if)#exit Br1(config)#interface fastethernet 0/1 Br1(config-if)#no shutdown Br1(config-if)# ip address 11.1.1.137 255.255.255.248 Br1(config)#interface fastethernet 1/0 Br1(config-if)#no shutdown Br1(config-if)# ip address 11.1.1.145 255.255.255.248

PC에서 IP 설정 값은 [표 12-37]과 같다. Desktop → IP Configuration에서 다음 3항목(IP 주소, 서브넷 마스크, Default Gateway)을 설정한다.

[표 12-37] ▶ PC 설정

구분	IP 주소	서브넷 마스크	Default Gateway
PC11	11.1.1.138	255.255.255.248	11.1.1.137
PC12	11.1.1.139	255.255.255.248	11.1.1.137
PC13	11.1.1.146	255.255.255.248	11.1.1.145
PC14	11.1.1.147	255.255.255.248	11.1.1.145
PC15	11.1.1.122	255.255.255.248	11.1.1.121

Problem 6 다음과 같이 BGP를 설정하라.

[그림 12-27] ▶ BGP 설정

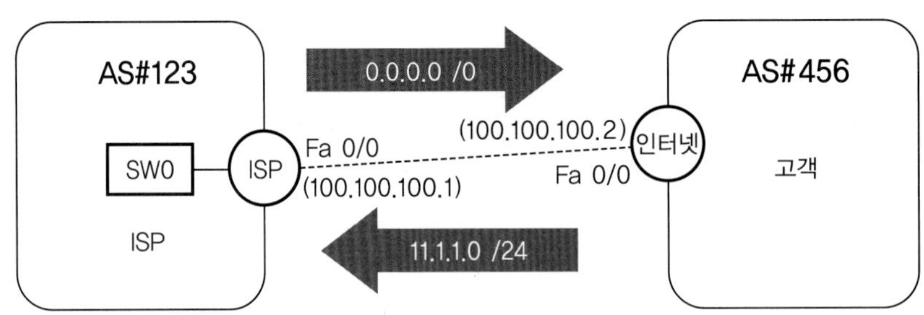

- ISP의 AS#는 123, IGP는 RIP version2 적용.
- ISP에서는 디폴트 정보를 BGP로 보낼 것

설명 [표 12-38]에서 'ip route 0.0.0.0 0.0.0.0 null 0' 명령으로 디폴트 정보를 라우팅 테이블에 올라오게 하고, 이 디폴트 정보를 'redistribute static' 명령으로 BGP 정보로 변경한다.

[표 12-38] ▶ BGP 디폴트 정보의 생성

구분	명령어
ISP	ISP(config)#ip route 0.0.0.0 0.0.0.0 null 0 ISP(config)#router bgp 123 ISP(config-router)#neighbor 100.100.100.2 remote-as 456 ISP(config-router)#redistribute static ISP(config-router)#router rip ISP(config-router)#version 2 ISP(config-router)#network 88.0.0.0

- ISP의 고객 AS#는 456 적용.
- INTNET에서는 11.1.1.0 /24 정보로 요약하여 BGP로 보낼 것.

설명 [표 12-39]에서 'ip route 11.1.1.0 255.255.255.0 null 0' 명령으로 우리 회사 IP를 포함하는 네트워크 정보를 라우팅 테이블에 올라오게 하고, 이 디폴트 정보를 'network 11.1.1.0 mask 255.255.255.0'과 'redistribute static' 명령으로 BGP 정보로 변경한다.

[표 12-39] ▶ BGP 요약 정보의 생성

구분	명령어
INTNET	INTNET(config)#ip route 11.1.1.0 255.255.255.0 null 0 INTNET(config)#router bgp 456 INTNET(config-router)#neighbor 100.100.100.1 remote-as 123 INTNET(config-router)#network 11.1.1.0 mask 255.255.255.0 IGP (OSPF) 설정은 [표 12-38]에서 설정함.

Problem 7 INTNET, WAN2, WAN4, Br1, Br2 라우터에는 다음과 같이 OSPF, EIGRP, Static 루트를 설정하라.

- OSPF와 EIGRP를 설정하고, WAN4 라우터에서 Redistribution을 설정할 것.
- Br1 라우터에서는 디폴트 스태틱 루트만 설정할 것(EIGRP나 OSPF를 설정하면 안 됨).
- OSPF와 EIGRP를 설정한 모든 라우터에 인터넷과 Br1 사이트에 대한 스태틱 루트를 설정해야 함.

[표 12-40] ▶ OSPF, EIGRP, Static 루트 설정

구분	명령어
INTNET	INTNET(config)#ip route 11.1.1.120 255.255.255.248 11.1.1.8 INTNET(config)#ip route 11.1.1.120 255.255.255.248 11.1.1.24 INTNET(config)#router ospf 100 INTNET(config-router)#network 11.1.1.1 0.0.0.0 area 0 INTNET(config-router)#network 11.1.1.17 0.0.0.0 area 0
WAN2	WAN2(config)#ip route 11.1.1.120 255.255.255.248 11.1.1.114 WAN2(config)#ip route 0.0.0.0 0.0.0.0 11.1.1.1 WAN2(config)#ip route 0.0.0.0 0.0.0.0 11.1.1.17 WAN2(config)#router ospf 100 WAN2(config-router)#network 11.1.1.8 0.0.0.0 area 0 WAN2(config-router)#network 11.1.1.24 0.0.0.0 area 0 WAN2(config-router)#network 11.1.1.113 0.0.0.0 area 0
WAN4	WAN4(config)#ip route 11.1.1.120 255.255.255.248 11.1.1.8 WAN4(config)#ip route 11.1.1.120 255.255.255.248 11.1.1.24 WAN4(config)#ip route 0.0.0.0 0.0.0.0 11.1.1.1 WAN4(config)#ip route 0.0.0.0 0.0.0.0 11.1.1.17 WAN4(config)#router ospf 100 WAN4(config-router)#network 11.1.1.9 0.0.0.0 area 0 WAN4(config-router)#network 11.1.1.25 0.0.0.0 area 0 WAN4(config-router)#redistribute eigrp 100 metric 50 subnet WAN4(config-router)#exit WAN4(config)#router eigrp 100 WAN4(config-router)#network 11.1.1.129 0.0.0.0 WAN4(config-router)#redistribute ospf 100 metric 10000 1000 255 1 1500
Br1	Br1(config)#ip route 0.0.0.0 0.0.0.0 11.1.1.113
Br2	Br2(config)#ip route 0.0.0.0 0.0.0.0 11.1.1.129 Br2(config)#router eigrp 100 Br2(config-router)#network 11.0.0.0

이후의 각 라우터의 라우팅 테이블은 [표 12-41]과 같다.

[표 12-41] ▶ 라우터별 라우팅 테이블

라우터	명령어
ISP	ISP#sh ip ro Gateway of last resort is 0.0.0.0 to network 0.0.0.0 11.0.0.0/24 is subnetted, 1 subnets B 11.1.1.0 [20/0] via 100.100.100.2, 00:02:48 88.0.0.0/24 is subnetted, 1 subnets C 88.1.1.0 is directly connected, FastEthernet0/1 100.0.0.0/24 is subnetted, 1 subnets C 100.100.100.0 is directly connected, FastEthernet0/0 S* 0.0.0.0/0 is directly connected, Null0
INTNET	INTNET#sh ip ro Gateway of last resort is 100.100.100.1 to network 0.0.0.0 * 0.0.0.0/32 is subnetted, 1 subnets B* 0.0.0.0 [20/0] via 100.100.100.1, 00:15:46 11.0.0.0/8 is variably subnetted, 17 subnets, 3 masks S 11.1.1.0/24 is directly connected, Null0 C 11.1.1.0/28 is directly connected, FastEthernet0/1 C 11.1.1.16/28 is directly connected, FastEthernet1/0 O IA 11.1.1.32/28 [110/2] via 11.1.1.3, 00:13:05, FastEthernet0/1 [110/2] via 11.1.1.19, 00:13:05, FastEthernet1/0 [110/2] via 11.1.1.2, 00:03:38, FastEthernet0/1 [110/2] via 11.1.1.18, 00:03:38, FastEthernet1/0 O IA 11.1.1.48/29 [110/2] via 11.1.1.5, 00:13:05, FastEthernet0/1 [110/2] via 11.1.1.21, 00:13:05, FastEthernet1/0 [110/2] via 11.1.1.4, 00:03:38, FastEthernet0/1 [110/2] via 11.1.1.20, 00:03:38, FastEthernet1/0 O IA 11.1.1.56/29 [110/2] via 11.1.1.5, 00:13:05, FastEthernet0/1 [110/2] via 11.1.1.21, 00:13:05, FastEthernet1/0 [110/2] via 11.1.1.4, 00:03:38, FastEthernet0/1 [110/2] via 11.1.1.20, 00:03:38, FastEthernet1/0 O IA 11.1.1.64/29 [110/2] via 11.1.1.5, 00:13:05, FastEthernet0/1 [110/2] via 11.1.1.21, 00:13:05, FastEthernet1/0 [110/2] via 11.1.1.4, 00:03:38, FastEthernet0/1 [110/2] via 11.1.1.20, 00:03:38, FastEthernet1/0 O IA 11.1.1.72/29 [110/2] via 11.1.1.7, 00:13:05, FastEthernet0/1 [110/2] via 11.1.1.23, 00:13:05, FastEthernet1/0 [110/2] via 11.1.1.6, 00:03:38, FastEthernet0/1 [110/2] via 11.1.1.22, 00:03:38, FastEthernet1/0 O IA 11.1.1.80/29 [110/2] via 11.1.1.6, 00:13:05, FastEthernet0/1 [110/2] via 11.1.1.22, 00:13:05, FastEthernet1/0 O IA 11.1.1.88/29 [110/2] via 11.1.1.7, 00:13:05, FastEthernet0/1 [110/2] via 11.1.1.23, 00:13:05, FastEthernet1/0 O IA 11.1.1.96/29 [110/3] via 11.1.1.7, 00:13:05, FastEthernet0/1 [110/3] via 11.1.1.23, 00:13:05, FastEthernet1/0

INTNET	[110/3] via 11.1.1.6, 00:03:38, FastEthernet0/1 [110/3] via 11.1.1.22, 00:03:38, FastEthernet1/0 O IA 11.1.1.104/29 [110/3] via 11.1.1.7, 00:13:05, FastEthernet0/1 [110/3] via 11.1.1.23, 00:13:05, FastEthernet1/0 [110/3] via 11.1.1.6, 00:03:38, FastEthernet0/1 [110/3] via 11.1.1.22, 00:03:38, FastEthernet1/0 O 11.1.1.112/29 [110/2] via 11.1.1.8, 00:00:30, FastEthernet0/1 [110/2] via 11.1.1.24, 00:00:30, FastEthernet1/0 S 11.1.1.120/29 [1/0] via 11.1.1.8 [1/0] via 11.1.1.24 O E2 11.1.1.128/29 [110/20] via 11.1.1.9, 00:13:05, FastEthernet0/1 [110/20] via 11.1.1.25, 00:13:05, FastEthernet1/0 O E2 11.1.1.136/29 [110/20] via 11.1.1.9, 00:10:29, FastEthernet0/1 [110/20] via 11.1.1.25, 00:10:29, FastEthernet1/0 O E2 11.1.1.144/29 [110/20] via 11.1.1.9, 00:10:29, FastEthernet0/1 [110/20] via 11.1.1.25, 00:10:29, FastEthernet1/0 100.0.0.0/24 is subnetted, 1 subnets C 100.100.100.0 is directly connected, FastEthernet0/0
WAN2	WAN2#sh ip route Gateway of last resort is 11.1.1.1 to network 0.0.0.0 11.0.0.0/8 is variably subnetted, 16 subnets, 2 masks C 11.1.1.0/28 is directly connected, FastEthernet0/1 C 11.1.1.16/28 is directly connected, FastEthernet1/0 O IA 11.1.1.32/28 [110/2] via 11.1.1.3, 00:00:01, FastEthernet0/1 [110/2] via 11.1.1.19, 00:00:01, FastEthernet1/0 [110/2] via 11.1.1.2, 00:00:01, FastEthernet0/1 [110/2] via 11.1.1.18, 00:00:01, FastEthernet1/0 O IA 11.1.1.48/29 [110/2] via 11.1.1.5, 00:13:05, FastEthernet0/1 [110/2] via 11.1.1.21, 00:13:05, FastEthernet1/0 [110/2] via 11.1.1.4, 00:03:38, FastEthernet0/1 [110/2] via 11.1.1.20, 00:03:38, FastEthernet1/0 O IA 11.1.1.56/29 [110/2] via 11.1.1.5, 00:13:05, FastEthernet0/1 [110/2] via 11.1.1.21, 00:13:05, FastEthernet1/0 [110/2] via 11.1.1.4, 00:03:38, FastEthernet0/1 [110/2] via 11.1.1.20, 00:03:38, FastEthernet1/0 O IA 11.1.1.64/29 [110/2] via 11.1.1.5, 00:13:05, FastEthernet0/1 [110/2] via 11.1.1.21, 00:13:05, FastEthernet1/0 [110/2] via 11.1.1.4, 00:03:38, FastEthernet0/1 [110/2] via 11.1.1.20, 00:03:38, FastEthernet1/0 O IA 11.1.1.72/29 [110/2] via 11.1.1.7, 00:13:05, FastEthernet0/1 [110/2] via 11.1.1.23, 00:13:05, FastEthernet1/0 [110/2] via 11.1.1.6, 00:03:38, FastEthernet0/1 [110/2] via 11.1.1.22, 00:03:38, FastEthernet1/0 O IA 11.1.1.80/29 [110/2] via 11.1.1.6, 00:13:05, FastEthernet0/1 [110/2] via 11.1.1.22, 00:13:05, FastEthernet1/0 O IA 11.1.1.88/29 [110/2] via 11.1.1.7, 00:13:05, FastEthernet0/1 [110/2] via 11.1.1.23, 00:13:05, FastEthernet1/0

WAN2	O IA 11.1.1.96/29 [110/3] via 11.1.1.7, 00:13:05, FastEthernet0/1 [110/3] via 11.1.1.23, 00:13:05, FastEthernet1/0 [110/3] via 11.1.1.6, 00:03:38, FastEthernet0/1 [110/3] via 11.1.1.22, 00:03:38, FastEthernet1/0 O IA 11.1.1.104/29 [110/3] via 11.1.1.7, 00:13:05, FastEthernet0/1 [110/3] via 11.1.1.23, 00:13:05, FastEthernet1/0 [110/3] via 11.1.1.6, 00:03:38, FastEthernet0/1 [110/3] via 11.1.1.22, 00:03:38, FastEthernet1/0 C 11.1.1.112/29 is directly connected, FastEthernet0/0 S 11.1.1.120/29 [1/0] via 11.1.1.114 O E2 11.1.1.128/28 [110/20] via 11.1.1.9, 00:00:01, FastEthernet0/1 [110/20] via 11.1.1.25, 00:00:01, FastEthernet1/0 O E2 11.1.1.136/29 [110/20] via 11.1.1.9, 00:00:01, FastEthernet0/1 [110/20] via 11.1.1.25, 00:00:01, FastEthernet1/0 O E2 11.1.1.144/29 [110/20] via 11.1.1.9, 00:00:01, FastEthernet0/1 [110/20] via 11.1.1.25, 00:00:01, FastEthernet1/0 S* 0.0.0.0/0 [1/0] via 11.1.1.1 [1/0] via 11.1.1.17
WAN4	WAN4#sh ip route Gateway of last resort is 11.1.1.17 to network 0.0.0.0 11.0.0.0/8 is variably subnetted, 16 subnets, 2 masks C 11.1.1.0/28 is directly connected, FastEthernet0/1 C 11.1.1.16/28 is directly connected, FastEthernet1/0 O IA 11.1.1.32/28 [110/2] via 11.1.1.3, 00:13:05, FastEthernet0/1 [110/2] via 11.1.1.19, 00:13:05, FastEthernet1/0 [110/2] via 11.1.1.2, 00:03:38, FastEthernet0/1 [110/2] via 11.1.1.18, 00:03:38, FastEthernet1/0 O IA 11.1.1.48/29 [110/2] via 11.1.1.5, 00:13:05, FastEthernet0/1 [110/2] via 11.1.1.21, 00:13:05, FastEthernet1/0 [110/2] via 11.1.1.4, 00:03:38, FastEthernet0/1 [110/2] via 11.1.1.20, 00:03:38, FastEthernet1/0 O IA 11.1.1.56/29 [110/2] via 11.1.1.5, 00:13:05, FastEthernet0/1 [110/2] via 11.1.1.21, 00:13:05, FastEthernet1/0 [110/2] via 11.1.1.4, 00:03:38, FastEthernet0/1 [110/2] via 11.1.1.20, 00:03:38, FastEthernet1/0 O IA 11.1.1.64/29 [110/2] via 11.1.1.5, 00:13:05, FastEthernet0/1 [110/2] via 11.1.1.21, 00:13:05, FastEthernet1/0 [110/2] via 11.1.1.4, 00:03:38, FastEthernet0/1 [110/2] via 11.1.1.20, 00:03:38, FastEthernet1/0 O IA 11.1.1.72/29 [110/2] via 11.1.1.7, 00:13:05, FastEthernet0/1 [110/2] via 11.1.1.23, 00:13:05, FastEthernet1/0 [110/2] via 11.1.1.6, 00:03:38, FastEthernet0/1 [110/2] via 11.1.1.22, 00:03:38, FastEthernet1/0 O IA 11.1.1.80/29 [110/2] via 11.1.1.6, 00:13:05, FastEthernet0/1 [110/2] via 11.1.1.22, 00:13:05, FastEthernet1/0 O IA 11.1.1.88/29 [110/2] via 11.1.1.7, 00:13:05, FastEthernet0/1 [110/2] via 11.1.1.23, 00:13:05, FastEthernet1/0

WAN4	O IA 11.1.1.96/29 [110/3] via 11.1.1.7, 00:13:05, FastEthernet0/1 [110/3] via 11.1.1.23, 00:13:05, FastEthernet1/0 [110/3] via 11.1.1.6, 00:03:38, FastEthernet0/1 [110/3] via 11.1.1.22, 00:03:38, FastEthernet1/0 O IA 11.1.1.104/29 [110/3] via 11.1.1.7, 00:13:05, FastEthernet0/1 [110/3] via 11.1.1.23, 00:13:05, FastEthernet1/0 [110/3] via 11.1.1.6, 00:03:38, FastEthernet0/1 [110/3] via 11.1.1.22, 00:03:38, FastEthernet1/0 O 11.1.1.112/29 [110/2] via 11.1.1.8, 00:00:30, FastEthernet0/1 [110/2] via 11.1.1.24, 00:00:30, FastEthernet1/0 S 11.1.1.120/29 [1/0] via 11.1.1.8 [1/0] via 11.1.1.24 C 11.1.1.128/29 is directly connected, FastEthernet0/0 D 11.1.1.136/29 [90/30720] via 11.1.1.130, 00:00:33, FastEthernet0/0 D 11.1.1.144/29 [90/30720] via 11.1.1.130, 00:00:33, FastEthernet0/0 S* 0.0.0.0/0 [1/0] via 11.1.1.17 [1/0] via 11.1.1.1
Br1	Br1#sh ip route Gateway of last resort is 11.1.1.113 to network 0.0.0.0 11.0.0.0/29 is subnetted, 2 subnets C 11.1.1.112 is directly connected, FastEthernet0/0 C 11.1.1.120 is directly connected, FastEthernet0/1 S* 0.0.0.0/0 [1/0] via 11.1.1.113
Br2	Br2#sh ip route Gateway of last resort is 11.1.1.129 to network 0.0.0.0 11.0.0.0/8 is variably subnetted, 15 subnets, 2 masks D EX 11.1.1.0/28 [170/514560] via 11.1.1.129, 00:14:11, FastEthernet0/0 D EX 11.1.1.16/28 [170/514560] via 11.1.1.129, 00:14:12, FastEthernet0/0 D EX 11.1.1.32/28 [170/514560] via 11.1.1.129, 00:13:11, FastEthernet0/0 D EX 11.1.1.48/29 [170/514560] via 11.1.1.129, 00:14:11, FastEthernet0/0 D EX 11.1.1.56/29 [170/514560] via 11.1.1.129, 00:14:12, FastEthernet0/0 D EX 11.1.1.64/29 [170/514560] via 11.1.1.129, 00:13:11, FastEthernet0/0 D EX 11.1.1.72/29 [170/514560] via 11.1.1.129, 00:14:11, FastEthernet0/0 D EX 11.1.1.80/29 [170/514560] via 11.1.1.129, 00:14:12, FastEthernet0/0 D EX 11.1.1.88/29 [170/514560] via 11.1.1.129, 00:13:11, FastEthernet0/0 D EX 11.1.1.96/29 [170/514560] via 11.1.1.129, 00:14:11, FastEthernet0/0 D EX 11.1.1.104/29 [170/514560] via 11.1.1.129, 00:14:12, FastEthernet0/0 D EX 11.1.1.112/29 [170/514560] via 11.1.1.129, 00:13:11, FastEthernet0/0 C 11.1.1.128/29 is directly connected, FastEthernet0/0 C 11.1.1.136/29 is directly connected, FastEthernet0/1 C 11.1.1.144/29 is directly connected, FastEthernet1/0 S* 0.0.0.0/0 [1/0] via 11.1.1.129
	M1#sh ip route Gateway of last resort is 11.1.1.1 to network 0.0.0.0

M1

```
     11.0.0.0/8 is variably subnetted, 17 subnets, 2 masks
C       11.1.1.0/28 is directly connected, FastEthernet0/1
C       11.1.1.16/28 is directly connected, FastEthernet0/2
C       11.1.1.32/29 is directly connected, Vlan10
C       11.1.1.40/29 is directly connected, Vlan20
O IA    11.1.1.48/29 [110/2] via 11.1.1.5, 00:13:05, FastEthernet0/1
                     [110/2] via 11.1.1.21, 00:13:05, FastEthernet1/0
                     [110/2] via 11.1.1.4, 00:03:38, FastEthernet0/1
                     [110/2] via 11.1.1.20, 00:03:38, FastEthernet1/0
O IA    11.1.1.56/29 [110/2] via 11.1.1.5, 00:13:05, FastEthernet0/1
                     [110/2] via 11.1.1.21, 00:13:05, FastEthernet1/0
                     [110/2] via 11.1.1.4, 00:03:38, FastEthernet0/1
                     [110/2] via 11.1.1.20, 00:03:38, FastEthernet1/0
O IA    11.1.1.64/29 [110/2] via 11.1.1.5, 00:13:05, FastEthernet0/1
                     [110/2] via 11.1.1.21, 00:13:05, FastEthernet1/0
                     [110/2] via 11.1.1.4, 00:03:38, FastEthernet0/1
                     [110/2] via 11.1.1.20, 00:03:38, FastEthernet1/0
O IA    11.1.1.72/29 [110/2] via 11.1.1.7, 00:13:05, FastEthernet0/1
                     [110/2] via 11.1.1.23, 00:13:05, FastEthernet1/0
                     [110/2] via 11.1.1.6, 00:03:38, FastEthernet0/1
                     [110/2] via 11.1.1.22, 00:03:38, FastEthernet1/0
O IA    11.1.1.80/29 [110/2] via 11.1.1.6, 00:13:05, FastEthernet0/1
                     [110/2] via 11.1.1.22, 00:13:05, FastEthernet1/0
O IA    11.1.1.88/29 [110/2] via 11.1.1.7, 00:13:05, FastEthernet0/1
                     [110/2] via 11.1.1.23, 00:13:05, FastEthernet1/0
O IA    11.1.1.96/29 [110/3] via 11.1.1.7, 00:13:05, FastEthernet0/1
                     [110/3] via 11.1.1.23, 00:13:05, FastEthernet1/0
                     [110/3] via 11.1.1.6, 00:03:38, FastEthernet0/1
                     [110/3] via 11.1.1.22, 00:03:38, FastEthernet1/0
O IA    11.1.1.104/29 [110/3] via 11.1.1.7, 00:13:05, FastEthernet0/1
                     [110/3] via 11.1.1.23, 00:13:05, FastEthernet1/0
                     [110/3] via 11.1.1.6, 00:03:38, FastEthernet0/1
                     [110/3] via 11.1.1.22, 00:03:38, FastEthernet1/0
O       11.1.1.112/29 [110/2] via 11.1.1.8, 00:00:30, FastEthernet0/1
                     [110/2] via 11.1.1.24, 00:00:30, FastEthernet1/0
S       11.1.1.120/29 [1/0] via 11.1.1.8
                     [1/0] via 11.1.1.24
O E2    11.1.1.128/29 [110/20] via 11.1.1.9, 00:05:28, FastEthernet0/1
                     [110/20] via 11.1.1.25, 00:05:28, FastEthernet0/2
O E2    11.1.1.136/29 [110/20] via 11.1.1.9, 00:05:28, FastEthernet0/1
                     [110/20] via 11.1.1.25, 00:05:28, FastEthernet0/2
O E2    11.1.1.144/29 [110/20] via 11.1.1.9, 00:05:28, FastEthernet0/1
                     [110/20] via 11.1.1.25, 00:05:28, FastEthernet0/2
S*      0.0.0.0/0 [1/0] via 11.1.1.1
                     [1/0] via 11.1.1.17
```

```
M2#sh ip ro
Gateway of last resort is 11.1.1.1 to network 0.0.0.0
```

M2	<pre>11.0.0.0/8 is variably subnetted, 17 subnets, 2 masks
	C 11.1.1.0/28 is directly connected, FastEthernet0/1
	C 11.1.1.16/28 is directly connected, FastEthernet0/2
	C 11.1.1.32/29 is directly connected, Vlan10
	C 11.1.1.40/29 is directly connected, Vlan20
	O IA 11.1.1.48/29 [110/2] via 11.1.1.5, 00:13:05, FastEthernet0/1
	                  [110/2] via 11.1.1.21, 00:13:05, FastEthernet1/0
	                  [110/2] via 11.1.1.4, 00:03:38, FastEthernet0/1
	                  [110/2] via 11.1.1.20, 00:03:38, FastEthernet1/0
	O IA 11.1.1.56/29 [110/2] via 11.1.1.5, 00:13:05, FastEthernet0/1
	                  [110/2] via 11.1.1.21, 00:13:05, FastEthernet1/0
	                  [110/2] via 11.1.1.4, 00:03:38, FastEthernet0/1
	                  [110/2] via 11.1.1.20, 00:03:38, FastEthernet1/0
	O IA 11.1.1.64/29 [110/2] via 11.1.1.5, 00:13:05, FastEthernet0/1
	                  [110/2] via 11.1.1.21, 00:13:05, FastEthernet1/0
	                  [110/2] via 11.1.1.4, 00:03:38, FastEthernet0/1
	                  [110/2] via 11.1.1.20, 00:03:38, FastEthernet1/0
	O IA 11.1.1.72/29 [110/2] via 11.1.1.7, 00:13:05, FastEthernet0/1
	                  [110/2] via 11.1.1.23, 00:13:05, FastEthernet1/0
	                  [110/2] via 11.1.1.6, 00:03:38, FastEthernet0/1
	                  [110/2] via 11.1.1.22, 00:03:38, FastEthernet1/0
	O IA 11.1.1.80/29 [110/2] via 11.1.1.6, 00:13:05, FastEthernet0/1
	                  [110/2] via 11.1.1.22, 00:13:05, FastEthernet1/0
	O IA 11.1.1.88/29 [110/2] via 11.1.1.7, 00:13:05, FastEthernet0/1
	                  [110/2] via 11.1.1.23, 00:13:05, FastEthernet1/0
	O IA 11.1.1.96/29 [110/3] via 11.1.1.7, 00:13:05, FastEthernet0/1
	                  [110/3] via 11.1.1.23, 00:13:05, FastEthernet1/0
	                  [110/3] via 11.1.1.6, 00:03:38, FastEthernet0/1
	                  [110/3] via 11.1.1.22, 00:03:38, FastEthernet1/0
	O IA 11.1.1.104/29 [110/3] via 11.1.1.7, 00:13:05, FastEthernet0/1
	                  [110/3] via 11.1.1.23, 00:13:05, FastEthernet1/0
	                  [110/3] via 11.1.1.6, 00:03:38, FastEthernet0/1
	                  [110/3] via 11.1.1.22, 00:03:38, FastEthernet1/0
	O 11.1.1.112/29 [110/2] via 11.1.1.8, 00:00:30, FastEthernet0/1
	                  [110/2] via 11.1.1.24, 00:00:30, FastEthernet1/0
	S 11.1.1.120/29 [1/0] via 11.1.1.8
	                  [1/0] via 11.1.1.24
	O E2 11.1.1.128/29 [110/20] via 11.1.1.9, 00:02:45, FastEthernet0/1
	                  [110/20] via 11.1.1.25, 00:02:45, FastEthernet0/2
	O E2 11.1.1.136/29 [110/20] via 11.1.1.9, 00:02:45, FastEthernet0/1
	                  [110/20] via 11.1.1.25, 00:02:45, FastEthernet0/2
	O E2 11.1.1.144/29 [110/20] via 11.1.1.9, 00:02:45, FastEthernet0/1
	                  [110/20] via 11.1.1.25, 00:02:45, FastEthernet0/2
	S* 0.0.0.0/0 [1/0] via 11.1.1.1
	                  [1/0] via 11.1.1.17</pre>

	<pre>M3#sh ip ro
	Gateway of last resort is 11.1.1.1 to network 0.0.0.0</pre>

M3	11.0.0.0/8 is variably subnetted, 16 subnets, 2 masks C 11.1.1.0/28 is directly connected, FastEthernet0/1 C 11.1.1.16/28 is directly connected, FastEthernet0/2 O IA 11.1.1.32/28 [110/2] via 11.1.1.3, 00:13:05, FastEthernet0/1 [110/2] via 11.1.1.19, 00:13:05, FastEthernet1/0 [110/2] via 11.1.1.2, 00:03:38, FastEthernet0/1 [110/2] via 11.1.1.18, 00:03:38, FastEthernet1/0 C 11.1.1.48/29 is directly connected, Vlan10 C 11.1.1.56/29 is directly connected, Vlan20 C 11.1.1.64/29 is directly connected, FastEthernet0/5 O IA 11.1.1.72/29 [110/2] via 11.1.1.7, 00:13:05, FastEthernet0/1 [110/2] via 11.1.1.23, 00:13:05, FastEthernet1/0 [110/2] via 11.1.1.6, 00:03:38, FastEthernet0/1 [110/2] via 11.1.1.22, 00:03:38, FastEthernet1/0 O IA 11.1.1.80/29 [110/2] via 11.1.1.6, 00:13:05, FastEthernet0/1 [110/2] via 11.1.1.22, 00:13:05, FastEthernet1/0 O IA 11.1.1.88/29 [110/2] via 11.1.1.7, 00:13:05, FastEthernet0/1 [110/2] via 11.1.1.23, 00:13:05, FastEthernet1/0 O IA 11.1.1.96/29 [110/3] via 11.1.1.7, 00:13:05, FastEthernet0/1 [110/3] via 11.1.1.23, 00:13:05, FastEthernet1/0 [110/3] via 11.1.1.6, 00:03:38, FastEthernet0/1 [110/3] via 11.1.1.22, 00:03:38, FastEthernet1/0 O IA 11.1.1.104/29 [110/3] via 11.1.1.7, 00:13:05, FastEthernet0/1 [110/3] via 11.1.1.23, 00:13:05, FastEthernet1/0 [110/3] via 11.1.1.6, 00:03:38, FastEthernet0/1 [110/3] via 11.1.1.22, 00:03:38, FastEthernet1/0 O 11.1.1.112/29 [110/2] via 11.1.1.8, 00:00:30, FastEthernet0/1 [110/2] via 11.1.1.24, 00:00:30, FastEthernet1/0 S 11.1.1.120/29 [1/0] via 11.1.1.8 [1/0] via 11.1.1.24 O E2 11.1.1.128/29 [110/20] via 11.1.1.9, 00:02:45, FastEthernet0/1 [110/20] via 11.1.1.25, 00:02:45, FastEthernet0/2 O E2 11.1.1.136/29 [110/20] via 11.1.1.9, 00:02:45, FastEthernet0/1 [110/20] via 11.1.1.25, 00:02:45, FastEthernet0/2 O E2 11.1.1.144/29 [110/20] via 11.1.1.9, 00:02:45, FastEthernet0/1 [110/20] via 11.1.1.25, 00:02:45, FastEthernet0/2 S* 0.0.0.0/0 [1/0] via 11.1.1.1 [1/0] via 11.1.1.17
M4	M4#sh ip ro Gateway of last resort is 11.1.1.1 to network 0.0.0.0 11.0.0.0/8 is variably subnetted, 16 subnets, 2 masks C 11.1.1.0/28 is directly connected, FastEthernet0/1 C 11.1.1.16/28 is directly connected, FastEthernet0/2 O IA 11.1.1.32/28 [110/2] via 11.1.1.3, 00:13:05, FastEthernet0/1 [110/2] via 11.1.1.19, 00:13:05, FastEthernet1/0 [110/2] via 11.1.1.2, 00:03:38, FastEthernet0/1 [110/2] via 11.1.1.18, 00:03:38, FastEthernet1/0

M4	C 11.1.1.48/29 is directly connected, Vlan10 C 11.1.1.56/29 is directly connected, Vlan20 C 11.1.1.64/29 is directly connected, FastEthernet0/5 O IA 11.1.1.72/29 [110/2] via 11.1.1.7, 00:13:05, FastEthernet0/1 [110/2] via 11.1.1.23, 00:13:05, FastEthernet1/0 [110/2] via 11.1.1.6, 00:03:38, FastEthernet0/1 [110/2] via 11.1.1.22, 00:03:38, FastEthernet1/0 O IA 11.1.1.80/29 [110/2] via 11.1.1.6, 00:13:05, FastEthernet0/1 [110/2] via 11.1.1.22, 00:13:05, FastEthernet1/0 O IA 11.1.1.88/29 [110/2] via 11.1.1.7, 00:13:05, FastEthernet0/1 [110/2] via 11.1.1.23, 00:13:05, FastEthernet1/0 O IA 11.1.1.96/29 [110/3] via 11.1.1.7, 00:13:05, FastEthernet0/1 [110/3] via 11.1.1.23, 00:13:05, FastEthernet1/0 [110/3] via 11.1.1.6, 00:03:38, FastEthernet0/1 [110/3] via 11.1.1.22, 00:03:38, FastEthernet1/0 O IA 11.1.1.104/29 [110/3] via 11.1.1.7, 00:13:05, FastEthernet0/1 [110/3] via 11.1.1.23, 00:13:05, FastEthernet1/0 [110/3] via 11.1.1.6, 00:03:38, FastEthernet0/1 [110/3] via 11.1.1.22, 00:03:38, FastEthernet1/0 O 11.1.1.112/29 [110/2] via 11.1.1.8, 00:02:25, FastEthernet0/1 [110/2] via 11.1.1.24, 00:02:25, FastEthernet0/2 S 11.1.1.120/29 [1/0] via 11.1.1.8 [1/0] via 11.1.1.24 O E2 11.1.1.128/29 [110/20] via 11.1.1.9, 00:02:25, FastEthernet0/1 [110/20] via 11.1.1.25, 00:02:25, FastEthernet0/2 O E2 11.1.1.136/29 [110/20] via 11.1.1.9, 00:02:25, FastEthernet0/1 [110/20] via 11.1.1.25, 00:02:25, FastEthernet0/2 O E2 11.1.1.144/29 [110/20] via 11.1.1.9, 00:02:25, FastEthernet0/1 [110/20] via 11.1.1.25, 00:02:25, FastEthernet0/2 S* 0.0.0.0/0 [1/0] via 11.1.1.1 [1/0] via 11.1.1.17
M5	M5#sh ip ro Gateway of last resort is 11.1.1.1 to network 0.0.0.0 11.0.0.0/8 is variably subnetted, 16 subnets, 2 masks C 11.1.1.0/28 is directly connected, FastEthernet0/1 C 11.1.1.16/28 is directly connected, FastEthernet0/2 O IA 11.1.1.32/28 [110/2] via 11.1.1.3, 00:13:05, FastEthernet0/1 [110/2] via 11.1.1.19, 00:13:05, FastEthernet1/0 [110/2] via 11.1.1.2, 00:03:38, FastEthernet0/1 [110/2] via 11.1.1.18, 00:03:38, FastEthernet1/0 O IA 11.1.1.48/29 [110/2] via 11.1.1.5, 00:13:05, FastEthernet0/1 [110/2] via 11.1.1.21, 00:13:05, FastEthernet1/0 [110/2] via 11.1.1.4, 00:03:38, FastEthernet0/1 [110/2] via 11.1.1.20, 00:03:38, FastEthernet1/0 O IA 11.1.1.56/29 [110/2] via 11.1.1.5, 00:13:05, FastEthernet0/1 [110/2] via 11.1.1.21, 00:13:05, FastEthernet1/0

M5	[110/2] via 11.1.1.4, 00:03:38, FastEthernet0/1 [110/2] via 11.1.1.20, 00:03:38, FastEthernet1/0 O IA 11.1.1.64/29 [110/2] via 11.1.1.5, 00:13:05, FastEthernet0/1 [110/2] via 11.1.1.21, 00:13:05, FastEthernet1/0 [110/2] via 11.1.1.4, 00:03:38, FastEthernet0/1 [110/2] via 11.1.1.20, 00:03:38, FastEthernet1/0 C 11.1.1.72/29 is directly connected, FastEthernet0/1 C 11.1.1.80/29 is directly connected, FastEthernet0/1 O 11.1.1.88/29 [110/2] via 11.1.1.74, 00:13:05, FastEthernet0/3 [110/2] via 11.1.1.82, 00:13:05, FastEthernet0/4 O 11.1.1.96/29 [110/2] via 11.1.1.82, 00:13:05, FastEthernet0/4 O 11.1.1.104/29 [110/2] via 11.1.1.82, 00:13:05, FastEthernet0/4 O 11.1.1.112/29 [110/2] via 11.1.1.8, 00:02:25, FastEthernet0/1 [110/2] via 11.1.1.24, 00:02:25, FastEthernet0/2 S 11.1.1.120/29 [1/0] via 11.1.1.8 [1/0] via 11.1.1.24 O E2 11.1.1.128/29 [110/20] via 11.1.1.9, 00:02:25, FastEthernet0/1 [110/20] via 11.1.1.25, 00:02:25, FastEthernet0/2 O E2 11.1.1.136/29 [110/20] via 11.1.1.9, 00:02:25, FastEthernet0/1 [110/20] via 11.1.1.25, 00:02:25, FastEthernet0/2 O E2 11.1.1.144/29 [110/20] via 11.1.1.9, 00:02:25, FastEthernet0/1 [110/20] via 11.1.1.25, 00:02:25, FastEthernet0/2 S* 0.0.0.0/0 [1/0] via 11.1.1.1 [1/0] via 11.1.1.17
M6	M6#sh ip ro Gateway of last resort is 11.1.1.1 to network 0.0.0.0 11.0.0.0/8 is variably subnetted, 16 subnets, 2 masks C 11.1.1.0/28 is directly connected, FastEthernet0/1 C 11.1.1.16/28 is directly connected, FastEthernet0/2 O IA 11.1.1.32/28 [110/2] via 11.1.1.3, 00:13:05, FastEthernet0/1 [110/2] via 11.1.1.19, 00:13:05, FastEthernet1/0 [110/2] via 11.1.1.2, 00:03:38, FastEthernet0/1 [110/2] via 11.1.1.18, 00:03:38, FastEthernet1/0 O IA 11.1.1.48/29 [110/2] via 11.1.1.5, 00:13:05, FastEthernet0/1 [110/2] via 11.1.1.21, 00:13:05, FastEthernet1/0 [110/2] via 11.1.1.4, 00:03:38, FastEthernet0/1 [110/2] via 11.1.1.20, 00:03:38, FastEthernet1/0 O IA 11.1.1.56/29 [110/2] via 11.1.1.5, 00:13:05, FastEthernet0/1 [110/2] via 11.1.1.21, 00:13:05, FastEthernet1/0 [110/2] via 11.1.1.4, 00:03:38, FastEthernet0/1 [110/2] via 11.1.1.20, 00:03:38, FastEthernet1/0 O IA 11.1.1.64/29 [110/2] via 11.1.1.5, 00:13:05, FastEthernet0/1 [110/2] via 11.1.1.21, 00:13:05, FastEthernet1/0 [110/2] via 11.1.1.4, 00:03:38, FastEthernet0/1 [110/2] via 11.1.1.20, 00:03:38, FastEthernet1/0

M6	C 11.1.1.72/29 is directly connected, FastEthernet0/1 O 11.1.1.80/29 [110/2] via 11.1.1.73, 00:13:05, FastEthernet0/3 [110/2] via 11.1.1.81, 00:13:05, FastEthernet0/4 C 11.1.1.88/29 is directly connected, FastEthernet0/1 O 11.1.1.96/29 [110/2] via 11.1.1.90, 00:13:05, FastEthernet0/4 O 11.1.1.104/29 [110/2] via 11.1.1.90, 00:13:05, FastEthernet0/4 O 11.1.1.112/29 [110/2] via 11.1.1.8, 00:02:25, FastEthernet0/1 [110/2] via 11.1.1.24, 00:02:25, FastEthernet0/2 S 11.1.1.120/29 [1/0] via 11.1.1.8 [1/0] via 11.1.1.24 O E2 11.1.1.128/29 [110/20] via 11.1.1.9, 00:02:25, FastEthernet0/1 [110/20] via 11.1.1.25, 00:02:25, FastEthernet0/2 O E2 11.1.1.136/29 [110/20] via 11.1.1.9, 00:02:25, FastEthernet0/1 [110/20] via 11.1.1.25, 00:02:25, FastEthernet0/2 O E2 11.1.1.144/29 [110/20] via 11.1.1.9, 00:02:25, FastEthernet0/1 [110/20] via 11.1.1.25, 00:02:25, FastEthernet0/2 S* 0.0.0.0/0 [1/0] via 11.1.1.1 [1/0] via 11.1.1.17
M7	M7#sh ip ro Gateway of last resort is 11.1.1.1 to network 0.0.0.0 11.0.0.0/8 is variably subnetted, 4 subnets, 1 masks C 11.1.1.80/29 is directly connected, FastEthernet0/1 C 11.1.1.88/29 is directly connected, FastEthernet0/2 C 11.1.1.96/29 is directly connected, Vlan10 C 11.1.1.104/29 is directly connected, Vlan20 O* IA 0.0.0.0/0 [110/2] via 11.1.1.81, 00:13:05, FastEthernet0/1 O* IA 0.0.0.0/0 [110/2] via 11.1.1.89, 00:13:05, FastEthernet0/2

Problem 8 모든 라우터와 PC에서 모든 IP로 핑이 성공함을 확인하라.

Q 설명 PC에서도 핑 테스트를 하되, 핑 테스트 방법은 'Chapter 1의 Lecture 05. LAN 구축 기초 I Lab 01 을 참조한다.

Foreign Copyright:
Joonwon Lee
Address: 3F, 127, Yanghwa-ro, Mapo-gu, Seoul, Republic of Korea
3rd Floor
Telephone: 82-2-3142-4151
E-mail: jwlee@cyber.co.kr

이중호 강사의 소수의 프로토콜로

비범한 네트워크 구축하기

2016. 6. 10. 1판 1쇄 발행
2020. 5. 20. 1판 2쇄 발행

지은이 | 이중호
펴낸이 | 이종춘
펴낸곳 | BM (주)도서출판 **성안당**
주소 | 04032 서울시 마포구 양화로 127 첨단빌딩 3층(출판기획 R&D 센터)
10881 경기도 파주시 문발로 112 출판문화정보산업단지(제작 및 물류)
전화 | 02) 3142-0036
031) 950-6300
팩스 | 031) 955-0510
등록 | 1973. 2. 1. 제406-2005-000046호
출판사 홈페이지 | **www.cyber.co.kr**
ISBN | 978-89-315-5669-8 (13000)
정가 | **30,000원**

이 책을 만든 사람들
책임 | 최옥현
편집 · 진행 | 조혜란
교정 · 교열 | 김해영
일러스트레이션 | 서용남
본문 디자인 | 김인환
표지 디자인 | 박원석
홍보 | 김계향, 유미나
국제부 | 이선민, 조혜란, 김혜숙
마케팅 | 구본철, 차정욱, 나진호, 이동후, 강호묵
제작 | 김유석

■ 도서 A/S 안내

성안당에서 발행하는 모든 도서는 저자와 출판사, 그리고 독자가 함께 만들어 나갑니다.
좋은 책을 펴내기 위해 많은 노력을 기울이고 있습니다. 혹시라도 내용상의 오류나 오탈자 등이 발견되면 "좋은 책은 나라의 보배"로서 우리 모두가 함께 만들어 간다는 마음으로 연락주시기 바랍니다. 수정 보완하여 더 나은 책이 되도록 최선을 다하겠습니다.
성안당은 늘 독자 여러분들의 소중한 의견을 기다리고 있습니다. 좋은 의견을 보내주시는 분께는 성안당 쇼핑몰의 포인트(3,000포인트)를 적립해 드립니다.

잘못 만들어진 책이나 부록 등이 파손된 경우에는 교환해 드립니다.